1457 强迫 · 1454 强制

- 强迫 통 강요하다, 핍박하다
- 强制 통 강요하다, 강압하다

비교 이 두 단어 모두 '강요하다'라는 뜻을 가지고 있는데 强迫는 압력을 가해 상대방을 복종하게 한다는 의미이지만, 그 사용범위가 넓고 강요하는 주체의 범위도 집단, 개인 모두 가능하다. 强制는 정치적, 경제적, 법률적으로 압력을 사용해서 복종하게 하는 것이고, 강요하는 주체로는 주로 국가, 정부, 조직이 된다.

▶ 뜻이 완전히 같을 때에는 차이점에 주목하는 것이 포인트!

Check
你（　　　）孩子会容易引起他的反感。
네가 아이에게 강제로 시키면 그의 반감을 쉽게 일으킬 수 있다.

你们如果不服从判决，我们就（　　　）执行处罚。
너희가 만약 판결에 복종하지 않으면 우리는 처벌을 강제적으로 집행할 것이다.

답 强迫 / 强制

1467 勤恳 · 5급 勤奋

- 勤恳 형 부지런하고 성실하다
- 勤奋 형 꾸준하다, 열심히 하다

비교 이 두 단어 모두 '부지런하다'라는 뜻이나 勤恳은 일을 하는 태도가 성실하고 열심히 하는 것을 주로 가리키고, '勤勤恳恳'과 같은 중첩형이 가능하며 서면어에 많이 쓰인다. 勤奋은 장시간 끊임없이 쉬지 않고 노력하는 것을 가리킨다.

▶ 한국어로 해석하면 차이가 없어 보이므로 단어의 뜻을 정확히 파악하는 것이 포인트!

Check
天才就是很（　　　）的人。
천재는 바로 끊임없이 노력하는 사람이다.

他（　　　）的态度受到老板的表扬。
그는 부지런한 태도로 사장의 칭찬을 받았다.

답 勤奋 / 勤恳

1462 亲热 · 5급 亲切 · 亲密

- 亲热 형 친근하다, 친밀하다
- 亲切 형 친절하다, 친근하다
- 亲密 형 친밀하다, 사이가 좋다

비교 이 세 단어는 모두 '친하다'라는 뜻이다. 亲热는 사람과 사람 사이, 동물과 동물 사이, 사람과 동물 사이의 태도가 따뜻하고 친근한 것을 가리키고, 亲切는 윗사람이 아랫사람에게 친절을 베풀고 돌봐준다는 뜻으로 주로 태도, 목소리, 말투, 돌보는 것과 가르침 등이 친근한 것을 가리킨다. 亲密는 사람과 사람 사이에 감정이 좋고 관계가 서로 밀접한 것을 가리키는데 주로 우정, 전우, 동지 간이 친밀한 것을 가리킨다.

▶ 한국어로 해석하면 차이가 없어 보이므로 단어의 뜻을 정확히 파악하는 것이 포인트!

Check
我的小狗对我很（　　　）。
나의 강아지는 나에게 정말 다정하다.

她是我的最（　　　）的朋友。
그녀는 나의 가장 친밀한 친구이다.

我们的董事长对每个职员很（　　　）。
우리 회장님께서는 모든 직원에게 친근하시다.

답 亲热 / 亲密 / 亲切

1475 清晰 · 3급 清楚

- 清晰 형 뚜렷하다, 분명하다
- 清楚 형 뚜렷하다

비교 두 단어 모두 '뚜렷하다'라는 뜻을 가지고 있으나, 清晰는 대체로 보고 듣는 것이 뚜렷한 것을 가리키고 주로 서면어에 사용된다. 清楚는 보고 듣는 것이 뚜렷한 것 이외에도 사물에 대해 쉽게 이해하고 쉽게 변별하며, 잘 알고 파악한다는 뜻을 가지고 있어 서면, 구어 둘 다 쓰일 수 있다.

▶ 한국어로 해석하면 차이가 없어 보이므로 단어의 뜻을 정확히 파악하는 것이 포인트!

Check
我对这种情况很（　　　）。
나는 이런 상황에 대해 잘 안다.

作为老师，语言表达必须（　　　）。
선생님으로서 언어표현은 반드시 분명해야 한다.

답 清楚 / 清晰

1520扰乱・0627干扰

- 扰乱 통 방해하다, 혼란시키다
  - ➡ 扰乱 + 安全, 秩序, 团结, 治安, 民心
- 干扰 통 방해하다, 교란시키다
  - ➡ 干扰 + 生活, 学习, 比赛, 功课, 睡眠

비교 두 단어 모두 '방해하다'라는 뜻을 가지고 있다. 扰乱은 교란시키고 혼란하게 하며, 또 불안하게 하는 것을 가리키는데 주로 안전, 질서, 단결, 치안, 민심 등을 혼란하게 하는 것을 가리킨다. 干扰는 동작이나 소리가 다른 사람의 일상생활을 방해하고 영향을 주는 것을 가리키며, 무선기기의 정상적인 신호를 방해한다는 뜻도 있다.

▶ 비슷한 의미를 가진 단어일수록 搭配에 의해 구분된다는 것이 포인트!

Check

他（　　）秩序，警方把他押回牢房。
그가 질서를 교란시켜서, 경찰이 그를 감옥에 가두었다.

因为他（　　）了其他同学，所以老师叫他出去。
그가 다른 학생을 방해했기 때문에, 선생님은 그를 나가게 했다.

답 扰乱 / 干扰

1788调节・5급调整

- 调节 통 조절하다
  - ➡ 调节 + 空气, 室温, 湿度, 情绪, 神经, 气温, 感情
- 调整 통 조정하다
  - ➡ 调整 + 机构, 内容, 任务, 工资, 时间, 计划

비교 이 두 단어는 모두 '조절하다, 조정하다'라는 뜻을 가지고 있다. 调节는 수치, 수량, 정도를 요구에 맞게 조절하는 것을 가리키고, 调整은 원래의 상황을 바꿔서 객관적인 환경과 요구에 적합하게 하고 재차 정비하여 혼란스러운 것, 합리적이지 않은 것을 조정하는 것을 가리킨다.

▶ 비슷한 의미를 가진 단어일수록 搭配에 의해 구분된다는 것이 포인트!

Check

房间的湿度总是（　　）不好。
방안의 습도는 항상 조절이 잘 안 된다.

我们每到夏季（　　）作息时间。
우리는 매번 여름만 되면 일하고 쉬는 시간을 조정한다.

답 调节 / 调整

1569擅长・5급善于

- 擅长 통 뛰어나다, 잘하다
  - ➡ 擅长 + 绘画, 游泳, 书法, 音乐, 表演
- 善于 통 뛰어나다, 잘하다
  - ➡ 善于 + 绘画, 游泳, 书法, 音乐, 表演, 行动, 思考, 建设, 破坏

비교 이 두 단어는 모두 '잘한다'라는 뜻을 가지고 있으나 擅长은 어떤 기능에 뛰어나다는 뜻 밖에는 없지만, 善于는 어떤 기능에 뛰어날 뿐만 아니라 어떤 행동이나 사고를 잘한다는 것도 가리킨다.

▶ 뜻이 완전히 같을 때에는 차이점에 주목하는 것이 포인트!

Check

我（　　）绘画。
나는 그림을 그리는 것을 잘한다.

我很（　　）说服别人。
나는 다른 사람을 설득하는 것을 매우 잘한다.

답 擅长, 善于 / 善于

1860妄想・1250梦想

- 妄想 통 망상하다, 공상하다
- 梦想 통 몽상하다, 망상에 빠지다

비교 이 두 단어는 모두 '원하는 것을 꿈꾸다'라는 뜻이다. 妄想은 이루어질 수 없는 것을 무분별하게 생각하고 계획하는 것에 초점이 맞춰져 있고, 주로 나쁜 방면의 것을 가리킨다. 梦想은 현실에 부합되지 않거나 실현되기를 갈망하는 것을 나타내는데, 주로 좋은 방면의 것을 가리킨다.

▶ 한국어로 해석하면 차이가 없어 보이므로 단어의 뜻을 정확히 파악하는 것이 포인트!

Check

我每天（　　）当模特儿。
나는 매일 모델이 되는 것을 꿈꾼다.

好多皇帝（　　）长生不老。
많은 황제들이 불로장생을 꿈꿨다.

답 梦想 / 妄想

1869 维持 · 5급 保持

- 维持 통 유지하다, 지키다
  ➡ 维持 + 生活, 生命, 秩序, 治安, 身份
- 保持 통 유지하다, 지키다
  ➡ 保持 + 卫生, 传统, 作风, 联系, 警惕

비교 이 두 단어는 모두 '유지하다'라는 뜻을 가지고 있다. 维持는 있는 힘을 다해 현재의 상황을 변하지 않게 하는 것을 가리키고, 保持는 원래의 상황을 유지하여 변하게 하지 않고 계속 지켜나가는 것을 가리킨다. 维持의 유지하는 시간은 保持보다 짧다.

▶ 비슷한 의미를 가진 단어일수록 搭配에 의해 구분된다는 것이 포인트!

Check
他们一直（　　　）着联系。
그들은 줄곧 연락을 유지해왔다.
他现在打工的钱勉强（　　　）生活。
그는 지금 아르바이트를 하여 번 돈으로 가까스로 생활을 유지하고 있다.

📖 保持 / 维持

1926 吸取 · 5급 吸收

- 吸取 통 흡수하다, 섭취하다
  ➡ 吸取 + 养料, 水分, 经验, 知识
- 吸收 통 흡수하다, 받아들이다
  ➡ 吸收 + 养料, 水分, 知识, 光线, 电波

비교 이 두 단어 모두 외부에서 물질이나 성분 등을 내부로 흡수한다는 뜻을 가지고 있으며 그 대상으로는 구체명사와 추상명사가 모두 올 수 있다. 단 吸收는 흡수해서 어떤 현상이나 작용을 감소시키고 소실되게 한다는 뜻도 가지고 있다.

▶ 뜻이 완전히 같을 때에는 차이점에 주목하는 것이 포인트!

Check
我们从书里（　　　）有益的知识。
우리는 책에서 유익한 지식을 흡수한다.
我们录音室需要（　　　）声音的隔音板。
우리 녹음실은 소리를 흡수하는 격음판이 필요하다.

📖 吸取, 吸收 / 吸收

1920 误解 · 4급 误会

- 误解 통 오해하다
- 误会 통 오해하다

비교 두 단어 모두 '오해하다'라는 뜻을 가지고 있는데, 误解는 정확하게 이해하지 못하고 잘못 이해하는 것을 가리키고, 误会는 상대방의 뜻을 오해한 것을 주로 가리킨다.

▶ 한국어로 해석하면 차이가 없어 보이므로
단어의 뜻을 정확히 파악하는 것이 포인트!

Check
我完全（　　　）他的意思。
나는 완전히 그의 뜻을 오해했다.
我（　　　）了这道题的意图，所以没得满分。
나는 이 문제의 의도를 잘못 파악해서 100점을 받지 못했다.

📖 误会 / 误解

2127 依赖 · 2126 依靠

- 依赖 통 의지하다, 기대다
- 依靠 통 의존하다, 의지하다

비교 이 두 단어 모두 '의지하다'라는 뜻을 가지고 있다. 依赖는 다른 사람과 사물에 의지해서 자립할 수 없음을 나타내고, 依靠는 다른 사람이나 사물의 도움을 이용해서 일정한 목적에 다다르는 것을 가리킨다.

▶ 한국어로 해석하면 차이가 없어 보이므로
단어의 뜻을 정확히 파악하는 것이 포인트!

Check
千万不能总是（　　　）别人。
절대로 늘 다른 사람에게 의지해서는 안 된다.
我（　　　）同学们的帮助克服了困难。
나는 친구들의 도움에 의지해 어려움을 극복했다.

📖 依赖 / 依靠

2331 整顿 · 4급 整理

- 整顿 동 정비하다, 정돈하다
  ➡ 整顿 + 组织, 纪律, 作风, 思想, 党风, 市容
- 整理 동 정리하다, 정돈하다
  ➡ 整理 + 房间, 书包, 头发, 桌子, 东西, 笔记, 资料

비교 이 두 단어 모두 '정리하다'라는 뜻을 가지고 있다. 整顿은 어지러운 것을 가지런하게 하고 불건전한 것을 건전하게 하는 것으로, 주로 조직, 규율, 기강 등을 정돈하고 정비하는 것을 가리킨다. 整理는 질서 있고 조리 있게 만들고, 청소하고 정리한다는 것을 가리킨다.

▶ 비슷한 의미를 가진 단어일수록 **搭配**에 의해 구분된다는 것이 포인트!

Check
新领导全心全力对公司进行了（　　　）。
새로운 지도자는 전심전력으로 회사에 대해서 정돈을 진행했다.

孩子要养成（　　　）房间的习惯。
아이는 방을 정리하는 습관을 길러야 한다.

🔲 整顿 / 整理

2341 郑重 · 1609 慎重

- 郑重 형 정중하다
  ➡ 态度, 声明, 语气, 口吻, 宣布, 神色 + 郑重
- 慎重 형 신중하다
  ➡ 处理, 态度, 说话, 研究 + 慎重

비교 이 두 단어 모두 '진지하다'라는 뜻을 가지고 있다. 郑은 '정중하다'는 뜻이므로 郑重은 엄숙하고 정중한 것에 초점이 맞춰져 있고 태도, 방식, 상황이 정중한 것을 주로 가리킨다. 慎은 '삼가고 조심하다'라는 뜻이므로 慎重은 조심스러운 것에 초점이 맞춰져 있으며, 판단을 내리거나 어떤 일을 할 때 세심하게 고려한다는 뜻을 포함하고 있다.

▶ 두 글자 중 한 글자만 다를 경우
그 다른 한 글자의 뜻에 집중하여 구분하는 것이 포인트!

Check
我做事从来都是（　　　）地考虑的。
나는 일을 하는 데 있어서 지금까지 신중하게 고려했다.

我（　　　）地承诺这里我所提供的资料正确。
나는 여기 자신이 제공하는 자료가 정확하다는 것을 정중하게 약속했다.

🔲 慎重 / 郑重

2339 证实 · 4급 证明

- 证实 동 실증하다, 입증하다
- 证明 동 증명하다

비교 이 두 단어 모두 '증명하다'라는 뜻을 가지고 있다. 证实는 그 확실함을 증명하는 것을 가리키는데, 즉 증명한 결과는 원래의 가설이나 말과 일치해야 한다. 证明은 믿을 만한 자료를 사용해서 사람이나 사물의 진실성을 단정짓는 것을 가리키는데, 증명한 결과가 원래 생각했던 것과 같을 수도 있고 다를 수도 있다. 또한 证明은 명사로서 신분을 증명하는 증명서라는 뜻도 있다.

▶ 아무리 쉬운 단어일지라도 그 속뜻을 한번쯤 되새겨 보는 것이 포인트!

Check
我（　　　）了这话是你说的。
나는 이 말이 네가 한 것이라는 것을 증명했다.

通过实践，我们（　　　）了真理。
실천을 통해서 우리는 진리를 입증했다.

🔲 证明 / 证实

2348 支援 · 4급 支持

- 支援 동 지원하다
- 支持 동 지지하다

비교 이 두 단어는 모두 '지지하다'라는 뜻을 가지고 있는데 支援은 인력, 물자, 재력, 실제 행동 등을 사용해서 지지하고 원조하는 것을 가리키며, 명사 용법도 함께 가지고 있다. 支持는 격려와 칭찬을 보내 지지하는 것을 가리키고 '가까스로 견디다', '지탱하다'는 뜻도 가지고 있다.

▶ 아무리 쉬운 단어일지라도 그 속뜻을 한번쯤 되새겨 보는 것이 포인트!

Check
爸爸（　　　）我学习科学。
아빠는 내가 과학 공부하는 것을 지지한다.

老百姓协力捐款（　　　）前线。
국민이 협력해서 돈을 걷어 전선을 지원했다.

🔲 支持 / 支援

개정 3쇄 | 2018년 1월 10일

지은이 | 임복순, 최경아
감　수 | 郑琴
발행인 | 김태웅
편집장 | 강석기
편　집 | 권민서, 정지선, 김효수, 김다정
디자인 | 방혜자, 이미영, 김효정, 서진희
마케팅 총괄 | 나재승
마케팅 | 서재욱, 김귀찬, 이종민, 오승수, 조경현
온라인 마케팅 | 김철영, 양윤모
제　작 | 현대순
총　무 | 전민정, 안서현, 최여진, 강아담
관　리 | 김훈희, 이국희, 김승훈, 이규재

발행처 | 동양북스
등　록 | 제10-806호(1993년 4월 3일)
주　소 | 서울특별시 마포구 동교로22길 12(04030)
전　화 | (02)337-1737
팩　스 | (02)334-6624
웹사이트 | http : //www.dongyangbooks.com

ISBN 978-89-8300-934-0 14720
　　　978-89-8300-935-7(세트)

▶ 본 책은 저작권법에 의해 보호를 받는 저작물이므로 무단 전재와 복제를 금합니다.
▶ 잘못된 책은 구입처에서 교환해 드립니다.

新HSK VOCA 5000 6급
들어가며

한국인에게 있어 과연 외국어라는 것은 무엇을 의미할까요? 누구에게는 상급학교 진학을 위한 수단이기도 하고, 누구에게는 원하는 직장에 취직하기 위한 필수조건이기도 하고 또 그 누구에게는 살기 위한 생존의 수단일 것입니다. 그럼 과연 여러분에게 중국어는 어떤 의미인가요?

많은 학생이 "선생님~ 중국어 공부를 잘하기 위해서는 어떻게 해야 해요?" "중국어 공부에 유익한 책 추천해주세요!"라고 질문을 합니다. 하지만 저는 학생들에게 자신 있게 말하고 싶습니다. 자신에게 도움이 되는 공부 방법이나 적중률이 높은 교재를 찾기에 앞서 여러분에게 중국어가 어떤 의미인지, 왜 중국어를 공부하는지를 먼저 찾아야 한다고 말입니다.

제 경우를 돌이켜보면 저는 중국어 공부가 그냥 좋았습니다. 간체자가 재미 있었고, 한 단어 한 문장이 내 귀에 들리는 게 신기했으며, 직접 중국어를 말할 수 있게 되자 자신감은 더욱 붙게 되었죠. 다시 말해 언어라는 것은 언어 그 자체에 흥미를 느껴야만 그 언어를 장악하게 되고, 그 언어로 타인과 소통할 수 있는 것입니다. 새로운 언어를 배워 새로운 나라의 사람과 소통을 하고 싶다면 언어를 공부하고 있는 여러분 자신부터 그 언어와 소통하는 방법을 습득해야 합니다. 저는 항상 한자를 보면서 이런 생각을 하곤 했습니다. 이 한자는 어떻게 생겨난 것일까? 이 글자의 부수는 뭐지? 이 글자와 비슷하게 생긴 글자가 있었나? 이 단어는 다른 단어들과 어떻게 결합되어 쓰이지? 등 수많은 질문을 갖고 단어를 대했습니다. 당장 단어 외우기에 급급한 학생에게는 사치라고 생각할 수도 있겠지만, 오랜 기간 중국어 공부를 해온 제 경우를 돌이켜보면, 이렇게 한 글자 한 글자에 대해 고민했던 흔적이 지금은 모두 제 자산이 되어 이제는 단어만 봐도 단어의 의미와 발음을 추측할 수 있고 비슷한 단어도 쉽게 구분할 수 있게 되었습니다. 또한 이런 훈련이 잘된 학생들이 新HSK에서도 고득점을 획득하는 것이 자명한 사실입니다.

한자 외에도 여러분과 중국어 사이의 소통을 막는 것은 바로 성조입니다. 더군다나 악센트 없이 말하는 한국인에게는 이 성조라는 게 하나의 큰 장벽으로 느껴질 수도 있지요. 사실 중국사람이라고 모두가 발음이 정확한 것은 아닙니다. 하지만 성조가 심하게 달라지면 아무리 중국사람이라 해도 이해하기 힘들겠죠. 이렇듯 성조의 차이가 뜻의 차이를 만든다는 것, 중국어의 가장 중요한 큰 특징 중 하나라는 것을 명심해야 합니다.

또한 중국어를 공부하다 보면 이 단어는 왜 이렇게 만들어졌을까 궁금한 적이 한두 번이 아닐 것입니다. 한 단어의 기원은 대부분 중국인, 중국문화, 중국역사와 관련되어 있습니다. 그러므로 중국어를 공부하는 여러분! 지금 당장 중국문화나 역사 등 중국의 전반적인 것에 관심을 가져보세요. '중국어는 좋은데 중국은 싫어!'라고 말하는 당신은 스스로 부끄러워해야 합니다. 중국어는 언어이기 이전에 한 민족의 역사이고 문화입니다.

이 교재를 통해 여러분이 중국어와 더 쉽게 소통하기를 소망하고, 중국사람들과 더 유창하게 소통하기를 희망하며, 중국과 더 오랫동안 소통하기를 희망합니다.

지은이

新HSK VOCA 5000 6급 이런 책입니다!

① 新HSK를 주관하는 한반(汉办)에서 제시한 新HSK 6급 필수어휘 2,500개를 모두 실었습니다.
② 新HSK 6급 필수어휘 2,500개의 단어를 大纲에 근거하여 한어병음 순으로 정리하였습니다.
③ 각 단어는 新HSK에 자주 출제되었으며 또 앞으로 출제 가능한, 꼭 알아두어야 할 뜻 위주로 정리하였습니다.
④ 단어마다 유의어와 반의어를 꼼꼼하게 담아, 단어 학습에 도움이 되도록 하였습니다.
⑤ 단어의 예문은 新HSK 기출문장 및 상용구로 엄선하여 실었습니다.
⑥ 359p 개정단어 추가는 2013년 汉办공식 개정단어입니다.

유의어, 반의어
각 단어의 유의어와 반의어를 꼼꼼하게 정리하여, 1~5급에 해당하는 단어에는 각 해당 급수와 병음을, 6급에 해당하는 단어는 지정된 번호를 달아주어 각각 링크하여 학습이 가능하도록 하였습니다.

어휘 plus+
유사한 의미를 가진 단어들의 차이점과 쓰임새를 명확하게 알려주어, 新HSK 시험 대비는 물론이고 정확한 회화 구사 및 작문에 도움이 됩니다.

병음 plus+
여러 가지 발음으로 읽는 단어에 대해 소개하고 뜻까지 따로 설명하여, 좀 더 명확하고 확실하게 단어의 추가적인 뜻까지 이해할 수 있도록 돕습니다.

> **어휘 학습법**

新HSK VOCA 5000 6급 이렇게 학습하자!

❶ **품사와 문장성분의 개념을 확실히 짚고 넘어가자.**

중국어 어법을 이루는 기본 단위가 바로 품사와 문장성분이라는 개념이다. 품사에는 명사, 대명사, 동사, 형용사, 수사, 양사, 부사, 조사, 전치사, 접속사, 감탄사, 의성사(의태사) 이렇게 총 12개가 있고, 문장성분에는 주어, 술어, 목적어, 부사어, 보어, 관형어로 총 6개가 있다. 이런 기본개념이 기초가 되어야 여러분이 숙지한 어휘를 자유자재로 사용할 수 있다.

예를 들어 在는 동사, 전치사, 부사 기본적으로 3개 정도의 품사를 가지고 있다. 품사가 달라짐에 따라 어디에 위치하는지 모른다면 아무리 단어를 많이 외운들 아무 소용이 없게 되는 것이다.

❷ **한자 한 글자의 뜻을 공부하자.**

중국어는 다들 알고 있듯이 한자로 이루어진 언어이다. 이 의견에 동의한다면 지금 당장 한자 공부를 시작하라. 한자를 아는 학생은 중국어 공부를 매우 쉽게 할 수 있을 뿐만 아니라 중국어를 배우면 배울수록 중국어가 쉬워짐을 느끼게 될 것이다.

예를 들어 电脑라는 단어는 한자의 뜻을 사용해서 해석하면 '전기 뇌'라는 뜻이다. 한자의 뜻을 모르고 무작정 외우기보다는 한자 자체를 이해하면 단어의 뜻을 매우 쉽게 파악할 수 있다.

❸ **한자의 독음을 공부하자.**

만약 한자의 독음을 안다면 중국어 병음 뿐 아니라 뜻까지도 매우 쉽게 암기할 수 있다. 예를 들어 骑马라는 단어의 병음은 'qímǎ'이다. 이 단어를 한자의 독음을 사용해서 읽어보면 바로 '기마'이고 뜻 또한 한국인에게는 '기마자세'라고 말하면 대부분은 다 이해한다. 비슷하지 않은가? 'qímǎ' '기마' 단어 암기의 좋은 방법 중 하나가 바로 연상작용이다. 이렇게 독음을 사용해 연상작용을 일으키면 단어를 매우 쉽게 암기할 수 있다.

❹ **본인에게 가장 쉬운 예문으로 단어의 쓰임을 파악하자.**

단어를 찾고 사전에 제시된 예문도 꼼꼼하게 필기는 하지만, 자신이 꼼꼼하게 필기한 그 예문을 외우는 학생은 그리 많지 않다. 그 이유를 물어보면 하나같이 예문이 너무 어려워서 외우기 힘들다고 대답한다. 단어의 쓰임을 파악하기 위해서는 반드시 예문을 하나 정도는 암기하고 있는 것이 좋은데, 그렇다면 외우지도 못하는 어려운 문장은 학생들에게는 아무런 쓸모가 없다. 최대한 각자의 중국어 수준에 맞는 예문을 만들어서라도 암기를 하는 것이 가장 좋은 방법이다.

예를 들어 意味着(통 ~을 의미하다)라는 단어를 찾으면 이런 예문이 있다. 小树发芽意味着春天到来了。(어린 나무에 싹이 나는 것은 봄이 도래했다는 것을 의미한다.) 意味着의 뜻을 공부하기에 매우 좋은 예문이다. 그러나 스스로 이 문장이 쉽게 머리 속에 들어오지 않는다면 그 예문은 결코 좋은 예문이 될 수 없다. 남이 볼 때 유치하고 수준 낮은 예문일지라도 눈치보지 말고 본인의 것을 하나 만들자. 우리는 意味着라는 단어의 뜻만 파악하면 된다. 结婚并不意味着幸福。(결혼이라는 것이 결코 행복을 의미하지는 않는다.)는 앞의 예문보다는 훨씬 짧고 간단하다.

❺ 자신이 평소에 쓰는 말로 뜻을 숙지하자.

不论이라는 단어를 찾으면 다음과 같은 뜻이 나온다. '~을 막론하고, ~에도 불구하고, ~에 상관없이' 많은 학생들이 처음에 있는 뜻이 가장 중요한 것이라 생각하고 처음에 나온 뜻만 열심히 외우는 학생들이 많다. 그러나! 절대 그렇지 않다는 것을 기억하기 바란다. 또한 처음에 나온 뜻이 가장 중요한 뜻이라고 생각하고 외웠다고 해보자. 그러나 '~을 막론하고'라는 말을 스스로가 평소에 사용하지 않는다면 급박한 시험시간에 그 뜻은 절대로 빨리 떠오르지 않는다. 시험이라는 긴장감이 더해져 평소에 쓰지 않는 말은 당연히 잘 떠오르지 않을 것이다. 그러므로 단어의 뜻을 암기할 때, 특히 한국어 표현이 여러 가지가 있을 때에는 그 단어가 들어간 예문을 몇 개 해석해보고 본인에게 가장 익숙하고 친숙한 뜻을 선정해서 암기하는 것이 가장 좋다.

❻ 비슷한 단어를 묶어서 공부한다.

저자 역시 중국어를 오랫동안 공부해온 사람으로서 외국어를 공부한다는 것이 얼마나 힘들고 고된지 잘 알고 있다. 예를 들어 恐怕라는 단어를 외웠는데 얼마 지나지 않아서 선생님은 또 유의어라면서 也许라는 단어를 가르쳐주신다. 꾹 참고 두 단어를 암기했는데 얼마 후에 또 可能이라는 단어까지 암기해야 한다고 말씀하신다. 저자의 경우 이런 것이 너무 힘겨웠다. 그러나 여러분은 더 이상 기초 중국어가 아닌 중급 이상의 중국어를 구사해야 하므로 이런 것쯤은 아무 것도 아니라는 듯이 받아들여야 한다. 이 책을 집어든 순간 그런 감정은 사치인 것이다.

❼ 한자의 독음과 한국어로 해석되는 것은 다르다는 사실을 숙지하자.

한자의 독음을 파악하면 병음과 뜻까지도 쉽게 파악할 수 있다고 하였다. 그러나 모든 것에는 예외가 있듯이 이 또한 마찬가지다. 특히 다음 두 단어가 대표적이다. 表示와 表现. 이 두 단어를 독음을 사용해서 읽어보면 '표시하다'와 '표현하다'이다. 그러나 이 두 단어를 한국어로 해석했을 때는 각각 '나타내다'와 '(능력을) 드러내다'라는 뜻으로 해석된다. 다시 말해 단어의 뜻을 파악하기 위해서는 반드시 여러 문장을 해석해보고 적절한 한국어 표현을 찾아내는 것이 중요하다.

❽ 다음 다의자(多義字)에 주목하자.

好와 更. 이 두 단어는 대표적인 다음다의자(多音多義字)이다. 好를 hǎo로 읽으면 형용사로서 '좋다'는 뜻이고 hào로 읽으면 '좋아하다'라는 동사이다. 更 역시 gèng으로 읽으면 '더욱'이라는 부사이고 gēng으로 읽으면 '변경하다, 고치다'라는 동사이다. 이러한 다음다의자 역시 여러분을 힘들게 한다는 사실을 잘 알고 있지만, 이 또한 중국어의 가장 중요한 특징 중에 하나이다.

❾ 품사의 차이에 주목하라.

合适와 适合는 둘 다 '적합하다, 어울리다'라는 뜻을 가진 단어이다. 의미는 완전히 똑같으나 품사의 차이에 의해 그 쓰임이 완벽하게 달라진다. '이 옷이 네게 잘 어울린다'라는 문장을 두 단어를 사용해서 표현해보면 형용사인 合适는 목적어를 사용하지 않기 때문에 전치사를 사용해서 목적어를 앞으로 빼내야 하고(这件衣服对你很合适。), 동사인 适合는 목적어를 취할 수 있기 때문에 适合 뒤에 바로 목적어를 쓰면 된다(这件衣服很适合你。).

❿ 좋은 의미를 가진 단어(褒义词)인지 부정적 의미를 가진 단어(贬义词)인지 주목하라.

褒义词는 좋은 의미의 단어라는 뜻이고 贬义词는 부정적이거나 혐오의 의미가 내포된 단어라는 뜻이다. 중급 수준, 그 이상의 중국어를 구사하는 여러분은 반드시 이 차이를 숙지해야 한다. 예를 들어 成果, 结果, 后果라는 세 단어가 있다. 成果는 '성과'라는 뜻으로 대체로 좋은 의미의 결과를 가리키므로 褒义词에 속하고, 结果는 '결과'라는 뜻으로 좋을 결과일 수도 있고, 나쁜 결과일 수도 있으므로 褒义词도 되고 贬义词도 될 수 있다. 그러나 后果도 '결과'라는 뜻이나 대체로 나쁜 결과만을 가리키므로 贬义词에 속한다. 모든 단어가 褒义词와 贬义词로 구분되는 것은 아니나 그 구분이 확실한 단어들은 숙지해야 한다.

⓫ 부정적인 대상을 취하는 단어에 주목하라.

단어 자체가 긍정적이고 부정적인 뜻을 내포하고 있는 단어가 있는가 하면 부정적인 대상만을 취하는 단어도 있다. 예를 들어 造成은 '조성하다'라는 뜻의 동사인데 그 목적어는 대부분 交通事故, 失误, 环境污染 등과 같은 부정적인 것이 온다. 이러한 단어들은 특수한 것이기 때문에 나올 때마다 숙지하는 것이 좋다.

⓬ 한국사람에게 익숙한 한자에 속지 마라.

모든 나라의 어휘 습관은 다 다르다. 그러므로 아무리 우리나라와 중국이 같은 한자문화권에 있다고 해서 어휘의 사용측면에서까지 전부 같은 용어를 사용할 것이라고 단정 지어서는 절대로 안 된다. 예를 들어 故乡이라는 단어는 한국인에게도 매우 익숙한 '고향'이라는 단어이다. 중국어에도 역시 이 단어가 존재하고 역시 '고향'이라는 뜻으로 쓰인다. 그러나 중국어에서는 故乡이라는 단어보다는 老家라는 단어가 더 자주 쓰이는 것을 볼 수 있다. 故乡이라는 단어를 쓰지 말라는 것이 아니라 언어를 배울 때는 그 나라 사람들이 더 많이 쓰는 용어를 사용하는 것이 좋다고 말하는 것이다.

지금까지 언급한 어휘 학습법이 생소한 학생들도 있을 것이고 자신이 이미 사용하고 있는 것도 있을 것이다. 부디 저자가 소개한 어휘 학습법을 숙지하여 교재의 활용도를 높이기를 소망한다.

차례

머리말 • 3
이 책의 특징 • 4
어휘 학습법 • 5

A	10
B	13
C	36
D	62
E	80
F	81
G	99
H	118
J	132
K	161
L	173
M	188
N	200
O	205
P	205
Q	216
R	232
S	237
T	261
W	273
X	285
Y	303
Z	324
개정단어 추가	359
어휘 plus+ 노트	389

A

0001 哎哟 āiyō

㉠ 아야! 아이고
哎哟！疼死我了。
아야! 아파서 죽겠네.
哎哟！吓了我一跳。
아이고! 깜짝 놀랐다.

0002 挨 ái

㉢ ① ~을 당하다, ~을 받다
他挨了老师一顿批评。
그는 선생님께 야단을 맞았다.

② 어렵게 살아가다
㉤ 0017 熬, 拖 tuō
在医院里躺了半年，日子好难挨呀！
병원에 반년이나 누워 있었더니, 하루하루가 정말 힘겹구나!

③ 지체하다
快点把活儿干完，别再挨时间了。
어서 일을 마치자, 더 이상 시간을 지체하지 말고.

挨 āi

㉢ 인접하다, 붙어있다
她喜欢挨着我坐。
그녀는 나와 붙어 앉는 걸 좋아한다.

㉣ 순서대로, 차례대로
请大家挨个儿上车，不要挤。
여러분, 순서대로 타세요. 밀지 마시고요.

0003 癌症 áizhèng

㉢ 암
癌症并不是不可战胜的。
암은 결코 이겨낼 수 없는 것이 아니다.
癌症晚期的许多病人会有疼痛感。
많은 말기 암 환자들이 극심한 고통을 느낀다.

0004 爱不释手 àibúshìshǒu

㉥ 너무 좋아서 차마 손에서 놓지 못하다
㉤ 爱不忍释 àibùrěnshì
新买的游戏机令他爱不释手。
그는 새로 산 게임기에 빠져 한시도 손에서 놓지 못한다.
这本小说让很多读者爱不释手。
이 소설은 많은 독자에게 너무 재미있어서 손에서 놓지 못하게 한다.

0005 爱戴 àidài

㉢ 섬기다, 추대하다, 받들어 모시다, 우러러 모시다
㉤ 5급 敬爱 jìng'ài, 5급 热爱 rè'ài
㉦ 鄙视 bǐshì, 轻蔑 qīngmiè
公司上下都爱戴他。
회사의 윗사람과 아랫사람 모두 그를 섬긴다.
他是一位受人民爱戴的好总理。
그는 국민의 추대를 받는 훌륭한 총리이다.

爱戴·敬爱

• 爱戴 ㉢ 추대(하다), 받들어 모시다, 우러러 모시다
 ➡ 爱戴 + 领袖, 英雄, 伟人, 师长, 校长

• 敬爱 ㉢ 경애하다
 ➡ 敬爱 + 父母, 老师, 总理, 领袖, 英雄, 伟人

㉫ 두 단어 모두 아랫사람이 윗사람을, 군중이 지도자를, 젊은 사람이 연장자를 열렬히 사랑한다는 공통적인 뜻을 가지고 있다. 그러나 문장 속 쓰임에 있어 爱戴는 그 대상을 옹호하고 추대(戴)하는 것에 초점을 맞추고 있고, 敬爱는 그 대상을 존경(敬)하는 것에 초점을 맞추고 있다.

> 두 글자 중 한 글자만 다를 경우
> 그 다른 한 글자의 뜻에 집중하여 구분하는 것이 포인트!

Check
毛泽东是中国人民衷心（　　　）的领袖。
모택동은 중국인민들이 충심으로 받들어 모시는 지도자이다.
她是好老师，学生们都（　　　）她。
그녀는 좋은 선생님이라서 학생들은 모두 그녀를 경애한다.

답 爱戴 / 敬爱

0006 暧昧 àimèi

형 ① (의도·태도가) 애매하다, 불확실하다
对待这个问题，他的态度有点儿暧昧。
이 문제를 대하는 데 있어 그의 태도가 좀 애매하다.

② (행위가) 떳떳하지 못하다
他们之间的关系有些暧昧。
그들 간의 관계는 조금 떳떳하지 못하다.

0007 安居乐业 ānjū lèyè

성 안정된 생활을 하며 즐겁게 일하다
安居乐业是人们的共同愿望。
안정된 생활을 하며 즐겁게 일하는 것은 사람들의 공통된 바람이다.
该地区治安良好，人民安居乐业。
이 지역은 치안이 좋아서 사람들이 안정된 생활을 하며 즐겁게 일한다.

0008 安宁 ānníng

형 ① (질서가) 안정되다
유 5급 平静 píngjìng, 安定 āndìng, 宁静 níngjìng
반 0457 动荡, 0840 混乱
两国的边境很安宁。
두 나라의 국경지대는 매우 안정되었다.

② (마음이) 편하다, 안정되다
人们在安宁和祥和的氛围中欢度 huāndù 春节。
사람들은 편하고 화목한 분위기로 즐겁게 설을 보낸다.

0009 安详 ānxiáng

형 침착하다, 차분하다
유 5급 平静 píngjìng, 稳重 wěnzhòng
爷爷安详地睡着了。
할아버지께서는 편안하게 잠이 드셨다.
画中的女人神态十分安详。
그림 속 여인의 표정이 아주 차분하다.

0010 安置 ānzhì

동 (사람·사물을) 배치하다, 안치하다, 놓다
유 4급 安排 ānpái, 安顿 āndùn
请先把行李安置好。
우선 짐부터 갖다 놓으세요.
为了很好地安置失业人员，政府出台了很多政策。
실업인력을 효율적으로 운용하기 위해 정부는 여러 정책을 정식으로 공포하였다.

어휘 plus+ 安置·安排

· 安置 동 배치하다, 놓다
➡ 安置 + 待业青年, 灾民, 毕业生, 病人, 退伍军人 등의 구체명사

· 安排 동 안배하다, 배치하다, 스케줄을 짜다
➡ 安排 + 学习, 工作, 生活, 时间, 人 등의 구체명사, 추상명사 모두 가능

비교 두 단어 모두 '배치한다'는 의미로 비슷하게 보이지만 전혀 다른 뜻의 단어이다. 安置는 사람에게 적절한 직업이나 생활을 찾아준다는 뜻을 가지고 있고, 安排는 계획을 가지고 스케줄을 짠다는 뜻을 가지고 있다. 이밖에 安置는 사람 외에도 '물건을 적절한 위치에 놓다, 배치하다'라는 별도의 뜻도 가지고 있음을 명심하자.

> 한국어로 해석하면 차이가 없어 보이므로
> 그것으로 인해 혼동하지 말아야 하는 것이 포인트!

Check
每年暑假学校（　　　）学生们去参观博物馆。
매년 여름방학에 학교는 학생들이 박물관을 참관하도록 스케줄을 짠다.
政府的压力非常大，因为每年要（　　　）许多大学生。

정부의 부담이 엄청난데, 이는 매년 많은 대학생들을 배치해야 하기 때문이다.

🔖 安排 / 安置

0011 暗示 ànshì

동 암시하다
他不停地暗示她身边有危险。
그는 끊임없이 그녀의 신변에 위험이 도사리고 있음을 암시했다.

명 암시, 힌트
他用眼神给我暗示。
그는 눈빛으로 내게 암시를 줬다.

0012 案件 ànjiàn

명 안건, 사건
　유 案子 ànzi
警方正在调查这起案件。
경찰이 이 안건을 조사하고 있다.
这起重大的刑事案件震惊zhènjīng了全国。
이 중대한 형사사건이 전국을 뒤흔들어 놓았다.

0013 案例 ànlì

명 사례, 케이스
在法律上有很多这种案例。
법률상에 이러한 사례가 많다.
这是一起典型刑事案件的案例。
이것은 전형적인 형사사건 사례이다.

0014 按摩 ànmó

동 안마하다
她给我按摩了一下肩膀。
그녀가 내 어깨를 안마해줬다.
我每天晚上用洗面奶按摩面部。
나는 매일 저녁 클렌징크림으로 얼굴을 맛사지한다.

0015 昂贵 ángguì

형 비싸다
　유 2급 贵 guì
　반 2급 便宜 piányi, 低廉 dīlián, 贱 jiàn
这家商场的货品都特别昂贵。
이 백화점의 물건은 모두 너무 비싸다.
她戴着一条价值昂贵的钻石项链。
그녀는 값비싼 다이아몬드 목걸이를 차고 있다.

0016 凹凸 āotū

형 울퉁불퉁하다
乡间的土路凹凸不平。
시골 도로가 울퉁불퉁하다.
他脸上起了许多青春痘，皮肤凹凸不平。
그는 얼굴에 여드름이 너무 많이 나서 피부가 울퉁불퉁하다.

0017 熬 áo

동 ① 푹 삶다, 오래 끓이다
　유 5급 煮 zhǔ
妈妈熬的米粥很香。
엄마가 끓이는 흰죽 냄새가 아주 좋다.

② (통증·생활고 등을) 참다, 인내하다
苦日子他终于熬到头了。
고생스런 날을 그는 끝까지 참아냈다.

0018 奥秘 àomì

명 신비, 오묘함
　유 5급 秘密 mìmì, 奥妙 àomiào
他积极探索宇宙中的奥秘。
그는 적극적으로 우주의 신비를 탐구한다.
自然中尚有很多未解的奥秘。
자연 속에는 아직 풀리지 않은 신비가 많이 남아 있다.

plus+ 奥秘·秘密

- **奥秘** 명 신비, 오묘함
- **秘密** 명 비밀, 비밀스러운 일

비교 많은 문장에서 '신비'와 '비밀'이 별 차이 없이 쓰이는 경우도 많으나 이 두 단어는 그 속뜻이 전혀 다름을 꼭 집고 넘어가자! 奥秘는 아직 사람들에게 발견되지 않았거나 인식되지 않은 것을 가리키고, 秘密는 사람들에게 공개되지 않았거나 다른 사람이 모르는 것을 가리킨다.

아무리 쉬운 단어일지라도 그 속뜻을 한번쯤 되새겨보는 것이 포인트!

Check
你要严守我们之间的 (　　).
넌 우리 사이의 비밀을 잘 지켜야 해.
为了探索宇宙的 (　　), 我将来当科学家.
우주의 신비를 탐색하기 위해서, 나는 미래에 과학자가 될 거다.

답 秘密 / 奥秘

新HSK VOCA 5000 6급
B

0019 扒 bā

동 ① 파내다, 긁어내다, 캐내다
过去，这里经常有人扒坟盗墓。
과거에는 이곳에 매번 묘를 파는 도굴꾼이 있었다.

② 뜯어내다, 부수다
这一片的老房子都已经扒完了。
이 지역의 낡은 집들은 이미 다 철거되었다.

③ 벗기다, 벗어버리다
他把棉袄mián'ǎo一扒就干起活来。
그는 솜 저고리를 벗어버리고 일하기 시작했다.

plus+ 扒 pá

동 ① 긁어 모으다
她用手轻轻地把落叶扒开。
그녀는 손으로 살살 낙엽을 긁어 모으기 시작했다.

② 소매치기하다
她的钱包在公交车上被小偷扒走了。
그녀는 버스 안에서 좀도둑에게 지갑을 소매치기 당했다.

0020 疤 bā

명 상처, 흉터, (물건에 생긴) 흠
伤口虽然好了，但却留下了疤。
상처는 다 나았지만, 흉터가 남았다.
别致的花瓶外沿有块疤，真可惜。
독특한 꽃병의 가장자리에 흠집이 있어서 정말 아쉽다.

0021 巴不得 bābude

동 갈망하다, 간절히 원하다
他巴不得立刻回家。
그는 곧장 집으로 돌아가기를 원한다.
大家都巴不得他赶快离开。
모두가 그 사람이 빨리 떠나길 바란다.

plus+ 恨不得·巴不得
0783 恨不得 참고

0022 巴结 bājie

동 아첨하다, 비위를 맞추다
유 0336 吹捧, 谄媚 chǎnmèi, 拍马屁 pāimǎpì, 讨好 tǎohǎo

他非常善于巴结上司。
그는 상관의 비위를 맞추는 데에 매우 능숙하다.
他巴结领导的那副嘴脸真让人恶心。
그가 상사에게 아첨하는 그 모습은 정말 사람을 역겹게 한다.

0023 拔苗助长 bámiáo zhùzhǎng

[성] 급하게 하려다가 일을 그르치다

[유] 揠苗助长 yàmiáo zhùzhǎng

我们应该防范拔苗助长的趋势。
우리는 마땅히 급하게 하려다 일을 그르치는 추세를 경계해야 한다.

拔苗助长是很愚蠢yúchǔn的行为。
서두르다가 일을 그르치는 것은 매우 어리석은 짓이다.

> **TIP**
> 拔苗助长 = 揠苗助长
>
> ※ 揠 yà 는 '뽑다'라는 뜻으로 拔 bá 와 같은 뜻이다.
>
> 이 성어는 전국(戰國)시대 송(宋)나라에 어떤 사람이 벼 이삭이 너무 더디게 자란다고 손으로 이삭을 조금씩 뽑아서 빨리 자라게 하였다는 고사에서 유래하였다. 손으로 이삭을 조금씩 뽑으면 결국에는 이삭이 죽어버릴 것이므로 이 성어는 일을 급하게 하려다 오히려 일을 그르친다는 뜻으로 많이 쓰인다.

0024 把关 bǎ//guān

[동] ① 중요한 곳을 지키다, 길목을 지키다, 책임을 지다

毕业生班由安排好的老师负责把关。
졸업생반은 배정을 잘하는 선생님이 책임을 진다.

② (엄격하게) 검사하다

所有产品出厂前都经质监部门严格把关。
모든 상품은 출고 전에 모두 품질 감독부를 거쳐 엄격하게 검사한다.

你一定要在公司财务方面把好关。
당신은 반드시 회사의 재무방면에서 엄격하게 검사해야 한다.

0025 把手 bǎshou

[명] 핸들, 손잡이

[유] 拉手 lāshou

门把手上有很多细菌。
문의 손잡이에는 세균이 많다.

书柜门上的把手坏了，你修一修。
책장 문의 손잡이가 고장 났으니 당신이 좀 고쳐주세요.

0026 把戏 bǎxì

[명] ① 잡기, 서커스

我们在广场上看玩把戏了。
우리는 광장에서 서커스를 보며 놀았다.

② (사람을 속이는) 수작, 수단, 농간

[유] 花招 huāzhāo, 伎俩 jìliǎng

他那点儿把戏蒙不了人。
그의 그런 농간으로는 누구도 속일 수 없다.

0027 霸道 bàdào

[형] 난폭하다, 포악하다

他是我们村里最霸道的人。
그는 우리 마을에서 가장 난폭한 사람이다.

他仗着有些权势就横行héngxíng霸道，欺压百姓。
그는 권세에 의지해 제멋대로 날뛰며 백성들을 억압했다.

 霸道 bàdao

[형] 세차다, 사납다, 심하다

他说话太霸道，不讲理。
그는 심하게만 말하고 이치에는 맞지 않는다.

0028 罢工 bà//gōng

[동] 동맹파업하다

工人们为了讨回工资而罢工。
노동자들은 임금인상을 위한 파업을 했다.

全国的铁路工人举行了大罢工。
전국의 철도 노동자들이 대규모 동맹파업에 돌입했다.

他以前罢过工。
그는 예전에 동맹파업을 한 적이 있다.

0029 掰 bāi

[동] (손으로 물건을) 가르다, 나누다

他把苹果掰成了两半。
그가 사과를 두 쪽으로 쪼갰다.

两个东西粘在一起了根本掰不开。
두 개가 찰싹 들러붙어 있어 아예 떼어낼 수가 없다.

0030 百分点 bǎifēndiǎn

몡 퍼센트

统计一下今年的销售增长额比去年高几个百分点。
올해 매출 상승액이 작년에 비해 몇 퍼센트 올랐는지 통계를 내주세요.

这个季度的营业额比去年同期增长了2.7个百分点。
이번 분기의 영업액은 작년 동기에 비해 2.7퍼센트 증가했다.

0031 摆脱 bǎituō

동 벗어나다, 빠져나오다

他终于摆脱了精神枷锁jiāsuǒ。
그는 마침내 정신적 속박에서 벗어났다.

那个小孩儿总想摆脱父母的束缚shùfù。
그 아이는 줄곧 부모의 구속에서 벗어나고 싶어한다.

0032 拜访 bàifǎng

동 방문하다

유 4급 访问 fǎngwèn

我要去拜访一位老朋友。
나는 옛 친구를 보러 갈 것이다.

感谢您在百忙之中抽空来拜访我。
바쁘신 중에 시간을 내어 방문주셔서 감사합니다.

0033 拜年 bài//nián

동 세배하다, 새해인사를 드리다

大年初一，亲朋好友互相拜年。
설날에는 친한 친구 간에 서로 새해인사를 나눈다.

给爷爷奶奶拜年总能收到压岁钱。
할아버지와 할머니께 세배를 드리면 항상 세뱃돈을 받을 수 있다.

我给爷爷拜过年了。나는 할아버지께 세배를 드렸다.

0034 拜托 bàituō

동 부탁하다

这件事就拜托您了。
이 일을 당신에게 부탁합니다.

拜托您照看一下我的孩子。
우리 아이를 잠깐 돌봐주시기를 부탁합니다.

0035 败坏 bàihuài

동 손상시키다, 망치다

유 5급 破坏 pòhuài, 2257 糟蹋, 损害 sǔnhài

你不能做败坏风俗的事情。
너는 풍속을 망치는 일을 하면 안 된다.

他的行为严重败坏了学校的风气。
그의 행동은 학풍을 심각하게 훼손했다.

0036 颁布 bānbù

동 반포하다, 공포하다

유 5급 公布 gōngbù, 5급 宣布 xuānbù, 0037 颁发, 0507 发布

针对这些社会问题要颁布相应的法律法规。
이러한 사회문제들을 겨냥해서 상응하는 법률법규를 반포해야 한다.

新颁布的法令对这一问题做出了明确的界定。
새로 공포한 법령은 이 문제에 대해서 명확한 경계를 그었다.

plus+ 颁布·公布

· 颁布 동 반포하다, 공포하다
  ➡ 颁布 + 宪法, 法令, 命令, 条例

· 公布 동 공포하다, 공표하다
  ➡ 公布 + 法令, 纲领, 条例, 方案, 名单, 成绩, 结果

비교 颁布는 주로 정부가 장중하고 엄중한 상황에서 위에서 밑으로 일방적으로 알려주고 하달하는(颁) 것을 가리키고 주로 서면어에 많이 사용되며, 公布는 정부뿐만 아니라 일반기관, 단체들이 공개적(公)으로 많은 사람에게 알게 하는 것을 가리키는데 서면어, 구어 모두에 사용된다.

> 두 글자 중 한 글자만 다를 경우
> 그 다른 한 글자의 뜻에 집중하여 구분하는 것이 포인트!

Check
期末考试的成绩一个星期以后才能（　　　　）。
기말고사의 성적이 일주일 후에야 비로소 공표된다.
政府（　　　　）了战时命令。
정부가 전시 명령을 반포했다.

答 公布 / 颁布

0037 颁发 bānfā

동 ① (명령·지시·정책을) 공포하다, 하달하다
市长给她颁发了任命书。
시장이 그녀에게 임명서를 하달했다.

② (훈장·상장·증서를) 수여하다
校长向三好学生颁发了荣誉证书。
교장은 모범학생에게 명예증서를 수여했다.

0038 斑纹 bānwén

명 얼룩무늬
老虎身上有斑纹。
호랑이 몸에 얼룩무늬가 있다.
斑马身上的斑纹很漂亮。
얼룩말의 얼룩무늬가 아름답다.

0039 版本 bǎnběn

명 판본
《论语》一书有多种版本。
≪논어≫란 책은 여러 판본이 있다.
这本书刚刚发行了最新版本。
이 책은 막 최신판이 발행되었다.

0040 半途而废 bàntú'érfèi

성 일을 중도에 그만두다, 도중에 포기하다
유 功亏一篑 gōngkuī yíkuì, 前功尽弃 qiángōng jìnqì
반 坚持不懈 jiānchí búxiè

他缺乏毅力，做事经常半途而废。
그는 끈기가 없어서, 일할 때 자주 중도에 포기해버린다.
做事应当有始有终，不可半途而废。
일할 때는 반드시 시작과 끝이 있어야지, 도중에 포기하면 안 된다.

0041 伴侣 bànlǚ

명 ① 배우자, 반려자
유 夫妻 fūqī
她是他的终生伴侣。
그녀는 그의 일생의 반려자이다.

② 동반자, 동료, 짝
유 1급 朋友 péngyou, 5급 伙伴 huǒbàn, 同伴 tóngbàn
旅途上有你做伴侣，太幸福了。
여행길에 당신이라는 동반자가 있어서 정말 행복하다.

0042 伴随 bànsuí

동 따라가다, 함께 가다, 동반하다
유 0663 跟随, 陪伴 péibàn, 陪同 péitóng
伴随他的只有寂寞和孤独。
그와 함께 하는 것은 오로지 외로움과 고독뿐이다.
她伴随着美妙的音乐翩翩起舞。
그녀는 아름다운 음악에 맞춰 경쾌하게 춤을 추기 시작했다.

 plus+ 跟随·伴随
0663 跟随 참고

0043 扮演 bànyǎn

동 역을 맡다, 출연하다
유 演 yǎn
在这出戏中谁扮演女巫nǚwū?
이 연극에서 누가 여자 무당 역할을 맡았습니까?
在这部电影中，他扮演了一个反派角色。
이 영화에서 그는 악역을 맡았다.

0044 **绑架** bǎngjià

동 납치하다, 인질로 잡다
听说他的儿子被绑架了。
듣자니 그의 아들이 납치됐다고 한다.
恐怖分子绑架了两名中国人质。
테러리스트가 중국인 두 명을 인질로 잡았다.

0045 **榜样** bǎngyàng

명 본보기, 모범, 귀감
유 1285 模范, 典范 diǎnfàn
父母是孩子的榜样。
부모는 아이의 본보기이다.
榜样的力量是无穷的。
본보기의 효력은 무한한 것이다.

榜样・模范

・榜样 명 본보기, 모범, 귀감
・模范 명 모범
　　　형 모범적인, 모범이 되는

비교 두 단어 모두 본받을 만하고, 배울 만한 가치가 있는 사람이라는 뜻을 가지고 있으나, 榜样은 사람 이외에도 표준이 될 만한 일이나 모습에 쓰이고 나쁜 의미의 본보기로 쓰이기도 한다. 模范은 형용사적 용법도 가지고 있어서 '模范工作者(모범노동자)'같은 칭호에 쓰이기도 한다.

좋은 뜻(褒义)뿐만 아니라
나쁜 뜻(贬义)의 의미를 가진 단어를 파악하는 것이 포인트!

Check
他是一个（　　　）的儿子。
그는 모범적인 아들이다.
树立（　　　）是发展公司的最好方法。
본보기를 수립하는 것은 회사를 발전시키는 가장 좋은 방법이다.

답 模范 / 榜样

0046 **磅** bàng

양 파운드(pound) [0.453kg에 해당함]
磅属英美制重量单位。
파운드는 영미의 중량을 재는 단위에 속한다.

명 저울
把这些大白菜放到磅上称一下。
이 배추들을 저울에 놓고 좀 달아봐주세요.

0047 **包庇** bāobì

동 (나쁜 일을) 감싸주다, 비호하다
我不会再包庇你了。
난 다시는 너를 감싸주지 않을 거다.
你这样包庇他，就是在助纣为虐zhùzhòu wéinüè。
네가 이렇게 그를 감싸는 것은 나쁜 일을 돕는 것이나 마찬가지다.

0048 **包袱** bāofu

명 ① 보따리
유 3급 包 bāo, 5급 包裹 bāoguǒ
她无论去哪儿都带个大包袱。
그녀는 어디에 가든지 항상 큰 보따리를 들고 다닌다.

② 부담, 짐
유 0615 负担
沉重chénzhòng的思想包袱让他精神压力过大。
무거운 부담으로 그는 정신적 스트레스가 너무 크다.

0049 **包围** bāowéi

동 포위하다, 둘러싸다
유 5급 围绕 wéirào, 围困 wéikùn
반 突围 tūwéi
敌人已被我军重重包围。
적군은 이미 우리 군에게 완전히 포위되었다.
投降吧，你已经被包围了！
항복해라, 너는 이미 포위됐다!

笼罩・包围
1201 笼罩 참고

0050 包装 bāozhuāng

동 ① (물건을) 포장하다
他把礼物包装好送给女朋友了。
그는 선물을 잘 포장해서 여자친구한테 선물했다.

② (사람이나 물건을) 포장하다, 잘 꾸미다
这位艺人经过包装之后像是变了个人。
이 연예인은 꾸미고 난 후, 마치 딴사람같이 변했다.

명 포장
这瓶香水的包装十分精美。
이 향수의 포장은 아주 정교하고 아름답다.

0051 饱和 bǎohé

형 충분하다, 포화상태이다
饱和溶液浓度计算问题很容易。
포화용액의 농도 계산문제는 매우 쉽다.
目前打印机的供应在市场上已经接近饱和。
현재 프린터의 공급은 시장에서 이미 포화상태에 이르렀다.

0052 饱经沧桑 bǎojīng cāngsāng

성 세상만사 변화를 실컷 경험하다
只看一眼便知他是一位饱经沧桑的人。
한눈에 봐도 그는 세상만사 다 겪은 사람이라는 것을 알 수 있다.
从她那饱经沧桑的脸上可以看出来，这几年她过得很辛苦。
그녀의 그 세상만사 다 겪은 얼굴에서 최근 그녀의 생활이 매우 고달팠음을 알 수 있다.

0053 保管 bǎoguǎn

동 ① 보관하다
유 4급 管理 guǎnlǐ, 5급 保存 bǎocún,
5급 保留 bǎoliú
单位里重要的资料都由她保管。
회사의 중요한 자료는 모두 그녀가 보관하고 있다.

② 틀림없이 ~하게 되다, 확실히 보증하다
유 4급 保证 bǎozhèng, 5급 保险 bǎoxiǎn

这事我来做，保管让您满意。
이 일은 저한테 맡기세요, 당신도 틀림없이 만족하실 겁니다.

명 보관인, 보관자
 保管员 bǎoguǎnyuán, 管理员 guǎnlǐyuán
她是仓库的保管员，做事尽职尽责。
그녀는 창고 관리자로서 직무와 책임을 다해 일한다.

어휘 plus+

保管·保存·保留

· 保管 동 보관하다
➡ 保管 + 食品, 图书, 粮食, 财物, 资料 등의 구체명사

· 保存 동 보존하다, 유지하다
➡ 保存 + 遗物, 文物, 书籍, 文化, 古迹 등의 문화유적이나 문물

· 保留 동 보존하다
➡ 保留 + 传统, 风俗, 权利, 风味 등의 추상명사

비교 세 단어 모두 어떠한 대상을 보호한다는 의미를 가지고 있으나 구체적인 뜻은 조금씩 다르다. 保管은 구체적인 물건을 보호하고 관리한다는 뜻이고, 保存은 체력, 음식물, 유형문화 등이 소실되거나 상처입지 않도록 보존한다는 뜻이며, 保留는 무형문화 모습들이 원래의 모습을 유지하면서 변하지 않도록 한다는 뜻을 가지고 있다.

이러한 단어들은 단어의 구체적인 뜻 외에도 같이 쓰이는 목적어를 알아두는 것이 포인트!

Check

我的老家还（　　）着五十年前的风俗。
우리 고향은 아직 50년 전의 풍습이 남아있다.
我们的（　　）员是个认真的人。
우리의 관리인은 성실한 사람이다.
在马拉松比赛中（　　）体力很重要。
마라톤 경기 중에는 체력을 유지하는 것이 매우 중요하다.

답 保留 / 保管 / 保存

0054 保密 bǎo//mì

동 비밀을 지키다

반 失密 shīmì, 泄密 xièmì

公司的文件一定要保密。
회사의 문건은 반드시 비밀을 지켜야 한다.

这件事情一定要替我保密。
이 일은 내 대신 꼭 비밀로 해주세요.

这件事我保不了密。
이 일은 내가 비밀을 지킬 수 없다.

0055 保姆 bǎomǔ

명 보모, 가정부

她是我们家的保姆。
그녀는 우리집 가사 도우미이다.

她请了一个保姆来照顾孩子。
그녀는 보모를 구해 아이를 돌보게 했다.

0056 保守 bǎoshǒu

동 지키다

放心吧，我一定会为你保守秘密的。
걱정 마, 내가 널 위해 꼭 비밀을 지킬게.

형 보수적이다

유 守旧 shǒujiù

반 5급 进步 jìnbù, 1057 开明, 激进 jījìn

她的思想过于保守。
그녀의 사상은 지나치게 보수적이다.

0057 保卫 bǎowèi

동 보위하다, 지키다

유 4급 保护 bǎohù, 0757 捍卫

将士们为保卫祖国献出了生命。
장병들은 조국을 보위하기 위해서 목숨을 바쳤다.

不管是奉节过年的时候，不管是奉国欢庆的时候，总是您在保卫着祖国的边疆。
설을 쇠거나 경축할 때를 막론하고, 늘 당신은 조국의 변방을 지킨다.

어휘 plus+

保卫・保护

- 保卫 **동** 보위하다, 지키다
  ➡ 保卫 + 领土, 领空, 边疆, 祖国

- 保护 **동** 보호하다
  ➡ 保护 + 环境, 儿童, 身体, 眼睛, 视力 등의 구체명사와 추상명사

비교 이 두 단어 모두 보호한다는 의미를 가진 단어이나, 保卫는 보호하고 침범하지 못하게 지키는(卫) 데 초점이 맞춰져 있고, 保护는 보살피고(护) 상처입지 않도록 하는 데 초점이 맞춰져 있다.

두 글자 중 한 글자만 다를 경우 그 다른 한 글자의 뜻에 집중하여 구분하는 것이 포인트!

Check

( ) 野生动物引起全球的重视。
야생동물을 보호하는 것은 전 세계의 주목을 받는다.

( ) 领海是海军的任务。
영해를 보위하는 것은 해군의 임무이다.

답 保护 / 保卫

0058 保养 bǎoyǎng

동 ① 보양하다

유 4급 保护 bǎohù, 调理 tiáolǐ, 调养 tiáoyǎng

她在保养皮肤方面下了很大的功夫。
그녀는 피부를 관리하는 데 많은 노력을 기울인다.

② 보호하고 손질하다

他定期把车送去保养。
그는 정기적으로 차를 수리하러 간다.

0059 保障 bǎozhàng

동 보장하다

유 4급 保证 bǎozhèng

政府为保障人民的生命、财产、安全做出了巨大的努力。
정부는 국민의 생명, 재산, 안전을 보장하기 위해서 많은 노력을 했다.

명 보호수단, 보호책, 안전장치

安定的社会环境是经济发展的有利保障。
안정된 사회환경은 경제발전의 유리한 보호수단이다.

保障・保证

- **保障** 동 보장하다
  ➡ 保障 + 国家和人民的利益, 生命, 自由, 权利, 安全, 财产 등의 추상명사
- **保证** 동 보증하다, 담보하다
  ➡ 保证 + 完成工作, 完成计划, 任务, 行动 등의 동사성 단어

비교 이 두 단어는 각각 '보장하다'와 '보증하다'라는 뜻으로는 전혀 구별되지 않는데, 保障은 대체적으로 법적으로 보호받고 손해를 보지 않도록 '보장'하는 것이고, 保证은 반드시 해내거나 책임지고 완성하겠다는 뜻으로 '~을 해보겠다'는 의지의 표명에 더 가깝다고 할 수 있다.

뜻과 병음까지 비슷한 단어들은 한 단어만이라도 확실하게 알아두는 것이 포인트!

Check
我的女儿向老师（　　　）以后努力学习。
내 딸은 선생님에게 이후에 열심히 공부하겠다고 다짐했다.
法律（　　　）人民的权利。
법률은 인민의 권리를 보장한다.

답 保证 / 保障

0060 保重 bǎozhòng

동 건강에 주의하다

请你多多保重！
몸조심 하십시오!
临走之前他让她保重身体。
가기 전에 그는 그녀에게 건강에 주의하도록 했다.

0061 抱负 bàofù

명 포부, 원대한 뜻
유 4급 理想 lǐxiǎng, 雄心 xióngxīn, 志向 zhìxiàng

他是一个有抱负的年轻人。
그는 원대한 뜻을 가진 젊은이다.
远大的抱负是使人发展的动力。
원대한 포부는 사람이 발전하게 하는 원동력이다.

0062 抱怨 bàoyuàn

동 원망하다, 불평하다
유 1228 埋怨, 2264 责怪, 不满 bùmǎn, 怨恨 yuànhèn

不要老抱怨别人。
자꾸 남을 원망하지 마.
我有什么可抱怨的?
내가 원망할 게 뭐가 있겠니?

0063 报仇 bào//chóu

동 복수하다, 보복하다, 원수를 갚다
유 0067 报复 반 报恩 bào'ēn

他想替哥哥报仇。
그는 형을 대신해서 복수하고 싶어한다.
君子报仇，十年不晚。
군자가 원수를 갚는 데에는 10년이 걸려도 늦지 않다.
我已经报了仇。
나는 이미 원수를 갚았다.

0064 报酬 bàochou

명 보수, 사례금, 수고비
유 4급 工资 gōngzī, 酬金 chóujīn, 酬劳 chóuláo

他从来不计较报酬。
그는 지금껏 보수를 따지지 않았다.
这是你应得的报酬。
이것은 네가 마땅히 받아야 할 보수이다.

0065 报答 bàodá

동 보답하다, 감사를 표하다
유 0064 报酬, 报偿 bàocháng, 酬谢 chóuxiè

我一定会报答你的。 나는 꼭 너한테 보답할 거다.
我们要报答父母的养育之恩。
우리는 부모의 길러 주신 은혜에 감사를 표해야 한다.

0066 报到 bào//dào

동 도착했음을 보고하다, 도착 등록을 하다
유 签到 qiāndào

今天是新生报到的日子。
오늘은 신입생 등록을 하는 날이다.
下周一报到的时候要带上个人相关资料。
다음 주 월요일 도착 보고를 할 때 개인 자료를 가져오세요.
我在对面的办公室已经报过到了。
나는 맞은편 사무실에서 이미 도착 보고를 했다.

0067 报复 bàofù

동 보복하다
유 复仇 fùchóu　반 4급 原谅 yuánliàng
我知道她一定要报复。
나는 그녀가 꼭 보복하리란 것을 안다.

명 보복, 앙갚음
采取非法的报复行动是要付出代价的。
비합법적인 보복 행동을 취한다면 대가를 치르게 될 거다.

0068 报社 bàoshè

명 신문사
他父亲是报社的总编。
그의 아버지께서는 신문사 편집장이시다.
他在一家报社找到了工作。
그는 신문사에서 일을 찾았다.

0069 报销 bàoxiāo

동 ① 결산하다, 청구하다
유 报账 bàozhàng, 销账 xiāozhàng
出差的一切费用单位都报销。
출장에서의 모든 비용은 다 회사에 청구한다.

② 제거하다
他轻而易举地就报销了两个敌人。
그는 수월하게 두 명의 적을 제거했다.

0070 爆发 bàofā

동 (어떤 일이 갑자기) 폭발하다, 일어나다, 발생하다
유 4급 发生 fāshēng, 突发 tūfā

他忍无可忍，终于爆发了。
그는 더 이상 참을 수가 없어 결국 폭발했다.
战争一旦爆发，后果将不堪设想。
전쟁이 일단 발발하면 결과는 상상도 할 수 없을 것이다.

0071 爆炸 bàozhà

동 ① 터지다, 폭발하다
유 轰炸 hōngzhà
烟花爆竹导致仓库爆炸了。
불꽃놀이 폭죽이 창고에 폭발을 초래했다.

② 폭발하다, 급증하다
这是一个信息爆炸的时代。
지금은 정보가 급증하는 시대이다.

0072 曝光 bàoguāng

동 ① (사진기에) 노출하다
画面太暗了，可能曝光不足。
화면이 너무 어두운 것은 아마 노출이 부족해서 일 거다.

② 폭로하다, 노출하다
艺人王丽的私生子被曝光，引起大众的广泛关注。
연예인 왕리의 사생아가 밝혀져, 대중의 엄청난 관심이 일었다.

0073 暴力 bàolì

명 ① 폭력, 무력
她经常遭受家庭暴力。
그녀는 자주 가정폭력을 당했다.

② 국가의 강제적인 힘, 공권력
他们决定通过暴力革命来夺取政权。
그들은 폭력혁명을 통해서 권력을 빼앗기로 결정했다.

0074 暴露 bàolù

동 폭로하다, 드러내다
유 0964 揭露, 1995 泄露, 披露 pīlù, 泄漏 xièlòu
반 2166 隐蔽, 隐藏 yǐncáng

他的前期行踪已经暴露。
그의 이전 행적이 이미 폭로되었다.
在聚光灯jùguāngdēng前，她脸上的瑕疵xiácī暴露无遗。
스포트라이트 앞에서 그녀 얼굴의 잡티가 남김없이 다 드러났다.

0075 悲哀 bēi'āi

형 슬프다, 상심하다

유 3급 难过 nánguò, 4급 伤心 shāngxīn, 0076 悲惨, 哀伤 āishāng, 悲痛 bēitòng, 悲伤 bēishāng
반 1급 高兴 gāoxìng, 5급 开心 kāixīn, 5급 愉快 yúkuài, 0815 欢乐, 1934 喜悦

对于父亲的离世她感到非常悲哀。
아버지의 영면에 그녀는 매우 슬퍼했다.
富二代怎能理解农村失学儿童的悲哀。
재벌 2세가 어찌 배움의 기회를 잃은 아동들의 슬픔을 이해할 수 있으랴.

0076 悲惨 bēicǎn

형 비참하다, 비통하다

유 0075 悲哀, 惨痛 cǎntòng, 凄惨 qīcǎn
반 5급 开心 kāixīn, 5급 愉快 yúkuài, 0815 欢乐, 欢喜 huānxǐ, 愉悦 yúyuè

她有着悲惨的过去。
그녀는 비참한 과거를 가지고 있다.
她悲惨的遭遇zāoyù令人同情。
그녀의 비참한 처지는 사람의 동정을 불러일으킨다.

0077 卑鄙 bēibǐ

형 언행이 비열하다, 졸렬하다

유 1898 无耻, 下流 xiàliú
반 0299 崇高, 0645 高尚, 高贵 gāoguì

他是个卑鄙小人。
그는 비열한 소인배이다.
陷害别人真是卑鄙无耻的行为。
남을 모함하는 것은 정말이지 악랄하고 파렴치한 행위이다.

0078 北极 běijí

명 북극

北极圈有白昼现象。
북극권에서는 백야현상이 나타난다.
探险队员终于到达了北极。
탐험대원이 마침내 북극에 도착했다.

0079 被动 bèidòng

형 피동적이다, 수동적이다, 소극적이다

유 1982 消极, 被迫 bèipò
반 4급 主动 zhǔdòng

这样一来，我军就被动了。
이렇게 하다 보니, 우리 군은 수동적이게 되었다.
在感情中，她常处于被动地位。
감정에 있어서 그녀는 늘 소극적인 위치에 있다.

0080 被告 bèigào

명 피고

반 2226 原告

被告被判无罪。
피고는 무죄 판결을 받았다.
被告声称自己是被冤枉yuānwang的。
피고는 자신은 억울하게 당했다고 주장했다.

0081 背叛 bèipàn

동 배반하다, 배신하다

유 反叛 fǎnpàn, 叛变 pànbiàn, 叛离 pànlí
반 归顺 guīshùn, 忠于 zhōngyú

他在战争中背叛了祖国。
그는 전쟁 중에 조국을 배반했다.
他竟然背叛了自己的老朋友。
그는 뜻밖에도 자신의 오랜 친구를 배신했다.

0082 背诵 bèisòng

동 암송하다, 외우다

유 5급 背 bèi

背诵诗歌可以陶冶táoyě情操。
시가를 암송하면 정서를 수양할 수 있다.
她每天早晨都到公园里背诵课文。
그녀는 매일 새벽에 공원에 가서 본문을 암기한다.

0083 **备份** bèifèn

명 예비분, 백업본
我已经在电脑里存了一份备份。
나는 이미 컴퓨터에 백업본을 저장해두었다.

동 예비분을 복제하다, 백업하다
把这些资料备份一下。
이 자료를 백업해 두세요.

0084 **备忘录** bèiwànglù

명 비망록
备忘录不见了。
비망록이 없어졌다.
她把所有重要的事都记在备忘录上。
그녀는 모든 중요한 일을 다 비망록에 기록했다.

0085 **贝壳** bèiké

명 조가비
我到海边去拾贝壳。
나는 해변에 가서 조가비를 주웠다.
海滩上留下了很多贝壳。
해변의 모래사장에는 조가비가 많이 남아있다.

0086 **奔波** bēnbō

동 분주히 뛰어다니다, 분주하다
为了养家糊口，他常年在外奔波。
가족을 부양하기 위해 그는 오랜 기간 밖에서 바쁘게 뛰어다녔다.
长时间的奔波劳碌让她变得很憔悴qiáocuì。
장시간 분주히 고생하여 그녀의 얼굴이 초췌해졌다.

0087 **奔驰** bēnchí

동 (차·말이) 질주하다, 폭주하다
유 飞驰 fēichí, 疾驰 jíchí
汽车在高速公路上奔驰。
자동차가 고속도로에서 질주한다.
骏马在一望无际的草原上奔驰着。
준마가 끝없이 넓은 초원 위를 나는 듯이 질주하고 있다.

0088 **本能** běnnéng

명 본능
유 本性 běnxìng
婴儿啼哭是出于本能。
갓난아이가 우는 것은 본능에서 나온 것이다.
人类有两种最基本的本能，生与死。
인류에게는 두 종류의 가장 기본적인 본능, 생과 사가 있다.

0089 **本钱** běnqián

명 ① (장사·도박에서의) 본전, 원금, 자본금
我的本钱都赔光了。
나는 본전을 몽땅 들어 먹었다.

② (믿을 만한 자력·능력·조건 등의) 밑천, 자본
她没有本钱进行自主创业。
그녀는 밑천 없이 스스로 창업을 진행해나갔다.

0090 **本人** běnrén

대 ① 1인칭의 나, 본인
유 1급 我 wǒ
对这件事，本人持反对意见。
이 일에 대해 나는 반대 의견을 가지고 있다.

② 사건의 본인, 당사자
持本人身份证来办理相关手续。
본인의 신분증을 가지고 관련 수속을 하세요.

0091 本身 běnshēn

[대] 그 자신, 그 자체
- [유] 3급 自己 zìjǐ, 自身 zìshēn

能活下来本身就是个奇迹。
살아남을 수 있다는 그 자체가 바로 기적이다.

事情本身并没有你想得那么复杂。
일 그 자체는 네가 생각하는 것처럼 그렇게 복잡하지 않다.

0092 本事 běnshi

[명] 재능, 능력, 기능
- [유] 5급 本领 běnlǐng

他是一个很有本事的人。
그는 매우 재능 있는 사람이다.

要取得成功，得凭真本事。
성공하려면 진정한 능력에 기대야 한다.

0093 本着 běnzhe

[전] ~에 의거하여, ~에 근거하여
- [유] 3급 根据 gēnjù, 4급 按照 ànzhào, 2492 遵循, 按着 ànzhe

她总是本着实事求是的原则来处理问题。
그녀는 늘 실사구시의 원칙에 의거하여 문제를 처리한다.

本着为人民服务的精神，政府工作人员应该为百姓办实事。
국민을 위한 서비스 정신에 의거하여, 정부 공직자들은 국민을 위해 실제적인 일을 해야 한다.

0094 笨拙 bènzhuō

[형] 멍청하다, 우둔하다
- [유] 4급 笨 bèn
- [반] 3급 聪明 cōngming, 5급 灵活 línghuó, 1182 灵敏, 1183 伶俐, 1273 敏捷

她是个手脚笨拙的人。
그녀는 행동이 둔한 사람이다.

他太胖了，行动起来很笨拙。
그는 너무 뚱뚱해서 행동이 매우 둔하다.

0095 崩溃 bēngkuì

[동] (정치·경제·군사·정신 등이) 붕괴하다, 무너지다
- [유] 0976 解体, 1839 瓦解, 垮台 kuǎtái

她的精神彻底地崩溃了。
그녀의 정신세계는 완전히 무너졌다.

国内经济已经陷入崩溃的境地。
국내 경제는 이미 붕괴될 지경에 이르렀다.

0096 甭 béng

[부] ~할 필요가 없다, ~하지 마라

甭客气，咱俩谁跟谁呀。
우리 둘 사이에 예의 차릴 필요 없잖아.

他发脾气的时候甭理他。
그가 성질부릴 때에는 그를 상대하지 마라.

0097 蹦 bèng

[동] 뛰어오르다, 뛰다
- [유] 1793 跳跃, 跳 tiào, 跃 yuè

那个小孩儿可以蹦得很高。
그 아이는 아주 높이 뛸 수 있다.

这些鲤鱼都是活活的，还在蹦呢。
이 잉어들 정말 싱싱하네, 아직도 뛰어오르고 있잖아.

0098 迸发 bèngfā

[동] 솟아나다, 밖으로 내뿜다

她身上迸发出无限活力。
그녀에게서는 무한한 활력이 솟아난다.

观众席上迸发出一阵阵笑声。
관중석에서 간간이 웃음소리가 난다.

0099 逼迫 bīpò

[동] 핍박하다, 강요하다
- [유] 1454 强制, 1457 强迫, 迫使 pòshǐ

生活的艰辛逼迫了他放下尊严。
고생스러운 생활이 그를 핍박하여 존엄을 포기하게 했다.

歹徒dǎitú逼迫他掏出身上所有的钱。
강도의 강요에 그는 가진 돈을 모두 내놓았다.

0100 **鼻涕** bítì

명 콧물

她感冒了，直流鼻涕。
그녀는 감기에 걸려 자꾸 콧물이 흘렀다.

小女孩儿正拿着面巾纸擦鼻涕。
어린 여자아이가 화장지로 콧물을 닦고 있다.

0101 **比方** bǐfang

명 비유, 예

他打了个生动又贴切tiēqiè的比方。
그는 생동적이면서 적절한 예를 들었다.

접 ① 예를 들어, 예컨대
她爱好广泛，比方说看书等。
그녀의 취미는 광범위한데, 예를 들면 책을 보는 것 등을 말할 수 있다.

② 만약, 만일
比方我有事求你，你不会见死不救吧?
만약 내가 네게 부탁할 일이 있다면, 모른 척하지 않을 거지?

0102 **比喻** bǐyù

명 비유

유 0101 比方, 比拟 bǐnǐ

比喻是一种常用的修辞xiūcí手法。
비유는 자주 사용되는 수사 수법이다.

동 비유하다

人们常把眼睛比喻为心灵的窗户。
사람들은 종종 눈을 마음의 창에 비유한다.

0103 **比重** bǐzhòng

명 비중 [전체에서 차지하는 분량]

她在我心里占有很大的比重。

그녀는 내 마음 속에서 많은 비중을 차지한다.

你要知道金子的比重是多少。
너는 금의 비중이 얼마인지 알아야 한다.

0104 **臂** bì

명 팔

유 胳臂 gēbei

我小时候右臂被烫伤了。
나는 어렸을 때 오른쪽 팔에 화상을 입었다.

他的力量很强，我不敢和他比臂力。
그는 힘이 세서, 나는 감히 그와 팔 힘을 겨룰 수 없다.

0105 **弊病** bìbìng

명 폐단, 결함

유 5급 毛病 máobìng, 0106 弊端, 害处 hàichu

这种做法的弊病显而易见。
이런 방법의 폐단은 명백히 알 수 있다.

虚伪xūwěi是现代社会人们的弊病。
위선은 현대사회 사람들의 결함이다.

0106 **弊端** bìduān

명 폐단, 폐해

유 0105 弊病, 害处 hàichu

传统的教育模式存在很多弊端。
전통의 교육양식에는 많은 폐단이 존재한다.

大家在看到这种方法的好处时也应该看到它存在的弊端。
모두가 이 방법의 장점을 볼 때 그것에 존재하는 폐해도 봐야 한다.

0107 **必定** bìdìng

부 꼭, 반드시, 기필코

유 3급 一定 yídìng, 4급 肯定 kěndìng, 5급 必然 bìrán, 必将 bìjiāng

반 5급 未必 wèibì

他必定会康复的。
그는 기필코 건강을 되찾게 될 거다.

你要蛮干**必定**会为此付出代价的。
네가 무리하게 밀어붙이면 반드시 대가를 치르게 될 거다.

 必定·一定·必然

- **必定** 🔄 꼭, 반드시, 기필코
- **一定** 🔄 반드시, 꼭, 필히
- **必然** 🔄 필연적으로

[비교] 세 단어 모두 '반드시'라는 뜻을 가지고 있으나, 必定은 판단이나 추론에 따른 주관적인 필연성을 강조한다. 一定은 개인의 단호한 의지를 나타내고, 한자 뜻 그대로 '일정하다'라는 형용사 용법도 가지고 있다(예 一定的作息时间). 必然은 원인과 결과에 따른 객관적인 필연성을 강조하고 '필연과 우연'같은 철학적인 뜻 뿐만 아니라 형용사 용법으로 추세, 결과, 규율과 같은 단어들과 결합하여 많이 쓰인다 (예 必然趋势, 必然结果, 必然规律).

必定은 주관적인 필연이기 때문에 문장 속에서 会와 같이 많이 쓰이고, 必然은 원인이 있은 후 그러하기에(然) 필연적으로 어떠한 결과가 따른다는 것이 포인트!

Check
不做好准备就进行研究，（　　　）失败。
잘 준비하지 않고 그대로 연구를 진행하면, 반드시 실패한다.
学习中（　　　）会遇到困难。
학습하는 중에는 반드시 어려움에 봉착하기 마련이다.
我（　　　）不去，你再说也没有用。
나는 반드시 안 갈 거니까, 네가 아무리 말해도 소용 없어.

🅐 必然 / 必定 / 一定

0108 闭塞 bìsè

형 ① 막히다, 불편하다
　반 通畅 tōngchàng
他喜欢住在**闭塞**的乡村。
그는 불편한 농촌에 사는 걸 좋아한다.
交通**闭塞**是影响经济发展的重要因素。
교통의 불편은 경제발전에 영향을 끼치는 중요한 요소이다.

② 소식이 어둡다
这个小山村和外界接触太少，消息很**闭塞**。
이 작은 산촌은 외부와의 접촉이 매우 적어 소식이 어둡다.

0109 碧玉 bìyù

명 ① 벽옥 [녹색빛의 옥]
他会鉴别**碧玉**。
그는 벽옥을 식별할 줄 안다.

② 예쁘고 귀여운 아가씨, 소녀
我很喜欢小家**碧玉** xiǎojiā bìyù 型的女孩。
나는 힘들지만 굳센 소녀를 좋아한다.

0110 鞭策 biāncè

동 채찍질하다
　유 4급 鼓励 gǔlì, 5급 鼓舞 gǔwǔ, 0469 督促, 0862 激励
老师的话**鞭策**着我不断前进。
선생님의 말씀은 내가 끊임없이 나아갈 수 있도록 채찍질한다.
父母常常**鞭策**我做一个自立自强的人。
부모님은 자주 내가 자립심이 강한 사람이 되도록 채찍질하신다.

0111 编织 biānzhī

동 짜다, 엮다, 삼다
外婆会**编织**毛衣。
외할머니께서는 스웨터를 짜실 수 있다.
她正在为自己爱的人**编织**围巾。
그녀는 자신이 사랑하는 사람을 위해 목도리를 짜고 있다.

0112 边疆 biānjiāng

명 변방, 국경지대
　유 0113 边界, 0114 边境, 边陲 biānchuí
　반 内地 nèidì
战士戍守 shùshǒu **边疆**。
전사들이 국경지대를 지킨다.
每年都有许多大学生支援**边疆**建设。
매년 많은 대학생이 국경지대 건설을 지원한다.

边境·边疆·边界
0114 边境 참고

0113 边界 biānjiè

명 지역 간의 경계선, 국경선
유 0112 边疆, 0114 边境, 国界 guójiè, 疆界 jiāngjiè

偷渡者试图偷越我国边界。
밀입국자가 우리나라 국경선을 몰래 넘으려고 시도하였다.

在两国边界经常发生武装冲突。
양국의 국경에서 자주 무력 충돌이 발생한다.

 边境·边疆·边界
0114 边境 참고

0114 边境 biānjìng

명 변방, 국경지대
유 0112 边疆, 0113 边界

偷越边境是违法的。
국경지대를 몰래 넘는 것은 위법이다.

该国的边境贸易十分活跃。
이 나라의 국경 무역은 매우 활발하다.

 边境·边疆·边界

· 边境 명 변방, 국경지대
· 边疆 명 변방, 국경지대
· 边界 명 지역 경계선, 국경선

비교 이 세 단어는 실제 문장에서는 구분 없이 많이 쓰이기도 하지만 차이점은 분명히 존재한다. 境은 국경선 또는 지역 경계선 근처의 지역을 주로 가리키고, 疆은 국경선 근처 국가의 넓은 영토를 가리키며, 界는 국가 간의 경계선, 지역 간의 경계선을 가리킨다.

두 글자 중 한 글자만 다를 경우
그 다른 한 글자의 뜻에 집중하여 구분하는 것이 포인트!

Check
两国的（　　　）争端没有调和的余地。
두 나라의 국경선 분쟁은 타협의 여지가 없다.

三国在（　　　）地区友好地通商。
세 나라는 국경지역에서 우호적으로 무역을 한다.

我的理想是到（　　　）保卫祖国。
나의 꿈은 변방에 가서 조국을 지키는 것이다.

답 边界 / 边境 / 边疆

0115 边缘 biānyuán

명 가장자리, 더 이상의 여지가 없는 상태, 위기

他们已经接近了分手的边缘。
그들은 이미 헤어질 상태에 와 있다.

他的精神压力实在太大了，已经处在崩溃的边缘了。
그는 정신적 스트레스가 실로 너무 심해 이미 붕괴될 위기에 처해있다

0116 扁 biǎn

형 납작하다

面包在手包里被压扁了。
빵이 핸드백 속에서 눌려서 납작해졌다.

这孩子的鼻子扁扁的，十分可爱。
이 아이의 코는 납작해서 정말 귀엽다.

0117 贬低 biǎndī

동 (고의로 사물 혹은 사람을) 깎아내리다, 얕잡아보다
유 4급 降低 jiàngdī, 贬斥 biānchì, 压低 yādī
반 4급 表扬 biǎoyáng, 夸奖 kuājiǎng, 抬高 táigāo

他老爱贬低别人。
그는 항상 남을 깎아내리길 좋아한다.

你没有资格贬低我。
너는 날 얕잡아볼 자격 없다.

0118 贬义 biǎnyì

명 폄의, 나쁜 뜻 [문구나 글의 부정적이고 혐오적인 의미]
반 褒义 bāoyì

这句话带有贬义的意思。
이 말은 부정적인 의미를 가지고 있다.

这是一个贬义词，使用时要注意场合。
이 단어는 폄의어이니, 사용할 때 장소에 주의해야 한다.

0119 遍布 biànbù

동 널리 분포하다

他的足迹遍布大江南北。
그의 발자취가 장강 남북지역에 널리 분포한다.

这种疾病已经遍布全球，大家十分关注。
이런 질병이 이미 세계적으로 널리 퍼져서, 사람들이 많은 관심을 가지고 있다.

0120 便利 biànlì

형 편리하다
유 3급 方便 fāngbiàn

这个小区的交通十分便利。
이 지역의 교통은 매우 편리하다.

동 편리하게 하다

局域网的新设，大大便利了社区的居民。
정보통신망의 신설이 지역주민을 매우 편리하게 했다.

어휘 plus+ 便利·方便

- 便利 형 편리하다
- 方便 형 편리하다

비교 이 두 단어는 모두 '편리하다'는 뜻을 가지고 있다. 그러나 便利는 조건이 좋고, 사용하는 데 어려움이 없으며, 어떤 목적에 다다르기에 편리한 것을 가리키고, 方便은 편하면서 적절하고 적당한 것을 가리킨다.

아무리 쉬운 단어일지라도 그 속뜻을 한번쯤 되새겨 보는 것이 포인트!

Check

我家附近有超市，要购买东西很（　　）。
우리 집 근처에 슈퍼마켓이 있어서 물건을 구매하기가 편리하다.

这里人多，所以说话不（　　）。
여기는 사람이 많아서 말하기가 불편하다.

답 便利/方便

0121 便条 biàntiáo

명 메모, 쪽지, 비공식적인 편지 및 통지문
유 3급 信 xìn, 便笺 biànjiān

桌子上有一张便条。
탁자 위에 쪽지가 한 장 있다.

如果有人找我，麻烦您给我留张便条。
만약에 누가 날 찾으면, 번거로우시겠지만 내게 메모 좀 남겨주세요.

0122 便于 biànyú

동 (어떤 일을 하기에) 편하다
유 利于 lìyú

这样的设计便于清洗。
이런 설계는 청소하기에 편하다.

笔记本电脑便于携带 xiédài。
노트북 컴퓨터는 가지고 다니기 편하다.

0123 变故 biàngù

명 변고, 재난

她的家里发生了很大的变故。
그녀의 집안에 큰 변고가 생겼다.

突如其来的变故给了她很大的打击。
갑자기 찾아온 변고는 그녀에게 심한 충격을 주었다.

0124 变迁 biànqiān

동 변천하다
유 3급 变化 biànhuà, 变动 biàndòng, 变更 biàngēng

十年的变迁一天是说不完的。
10년의 변천사를 어찌 하루에 다 얘기할 수 있겠어요.

现在想想，很多东西都已变迁。
지금 생각해보면, 많은 것들이 모두 변했다.

0125 变质 biàn//zhì

동 (나쁜 쪽으로) 변질되다, 달라지다

鱼变质的时候不能吃。
생선이 변질됐을 때는 먹으면 안 된다.

牛奶变质了，不能喝了。
우유가 상했으니, 먹으면 안 된다.
变了质的水果一定要扔掉。
변질된 과일은 반드시 버려야 한다.

0126 辩护 biànhù

동 변론하다, 변호하다

유 0127 辩解, 辩白 biànbái, 争辩 zhēngbiàn

这件事用不着你来替他辩护。
이 일에 대해서 네가 그를 대신해서 변론할 필요는 없다.
他来为我辩护，我就放心了。
그가 나를 변호하러 와주어서, 나는 안심했다.

0127 辩解 biànjiě

동 해명하다, 변명하다

유 4급 解释 jiěshì, 5급 辩论 biànlùn, 0126 辩护, 争辩 zhēngbiàn

不要再辩解了，没有用的。
다시는 변명하지 마, 소용없으니까.
一再辩解只会让人更反感。
거듭 해명하는 건 사람들에게 더욱 반감을 가지게 할 뿐이다.

0128 辩证 biànzhèng

동 변증하다, 논증하다

她经过仔细辨证，终于理解了这篇古文的意思。
그녀는 세밀한 변증을 통해, 마침내 이 고문의 의미를 이해했다.

형 변증법적인

我们应当用辩证的观点看问题。
우리는 마땅히 변증법적인 관점으로 문제를 봐야 한다.

0129 辨认 biànrèn

동 식별해내다

유 1635 识别, 辨别 biànbié

我能辨认出这是谁的笔迹。
나는 이것이 누구의 필체인지 식별해낼 수 있다.
他好不容易在集体照中辨认出了我。
그는 단체사진에서 어렵게 나를 찾아냈다.

0130 辫子 biànzi

명 ① 땋은 머리, 변발

她梳着两条长长的辫子。
그녀는 양 갈래의 긴 땋은 머리를 손질하고 있다.

② 결점, 약점

유 5급 错误 cuòwù, 0746 过失, 把柄 bǎbǐng

对方死抓着他的小辫子不放。
상대방은 그의 하찮은 약점을 꽉 잡고 놓아주지 않는다.

0131 标本 biāoběn

명 표본

他的书房里有很多昆虫标本。
그의 서재에는 곤충의 표본이 많이 있다.
那座教堂是夏威夷Xiàwēiyí建筑的标本。
그 예배당은 하와이 건축의 표본이다.

0132 标记 biāojì

명 표기

我在重点内容下面做标记。
나는 중요 내용 아래에 표기를 한다.
她在不认识的字下面做了标记。
그녀는 모르는 글자 아래에 표기를 했다.

0133 标题 biāotí

명 제목, 표제

유 5급 题目 tímù

报道的标题很吸引人。
보도의 표제가 사람들의 눈길을 끌었다.
这本书的标题说明小说的内容。
이 책의 제목은 소설의 내용을 설명한다.

0134 **飙升** biāoshēng

동 (가격·수량이) 급증하다, 급등하다
商品房的价格一路飙升。
부동산 가격이 줄곧 급등하고 있다.
在高速公路上他的车速飙升。
고속도로에서 그의 차의 속도가 빠르게 올라갔다.

0135 **表决** biǎojué

동 표결하다
通过投票表决，她当选为班长。
투표 표결을 통해서 그녀는 반장에 선출되었다.
我们打算采用举手表决的方式选班长。
우리는 손을 들어 표결하는 방식을 채택하여 반장을 뽑을 것이다.

0136 **表态** biǎo//tài

동 태도를 표명하다, 입장을 밝히다
她始终没有明确表态。
그녀는 시종 명확한 태도를 표명하지 않고 있다.
现在是你表态的时候了。
지금이 바로 네가 입장을 밝힐 때다.
这件事情您表个态吧。
이 일에 대해 당신의 입장을 표명하세요.

0137 **表彰** biǎozhāng

동 표창하다
유 4급 表扬 biǎoyáng, 2254 赞扬, 赞颂 zànsòng
반 4급 批评 pīpíng, 1357 批判
他的英雄事迹值得表彰。
그의 영웅 사적은 표창할 가치가 있다.
表彰大会上他热泪盈眶rèlèi yíngkuàng。
표창하는 행사장에서 그는 뜨거운 눈물을 흘렸다.

 plus+ **表彰·表扬**

· 表彰 동 표창하다
→ 表彰 + 伟大的功绩, 壮烈的事迹, 英雄, 先进, 贡献

· 表扬 동 칭찬하다
→ 表扬 + 好事情, 好人, 好精神 등의 좋은 사람, 좋은 일

비교 두 단어는 완전히 뜻과 쓰임이 다른 단어이니 절대 혼동하는 일은 없어야 한다! 表彰은 주로 위대한 업적이나 인물을 대대적으로 칭찬하는 것이고, 表扬은 회사나 조직이 개인에게, 상급자가 하급자에게, 손윗사람이 후배에게 좋은 일, 좋은 행동 등에 대해 칭찬하는 것을 가리킨다.

이러한 단어들은 단어의 구체적인 뜻 외에도 자주 쓰이는 목적어를 알아두는 것이 포인트!

Check
研究所（　　）了科学家的卓越的贡献。
연구소는 과학자의 탁월한 업적을 표창했다.
她的工作得到了领导的（　　）。
그녀의 업무는 사장의 칭찬을 받았다.

답 表彰 / 表扬

0138 **憋** biē

동 ① 답답하게 하다, 숨막히게 하다
天气十分闷热，憋得人透不过气来。
날씨가 너무 더워서, 숨을 쉴 수 없을 정도로 답답하다.

② 참다, 억제하다
她憋了一肚子的委屈。
그녀는 속에 있는 억울함을 참았다.

0139 **别墅** biéshù

명 별장
他在海边有一套别墅。
그는 해변에 별장 한 채를 가지고 있다.
有许多富人喜欢住在郊外的别墅。
많은 부자들이 교외의 별장에 사는 걸 좋아한다.

0140 别致 biézhì

[형] 색다르다, 별나다, 특이하다
这枚戒指做得很别致。
이 반지는 정말 색다르게 만들었다.
她十分喜欢那个别致的胸针。
그녀는 그 특이한 브로치를 매우 좋아한다.

0141 别扭 bièniu

[형] ① (의견이) 맞지 않다, 뒤틀리다
他们闹别扭了，谁也不理谁。
그들은 사이가 틀어져서, 서로 아는 체도 하지 않는다.

② (말·글이) 어색하다, 부자연스럽다, 유창하지 않다
[유] 生涩 shēngsè, 生硬 shēngyìng
[반] 流畅 liúchàng, 通畅 tōngchàng, 通顺 tōngshùn
这句话听起来有点别扭。
이 말은 듣기에 좀 어색하다.

0142 濒临 bīnlín

[동] ① 인접하다, 가까이 가다
武汉濒临长江。
우한은 창장에 인접해있다.

② 임박하다, ~한 지경에 이르다
他压力太大濒临崩溃。
그는 스트레스가 너무 심해서 붕괴될 지경이다.

0143 冰雹 bīngbáo

[명] 우박
昨天夜里下起了冰雹。
어젯밤에 우박이 내렸다.
冰雹极易给农作物造成危害。
우박은 매우 쉽게 농작물에 피해를 초래한다.

0144 并存 bìngcún

[동] 병존하다, 공존하다
[유] 共存 gòngcún

机遇和挑战并存。
기회와 도전은 병존한다.
香港现在就是两种体制并存的。
홍콩에는 현재 두 가지의 체제가 공존한다.

0145 并非 bìngfēi

[부] 결코 ~하지 않는다, 결코 ~이 아니다
我并非是在指责你。
나는 결코 너를 비난하고 있는 것이 아니다.
她这样做并非为了一己私利。
그녀가 이렇게 하는 것은 결코 개인의 사리를 위해서가 아니다.

0146 并列 bìngliè

[동] 병렬하다
[유] 并排 bìngpái
他们俩并列第一名。
그들 둘은 공동 1위를 했다.
并列亚军的两名姑娘长得很像。
나란히 준우승을 한 여자 두 명은 생긴 것이 비슷하다.

0147 拨打 bōdǎ

[동] (전화를) 걸다
对不起，您拨打的用户已关机。
죄송합니다, 귀하께서 거신 사용자의 전화가 꺼져있습니다.
拨打电话前想好自己要讲什么。
전화를 걸기 전에 자신이 무슨 말을 하려는지 생각해라.

0148 播放 bōfàng

[동] 방송하다, 방영하다
[유] 广播 guǎngbō, 播送 bōsòng
电视上正在播放NBA篮球赛实况。
TV에서 NBA농구경기 실황을 방송하고 있다.
下午三点图书馆报告厅将播放科教影片。
오후 3시에 도서관의 강연실에서 과학교육 영화를 방영한다.

0149 播种 bōzhòng

동 파종하다, 씨를 뿌리다
- 유 栽种 zāizhòng, 种植 zhòngzhí

春天是播种的季节。
봄은 씨를 뿌리는 계절이다.

农民在田里忙着播种。
농민은 논에서 파종하느라 바쁘다.

0150 波浪 bōlàng

명 파도, 물결
- 유 波涛 bōtāo, 浪花 lànghuā, 浪涛 làngtāo

汹涌的波浪朝着这边涌来。
거센 파도가 이쪽을 향해 밀려 왔다.

他向往波浪汹涌 xiōngyǒng 的大海。
그는 파도가 거센 바다를 동경한다.

0151 波涛汹涌 bōtāo xiōngyǒng

성 파도가 거세게 일다, 물결이 거세다

早晨大海上波涛汹涌。
새벽에는 바다의 파도가 거세다.

我可以听到波涛汹涌的声音。
나는 파도가 용솟음치는 소리를 들을 수 있다.

0152 剥削 bōxuē

동 착취하다
- 유 盘剥 pánbō

他剥削下属的手段十分狠毒。
그가 부하직원을 착취하는 수단은 정말 악랄하다.

명 착취

劳动者受到了残酷的剥削。
노동자는 참혹한 착취를 당했다.

0153 博大精深 bódà jīngshēn

성 (사상·학식 등이) 넓고 심오하다

中国文化博大精深。
중국 문화는 넓고 심오하다.

金先生的学问博大精深。
김 선생님의 학문은 깊고 심오하다.

0154 博览会 bólǎnhuì

명 박람회
- 유 展览会 zhǎnlǎnhuì

这次博览会很成功。
이번 박람회는 매우 성공적이었다.

他参观了在上海举办的博览会。
그는 상하이에서 열리는 박람회에 참가했다.

0155 搏斗 bódòu

동 격투하다, 싸우다
- 유 1371 拼搏, 对打 duìdǎ, 格斗 gédòu

警察们与凶手搏斗了。
경찰들은 살인자와 맨손으로 싸웠다.

在这场殊死搏斗中他表现出了自己的勇敢。
목숨을 걸고 싸우면서 그는 자신의 용감함을 내보였다.

 plus+ 拼搏·搏斗

1371 拼搏 참고

0156 伯母 bómǔ

명 ① 큰어머니

伯母待我特别好。
큰어머니께서는 나에게 정말 잘해주신다.

② 아주머니

他称呼女朋友的母亲为伯母。
그는 여자친구의 어머니를 아주머니라고 부른다.

0157 薄弱 bóruò

형 박약하다
- 유 0354 脆弱, 懦弱 nuòruò, 软弱 ruǎnruò
- 반 5급 坚强 jiānqiáng, 2032 雄厚, 刚强 gāngqiáng

她是个意志薄弱的人。
그녀는 의지가 박약한 사람이다.
这单元的内容是我的薄弱环节，应该要重点复习。
이 단원의 내용은 나의 취약 부분이므로, 중점적으로 복습해야 한다.

0158 不顾 búgù

동 돌보지 않다, 고려하지 않다
- 비 光顾 guānggù, 只顾 zhǐgù

他向来不顾他人的感觉。
그는 줄곧 타인의 감정을 고려하지 않는다.
他不顾个人安危，冲在抗敌kàngdí的最前线。
그는 개인의 안위를 돌보지 않고, 적과 대치하고 있는 최전선을 처부쉈다.

0159 不愧 búkuì

부 부끄럽지 않게, 손색없이
- 유 无愧 wúkuì
- 반 惭愧 cánkuì, 羞愧 xiūkuì

南京不愧为历史文化名城。
난징은 역사와 문화의 도시로 손색이 없다.
她身体素质好，不愧为运动员。
그녀는 신체조건이 좋아 운동선수로 손색이 없다.

0160 不料 búliào

부 뜻밖의, 의외의

不料他居然拒绝了我的邀请。
뜻밖에 그는 의외로 나의 초대를 거절했다.
本想出去玩儿，不料竟下起雨来。
원래 나가서 놀 생각이었는데, 뜻밖에 비가 내리기 시작했다.

0161 不像话 bú xiànghuà

① (말이나 행동이 합리적이지 못하여) 말이 되지 않다, 말 같지 않다

这样对待长辈真是太不像话了。
이렇게 어른을 대하다니 정말 말이 안 된다.

② 꼴불견이다, 나쁘다

他的房间乱得不像话。
그의 방은 엉망진창으로 어지러워서 봐줄 수가 없다.

0162 不屑一顾 búxiè yígù

거들떠볼 가치도 없다
他对别人的方案不屑一顾。
그는 다른 사람의 방안을 거들떠보지도 않는다.
不要对前辈的忠告不屑一顾。
선배의 충고를 들어볼 가치도 없다고 하지 마라.

0163 补偿 bǔcháng

동 (손해·손실을) 보충하다, 결손을 보상하다
- 유 赔偿 péicháng, 抵偿 dǐcháng
- 반 消耗

他承诺会补偿给我们所有的损失。
그는 우리의 모든 손실을 보상해주기로 약속했다.
对于这次事故所造成的损失我们将全部给予补偿。
이번 사고로 발생된 손실에 관해서는 우리가 모두 보상할 것이다.

0164 补救 bǔjiù

동 보완하다, 교정하다, 만회하다
- 유 弥补, 挽救

如果及时补救，或许能挽回些损失。
만약 제때 보완한다면, 어쩌면 일부 손실을 만회할 수 있을지 모른다.
有效的补救措施可以减少事故带来的危害。
효과 있는 보완 조치는 사고로 인한 손해를 줄일 수 있다.

0165 补贴 bǔtiē

동 보태다, 보조하다
- 유 贴补 tiēbǔ

她靠打工来补贴生活费。
그녀는 아르바이트를 해서 생활비에 보태고 있다.

몡 보조금
　유 津贴 jīntiē
单位每个月都会给一点交通补贴。
회사에서 매달 교통비 일부를 보조금으로 지급하고 있다.

0166 **哺乳** bǔrǔ

동 젖을 먹이다, 젖을 먹여 키우다
鲸jīng是哺乳动物。
고래는 젖을 먹여 키우는(포유) 동물이다.
她正在给孩子哺乳。
그녀는 아이에게 젖을 먹이고 있다.

0167 **捕捉** bǔzhuō

동 잡다, 붙잡다, 포착하다
　유 0383 逮捕, 捕 bǔ, 捉 zhuō
弟弟在花园里捕捉蜻蜓qīngtíng。
남동생은 정원에서 잠자리를 잡는다.
这位警察在一次捕捉逃犯的过程中英勇牺牲。
이 경찰은 도주범을 붙잡는 과정에서 용감하게 순직하였다.

0168 **不得已** bùdéyǐ

형 어쩔 수 없다, 부득이하다
　유 1904 无可奈何
他是不得已才这么做的。
그는 어쩔 수 없어서 이렇게 한 것이다.
我不得已答应了他的要求。
나는 부득이하게 그의 요구를 허락했다.

0169 **不妨** bùfáng

부 괜찮다, 무방하다
　유 无妨 wúfáng
这个方法还是不错的, 不妨一试。
이 방법은 의외로 괜찮으니 시도해도 무방하다.
反正没有更好的办法, 不妨按他说的去做。
어쨌든 더 좋은 방법이 없으니, 그가 말한 대로 해도 무방하다.

0170 **不敢当** bùgǎndāng

황송하다, 송구스럽다
　유 岂敢 qǐgǎn
您过奖了不敢当。
과찬이십니다, 송구스럽네요.
您的夸奖实在不敢当。
당신의 칭찬, 정말 황송합니다.

0171 **不禁** bùjīn

부 자기도 모르게, 참지 못하고
　유 0178 不由得, 由不得 yóubude
他的一举一动让人忍俊rěnjùn不禁。
그의 일거수 일투족은 나를 웃지 않을 수 없게 한다.
与亲人重逢, 他不禁热泪盈眶yíngkuàng。
가족과의 상봉으로 그는 참지 못하고 뜨거운 눈물을 흘렸다.

0172 **不堪** bùkān

동 감당할 수 없다, 견딜 수 없다
她不堪生活的重负, 自杀了。
그녀는 생활의 중압감을 감당할 수 없어서 자살했다.

조 ~할 수 없다 [주로 나쁜 방면에 쓰임]
屋里太乱了, 简直不堪入目。
방안이 너무 어지러워서, 차마 눈 뜨고는 볼 수가 없다.

형 몹시 심하다 [소극적인 의미의 단어와 함께 쓰임]
白天辛苦工作了一天, 晚上疲惫不堪。
종일 힘들게 일하니, 저녁에는 몹시 피로하다.

0173 **不可思议** bùkě sīyì

성 불가사의하다, 상상할 수 없다
这样的结果, 多么不可思议啊。
이런 결과는 참 불가사의한 것이다.
他竟然康复了, 真是太不可思议了！
그가 뜻밖에도 회복을 하다니, 정말 불가사의한 일이다!

0174 不时 bùshí

부 자주, 늘, 종종
유 常常 chángcháng, 时时 shíshí

他的演讲不时被掌声打断。
그의 연설은 박수 소리 때문에 수시로 중단되었다.

剧场里不时传出一阵阵笑声。
극장 안에서는 늘 웃음소리가 끊이지 않고 난다.

0175 不惜 bùxī

동 아끼지 않다
유 舍得 shěde 반 5급 珍惜 zhēnxī

为了给孩子治病，妈妈不惜卖血换钱。
아이의 치료를 위해서, 엄마는 아끼지 않고 피를 팔아서 돈을 만들었다.

他不惜一切代价也要供儿子读完大学。
그는 어떤 대가를 치르는 한이 있어도 아들에게 아끼지 않고 대학교육을 시킬 것이다.

0176 不相上下 bùxiāng shàngxià

성 막상막하이다, 우열을 가리기 힘들다
유 4급 差不多 chàbuduō, 5급 相似 xiāngsì

他们两人不相上下。
그들 둘은 막상막하이다.

这两名选手的实力不相上下。
이 두 선수의 실력은 우열을 가리기 힘들다.

0177 不言而喻 bùyán'éryù

성 말하지 않아도 안다, 말할 필요도 없다

他的用意不言而喻。
그의 의도는 말할 필요도 없다.

这其中的道理是不言而喻的。
이 안의 도리는 언급할 필요도 없다.

0178 不由得 bùyóude

동 허용하지 않을 수 없다, ~하지 않을 수 없다

他已经道歉了，不由得你不原谅。
그가 이미 사과했으니, 너도 용서하지 않을 수 없다.

부 저절로, 자연히, 저도 모르게
유 0171 不禁, 不由 bùyóu

此情此景，不由得使他想起当年的事。
이 광경은 저절로 그에게 당시의 일을 생각나게 한다.

0179 不择手段 bùzé shǒuduàn

성 (목적을 달성하기 위해) 수단과 방법을 가리지 않다

他们会为了钱和名誉不择手段。
그들은 돈과 명예를 위해서라면 무슨 짓이든 한다.

为了达到目的，他不择手段攻击她了。
목적을 달성하기 위해, 그는 수단과 방법을 가리지 않고 그녀를 공격했다.

0180 不止 bùzhǐ

동 ① 멈추지 않다, 그치지 않다
유 不停 bùtíng 반 4급 停止 tíngzhǐ

他被人捅tǒng了一刀，伤口流血不止。
그가 누군가의 칼에 찔렸는데, 상처의 피가 멈추지 않는다.

② ~에 그치지 않다, ~를 넘다 [어떤 수 또는 범위를 넘어섬]
유 不只 bùzhǐ

那位大婶dàshěn看上去可不止五十岁。
그 아주머니는 보기에 50살은 넘은 것 같다.

0181 布告 bùgào

명 (기관·단체에서 벽 등에 붙여 고지하는) 게시문, 공지문, 공고문

这是一份重要的布告。
이것은 매우 중요한 공지문이다.

随便张贴布告是不文明的行为。
공지문을 아무렇게나 붙이는 것은 교양 없는 행위이다.

0182 **布局** bùjú

명 구조, 짜임새, 배치, 안배
유 5급 结构 jiégòu

房间的布局很合理。
방의 배치가 정말 합리적이다.

城市的布局对其发展非常重要。
도시의 구조는 도시발전에 매우 중요하다.

0183 **布置** bùzhì

동 ① 진열하다, (물건을) 배치하다
유 0010 安置

志愿者正在布置会展中心。
자원봉사자들은 전람회 센터를 꾸미고 있다.

② (활동을) 계획하다, 안배하다
유 4급 安排 ānpái, 0185 部署

这次上级布置下来的任务特别重。
이번에 상부에서 안배한 임무는 특히 중요하다.

0184 **步伐** bùfá

명 ① 걸음걸이, 발걸음
유 步子 bùzi, 脚步 jiǎobù

队伍迈mài着整齐zhěngqí的步伐向主席台走来。
부대원들은 가지런한 걸음걸이로 의장대를 향해 걸어갔다.

② 일이 진행되는 순서, 속도

现在我们应该加快改革开放的步伐。
현재 우리는 개혁개방의 속도를 더 빠르게 해야 한다.

0185 **部署** bùshǔ

동 (인력·임무를) 안배하다, 배치하다
유 4급 安排 ānpái, 0183 布置

这是他第一次部署工作。
이것은 그가 첫 번째 안배한 일이다.

现在应该部署对灾区的救援行动。
지금 재난지역에 대한 구조활동을 안배해야 한다.

0186 **部位** bùwèi

명 부위 [주로 인체에 쓰임]
유 5급 位置 wèizhì

这个部位有点疼，轻点按。
이 부분이 조금 아프니 약하게 눌러주세요.

他受伤的部位仍然没有完全康复。
그의 다친 부위는 아직도 완전히 회복되지 않았다.

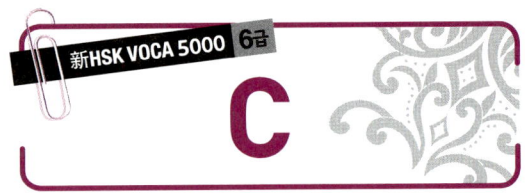

0187 **才干** cáigàn

명 능력, 재간
유 4급 能力 nénglì, 才能 cáinéng

他是个有才干的年轻人。
그는 능력 있는 젊은이다.

她的才干受到了领导的赏识。
그녀의 능력은 상사의 높은 평가를 받았다.

0188 **财富** cáifù

명 부, 재산, 자원
유 5급 财产 cáichǎn, 财 cái

他为人类留下了巨大的精神财富。
그는 인류에게 막대한 정신적 재산을 남겼다.

他人生中最大的乐趣就是聚敛jùliǎn财富。
그의 인생에 제일 큰 즐거움은 재물을 긁어 모으는 것이다.

plus+ 财富·财产

- **财富** 명 부, 재산, 자원
  ➡ 精神, 知识, 自然, 创造 등 구체명사, 추상명사 모두 가능 + 财富

- **财产** 명 재산, 자산

  비교 이 두 단어는 모두 '재산'이라는 뜻을 가지고 있으나 财产은 국가, 단체, 개인이 소유한 동산이나 부동산처럼 구체적인 재산을 가리키고, 财富는 구체적인 재산뿐만 아니라 정신적 자산, 지식 자산, 자연자원, 창조 정신 등의 추상적인 재산도 가리킨다.

> 단어가 구체명사와 함께 쓰이는지, 추상명사와 함께 쓰이는지 구분하는 것이 포인트!

Check
父母去世后没有给子女留下什么（　　　）。
부모님이 돌아가신 후에 자녀에게 어떠한 재산도 남기지 않았다.
自然（　　　）应该得到保护。
자연자원은 반드시 보호를 받아야 한다.

답 财产 / 财富

0189 财务 cáiwù

명 (기간·기업·단체 등의) 재무, 재정

他是我们公司管财务的。
그는 우리 회사의 재무를 관리한다.

这家公司在财务方面有些问题。
이 회사는 재무 방면에 약간의 문제가 있다.

0190 财政 cáizhèng

명 (정부 부서의) 재정

公司明年的财政预算已经做出来了。
회사는 내년도 재정 예산을 이미 만들었다.

政府正在积极筹备chóubèi财政工作会议。
정부는 적극적으로 재정업무 회의를 준비하고 있다.

0191 裁缝 cáifeng

명 재봉사

我们城市里有四个裁缝。
우리 시에는 네 명의 재봉사가 있다.

这位老裁缝的手艺特别好。
이 늙은 재봉사의 손재주는 정말 좋다.

plus+ 裁缝 cáiféng

동 재봉하다

这件旗袍裁缝很得体。
이 치파오는 재봉이 아주 잘 되었다.

0192 裁判 cáipàn

동 ① 재판하다, 판결하다
유 裁定 cáidìng, 裁决 cáijué

大家都认为裁判员裁判得不公正。
모두 심판이 공정하지 않게 판결을 내렸다고 여겼다.

② (체육 경기에서) 심판하다

这场比赛裁判得不够公平。
이 경기는 불공평하게 심판되었다.

명 심판
유 裁判员 cáipànyuán

他是位国际知名的足球裁判。
그는 국제적으로 유명한 축구 심판이다.

0193 裁员 cáiyuán

동 (기관·기업 등에서) 감원하다, 인원을 줄이다

为了削减开支，公司开始大批量裁员。
지출을 줄이기 위해 회사는 대량의 감원을 시작했다.

公司最近裁员减薪，搞得人心惶惶的。
회사가 최근에 인원 감축과 월급 삭감을 실시해서, 사람들이 술렁이고 있다.

0194 采购 cǎigòu

동 구입하다, 구매하다
유 购买 gòumǎi 반 5급 销售 xiāoshòu

我们公司从印度采购原材料。
우리 회사는 인도로부터 원재료를 구매한다.

명 구매원, 구매(업무) 담당자

他是我们公司上个月新招来的采购人员。

그는 우리 회사에 지난달 새로 들어온 구매담당 직원이다.

0195 采集 cǎijí

[동] 채집하다, 수집하다
- [유] 收集 shōují

采集植物标本是她的一个业余爱好。
식물의 표본을 수집하는 것은 그녀의 취미이다.
他走遍大江南北，采集到了许多珍稀草药。
그는 강장 주변을 두루 다니면서 수많은 희귀한 약초를 채집했다.

0196 采纳 cǎinà

[동] (의견·건의·요구를) 받아들이다, 수락하다
- [유] [5급] 采取 cǎiqǔ, 采用 cǎiyòng

他的建议被上级采纳了。
그의 건의가 상부에 받아들여졌다.
客户采纳了我的设计方案。
거래처에서 나의 설계방안을 수락하였다.

plus+ 采纳·采取

- **采纳** [동] 받아들이다, 수락하다
  ➡ 采纳 + 要求, 意见, 建议, 方案
- **采取** [동] 채용하다, 채택하다, 취하다
  ➡ 采取 + 政策, 方针, 措施, 手段, 态度

[비교] 이 두 단어의 구별법은 바로 搭配에 있다. 사람의 말과 관계된 요구, 의견, 건의 같은 단어들이 목적어로 오면 采纳를 사용하고, 계획, 정책, 방침, 조치 같은 단어들이 목적어로 오면 采取를 선택하면 된다. 특히 采取는 이런 계획, 정책, 방침 등을 선택하여 실행시킨다는 의미가 강하다는 것을 명심하자.

비슷한 의미를 가진 단어일수록 搭配에 의해 구분된다는 것이 포인트!

Check
我的建议被领导（　　　）了。
나의 건의를 대표가 받아들였다.
对于每件事情，你应该（　　　）积极的态度。
당신은 모든 일에 적극적인 태도를 취해야 합니다.

[답] 采纳 / 采取

0197 彩票 cǎipiào

[명] 복권

他买彩票从来没中过奖。
그는 복권을 사서 한 번도 당첨된 적이 없다.
每天下班后，我都要去买两张彩票。
매일 퇴근 후에, 나는 복권 두 장을 사러 간다.

0198 参谋 cānmóu

[동] 조언하다, 권고하다

既然你自己拿不定主意，就找别人来给你参谋一下吧。
당신 스스로 결정할 수 없다면, 다른 사람을 찾아서 조언을 받도록 하세요.

[명] (군대에서의) 참모, 카운슬러, 고문
军校毕业后，她到部队当了一名参谋。
사관학교를 졸업한 후 그녀는 부대에서 참모를 맡게 되었다.

0199 参照 cānzhào

[동] (방법·경험을) 참고하다, 참조하다
- [유] [5급] 参考 cānkǎo, 仿照 fǎngzhào

我正在参照原文对译文进行修改。
나는 지금 원문을 참고해서 번역문을 수정하고 있다.
有关部门将参照相关条例对此做出处罚。
관련 부서는 관련 조례를 참조하여 이를 처벌할 것이다.

0200 残酷 cánkù

[형] 잔혹하다, 잔인하다, 냉혹하다
- [유] 0202 残忍, 残暴 cánbào, 凶暴 xiōngbào
- [반] 0342 慈祥, 1533 仁慈

他是个残酷无情的暴君。
그는 잔혹하고 무정한 폭군이다.
军阀jūnfá对人民进行了残酷的镇压。
군벌은 국민들에게 냉혹한 진압을 단행했다.

0201 残留 cánliú

[동] (부분적으로) 남아있다, 잔류하다

车祸现场还残留着一些遇难者的血迹。
사고현장에는 아직도 사고를 당한 사람의 핏자국이 남아있다.
蔬菜上残留了大量农药，一定要洗干净。
야채에는 대량의 농약이 잔류하므로, 반드시 깨끗이 씻어야 한다.

0202 残忍 cánrěn

형 잔인하다
- 유 0200 残酷, 残暴 cánbào, 狠毒 hěndú, 凶狠 xiōnghěn
- 반 0342 慈祥, 1533 仁慈

凶手的手段十分残忍。
살인범의 수법이 매우 잔인하다.
歹徒抢夺钱财 qiǎngduó qiáncái 残忍地杀害了他。
강도는 금품을 빼앗고 잔인하게 그를 죽였다.

0203 灿烂 cànlàn

형 찬란하다, 선명하게 빛나다
- 유 2119 耀眼, 夺目 duómù, 烂漫 lànmàn

今天的阳光特别灿烂。
오늘 햇살이 유난히 선명하게 빛난다.
她灿烂的笑容能打动每一个人。
그녀의 찬란한 미소는 모든 사람의 마음을 움직일 수 있다.

0204 舱 cāng

명 (비행기나 배·우주선 등의) 객실

他把整个头等舱都包了下来。
그는 일등석 전체를 다 예매했다.
整个船舱都充满了浓烟 nóngyān。
선실 전체가 모두 짙은 연기로 가득 찼다.

0205 苍白 cāngbái

형 ① 창백하다, 희끗희끗하다
- 유 惨白 cǎnbái, 煞白 shàbái
- 반 黎黑 líhēi, 黝黑 yǒuhēi

大病初愈，她的脸色有些苍白。
큰 병을 막 앓고 나니, 그녀의 안색이 창백하다.

② 생기가 없다, 무기력하다
他的声音越来越苍白无力。
그의 목소리는 점점 더 생기가 없다.

0206 仓促 cāngcù

형 촉박하다
- 유 5급 匆忙 cōngmáng, 5급 急忙 jímáng, 匆匆 cōngcōng, 急促 jícù

我们不要仓促地做决定。
우리 촉박하게 결정하지 말자.
这次时间仓促，下次再见面的时候我们一定要好好聊聊。
이번에는 시간이 촉박했으니, 다음에 다시 만날 때 우리 제대로 수다 떨자.

0207 仓库 cāngkù

명 창고
- 유 仓 cāng, 仓房 cāngfáng

仓库里堆放了很多存货。
창고 안에 재고상품을 가득 쌓아두었다.
仓库漏雨，货品都湿了。
창고에 비가 새서, 물건이 모두 젖었다.

0208 操劳 cāoláo

동 애써 일하다, 수고하다, 일을 열심히 처리하다
- 유 劳累 láolèi

母亲操劳了大半辈子。
어머니께서는 반평생을 고생하셨다.
他为国事操劳过度，病倒了。
그는 나랏일로 수고하다가 과로하여, 병이 나 드러누웠다.

0209 操练 cāoliàn

동 훈련하다, 조련하다

将士们正在训练场上操练。
장교와 사병들이 지금 훈련장에서 훈련을 하고 있다.

无论严寒酷暑，他每天都坚持操练。
혹한이나 혹서에 관계없이, 그는 매일 지속적으로 훈련을 한다.

0210 操纵 cāozòng

동 ① (기계를) 조종하다
- 유 5급 控制 kòngzhì, 5급 掌握 zhǎngwò, 2347 支配

他能够准确地操纵工厂设备。
그는 공장 설비를 정확하게 조종할 수 있다.

② (정당하지 못한 수단으로) 제어하다, 조작하다
煤炭méitàn的价格被投机分子操纵着。
석탄의 가격은 투기꾼들에 의해 조작되고 있다.

0211 操作 cāozuò

동 (일정한 순서와 기술력으로) 조작하다, 다루다
这机器应怎样操作？
이 기계는 어떻게 다뤄야 합니까？
车间里的工人一定要遵守安全生产操作规程。
작업현장의 노동자들은 반드시 안전생산 조작규정을 준수해야 한다.

0212 嘈杂 cáozá

형 떠들썩하다
菜市场上人声嘈杂。
농산물 시장은 사람들 소리로 떠들썩하다.
一下课，操场上就嘈杂得很。
수업이 끝나고 나면, 운동장은 매우 떠들썩해진다.

0213 草案 cǎo'àn

명 초안
宪法草案已经通过了。
헌법 초안이 이미 통과됐다.
这只是草案，尚未正式施行。
이것은 단지 초안일 뿐, 아직 정식으로 실행되지 않았다.

0214 草率 cǎoshuài

형 대강하다, 건성으로 하다
- 유 4급 马虎 mǎhu, 轻率 qīngshuài
- 반 3급 认真 rènzhēn, 2341 郑重

这个问题处理得太草率。
이 문제는 너무 건성으로 처리했다.
一定要冷静，切忌草率行事。
반드시 냉정해야 하며, 일처리를 대강하는 것은 최대한 피해야 한다.

0215 策划 cèhuà

동 계획하다, 기획하다, 꾸미다
- 유 4급 计划 jìhuà, 筹划 chóuhuà, 谋划 móuhuà

他们正在策划一个天大的阴谋。
그들은 천지가 개벽할 만한 음모를 꾸미고 있다.
这次的恐怖袭击事件是他一手策划的。
이번 테러공격 사건은 그가 단독으로 계획한 것이다.

0216 策略 cèlüè

명 책략, 전략
- 유 0484 对策, 计策 jìcè, 谋略 móulüè

对敌斗争的策略不能有半点疏忽。
적과의 투쟁 전략은 조금도 소홀해서는 안 된다.

형 전략적이다, 전술적이다
谈判的时候，应该讲些策略。
담판할 때는 전략적으로 해야 한다.

0217 测量 cèliáng

동 (시간·온도·속도·기능을) 재다, 측량하다
- 유 5급 测验 cèyàn, 测 cè

医生用温度计给病人测量体温。
의사는 온도계로 환자의 체온을 잰다.
小的时候，爸爸经常拿着大尺子给我测量身高。
어릴 때 아빠는 자주 큰 자를 가지고 내 키를 재주셨다.

测量·测验

- 测量 동 재다, 측량하다
  ➡ 测量 + 时间, 功能, 速度, 温度, 空间
- 测验 동 시험하다, 테스트하다
  ➡ 测验 + 性能, 速度, 视力, 水平, 程度, 智力, 听力, 外语

비교 이 두 단어는 모두 '측정하다'라는 뜻을 가지고 있으나 测量은 측정기구를 사용해서 수치를 측정하는 것을 가리키고, 测验은 측정기구를 사용해서 측정하는 것 이외에도 학습성적 등을 테스트하는 것도 가리켜 더 포괄적인 의미를 가지고 있다.

비슷한 의미를 가진 단어일수록 **搭配**에 의해 구분된다는 것이 포인트!

Check
今天（　　　）一下你们的书写。
오늘은 너희의 받아쓰기를 테스트할 것이다.
他的工作是每天（　　　）地震波。
그의 직업은 매일 지진파를 측정하는 것이다.

답 测验 / 测量

0218 侧面 cèmiàn

명 측면

宫殿的侧面非常漂亮。
궁전의 측면은 매우 아름답다.
作者对人物进行了大量的侧面描写。
작가는 인물에 대해 대량의 측면묘사를 진행했다.

0219 层出不穷 céngchū bùqióng

성 끊임없이 나타나다, 끝도 없이 출현하다
유 5급 不断 búduàn

最近，盗窃案层出不穷。
최근 도난사건이 줄지어 발생하고 있다.
网络上的新词汇层出不穷。
인터넷 상의 신조어가 끊임없이 생겨나고 있다.

0220 层次 céngcì

명 ① (말이나 글에서의) 내용의 순서, 차례
유 4급 顺序 shùnxù, 0346 次序

这篇文章的层次非常分明。
이 문장의 순서는 매우 분명하다.

② 단계, 등급
她受的教育层次很高。
그녀가 받은 교육의 수준은 매우 높다.

0221 差距 chājù

명 격차, 차이
유 4급 距离 jùlí, 5급 差别 chābié

她刻苦学习，努力缩小与优等生的差距。
그녀는 열심히 공부해서 우등생과의 격차를 줄이려 애쓴다.
巨大的贫富差距容易使底层人民心理不平衡。
심각한 빈부 차이는 저소득층이 심리적으로 쉽게 균형을 잃게 한다.

差距·差别

- 差距 명 격차, 차이
- 差别 명 차별, 차이, 구별

비교 이 두 단어는 모두 '차이'라는 뜻을 가지고 있으나 差距는 같은 종류의 사물 간의 차이 정도나 어떤 표준으로부터 떨어진(距) 정도에 초점을 맞추고 있고, 差别은 형식과 내용의 다름(别)에 초점을 맞추고 있다.

두 글자 중 한 글자만 다를 경우 그 다른 한 글자의 뜻에 집중하여 구분하는 것이 포인트!

Check
人与人之间的（　　　）中，皮肤色是最显著的。
사람과 사람 사이의 차이 중에서, 피부색이 가장 뚜렷하다.
如果你不认真做，你跟他的（　　　）肯定会越来越大。
만약 네가 열심히 하지 않으면, 너와 그의 격차는 분명히 점점 커질 것이다.

답 差别 / 差距

0222 查获 cháhuò

동 수사하여 (압수하고) 체포하다

警方查获了一批毒品。
경찰은 수사하여 마약을 압수하였다.

海关查获了大批走私文物。
세관은 대량의 밀수 문물을 압수 수사하였다.

0223 岔 chà

명 ① (길이나 도로, 산 등에서) 갈라지는 지점, 갈래
前面出现了一个岔道。
앞쪽에 갈림길이 하나 나왔다.

② 착오, 실수
这件事不可以出任何岔子。
이 일은 어떠한 착오도 생겨선 안 된다.

동 ① 원래 방향에서 어긋나다, 빗나가다
前方正在施工，我不得不岔上一条小路。
앞에 공사를 하고 있어서 나는 어쩔 수 없이 좁은 길로 갔다.

② (시간이 엇갈리게 하여) 충돌을 피하다
把这两项活动的时间要岔开。
이 두 활동의 시간을 겹쳐지지 않게 해라.

0224 刹那 chànà

명 찰나, 순간
유 顷刻 qīngkè, 霎时 shàshí, 瞬间 shùnjiān
刹那间，人群沸腾fèiténg了。
순식간에 사람들이 들끓었다.
就在那一刹那，他爱上了她。
그 한순간에 그는 그녀를 사랑하게 되었다.

0225 诧异 chàyì

형 의아해하다, 이상해하다
유 1010 惊奇, 1011 惊讶, 惊诧 jīngchà, 惊异 jīngyì
听到这个消息我十分诧异。
이 소식을 듣고 나는 무척 의아했다.
她的举动令大家感到非常诧异。
그녀의 행동은 모두를 매우 의아하게 했다.

0226 柴油 cháiyóu

명 경유

这几个月柴油的价格上涨了。
최근 몇 달간 경유 가격이 올랐다.
柴油是重要的动力燃料ránliào。
경유는 중요한 동력원료이다.

0227 搀 chān

동 ① 부축하다, 돕다, 붙잡다
유 5급 扶 fú, 搀扶 chānfú
她小心翼翼地把老人搀下了车。
그녀는 매우 조심스럽게 어르신을 부축해 차에서 내렸다.

② 섞다, 혼합하다
유 搀兑 chānduì, 搀和 chānhuo, 兑 duì
妈妈在牛奶里搀麦片给孩子喝。
엄마는 우유에 오트밀을 섞어서 아이에게 마시게 했다.

0228 馋 chán

형 ① (음식을) 탐내다, 먹고 싶어하다
她最近馋得很，总想吃红烧肉。
그녀는 최근에 식탐이 많아서, 늘상 홍샤오로우를 먹고 싶다는 생각뿐이다.

② 몹시 부러워하다, 탐내다, 눈독을 들이다
看着别人功成名就，他特别眼馋。
다른 이가 공을 세워 이름을 떨치는 것을 보고, 그는 몹시 부러워했다.

0229 缠绕 chánrào

동 ① 둘둘 감다, 얽히다, 휘감다
牵牛花的藤téng缠绕着篱笆líba往上爬。
나팔꽃 넝쿨이 울타리를 휘감고 위로 올라간다.

② 매다, 괴롭히다, 귀찮게 굴다, 성가시게 하다
最近心里总被焦虑jiāolǜ的情绪所缠绕。
최근 들어 늘 가슴 졸이는 기분에 휩싸였다.

0230 产业 chǎnyè

명 ① (건물·토지·가옥 등의) 부동산 [주로 사유 재산을 말함]

㊌ ⑤급 财产 cáichǎn
他们的产业越来越多。
그들의 재산은 점점 더 많아졌다.

② 산업
观光产业是我国的支柱产业。
관광산업은 우리나라의 핵심산업이다.

0231 阐述 chǎnshù

동 논술하다
㊌ ④급 说明 shuōmíng, ⑤급 表明 biǎomíng, 阐发 chǎnfā, 阐明 chǎnmíng

双方都阐述了自己的观点。
쌍방이 모두 자신의 관점을 논술했다.
我已经详细地阐述了自己的看法。
나는 이미 내 생각을 상세하게 논술했다.

어휘 plus+ 阐述 · 说明

- 阐述 동 논술하다
  ➡ 阐述 + 主张, 观点, 立场, 原理, 方针
- 说明 동 설명하다, 해설하다
  ➡ 说明 + 事实, 问题, 原因, 道理

비교 이 두 단어는 명백히 다른 뜻을 가진 단어이다. 阐述는 주장, 관점, 입장 등 개인적이고 주관적인 것들을 논술한다는 뜻이고, 说明은 사실, 문제, 원인 등 객관적인 것을 설명한다는 뜻이 있다.

어떤 목적어와 함께 쓰이는지를 알아두는 것이 포인트!

Check
我以自身为例（　　　）了这个观点。
나는 나 자신을 예를 들어 이 관점을 논술하였다.
请你（　　　）一下你的想法，我们并不是全然了解。
당신의 생각을 설명해주세요, 우리가 결코 완전히 이해한 것이 아닙니다.

답 阐述 / 说明

0232 颤抖 chàndǒu

동 부들부들 떨다
㊌ ⑤급 发抖 fādǒu, 0497 哆嗦, 颤动 chàndòng, 抖动 dǒudòng

她冻得不停地颤抖。
그녀는 너무 추워서 계속 부들부들 떨었다.
由于激动，他说话的声音都颤抖起来。
감격하여 그의 목소리가 다 부들부들 떨리기 시작했다.

0233 猖狂 chāngkuáng

형 난폭하다, 제멋대로이다, 미쳐 날뛰다
㊌ ⑤급 疯狂 fēngkuáng, 猖獗 chāngjué

他们竟如此大胆猖狂。
그들은 결국 이렇게 대담하고 제멋대로다.
最近病毒猖狂肆虐 sìnüè。
최근 바이러스가 맹렬하게 기승을 부린다.

0234 昌盛 chāngshèng

형 창성하다, 흥성하다, 번창하다
㊌ ⑤급 发达 fādá, 2017 兴旺, 兴盛 xīngshèng
반 衰败 shuāibài, 衰落 shuāiluò, 衰弱 shuāiruò

希望我们的祖国更加繁荣昌盛！
우리 조국이 더욱 번영하고 흥성하기를 희망합니다!
国家的昌盛是个人幸福的前提。
국가의 번창은 개인 행복의 전제조건이다.

0235 尝试 chángshì

동 시도하다, 테스트하다, 시험해보다
㊌ ④급 试 shì, ⑤급 实验 shíyàn, 1652 试验

我们尝试了各种办法，但也没有成功。
우리는 각종 방법을 시도했으나 성공하지 못했다.

동 시도, 테스트
我们在品种改良方面进行了非常有益的尝试。
우리는 품종개량 방면에서 매우 유익한 테스트를 진행했다.

0236 偿还 chánghuán

동 (빚을) 상환하다, 갚다
为了偿还欠下的债，他做好几份工作。
빚을 갚기 위해서, 그는 여러 가지 일을 했다.

爸爸妈妈省吃俭用来偿还了银行的债务。
아빠, 엄마는 아껴 먹고 아껴 쓰셔서 은행 빚을 상환하셨다.

0237 常年 chángnián

명 ① 일년 내내, 장기간
　유 2386 终年, 长期 chángqī
他常年在外地工作，很难有机会回家看望父母。
그는 장기간 외지에서 일을 해 부모님을 뵈러 오기가 쉽지 않다.

② 평년
该地区玉米常年亩产mǔchǎn八百斤。
이 지역의 옥수수는 평년에 한 묘당 생산량이 800근이다.

0238 常务 chángwù

형 (기관·조직·단체에서) 일상 업무를 맡는, 상무의
这位是外国语学院的常务副院长。
이 분은 외국어대학의 상무 부원장이시다.

명 일상적인 업무, 상무
我终于摆脱了常务。
나는 마침내 일상적인 업무에서 벗어났다.

0239 场合 chǎnghé

명 (특정한) 시간, 장소, 상황, 경우, 형편, 장면
　유 0240 场面, 0241 场所, 场景 chǎngjǐng
在正式场合应当穿正装。
공식석상에서는 정장을 입어야 한다.
在这样的场合里，说话、做事一定要有分寸。
이런 장소에서는 말하는 것과 일하는 것, 모두 주의해야 한다.

  场所·场合·场面
0241 场所 참고

0240 场面 chǎngmiàn

명 ① (영화·연극·드라마 중의) 장면, 신(scene)
电影中离别的场面催cuī人泪下。
영화 속의 이별 장면은 눈물이 나게 한다.

② (문학 작품의) 장면, 광경
作者对这一场面进行了非常细致的描写。
작가는 이 장면을 매우 자세하게 묘사했다.

③ (특정 장소의) 정경, 광경
所有人都不会忘记这一激动人心的场面。
모두 이 감동적인 광경을 잊지 못할 것이다.

  场所·场合·场面
0241 场所 참고

0241 场所 chǎngsuǒ

명 장소, 시설
　유 3 地方 dìfang, 0239 场合, 场地 chǎngdì, 处所 chùsuǒ, 地点 dìdiǎn
在公共场所不要大声喧哗xuānhuá。
공공장소에서는 큰소리로 떠들면 안 된다.
未成年人不得出入娱乐场所。
미성년자는 오락장소에 출입하면 안 된다.

  场所·场合·场面

· 场所 명 장소, 시설
➡ 运动, 学习, 休息, 公共, 娱乐 ＋ 场所

· 场合 명 시간, 장소, 상황, 경우, 형편, 장면
➡ 外交, 正式, 秘密, 公开 ＋ 场合

· 场面 명 장면

비교 이 세 단어는 그 쓰임새가 확연하게 차이가 난다. 场所는 주로 사람들이 활동하는 구체적인 장소를 가리키고, 场合는 특정한 시간이나 상황, 장소를 가리킨다. 场面은 주로 영화, 연극 속에서의 장면을 가리킨다.

비슷하다고 느끼는 단어일수록 그 단어의 쓰임새를 확실하게 구분하는 것이 포인트!

> **Check**
> 遇到这种（　　　），就要道歉。
> 이런 상황에 닥치면, 바로 사과를 해야 한다.
> 这附近没有适合老年人活动的（　　　）。
> 이 부근에는 노인들이 활동하기에 적합한 장소가 없다.
> 我永远忘不了那部电影里的感动的（　　　）。
> 나는 그 영화 속의 감동적인 장면을 영원히 잊을 수 없다.
>
> 답 场合 / 场所 / 场面

0242 敞开 chǎngkāi

동 (활짝) 열다
　유 打开 dǎkāi, 放开 fàngkāi
　반 4급 限制 xiànzhì, 5급 关闭 guānbì, 2168 隐瞒

他到家的时候发现门敞开着。
그가 집에 도착해서 보니 문이 활짝 열려 있었다.

부 한껏, 마음대로, 마음껏

今天我请客，大家敞开喝吧。
오늘은 내가 한턱 낼게, 다들 마음껏 마셔!

0243 倡导 chàngdǎo

동 제창하다, 앞장서서 선도하다

政府积极倡导节约能源。
정부가 적극적으로 에너지자원 절약을 선도하고 있다.

全社会都大力倡导绿色生活。
전 사회가 대대적으로 녹색생활을 제창하고 있다.

0244 倡议 chàngyì

동 제안하다, 제의하다
　유 5급 提倡 tíchàng, 0243 倡导

学生会倡议开展节水、节电活动。
학생회는 절수, 절전 활동을 전개하자고 제안했다.

명 제안, 제의
　유 4급 意见 yìjiàn, 5급 建议 jiànyì

她的倡议引起了全校师生的热烈响应。
그녀의 제안은 학교 전체의 열렬한 호응을 불러 일으켰다.

0245 畅通 chàngtōng

동 원활하다, 막힘없이 잘 통하다
　유 通畅 tōngchàng　반 阻塞 zǔsè

今天的航道畅通无阻。
오늘 항공노선은 막힘없이 잘 통한다.

这一带的交通十分畅通。
이 일대의 교통이 매우 원활하다.

0246 畅销 chàngxiāo

동 판로가 넓다, 잘 팔리다

这种款式的裙子最畅销。
이런 디자인의 치마가 가장 잘 팔린다.

这个牌子的皮包畅销全球。
이 브랜드 가죽가방이 전 세계적으로 잘 팔린다.

0247 超级 chāojí

형 (규모·수량·질량 등이) 최상급의, 최고급의

老总又买了一辆超级豪华的跑车。
사장님은 또 최고급 호화 스포츠카를 샀다.

我经常和妈妈一起去逛超级市场。
나는 자주 엄마와 함께 슈퍼마켓에 가서 쇼핑한다.

0248 超越 chāoyuè

동 뛰어넘다, 추월하다
　유 4급 超过 chāoguò, 超出 chāochū, 越过 yuèguò

时间能超越空间吗？
시간이 공간을 추월할 수 있습니까?

这个问题超越了国界。
이 문제는 국경을 뛰어넘었다.

0249 钞票 chāopiào

명 지폐, 돈
　유 1급 钱 qián

钞票不是万能的。
돈이 만능은 아니다.

他美滋滋měizīzī地数着钞票。
그는 매우 즐겁게 지폐를 세고 있다.

0250 **潮流** cháoliú

명 ① 조류
这个小船顶不住汹涌奔腾bēnténg的潮流。
이 작은 배는 거센 조류를 이겨내지 못한다.

② 사회적 추세, 조류
我们要跟随时尚潮流。
우리는 유행의 추세를 따라야 한다.

0251 **潮湿** cháoshī

형 습하다, 축축하다, 눅눅하다
유 潮 cháo 반 4급 干燥 gānzào
雨后的路面很潮湿。
비가 내린 후의 도로는 젖어있다.
这里的气候十分潮湿。
이곳의 기후는 매우 습하다.

0252 **嘲笑** cháoxiào

동 비웃다, 놀리다, 빈정거리다
유 4급 笑话 xiàohua, 5급 讽刺 fěngcì, 0865 讥笑,
嘲讽 cháofěng, 嘲弄 cháonòng
반 5급 称赞 chēngzàn, 5급 赞美 zànměi,
赞赏 zànshǎng, 赞颂 zànsòng
她不会嘲笑我愚蠢的行动。
그녀는 나의 어리석은 행동을 비웃지 않는다.
我的中文讲得不好, 请大家不要嘲笑。
제가 중국어를 잘 못하니 모두 놀리지 마세요.

0253 **撤退** chètuì

동 군대가 철수하다, 퇴각하다
유 撤 chè, 撤回 chèhuí, 后退 hòutuì
반 0988 进攻, 反攻 fǎngōng, 前进 qiánjìn
敌人全面撤退了。
적군은 전면 철수했다.

他接到了撤退的命令。
그는 퇴각하라는 명령을 받았다.

0254 **撤销** chèxiāo

동 취소하다, 없애다
유 5급 取消 qǔxiāo, 1497 取缔
반 5급 成立 chénglì, 5급 建立 jiànlì, 1582 设立,
1584 设置, 2370 制订
上级撤销了他的一切职务。
상부에서 그의 모든 직무를 취소했다.
检控jiǎnkòng方撤销了对他的起诉。
기소 측은 그에 대한 소송을 취하했다.

0255 **沉淀** chéndiàn

동 ① 침전하다, 가라앉다
水太浑了, 得沉淀一会儿才能用。
물이 너무 탁해서, 가라앉은 후에나 쓸 수 있겠다.

② 모이다, 쌓이다, 누적되다
方言中的古语词是语言的历史沉淀造成的。
방언 속의 고어는 언어의 역사가 쌓여서 생긴 것이다.

명 침전물
静置了一会儿, 瓶底出现了些沉淀物。
잠시 가만히 두니, 병 아래 침전물이 나타났다.

0256 **沉闷** chénmèn

형 ① (날씨·분위기 등이) 음울하다, 무겁다
会议室里的空气十分沉闷。
회의실 안의 분위기가 무척 무겁다.

② (성격이) 침울하다, 내성적이다
유 愁闷 chóumèn, 烦闷 fánmèn, 苦闷 kǔmèn
반 1688 舒畅, 爽朗 shuǎnglǎng
失恋之后, 他变得越来越沉闷。
실연한 후, 그는 점점 더 내성적인 성격으로 변했다.

0257 沉思 chénsī

동 깊이 생각하다, 심사숙고하다

유 5급 思考 sīkǎo, 1710 思索, 深思 shēnsī, 寻思 xúnsi

他喜欢一个人喝着咖啡沉思。
그는 혼자서 커피를 마시면서 깊이 사색하는 것을 좋아한다.

她沉思了片刻后，向大家宣布消息。
그녀는 심사숙고한 후에, 모두에게 소식을 발표했다.

0258 沉重 chénzhòng

형 ① (정도가) 심하다, 심각하다, 깊다

유 繁重 fánzhòng
반 轻便 qīngbiàn, 轻巧 qīngqiǎo

他的病情越来越沉重，大家都为他操心。
그의 병세가 점점 심해져서, 모두 그를 걱정한다.

② (마음이) 무겁다, 우울하다

不知为什么，今天心情很沉重。
왜 그런지 모르겠지만, 오늘 기분이 매우 우울하다.

0259 沉着 chénzhuó

형 침착하다, 차분하다

유 4급 冷静 lěngjìng, 2315 镇定, 2316 镇静
반 5급 慌张 huāngzhāng, 慌乱 huāngluàn, 惊慌 jīnghuāng, 着慌 zháohuāng

无论遇到什么事情，她总是很沉着。
무슨 일이 일어나든 그녀는 늘 침착하다.

他沉着地回答记者提出的问题。
그는 침착하게 기자가 제기하는 문제에 대답했다.

0260 陈旧 chénjiù

형 낡다, 오래 되다, 케케묵다

유 3급 旧 jiù, 3급 老 lǎo, 陈 chén, 陈腐 chénfǔ
반 2급 新 xīn, 2281 崭新

这些衣服的款式太陈旧了。
이 옷들의 디자인은 너무 구식이다.

厂子里刚把陈旧的设备都换掉了。
얼마 전 공장의 낡은 설비를 모두 바꿨다.

0261 陈列 chénliè

동 진열하다, 전시하다

유 4급 排列 páiliè, 罗列 luóliè

她每天在橱窗chúchuāng里陈列新商品。
그녀는 매일 아침 진열창에 신상품을 진열한다.

他的作品被陈列在艺廊里最显眼的地方。
그의 작품은 미술관에서 제일 눈에 띄는 곳에 전시되었다.

plus+ 陈列·排列

- 陈列 동 진열하다, 전시하다
  ➡ 陈列 + 物品, 展品
- 排列 동 배열하다, 정렬하다
  ➡ 排列 + 名单, 词语, 顺序, 名次, 分数

비교 이 두 단어는 뜻과 搭配에 있어서 모두 확연하게 구분이 된다. 陈列는 물건을 조리 있고 보기 좋게 진열해서 사람들에게 보여주는 것을 가리키고, 排列는 일정한 순서에 따라 배열하는 것을 가리킨다.

어떤 단어들과 함께 쓰이는지를 알아두는 것이 포인트!

Check

博物馆里（　　　）着秦代的文物。
박물관에 진나라 때의 문물이 전시되어 있다.

队伍（　　　）得整整齐齐的。
대열이 매우 가지런하게 정렬되어 있다.

답 陈列 / 排列

0262 陈述 chénshù

동 진술하다

유 述说 shùshuō

请陈述自己的意见。 자신의 의견을 말하세요.

今晚我将做些简单的陈述。
오늘 밤 나는 간단한 진술을 할 것이다.

0263 称心如意 chènxīn rúyì

성 마음에 꼭 들다

她找到了一个称心如意的男朋友。
그녀는 마음에 꼭 드는 남자친구를 찾았다.

问题得到了解决，双方都称心如意。
문제가 해결되니, 쌍방 모두가 마음에 들어했다.

0264 称号 chēnghào

[명] 칭호, 호칭
> [유] [동] 称呼 chēnghu, 称谓 chēngwèi, 名称 míngchēng

她获得了世界冠军的称号。
그녀는 세계 챔피언이라는 칭호를 얻었다.

他十分珍惜"哲学家"的称号。
그는 '철학자'라는 칭호를 매우 소중히 여긴다.

0265 盛 chéng

[동] ① (음식을 용기에) 담다, 푸다
> [유] 打 dǎ, 舀 yǎo

妈妈给我盛了一大碗汤。
엄마가 나에게 국 한 그릇을 크게 퍼주셨다.

② (사람이나 물품 등을) 수용하다, 넣다
> [유] 1548 容纳, 容 róng

这个储物盒太小，盛不了多少东西。
이 상자는 너무 작아서, 물건을 얼마 넣지 못한다.

 盛 shèng

[형] ① 흥성하다, 번창하다
又到了百花盛开的季节。
온갖 꽃이 활짝 피는 계절이 또 돌아왔다.

② 강렬하다, 왕성하다
他正值年轻气盛的年纪。
그는 바로 젊음이 왕성한 나이이다.

0266 橙 chéng

[명] ① 오렌지 (나무)
她很喜欢吃橙子。
그녀는 오렌지 먹는 걸 무척 좋아한다.

我见过橙树的果实。
나는 오렌지 나무의 과실을 본 적이 있다.

② 주황색, 귤색
她有一支橙黄色的荧光笔 yíngguāngbǐ。
그녀는 주황색 형광펜을 가지고 있다.

0267 乘务员 chéngwùyuán

[명] 승무원

列车乘务员正在检票。
열차 승무원이 검표를 하고 있다.

这里乘务员的服务态度非常好。
여기 승무원의 서비스 태도는 매우 좋다.

0268 承办 chéngbàn

[동] 일을 맡아 처리하다
> [유] 0269 承包, 承揽 chénglǎn

这台晚会由我们公司承办。
이 연회는 우리 회사에서 맡아서 주관하고 있다.

这次演讲比赛由南京师范大学和市电视台联合承办。
이번 웅변대회는 난징사범대학교와 시 방송국이 연합하여 주관하는 것이다.

0269 承包 chéngbāo

[동] 맡아서 처리하다, 책임지고 완수하다
> [유] 0268 承办, 承揽 chénglǎn

他承包了一大片果园。
그는 대단히 넓은 과수원을 맡아서 처리하고 있다.

这片山林都被他承包下来了。
이 산림 부지는 모두 그가 맡아 처리한다.

0270 承诺 chéngnuò

[동] 승낙하다, 대답하다, 약속하다

他曾承诺过给她一生的幸福。
그는 일찍이 그녀에게 평생 행복하게 해주겠다고 약속한 적이 있다.

他一旦承诺了，就一定会做到。
그는 일단 승낙하면, 반드시 한다.

0271 城堡 chéngbǎo

[명] (보루식의) 성, 성보(城堡)

他拥有一个巨大的城堡。
그는 커다란 성보를 가지고 있다.
从前有一位王子住在山上的城堡中。
옛날에 한 왕자가 산 위의 작은 성에 살았다.

0272 成本 chéngběn

명 원가, 생산비용

公司用尽一切办法来压缩yāsuō成本。
회사는 모든 방법을 다 동원해서 원가를 줄인다.
技术革新之后，生产成本大大降低了。
기술 혁신 이후, 생산원가가 대폭으로 떨어졌다.

0273 成交 chéng//jiāo

동 거래가 성립되다, 매매가 성사되다
유 拍板 pāibǎn

我们公司这个月成交了多笔生意。
우리 회사는 이번 달에 많은 거래가 성사되었다.
经过多次谈判，这笔生意终于成交了。
여러 차례의 협상을 거쳐, 이 거래가 마침내 성사되었다.
多亏了他，这次拍卖pāimài成了交。
그 사람 덕분에 이번 경매는 순조롭게 거래가 성사되었다.

0274 成天 chéngtiān

부 종일, 온종일
유 整天 zhěngtiān

他成天愁眉苦脸。
그는 온종일 근심 어린 얼굴을 하고 있다.
那个孩子成天不学习，光玩。
그 아이는 종일 공부도 하지 않고 놀기만 한다.

0275 成效 chéngxiào

명 효능, 효과
유 3급 成绩 chéngjì, 4급 效果 xiàoguǒ,
5급 成果 chéngguǒ, 5급 成就 chéngjiù, 0687 功效

这种改革成效显著。이런 개혁은 효과가 뚜렷하다.
我们要强化药品的成效。
우리는 약품의 효능을 강화해야 한다.

0276 成心 chéngxīn

부 고의로, 일부러
유 4급 故意 gùyì, 存心 cúnxīn

她是成心想让我难堪nánkān。
그녀는 일부러 나를 난처하게 하려는 것이다.
我不是成心想把事情搞成这样的。
나는 고의로 일을 이렇게 만들려고 한 게 아니다.

0277 成员 chéngyuán

명 구성원

他是我们小组的成员。
그는 우리 소그룹의 구성원이다.
该组织目前由二十五个成员国组成。
이 기구는 현재 25개의 나라로 구성되어 있다.

0278 惩罚 chéngfá

동 징벌하다, 처벌하다
유 0318 处分, 惩办 chéngbàn, 惩处 chéngchǔ,
处罚 chǔfá, 责罚 zéfá
반 0944 奖励

任何人犯了罪都应受到惩罚。
누구를 막론하고 죄를 지었다면 모두 처벌을 받아야 한다.
自然将毫不留情地惩罚人类所犯下的错误。
자연은 인류가 저지른 잘못에 사정없이 벌을 내릴 것이다.

0279 诚挚 chéngzhì

형 성실하고 진지하다
유 4급 诚实 chéngshí, 5급 诚恳 chéngkěn,
1088 恳切, 2307 真挚, 真诚 zhēnchéng
반 2040 虚假, 2042 虚伪

请接受我诚挚的邀请。
제 진심 어린 초대를 받아주세요.
我谨代表全班同学向您献上最诚挚的问候。
제가 우리 반 학생들을 대표해서 당신께 진심 어린 문안 드립니다.

0280 澄清 chéngqīng

동 ① (혼란한 국면을) 평정하다

澄清了是非，人们正在奋发向前。
시비를 가려 평정한 후, 사람들은 분발하여 앞으로 향하고 있다.

② (인식·문제·사실 등을) 분명히 하다, 밝히다
- 유 0841 混淆, 搅混 jiǎohun, 搅乱 jiǎoluàn

这件事因你而起，你有责任出面澄清一下事实。
이 일은 너로 인해 일어났으니, 네가 책임지고 나서서 분명히 사실을 밝혀라.

형 맑고 깨끗하다

老家的院子有一个澄清的古潭。
고향 집 뜰에 맑고 깨끗한 오래된 연못이 하나 있다.

 plus+ 澄清 dèngqīng

동 (불순물을 침전시켜) 맑게 하다

我用明矾 míngfán 把水澄清了。
나는 백반을 사용해서 (불순물을 침전시켜) 물을 맑게 했다.

0281 呈现 chéngxiàn

동 나타나다, 드러나다
- 유 3급 出现 chūxiàn, 5급 表现 biǎoxiàn, 2189 涌现, 浮现 fúxiàn, 显露 xiǎnlù, 显现 xiǎnxiàn
- 반 5급 消失 xiāoshī

呈现在我们面前的是一面清澈的湖水。
우리 눈앞에 맑고 투명한 호수가 나타났다.

季节不同，大自然呈现的景色也不同。
계절이 다르면, 대자연이 드러내는 경치 또한 다르다.

0282 秤 chèng

명 저울
- 유 杆秤 gǎnchèng

这个秤不太准。
이 저울은 그다지 정확하지 않다.

电子秤没电了，什么都显示不出来。
전자저울에 전기가 없어서, 아무것도 나타나지 않는다.

0283 吃苦 chī//kǔ

동 고생하다, 고생을 견뎌내다

他是一个特别能吃苦的人。
그는 정말 고생을 잘 견뎌낼 수 있는 사람이다.

年轻人要有一颗吃苦耐劳的决心。
젊은 사람이라면 고생을 견뎌내겠다는 결의가 있어야 한다.

她在美国留学的时候吃了很多苦。
그녀는 미국 유학시절에 고생을 많이 했다.

0284 吃力 chīlì

형 힘들다, 힘겹다, 고생스럽다
- 유 费劲 fèijìn, 费力 fèilì
- 반 省劲儿 shěngjìnr

她吃力地提起箱子。
그녀는 힘겹게 상자를 들어 올렸다.

弟弟力气小，干活特别吃力。
남동생은 힘이 약해서, 일하는 것을 특히 힘겨워한다.

0285 迟缓 chíhuǎn

형 느리다, 완만하다 [서면어로 쓰임]
- 유 2급 慢 màn, 缓慢 huǎnmàn
- 반 5급 迅速 xùnsù, 飞速 fēisù, 急速 jísù, 神速 shénsù

他的一举一动都特别迟缓。
그의 일거수일투족이 모두 정말 느리다.

别看他胖胖的，行动起来一点也不迟缓。
그가 뚱뚱하기는 하지만, 움직이기 시작하면 조금도 느리지 않다.

0286 迟疑 chíyí

형 망설이다, 주저하다
- 유 5급 犹豫 yóuyù, 0305 踌躇, 1137 徘徊, 犹疑 yóuyí
- 반 5급 坚决 jiānjué, 0741 果断, 0907 坚定, 果敢 guǒgǎn

对于他的求婚，她迟疑了。
그의 청혼에 대해, 그녀는 망설였다.

他毫不迟疑地递交 dìjiāo 了辞职报告。
그는 조금도 주저하지 않고 사직서를 건넸다.

0287 持久 chíjiǔ

형 오래 지속되다
- 유 长久 chángjiǔ

这种膏药的药效特别持久。
이런 고약의 약효는 특별히 오래 지속된다.

她无论做什么事都无法持久。
그녀는 무슨 일을 하든지 간에 오래 가지 않는다.

0288 池塘 chítáng

명 ① (작고 얕은) 못
- 유 池 chí, 塘 táng

池塘边蹲dūn着一只小青蛙。
연못가에 작은 청개구리 한 마리가 웅크리고 앉아 있다.

② (목욕탕의) 욕조, 탕
- 유 池汤 chítāng

他特别喜欢在池塘休息。
그는 욕조에서 쉬는 걸 특히 좋아한다.

0289 赤道 chìdào

명 적도

赤道地区特别炎热。
적도 지역은 특히 무덥다.

赤道把地球分为南北两个半球。
적도는 지구를 남과 북 두 개의 반구로 나눈다.

0290 赤字 chìzì

명 적자, 결손

财政赤字并不是洪水猛兽měngshòu。
재정 적자가 결코 엄청난 재앙은 아니다.

政府一直致力于缩小财政赤字。
정부는 줄곧 재정 적자를 축소하기 위해 힘쓰고 있다.

0291 冲动 chōngdòng

명 충동

冲动是一种破坏力的情绪。
충동은 일종의 파괴적인 감정이다.

형 흥분하다, 충동하다

不要冲动, 越是这种时候越要冷静。
흥분하지 말고, 이럴 때일수록 더욱 냉정해져야 한다.

0292 冲击 chōngjī

동 ① (물이나 파도 등이 물체에) 세게 부딪치다
- 유 撞击 zhuàngjī

奔腾的大浪冲击着岸边的房屋。
거센 큰 파도가 해안가의 주택에 세게 부딪친다.

由于受到海浪的长期冲击, 这里的地貌很奇特。
파도에 오랫동안 세게 부딪혀서, 이곳의 지형은 무척 특이하다.

② 돌진하다, 돌격하다
- 유 冲锋 chōngfēng

我军猛烈地冲击敌人的阵地。
우리 군은 맹렬하게 적군의 진영으로 돌격했다.

③ 충격을 주다, 심각하게 영향을 끼치다
- 유 0366 打击

西方的近代思潮冲击中国的传统思想。
서양의 근대사조는 중국의 전통사상에 큰 영향을 끼쳤다.

0293 冲突 chōngtū

동 ① 충돌하다
- 유 5급 矛盾 máodùn
- 반 奔突 bēntū, 唐突 tángtū

这两门课的时间冲突, 所以不能都选。
이 두 수업시간이 겹쳐서, 둘 다 선택하는 건 불가능하다.

② 모순되다, 상충하다

这文章的内容前后冲突了。
이 문장의 내용은 앞뒤가 모순된다.

명 충돌

他们经常发生语言上的冲突。
그들은 늘 대화할 때에 충돌이 발생한다.

0294 充当 chōngdāng

[동] (직무·역할을) 맡다, 담당하다
- [유] [5급] 担任 dānrèn, 充任 chōngrèn

她经常充当调停人的角色。
그녀는 자주 중재자의 역할을 담당한다.
妈妈去世后，姐姐就充当起妈妈的角色。
어머니께서 돌아가신 후, 언니가 엄마의 역할을 맡게 되었다.

0295 充沛 chōngpèi

[형] 충족하다, 왕성하다
- [유] [5급] 充分 chōngfèn, 0296 充实, 0297 充足, 充裕 chōngyù

今年这里雨量充沛。
올해 이곳은 강우량이 충분하다.
她每时每刻都精力充沛。
그녀는 매 순간 모두 원기가 왕성하다.

0296 充实 chōngshí

[형] (물자·인원·내용이) 충실하다, 풍부하다
- [유] [4급] 丰富 fēngfù, 0297 充足
- [반] 1093 空虚, 1375 贫乏, 单薄 dānbó

这篇文章内容很充实。
이 문장은 내용이 매우 풍부하다.

[동] 강화하다, 충족되다, 충분하게 하다
- [유] 加强 jiāqiáng
- [반] [4급] 减少 jiǎnshǎo, 2058 削弱, 2072 压缩

读书使人充实。
공부는 사람을 충실하게 만든다.

 充足·充实
0297 充足 참고

0297 充足 chōngzú

[형] 충분하다, 충족하다
- [유] [5급] 充分 chōngfèn, 0296 充实, 足够 zúgòu
- [반] 短缺 duǎnquē, 欠缺 qiànquē

室内的光线很充足。
실내의 불빛이 충분하다.
粮仓里有充足的粮食。
양식 창고에 충분한 양식이 있다.

 充足·充实

· 充足 [형] 충분하다, 충족하다
  ➡ 充足 + 光线, 阳光, 经费, 资金, 理由

· 充实 [형] 충실하다, 풍부하다
  ➡ 充实 + 人力, 物力, 财力, 内容, 生活, 材料, 思想, 感情

[비교] 이 두 단어는 뜻으로만 구별하기에는 구별이 잘 되지 않는 단어이다. 充实는 대체로 두 가지 뜻으로 나누어볼 수 있는데, 첫째는 인력, 물자, 재력 등이 적절하게 잘 배치되어 있는 것을 가리키고, 둘째는 내용, 생활 등이 알차고 꽉 찬 것을 가리킨다. 이에 반해 充足는 단순히 필요한 수요를 만족시키는 것을 가리킨다.

한국어로 해석하면 차이가 없어 보이므로 그것으로 인해 혼동하지 말아야하는 것이 포인트!

Check
庄稼需要（　　）的阳光。
농작물은 충분한 햇빛이 필요하다.
我们虽然不富有，但是生活过得非常（　　）。
우리는 비록 부유하지는 않지만, 생활은 매우 충실하다.

📖 充足 / 充实

0298 崇拜 chóngbài

[동] 숭배하다
- [유] [5급] 佩服 pèifú, 0300 崇敬, 1465 钦佩, 敬佩 jìngpèi
- [반] 1268 蔑视, 鄙视 bǐshì, 轻慢 qīngmàn, 轻蔑 qīngmiè

学生们用崇拜的眼神看着教授。
학생들은 숭배하는 눈빛으로 교수님을 바라보고 있다.
安在旭是我最崇拜的韩国男明星。
안재욱은 내가 가장 숭배하는 한국의 남자스타이다.

 崇敬·崇拜
0300 崇敬 참고

0299 崇高 chónggāo

[형] 숭고하다, 고상하다

- [유] 0645 高尚, 高贵 gāoguì
- [반] 0077 卑鄙, 低贱 dījiàn

他有一个明确而崇高的理想。
그는 명확하고 숭고한 이상을 가지고 있다.
我们对他表达了崇高的敬意。
우리는 그에게 숭고한 경의를 표하였다.

0300 崇敬 chóngjìng

[동] 숭배하고 존경하다

- [유] 5급 佩服 pèifú, 5급 尊敬 zūnjìng, 0298 崇拜,
  敬佩 jìngpèi, 敬仰 jìngyǎng
- [반] 1268 蔑视, 鄙视 bǐshì, 轻蔑 qīngmiè

他是我们崇敬的前辈。
그는 우리가 존경하는 선배이다.
有些年轻人很崇敬他们的偶像。
일부 젊은이들은 그들의 우상을 매우 숭배하고 존경한다.

어휘 plus+ 崇敬·崇拜

- 崇敬 [동] 숭배하다
  ➡ 崇敬 + 英雄, 先烈, 领袖, 名人, 老师 등 사람이 주로 쓰임

- 崇拜 [동] 숭배하다
  ➡ 崇拜 + 英雄, 名人, 领袖, 金钱, 才华 등 사람이나 물건이 모두 쓰임

 이 두 단어는 모두 '숭배한다'는 뜻을 가지고 있으나 崇敬은 존경하는(敬) 의미가 포함된 좋은 의미의 숭배를 가리키고, 崇拜는 좋은 의미의 숭배뿐만 아니라 맹목적이고 나쁜 의미의 숭배도 가리키며, 대상에 대해 탄복한다는 데(拜) 초점이 맞춰져 있다. 또한 사람 이외에 물건에도 쓰인다.

> 두 글자 중 한 글자만 다를 경우 그 다른 한 글자의 뜻에 집중하여 구분하는 것이 포인트!

Check
你为什么盲目地（　　）偶像?
너는 왜 맹목적으로 우상을 숭배하니?
先烈被人民（　　）着。
선열은 사람들에게 존경을 받는다.

답 崇拜 / 崇敬

0301 重叠 chóngdié

[동] 중첩되다, 중복되다

这家国企有很多职位是重叠的。
이 국영기업은 많은 직위가 중복되어 있다.
我们两个人的影子重叠在了一起。
우리 두 사람의 그림자가 함께 겹쳐져 있다.

0302 重阳节 Chóngyángjié

[명] 중양절 [음력 9월9일]

阴历九月九日是重阳节。
음력 9월 9일은 중양절이다.
重阳节这一天有登高赏菊的风俗，所以又叫登高节。
중양절 이 날에는 높은 곳에 오르고 국화를 감상하는 풍습이 있어서 등고절이라고도 불린다.

0303 抽空 chōu//kòng

[동] 짬을 내다, 시간을 내다

- [유] 瞅空 chǒukòng, 偷空 tōukòng, 偷闲 tōuxián

过两天我就抽空陪你去看电影。
며칠 뒤에 내가 짬을 내서 너와 영화 보러 갈게.
出差的时候，他抽空回了一趟家。
출장 갔을 때, 그는 잠깐 시간을 내서 집에 다녀왔다.
这个周末我抽不出空去你家。
이번 주말에 나는 너희 집에 갈 시간을 낼 수 없다.

0304 筹备 chóubèi

[동] 사전에 준비하다

- [유] 2급 准备 zhǔnbèi, 筹办 chóubàn, 筹划 chóuhuà

女主人忙里忙外地筹备了晚宴。
여 주인은 안팎으로 챙기면서 연회를 준비했다.
两家父母正忙着给子女筹备婚礼。
두 집안의 부모님께서는 자녀의 결혼을 준비하느라 바쁘시다.

0305 踌躇 chóuchú

동 ① 주저하다
유 5급 犹豫 yóuyù, 0286 迟疑, 犹疑 yóuyí
他踌躇了好一阵子，终于做出了决定。
그는 한참을 주저하다가, 마침내 결정을 내렸다.

② 멈추다, 배회하다
进门前，他在门口踌躇了一会儿。
문을 들어오기 전에 그는 문 앞에서 잠시 멈췄었다.

0306 稠密 chóumì

형 조밀하다, 촘촘하다
유 繁茂 fánmào, 浓密 nóngmì
반 稀疏 xīshū, 稀少 xīshǎo
沿海地区人口稠密。
연해지역은 인구밀도가 높다.
她长着一头稠密的秀发。
그녀는 촘촘하고 아름다운 머리카락을 길렀다.

0307 丑恶 chǒu'è

형 추악하다, 더럽다
반 5급 善良 shànliáng, 美好 měihǎo
他丑恶的嘴脸惹人厌烦。
그의 추악한 얼굴은 사람들의 혐오감을 자아낸다.
美丽的外表无法掩盖她丑恶的灵魂。
아름다운 외모도 그녀의 추악한 영혼을 숨길 수 없다.

0308 出路 chūlù

명 ① 출구
再往前走有一条出路。
좀 더 앞으로 가면 출구가 하나 있다.

② 발전할 여지, 활로, 전도
유 5급 前途 qiántú
学习英语专业将来有出路。
영어를 전문적으로 배우면 앞으로 발전할 여지가 있다.

③ 판로
有了产品，没了出路。 제품은 있는데, 판로가 없다.

0309 出卖 chūmài

동 ① 팔다, 판매하다
유 2급 卖 mài 반 收买 shōumǎi
这是国家文物，不准出卖。
이것은 국가에 속한 문물이라서 판매할 수 없다.

② 팔아먹다, 배반하다
为了个人利益，他出卖朋友。
개인의 이익을 위해서라면 그는 친구라도 판다.

0310 出身 chūshēn

동 출신이다
유 4급 出生 chūshēng
她出身于公务员家庭。
그녀는 공무원 집안 출신이다.

명 출신
유 门第 méndì, 身家 shēnjiā
婆家因为她出身贫苦而嫌弃xiánqì她。
시댁에서는 그녀의 출신이 가난해서 그녀를 싫어한다.

0311 出神 chū//shén

동 넋이 나가다, (정신을 지나치게 집중하여) 멍해지다
他出神地望着远方。
그는 멍하니 먼 곳을 바라보았다.
她两眼望着天花板出神。
그녀는 두 눈으로 천장을 바라보며 넋이 나가 있다.
他坐在那里出了半天神。
그는 그곳에 앉아서 오랫동안 넋을 놓고 있었다.

0312 出息 chūxi

명 전도, 발전성
유 5급 前途 qiántú, 2381 志气, 前程 qiánchéng
她以后一定有出息。
그녀는 앞으로 발전성이 분명히 있다.
能考上清华大学，你儿子可真有出息呀。
네 아들은 매우 전도유망하니 칭화대학에 붙을 수 있을 거야.

0313 出洋相 chūyángxiàng

추태를 보이다, 웃음거리가 되다

[유] 出丑 chūchǒu

你叫我大出洋相！너 나를 웃음거리로 만들지 마!
我不想在陌生人面前出洋相。
나는 모르는 사람들 앞에서 추태를 보이고 싶지 않다.

0314 初步 chūbù

[형] 시작 단계의, 초보적인

问题已经得到初步解决。
문제는 이미 초보적 해결을 얻었다.
参加了这次会议，我对情况有了初步了解。
나는 이번 회의에 참석하여 상황에 대한 초보인적 이해가 생겼다.

0315 储备 chǔbèi

[동] (물자를) 비축하다

[유] 贮备 zhùbèi

国家要储备足够的粮食。
국가는 충분한 양식을 비축해야 한다.

[명] 예비품, 비축한 물건

救灾物资的储备很丰富。
이재민 구호물자의 예비품이 충분하다.

0316 储存 chǔcún

[동] 저장하다, 저축하다

[유] 储藏 chǔcáng, 积存 jīcún, 贮存 zhùcún
[반] 丢掉 diūdiào, 废弃 fèiqì

她把钱储存在银行。
그녀는 돈을 은행에 저축했다.
储存在电脑里的资料都没有了。
컴퓨터에 저장해둔 자료가 다 없어졌다.

0317 储蓄 chǔxù

[동] 저축하다, 저금하다, 절약하여 모으다

[유] 积蓄 jīxù

她把不用的钱都储蓄起来。
그녀는 쓰지 않는 돈을 모두 저축했다.

[명] 저금, 예금

她把全部储蓄都捐献给了希望工程。
그녀는 예금 전부를 희망공정에 기부했다.

0318 处分 chǔfèn

[동] 처벌하다, 처분하다

[유] 0278 惩罚, 处罚 chǔfá
[반] 0944 奖励

学校处分了考试作弊的学生。
학교는 시험에서 부정행위를 한 학생들을 처벌했다.

[명] 처벌, 처분

由于他表现好，校方撤消chèxiāo了对他的处分。
그의 태도가 좋아 학교 측에서 그에 대한 처벌을 철회했다.

0319 处境 chǔjìng

[명] 처지, 환경, 상태

[유] 境地 jìngdì, 境况 jìngkuàng, 境遇 jìngyù

他不在乎处境恶劣。
그는 환경이 열악한 것에 개의치 않는다.
他现在的处境极为危险。
그의 현재 상태는 매우 위험하다.

0320 处置 chǔzhì

[동] ① 처리하다, 조치를 취하다

[유] 5급 处理 chǔlǐ

旧家具应该怎么处置？
오래된 가구는 어떻게 처리해야 하나요？

② 징벌하다, 처벌하다

他违反校规，应该从严处置。
그는 교칙을 어겼기에 엄중한 처벌을 받아야 한다.

plus+ 处置・处理

- 处置 동 ① 처리하다, 조치를 취하다
  ➡ 处置 + 信件, 伤口, 垃圾

  ② 처벌하다, 징벌하다
  ➡ 处置 + 坏人, 罪犯, 叛徒

- 处理 동 처리하다
  ➡ 处理 + 问题, 案件, 事情, 矛盾, 关系, 纠纷

  비교 이 두 단어는 모두 '처리한다'는 뜻을 가지고 있으나 处理는 문제를 해결한다는 의미가 더 강하다. 处置는 주로 구체명사를 목적어로 가지며, 이밖에 나쁜 사람을 처벌한다는 뜻도 가지고 있음을 명심하자.

  한국어로 해석하면 차이가 없어 보이므로 단어의 뜻을 정확히 파악하는 것이 포인트!

(Check)
他们的矛盾，总是（　　　）不好。
그들의 모순이 계속 해결되지 않는다.
伤口一定要及时（　　　）。
상처는 반드시 제때에 조치를 취해야 한다.

답 处理 / 处置

0321 触犯 chùfàn

동 침범하다, 화나게 하다, 분노를 사다

유 冒犯 màofàn, 违犯 wéifàn
반 5급 遵守 zūnshǒu

我不是故意触犯你的。
나는 고의로 널 화나게 한 게 아니다.

触犯新的规定，应该受到严惩。
새로운 규정을 침범하면 엄중한 처벌을 받아야 한다.

0322 穿越 chuānyuè

동 지나가다, 통과하다, 관통하다

他们打算穿越大沙漠。
그들은 큰 사막을 통과할 계획이다.

她常常幻想能穿越时空，回到现代。
그녀는 종종 시공을 초월하는 환상에 빠졌다가 현실로 돌아온다.

0323 川流不息 chuānliú bùxī

성 (행인・차량 등이) 냇물처럼 끊임없이 오가다, 꼬리에 꼬리를 물고 이어지다

这里的车辆川流不息。
이곳의 차량들이 끝없이 이어진다.

街上的行人川流不息。
길거리에 사람들이 인산인해다.

0324 船舶 chuánbó

명 배, 선박

유 2급 船 chuán, 船只 chuánzhī

岸边停靠了许多船舶。
강기슭에 많은 배가 정박해있다.

我国的船舶制造水平堪称kānchēng世界一流。
우리나라의 선박 제조기술 수준은 세계 일류라 할 만하다.

0325 传达 chuándá

동 전달하다, 전하다

유 2436 转达

我们把领导的意见传达给他。
우리는 상부의 의견을 그에게 전달했다.

명 수위 (업무)

张大伯在传达室工作。
장 씨 아저씨는 수위실에서 일한다.

0326 传单 chuándān

명 전단지

传单被扔得满地都是。
전단지가 바닥 가득 버려졌다.

他每天站在超市门口发传单。
그는 매일 슈퍼마켓 입구에 서서 전단지를 돌린다.

0327 传授 chuánshòu

동 전수하다, 가르치다

유 4급 教授 jiàoshòu, 传 chuán

老师向学生们传授知识。
선생님은 학생들에게 지식을 가르친다.

农科院的专家们向农民传授了新技术。
농업과학연구원의 전문가들은 농민들에게 신기술을 전수했다.

0328 喘气 chuǎn//qì

동 ① 숨을 몰아쉬다, 헐떡거리다, 숨차다

유 喘 chuǎn

跑完800米，她累得直喘气。
800미터를 뛰고 나니, 그녀는 힘들어서 숨을 헐떡거렸다.

工作的压力往往让人喘不过气来。
업무 스트레스가 종종 사람의 숨을 조인다.

② 한숨 돌리다

逼得这么紧，你还让不让人喘气了？
이렇게 강하게 핍박하네, 너 사람 숨 좀 돌리게 해줄래?

0329 串 chuàn

명 꿰미, 송이, 꼬치 [꿰어 이루어진 물품에 쓰임]

她把珠子穿成了串儿。
그녀는 진주를 꿰미로 엮었다.

양 꼬치, 꿰미, 줄 [꿴 물건을 세는 단위]

她一个人吃了二十串羊肉串。
그녀는 혼자서 양고기 꼬치구이를 스무 꼬치나 먹었다.

동 ① 연관되다, 이어지다, 꿰다

你把这两段文章串在一起。
당신은 두 문장을 함께 연결하세요.

② 여기저기 돌아다니다

奶奶一有空就去邻居家串门儿。
할머니께서는 시간만 나면 이웃집 여기저기를 돌아다니신다.

0330 床单 chuángdān

명 침대 시트

妈妈把床单洗干净了。
엄마는 침대 시트를 깨끗이 세탁하셨다.

她不小心把咖啡倒在了床单上。
그녀는 실수로 커피를 침대 시트에 흘렸다.

0331 创立 chuànglì

동 창립하다, 처음으로 세우다

유 5급 建立 jiànlì

去年他创立了文学研究会。
작년에 그는 문학연구회를 세웠다.

他所创立的学说后来又有了新的发展。
그가 세운 학설은 훗날 다시 새로운 발전이 있었다.

plus+ 创立·建立·树立

- 创立 동 창립하다, 처음으로 세우다
  ➡ 创立 + 思想, 军队, 理论, 政党, 共产党

- 建立 동 세우다, 구축하다, 맺다
  ➡ 建立 + 工厂, 图书馆, 国家, 政府, 军队, 政权, 家庭, 友谊, 关系, 爱情

- 树立 동 수립하다, 세우다
  ➡ 树立 + 理想, 榜样, 威信, 风格, 信心, 世界观 등의 추상명사

비교 이 세 단어는 모두 '세우다'라는 뜻을 가진 단어이나 그 차이점은 분명하다. 创立는 이전에 없던 것을 새로 만들어내는 것을 뜻하고, 建立는 실제 건물을 세우는 것을 가리키며 감정으로 연결된 관계를 맺는다는 의미도 포함한다. 树立는 추상명사만을 목적어로 취할 수 있고 주로 좋은 일에 쓰인다.

비슷한 의미를 가진 단어일수록 搭配에 의해 구분된다는 것이 포인트!

Check

马克思（　　　）了马克思主义思想。
마르크스는 마르크스주의 사상을 창립했다.

我们单位最近（　　　）了新目标。
우리 회사는 최근에 새로운 목표를 세웠다.

我们家附近（　　　）了医院。
우리 집 부근에 병원이 세워졌다.

답 创立 / 树立 / 建立

0332 创新 chuàngxīn

동 쇄신하다, 창조하다
> 반 守旧 shǒujiù

我们必须大胆创新。
우리는 반드시 대담하게 쇄신해야 한다.

명 창조성, 창의
这个人创新能力很强。
이 사람은 창조 능력이 매우 강하다.

0333 创业 chuàngyè

동 창업하다, 사업을 일으키다
> 반 守成 shǒuchéng, 守业 shǒuyè

他毕业后，艰苦创业。
그는 졸업 후에 힘들게 창업을 했다.

国家应该鼓励大学生创业。
국가는 대학생의 창업을 장려해야 한다.

0334 创作 chuàngzuò

동 (문예 작품을) 창작하다
> 유 5급 创造 chuàngzào

他创作了大量的艺术作品。
그는 대량의 예술 작품을 창작했다.

명 창작, 문예 작품
她的这部创作值得社会关注。
그의 이 작품은 사회의 관심을 끌 만하다.

어휘 plus+ 创作 · 创造

- 创作 동 창작하다
  ➡ 创作 + 小说, 书法, 作品, 画儿, 电影
- 创造 동 창조하다
  ➡ 创造 + 理论, 奇迹, 记录, 东西

비교 이 두 단어의 구분은 분명한데, 문학, 문예 작품을 새로 만들어내는 것은 创作이고, 이전에 없던 것을 새로 만들어내는 것은 创造라고 구분하면 쉽다.

Check 어떤 단어들과 함께 쓰이는지를 알아두는 것이 포인트!

莫扎特六岁时就开始（　　）小步舞曲。
모차르트는 여섯 살 때부터 미뉴에트를 창작했다.

科学家（　　）了新理论。
과학자는 신 이론을 창조했다.

답 创作 / 创造

0335 吹牛 chuī//niú

동 허풍을 떨다, 큰소리치다
> 유 5급 吹 chuī, 吹嘘 chuīxū, 夸海口 kuā hǎikǒu, 说大话 shuō dàhuà, 自夸 zìkuā

他特别喜欢吹牛。
그는 큰소리치는 것을 매우 좋아한다

别吹牛了，谁信啊。
허풍떨지 마, 누가 믿겠어?

他刚才吹了半天牛。
그는 아까 한참 허풍을 떨었다.

0336 吹捧 chuīpěng

동 치켜세우다
> 반 0117 贬低, 0865 讥笑

他常常吹捧领导。
그는 항상 리더를 치켜세운다.

他只是吹捧你而已，听听也就罢了。
그 사람은 단지 너를 치켜세우려는 것 뿐이니 그냥 흘려 들어도 돼.

0337 锤 chuí

명 추, 쇠망치
我现在需要一把铁锤。
난 지금 쇠망치가 하나 필요하다.

동 (쇠망치로) 두드리다, 때리다
建筑工人正在把木桩锤进地面。
건축 현장의 노동자가 나무 말뚝을 쇠망치로 바닥에 두드려 박고 있다.

0338 垂直 chuízhí

동 수직이다
- 반 1384 平行, 1480 倾斜

窗户要与桌面垂直。 창문은 책상과 수직이어야 한다.
画一条直线垂直于这个平面。
직선을 그렸는데 이 평면과 수직이다.

0339 纯粹 chúncuì

형 순수하다, 깨끗하다
- 유 5급 单纯 dānchún, 5급 地道 dìdao, 0340 纯洁, 纯正 chúnzhèng, 纯净 chúnjìng, 单一 dānyī
- 반 混杂 hùnzá

这幅画不是纯粹的油画。
이 그림은 순수 유화가 아니다.

부 순전히, 완전히

母亲纯粹是为了女儿才这样做的。
어머니는 순전히 딸을 위해 이렇게 한 것이다.

---

plus+ 纯粹 · 纯洁

- 纯粹 형 순수하다, 깨끗하다
  ➡ 纯粹的 + 物质, 味道, 语言
- 纯洁 형 순결하다, 깨끗하다
  ➡ 纯洁的 + 友谊, 思想, 心灵, 童年, 感情

비교 두 단어는 모두 순수하고 깨끗하다는 뜻을 가지고 있으나 纯粹는 다른 성분이 섞이지 않은 순수함을 가리키고, 纯洁는 순결하고 깨끗하며 오점과 사심이 없는 것을 가리킨다.

 비슷한 의미를 가진 단어일수록 搭配에 의해 구분된다는 것이 포인트!

Check
这道菜是（　　　）的北京菜。
이 요리는 순수한 베이징 요리이다.
人们都说白色象征（　　　）。
사람들은 모두 하얀색이 순결을 상징한다고 말한다.

답 纯粹 / 纯洁

0340 纯洁 chúnjié

형 순결하다, 티없이 깨끗하다
- 반 肮脏 āngzāng, 污浊 wūzhuó, 邪恶 xié'è

无论身处什么样的环境，她始终保持一颗纯洁的心。
어떤 환경에 처하더라도, 그녀는 항상 순결한 마음을 간직해 왔다.

동 순결하게 하다

我们要纯洁自己的心灵。
우리는 스스로의 영혼을 순결하게 해야 한다.

---

plus+ 纯粹 · 纯洁
 0339 纯粹 참고

0341 词汇 cíhuì

명 어휘

你必须积累大量的词汇。
너는 반드시 많은 양의 어휘를 숙지해야 한다.
小学生应掌握的词汇有哪些？
초등학생이 알아야 할 어휘에는 어떤 것이 있나요?

0342 慈祥 cíxiáng

형 (노인의 태도·낯빛이) 자애롭다, 자상하다
- 유 慈爱 cí'ài, 慈善 císhàn
- 반 2030 凶恶, 2085 严厉, 凶狠 xiōnghěn

婆婆看上去总是那么慈祥。
시어머니는 항상 그렇게 자상해 보인다.
奶奶带着慈祥的笑容对我说。
할머니께서 자상한 미소를 지으며 내게 말씀하셨다.

0343 雌雄 cíxióng

명 ① 자웅, 수컷과 암컷

蚯蚓qiūyǐn是雌雄同体的生物。
지렁이는 자웅동체인 생물이다.

② 승부, 승패, 우열

他们要在赛场上决一雌雄。
그들은 경기장에서 승패를 가려야 한다.

0344 刺 cì

[동] ① (뾰족한 물건으로) 찌르다
　　[유] ²²⁶⁹ 扎, 戳 chuō, 捅 tǒng
　　手被针刺了一下。
　　손이 바늘에 좀 찔렸다.

② 자극하다, 건드리다
　　[유] ^{5급} 刺激 cìjī
　　阳光太刺眼了，请把窗帘拉下来。
　　태양이 너무 눈 부시니 커튼을 쳐주세요.

③ 암살하다
　　这位新闻发言人今晨在自家门口遇刺身亡。
　　이 뉴스 아나운서는 오늘 새벽 자택 앞에서 암살을 당해 사망했다.

[명] (바늘이나 가시와 같은) 뾰족한 물건
　　她被鱼刺卡qiǎ到嗓子了。
　　생선 가시가 그녀의 목에 걸렸다.

 刺 cī

[의성] 찍, 칙 [물건을 찢거나 마찰할 때 나는 소리]
　　刺啦一声，裤子破了个大口子。
　　찍 하는 소리가 나더니 바지에 큰 구멍이 났다.

0345 次品 cìpǐn

[명] 질이 낮은 물건, 저질품, 등외품
　　这条裙子是次品，我要退回厂家。
　　이 치마는 불량품이라서, 난 공장으로 반품할 거다.
　　这批次品严重影响了公司的声誉。
　　이 저질품들이 회사의 명예를 심각하게 실추시켰다.

0346 次序 cìxù

[명] (시공간에서의) 차례, 순서
　　[유] 次第 cìdì
　　不要弄乱出场的次序。
　　무대에 오르는 순서를 흐트러뜨리지 마세요.
　　请大家不要拥挤，按次序入场。
　　여러분 밀지 마시고, 차례대로 입장하세요.

0347 伺候 cìhou

[동] 시중을 들다, 돌보다
　　[유] 服侍 fúshi, 侍候 shìhòu
　　妈妈每天都在医院伺候她生病的女儿。
　　엄마는 매일 병원에서 그녀의 아픈 딸을 돌본다.
　　她伺候了瘫痪tānhuàn在床的婆婆十多年了。
　　그녀는 중풍으로 누워계신 시어머니를 십 년이 넘게 돌보고 있다.

0348 丛 cóng

[명] ① (한곳에 모여 자라는) 초목, 숲
　　树丛里藏着很多小松鼠。
　　숲 속에 작은 다람쥐들이 많이 숨어 있다.

② (사람이나 물건의) 무리, 떼
　　我在人丛中好不容易找到了他。
　　나는 그 많은 사람들 중에서 어렵게 그를 찾아냈다.

[양] 수풀을 세는 단위
　　我们学校后面有一丛小树林。
　　우리 학교 뒤편에는 작은 숲이 있다.

0349 从容不迫 cóngróng búpò

[성] 매우 침착하다, 태연자약하다
　　[유] 不慌不忙 bùhuāng bùmáng,
　　　　从容自若 cóngróng zìruò
　　[반] 惊慌失措 jīnghuāng shīcuò,
　　　　心慌意乱 xīnhuāng yìluàn

　　他从容不迫地走上讲台，开始演讲。
　　그는 침착하게 무대로 올라가 연설을 시작했다.
　　她从容不迫地应付了采访者提出的各种问题。
　　그녀는 매우 침착하게 면접관이 제기하는 갖가지 질문에 답했다.

0350 凑合 còuhe

동 ① 모이다
- 유 聚集 jùjí

他每天把几个男生凑合在一起打篮球。
그는 매일 남학생 몇 명과 모여서 함께 농구를 한다.

② (긁어) 모으다
- 유 拼凑 pīncòu

他们俩将拼图凑合成一幅完整的图案。
그들 둘은 퍼즐을 끼워 맞춰서 완정한 도안을 완성했다.

③ 그런대로 ~할 만하다, 아쉬운 대로 ~하다
- 유 将就 jiāngjiu

这菜还行，能凑合着吃。
이 음식 괜찮네, 그런대로 먹을 만하다.

0351 粗鲁 cūlǔ

형 거칠고 사납다, 교양이 없다
- 유 粗暴 cūbào, 粗野 cūyě
- 반 1714 斯文, 1889 文雅, 文静 wénjìng

他不是一个粗鲁的人。
그는 교양 없는 사람이 아니다.

他的样子粗鲁，让人反感。
그의 행동이 거칠고 사나워서 사람이 반감을 갖게 한다.

0352 窜 cuàn

동 ① (도적·적군·짐승이) 도망가다, 달아나다, 내빼다

这个盗窃dàoqiè团伙窜逃到其它地方作案。
이 절도단은 다른 지역으로 도망가서 범죄를 저질렀다.

② (글자를) 고치다, 수정하다

他趁人不在偷偷窜改了原文。
그는 사람들이 없을 때를 틈타 몰래 원문을 고쳤다.

0353 摧残 cuīcán

동 학대하다, 박해하다, 피해주다
- 유 残害 cánhài, 蹂躏 róulìn

体罚是摧残儿童的行为。
체벌은 아동을 학대하는 행위이다.

她的身心受到了严重的摧残。
그녀는 몸과 마음에 치명적인 학대를 받았다.

0354 脆弱 cuìruò

형 나약하다, 연약하다
- 유 懦弱 nuòruò, 软弱 ruǎnruò, 虚弱 xūruò
- 반 5급 坚强 jiānqiáng, 0909 坚韧, 刚强 gāngqiang

她是一个感情脆弱的人。
그녀는 마음이 여린 사람이다.

这会使她身体变得脆弱起来。
이것은 그녀의 몸을 많이 나약하게 했다.

0355 搓 cuō

동 (양손바닥을 또는 손바닥을 다른 물체에) 비비다, 문지르다

她一紧张就搓手。
그녀는 긴장하면 손을 비빈다.

老婆婆弯着腰搓洗衣服。
할머니께서는 허리를 구부려서 빨래를 비벼 빠신다.

0356 磋商 cuōshāng

동 상세하게 논의하다, 반복해서 상의하다
- 유 4급 商量 shāngliang, 商谈 shāngtán, 研究 yánjiū

我们需要与销售部门进行磋商。
우리는 영업팀과 상세히 논의해볼 필요가 있다.

经过反复磋商，我们达成了一致的意见。
반복된 상세한 논의를 통해 우리는 의견 일치에 도달했다.

0357 挫折 cuòzhé

동 좌절시키다, 패배시키다

不要挫折我的减肥意志。
나의 다이어트 의지를 꺾지 마.

명 좌절, 패배, 실패
- 유 4급 失败 shībài, 失利 shīlì

如何面对人生的挫折？
어떻게 인생의 좌절을 겪어내야 하는가？

他遭受到了前所未有的挫折。
그는 예전에는 겪어보지 않았던 실패를 겪었다.

0358 搭 dā

[동] ① 설치하다, 지탱하다
　　[반] 5급 拆 chāi
　　市政府在大桥的顶端搭了一座雕塑。
　　시정부는 대교의 끝 부분에 조형물을 설치했다.

② (막 등을) 치다, 걸치다
　我把床单搭在晾衣绳 liàngyīshéng 上。
　나는 침대보를 빨랫줄에 널었다.

③ 잇다, 연결하다
　他说话前言不搭后语。
　그의 말은 앞뒤가 연결이 안 된다.

④ (차·배·비행기 등을) 타다
　我们将搭今晚的最后一班车回市内。
　우리는 오늘 저녁 마지막 차를 타고 시내로 돌아간다.

0359 搭档 dādàng

[동] 협력하다, 합작하다
　他们两个人搭档开了一家小饭馆。
　그들 두 사람은 작은 식당을 동업으로 개업했다.

[명] 협력자, 파트너
　我们俩是合作多年的老搭档。
　우리 둘은 다년간 합작해온 오랜 파트너이다.

0360 搭配 dāpèi

[형] 잘 어울리다, 걸맞다
　她的鞋子与衣服很搭配。
　그녀의 신발은 옷과 매우 잘 어울린다.

[동] ① (일정한 요구에 따라) 배합하다, 조합하다
　　这两个词搭配在一起不合适。
　　이 두 단어를 함께 조합하는 것은 적절치 못하다.

② 짝짓다, 결합하다
　经过长期磨合，他们俩搭配得很默契
　mòqì。
　오랜 적응 기간을 거쳐서, 그들 둘은 손발이 잘 맞는다.

0361 答辩 dábiàn

[동] 답변하다, 대답하다
　[유] 0126 辩护, 0127 辩解, 0562 分辨, 申辩 shēnbiàn
　每个人在法庭答辩时都很紧张。
　모든 사람은 법정 답변 시에 매우 긴장한다.
　为了准备论文答辩，她忙得不可开交。
　논문의 답변 준비 때문에, 그녀는 눈코 뜰새 없이 바쁘다.

0362 答复 dáfù

[동] 회답하다, 대답하다
　[유] 2급 回答 huídá, 回复 huífù, 回话 huíhuà
　[반] 5급 提问 tíwèn, 5급 询问 xúnwèn
　请尽快答复我。
　되도록 빨리 회답해주세요.
　你简单地答复一下就可以了。
　당신은 간단히 대답하기만 하면 됩니다.

0363 达成 dáchéng

[동] (협의·논의 등을) 달성하다, 이루다
　大家终于达成了共识。
　모두가 마침내 공감대를 형성하게 되었다.
　经过多轮谈判，双方终于达成了协议。
　여러 차례 협상을 통해 쌍방은 마침내 합의를 이루었다.

0364 打包 dǎ//bāo

동 ① (종이·천 등으로) 포장하다, 싸다
小姐，麻烦你把剩下的东西打包一下。
아가씨, 죄송한데 남은 것 좀 포장해주세요.
这些东西可以打成两个包。
이 물건들을 두 개로 포장할 수 있다.

② 포장을 풀다
收货的时候一定要打包检查。
물건을 받았을 때는 반드시 포장을 풀어 점검해야 한다.
他打开包，把里面的东西全部拿了出来。
그는 포장을 풀어 안에 있는 물건을 전부 꺼냈다.

0365 打官司 dǎ guānsi

소송하다, 고소하다
他专门替有钱人打官司。
그는 전문적으로 돈 있는 사람들을 대신해서 소송한다.
如果你想打官司，我一定奉陪fèngpéi到底。
만약 당신이 고소를 해야겠다면, 내가 끝까지 함께 할게요.

0366 打击 dǎjī

동 ① 치다
他用棍子来打击鼓。
그는 막대기로 북을 친다.

② 공격하다, 타격을 가하다, 기를 꺾다
不要总打击小孩子的积极性。
매번 아이의 적극성을 꺾지 마라.

0367 打架 dǎ//jià

동 다투다, 싸우다
有话好好说，不要打架。
싸우지 말고 말로 풀어.
他在学校里经常和别人打架。
그는 학교에서 자주 다른 사람과 싸운다.
上周他俩因为小事，打了一架。
지난 주에 그들 둘은 작은 일로 한 차례 다퉜다.

0368 打量 dǎliang

동 ① (사람의 옷·외모를) 살펴보다, 훑어보다, 관찰하다
유 端详 duānxiang
她把这个人从头到脚打量了一番。
그녀는 이 사람을 머리부터 발까지 한 번 훑어보았다.

② 짐작하다, 예측하다, 가늠하다
유 4급 估计 gūjì
我一打量就知道她喜欢这件衣服。
짐작컨대 그녀가 이 옷을 좋아한다는 것을 알았다.

0369 打猎 dǎ//liè

동 사냥하다, 수렵하다
古人靠打猎为生。
고대사람은 수렵에 의지해서 생활했다.
猎人上山打猎去了。
사냥꾼은 사냥하러 산에 갔다.
他以前每个秋季打过猎。
그는 예전에 매년 가을이면 사냥을 했었다.

0370 打仗 dǎ//zhàng

동 전쟁하다, 전투하다, 싸우다
打仗的话，遭殃zāoyāng的是百姓。
전쟁이 나면 피해를 보는 것은 국민이다.
战士在前方打仗，百姓在后方支援。
전사는 전방에서 싸우고, 백성은 후방에서 지원한다.
他们接着又打了一仗。
그들은 연이어 또 한 차례 싸웠다.

0371 大不了 dàbuliǎo

부 기껏해야, 고작
大不了少睡几个小时的觉，一定要按时完成任务。
기껏해야 몇 시간 못 자는 것뿐이니, 반드시 시간 안에 임무를 마치세요.

형 대단하다, 굉장하다, 지독하다 [주로 부정형에서 쓰임]
这不是什么大不了的事，你不必放在心上。

이건 뭐 대단한 일도 아니니 마음에 둘 필요 없어요.

0372 大臣 dàchén

명 대신, 중신 [군주국가의 고급 관원]
大臣们正在商议国事。
중신들은 지금 국사를 논의하고 있다.
大臣指君主国家的高级官员。
대신은 군주국가의 고급 관원을 가리킨다.

0373 大伙儿 dàhuǒr

대 모두, 여러분, 사람들
유 2급 大家 dàjiā
现在大伙儿都饿坏了。
지금 모두 배가 너무 고프다.
只要大伙儿团结一致就一定能渡过难关。
모두가 단결하기만 하면 반드시 난관을 헤쳐나갈 수 있다.

0374 大厦 dàshà

명 빌딩, 고층건물
这座大厦是坐东朝西的。
이 빌딩은 동쪽을 등지고 서쪽을 향하고 있다.
他们公司在大厦的最顶层。
그들 회사는 고층빌딩의 꼭대기 층에 있다.

0375 大肆 dàsì

부 제멋대로, 함부로, 마구 [주로 안 좋은 일에 쓰임]
유 大力 dàlì, 大举 dàjǔ
她在赌场大肆挥霍huīhuò。
그녀는 도박장에서 마구 돈을 쓴다.
敌人对村民进行了大肆屠杀。
적군은 마을 사람들에 대해 함부로 살상을 자행했다.

0376 大体 dàtǐ

명 중요한 이치, 도리
她是个识大体的女人。

그녀는 도리를 아는 여성이다.
부 대체로, 대략
大家的观点大体一致。
모두의 관점은 대체로 일치한다.

0377 大意 dàyi

형 소홀하다, 부주의하다
我们做任何一件事情都不能粗心大意。
우리는 어떠한 일을 하든 간에 부주의하게 해서는 안 된다.
他一时粗心大意，把小数点点错位置了。
그의 잠깐의 부주의로 소수점을 잘못된 위치에 찍었다.

 大意 dàyì

명 대의, 주요한 뜻
老师要求学生归纳段落大意。
선생님은 학생들에게 단락의 대의를 귀납하게 했다.

0378 大致 dàzhì

형 대체로, 대략적으로
유 0376 大体
事情的大致经过就是这样的。
일의 대체적인 경과는 이러하다.
부 대략, 대개
유 4급 大概 dàgài, 4급 大约 dàyuē
体育馆被挤得水泄不通，大致有十万人。
체육관은 물 샐 틈이 없을 정도로 꽉 차서, 대략 10만 명 정도는 있는 것 같다.

0379 歹徒 dǎitú

명 악당, 나쁜 사람
유 坏人 huàirén
警察终于制服了歹徒。
경찰은 마침내 악당을 체포했다.
她被歹徒挟持xiéchí了。
그녀는 악당에게 납치당했다.

0380 带领 dàilǐng

동 ① 이끌다, 거느리다
- 유 5급 指挥 zhǐhuī, 1700 率领, 统领 tǒnglǐng

他带领先头部队在前方开路。
그는 선두부대를 이끌고 전방에서 길을 열었다.

② 데리다, 안내하다
- 유 指引 zhǐyǐn

高年级的学哥学姐带领新生参观校园。
고학년 언니, 오빠들은 신입생이 학교를 참관하도록 안내했다.

0381 代价 dàijià

명 ① 대금, 물건 값
- 유 1급 钱 qián, 0064 报酬, 价钱 jiàqian

这个花瓶的代价无法用金钱计算。
이 화병의 가격은 돈으로 계산할 수 없다.

② 대가

他不惜一切代价也要重回祖国。
그는 그 어떤 대가를 감수하고서라도 다시 조국으로 돌아갈 것이다.

0382 代理 dàilǐ

동 대리하다, 대행하다, 대신하다
- 유 代办 dàibàn

他现在是代理部长。
그는 지금 부장 대행이다.

董事长职务暂由副董全权代理。
회장의 직무는 잠시 부회장이 전권을 대행한다.

0383 逮捕 dàibǔ

동 체포하다, 잡다, 붙들다

他不幸被敌人给逮捕了。
그는 불행히도 적에게 붙들렸다.

警察逮捕了案件的嫌疑人。
경찰이 사건의 용의자를 체포했다.

0384 怠慢 dàimàn

동 ① 냉대하다, 쌀쌀맞게 대하다
- 유 1139 冷淡, 轻慢 qīngmàn
- 반 3급 热情 rèqíng, 1110 款待, 厚待 hòudài

此人万万不可怠慢。
이 사람을 절대 냉대하지 마라.

② (대접이) 소홀하다, 꼼꼼하지 못하다 [인사말로 쓰임]
- 유 失敬 shījìng, 失礼 shīlǐ

大家光临，有失远迎，真是怠慢了。
여러분께서 왕림해주셨는데, 마중도 못하고 정말 대접이 소홀했습니다.

0385 担保 dānbǎo

동 보증하다, 담보하다
- 유 4급 保证 bǎozhèng, 0053 保管, 管保 guǎnbǎo

我担保他不会失约的。
난 그가 약속을 어기지 않으리란 걸 보증한다.

我担保此事交给他办没问题。
난 이 일을 그에게 맡겨도 문제가 없을 거란 걸 담보한다.

0386 胆怯 dǎnqiè

형 겁내다, 겁이 많다, 위축되다
- 유 怯懦 qiènuò
- 반 4급 勇敢 yǒnggǎn, 大胆 dàdǎn

面对着成千上万的观众，他有些胆怯。
수천만 관중 앞에서 그는 조금 겁이 났다.

站在聚光灯 jùguāngdēng 前，她心里有些胆怯。
스포트라이트를 받고 서니, 그녀는 마음이 좀 위축되었다.

0387 淡季 dànjì

명 비수기, 불경기
- 반 旺季 wàngjì

现在是旅游的淡季。
지금은 여행 비수기이다.

冬天是卖电风扇的淡季。
겨울은 선풍기 판매의 비수기이다.

0388 **淡水** dànshuǐ

명 담수
- 반 咸水 xiánshuǐ

我国的淡水资源严重不足。
우리나라의 담수 자원은 턱없이 부족하다.
淡水比海水轻，因此压力也来得小。
담수가 바닷물보다 가볍기 때문에 압력도 훨씬 적다.

0389 **蛋白质** dànbáizhì

명 단백질

蛋白质的种类很多。
단백질의 종류는 매우 다양하다.
蛋白质是生命的物质基础。
단백질은 생명을 구성하는 기초물질이다.

0390 **诞辰** dànchén

명 탄신일, 생일 [존경받는 사람의 생일에 주로 쓰임]
- 유 2급 生日 shēngri, 生辰 shēngchén, 寿辰 shòuchén
- 반 忌辰 jìchén, 忌日 jìrì

全国人民共同纪念这位政治家的百年诞辰。
전 국민이 함께 이 정치가의 탄생 100주년을 기념했다.
邓小平同志诞辰100周年纪念大会隆重举行。
덩샤오핑 동지의 탄생 100주년 기념행사를 성대히 거행하였다.

0391 **诞生** dànshēng

동 태어나다, 출생하다
- 유 4급 出生 chūshēng, 降生 jiàngshēng
- 반 5급 去世 qùshì, 1672 逝世

他诞生在六十年代。
그는 60년대에 태어났다.
这个婴儿诞生不满一周。
이 갓난아이는 태어난 지 아직 일주일이 안 됐다.

0392 **当场** dāngchǎng

부 그 자리에서, 당장
- 유 4급 当时 dāngshí

她当场拒绝了他的无理要求。
그녀는 그 자리에서 그의 무리한 요구를 거절했다.
她当场揭穿jiēchuān了他的谎言。
그녀는 그 자리에서 그의 거짓말을 폭로했다.

0393 **当初** dāngchū

명 당초, 애초, 이전
- 유 4급 当时 dāngshí, 当年 dāngnián
- 반 5급 如今 rújīn, 今日 jīnrì

当初这里是一片荒地。
당초에 이곳은 황무지였다.
这就是当初我所提过的那个商店。
이게 바로 애초에 내가 언급했던 그 가게이다.

0394 **当面** dāng//miàn

동 마주하다, 얼굴을 맞대다
- 반 背地 bèidì

这封信你要当面交给他。
이 편지는 당신이 그에게 직접 전해주세요.
有本事你就当面给我把话说清楚！
재주가 있으면 네가 당장 내 앞에서 똑바로 얘기해봐!
这些话，我当着他的面说清楚了。
이 말들을 나는 그 사람과 얼굴을 맞대고 정확하게 말했다.

0395 **当前** dāngqián

명 지금, 현재
- 유 1급 现在 xiànzài, 5급 目前 mùqián, 2102 眼下
- 반 3급 过去 guòqù, 5급 从前 cóngqián

当前的局势对我们很不利。
지금의 상황은 우리에게 매우 불리하다.
当前，我们最大的困难是资金不足。
현재, 우리의 가장 큰 어려움은 자금이 부족한 것이다.

0396 当事人 dāngshìrén

명 ① 소송인
她是这个案件的当事人。
그녀는 이 사건의 소송인이다.

② 당사자
我们得先找到当事人，才能了解案发情况。
우리가 먼저 당사자를 찾아야 사건의 발생상황을 알 수 있다.

0397 当务之急 dāngwùzhījí

성 급선무, 당장 급하게 처리해야 하는 일
当务之急是想办法挽回wǎnhuí损失。
급선무는 손실을 만회할 방법을 생각해내는 것이다.
当务之急是说服目击者出庭作证。
급선무는 목격자를 설득해 증인으로 법정에 출석하게 하는 것이다.

0398 当心 dāngxīn

동 조심하다, 주의하다
유 3급 小心 xiǎoxīn, 3급 注意 zhùyì, 1193 留神
奶奶一步步当心地下楼梯。
할머니께서는 한걸음 한걸음 조심하여 계단을 걸어내려 가신다.
最近早晚温差大，当心感冒。
요즘 아침저녁으로 온도 차가 매우 크니, 감기 조심해라.

어휘 plus+ 当心·注意

- 当心 동 조심하다, 주의하다
  ➡ 当心 + 小偷, 滑倒, 感冒, 敌人
- 注意 동 주의하다, 조심하다
  ➡ 注意 + 身体, 安全, 车辆, 休息, 保养, 卫生, 款式

비교 이 두 단어는 모두 '조심하다'라는 뜻을 가지고 있으나, 当心은 주로 위험한 상황, 피해가 있을 수 있는 상황을 조심하는 것을 가리키고, 注意는 생각이나 주의를 한곳에 집중하는 것을 가리킨다.

Check
这个公司好像在骗你，你一定要（　　）。
이 회사가 아무래도 너를 속이고 있는 것 같아, 너 반드시 조심해.
讲话，行动时要（　　）礼貌。
말이나 행동을 할 때에 예의에 주의해야 한다.

답 当心 / 注意

0399 当选 dāngxuǎn

동 당선되다
반 落选 luòxuǎn
她当选为新一任市长。
그녀는 새로운 시장으로 당선되었다.
他以绝对优势的票数当选为代表。
그는 절대적으로 우세한 표 수로 대표에 당선되었다.

0400 党 dǎng

명 ① 정당 [중국에서는 공산당을 가리킴]
党是中国整个社会的核心。
당은 중국 전 사회의 핵심이다.

② 개인의 이해관계로 이루어진 집단
她一直以来是我的死党。
그녀는 줄곧 지금까지도 나의 절친한 친구이다.

0401 档案 dàng'àn

명 문서, 데이터, 서류, 파일
请把档案归类放好。
문서를 잘 분류하여 놓아주세요.
每个学生的奖惩jiǎngchéng情况都被写进档案里。
모든 학생의 상벌 상황이 모두 데이터로 정리되어 있다.

0402 档次 dàngcì

명 등급, 등차, 수준
유 0419 等级

这个商场里的商品档次很高。
이 상점의 상품 등급은 매우 높다.
拉开工资档次，体现了多劳多得的原则。
임금의 등급을 나눠서 노동에 따른 대가의 원칙을 실현했다.

0403 岛屿 dǎoyǔ

[명] 섬

太平洋上有几百个岛屿。
태평양에는 몇백 개의 섬이 있다.
世界上最大的岛屿是格陵兰岛。
세계에서 가장 큰 섬은 그린란드이다.

0404 倒闭 dǎobì

[동] (공장·가게 등이) 도산하다, 폐업하다
- [유] 关门 guānmén, 停业 tíngyè
- [반] 开业 kāiyè, 开张 kāizhāng

她的单位已经倒闭很久了。
그녀의 회사는 이미 폐업한 지 오래되었다.
由于经营不善，这家公司倒闭了。
경영 부실로 인해 이 회사는 도산했다.

0405 导弹 dǎodàn

[명] 미사일, 유도탄

这是我国自产的第一枚导弹。
이것은 우리나라가 자체 생산한 첫 번째 미사일이다.
这种导弹的弹着点在3000公里处。
이런 미사일의 탄착점은 3,000킬로미터이다.

0406 导航 dǎoháng

[동] (항해나 항공을) 유도하다, 인도하다

这座灯塔是用来导航的。
이 등대는 항해를 유도하는 데 쓰인다.
船上的导航系统突然出现了故障。
배의 항해유도 시스템이 갑자기 고장 났다.

0407 导向 dǎoxiàng

[동] (어느 방향으로) 유도하다, 이끌다

他被一群狐朋狗友导向了歧途qítú。
그는 못된 친구들로 인해 나쁜 길로 빠졌다.

[명] 인도하는 방향

他们打算采用一种新导向系统。
그들은 새로운 유도 시스템을 사용해볼 계획이다.

0408 捣乱 dǎo//luàn

[동] ① 교란하다, 방해하다
- [유] 1520 扰乱, 搅乱 jiǎoluàn
- [반] 安分守己 ānfèn shǒujǐ

某些间谍jiàndié捣乱世界航空产业。
일부 산업스파이들이 전 세계 항공산업을 교란시킨다.

② 귀찮게굴다, 성가시게 하다
- [유] 捣蛋 dǎodàn, 循规蹈矩 xúnguī dǎojǔ

姐姐正在练琴，你别总去捣乱。
언니 지금 피아노 연습 중이니까, 자꾸 귀찮게 하지 마.
你捣什么乱，大家都在看电视。
너 왜 성가시게 하는 거야, 모두 TV보잖아.

0409 稻谷 dàogǔ

[명] 벼

成熟的稻谷会弯腰。
잘 익은 곡식은 허리를 굽힌다.
农民在地里收割稻谷。
농민은 땅에서 벼를 수확한다.

0410 盗窃 dàoqiè

[동] 도둑질하다, 절도하다
- [유] 窃取 qièqǔ, 偷 tōu, 偷盗 tōudào

他因盗窃他人财物而被判入狱。
그는 타인의 재물을 절도했기 때문에 형을 선고받았다.
他潜入珠宝行盗窃了大量的珠宝首饰。
그는 보석가게에 침입해서 대량의 보석을 도둑질했다.

0411 得不偿失 débùchángshī

성 얻는 것보다 잃는 것이 더 많다, 득보다 실이 많다
在课堂上睡觉得不偿失。
수업시간에 잠을 자는 것은 얻는 것보다 잃는 것이 더 많다.
为了减肥而牺牲健康实在是得不偿失。
다이어트를 위해 건강을 희생하는 것은 사실상 득보다 실이 많다.

0412 得力 dé//lì

동 이익을 얻다, 도움을 얻다
她的好成绩得力于不懈的努力。
그녀의 좋은 성적은 꾸준한 노력으로 얻은 것이다.
多亏得他的力，这件事才办成了。
그의 도움 덕분에 이 일이 성사된 것이다.

형 ① 유능하다, 재능이 있다
她是经理的得力助手。
그녀는 매니저의 유능한 조수이다.

② 다부지다, 야무지다, 확고하다
这个问题能得到顺利解决，有赖于领导的得力参谋。
이 문제의 순조로운 해결은 리더의 확고한 조언에 달려 있다.

0413 得天独厚 détiān dúhòu

성 처한 환경이 남달리 좋다, 타고난 조건을 갖고 있다
他拥有一副得天独厚的嗓音。
그는 타고난 목소리를 가지고 있다.
风景秀丽的江南有着得天独厚的自然环境。
풍경이 수려한 강남은 우월한 자연환경을 갖고 있다.

0414 得罪 dézuì

동 미움을 사다, 기분을 상하게 하다
我不小心得罪了她。
나의 부주의로 그녀의 미움을 샀다.
得罪了顶头上司，事情处理起来会很难。
직속상관의 기분을 상하게 하면 일 처리가 매우 힘들 수 있다.

0415 蹬 dēng

동 (발에 힘을 주어) 밟다, 누르다
他蹬了一下腿就不动了。
그는 발에 힘을 주어 밟고는 움직이지 않았다.
他蹬三轮车蹬得特别快。
그는 삼륜차를 매우 빠르게 밟는다.

0416 灯笼 dēnglong

명 등롱, 초롱
他手里提着一个灯笼。
그는 손에 초롱을 하나 들고 있다.
元宵节前后，家家户户都挂起了红灯笼。
정월대보름 전후로 집집마다 모두 붉은색 초롱을 걸었다.

0417 登陆 dēng//lù

동 ① 상륙하다, 육지에 오르다
士兵们已经登陆了。
사병들이 이미 상륙했다.
按照计划，他们迅速登了陆。
계획대로 그들은 신속하게 육지에 올랐다.

② (상품 등이) 시장에 진출하다
该商品已经在中国大陆全面登陆了。
이 상품은 이미 중국대륙의 시장에 전면 진출했다.

0418 登录 dēnglù

동 ① 등록하다, 등재하다, 등기하다
他们提供的内部资料已经登录在案。
그들이 제공한 내부자료는 이미 안건에 등록되었다.

② (컴퓨터에) 로그인하다, 접속하다
我的电脑无法登录校园网。
내 컴퓨터로는 교내 인터넷에 접속할 수 없다.

0419 等级 děngjí

명 등급, 계급
유 2급 等 děng, 0870 级别

他参加了汉语等级考试。
그는 중국어 등급시험에 참가했다.
每种茶叶都分几种等级。
찻잎마다 모두 몇 종류의 등급으로 나뉜다.

0420 **瞪 dèng**

동 ① 눈을 크게 뜨다, 부릅뜨다
她吃惊地瞪大了双眼。
그녀는 놀라서 두 눈을 크게 떴다.

② 눈을 부릅뜨고 (노려)보다
他狠狠地瞪着我。
그가 매섭게 눈을 부릅뜨고 나를 노려봤다.

0421 **堤坝 dībà**

명 댐, 둑
유 堤 dī, 堤岸 dī'àn
她坐在堤坝上沉思着。
그녀는 둑에 앉아 사색 중이다.
为了防止水患, 当地政府修建了堤坝。
홍수를 방지하기 위해서 지역 정부가 댐을 건설했다.

0422 **敌视 díshì**

동 적대시하다, 적대하다
该国对我国持敌视的态度。
이 나라는 우리나라에 적대적인 태도를 유지하고 있다.
他一直想不通自己为什么被同事所敌视。
그는 줄곧 자신이 왜 동료에게 적대시되는지 이해할 수가 없었다.

0423 **抵达 dǐdá**

동 도달하다, 도착하다
유 2급 到 dào, 5급 到达 dàodá
飞机准时抵达了机场。
비행기는 제시간에 공항에 도착했다.
我们终于抵达了目的地。
우리는 마침내 목적지에 도착했다.

0424 **抵抗 dǐkàng**

동 저항하다, 저지하다
不要再做无谓的抵抗了。
다시는 무의미하게 저항하지 마라.
各族人民联合起来抵抗侵略。
각 민족은 연합하여 침략에 저항했다.

0425 **抵制 dǐzhì**

동 저지하다, 배척하다, 막아내다, 거부하다
유 0546 防止, 2373 制止
반 4급 接受 jiēshòu
我不赞成抵制外国货。
나는 외국 물건을 저지하는 데 찬성하지 않는다.
我们应当自觉抵制不正之风。
우리는 마땅히 자각하여 나쁜 기풍을 배척해야 한다.

plus+ 防止·抵制·制止
0546 防止 참고

0426 **递增 dìzēng**

동 점차 증가하다, 늘어나다
这条曲线呈现递增趋势。
이 그래프는 점차 증가 추세를 나타내고 있다.
荒漠化 huāngmòhuà 地区的面积逐年递增。
사막화 지역의 면적이 매년 증가하고 있다.

0427 **地步 dìbù**

명 ① 주로 좋지 않은 형편, 상태, 경지
유 0319 处境, 境况 jìngkuàng
已经弄到这种地步, 我也没办法。
이미 이러한 상태가 되어 나도 방법이 없다.

② 경지, 지경
유 5급 程度 chéngdù
她对漫画的痴迷 chīmí 已经到了废寝忘食 fèiqǐn wàngshí 的地步。
그녀는 만화에 빠져서 이미 식음전폐의 지경에 이르렀다.

0428 地势 dìshì

명 지세

这个地区地势开阔。
이 지역의 지세는 매우 넓다.

我军占据了有利地势。
우리 군은 유리한 지세를 점하고 있다.

0429 地质 dìzhì

명 지질

他从事地质测量的工作。
그는 지질 측량 업무에 종사한다.

这个地方地质结构很复杂。
이 지역의 지질구조는 매우 복잡하다.

0430 颠簸 diānbǒ

동 (위아래로) 흔들리다, 요동하다, 진동하다

유 颠 diān, 跳动 tiàodòng
반 平稳 píngwěn, 四平八稳 sìpíng bāwěn

车子一路上颠簸不停。
차가 길에서 계속 흔들린다.

船在风浪中颠簸得很厉害。
배가 풍랑에 심하게 흔들렸다.

0431 颠倒 diāndǎo

동 ① (상하·전후의 위치가 원래에서) 뒤바뀌다, 전도되다

这两个词的位置颠倒了。
이 두 단어의 위치가 전도되었다.

墙上的这幅画上下颠倒了。
벽에 걸린 이 그림은 위아래가 뒤바꼈다.

② (뒤섞여) 어수선하다, 착란하다

他因为她而神魂颠倒。
그는 그녀 때문에 넋이 나갔다.

0432 点缀 diǎnzhuì

동 단장하다, 꾸미다, 장식하다

鲜花点缀着绿草。 신선한 꽃이 녹지를 장식하고 있다.

在门口放盆花点缀一下。
문 앞에 화분을 놓아 단장해봐라.

0433 典礼 diǎnlǐ

명 식, 의식, 행사

유 2142 仪式

他不能参加毕业典礼。
그는 졸업식에 참석할 수 없다.

她在开学典礼上代表全体新生发言。
그는 개학식에서 전체 신입생을 대표하여 발언했다.

0434 典型 diǎnxíng

명 전형, 전형적인 사건이나 인물

유 0045 榜样, 典范 diǎnfàn

他是自立自强的典型。
그는 자립심이 강한 인물의 전형이다.

형 전형적인, 대표적인

这是一个典型的美国家庭。
이것이 전형적인 미국 가정이다.

---

plus+ 典型·典范

- 典型 **명** 전형
  ➡ 典型 + 人物, 形象, 性格

- 典范 **명** 전범, 모범, 본보기

비교 이 두 단어는 모두 '본보기'의 뜻을 가진 단어이나, 典型은 대표성을 가지고 있는 사람이나 사건을 주로 가리키고, 좋은 의미와 나쁜 의미 둘 다로 쓰인다. 典范은 모범이나 표준으로서 시범 작용을 하는 사람이나 사물을 가리키며, 좋은 의미로만 사용된다.

한국어로 해석하면 차이가 없어 보이므로 단어의 뜻을 정확히 파악하는 것이 포인트!

Check

女主角对金钱和爱情的态度是北京女孩的（　　　）。
여자주인공의 돈과 사랑에 대한 태도는 베이징 소녀들의 전형이다.

伦敦塔是英国城堡的一个（　　　）。
런던 탑은 영국 성보의 하나의 본보기이다.

답 典型 / 典范

0435 垫 diàn

동 ① 받치다, 깔다, 괴다
在桌子腿儿下面垫了一块板儿。
책상다리 아랫부분에 판자를 깔았다.

② 돈을 대신 내다
今年的学费是老师帮我垫的。
올해 학비는 선생님께서 제 대신 지불해주셨다.

명 깔개, 방석
她随身携带一个小垫子。
그녀는 항상 작은 방석을 가지고 다닌다.

0436 电源 diànyuán

명 전원
出门前要关闭所有电源。
외출하기 전에는 모든 전원을 꺼야 한다.
使用热水器洗澡一定要提前半个小时开电源。
온수기로 샤워할 때에는 30분 전에 미리 반드시 전원을 켜야 한다.

0437 奠定 diàndìng

동 다지다, 닦다, 안정시키다
她为了事业的成功首先奠定了基础。
그녀는 사업의 성공을 위해 먼저 기초를 다졌다.
我们一定要为以后的工作奠定坚实的基础。
우리는 반드시 이후의 작업에 견고한 기초를 다져야 한다.

0438 惦记 diànjì

동 염려하다, 걱정하다
유 5급 想念 xiǎngniàn, 惦念 diànniàn, 挂念 guàniàn
母亲时时惦记着孤身在外的女儿。
어머니께서는 항상 외지에서 혼자 사는 딸을 염려하신다.
无论子女多大，父母总是惦记的。
자녀가 몇 살이든 간에 부모는 항상 염려한다.

0439 叼 diāo

형 (물체의 일부분을 입에) 물다
他嘴里叼着烟卷。
그는 입에 담배를 물고 있다.
一头巨鹰yīng叼走了一只小羊。
거대한 매 한 마리가 새끼 양을 입에 물고 가버렸다.

0440 雕刻 diāokè

동 조각하다
유 3급 刻 kè, 雕 diāo
他请金匠把妻子的名字雕刻在戒指上。
그는 금 세공인에게 부인의 이름을 반지에 새겨달라고 했다.

명 조각
这个象牙雕刻极为精致。
이 상아 조각은 매우 정교하다.

0441 雕塑 diāosù

동 조소하다
유 0440 雕刻
雕塑出一件作品不是容易的事。
작품 한 점을 조소해내는 것은 쉬운 일이 아니다.

명 조소, 조소품
橱窗里陈列着各种雕塑。
쇼윈도에 각종 조소품이 진열되어 있다.

0442 吊 diào

동 ① 걸다, 매달다
顶棚吊着一盏巨大的水晶灯。
천장에는 커다란 수정등이 매달려 있다.

② (끈이나 줄 따위로 매서) 아래로 달아내리다, 위로 들어올리다
救援人员终于把山崖下的人吊了上来。
구조대원은 마침내 절벽 아래의 사람을 위로 끌어올렸다.

0443 调动 diàodòng

동 ① (위치·용도를) 바꾸다, 이동하다, 옮기다
他轻易便可调动千军万马。
그는 손쉽게 천군만마를 이동시킬 수 있다.

② 동원하다
调动一切力量来完成这项工作。
모든 힘을 동원해서 이 일을 완성했다.

0444 跌 diē

동 ① (어떠한 사물에 발이 걸려) 넘어지다, 엎어지다
她被台阶绊bàn了一下，跌倒了。
그녀는 계단에 걸려 엎어졌다.

② (값·물가·주가 등이) 내리다, 떨어지다
这台电脑不能跌价卖。
이 컴퓨터는 싸게 팔 수 없다.

0445 盯 dīng

동 주시하다, 응시하다
유 1급 看 kàn
他直勾勾zhígōugōu地盯着她。
그는 물끄러미 그녀를 바라봤다.
他两眼直直地盯着前方。
그는 두 눈으로 똑바로 앞을 주시하고 있다.

0446 叮嘱 dīngzhǔ

동 분부하다, 당부하다, 신신당부하다
유 5급 嘱咐 zhǔfù
妈妈叮嘱他按时吃饭。
어머니께서는 그에게 제때 밥을 먹으라고 당부하셨다.
他一再叮嘱我要注意交通安全。
그는 내게 교통안전에 주의하라고 재차 당부했다.

0447 定期 dìngqī

동 날짜를 정하다, 기한을 정하다
유 按期 ànqī

我们公司已经定期了召开部门会议。
우리 회사는 이미 부서회의 개최 날짜를 정했다.

형 정기적인, 주기적인
定期存款的利率相对比较高。
정기적금의 이율은 상대적으로 비교적 높다.

0448 定义 dìngyì

명 정의
他没有深入理解这个定义。
그는 이 정의를 깊이 이해하지 못했다.
对定义的理解要全面而透彻tòuchè。
정의에 대한 이해는 전면적이고 확실해야 한다.

0449 丢人 diū//rén

동 체면을 잃다, 창피를 당하다
穿成这样很丢人。이렇게 입으면 창피를 당할 거다.
在众目睽睽kuíkuí之下摔得四脚朝天，真够丢人的。
많은 사람들이 쳐다보고 있는데 뒤로 자빠져서 정말 창피했다.
赶快回家吧，别在这儿丢我的人了。
얼른 집으로 돌아가, 더는 여기서 내 체면 깎지 말고.

0450 丢三落四 diūsān làsì

성 흐리멍덩하다, 이것저것 빠뜨리다
他经常丢三落四。
그는 항상 흐리멍덩하다.
她总改不了丢三落四的坏习惯。
그녀는 이것저것 빠뜨리는 나쁜 버릇을 고치지 못했다.

0451 东道主 dōngdàozhǔ

명 손님을 초대한 주인, 행사의 주최자, 주최 측
这次由我来做东道主。
이번에는 제가 모시겠습니다.
他是这次聚会的东道主。
그는 이번 모임의 주최자이다.

0452 东张西望 dōngzhāng xīwàng

성 여기저기 두리번거리다

她**东张西望**的，好像在等人。
그녀가 두리번거리는 것이 마치 사람을 기다리는 것 같다.
上课的时候要专心听讲，不要**东张西望**。
수업시간에는 집중해서 들어야지 여기저기 두리번거려서는 안 된다.

0453 董事长 dǒngshìzhǎng

명 대표, 회장, 이사장

董事长住院了。
회장님께서 병원에 입원하셨다.
他的父亲是我们公司的**董事长**。
그의 부친은 우리 회사의 회장님이시다.

0454 栋 dòng

양 동, 채 [건물을 세는 단위]

我住三**栋**四门二单元。
나는 3동 4호의 두 번째 집에 산다.
外公在郊区买了一**栋**房子。
외할아버지께서는 변두리에 집을 한 채 사셨다.

0455 冻结 dòngjié

동 ① 얼다, 얼리다
유 5급 冻 dòng, 上冻 shàngdòng
반 解冻 jiědòng, 溶化 rónghuà

航道已经完全**冻结**了，飞机不能起飞。
활주로가 이미 완전히 얼어서 비행기가 이룩할 수 없다.

② (자금·인원을) 동결하다
반 解冻 jiědòng

他的银行帐号已经被**冻结**了。
그의 은행계좌는 이미 동결되었다.

0456 洞穴 dòngxué

명 땅굴, 동굴

这个原始部落的人住在**洞穴**里。
이 원시부락 사람들은 동굴에서 살았다.
考古学家在**洞穴**里发现了大量骸骨 háigǔ。
고고학자는 동굴 안에서 대량의 해골을 발견했다.

0457 动荡 dòngdàng

동 ① (파도가) 출렁이다, 일렁이다
유 波动 bōdòng, 激荡 jīdàng

轮船驶过，河水**动荡**了很长时间。
배가 운항되자 강물이 한참동안 일렁였다.

② (정세·상황이) 불안하다, 동요하다
该地区的社会局势一直**动荡**不安。
이 지역사회는 정세가 줄곧 불안하다.

0458 动机 dòngjī

명 동기

他的**动机**不纯。
그의 동기가 불순하다.
警方发现她有作案**动机**。
경찰 측은 그녀에게서 범죄 동기를 발견했다.

0459 动静 dòngjing

명 ① 인기척
유 3급 声音 shēngyīn, 声响 shēngxiǎng, 响动 xiǎngdong

隔壁**动静**太大，吵得人没法休息。
옆집 인기척이 너무 커서 시끄러워 쉴 수가 없다.

② 동태, 정황
유 4급 情况 qíngkuàng, 1485 情形

我们得随时掌握对手的**动静**。
우리는 수시로 상대방의 동태를 파악해야 한다.

0460 动力 dònglì

명 동력, 원동력

这台发电机以风力为动力。
이 발전기는 풍력을 동력으로 한다.

千千万万的劳动者是推动历史前进的动力。
수많은 노동자 모두가 역사 발전을 이끄는 원동력이다.

0461 动脉 dòngmài

명 동맥

他得了动脉硬化。 그는 동맥경화에 걸렸다.

动脉血管是人身体的一个重要部分。
동맥 혈관은 인체의 중요한 부분이다.

0462 动身 dòng//shēn

동 출발하다, 여행을 떠나다
유 4급 出发 chūfā, 1419 启程

她今天一大早就动身了。
그녀는 오늘 아침 일찍 출발했다.

他磨蹭 móceng 了很久还没动身。
그는 한참을 늑장을 부리고도 여전히 출발하지 않았다.

姐姐一大早就动了身，来机场接我。
언니는 아침 일찍 출발해서, 공항에 나를 데리러 왔다.

0463 动手 dòng//shǒu

동 ① 시작하다, 착수하다
유 1급 做 zuò

时间不早了，快点动手干正事吧。
늦었어, 빨리 본연의 일을 시작하자.

② 손으로 만지다, 손대다
유 5급 摸 mō

这些衣服不能随便动手。
이 옷들은 마음대로 만져서는 안 된다.

③ (사람을) 때리다, 손찌검하다
유 打人 dǎrén

君子动口不动手。
군자는 말로 하지 폭력을 사용하지 않는다.

他们俩在马路上动起手来。
그들 둘은 길거리에서 주먹으로 싸우기 시작했다.

0464 动态 dòngtài

명 ① (일이나 사건이 변화·발전하는) 상태, 동태
유 0459 动静, 动向 dòngxiàng

我们对对手的动态了如指掌。
우리는 상대방의 동태를 손금 보듯 훤히 알고 있다.

② (예술 작품에서의) 이미지, 형상

她很擅于把握艺术作品中的动态。
그녀는 예술품의 이미지 파악에 아주 뛰어나다.

0465 动员 dòngyuán

동 ① 동원하다
유 0510 发动

班长动员大家去打扫体育馆。
반장은 모두를 체육관을 청소하는 데에 동원했다.

② ~하도록 설득하다, ~하게 하다
유 0706 鼓动

上级部门动员大学生去献血。
상급부서는 대학생에게 헌혈을 하도록 했다.

0466 兜 dōu

명 호주머니, 주머니, 자루

我兜里一分钱都没有。
내 호주머니에는 돈이 한푼도 없다.

동 (자루·주머니로) 싸다, 품다

他用衣襟 yījīn 兜了许多大枣 dàzǎo。
그는 옷섶으로 대추를 잔뜩 담았다.

0467 陡峭 dǒuqiào

형 (지세나 산세가) 험준하다, 가파르다

我们眼前是陡峭的高山。
우리 눈앞에는 가파르고 높은 산이 있다.

山路十分陡峭，要多加小心。
산길이 매우 험준해서 더욱 조심해야 한다.

0468 **斗争** dòuzhēng

동 ① 투쟁하다, 싸우다
　유 0293 冲突, 争斗 zhēngdòu
　반 0770 和解, 1834 妥协, 和好 héhǎo
我们将与敌人斗争到底。
우리는 적과 끝까지 투쟁할 것이다.

② 분투하다, 열심히 싸우다, 노력하다
　유 5급 奋斗 fèndòu
他为了明天的幸福生活而斗争。
그는 내일의 행복한 생활을 위해 노력한다.

명 투쟁
这种斗争没有什么意义。
이런 투쟁은 아무 의미 없다.

0469 **督促** dūcù

동 재촉하다, 독촉하다
　유 0912 监督, 催促 cuīcù
　반 放任 fàngrèn
姐姐督促他快点儿做作业。
누나는 그에게 빨리 숙제할 것을 재촉했다.
妈妈每天督促他好好学习。
엄마는 매일 그에게 열심히 공부하라고 다그치신다.

0470 **都市** dūshì

명 도시
　유 3급 城市 chéngshì, 城 chéng
大都市的生活节奏很快。
대도시의 생활리듬은 매우 빠르다.
上海是一座繁华而忙碌的都市。
상하이는 번화하고 분주한 도시이다.

0471 **独裁** dúcái

동 독재하다, 독자적으로 판단하다
　유 独揽 dúlǎn
他的独裁统治被推翻了。
그의 독재통치는 뒤집혔다.
人民追求民主, 反对独裁。
국민은 민주를 추구하고 독재를 반대한다.
经理独裁惯了, 听不进职员的意见。
사장은 독자적으로 판단하는 것이 습관이 되어서, 직원들의 의견은 듣지 않는다.

0472 **毒品** dúpǐn

명 (아편·모르핀·코카인 등과 같은) 마약
他常常吸食毒品。
그는 종종 마약을 흡입한다.
远离毒品, 健康生活。
마약을 멀리하여 건강한 생활을 하자.

0473 **赌博** dǔbó

동 노름하다, 도박하다
　유 赌钱 dǔqián, 耍钱 shuǎqián
聚众赌博是违法的。
사람들을 모아 노름을 하는 것은 위법이다.
他因沉迷于赌博而倾家荡产 qīngjiā dàngchǎn。
그는 도박에 빠져 가산을 모두 탕진했다.

0474 **堵塞** dǔsè

동 막히다, 가로막다
　유 堵 dǔ, 阻塞 zǔsè
　반 0245 畅通, 通畅 tōngchàng
我们那个地方的河道堵塞得厉害。
우리 이 지역의 수로가 심하게 막혔다.
现在是上班的高峰期, 交通堵塞得很厉害。
지금은 출근시간대라 교통체증이 매우 심하다.

0475 杜绝 dùjué

동 (나쁜 일을) 없애다, 근절하다
유 5급 消灭 xiāomiè, 1978 消除, 根绝 gēnjué

要坚决杜绝不正之风。
나쁜 풍습은 단호히 근절해야 한다.
我们要杜绝一切浪费现象。
우리는 일체의 낭비현상을 없애야 한다.

0476 端 duān

명 ① 사물의 끝
铅笔的一端裂缝了。 연필 끝에 금이 갔다.

② 방면, 항목
最近天气变化多端。
요즘 날씨는 변화가 매우 크다.

동 받쳐 들다, 가지런하게 들다
服务员端上来一壶茶。
종업원이 차를 내왔다.

0477 端午节 Duānwǔjié

명 단오
端午节是韩中两国的传统节日。
단오절은 한중 양국의 전통명절이다.
端午节吃粽子是中国人的风俗。
단오절에 쫑쯔를 먹는 것은 중국 사람들의 풍속이다.

0478 端正 duānzhèng

형 ① (물체나 신체가) 똑바르다
她的毛笔字写得很端正。
그녀의 붓글씨체는 매우 똑바르다.

② (품행이) 바르다, 단정하다
她是个品行端正的女孩儿。
그녀는 품행이 단정한 소녀이다.

동 바르게 하다, 단정히 하다
我们应当端正学习态度。
우리는 학습태도를 바르게 해야 한다.

0479 短促 duǎncù

형 (시간이) 매우 짧다, 촉박하다, 급하다
유 短暂 duǎnzàn, 急促 jícù
반 1230 漫长

人的一生是很短促的。
인간의 생은 정말 짧다.
他在这里只做了短促的停留。
그는 여기에 잠시 머물렀을 뿐이다.

0480 断定 duàndìng

동 단정하다, 결론을 내리다
유 4급 判断 pànduàn, 判定 pàndìng

他断定东西是那个小孩儿偷的。
그는 물건을 그 아이가 훔쳤다고 단정했다.
通过他闪躲眼神，她断定他在说谎。
그가 시선을 피하는 것을 보고, 그녀는 그가 거짓말을 하고 있다는 결론을 내렸다.

0481 断断续续 duànduàn xùxù

형 끊어졌다 이어졌다 하다
유 陆陆续续 lùlùxùxù, 时断时续 shíduàn shíxù
반 连续不断 liánxù búduàn, 接连不断 jiēlián búduàn

他的说话声断断续续。
그의 말소리가 끊어졌다 이어졌다 한다.
手机里传来断断续续的声音。
휴대전화 속의 소리가 들렸다 안 들렸다 한다.

0482 断绝 duànjué

동 (왕래나 관계를) 단절하다, 끊다
유 隔断 géduàn, 隔绝 géjué

他们终于断绝了父子关系。
그들은 결국 부자관계를 끊었다.
分手之后，他们断绝了一切联系。
헤어진 후에 그들은 모든 연락을 끊었다.

0483 **堆积** duījī

동 쌓아 올리다, 쌓이다
　　윤 聚集 jùjí
我清除了家里堆积的杂物。
나는 집안에 쌓여 있던 집기를 정리했다.
他收集的杂志已经堆积如山了。
그가 수집한 잡지가 이미 산 더미처럼 쌓였다.

0484 **对策** duìcè

명 대책, 방법
　　윤 3급 办法 bànfǎ, 4급 方法 fāngfǎ
我们需要制定一个周密的对策。
우리는 철저한 대책을 제정할 필요가 있다.
我想了一个对策，大家看看怎么样。
내가 대책을 하나 생각했으니 모두 어떤지 좀 보세요.

0485 **对称** duìchèn

형 (도형·물체 등이) 대칭이다
我喜欢对称的图片。
나는 대칭된 사진을 좋아한다.
这个图形是中心对称图形。
이 도형은 중심 대칭 도형이다.

0486 **对付** duìfu

동 ① 대응하다, 대처하다, 취급하다
　　윤 5급 应付 yìngfù
对付这个考试对她来说不成问题。
이 시험을 치르는 것은 그녀에게는 어렵지 않은 일이다.
② 아쉬운 대로 하다, 그럭저럭 하다
　　윤 0350 凑合, 将就 jiāngjiu
这件衣服有点大，你先对付着穿一下吧。
이 옷이 조금 크지만, 우선 아쉬운 대로 입어라.

0487 **对抗** duìkàng

동 ① 적대시하다, 대치하다
　　윤 0488 对立
两国互相对抗很久了。
두 나라는 서로 오랫동안 대치해왔다.
② 저항하다, 맞서다
　　윤 0424 抵抗
他多次对抗上级的命令。
그는 수차례 상부의 명령에 맞섰다.

0488 **对立** duìlì

동 대립하다
　　반 5급 统一 tǒngyī
学习与娱乐并不完全对立。
공부와 오락이 결코 완전히 대립하는 것은 아니다.
他们处在对立的位置上。
그들은 대립적인 위치에 처해있다.

0489 **对联** duìlián

명 대련, 대구
爸爸一大早把对联贴好了。
아빠는 이른 아침부터 대련을 붙였다.
春节的时候，家家户户都贴上了对联。
설날이면 집집마다 모두 대련을 붙인다.

0490 **对应** duìyìng

동 대응하다
两种方言的语音一一对应。
두 가지 방언의 말소리가 서로 대응한다.
韩语中没有与这个成语相对应的词语。
한국어에는 이 성어와 서로 대응하는 단어가 없다.

0491 对照 duìzhào

동 대조하다, 대비하다, 비교하다
　유 5급 对比 duìbǐ, 比照 bǐzhào

他把文章中的引文和原书对照了一下。
그는 문장의 인용문과 원서를 한번 대조하였다.

拿两张照片对照了一下，发现自己变胖了。
두 장의 사진을 가지고 비교해보니, 자신이 살쪘다는 것을 발견했다.

0492 兑换 duìhuàn

동 환전하다
　유 3급 换 huàn

他去银行兑换钱币了。
그는 은행에 돈을 환전하러 갔다.

我们银行兑换不了人民币。
우리 은행에서는 인민폐를 환전할 수 없다.

0493 兑现 duìxiàn

동 ① (수표·어음 등을) 현금으로 바꾸다

这些国债明年年底可以兑现。
이 국채는 내년 연말에 현금으로 바꿀 수 있다.

② (약속을) 이행하다, 지키다

那些美丽的诺言nuòyán有几个真能兑现？
그 달콤한 약속이 실제로 몇 개나 이행될 수 있을까?

0494 队伍 duìwu

명 ① (조직이 있는 군중) 행렬, 줄, 대오
　유 队 duì, 队列 duìliè

游行的队伍一眼望不到头。
시위 행렬의 끝이 보이지 않는다.

② 조직이 있는 단체

教师队伍的水平有待提高。
교사 집단의 수준이 제고될 필요가 있다.

0495 顿时 dùnshí

부 갑자기, 즉시
　유 3급 马上 mǎshàng, 5급 立即 lìjí, 5급 立刻 lìkè, 1730 随即, 当下 dāngxià

他顿时傻眼了。
그는 갑자기 눈이 휘둥그레졌다.

老师一说话，教室顿时安静下来了。
선생님께서 말씀하시자, 교실 안이 즉시 조용해졌다.

0496 多元化 duōyuánhuà

동 다원화되다

在我看来，我们的产业活动正在多元化，这可是一件令人鼓舞的事儿。
내가 볼 때, 우리의 산업활동은 다원화되고 있는데, 이것은 정말로 고무적인 일이라고 할 수 있다.

형 다양한

国家正在努力满足人民多元化的生活需求。
국가는 국민의 다양한 생활수요를 만족시키기 위해 노력하고 있다.

0497 哆嗦 duōsuo

동 (부들부들) 떨다
　유 5급 发抖 fādǒu, 0232 颤抖, 发颤 fāchàn

她吓得直哆嗦。
그녀는 놀라서 부들부들 떨었다.

她在刺骨的寒风中哆嗦着。
그녀는 뼛속까지 시린 찬 바람에 부들부들 떨었다.

0498 堕落 duòluò

동 (사상·행동이) 타락하다, 부패하다
　유 腐化 fǔhuà, 失足 shīzú

不能看着他一步步堕落下去。
점점 타락해가는 그를 더는 못 보겠다.

想不到他竟然已经堕落到这种地步。
그가 뜻밖에도 이미 이 지경까지 타락했을 거라고는 생각도 못했다.

0499 额外 éwài
[형] 추가의, 과외의, 초과의
  유 4급 另外 lìngwài 반 分内 fènnèi

额外的费用需要自己补齐。
초과된 비용은 스스로 보충해야 한다.

老板额外准许我多休一周。
사장은 추가로 내게 일주일의 휴가를 허락했다.

0500 恶心 ěxin
[형] 메스껍다, 역겹다

车里的汽油味儿让她很恶心。
차 안의 기름냄새는 그녀를 메스껍게 했다.

[동] 구역질이 나게 하다, 혐오하게 하다

他那副谄媚 chǎnmèi 的嘴脸真让人恶心。
그의 그 추악한 몰골은 다른 사람을 혐오스럽게 한다.

0501 恶化 èhuà
[동] ① 악화되다
  반 转危为安 zhuǎnwēi wéi'ān,
     化险为夷 huàxiǎn wéiyí

外公的病情持续恶化。
외할아버지의 병세가 계속 악화되었다.

② 악화시키다

乱砍滥伐 lànfá 行为恶化了生态环境。
함부로 벌목하는 행위가 생태환경을 악화시켰다.

0502 遏制 èzhì
[동] 저지하다, 제어하다
  유 2075 压制, 2163 抑制

历史的潮流不可遏制。 역사적 흐름은 막을 수 없다.
政府采取有力措施遏制了通货膨胀。
정부는 강력한 조치를 취해 인플레이션을 억제했다.

0503 恩怨 ēnyuàn
[명] 원한

以前的恩怨就不要再提了。
지난날의 원한은 다시 꺼낼 필요 없다.

这两家的恩怨不是一两句话就能说清的。
이 두 집안의 원한은 한두 마디로 설명할 수 없다.

0504 而已 éryǐ
[조] (단지) ~일 뿐이다
  유 罢了 bàle

我只是想做而已，不会真做的。
나는 단지 하고 싶을 뿐이지 진짜로는 못 한다.

她只是开玩笑而已，你别介意。
그녀가 단지 농담을 했을 뿐이니, 너무 신경 쓰지 마세요.

0505 耳环 ěrhuán
[명] 귀고리

他送给我一副耳环。
그는 내게 귀고리 한 쌍을 선물했다.

今天她戴 dài 了一副新耳环。
오늘 그녀는 새로운 귀고리를 했다.

0506 二氧化碳 èryǎnghuàtàn
[명] 이산화탄소(CO_2)

人呼吸时会排出二氧化碳。
사람은 호흡할 때, 이산화탄소를 배출한다.

二氧化碳是造成温室效应的主要气体。
이산화탄소는 온실효과를 조성하는 주요 기체이다.

F

新HSK VOCA 5000 6급

0507 发布 fābù

동 (명령·지시·뉴스 등) 선포하다, 발포하다

유 5급 宣布 xuānbù, 5급 公布 gōngbù, 0036 颁布

司令部发布了最新指示。
사령부는 새로운 명령을 발포했다.

政府发布了产品的免检miǎnjiǎn标准。
정부는 상품의 검사 면제기준을 발표했다.

plus+ 发布·公布

• 发布 동 선포하다, 발포하다
  ➡ 发布 + 命令, 消息, 指示, 新闻, 公告

• 公布 동 공포하다, 공표하다
  ➡ 公布 + 法令, 纲领, 条例, 方案, 名单, 成绩, 结果

비교 이 두 단어는 모두 '알려주다'라는 뜻을 가지고 있는데, 发布는 일방적으로 선포하여 알려준다는 의미에 초점을 맞추고 있고 서면어에 주로 쓰인다. 반면 公布는 공개적으로 많은 사람에게 알려주는 데 초점을 맞추고 있으며 서면어와 구어에 모두 쓰인다.

두 글자 중 한 글자만 다를 경우 그 다른 한 글자의 뜻에 집중하여 구분하는 것이 포인트!

Check

期末考试的成绩一个星期以后才能（　　）。
기말고사 성적이 일주일 후에야 비로소 공표된다.

他在新闻（　　）会上说："我将推出演艺圈。"
그는 뉴스 발표회에서 "저는 연예계를 떠나겠습니다."라고 말했다.

답 公布 / 发布

0508 发财 fā//cái

동 (개인이나 사기업이) 돈을 벌다, 부자가 되다

他成天想着要发财。
그는 온종일 부자가 될 생각만 한다.

我发财后想建一家酒店。
나는 돈을 많이 번 후에, 호텔을 하나 짓고 싶다.

如果你买了这只股票，你就会发大财。
만약에 네가 이 주식을 산다면, 넌 큰 돈을 벌 수 있을 거다.

0509 发呆 fā//dāi

동 넋을 놓다, 넋을 잃다, 멍해지다

她坐在角落里发呆。
그녀는 구석에 넋을 잃고 앉아 있다.

最近她经常发呆，肯定是有什么心事。
요즘 그녀가 자주 넋을 놓는 것을 보니, 분명 무슨 일이 있는 것 같다.

你在发什么呆？ 너는 왜 그렇게 넋을 놓고 있니?

0510 发动 fādòng

동 ① 개시하다, 일으키다 [주로 전투나 전쟁에 쓰임]

敌人向我军发动了疯狂的进攻。
적군은 우리 군을 향해 미친 듯이 공격을 하기 시작했다.

② 행동하게 하다, 발동시키다, 동원하다

유 0465 动员, 0706 鼓动, 推动 tuīdòng

我们要充分发动群众力量。
우리는 군중의 힘을 충분히 동원해야 한다.

③ (기계 등에) 시동을 걸다, 기기를 돌리다

汽车勉强发动了起来。
자동차의 시동이 겨우 걸리기 시작했다.

0511 发火 fā//huǒ

동 화를 내다, 성질을 부리다

유 发脾气 fā píqi

这件事不值得发火。
이 일은 화낼 만한 일이 못 된다.

他脾气真差，动不动就发火。
그는 성격이 좋지 않아서, 걸핏하면 성질을 부린다.

她对丈夫发起火来。 그녀는 남편한테 화를 냈다.

0512 发觉 fājué

[동] 발견하다, 알아차리다, 깨닫다

[유] 察觉 chájué, 感到 gǎndào, 觉察 juéchá

我发觉你有事瞒mán着我。
내가 보기엔 네가 뭔가 날 속이고 있는 거 같다.

他发觉她最近有些不对劲。
그는 그녀가 요즘 조금 이상해졌음을 느꼈다.

0513 发射 fāshè

[동] 발사하다

我国向太空发射了一颗卫星。
우리나라는 우주로 위성을 하나 발사했다.

载人zàirén航天飞船成功地发射了。
유인우주선이 성공적으로 발사되었다.

0514 发誓 fā//shì

[동] 맹세하다

[유 2049] 宣誓, 立誓 lìshì, 明誓 míngshì, 起誓 qǐshì

他在老师面前发誓。
그는 선생님 앞에서 맹세했다.

他发誓一定不会再做对不起她的事。
그는 다시는 그녀에게 미안한 일을 하지 않겠다고 맹세했다.

我发过誓, 只爱你一人。
나는 너 한 사람만을 사랑하기로 맹세했었다.

0515 发行 fāxíng

[동] (화폐・채권・출판 간행물을) 발행하다

[유 5급] 发表 fābiǎo, 发出 fāchū, 发刊 fākān, 刊出 kānchū

今年下半年将发行这款纪念邮票。
올 하반기에는 이 기념우표가 발행될 것이다.

上海世博纪念币面向全国发行。
상하이 세계박람회 기념금화를 전국적으로 발행한다.

---

plus+ 发行・发表

- 发行 [동] 발행하다
  ➡ 发行 + 货币, 公债, 刊物

- 发表 [동] 발표하다
  ➡ 发表 + 意见, 宣言, 声明

[비교] 이 두 단어는 확연하게 구분되는 단어이다. 发行은 새로 인쇄한 화폐, 채권, 간행물, 우표 등을 내보낸다는 뜻이고, 发表는 의견, 성명, 선언 등을 사회나 단체에 전달한다는 의미를 가진다. 이밖에 发表는 간행물에 문장, 그림, 노래 등을 발표한다는 뜻도 가지고 있다.

어떤 단어들과 함께 쓰이는지를 알아두는 것이 포인트!

Check

大家有意见的话, 尽管(　　)一下。
여러분 의견이 있으면, 마음껏 발표하세요.

国家(　　)了奥林匹克纪念邮票。
국가는 올림픽 기념우표를 발행했다.

답 发表 / 发行

0516 发炎 fāyán

[동] 염증이 생기다, 염증을 일으키다

感冒了, 她的嗓子发炎了。
감기에 걸려서 그녀의 목에 염증이 생겼다.

由于没有及时清理, 她的伤口发炎了。
제때 소독하지 않아서, 그녀의 상처에 염증이 생겼다.

0517 发扬 fāyáng

[동] ① 발양하다, 발전하다

[유 4급] 发展 fāzhǎn, [5급] 提倡 tíchàng

我们要把老一辈的优良传统发扬光大。
우리는 윗세대의 우수한 전통을 더욱 발전시켜야 한다.

② 발휘하다

[유 5급] 发挥 fāhuī

集体中的每一个成员都应当发扬主动性。
조직의 모든 구성원은 마땅히 적극성을 발휘해야 한다.

plus+ 发扬·发挥

- **发扬** 동 발휘하다
  ➡ 发扬 + 优良的作风, 精神, 传统, 民主, 成绩, 优势, 道德

- **发挥** 동 발휘하다
  ➡ 发挥 + 水平, 作用, 力量

비교 이 두 단어는 모두 밖으로 무언가를 내보낸다는 뜻을 가지고 있으나, 发扬은 주로 좋은 것을 발전시키고 제창하는 것을 가리키고, 发挥는 사람이나 사물에 내재되어 있는 것을 표현해 내는 것을 나타낸다.

이러한 단어들은 단어의 구체적인 뜻 이외에도 자주 쓰이는 목적어를 알아두는 것이 포인트!

Check
足球选手在赛场上（　　　）了拼搏的精神。
축구선수는 경기장에서 끝까지 싸우는 정신을 발휘했다.
他没有充分（　　　）自己的力量，很后悔。
그는 자신의 역량을 충분히 발휘하지 못해서 매우 후회한다.

답 发扬 / 发挥

0518 发育 fāyù

동 발육하다, 자라나다
유 生长 shēngzhǎng

她发育得很早。
그녀는 무척 조숙하다.
孩子正处在生长发育的阶段，营养一定要跟上。
아이가 한참 성장발육하는 단계에 있으니, 영양이 반드시 뒤따라야 한다.

0519 法人 fǎrén

명 법인

他是我们公司的法人代表。
그는 우리 회사의 법인 대표이다.
法人是有民事权利能力和民事行为能力的组织。
법인이란 민사권리의 능력과 민사행위의 능력을 가진 조직이다.

0520 番 fān

양 ① 종, 종류, 가지 [능력·감정·말 등을 셀 때 쓰임]
这本书他看了三遍，每次都别有一番体会。
그는 이 책을 세 번 읽었는데, 매번 다른 느낌이 들었다.

② 번, 차례, 바탕 [시간이나 힘을 비교적 많이 소모하거나 과정이 비교적 완결되는 행위를 셀 때 쓰임]
他三番五次sānfān wǔcì地找我麻烦。
그는 여러 차례 나를 귀찮게 했다.

0521 繁华 fánhuá

형 (도시·거리가) 번화하다
유 4급 热闹 rènao, 5급 繁荣 fánróng, 繁盛 fánshèng
반 0820 荒凉, 冷落 lěngluò, 冷清 lěngqīng

她离开了这座繁华的都市。
그녀는 이 번화한 도시를 떠났다.
王府井是北京最繁华的商业街。
왕푸징은 베이징의 가장 번화한 상업거리이다.

plus+ 繁华·繁荣

- **繁华** 형 번화하다
  ➡ 市场, 街道, 城市, 街市, 城镇 + 繁华

- **繁荣** 형 번영하다, 번창하다
  ➡ 事业, 经济, 国家, 文化, 科技 + 繁荣

비교 이 두 단어 모두 '흥하고 왕성하다'라는 의미를 가지고 있지만, 그 의미의 구별만큼은 확실하다. 繁华는 주로 도시나 거리가 흥성하면서도 떠들썩한 것을 가리키고, 繁荣은 주로 경제나 사업이 왕성하게 발전하는 것을 가리킨다.

비슷한 의미를 가진 단어일수록 搭配에 의해 구분된다는 것이 포인트!

Check
这个地方自古以来就是个（　　　）的城市。
이 지역은 자고이래로 번화한 도시였다.
我的老家变得更加（　　　）了。
나의 고향은 매우 많이 번창했다.

답 繁华 / 繁荣

0522 繁忙 fánmáng

[형] 일이 많고 바쁘다
- [유] [5급] 匆忙 cōngmáng, [1233] 忙碌

最近工作很繁忙。 요즘은 일이 너무 많고 바쁘다.
周一是他最繁忙的时候。
월요일은 그가 가장 일이 많고 바쁜 때이다.

plus+ 忙碌·繁忙
[1233] 忙碌 참고

0523 繁体字 fántǐzì

[명] 번체자
- [반] [0924] 简体字

我不会写繁体字。
나는 번체자를 쓰지 못한다.
中国大陆已经不再使用繁体字。
중국 대륙에서는 이미 번체자를 사용하지 않는다.

0524 繁殖 fánzhí

[동] 번식하다, 증가하다, 퍼지다
- [유] 生殖 shēngzhí, 繁衍 fányǎn

这种鸟在每年的春季繁殖后代。
이런 종류의 새는 매년 봄에 새끼를 낳는다.
饭后不漱口shùkǒu，细菌xìjūn会在口腔里繁殖。
밥 먹고 양치질을 하지 않으면, 세균이 입안에서 번식할 수 있다.

0525 反驳 fǎnbó

[동] 반박하다
- [유] 驳斥 bóchì, 批驳 pībó
- [반] [5급] 赞成 zànchéng, [2253] 赞同

她反驳了对方的言论。
그녀는 상대방 의견에 반박했다.
她一时语塞yǔsè，不知该如何反驳。
그녀는 잠시 말문이 막혀 어떻게 반박해야 할 지 몰랐다.

0526 反常 fǎncháng

[형] 이상하다, 비정상적이다
- [반] [4급] 正常 zhèngcháng

她的情绪有些反常。
그녀의 정서가 약간 비정상적이다.
反常的气候是生态环境恶化的一种表现。
이상 기후는 생태환경 악화 징후의 일종이다.

0527 反倒 fǎndào

[부] 도리어, 오히려
- [유] [5급] 反而 fǎn'ér, 反 fǎn

不但没赚钱，反倒赔了个精光。
돈을 벌기는 커녕, 오히려 변상하느라 다 까먹었다.
开会时间是你定的，你反倒迟到了。
회의시간은 네가 정해 놓고, 도리어 네가 늦었네.

0528 反动 fǎndòng

[형] 반동의, 반진보적인, 반혁명적인
- [반] [5급] 革命 gémìng, [5급] 进步 jìnbù

他演过一些反动的角色。
그는 반혁명적인 역할을 연기했다.
他认为孔子的思想是反动的。
그는 공자의 사상이 반진보적이라고 생각한다.

0529 反感 fǎngǎn

[형] 반감을 가지다, 불만을 가지다
- [유] [4급] 讨厌 tǎoyàn, [2105] 厌恶
- [반] [3급] 满意 mǎnyì, [5급] 欣赏 xīnshǎng, [2253] 赞同

她对这种事很反感。
그녀는 이런 일에 반감을 가지고 있다.

[형] 반감, 불만

他们两人之间潜伏qiánfú着一股反感的暗流。
그들 사이에는 반감의 기류가 잠재해있다.

0530 反抗 fǎnkàng

동 반항하다
- 유 4급 反对 fǎnduì, 0424 抵抗, 0487 对抗
- 반 5급 服从 fúcóng, 1493 屈服, 1811 投降, 顺从 shùncóng

哪里有压迫，哪里就有反抗。
억압이 있는 곳엔 반드시 저항이 있다.

人民为了反抗压迫进行了艰苦卓绝的斗争。
사람들은 억압에 반항하기 위해 힘든 투쟁을 시작했다.

0531 反馈 fǎnkuì

동 (정보나 반응이) 되돌아오다, 반응하다, 피드백하다
- 유 返回 fǎnhuí

南方的消息已经反馈回来了。
남쪽의 소식이 이미 되돌아왔다.

消费者对商品质量的评价，已反馈到生产单位。
소비자의 상품질량에 대한 평가가 이미 생산부서로 피드백되었다.

0532 反面 fǎnmiàn

명 ① 뒷면, 이면
- 반 正面 zhèngmiàn

解决问题不能只看正面，还得看反面。
문제를 해결하려면 단지 정면만 보아서는 안 되고, 이면도 봐야 한다.

② (일·문제 따위의) 다른 일면

事情正朝着他预想的反面发展。
사건은 그가 예상한 것과는 다른 방면으로 발전해나가고 있다.

0533 反射 fǎnshè

동 반사하다
- 유 折射 zhéshè

光照到物体表面被反射了回来。
물체 표면의 빛이 반사되어 돌아왔다.

烛光反射到水面上的影子，很像月亮的影子。
촛불이 수면에 반사된 모습은, 마치 달빛의 그림자 같아 보인다.

0534 反思 fǎnsī

동 되돌아보다, 반성하다
- 유 0830 回顾, 0920 检讨, 反省 fǎnxǐng

他对自己的行为进行了反思。
그는 자신의 행동에 대해 반성했다.

我冷静地反思了一下，如果不这样做的话，或许我会成功。
내가 냉정하게 되돌아보니, 만약 이렇게 하지 않았다면 어쩌면 성공했을 수도 있다.

0535 反问 fǎnwèn

동 반문하다
- 유 反诘 fǎnjié

她反问了我一句。
그녀는 나에게 한 마디 반문을 했다.

他经常提出问题来反问自己。
그는 자주 문제를 제기하여 자신에게 반문한다.

0536 反之 fǎnzhī

접 이와 반대로, 바꾸어서 말하면
- 유 4급 否则 fǒuzé, 5급 不然 bùrán

一个国家越富有，人力资本越高，反之亦然。
한 국가가 부유해질수록 인력자본도 높아지는데, 바꿔 말해도 마찬가지다.

只有坦白才能从宽，反之，将受到法律的严惩 yánchěng。
솔직히 털어놓아야 관용도 받을 수 있지, 그렇지 않으면 법에 따라 엄벌을 받을 것이다.

0537 范畴 fànchóu

명 ① 범주
- 유 4급 范围 fànwéi, 5급 领域 lǐngyù

各门科学都有自己的一些基本范畴。
각각의 과학분야는 모두 자기만의 기본 범주를 가지고 있다.

② 범위, 유형
这个话题属于国际政治的范畴。
이 주제는 국제정치의 범위에 속한다.

0538 **泛滥** fànlàn

동 ① (물이) 범람하다, 넘치다
洪水泛滥成灾。
홍수가 범람하여 수재를 입었다.

② (좋지 않은 것들이 제한 없이) 범람하다, 유행하다
贪图享乐之风在社会上大肆dàsì泛滥。
향락을 탐닉하는 풍조가 사회에 마구 만연되었다.

0539 **贩卖** fànmài

동 (사들여) 판매하다
유 买卖 mǎimai
贩卖野生动物是违法的。
야생동물을 판매하는 것은 위법이다.
贩卖人口仍是一个严重的问题。
인신매매는 여전히 심각한 문제이다.

0540 **方位** fāngwèi

명 ① 방위, 방향
她特别没有方位感。
그녀는 특히 방향감각이 없다.

② 방향과 위치
车上的导航系统为她指明了方位。
차 안의 네비게이션이 그녀에게 방향과 위치를 분명하게 알려준다.

0541 **方言** fāngyán

명 방언
中国有很多种方言。
중국에는 매우 많은 종류의 방언이 있다.

她们那里的方言外地人完全听不懂。
그녀들 고향의 방언은 외지인은 정말 못 알아 듣는다.

0542 **方针** fāngzhēn

명 (사업의 전진을 인도하는) 방침
我们应该遵循公司的方针政策。
우리는 회사의 방침과 정책에 따라야 한다.
我们坚持一国二制的方针，争取早日完成祖国的统一大业。
우리는 일국이제의 방침을 견지하여 조기에 조국의 통일된 대업을 쟁취한다.

0543 **防守** fángshǒu

동 수비하다, 방어하다, 막아서 지키다
유 0545 防御, 守卫 shǒuwèi
반 0988 进攻
秦王朝修筑长城防守外敌。
진 왕조는 장성을 축조하여 외부의 적을 방어했다.
全队四人轮流防守他一个人。
전체 팀의 네 사람이 돌아가며 그 사람 한 명을 수비했다.

0544 **防疫** fángyì

동 방역하다, 전염병을 예방하다
卫生部已做好禽流感防疫措施。
위생부는 이미 조류독감 방역준비를 했다.
召集zhàojí所有兽医，给母牛防疫。
모든 수의사를 소집해서, 암소에 방역작업을 하게 했다.

0545 **防御** fángyù

동 방어하다
유 0543 防守, 防卫 fángwèi
반 0688 攻击, 0988 进攻
我们要防御敌人的突然袭击。
우리는 적의 갑작스러운 공격을 방어해야 한다.
在这次战争中我们不能只是消极防御，还要主动出击。

이번 전쟁에서 우리는 소극적인 방어만으로는 안 되고, 적극적인 공세를 취해야 한다.

0546 防止 fángzhǐ

동 방지하다

유 [5급] 预防 yùfáng, [5급] 避免 bìmiǎn, [0425] 抵制, [2373] 制止, 防备 fángbèi

坚持做眼保健操可以有效防止眼睛近视。
지속적인 안구 운동은 눈의 근시 예방에 효과가 있다.
我们要防止滋生zīshēng骄傲自满的情绪。
우리는 거만함과 자만심이 생기는 것을 경계해야 한다.

어휘 plus+ 防止・抵制・制止

· 防止 동 방지하다
  ➡ 防止 + 环境污染, 交通事故, 坏人, 犯错误, 灾难

· 抵制 동 저지하다, 배척하다, 막아내다
  ➡ 抵制 + 歪风邪气, 腐朽思想

· 制止 동 제지하다, 저지하다
  ➡ 制止 + 行动, 侵略, 战争

비교 이 세 단어는 모두 '막다'라는 뜻을 가지고 있는 단어이나, 防止는 나쁜 일이 발생하기 전에 미리 막는다는 데 초점을 두고 있다. 抵制는 침입해서 작용하지 못하게 막아내는 데 초점을 두는 단어이고, 制止는 주로 어떤 것을 강제적인 방법으로 막아내는 데 초점을 두고 있는 단어이다.

한국어로 해석하면 차이가 없어 보이므로 단어의 뜻을 정확히 파악하는 것이 포인트!

Check
老师应该（　　　　）学生在学校抽烟。
선생님은 학생들이 학교에서 담배를 피우는 것을 제지해야 한다.
给孩子打针是为了（　　　　）疾病的扩散。
아이에게 주사를 맞히는 것은 질병의 확산을 방지하기 위함이다.
消费者要积极地（　　　　）国外品牌。
소비자는 적극적으로 외국 브랜드를 배척해야 한다.

답 制止 / 防止 / 抵制

0547 防治 fángzhì

동 예방 치료하다, (재해나 질병을) 막다

专家们想了很多办法防治水土流失。
전문가들은 수분과 토사의 유실을 막기 위해 많은 방법을 생각했다.
村里人防治病虫害, 确保粮食产量。
마을 사람들은 병충해를 예방 퇴치하여, 양식의 생산량을 확보했다.

0548 纺织 fǎngzhī

동 방직하다, 짜다

유 纺 fǎng

纺织技术不断进步。
방직기술은 끊임없이 발전하고 있다.
中国的纺织业在国际市场上占有绝对优势。
중국 방직업은 국제시장에서 절대적 우위를 점하고 있다.

0549 放大 fàngdà

동 (그림・소리・기능을) 크게 하다, 확대하다

유 [4급] 扩大 kuòdà 반 [5급] 缩小 suōxiǎo

病人的瞳孔tóngkǒng已经放大了。
환자의 동공이 이미 커졌다.
把这张照片拿去照相馆放大一些。
이 사진을 사진관에 가지고 가서 확대해주세요.

0550 放射 fàngshè

동 방사(放射)하다, 방출하다

유 [0513] 发射

他的眼中放射出贪婪tānlán的光。
그의 눈에서 탐욕의 빛이 나타난다.
探照灯放射出刺眼的光芒guāngmáng。
탐조등은 눈을 자극하는 광선을 방출한다.

0551 放手 fàng//shǒu

동 ① 손을 놓다, 손을 떼다 [사물을 잡고 있던 손을 푸는 동작을 가리킴]

유 松手 sōngshǒu, 撒手 sāshǒu

抓住绳子shéngzi的这一头, 千万不要放手。

밧줄의 이쪽을 잡고 절대 놓지 마.
放开手让我走。
손 놔, 나 갈 거야.

② 포기하다, 중도에 그만두다
[반] 罢休 bàxiū
科长要他交给小王去办，可他就是不放手。
과장은 그에게 샤오왕에게 넘겨서 처리하도록 시켰으나, 그는 결코 포기하지 않았다.

③ 마음을 놓다, 걱정을 놓다
[반] 1693 束缚, 2232 约束
求求你放手吧。
제발 내버려 두세요.

0552 非法 fēifǎ

[형] 불법적인, 위법적인
[반] 5급 合法 héfǎ
盗版dàobǎn是非法行为。
해적판은 위법행위이다.
国家没收了他的非法所得。
국가는 그의 부당소득을 몰수했다.

0553 飞禽走兽 fēiqín zǒushòu

[명] 금수, 짐승
山林里栖息qīxī着很多飞禽走兽。
숲에는 많은 짐승이 서식하고 있다.
他擅长shàncháng画各种飞禽走兽。
그는 각종 금수를 그리는 데 뛰어나다.

0554 飞翔 fēixiáng

[동] 하늘을 빙빙 돌며 날다, 비상하다
[유] 飞行 fēixíng, 翱翔 áoxiáng
鸟儿在空中自由自在地飞翔。
새가 공중에서 자유자재로 날고 있다.
我感觉自己像一只自由飞翔的鸟儿。
나는 내가 마치 자유롭게 비상하는 새 같은 느낌이 든다.

 plus+ 飞翔·飞行

· 飞翔 [동] 비상하다
· 飞行 [동] 비행하다

[비교] 이 두 단어 모두 '날다'라는 뜻을 가지고 있으나 飞翔은 주로 새가 하늘을 빙빙 돌거나 선회하는 것을 가리키고, 飞行은 로켓이나 비행기가 하늘을 나는 것을 가리킨다.

아무리 쉬운 단어일지라도 그 속뜻을 한 번쯤 되새겨 보는 것이 포인트!

Check
我的梦想是就像一只鸟一样自由自在地在天空（　　　）。
나의 꿈은 바로 한 마리 새처럼 자유자재로 하늘을 나는 것이다.
她因为害怕（　　　），从来没坐过飞机。
그녀는 비행이 두려워서, 지금까지 비행기를 타본 적이 없다.

[답] 飞翔 / 飞行

0555 飞跃 fēiyuè

[동] 비약(飛躍)하다, 나는 듯 뛰어오르다
他开着摩托车，飞跃了宽的沟渠gōuqú。
그는 오토바이를 타고 널다란 도랑을 나는 듯 뛰어올랐다.
经过长期努力，她的中文水平有飞跃性的进步。
오랜 노력 끝에, 그녀의 중국어 실력은 비약적인 발전이 있었다.

0556 肥沃 féiwò

[형] (토지가) 비옥하다, 기름지다
[유] 肥美 féiměi
[반] 瘠薄 jíbó, 贫瘠 pínjí
这片土地十分肥沃。
이 토지는 매우 비옥하다.
农民在这肥沃的土地上种了玉米。
농민들은 이 비옥한 토지에 옥수수를 심었다.

0557 诽谤 fěibàng

[동] 비방하다, 중상모략하다, 헐뜯다
[유] 诬蔑 wūmiè, 造谣 zàoyáo
[반] 0653 歌颂, 颂扬 sòngyáng

你可以诽谤我，但你不能诽谤我的父母。
네가 나를 비난하는 것은 괜찮지만, 우리 부모님을 중상모략할 수는 없다.

如果你再这样无中生有，我就告你诽谤。
만약 네가 또 이렇게 터무니 없이 꾸며 대면, 나는 너를 명예훼손으로 고소할 거다.

0558 匪徒 fěitú

명 ① 강도
유 强盗 qiángdào, 土匪 tǔfěi

警察当场击毙jībì了一名匪徒。
경찰은 현장에서 강도를 사살했다.

② 악당

这群匪徒无恶不作。
이 악당 무리는 온갖 나쁜 짓을 다 저지른다.

0559 废除 fèichú

동 (법·제도·조약을) 취소하다, 폐지하다
유 5급 取消 qǔxiāo, 0972 解除, 废弃 fèiqì, 废止 fèizhǐ
반 5급 保留 bǎoliú, 5급 建立 jiànlì

不平等条约终于被废除了。
불평등조약이 마침내 취소되었다.

一夫多妻制早就被废除了。
일부다처제는 일찍이 폐지되었다.

0560 废墟 fèixū

명 폐허

眼前是一片废墟。
눈앞에는 폐허뿐이다.

战争将这里变成了一片废墟。
전쟁은 이곳을 폐허로 만들었다.

0561 沸腾 fèiténg

동 ① (액체가) 끓다, 끓어오르다
유 开锅 kāiguō

锅里的水沸腾了。
솥 안의 물이 끓어올랐다.

② 들끓다, 끓어오르다
유 欢腾 huānténg

广场上人声沸腾。
광장에는 사람들의 소리가 들끓었다.

0562 分辨 fēnbiàn

동 분별하다, 구분하다
유 5급 分别 fēnbié, 辨别 biànbié, 辨明 biànmíng

天黑了，她完全分辨不出方向。
날이 저물어 그녀는 전혀 방향을 알아차릴 수 없었다.

她分辨不出他是真情还是假意。
그녀는 그가 진심인지 아니면 거짓인지 구분할 수 없다.

plus+ 分辨·分别

· 分辨 동 분별하다, 구분하다
  ➡ 分辨 + 真假, 黑白, 颜色

· 分别 동 구별하다, 식별하다, 변별하다
  ➡ 分别 + 黑白, 轻重, 美丑, 大小, 真假, 对错, 颜色

비교 이 두 단어는 모두 '구별하다'라는 뜻을 가지고 있으나 그 뜻에 있어서 차이점을 찾기는 조금 어려움이 있는데, 分辨은 다른 사물의 특징을 구별하거나 헷갈리기 쉬운 것, 구분하기 어려운 것을 구별하는 것을 가리키고, 分别는 확실히 구분할 수 있는 것을 구별하는 것을 가리킨다. 단 이 두 단어는 사용 시 반드시 그 문장에서 답을 얻어야 한다. 다시 말해, 차이점을 찾기가 힘든 것을 구별하는 것인지 아니면 차이점이 확실한 것을 구별하는 것인지를 정확하게 파악한 후에 어떤 단어를 사용하면 좋을지 결정하는 게 좋다.

한국어로 해석하면 차이가 없어 보이므로 단어의 뜻을 정확히 파악하는 것이 포인트!

Check

儿童并不是生来就会（　　）是非。
어린이가 태어나자마자 바로 시비를 분별할 수 있는 것은 아니다.

我是色盲，红的蓝的我（　　）不开。
나는 색맹이어서, 빨간색과 남색을 구별하지 못한다.

답 分辨 / 分别

0563 分寸 fēncun

명 (말이나 일 등의) 한계, 정도

유 限度 xiàndù, 深浅 shēnqiǎn, 高低 gāodī, 轻重 qīngzhòng

做事要有分寸。
일을 행함에는 분별이 있어야 한다.
说话要掌握好分寸。
말은 잘 가려서 해야 한다.

0564 分红 fēn//hóng

동 (기업 등에서) 이익을 분배하다, 순이익을 배당하다

到年底会进行分红。
연말에는 이익을 분배할 수 있겠다.
所有员工都期待着年终分红。
모든 사원이 연말배당을 기대하고 있다.
一般来说，只要你有该公司的股票，就能分一点红。
일반적으로 네가 이 회사의 주식을 가지고 있다면 이익을 좀 배당 받을 수 있다.

0565 分解 fēnjiě

동 ① 분해하다

一种化学物质反应而分解成两种物质。
한 종류의 화학물질이 반응하여 두 종류의 물질로 분해되었다.

② 분열되다, 와해되다

유 1839 瓦解, 分化 fēnhuà

他设法使敌人自行分解。
그는 적이 스스로 와해될 수 있는 방법을 강구했다.

0566 分裂 fēnliè

동 분열하다, 갈라지다

유 1839 瓦解, 分化 fēnhuà
반 5급 统一 tǒngyī, 1820 团结

严禁一切分裂组织的言行。
조직을 분열시키는 일체의 언행은 모두 금한다.
分裂了敌人的组织，也就削弱xuēruò了敌人的力量。
적의 조직이 분열되어, 적의 역량도 약화되었다.

0567 分泌 fēnmì

동 분비하다

花分泌出花蜜。
꽃은 꽃꿀을 분비한다.
唾液tuòyè是由唾液腺tuòyèxiàn分泌的。
침은 침샘에서 분비되는 것이다.

0568 分明 fēnmíng

형 분명하다, 뚜렷하다

유 3급 清楚 qīngchu, 5급 明显 míngxiǎn, 1475 清晰
반 5급 模糊 móhu, 2170 隐约

她是个爱憎àizēng分明的人。
그녀는 좋고 싫음이 분명한 사람이다.

부 확실히, 분명히

유 5급 显然 xiǎnrán, 1275 明明

他分明是有备而来的，我们不能大意。
그는 분명히 철저한 준비를 하고 왔을 것이니, 우리가 소홀히 해서는 안 된다.

plus+ 分明・明显

• 分明 형 분명하다, 뚜렷하다
  ➡ 爱憎, 奖罚, 公私, 立场, 界限, 好坏, 真假, 职责 + 分明

• 明显 형 뚜렷하다, 분명하다
  ➡ 明显的 + 目标, 问题, 变化, 成绩, 水平, 痕迹, 字迹

비교 이 두 단어는 모두 '뚜렷하다'라는 뜻을 가지고 있으나, 分明은 모호하지 않고 뚜렷한 것을 가리키므로 공과 사, 좋고 나쁨 등 서로 반대되는 개념에 주로 쓰이고, 明显은 뚜렷하게 드러나서 다른 사람이 쉽게 보고 느낄 수 있는 것을 가리킨다. 단 용법상에 있어 分明은 형용사임에도 불구하고 관형어로 거의 쓰이지 않는다는 특징을 가지고 있다.

한국어로 해석하면 차이가 없어 보이므로 단어의 뜻을 정확히 파악하는 것이 포인트!

Check
禁止吸烟的标志（　　　）地挂在门口上。
흡연금지 표지가 뚜렷하게 입구에 걸려있다.
我们在公私问题上态度一定要（　　　）。
우리는 공과 사의 문제에 있어서 태도를 반드시 분명히 해야 한다.

답 明显 / 分明

0569 分歧 fēnqí

명 불일치, 차이
- 윤 5급 矛盾 máodùn
- 반 5급 统一 tǒngyī, 5급 一致 yízhì

他们俩的人生观有很大的分歧。
그들 둘의 인생관은 큰 차이가 있다.

在这个问题上，双方意见有分歧。
이 문제는 쌍방의 의견이 불일치한다.

0570 分散 fēnsàn

동 흩뜨리게 하다, 분산시키다
- 윤 散开 sànkāi

上课时，不要分散注意力。
수업시간에 주의력을 흩뜨리지 마세요.

형 흩어져있다, 분산되어있다

大家住得很分散，很难聚到一起。
모두가 흩어져 살고 있어 함께 모이기가 힘들다.

0571 分手 fēn//shǒu

동 헤어지다, 이별하다

他们已经分手三年了。
그들은 이미 헤어진 지 3년이 됐다.

上次分手之后，我们再无联系。
저번에 헤어진 후로 우리는 아무런 연락이 없었다.

他们在火车站伤心地分了手，然后就没有见过面。
그들은 기차역에서 마음 아프게 이별하고, 그 이후로는 만난 적이 없다.

0572 吩咐 fēnfù

동 분부하다, 명령하다
- 윤 5급 嘱咐 zhǔfù, 0446 叮嘱

上级吩咐他一定要按时完成任务。
상부에서 그에게 반드시 제시간에 임무를 완성하라고 명령했다.

老师吩咐我把同学们的作业收上来。
선생님께서 내게 친구들의 숙제를 걷어오라고 분부하셨다.

---

 plus+

吩咐·嘱咐

- 吩咐 동 분부하다, 명령하다
  - ➡ 领导，家长，老师 + 吩咐
  - ➡ 吩咐 + 孩子，部下，司机，秘书

- 嘱咐 동 분부하다, 당부하다

비교 이 두 단어는 매우 혼동하기 쉬운 단어이나 그 의미상의 차이는 확실하다. 吩咐는 윗사람이 아랫사람에게 말로써 명령하는 것을 가리키고 嘱咐는 상대방에게 알아듣게 말하고 그것을 기억하도록 하는 것을 말한다.

아무리 쉬운 단어일지라도 그 속뜻을 한 번쯤 되새겨보는 것이 포인트!

Check

医生一再（　　）她卧床休息。
의사는 재차 그녀에게 침대에 누워서 쉬라고 당부했다.

凡我所（　　）的，你们都要遵行。
내가 분부한 것을 너희는 그대로 실행해야 한다.

답 嘱咐 / 吩咐

0573 坟墓 fénmù

명 무덤
- 윤 坟 fén, 墓 mù

那个坟墓被人盗了。
그 무덤은 누군가에 의해 도굴되었다.

有人在她的坟墓前放了一束百合花。
누군가 그녀의 무덤 앞에 하얀 백합 한 다발을 놓았다.

0574 粉末 fěnmò

명 가루, 분말
- 윤 粉尘 fěnchén

她把咖啡粉末倒进了杯子里。
그녀는 커피 분말을 컵에 부었다.

从墙上掉下了很多白色的粉末。
벽에서 흰색 가루가 많이 떨어졌다.

0575 粉色 fěnsè

명 분홍색, 핑크색

她最喜欢粉色。
그녀는 분홍색을 제일 좋아한다.

她戴着一条粉色的围巾wéijīn。
그녀는 핑크색 스카프를 했다.

0576 **粉碎** fěnsuì

동 ① 분쇄하다, (가루처럼 잘게) 부스러뜨리다
他的理想被无情的现实粉碎了。
그의 꿈은 비정한 현실로 인해 산산히 부서졌다.

② (상대나 적 등을) 쳐부수다, 작살내다
유 摧毁 cuīhuǐ, 打败 dǎbài, 击败 jībài
我军粉碎了敌人的一个营。
우리 군은 적의 진영 한 곳을 쳐부쉈다.

형 가루처럼 되다
我不小心把茶壶掉在地上，摔shuāi得粉碎。
내가 부주의하여 찻주전자를 바닥에 떨어뜨렸는데 완전히 부서졌다.

0577 **分量** fènliàng

명 ① 중량, 무게
유 5급 重量 zhòngliàng, 斤两 jīnliǎng, 轻重 qīngzhòng
她在我心里的分量很重。
그녀가 내 마음에서 차지하는 비중이 크다.

② (문장·말의) 무게, 뜻, 가치
这篇论文很有分量。
이 논문은 꽤 가치가 있다.

plus+ **分量·重量**

· 分量 명 중량, 무게
· 重量 명 중량, 무게

비교 이 두 단어 모두 물리적인 '중량, 무게'라는 뜻을 가고 있으나 分量은 말이나 문장의 뜻, 심도, 수준이라는 뜻을 하나 더 가지고 있음에 주의하자!

비슷하게 쓰이는 단어일수록 그 차이점에 집중하는 것이 포인트!

Check
老师说的话（　　　）很重。
선생님이 한 말은 매우 심도 있다.
请帮我称一下它的（　　　）。
저를 도와 그것의 중량을 좀 재주세요.

답 分量 / 重量

0578 **风暴** fēngbào

명 ① 폭풍, 폭풍우
风暴即将到来，请市民们做好防御fángyù准备。
폭풍이 곧 올 테니, 시민 여러분께서는 방어준비를 잘 하세요.

② 위기, 동란 [규모가 크고 기세가 맹렬한 사건·현상]
유 风潮 fēngcháo
我们将面临一场全球性的金融风暴。
우리는 곧 전 세계적인 금융위기에 직면할 것이다.

0579 **风度** fēngdù

명 품격, 매너
유 风姿 fēngzī, 风韵 fēngyùn, 风范 fēngfàn
这位老人风度非凡。
이 어르신은 매너가 정말 좋으시다.
他是个很有风度的绅士shēnshì。
그는 매우 품격 있는 신사이다.

0580 **风光** fēngguāng

명 풍경, 경치
유 4급 风景 fēngjǐng, 5급 景色 jǐngsè, 景象 jǐngxiàng
秀丽的江南风光让她流连忘返liúlián wàngfǎn。
수려한 강남의 경치는 그녀가 돌아가는 것을 잊게 만들었다.

형 영광스럽다, 영예롭다, 체면이 서다
为了让她风光地出嫁，父母花了很多钱。
그녀를 영예롭게 결혼시키려고 부모님께서는 많은 돈을 쓰셨다.

0581 **风气** fēngqì

명 풍조

这所学校的风气不太好。
이 학교의 풍조가 그다지 좋지 않다.

他的行为败坏bàihuài了社会风气。
그의 행동은 사회 풍조에 해를 끼쳤다.

0582 **风趣** fēngqù

명 (말·글의) 유머, 익살, 해학, 재미
유 1499 趣味, 情趣 qíngqù

这部电视剧中的台词充满了生活的风趣。
이 연속극 속의 대사는 생활의 해학이 넘쳐난다.

형 (말이나 글이) 유머러스하다, 해학적이다, 재미있다
他这个人很风趣。
그는 매우 유머러스한 사람이다.

0583 **风土人情** fēngtǔ rénqíng

명 지역의 풍토와 인심

她不太了解当地的风土人情。
그녀는 현지의 풍토와 인심을 잘 이해하지 못한다.

每个地方都有独特dútè的风土人情。
각 지역은 모두 그곳만의 독특한 풍토와 인심을 가지고 있다.

0584 **风味** fēngwèi

명 특색, 분위기 [주로 토속적·지방적인 색채를 가리킴]
유 4급 特点 tèdiǎn, 1765 特色, 2462 滋味

这种服饰很有当地的风味。
이 복식은 현지의 특색이 있다.

她品尝了当地的风味小吃。
그녀는 현지의 토속음식을 맛보았다.

0585 **封闭** fēngbì

동 ① (통행하지 못하게 하거나 열지 못하도록) 봉하다, 폐쇄하다
유 5급 关闭 guānbì, 0587 封锁
반 5급 开放 kāifàng, 打开 dǎkāi, 开启 kāiqǐ

高速公路因大雾而封闭了。
고속도로는 짙은 안개로 인해 폐쇄되었다.

② 조사한 후 봉인하다
유 查封 cháfēng 启封 qǐfēng

这家工厂因生产假冒伪劣jiǎmào wěiliè产品而被封闭了。
이 공장은 모조품을 생산해서 조사한 후 봉인되었다.

plus+ 封锁·封闭
0587 封锁 참고

0586 **封建** fēngjiàn

명 봉건제, 봉건주의

封建制度统治了中国几千年。
봉건제도는 중국을 몇천 년 동안 통치했다.

형 봉건적인, 구시대적인

都什么年代了，你的思想怎么还这么封建？
지금이 어떤 시대인데, 네 생각은 어쩌면 그리도 구시대적이니?

0587 **封锁** fēngsuǒ

동 ① (강제적인 힘을 써서) 봉쇄하다
유 0585 封闭 반 5급 开放 kāifàng

联合国对该国进行经济封锁。
연합국은 이 국가에 대해 경제적으로 봉쇄하기 시작했다.

② (군사적인 조치 등을 써서) 봉쇄하다

警方封锁了各大路口。
경찰은 각 대로의 입구를 봉쇄했다.

plus+ 封锁·封闭

· 封锁 동 봉쇄하다, 막다
➡ 封锁 + 消息, 经济, 边境, 账户, 道路, 机场, 港口, 车站

· 封闭 동 봉쇄하다, 폐쇄하다
➡ 封闭 + 道路, 机场, 港口, 思想

비교 이 두 단어 모두 '막다'라는 뜻을 가지고 있다. 封锁는 강제적으로 또는 군사 조치상 외부와 연결되지 못하게 막는 것을 가리키고, 封闭는 꽉 막혀서 통행하지 못하는 것을 가리킨다.

한국어로 해석하면 차이가 없어 보이므로 단어의 뜻을 정확히 파악하는 것이 포인트!

Check
大雪的缘故，高速公路（　　　　）了。
폭설 때문에, 고속도로가 폐쇄되었다.
当时不能用船运输，因为唯一的水路被强制（　　　）了。
당시는 배로 운송을 할 수 없었는데, 이는 유일한 수로가 강제로 봉쇄되었기 때문이다.

답 封闭 / 封锁

0588 **丰满** fēngmǎn

형 ① 충분하다, 풍부하다
- 유 0296 充实, 饱满 bǎomǎn, 丰硕 fēngshuò
- 반 1375 贫乏

她的嗓音丰满而富表现力。
그녀는 성량과 표현력 모두 풍부하다.

② (몸이 보기 좋을 정도로) 풍만하다, 포동포동하다
- 유 丰腴 fēngyú
- 반 干瘦 gānshòu, 枯瘦 kūshòu

这女孩子长得高而丰满。
이 여자아이는 키도 크고 풍만하기도 하다.

0589 **丰盛** fēngshèng

형 풍성하다, 성대하다
- 유 4급 丰富 fēngfù

今天的饭菜很丰盛。
오늘의 음식은 매우 풍성했다.
他请我吃了一顿丰盛的晚餐。
그는 내게 풍성한 저녁을 대접했다.

---

plus+ 丰盛・丰富

・丰盛 형 풍부하다, 성대하다
　➡ 丰盛 ＋ 粮食, 宴席上的菜, 晚餐, 食品, 食物

・丰富 형 풍부하다
　➡ 丰富 ＋ 知识, 经验, 资源, 商品, 感情, 物资

비교 이 두 단어는 모두 '풍부하다'라는 뜻을 가지고 있다. 丰盛은 주로 음식물이 풍부한 것을 가리키고, 丰富는 물질, 재산, 학식, 정신 등 추상적인 것이 풍부한 것을 가리킨다. 또한 丰富는 동사로서 '풍부하게 하다'라는 의미로도 쓰인다.

비슷한 의미를 가진 단어일수록 搭配에 의해 구분된다는 것이 포인트!

Check
我们的老师有着（　　　　）的教学经验。
우리 선생님은 풍부한 교학 경험을 가지고 있다.
谢谢你特地为我准备了（　　　　）的晚宴。
당신이 특별히 나를 위해 풍성한 저녁만찬을 준비해준 것에 감사합니다.

답 丰富 / 丰盛

0590 **丰收** fēngshōu

동 풍작을 거두다
- 유 丰产 fēngchǎn
- 반 减产 jiǎnchǎn, 欠产 qiànchǎn, 歉收 qiànshōu

没想到有这样的丰收。
이런 풍작은 생각지도 못했다.
去年，我们的草莓获得了大丰收。
작년에 우리 딸기 농사는 풍년이었다.

0591 **锋利** fēnglì

형 ① (공구・무기가) 날카롭다, 예리하다
- 유 2급 快 kuài, 锐利 ruìlì, 尖利 jiānlì
- 반 钝 dùn

这把菜刀特别锋利，你当心一点。
이 식칼 무척 날카로우니, 조심해.

② (언론・문체가) 날카롭다, 예리하다
- 유 5급 尖锐 jiānruì, 刻薄 kèbó

那位社会评论家的言语相当锋利。
이 사회평론가의 말은 상당히 예리하다.

0592 逢 féng

동 만나다, 마주치다
유 3급 遇到 yùdào, 碰到 pèngdào

我每逢双日值班。
나는 매달 짝숫날에 연장근무를 한다.

她逢人便夸自己有个好儿媳。
그녀는 사람들을 만나면 자신에게 훌륭한 며느리가 있다고 자랑한다.

0593 奉献 fèngxiàn

동 바치다, 공헌하다
유 献 xiàn, 呈献 chéngxiàn
반 索取 suǒqǔ

她把自己的一生都奉献给了医学事业。
그녀는 자신의 일생을 전부 의학사업에 바쳤다.

他心甘情愿xīngān qíngyuàn为社会做奉献。
그는 사회에 공헌하기를 진심으로 원한다.

0594 否决 fǒujué

동 (안건을) 부결하다, 기각하다
유 5급 否定 fǒudìng 반 4급 通过 tōngguò

她提出的方案被否决了。
그녀가 제기한 방안이 부결되었다.

这个提案很不错，估计议会否决不了。
이 제안은 매우 훌륭해서 추측컨데 의회에서 기각되지는 않을 것이다.

0595 夫妇 fūfù

명 부부
유 夫妻 fūqī

那对夫妇十分恩爱。
그 부부는 서로 정말 사랑한다.

他们是一对令人羡慕xiànmù的夫妇。
그들은 사람들에게 부러움을 사는 부부이다.

0596 夫人 fūrén

명 부인
유 2급 妻子 qīzi

他很爱自己的夫人。
그는 자기 부인을 매우 사랑한다.

这位夫人相当有气质。
이 부인은 매우 분위기 있다.

0597 敷衍 fūyǎn

동 ① 대충하다, 적당히 얼버무리다
유 5급 应付 yìngfu, 搪塞 tángsè

做文章不能敷衍。
글을 쓴다는 것은 결코 대충할 수 없는 것이다.

② 억지로 유지하다, 가까스로 버티다

他靠方便面敷衍了几天。
그는 라면에 의지해 며칠을 가까스로 버텼다.

0598 幅度 fúdù

명 정도, 폭, 너비

她的动作幅度较大。
그녀의 동작의 폭은 비교적 넓다.

粮食产量大幅度增加。
양식 생산량이 큰 폭으로 증가했다.

0599 服气 fúqì

동 진심으로 복종하다
유 信服 xìnfú

你不服气也没用。
네가 받아들이지 않아도 소용없다.

她当班长，没有人不服气。
그녀는 반장이 되었고, 모두 다 받아들였다.

0600 符号 fúhào

명 ① 기호, 표기
유 0132 标记, 记号 jìhao

文字是一种符号。
문자는 일종의 기호이다.

② (직급·신분 등을 표시하는) 휘장, 표장
他肩膀上佩戴pèidài着乘务员的符号。
그는 어깨에 승무원의 휘장을 달고 있다.

0601 **福利** fúlì

명 복지, 복리, 후생복지
这家公司的福利特别好。
이 회사의 후생복지는 특히 훌륭하다.

동 복리를 증진시키다, 생활에서 이익을 얻게 하다
大力发展经济，应该福利人民。
강력한 경제발전을 통해, 국민의 복리를 증진시켜야 한다.

0602 **福气** fúqi

명 복, 행운
她长得特别有福气。
그녀는 정말 복스럽게 생겼다.
您有这么孝顺的儿子，真是太有福气了。
이런 효자 아드님이 있으니, 당신 정말 복이 많군요.

0603 **俘虏** fúlǔ

명 포로
他从未想过自己会成为俘虏。
그는 단 한 번도 자신이 포로가 될 거라고는 생각지 못했다.
他们残杀cánshā了所有的俘虏。
그들은 모든 포로를 죽였다.

0604 **辐射** fúshè

동 ① (중심에서 여러 방향으로) 복사하다, 방사하다
这座城市的交通网由市中心向四周辐射。
이 도시의 교통망은 시 중심에서 사방으로 뻗어있다.

② (광선·전파 등이) 복사하다
太阳向地球辐射大量的光和热。
태양은 지구를 향해 대량의 빛과 열을 복사하다.

0605 **腐败** fǔbài

형 ① (물질이) 썩다, 부패하다, 변질되다
반 3급 新鲜 xīnxiān
冰箱里的食物已经腐败变质了。
냉장고 안에 있는 음식물이 이미 썩어 변질되었다.

② (사상·행동이) 타락하다, 부패하다, 진부하다
유 1169 廉洁, 清廉 qīnglián, 廉明 liánmíng
那个曾经正直的青年人竟然成了腐败分子。
한때 정직했던 그 청년이 뜻밖에 타락한 사람이 되었다.

③ (제도·조직·기구 등이) 부패하다, 썩다
유 0606 腐烂, 0608 腐朽
该国的政治极为腐败。
이 나라의 정치는 매우 부패했다.

0606 **腐烂** fǔlàn

동 ① (유기체가 미생물의 번식으로) 부식하다, 썩다
반 3급 新鲜 xīnxiān
尸体已经开始腐烂发臭fāchòu。
시체는 이미 부패하여 냄새가 나기 시작한다.

② (제도·조직·기구 등이) 문란하다, 부패하다
유 0605 腐败, 0608 腐朽
반 1169 廉洁, 廉明 liánmíng, 清廉 qīnglián
这个制度早已腐烂不堪bùkān，被推翻是必然的。
이 제도는 벌써부터 심하게 부패하여, 뜯어고치는 것이 필연적이다.

0607 **腐蚀** fǔshí

동 ① 부식하다, 썩어 문드러지다
유 侵蚀 qīnshí
铁暴露在潮湿的环境中很容易被腐蚀。
철을 습한 환경에 내놓으면 매우 쉽게 부식된다.

② 썩어 문드러지게 하다, 타락시키다
他抵抗住了糖衣炮弹tángyī pàodàn的腐蚀。
그는 달콤한 속임수로 인한 타락으로부터 저항했다.

0608 腐朽 fǔxiǔ

형 ① (나무 등 섬유질을 가진 것이) 썩다, 부패하다
房梁上的椽子chuánzi已经腐朽了。
대들보의 서까래가 이미 썩었다.

② (생활·사상·제도 등이) 진부하다, 타락하다, 문란하다

유 0605 腐败, 0606 腐烂

学校辅导员防止青少年侵染腐朽思想。
학교 상담원은 청소년이 타락한 사상에 물들지 않도록 방지한다.

封建王朝的腐朽统治终将被推翻tuīfān。
봉건왕조의 진부한 통치는 결국에는 전복될 것이다.

0609 辅助 fǔzhù

동 거들어주다, 돕다, 협조하다

유 2급 帮助 bāngzhù

他爱人辅助了他收集大量资料。
그의 부인은 그가 대량의 자료를 수집하는 것을 도왔다.

修这台电脑的话，需要一些辅助工具。
이 컴퓨터를 고치려면 보조도구가 좀 필요하다.

0610 抚养 fǔyǎng

동 부양하다

유 4급 教育 jiàoyù, 哺育 bǔyù, 抚育 fǔyù

妈妈辛苦地抚养我长大成人。
엄마는 고생하시며 나를 성인으로 키우셨다.

妹妹像抚养婴儿似的喂养wèiyǎng可爱的白兔。
동생은 갓난아이를 돌보듯이 귀여운 토끼를 키운다.

0611 俯仰 fǔyǎng

동 굽어보고 쳐다보다, 고개를 숙이고 고개를 들다
木，石，砖雕zhuāndiāo俯仰可见。
목조, 석조, 전조는 굽어보고 쳐다볼 수 있다.

명 순식간, 삽시간 [고개를 숙이고 또 드는 그 짧은 시간을 가리킴]
生与死，往往在俯仰之间。
생사는 종종 눈 깜짝할 사이이다.

0612 富裕 fùyù

형 부유하다

유 富余 fùyú, 富有 fùyǒu, 富足 fùzú
반 1376 贫困, 贫穷 pínqióng

他们的生活过得挺富裕的。
그들은 매우 부유한 생활을 했다.

他出生于一个富裕的家庭。
그는 아주 부유한 가정에서 태어났다.

plus+ 富裕·富余

· 富裕 형 부유하다
· 富余 형 여유 있다, 넉넉하다

비교 이 두 단어 모두 '넉넉하다'라는 뜻을 가지고 있다. 이 두 단어는 반의어를 보면 그 의미상의 구분이 어느 때보다 더 확실해지는데, 富裕는 '贫穷, 贫困(가난하다)'의 반대말, 즉 다시 말해 '부자'라는 뜻이고, 富余는 '缺少(부족하다)'의 반대말, 즉 '여유가 있다'는 것을 가리킨다.

이처럼 반의어에 의해서 더욱 확실히 구분되는 것이 포인트!

Check
农民的生活越来越（　　）了。
농민의 생활이 점점 부유해졌다.
现在我有（　　）的时间。
지금 나는 시간이 넉넉히 있다.

답 富裕 / 富余

0613 副 fù

형 ① 제2의, 두 번째의, 보조의, 부의
他是我们学校学生会的副主席。
그는 우리 학교 학생회의 부회장이다.

② 보좌직의, 보조 직무를 담당하는
他是那个部队的团副。
그는 그 부대의 부연대장이다.

③ 부수적인, 부대적인, 부차적인
这个药的副作用可真不少啊！
이 약의 부작용이 정말 적지 않구나!

양 ① 켤레, 쌍, 세트, 짝 [쌍으로 된 물건을 세는 단위]
我买了一副新眼镜。
나는 새 안경을 하나 샀다.

② 얼굴 표정에 주로 쓰임 [수사는 '一 yī'만 씀]
他好像考试落榜了，表现出一副沮丧 jǔsàng的表情。
그는 시험에 떨어진 듯 낙담한 표정을 지었다.

0614 **副作用** fùzuòyòng

명 부작용
这个药会给身体带来一些副作用。
이 약은 신체에 부작용을 가져올 수 있다.
这种药没有副作用，可以放心吃。
이 약은 부작용이 없으니, 마음 놓고 드세요.

0615 **负担** fùdān

동 부담하다, 책임지다
유 担负 dānfù
她要负担的任务实在太多。
그녀가 부담해야 할 업무가 실제로 너무 많다.

명 부담
老师应该尽量减轻学生的作业负担。
선생님은 최대한 학생의 숙제 부담을 덜어주어야 한다.

0616 **覆盖** fùgài

동 가리다, 덮다
유 2096 掩盖
茫茫大雪覆盖了大地。
망망대설이 대지를 뒤덮었다.
秋天的枫叶覆盖了我们上学的小路。
가을의 단풍이 우리가 등교하는 좁은 길을 뒤덮었다.

plus+ 覆盖·掩盖
· 覆盖 동 가리다, 덮다
 ➡ 覆盖 + 大地, 城市, 山川
· 掩盖 동 ① 덮다, 가리다
 ② 감추다, 숨기다, 은폐하다
 ➡ 掩盖 + 矛盾, 缺点, 错误, 罪行, 慌乱

비교 이 두 단어 모두 '덮다'라는 뜻을 가지고 있으나, 掩盖는 모순, 단점, 잘못, 악행 등의 안 좋은 것을 숨기고 은폐한다는 뜻도 하나 더 있다는 것을 명심하자.

비슷한 의미를 가진 단어일수록 搭配에 의해 구분된다는 것이 포인트!

Check
地球表面有多大比例被水所（　　　）？
지구 표면에 물로 덮여있는 비율은 얼마입니까?
这件事不应该（　　　）起来，应该公开。
이 일은 감추서는 안 되고, 반드시 공개해야 한다.
답 覆盖, 掩盖 / 掩盖

0617 **附和** fùhè

동 남의 언행을 따르다, 부화하다 [주로 부정적으로 쓰임]
不要总附和别人，要有自己的主见。
늘 타인에게 동조하지 말고, 스스로의 주관을 가져야 한다.
他没有自己的见解只会随声附和上司。
그는 자기의 주관 없이 단지 상사에게 부화뇌동한다.

0618 **附件** fùjiàn

명 ① 관련 문서, 부속문건, 첨부파일
我把照片附件传给您吧。
제가 사진 첨부파일을 당신에게 보낼게요.

② 부품, 부속품
买车时，附带fùdài了相当多的汽车附件。
차를 살 때, 상당히 많은 자동차 부품을 덧붙였다.

0619 **附属** fùshǔ

동 부속되다, 종속되다
유 5급 属于 shǔyú, 归属 guīshǔ
这个机构附属于总公司。
이 기관은 본사에 속해 있다.

형 (어떤 기관의) 부속의, 부설의
我当时在一个机关的附属幼儿园当老师。
나는 당시에 정부기관의 한 부속 유치원에서 선생님을 했었다.

0620 **复活** fùhuó

동 부활하다, 소생하다

死人复活是不可能的。
죽은 사람이 부활하는 것은 불가능한 일이다.

冬天过去了，许多植物复活了。
겨울이 가고 수많은 식물이 소생했다.

0621 **复兴** fùxīng

동 ① 부흥하다

文艺复兴最初始于意大利。
문예 부흥은 이탈리아에서 처음 시작되었다.

② 흥성하게 하다, 번창하게 하다

要尽快复兴国家经济，改善老百姓生活。
국가경제를 빨리 번창하게 해서 국민의 생활을 개선시켜야 한다.

0622 **腹泻** fùxiè

동 설사하다

这个药对治疗腹泻很有效果。
이 약은 설사를 치료하는 데 매우 효과가 있다.

腹泻的时候应该吃一些清淡的东西，不要吃油腻yóunì的。
설사할 때는 담백한 음식을 먹어야 하고, 느끼한 것은 먹으면 안 된다.

0623 **赋予** fùyǔ

동 (중대한 임무나 사명 등을) 부여하다, 주다

유 0882 给予

他认为这是经理赋予职责。
그는 이것이 사장님이 직책을 부여한 것이라 생각했다.

维护世界和平是这个时代赋予我们的重任。
세계평화를 유지하는 것은 이 시대가 우리에게 부여한 중요 임무이다.

0624 **改良** gǎiliáng

동 개량하다, 개선하다

유 5급 改善 gǎishàn

改良一下你的学习方法。
당신의 학습방법을 개선시키세요.

这是我们改良后的植物品种。
이것이 우리가 개량해서 나온 식물 품종이다.

어휘 plus+ 改良 · 改善

· 改良 동 개량하다, 개선하다
  ➡ 改良 + 品种, 土壤, 工具

· 改善 동 개선하다
  ➡ 改善 + 关系, 生活, 生活条件, 环境, 待遇

비교 이 두 단어 모두 '고치고 바꾸다'라는 뜻을 가진 단어이나, 改良은 사물의 안 좋은 부분을 없애고 더 좋게 만든다는 뜻이고, 改善은 원래의 상황을 바꾸어서 더 좋게 만든다는 뜻이다.

비슷한 의미를 가진 단어일수록 搭配에 의해 구분된다는 것이 포인트!

Check

最近三国关系得到（　　　）。
최근 삼국의 관계가 개선되었다.

我们对土壤进行（　　　）。
우리는 토양에 대해 개량을 진행 중이다.

답 改善 / 改良

0625 **盖章** gài//zhāng

동 도장을 찍다

只有顾客要求才会盖章。
고객의 요구가 있어야 날인할 것입니다.

这份文件需要总经理盖章。
이 문서는 사장님의 날인이 필요하다.

这份材料盖了章才能生效。
이 자료는 날인이 되어야지만 효력이 발생된다.

0626 干旱 gānhàn

형 (강수량이 부족하여 토양·기후가) 메마르다, 가물다
유 4급 干燥 gānzào 반 4급 湿润 shīrùn

这里已经持续干旱几个月了。
이곳은 이미 가뭄이 지속된 지 몇 개월이 되었다.

干旱持续很久，给农业带来很大的影响。
가뭄이 오래 지속되면 농업에 매우 큰 영향을 가져온다.

0627 干扰 gānrǎo

동 방해하다, 교란시키다
유 1520 扰乱, 搅扰 jiǎorǎo

他正在学习呢，不要去干扰他。
그는 지금 공부 중이니, 그를 방해하지 마세요.

명 방해

这边是军事区，手机信号受到干扰了。
이쪽은 군사지역이라 휴대전화의 신호는 방해를 받는다.

 扰乱·干扰
1520 扰乱 참고

0628 干涉 gānshè

동 간섭하다, 관계하다
유 0629 干预

我们不要干涉别人的自由。
우리는 타인의 자유를 간섭하지 말아야 한다.

명 간섭, 관계

我们之间的事情与第三者并无干涉。
우리 사이의 일은 제3자와는 아무런 관계가 없다.

 干预·干涉
0629 干预 참고

0629 干预 gānyù

동 관여하다, 간섭하다
유 0628 干涉

这是你的私事，我不方便干预。
이 일은 네 개인적인 일이니, 내가 관여하기가 불편하다.

大人不应该过多地干预孩子的生活。
어른은 아이의 생활에 과도하게 간섭해서는 안 된다.

plus+ 干预·干涉

· 干预 동 관여하다, 간섭하다
  ➡ 干预 + 别人的事, 政治

· 干涉 동 간섭하다, 관계하다
  ➡ 干涉 + 别人的事, 别的单位, 国家, 团体, 婚姻自由, 他人自由, 私事

비교 이 두 단어 모두 '따져 묻다'라는 뜻을 가지고 있으나, 干涉는 관여하지 말아야 하는데 억지로 관여해서 자신의 생각대로 하는 것을 가리켜 안 좋은 의미로만 쓰인다. 干预 역시 다른 사람의 일을 따져 묻는다는 뜻은 가지고 있지만 좋은 뜻과 안 좋은 뜻에 모두 쓰인다.

한국어로 해석하면 차이가 없어 보이므로 단어의 뜻을 정확히 파악하는 것이 포인트!

Check

我们不应该（　　　）别国内政。
우리는 다른 나라의 내정에 간섭해서는 안 된다.

校长亲自出面（　　　），终于解决了问题。
교장선생님께서 직접 나서서 관여해서, 마침내 그의 문제를 해결했다.

답 干涉 / 干预

0630 尴尬 gāngà

형 ① 입장이 곤란하다, 난처하다

你在办公室有过尴尬的时候吗?
너는 사무실에서 난처한 적이 있었니?

② (기색·태도 등이) 부자연스럽다, 당혹스럽다

他一见到小李，表情突然变得有些尴尬。
그는 샤오리를 만나자마자 표정이 갑자기 부자연스럽게 변했다.

0631 **甘心** gānxīn

동 ① 달가워하다, 기꺼이 원하다
　유 甘愿 gānyuàn, 情愿 qíngyuàn
　他甘心忍受那份失业的苦难。
　그는 그 실업의 고통을 기꺼이 버텼다.

② 마음에 들어 하다, 만족해하다
　要是不把这件事解决了我不会甘心的。
　이 일을 해결하지 않으면 나는 만족할 수 없다.

0632 **感慨** gǎnkǎi

동 감격하다, 감개무량하다
　유 感叹 gǎntàn, 慨叹 kǎitàn
　看完了那本书，他感慨万千。
　그 책을 다 보고 나서, 그는 감격했다.
　十年不见，一见面感慨万分。
　10년 동안 보지 않다가 다시 보니 감개무량하다.

0633 **感染** gǎnrǎn

동 ① 감염되다, 전염되다
　유 5급 传染 chuánrǎn
　小孩儿和老人体质弱，容易感染传染病。
　아이와 노인은 체질이 약해서 쉽게 전염병에 감염된다.

② (다른 사람의 사상이나 감정에) 영향을 끼치다, 물들이다
　유 4급 感动 gǎndòng
　他受到家庭环境的感染，从小就喜欢读书。
　그는 가정환경의 영향을 받아서, 어릴 때부터 독서를 좋아한다.

0634 **干劲** gànjìn

명 (일하려는) 의욕, 열정
　他在工作方面，缺少干劲。
　그는 일할 때, 열정이 없다.
　他真有干劲，这几天就可以完成任务了。
　그 사람 정말 의욕이 있네, 요며칠 사이에 임무를 완성하다니.

0635 **纲领** gānglǐng

명 (정부·정당·사회단체 등이 세운) 강령, 대강
　我们也有要遵守的革命纲领。
　우리에게도 준수해야 할 혁명원칙이 있다.
　各学校之间应该制定一个共同的教育纲领。
　각 학교 간 공통의 교육강령을 반드시 제정해야 한다.

0636 **港口** gǎngkǒu

명 항구
　유 1221 码头
　我看到了进入港口的船。
　나는 항구로 들어가는 배를 보았다.
　为了经济的发展，必须要开放许多城市和港口。
　경제의 발전을 위해 많은 도시와 항구를 개방해야 한다.

0637 **港湾** gǎngwān

명 항만
　这是个拥有港湾的大城市。
　이 도시는 항만을 갖추고 있는 대도시이다.
　很多船利用这个港湾做进出口贸易。
　많은 배가 이 항만을 이용하여 수출입 무역을 한다.

0638 **岗位** gǎngwèi

명 ① (군인·경찰이 지키는) 초소, 보초대
　士兵们坚守jiānshǒu着自己的岗位。
　병사들은 자신의 초소를 굳게 지키고 있다.

② 직장, 부서, 직책, 본분
　你对什么样的岗位感兴趣?
　너는 어떤 직장에 관심이 있니?
　人们总是在自己的岗位上为社会做贡献。
　사람들은 항상 자신의 직책에서 사회를 위해 공헌한다.

0639 **杠杆** gànggǎn

명 ① 지레, 지렛대
　牢牢láoláo抓住杠杆。 지렛대를 꽉 잡으세요.

② 조정력, 균형을 맞추게 하는 것, 조절 작용을 하는 힘
市场的秩序要靠经济杠杆调节。
시장의 질서는 경제 조정력에 의지해서 조정해야 한다.

③ 지도자 중 최고 지위, 대표
半个小时后召开经济高峰论坛。
30분 후에 경제 대표 포럼이 개최된다.

0640 高超 gāochāo

[형] 출중하다, 뛰어나다
- [유] 0644 高明, 精湛 jīngzhàn
- [반] 低下 dīxià

这位异人的高超技能是无人能比的。
이 특출난 사람의 출중한 솜씨는 견줄 자가 없다.
凭着高超的实力，这次比赛他拿了冠军。
뛰어난 실력으로 이번 경기에서 그는 1등을 했다.

0641 高潮 gāocháo

[명] ① 만조
- [반] 低潮 dīcháo

等到高潮就来不及了。
만조까지 기다리면 늦을 거다.

② 고조, 절정, 정점
- [유] 0642 高峰

棒球比赛已经达到高潮了。
야구 시합이 이미 절정에 이르렀다.

③ (소설·연극·영화의) 클라이맥스(climax)
这是整个电影的高潮部分。
이 부분이 영화 전체의 클라이맥스이다.

0642 高峰 gāofēng

[명] ① 최고봉, 정상
- [유] 高山 gāoshān

用了一个半小时，我们小队终于登上了高峰。
한 시간 반이 걸려, 우리 팀은 마침내 정상에 올랐다.

② 절정, 최고점
- [유] 0641 高潮

春节前后是中国火车运输的高峰。
설날 전후는 중국 기차운수의 절정기간이다.

0643 高考 gāokǎo

[명] 중국 대학입학시험(高等学校招生考试)의 약칭
即使高考失败了，也不要气馁qìněi。
대학 입시에 실패했더라도, 의기소침할 필요 없다.
要想进好大学，就必须认真准备高考。
좋은 대학에 들어가려면, 대학입학시험을 반드시 열심히 준비해야 한다.

0644 高明 gāomíng

[형] (견해·기술이) 고명하다, 뛰어나다, 출중하다
- [유] 0640 高超, 高妙 gāomiào
- [반] 低劣 dīliè, 拙劣 zhuōliè

你这主意可真高明！
당신의 이 아이디어는 정말 뛰어나네요!
他是我们公司高明的人，厉害着呢。
그는 우리 회사의 출중한 사람이야, 정말 대단하다고.

0645 高尚 gāoshàng

[형] (도덕적으로) 고결하다, 고상하다, 품위있다
- [유] 0299 崇高
- [반] 0077 卑鄙, 2186 庸俗, 卑劣 bēiliè

大家羡慕他的高尚人格。
모두 그의 품위있는 인격을 부러워한다.
人的高尚品德不是先天就具有的。
사람의 고상한 품성은 선천적으로 가지고 있는 것이 아니다.

0646 高涨 gāozhǎng

[동] (수위·정서·물가 등이) 급증하다, 뛰어오르다
- [유] 飞涨 fēizhǎng

最近物价高涨。 최근에 물가가 급등하고 있다.

[형] (사기·정서 등이) 왕성하다, 충만하다
我被战士们高涨的热情感染了。
나는 전우들의 충만한 열정에 휩싸였다.

0647 稿件 gǎojiàn

명 원고, 작품

他终于把稿件修改完了。
그는 마침내 원고 수정을 끝마쳤다.

这家出版社在应征 yìngzhēng 稿件。
이 출판사는 작품을 응모하고 있다.

0648 告辞 gàocí

동 헤어지다, 작별을 고하다

유 5급 告别 gàobié

我先告辞了。
내가 먼저 작별을 고할 게.(저는 먼저 가겠습니다.)

他说天色已经晚了，起身告辞就走了。
그는 날이 벌써 어두워졌다고 말하면서, 몸을 일으켜 작별을 고하고 바로 떠났다.

plus+ 告辞·告别

- 告辞 동 헤어지다, 작별을 고하다
- 告别 동 작별을 고하다, 헤어지다

비교 이 두 단어 모두 '헤어지다'라는 뜻을 가지고 있으나 그 차이점은 분명하다. 告辞는 '再见', '拜拜'처럼 생활에서 헤어질 때 쓰는 말(辞)이고, 告别는 어떤 장소나 어떤 사람과 헤어짐(别)을 의미한다.

두 글자 중 한 글자만 다를 경우
그 다른 한 글자의 뜻에 집중하여 구분하는 것이 포인트!

Check

出国之前，他跟朋友握手（　　）了。
출국 전에 그는 친구와 악수하면서 작별인사를 하였다.

我有急事，提前（　　）了。
제가 급한 일이 있어서 먼저 실례하겠습니다.

답 告别 / 告辞

0649 告诫 gàojiè

동 훈계하다, 타이르다 [주로 윗사람이 아랫사람에게 사용]

유 1급 警告, 正告 zhènggào

父母告诫他要少抽烟喝酒。
부모님은 그에게 흡연과 음주를 줄이라고 타일렀다.

经理再三告诫职员要准时上班。
지배인은 재차 직원들에게 시간을 지켜 출근하라고 타일렀다.

0650 割 gē

동 ① 자르다, 베다

他用水果刀时不小心把手指割破了。
그는 과도를 쓸 때 조심하지 않아 손가락을 베었다.

② 떼어내다, 분할하다

把财产分割为两部分来投资吧。
재산을 둘로 분할하여 투자해라.

0651 搁 gē

동 ① (물건을 일정한 위치에) 놓다, 두다

他记得昨天把钱包搁在桌子上了。
그는 어제 지갑을 탁자 위에 둔 것으로 기억한다.

② 넣다, 첨가하다

再往菜里搁点盐吧。
음식에 소금을 조금 넣어라.

③ 방치하다, 내버려두다

别搁下手中的活儿，要继续干。
일을 손에서 놓지 말고 계속 해.

plus+ 搁 gé

동 견디다, 참다

这种布搁不住洗。
이런 옷감은 세탁을 감당해내지 못한다.

0652 疙瘩 gēda

명 ① 종기, 부스럼

最近脸上长了疙瘩。
최근에 얼굴에 부스럼이 생겼다.

② 뭉치, 덩어리

面疙瘩很好吃的呢！
수제비가 얼마나 맛있는데요!

③ 해결되지 않은 문제

心里的疙瘩永远都去不掉了，只是埋在心里。
마음속의 해결되지 않은 문제는 영원히 떼어낼 수 없어, 그냥 마음속에 있는 거지.

양 덩이, 덩어리, 뭉치 [공 모양이나 덩어리 형태를 한 물건을 셀 때 쓰임]
他被一疙瘩肉噎住yēzhù了。
그는 고기 한 덩어리 때문에 목이 메였다.

형 의견이 맞지 않다, 귀찮다
他这个人真疙瘩，我总是提出反对意见。
그라는 사람과는 정말 의견이 맞지 않아서, 나는 줄곧 반대 의견만 제시했다.

0653 歌颂 gēsòng

동 찬양하다, 칭송하다, 찬미하다
유 5급 赞美 zànměi, 颂扬 sòngyáng, 赞颂 zànsòng
반 0964 揭露, 1357 批判

宽容的母爱值得歌颂。
너그러운 모성애는 찬미할 만하다.

这部电影歌颂了朋友之间的友谊。
이 영화는 친구 사이의 우정을 찬미했다.

plus+ 歌颂·赞美

- 歌颂 동 찬양하다, 칭송하다
  ➡ 歌颂 + 祖国, 人民, 英雄, 未来
- 赞美 동 찬미하다
  ➡ 赞美 + 春天, 山河, 人生, 气势

비교 이 두 단어는 구별이 확실한 단어이므로 절대 혼동해서는 안 된다. 歌颂은 노래, 시, 소설, 언어, 문자 등으로 위대한 사람이나 그러한 일을 찬양하는 것이고, 赞美는 주로 아름다운 사람이나 풍경, 일 등을 찬미한다. 두 단어 모두 서면어에 많이 쓰이는 공통점을 가지고 있다.

한국어로 해석하면 차이가 없어 보이므로 단어의 뜻을 정확히 파악하는 것이 포인트!

Check
这个人的正直品德使我不得不（　　　）他。
이 사람의 정직한 인품과 덕성이 나로 하여금 어쩔 수 없이 그를 찬미하게 만들었다.

这首诗热情地（　　　）伟大的诗人。
이 시는 위대한 시인을 열렬하게 찬양했다.
 赞美 / 歌颂

0654 隔阂 géhé

명 (사상·감정의) 틈, 간격
유 隔膜 gémó

如何才能消除宗教间的隔阂呢?
어떻게 해야 종교 간의 격차를 해소할 수 있을까?

他们之间产生了隔阂，感情没有以前那么深了。
그들 사이에 골이 생겨서, 감정이 예전처럼 그리 좋지 않다.

0655 隔离 gélí

동 ① 분리시키다, 떼어놓다, 차단하다
유 分离 fēnlí, 隔开 gékāi
반 5급 接触 jiēchù

那个国家的总理隔离各个种族。
그 나라의 총리는 각 종족을 분리시켰다.

② (전염병이 있는 사람·동물을) 격리시키다
医务人员把重患者和普通患者隔离开。
의무요원은 중환자와 보통환자를 격리시켰다.

0656 格局 géjú

명 구조, 구성
유 5급 风格 fēnggé, 0657 格式

新房子的格局很好。 새 집의 구조가 참 좋다.
苏州每个园林的格局都非常别致。
쑤저우의 원림들은 각각의 구조가 아주 독특하다.

0657 格式 géshi

명 격식, 양식
유 0656 格局, 1111 款式, 式样 shìyàng

要按照格式给老师写信。
격식에 맞춰서 선생님께 편지를 써야 한다.

把这份文件改写成报告的格式。
이 문건을 보고서 양식으로 고쳐 써라.

0658 个体 gètǐ

명 개체 [하나의 독립된 사람이나 생물]

유 5급 集体 jítǐ, 5급 整体 zhěngtǐ

个体户也不能逃税táoshuì。
개인 사업자도 탈세를 하면 안 된다.

每个人都是这个社会中的一个个体。
각각의 사람은 모두 이 사회의 한 구성원이다.

0659 各抒己见 gèshūjǐjiàn

성 각자 자기의 의견을 발표하다

大家不要拘束jūshù，各抒己见吧。
모두 입 다물고 있지만 말고, 각자 의견을 발표하자.

在这个论坛上大家可以各抒己见。
이 포럼에서는 모두 자신의 의견을 발표할 수 있다.

0660 根深蒂固 gēnshēn dìgù

성 기초가 튼튼하여 쉽게 흔들리지 않다, 고질이 되다, 깊이 뿌리 박혀 있다

这种思维方式在我们头脑中已经根深蒂固。
이런 사유방식은 우리의 머릿속에 이미 깊이 자리잡고 있다.

还有人对"男孩比女孩好"的思想根深蒂固。
어떤 사람은 '남자아이가 여자아이보다 낫다'는 생각이 깊이 뿌리 박혀 있다.

0661 根源 gēnyuán

명 근원, 이유

유 1418 起源

知识是力量的根源。
지식은 힘의 근원이다.

동 ~에 기원하다

这个英语单词根源于法语。
이 영어 단어는 프랑스어에서 기원했다.

0662 跟前 gēnqián

명 옆, 곁, 앞, 근처, 근방

유 1급 前面 qiánmiàn, 3급 附近 fùjìn, 面前 miànqián, 身边 shēnbiān

请到我跟前来吧。
제 옆으로 오세요.

我跑到他跟前跟他握手。
나는 그의 앞으로 달려가 그와 악수했다.

어휘 plus+

跟前·身边

· 跟前 명 옆, 곁
· 身边 명 곁

비교 이 두 단어 모두 '영원히 내 곁에 있어주세요'라든지 '항상 내 곁을 돌봐준다'라는 문장에서 쓰이는 추상적 의미의 '옆'이라는 뜻을 지니고 있다. 이밖에 跟前은 장소적 의미의 '내 옆이라'는 뜻(예 你坐在我跟前。 너 내 옆에 앉아.)과 시간적으로 가까운 근처(예 春节跟前 춘절이 얼마 남지 않은 시기)를 가리키기도 한다.

뜻이 완전히 같을 때에는 차이점에 주목하는 것이 포인트!

Check

请大家站在窗户（　　　）。
여러분 창문 옆에 서주세요.

现在我（　　　）谁都不在。
지금 나의 곁에는 아무도 없다.

답 跟前 / 跟前, 身边

0663 跟随 gēnsuí

동 따라가다, 뒤따르다

유 3급 跟 gēn, 0042 伴随

请先走，我跟随在您的后面。
먼저 가세요, 제가 바로 당신 뒤를 따라가겠습니다.

要想在这个竞争激烈的社会上活下来，就要跟随上时代的趋势。
이 경쟁이 심한 사회에서 살아남으려면 시대의 추세에 따라야 된다.

跟随·伴随

- **跟随** 동 따라가다, 뒤따르다
- **伴随** 동 따라가다, 함께 가다, 동반하다

비교 이 두 단어 모두 '따르다'라는 의미를 가지고 있으나 그 구분은 확실하다. 跟은 뒤따르는 것을 의미하므로 跟随는 뒤에서 바짝 따라가며 같은 방향으로 움직이는 것에 초점이 맞춰져 있고, 伴은 동반자, 반려자, 같이 가는 사람을 의미하므로 伴随는 같이 가고 함께 가는 데 초점이 맞춰져 있다.

두 글자 중 한 글자만 다를 경우 그 다른 한 글자의 뜻에 집중하여 구분하는 것이 포인트!

Check
那段经历（　　　）我们一生，难以忘怀。
그간의 경험은 우리의 일생과 함께 하였으므로 잊을 수 없다.
这个女孩儿（　　　）母亲来到中国生活。
이 딸은 엄마를 따라 중국에 와서 생활한다.

답 伴随 / 跟随

0664 跟踪 gēnzōng

동 바짝 뒤따르다, 미행하다, 추적하다
유 盯梢 dīngshāo, 追踪 zhuīzōng

弟弟一直跟踪他的哥哥。
남동생은 내내 그의 형을 바짝 따라다닌다.
警察开始跟踪犯罪分子。
경찰은 범인을 미행하기 시작했다.

0665 耕地 gēng//dì

동 논밭을 갈다
原先的森林已被耕地和牧场所取代。
원래의 삼림은 이미 논밭이 되거나 방목지로 대치되었다.
那头老牛一天能耕多少地?
그 늙은 소는 하루에 밭을 얼마나 갈 수 있나요?

명 경지, 농경지
유 田地 tiándì
耕地面积在逐渐减少。
경지 면적이 차츰 감소되고 있다.

0666 更新 gēngxīn

동 ① 갱신하다, 업그레이드하다, 새롭게 바뀌다
유 革新 géxīn
新的一年，万象更新。
새해가 되면, 만물이 새로운 면모를 보인다.

② (삼림이 벌목이나 화재로 파괴된 후) 다시 우거지다
一场火灾后，森林更新了。
큰 화재 후, 숲이 다시 우거졌다.

0667 更正 gēngzhèng

동 (이미 발표한 담화나 문장의 착오를) 정정하다, 잘못을 고치다
유 更改 gēnggǎi
每个人都会犯错，只要能更正过来就好。
사람마다 모두 잘못을 저지르지만, 잘못을 고치기만 한다면 괜찮다.
我在这里特意提醒大家，算是为自己的文章，作个更正。
저는 여기서 여러분 자신의 글에서 잘못된 부분을 수정해야 한다고 특별히 알려드립니다.

0668 公安局 gōng'ānjú

명 공안국, 경찰국
能在公安局工作是很好的。
공안국에서 일할 수 있다면 정말 좋은 거다.
下午我得去公安局申请护照。
오후에 나는 공안국에 가서 여권을 신청해야 한다.

0669 公道 gōngdao

형 공평하다, 공정하다, 정의롭다, 합리적이다
유 5급 公平 gōngpíng, 5급 合理 hélǐ, 0678 公正
这件衣服的价钱还挺公道的，买下来吧。
이 옷의 가격은 매우 합리적이니, 사두세요.
我可以向您保证，我们提供的货品价格公道。
저희가 제공하는 제품의 가격이 매우 합리적이라는 것은 제가 보증할 수 있습니다.

0670 **公告** gōnggào

명 공고, 선언
유 通告 tōnggào
我们公司将会在网上发布招聘公告。
우리 회사는 인터넷에 채용공고를 낼 것이다.

동 공포하다, 공고하다
把这件事公告天下吧。
이 일을 세상에 알리자.

0671 **公关** gōngguān

명 ① 공공관계 [사회활동에서의 단체, 기업, 개인의 상호 관계를 가리킴]
她在公关公司上班。
그녀는 공공기업에서 근무한다.

② 홍보, 섭외
目前公关这方面的论著不少。
현재 홍보라는 이 방면의 논저가 적지 않다.

0672 **公民** gōngmín

명 공민(公民), 국민
유 国民 guómín
人身自由是公民的权利。
신체의 자유는 국민의 권리이다.
每个公民都应该遵守社会道德准则。
국민이라면 누구든지 다 사회의 도덕규범을 지켜야 한다.

0673 **公婆** gōngpó

명 시부모
她的公婆对她很照顾。
그녀의 시부모는 그녀에게 매우 마음을 쓴다.
她很能处理与公婆的关系。
그녀는 시부모와의 관계를 잘 해결할 수 있다.

0674 **公然** gōngrán

부 공개적으로, 거리낌없이

他公然辱骂了别人。
그는 공개적으로 타인에게 욕설을 퍼부었다.
那个人竟敢公然泄露xièlòu公司的秘密。
저 사람 감히 공개적으로 회사의 기밀을 폭로하다니.

0675 **公认** gōngrèn

동 공인하다
他是我们大家公认的优秀人才。
그는 우리 모두가 공인한 우수 인재이다.
大家公认他为城市的第一公民。
모두가 그를 시의 제1국민으로 공인한다.

0676 **公式** gōngshì

명 ① (수학에서의) 공식
这是在数学课上用的最多的公式。
이것은 수학수업에서 가장 많이 사용하는 공식이다.

② 공식, 법칙 [같은 류의 사물에 응용될 수 있는 방식]
유 1286 模式, 程式 chéngshì
他有他自己做事情的公式。
그는 그 자신만의 일하는 법칙이 있다.

0677 **公务** gōngwù

명 공무
如果公务办完了，就可以回国。
공무가 다 처리되어야 귀국할 수 있다.
昨天我因公务不得不去上海一趟。
어제 나는 공무로 인해 할 수 없이 상하이에 다녀와야 했다.

0678 **公正** gōngzhèng

형 공정하다
他的评价很公正。
그의 평가는 매우 공정하다.
法官对他的行为做出了公正的判决。
판사는 그의 행위에 대해 공정한 판결을 내렸다.

0679 公证 gōngzhèng

동 공증하다

유 4급 证明 zhèngmíng

我已经对这个合同做了公证。
나는 이 계약서에 대해 이미 공증을 하였다.

经过公证处公证，他们正式离婚了。
공증소의 공증을 통해, 그들은 정식으로 이혼했다.

0680 供不应求 gōngbuyìngqiú

성 공급이 수요를 따르지 못하다, 공급이 달리다

유 脱销 tuōxiāo

最近市场上木材供不应求。
최근 시장에 목재의 공급이 달린다.

这种商品在市场上供不应求。
이 상품은 시장에서 공급이 수요를 따르지 못한다.

0681 供给 gōngjǐ

동 공급하다, 제공하다

유 4급 提供 tígōng, 供应 gōngyìng
반 2043 需求

政府能不能多供给点食物啊?
정부에서 식품을 좀 더 공급해줄 수 없나요?

我国粮食产量足够供给本国消费。
우리나라 곡식 생산량은 본국에서 소비하기에 충분하게 공급된다.

 供给·供应

- 供给 동 공급하다
  ➡ 供给 + 资料, 费用, 食品, 衣物, 物资, 钱财
- 供应 동 공급하다
  ➡ 供应 + 食品, 物资, 粮食, 原料, 电力

비교 이 두 단어는 모두 '공급하다'라는 뜻을 가지고 있으나 그 차이점은 확실하다. 供给는 일상생활에 필요한 물건, 돈, 자료를 필요한 사람에게 주어 사용하게 하는 것을 가리키고, 供应는 수요를 만족시키기 위해 사람에게 물자, 인력을 공급하는 것을 가리킨다.

한국어로 해석하면 차이가 없어 보이므로 그것으로 인해 혼동하지 말아야하는 것이 포인트!

Check

父母（　　　）孩子食物，这样才能茁壮成长 zhuózhuàng chéngzhǎng。
부모가 아이에게 먹을 것을 주는데, 이렇게 해야 건강하게 자랄 수 있다.

我们工厂向好多商店（　　　）肉食。
우리 공장은 많은 상점에 육류품을 공급한다.

답 供给 / 供应

0682 工夫 gōngfu

명 ① (투자한) 시간

他花了一个月的工夫才学会骑自行车。
그는 한 달의 시간을 들여서 비로소 자전거 타는 것을 배웠다.

② (한가한) 시간, 틈, 짬

你今天抽点工夫陪孩子玩儿吧。
당신이 오늘 짬을 내서 아이와 놀아주세요.

③ 때, 시절

我在学校那工夫，每年都拿奖学金。
나는 학교에 다니던 그 시절에 매년 장학금을 받았다.

 功夫·时间

- 工夫 명 시간, 틈, 짬
- 时间 명 시간

비교 이 두 단어 모두 '어떤 일을 하는 시간'이라는 측면에서는 차이점이 없지만, 工夫는 한가한 시간이라는 뜻을 가지고 있고, 时间은 몇 시부터 몇 시까지의 시간을 가리키기도 하며 그 시간이 길거나 짧다라고 말할 수 있다.

아무리 쉬운 단어일지라도 그 속뜻을 한 번쯤 되새겨 보는 것이 포인트!

Check

演唱会开始的（　　　）是七点，我们来得及。
콘서트 시작 시간은 일곱 시니, 우리 아직 시간이 있어.

我现在真没闲（　　　）。
난 지금 정말 한가할 시간이 없어.

답 时间 / 工夫

0683 工艺品 gōngyìpǐn

명 공예품

他喜欢收藏工艺品。
그는 공예품을 소장하는 것을 좋아한다.

我对这个水晶工艺品爱不释手。
나는 이 수정 공예품을 아까워서 버릴 수가 없다.

0684 宫殿 gōngdiàn

명 궁전

这不是宫殿，是贫民窟kū。
이곳은 궁전이 아니라 빈민굴이다.

他的家如宫殿一般，富丽堂皇。
그의 집은 마치 궁전처럼 웅장하고 화려하다.

0685 功课 gōngkè

명 ① 강의, 수업, 공부

这个学期要修十门功课。
이번 학기에 열 과목의 강의를 이수해야 한다.

② 숙제, 과제물

今天的功课做完了再看电视。
오늘의 과제를 마치고 나서 텔레비전을 봐라.

0686 功劳 gōngláo

명 공로

유 功绩 gōngjì, 功勋 gōngxūn
반 错误 cuòwù, 过错 guòcuò, 罪过 zuìguò

功劳的反义词是罪过。
공로의 반대말은 과실이다.

我做了这么多，就算没有功劳也有苦劳啊。
내가 이렇게 많이 했으니, 공로는 없다고 하더라도 고생은 했다고 할 수 있다.

plus+ 功劳·功绩·成绩

- 功劳 명 공로
- 功绩 명 공적
- 成绩 명 성적

비교 이 세 단어는 언뜻 보기에는 비슷해 보이지만 그 쓰임에 있어서는 차이가 분명하다. 功绩는 주로 인민이나 국가에 대해 이뤄지는 중대한 업적을 가리키고, 功劳는 사업적인 측면에서 사업 성공에 대한 좋은 공헌을 가리켜 功绩보다는 의미가 좀 가볍다. 成绩는 앞의 두 단어와 완전히 다른 뜻을 가지고 있는데, 주로 일과 학습방면에서 얻은 좋은 결과를 가리킨다.

한국어로 해석하면 차이가 없어 보이므로 그것으로 인해 혼동하지 말아야하는 것이 포인트!

Check

这次我们公司的成功不是我一个人的（　　　），而是集体努力的结果。
이번 우리 회사의 성공은 나 혼자만의 공로가 아니라, 모두가 노력한 결과이다.

我们班的平均（　　　）一直不错。
우리 반의 평균 성적은 줄곧 좋다.

在革命过程中，他树立了不可磨灭的（　　　）。
혁명 과정 중 그는 불멸의 공적을 세웠다.

답 功劳 / 成绩 / 功绩

0687 功效 gōngxiào

명 효능, 효과

유 功能 gōngnéng

这个药的功效怎么样啊?
이 약의 효능이 어떻습니까?

这药的神奇功效令人叹绝tànjué。
이 약의 신기한 효과는 사람을 탄복하게 한다.

plus+ 功效·功能

- 功效 명 효능, 효과
- 功能 명 기능, 작용

비교 이 두 단어는 글자를 보고 그 차이점을 유추해낼 수 있어야 한다. 功效는 '功能 + 效果'를 합쳐 놓은 것으로 주로 그 기능으로 인해 발생한 좋은 결과나 좋은 효력을 가리키고, 功能은 주로 어떤 사물이나 어떠한 방법이 발휘하는 그 기능과 작용을 가리킨다.

두 글자 중 한 글자만 다를 경우 그 다른 한 글자의 뜻에 집중하여 구분하는 것이 포인트!

Check

上次交通事故导致他的记忆（　　　）减退。
저번 교통사고가 그의 기억 기능의 감퇴를 초래했다.

这个药我吃了一个月，（　　　）显著。
이 약을 나는 한 달 동안 먹었는데, 효능이 뚜렷하다.

📖 功能 / 功效

0688 **攻击** gōngjī

동 ① 공격하다
유 0988 进攻, 进击 jìnjī

野兽会攻击人的，注意不要晚上在林子里走动。
맹수가 사람을 공격할 수 있으니, 저녁에 숲을 걷지 않도록 주의해야 한다.

② (악의적으로) 비난하다, 공격하다
遭到人身攻击时应该自卫。
인신공격을 당할 때는 마땅히 스스로를 보호해야 한다.

0689 **攻克** gōngkè

동 점령하다, 정복하다
我军攻克了敌军的据点jùdiǎn。
우리 군은 적군의 기지를 점령했다.
他攻克了这项世界科学难题。
그는 이 세계 과학계의 난제를 정복하였다.

0690 **恭敬** gōngjìng

형 공손하다, 정중하다
유 4급 尊重 zūnzhòng, 5급 尊敬 zūnjìng
반 傲慢 àomàn

如果见到老师的话，要恭敬地敬礼。
선생님을 만나면 정중하게 인사를 해야 한다.
孔子是用温和、恭敬、简朴的美德来了解国家政事的。
공자께서는 온화하고 공손하며, 검소한 미덕으로 국가의 정사를 이해하셨다.

0691 **巩固** gǒnggù

형 견고하다, 튼튼하다
유 0908 坚固, 1133 牢固, 稳固 wěngù

这个孩子的英语基础很巩固。
이 아이의 영어 기초는 매우 튼튼하다.

동 견고하게 하다, 튼튼히 하다
반 2058 削弱, 动摇 dòngyáo

每个君主都要为巩固政权而尽最大的努力。
모든 군주는 정권을 견고하게 하기 위해 최선의 노력을 다해야 한다.

 plus+ 牢固·巩固·坚固
1133 牢固 참고

0692 **共和国** gònghéguó

명 공화국
共和国成立之初深得人心。
공화국 성립의 초심은 인심을 얻는 것이다.
中华人民共和国的首都是北京。
중화인민공화국의 수도는 베이징이다.

0693 **共计** gòngjì

동 ① 합계하다, 합하여 계산하다
유 合计 héjì, 总计 zǒngjì

今年的利润共计五千万元。
올해의 이윤을 다 합치면 오천만 위안이다.

② 함께 계획하다, 함께 상의하다
他们共计去韩国留学。
그들은 함께 한국 유학을 계획하고 있다.

0694 **共鸣** gòngmíng

명 ① 공명하다, 공감하다
유 同感 tónggǎn

两个物体发生共振时可能会有共鸣现象。
두 개의 물체에 공진이 발생할 때 공명현상이 일어날 수도 있다.

② 공감, 동감
文学作品之所以会感动人，是因为它会引起读者的共鸣。
문학 작품이 사람에게 감동을 주는 것은, 독자의 공감을 불러 일으키기 때문이다.

0695 勾结 gōujié

동 결탁하다, 내통하다, 짜다
유 5급 联合 liánhé, 串通 chuàntōng
不要勾结坏人出去骗人。
나쁜 사람과 짜고 사람을 속이지 마라.
他找不出地方官员之间相互勾结的证据。
그는 지방공무원 간 상호결탁의 증거를 발견하지 못했다.

0696 钩子 gōuzi

명 갈고리, 갈고리 모양의 물건
蝎子xiēzi的钩子有毒。 전갈의 집게발에는 독이 있다.
用这个钩子可以提起很重的东西呢！
이 갈고리를 사용해서 무거운 물건을 들어올릴 수 있겠다!

0697 构思 gòusī

동 구상하다
유 构想 gòuxiǎng
好好构思一下这篇文章，这对你以后写论文有帮助。
이 문장을 잘 구상해야 네가 이후에 논문을 쓸 때 도움이 될 거다.

명 구상
关于教育改革，家长们提出了许多具体的构想。
교육개혁에 관해서 학부모들은 많은 구체적인 구상을 제시했다.

0698 孤独 gūdú

형 고독하다, 외롭다
유 4급 孤单 gūdān

现代人的内心往往是孤独寂寞的。
현대인의 마음은 항상 고독하고 적막하다.
由于邻居们的悉心xīxīn照料，他不感到孤独。
이웃들의 세심한 보살핌으로 그는 외로운 줄 모른다.

0699 孤立 gūlì

형 ① 도움이나 동정을 받지 못하다, 떨어져 있다, 고립되다
她总是在群众中感到孤立。
그녀는 항상 군중 속에서 고립됨을 느낀다.

② 관련이 없다, 독자적이다
我们不能孤立地分析问题。
우리는 독자적으로 문제를 분석해서는 안 된다.

동 고립하다, 고립시키다
你这样做，明明是把自己孤立起来的。
당신이 이렇게 하는 것은, 분명 자신을 고립시키는 것이다.

0700 辜负 gūfù

동 (다른 이의 호의·기대·도움을) 헛되게 하다, 저버리다
不要辜负了父母对你的期望。
너에 대한 부모님의 기대를 헛되게 하지 마라.
我对你那么好，你不要辜负了我呀。
내가 너한테 그렇게 잘했으니, 넌 날 저버리면 안 된다.

0701 姑且 gūqiě

부 잠시, 잠깐
유 4급 暂时 zànshí, 2256 暂且
这件事姑且放一放，以后再谈吧。
이 일은 잠시 놔두고 나중에 다시 얘기하자.
我也有铅笔，这支你姑且用着。
내게도 연필이 있으니 이 연필은 네가 잠시 써도 돼.

0702 古董 gǔdǒng

명 ① 골동품
他喜欢到古董市场去淘táo一些有价值的古董。

그는 골동품 시장에 가서 가치 있는 골동품을 찾아내는 것을 좋아한다.

② 시대에 뒤떨어지는 물건이나 보수적인 사람을 비유
那个老头就是个老古董，年轻人的事他什么都不懂。
그 늙은이야말로 진짜 골동품이지, 젊은 사람들의 일이라면 아무것도 모르니까.

0703 **古怪** guǎi

형 이상하다, 보기 드물다
유 3급 奇怪 qíguài, 怪诞 guàidàn
반 3급 一般 yìbān, 普通 pǔtōng

她的性格很古怪。
그녀의 성격은 정말 이상하다.
他送给我一个古怪的礼物。
그는 나에게 보기 드문 선물을 하나 주었다.

0704 **股东** gǔdōng

명 주주
下周二将召开股东大会。
다음 주 화요일에 주주총회가 열릴 것이다.
我作为这家公司的股东有权参与。
나는 이 회사의 주주로서 참여할 권리가 있다.

0705 **股份** gǔfèn

명 주권, 주식
유 股子 gǔzi
我在那个公司有股份。
나는 그 회사의 주식을 소유하고 있다.
我们公司是股份制有限公司。
우리 회사는 주식회사이다.

0706 **鼓动** gǔdòng

동 선동하다, 부추기다
유 0510 发动, 怂恿 sǒngyǒng
반 5급 阻止 zǔzhǐ, 劝阻 quànzǔ

他鼓动我开一家饭店。
그는 나보고 식당을 하나 내라고 부추긴다.
说，这件事是谁鼓动的?
말해봐, 이 일은 누가 부추긴 거니?

0707 **骨干** gǔgàn

명 ① 골간
所有哺乳类的动物都有骨干。
모든 포유류 동물은 골간을 가지고 있다.

② 주요 역할을 하는 사람 또는 사물을 비유
유 栋梁 dòngliáng, 中坚 zhōngjiān
他可是我们组织的骨干分子。
그는 정말로 우리 조직의 핵심인물이라고 할 수 있다.

0708 **固然** gùrán

접 물론 ~이지만, 물론 ~이거니와
유 3급 当然 dāngrán, 3급 虽然 suīrán
这样办固然最稳当，但太费事。
이렇게 처리하는 것이 물론 가장 타당하지만, 그래도 힘이 많이 든다.
学习固然重要，但解决问题的实际能力更加重要。
공부도 물론 중요하지만, 문제를 해결하는 실질적인 능력이 더 중요하다.

0709 **固有** gùyǒu

형 고유의, 본래의
유 原有 yuányǒu
这是我们家乡固有的风俗。
이것은 우리 고향 고유의 풍속이다.
不容易改变她固有的思想。
그녀 본래의 생각은 바꾸기가 쉽지 않다.

0710 **固执** gùzhi

형 완고하다, 고집스럽다
유 1851 顽固

他是个个性固执的老头。
그는 성격이 완고한 늙은이다.
你怎么就这么固执呀，就不能听听别人的意见吗?
당신은 왜 이렇게 고집을 부리며, 다른 사람의 의견을 들어보려 하지 않는 거죠?

0711 **顾虑** gùlǜ

동 고려하다, 걱정하다, 근심하다
유 3급 担心 dānxīn, 4급 怀疑 huáiyí, 顾忌 gùjì
不要顾虑那么多了。
그렇게 너무 걱정하지 마.

명 고려, 염려, 근심
他不敢辞去现在的工作，是因为有很多顾虑。
고려하는 게 너무 많아서, 그는 감히 지금의 일을 그만둘 수 없다.

plus+ 顾虑·怀疑

· 顾虑 동 고려하다, 걱정하다, 근심하다
· 怀疑 동 의심하다

비교 이 두 단어는 의미의 차이가 확실하므로 절대 혼동하면 안 된다. 顾虑는 자신이나 다른 사람, 어떤 일에 대해서 불리해질 것이 우려되어 자신의 뜻대로 말하고 행동하지 못하는 것을 가리키고, 怀疑는 뜻 그대로 남을 믿지 못하고 의심하는 것을 가리킨다.

한국어로 해석하면 차이가 없어 보이므로 단어의 뜻을 정확히 파악하는 것이 포인트!

Check
你有什么想法尽管告诉我，不要（　　　）。
네가 무슨 의견이 있으면 마음 놓고 나에게 말해, 너무 걱정하지 말고.
她总是以（　　　）的眼光看我。
그녀는 항상 의심의 눈초리로 나를 본다.

답 顾虑 / 怀疑

0712 **顾问** gùwèn

명 고문

유 0198 参谋
他是这部电影的顾问。
그는 이 영화의 고문이다.
他是我们公司的法律顾问。
그는 우리 회사의 법률고문이다.

0713 **故乡** gùxiāng

명 고향
유 5급 家乡 jiāxiāng
他离开故乡已经有五年了。
그가 고향을 떠난 지 벌써 5년이 지났다.
我的故乡位于山东的西南部。
내 고향은 산동성의 서남부에 위치한다.

plus+ 故乡·老乡

· 故乡 명 고향
· 老乡 명 동향인, 고향사람

비교 이 두 단어는 글자 하나 차이로 전혀 다른 뜻을 지닌 단어들이다. 故乡은 자신이 출생한 곳이나 또는 오랫동안 거주한 곳을 가리키지만, 老乡은 같은 고향사람을 가리킨다.

아무리 쉬운 단어일지라도 그 속뜻을 한번쯤 되새겨 보는 것이 포인트!

Check
贵州是我的第二（　　　）。
꾸이저우는 나의 두 번째 고향이다.
我在公司里遇到了（　　　）。
나는 회사에서 고향사람을 만났다.

답 故乡 / 老乡

0714 **故障** gùzhàng

명 (기계의) 고장
유 5급 毛病 máobìng
机器又出故障了，得赶紧找个人修修才行。
기계가 또 고장이 나서, 빨리 사람을 찾아 수리해야 한다.
汽车出故障耽误dānwu了时间，所以我们来晚了。
자동차가 고장이 나는 바람에 시간이 지체되어서, 우리가 좀 늦게 왔다.

0715 **拐杖** guǎizhàng

명 지팡이, 막대기

有许多老年人使用这种拐杖。
많은 노인들이 이런 종류의 지팡이를 사용한다.

老爷爷正拄zhǔ着拐杖慢慢地走着。
할아버지는 지팡이를 짚고 천천히 걷고 계신다.

0716 **关照** guānzhào

동 ① 돌보다, 보살피다
　유 3급 关心 guānxīn, 3급 照顾 zhàogù

我刚来这里，还有许多不懂的地方，以后请您多多关照啊！
제가 막 이곳에 와서 서툰 부분이 많으니, 앞으로 잘 부탁드립니다!

② 협력하다, 호응하다

他们两个虽说是同学，可在工作方面彼此互不关照。
그들 둘은 비록 동창이라 말하지만 일하는 방면에서는 서로 협력하지 않는다.

0717 **官方** guānfāng

명 정부 당국, 정부 측
　반 5급 私人 sīrén

这酒店经常召开官方会谈。
이 호텔은 자주 정부회담을 개최한다.

关于这场骚乱的原因，现在尚无官方消息。
이 소란의 원인에 관해서, 지금 아직 정부 측의 소식이 없다.

0718 **观光** guānguāng

동 관광하다
　유 4급 参观 cānguān, 5급 游览 yóulǎn

爸爸偶尔到国外去观光。
아빠는 가끔 국외에 가서 관광하신다.

上海是中国的观光城市之一。
상하이는 중국의 관광도시 중의 하나이다.

0719 **管辖** guǎnxiá

동 (사람·사무·구역·안건 등을) 관할하다
　유 4급 管理 guǎnlǐ, 统辖 tǒngxiá

直辖市由国务院直接管辖。
직할시는 국무원에서 직속으로 관할한다.

这个地区不是我们派出所的管辖范围。
이 구역은 우리 파출소의 관할 범위가 아니다.

0720 **罐** guàn

명 항아리, 깡통

这个罐可以装小东西。
이 항아리는 작은 물건을 보관할 수 있다.

孩子一直找着装糖的罐。
아이는 줄곧 사탕이 든 깡통을 찾고 있다.

0721 **贯彻** guànchè

동 (방침·정책·정신·방법을) 관철하다, 실행하다
　유 5급 执行 zhíxíng, 1212 落实
　반 0425 抵制

政府贯彻落实扶贫政策。
정부는 빈곤 구제정책을 구체화하여 실행에 옮긴다.

我们要把勤俭节约的精神贯彻到底。
우리는 근검절약의 정신을 철저히 관철해야 한다.

0722 **灌溉** guàngài

동 논밭에 물을 대다, 관개하다
　유 浇灌 jiāoguàn

他们想引用这条河里的水灌溉庄稼。
그들은 이 하천의 물을 끌어들여 농작물에 관개하려 한다.

这里的河水已经变干净了，可以用来灌溉农田。
이곳의 하천은 이미 깨끗이 정화되어 농경지에 물을 댈 수 있다.

0723 惯例 guànlì

명 관례, 관행
- 유 常规 chángguī 반 特例 tèlì

按照国际惯例，这项罪名成立。
국제관례에 따라 이 죄명이 성립된다.

按照惯例，我们是不可能完成任务的。
관행대로라면 우리는 임무를 완성할 수 없다.

0724 光彩 guāngcǎi

명 빛, 광채, 빛깔
- 유 光泽 guāngzé

他送给我的花盆给这个房间又添了些光彩。
그가 나에게 선물한 화분이 이 방을 더욱 환하게 해주었다.

형 영광스럽다, 영예롭다, 체면이 서다
- 유 5급 光荣 guāngróng
- 반 2036 羞耻, 可耻 kěchǐ

你女儿又得奖了吧，真光彩呀！
네 딸이 또 상을 탔구나, 정말 체면이 서겠다!

0725 光辉 guānghuī

명 찬란한 빛
- 유 0724 光彩

朝阳的光辉普照 pǔzhào 着大地。
아침 해의 찬란한 빛이 온 대지를 비추고 있다.

형 찬란하다, 빛나다
- 유 0203 灿烂

为了光辉的人生，干杯！
찬란한 인생을 위해, 건배!

0726 光芒 guāngmáng

명 광망, 빛
- 유 0724 光彩, 0725 光辉, 光线 guāngxiàn

太阳的光芒四射。
햇살이 사방으로 비친다.

夏天太阳放射着耀眼的光芒。
여름에는 태양이 눈부신 햇살을 뿜어낸다.

0727 广阔 guǎngkuò

형 넓다, 광활하다
- 유 5급 广大 guǎngdà, 1173 辽阔, 宽阔 kuānkuò
- 반 1941 狭窄, 窄小 zhǎixiǎo, 狭小 xiáxiǎo

我家乡有广阔的田野。
내 고향에는 드넓은 들이 있다.

孩子们喜欢在广阔的田野上跑着玩儿。
아이들은 드넓은 들판에서 뛰어 노는 것을 좋아한다.

 plus+ 辽阔 · 广阔
1173 辽阔 참고

0728 规范 guīfàn

명 규범, 표준
- 유 4급 标准 biāozhǔn, 典范 diǎnfàn, 范例 fànlì

人们在行动或做判断的时候要遵守规范。
사람이 행동하거나 판단할 때는 규범을 지켜야 한다.

동 규범화하다, 규범에 맞도록 하다

我们要规范学生的行为。
우리는 학생들의 행동을 규범화해야 한다.

0729 规格 guīgé

명 (크기·무게·정밀도·성능 등의) 표준, 규격
- 유 4급 标准 biāozhǔn

这次接待外宾按什么规格？
이번 외빈 접대는 어떤 기준에 따라야 합니까?

工厂在制作一定规格的商品。
공장은 일정한 규격의 상품을 제작하고 있다.

0730 规划 guīhuà

명 (비교적 장기적인) 계획, 기획
- 유 3급 打算 dǎsuan, 4급 计划 jìhuà

未来五年你有什么规划？
향후 5년 동안 당신은 어떤 계획이 있습니까?

동 계획하다

你是如何规划自己的人生的？
당신은 당신의 인생을 어떻게 계획하십니까？

0731 **规章** guīzhāng

명 ① 규칙, 규정
　유 5급 规则 guīzé
作为学生要遵守学校规章制度。
학생으로서 학교의 규정 제도를 지켜야 한다.

② 국가 기관의 규정
国家每年制定新的法令规章。
국가는 매년 새로운 법률 규정을 제정한다.

0732 **归根到底** guīgēn dàodǐ

성 근본으로 돌아가서, 결국, 끝내
　유 归根结底 guīgēn jiédǐ
归根到底你就是不想去，那就算了吧。
결국 당신은 가고 싶지 않다는 말이니, 그럼 됐어요.
归根到底你还是想让我辞掉cídiào这份工作，是吧？
결국 너는 나더러 이 일을 그만두라는 거네, 맞지？

0733 **归还** guīhuán

동 돌려주다, 반환하다
　유 3급 还 huán　반 出借 chūjiè
我把钱包归还失主。
나는 지갑을 잃어버린 사람에게 돌려주었다.
我不喜欢借了别人的东西不归还的人。
난 남의 물건을 빌리고 돌려주지 않는 사람을 싫어한다.

0734 **归纳** guīnà

동 귀납하다, 종합하다
请用一句话归纳教授说的话。
교수님의 말씀을 한마디로 종합해보세요.

명 귀납(법)
这件事可以用归纳法推理tuīlǐ。
이 일은 귀납법으로 추리할 수 있다.

0735 **轨道** guǐdào

명 ① 궤도 [기차의 선로, 천체 운행과 물체 운동의 길 등을 가리킴]
　유 轨迹 guǐjì
在轨道上玩耍wánshuǎ很危险。
선로에서 장난치는 것은 매우 위험하다.
火箭huǒjiàn按着轨道运行着。
로켓은 궤도를 따라 운행하고 있다.
天体的轨道运行需要很长时间。
천체의 궤도 운행에는 많은 시간이 필요하다.

② 궤도 [준칙되는 규정, 규칙]
我们公司的生产计划正向正常的轨道发展。
우리 회사의 생산계획은 정상적인 궤도로 발전하고 있다.

0736 **跪** guì

동 무릎을 꿇다
他宁死也不向恶徒下跪。
그는 죽는 한이 있어도 악당에게는 무릎 꿇지 않을 것이다.
他跪在母亲面前请求母亲的原谅。
그는 어머니 앞에서 무릎을 꿇고 어머니의 용서를 청했다.

0737 **贵族** guìzú

명 귀족
　반 贱民 jiànmín, 平民 píngmín
她出生在贵族之家。
그녀는 귀족 집안에서 태어났다.
很多王宫贵族已经没落了。
많은 왕실 귀족이 이미 몰락했다.

0738 **棍棒** gùnbàng

명 막대기, 방망이, 몽둥이
　유 棍子 gùnzi
俗话说棍棒下出孝子。
속담에 '몽둥이 아래에서 효자가 나온다'는 말이 있다.
你把桌子上的棍棒拿去。
당신이 책상 위에 있는 방망이 가져가세요.

0739 国防 guófáng
명 국방
我朋友想在国防部工作。
내 친구는 국방부에서 일하고 싶어한다.
国家在任何时候都不能放松国防建设。
국가는 어느 상황에서든 국방건설에 소홀해서는 안 된다.

0740 国务院 guówùyuàn
명 국무원 [중국의 최고 행정기관]
他也当过国务院委员。
그 역시 국무원 위원을 맡은 적이 있다.
温家宝是中国国务院总理。
원자바오는 중국의 국무원 총리이다.

0741 果断 guǒduàn
형 결단력이 있다
유 决断 juéduàn
반 5급 犹豫 yóuyù, 0286 迟疑, 0305 踌躇
凡事不要犹豫，要果断行动。
매사에 머뭇거리지 말고 결단력 있게 행동해야 한다.
在工作方面，她表现得非常果断。
직업상에서 그녀는 매우 결단력 있게 행동한다.

0742 过度 guòdù
형 과도하다, 지나치다
유 5급 过分 guòfèn, 0749 过于
반 适度 shìdù
过度的饮酒有害健康。
과도한 음주는 건강에 해롭다.
过度的工作耗尽hàojìn了我的体力。
지나친 업무로 내 체력이 소진되었다.

0743 过渡 guòdù
동 과도하다, 넘어가다, 건너다
유 渡 dù, 摆渡 bǎidù
我们正处于过渡阶段。
우리는 지금 과도기에 있다.
现在是由资本主义过渡到民主主义的时期。
지금은 자본주의에서 민주주의로 넘어가는 시기이다.

0744 过奖 guòjiǎng
동 과찬하다 [겸양어로 상대방이 자신을 칭찬할 때 쓰임]
您过奖了，这些都是不值一提的小事。
과찬이십니다, 이 일들은 모두 언급할 가치가 없는 사소한 것들입니다.
您过奖了，我可没您讲的有那么大本事。
과찬이십니다, 저는 말씀하시는 것처럼 그렇게 많은 능력이 있는 사람이 아닙니다.

0745 过滤 guòlǜ
동 거르다, 여과하다
这个石器是用来过滤有毒物质的。
이 석기는 유독물질을 여과하는 데 쓰이는 것이다.
最近水污染比较严重，我们要喝过滤过的水。
요새 수질오염이 비교적 심해서, 우리는 여과된 물을 마셔야 한다.

0746 过失 guòshī
명 잘못, 실수, 과실
유 5급 错误 cuòwù, 1627 失误
那不是过失，是故意干的。
그건 과실이 아니라, 일부러 한 것이다.
这件事是我的过失，我承认错误。
이 일은 내 실수이므로, 내 잘못은 인정한다.

0747 过问 guòwèn
동 참견하다, 따져 묻다, 간섭하다, 신경을 쓰다
유 2급 问 wèn, 0628 干涉, 0629 干预, 管 guǎn
你没权利过问那些事。
너는 그 일에 간섭할 권리가 없다.
不要太过问别人的事情。
남의 일에 너무 신경쓰지 마라.

0748 **过瘾** guò//yǐn

형 짜릿하다, 끝내주다

今天跳舞时玩儿得真过瘾。
오늘 춤출 때 정말 끝내주게 놀았다.

这场足球赛真让人过瘾。
이 축구시합은 사람을 정말 짜릿하게 한다.

你的车借我用一下，让我过一下瘾。
당신 차를 내가 좀 쓰게 빌려주세요, 좀 신나게요.

0749 **过于** guòyú

부 지나치게, 너무, 몹시

유 5급 过分 guòfèn, 0742 过度
반 适当 shìdàng, 适度 shìdù

他们过于紧张。
그들은 지나치게 긴장했다.

那人提供的新闻内容过于冗长 rǒngcháng。
그 사람이 제공한 뉴스의 내용은 너무 장황하다.

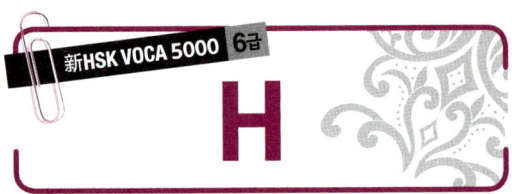
新HSK VOCA 5000 6급 H

0750 **嗨** hāi

감 어!, 어이! [남을 부를 때 쓰임]

嗨，你也来了呀！
어, 당신도 오셨군요!

嗨，你在干什么？
어이, 당신 지금 뭐하고 있어요?

0751 **海拔** hǎibá

명 해발

유 拔海 báhǎi

这个山峰海拔100米。
이 산봉우리는 해발이 100미터이다.

这里是海拔最高的山峰。
여기는 해발이 제일 높은 산봉우리이다.

0752 **海滨** hǎibīn

명 해변, 바닷가

유 海岸 hǎi'àn

他住在海滨城市。
그는 해변 도시에 살고 있다.

海滨是很多海洋生物栖息 qīxī 的地方。
바닷가는 여러 가지 해양생물이 서식하는 곳이다.

0753 **含糊** hánhu

형 ① 모호하다, 애매하다

유 5급 模糊 móhu, 2170 隐约, 含混 hánhùn
반 3급 认真 rènzhēn, 3급 清楚 qīngchu,
5급 明显 míngxiǎn, 5급 明确 míngquè,
1475 清晰, 1947 鲜明

他的话讲得有些含糊，我不明白。
그가 말을 조금 애매하게 해서, 나도 잘 모르겠다.

② 소홀히 하다, 대충대충하다, 진지하지 않다

这件事可一点儿也不能含糊。
이 일은 절대 대충대충하면 안 된다.

③ 두려워하다, 주눅들다

就算是为了你去死，我也不会含糊的。
설사 너를 위해 죽는다고 해도, 난 두려워하지 않을 것이다.

plus+ **含糊·模糊**

· **含糊** 형 모호하다, 애매하다
➡ 意思, 回答, 内容, 文章, 说话, 印象, 结论, 观点 ＋ 含糊

· **模糊** 형 모호하다, 분명하지 않다
➡ 人的感觉, 记忆, 画面, 字迹 ＋ 模糊

비교 이 두 단어는 뜻만으로는 구별이 잘 되지 않는 단어이다. 含糊는 사람의 말이나 언어와 관련된 것들이 명확하지 않은 것을 가리키고, 模糊는 시각이나 감각, 기억의 측면에서 분명하지 않은 것을 가리킨다.

어떤 단어들과 함께 쓰이는지를 알아두는 것이 포인트!

Check
他刚才说的话很（　　　），我听不懂。
그가 방금 전에 한 말은 뚜렷하지 않아서 나는 이해하지 못했다.
他的字迹很（　　　），看不清了。
그의 필적은 분명하지 않아서 알아보기 힘들다.

답 含糊 / 模糊

0754 含义 hányì

명 함의, 내포된 뜻, 담겨진 의미
유 2급 意思 yìsi, 5급 意义 yìyì

这篇文章含义深刻。
이 글의 함의는 매우 깊다.
这个单词的含义是什么?
이 단어에 내포된 의미는 무엇입니까?

0755 寒暄 hánxuān

동 (상투적인) 인사말을 나누다

他俩寒暄了一阵。
그들 둘은 한참 동안 인사말을 나누었다.
两个人寒暄了几句就各自走开了。
두 사람은 인사말을 몇 마디 나누고 각자 제 갈 길을 갔다.

0756 罕见 hǎnjiàn

형 보기 드물다, 희한하다
유 少见 shǎojiàn

这个地方人迹罕见。
이곳은 인적이 드물다.
这种植物已经不罕见了。
이런 종류의 식물은 이미 보기 드문 것이 아니다.

0757 捍卫 hànwèi

동 지키다, 수호하다, 방위하다
유 4급 保护 bǎohù, 0057 保卫, 守卫 shǒuwèi
반 1824 推翻, 颠覆 diānfù

捍卫国家主权是我们的责任和义务。
국가의 주권을 지키는 것은 우리의 책임과 의무이다.
我们要为捍卫祖国领空奋战 fènzhàn。
우리는 조국의 영공을 지키기 위해 분투해야 한다.

0758 航空 hángkōng

동 하늘을 비행하다
飞机航空在云层之下。
비행기가 구름 아래로 비행하고 있다.

형 항공의
我喜欢坐大韩航空的飞机。
나는 대한항공의 비행기를 타는 걸 좋아한다.

0759 航天 hángtiān

동 우주를 비행하다
他把一生的心血都献给了航天事业。
그는 일생의 심혈을 모두 우주비행 사업에 바쳤다.
我们的航天技术要比他们先进十年。
우리의 우주비행 기술은 그들보다 10년은 앞선다.

0760 航行 hángxíng

동 바다를 항해하다
유 航海 hánghǎi

这只船的航行速度真快。
이 배의 항해 속도는 정말 빠르다.
我们是朝正北方航行的。
우리는 정북방을 향해 항해한다.

0761 行列 hángliè

명 (동일한 목표를 가지고 같은 일에 종사하는) 행렬, 대열
她算得上已步入科技界的大师行列。
그녀는 이미 과학기술계 대가의 행렬에 올랐다고 할 수 있다.

119

中国昂首阔步ángshǒu kuòbù地向先进工业国的行列迈进。
중국은 당당하게 선진공업국의 대열에 들어섰다.

0762 **豪迈** háomài

형 용맹스럽다, 씩씩하다, 진취적이다
他有一种豪迈的气概。
그는 용맹스러운 기개를 가지고 있다.
操场上响起豪迈的脚步声。
운동장에서 씩씩한 발소리가 울려 퍼진다.

0763 **毫米** háomǐ

양 밀리미터(mm)
长度相差不到三毫米。
길이의 차이는 3밀리미터도 안 된다.
直径zhíjìng为50毫米的望远镜多少钱？
직경이 50밀리미터인 망원경은 얼마인가요?

0764 **毫无** háowú

부 조금도 ~이 없다
扔掉毫无用处的箱子吧。
전혀 쓸모가 없는 상자는 버리자.
他毫无怨言地接受了惩罚。
그는 조금의 원망도 없이 처벌을 받았다.

0765 **号召** hàozhào

동 호소하다
他号召了所有人保护环境。
그는 모든 이에게 환경을 보호하자고 호소했다.
学校积极地号召学生向灾区捐款juānkuǎn。
학교는 학생들에게 재해지역에 기부할 것을 적극적으로 호소했다.

0766 **耗费** hàofèi

동 들이다, 낭비하다, 소비하다

유 1981 消耗, 耗损 hàosǔn, 花费 huāfèi
반 4급 节约 jiéyuē, 5급 节省 jiéshěng

不要在那种小事上耗费时间和精力。
그런 사소한 일에 시간과 정력을 낭비하지 마.
为了修建这项工程，国家耗费了大量的人力物力。
이 공정을 건설하기 위해서, 국가는 대량의 인력과 물자를 들였다.

0767 **好客** hàokè

형 손님 접대를 좋아하다
听说少数民族的人很好客。
소수민족 사람들은 손님 접대를 좋아한다고 한다.
他是个好客的人，喜欢在家里招待朋友。
그는 손님 접대를 좋아하는 사람이라서, 집에서 친구를 접대하는 것을 좋아한다.

0768 **呵** hē

동 입김을 불다, 숨을 쉬다
유 嗬 hē
怕我冻着，他呵着我的手。
내가 추워할까 봐, 그는 나의 손에 입김을 넣어줬다.
他对女朋友的手呵了一口气。
그는 여자친구의 손에 입김을 불어넣었다.

0769 **和蔼** hé'ǎi

형 상냥하다, 부드럽다, 붙임성이 있다
유 0771 和睦, 0772 和气, 1885 温和, 和善 héshàn
반 2030 凶恶, 2085 严厉, 粗暴 cūbào, 蛮横 mánhéng

我们的数学老师和蔼可亲。
우리 수학선생님은 상냥하고 친절하다.
爷爷比我想象得还要和蔼。
할아버지께서는 내가 상상하는 것보다 더 부드러우시다.

 和气·和蔼·和睦
0772 和气 참고

0770 和解 héjiě

동 화해하다, 화의하다
유 和好 héhǎo

必须和解他们俩的矛盾。
반드시 그들 둘의 갈등을 풀어야 한다.

他和女友闹别扭nào bièniu了，不过很快就和解了。
그는 여자친구와 사이가 틀어졌으나, 바로 화해했다.

0771 和睦 hémù

형 화목하다
유 0769 和蔼, 0772 和气
반 不和 bùhé, 不睦 búmù, 争吵 zhēngchǎo

我们的关系十分和睦。
우리의 관계는 매우 화목하다.

他们之间比以前和睦多了。
그들 사이는 예전보다 훨씬 화목해졌다

plus+ 和气・和蔼・和睦
0772 和气 참고

0772 和气 héqi

형 ① (태도가) 온화하다, 부드럽다
유 0769 和蔼, 0771 和睦, 1885 温和, 和善 héshàn
반 4급 厉害 lìhai, 2030 凶恶, 粗暴 cūbào

他对所有人总是那么和气。
그는 모든 사람들에게 언제나 그렇게 온화하다.

② 화목하다, 사이가 좋다
他们彼此特别和气。
그들은 서로 매우 사이가 좋다.

명 화기, 화목한 감정
兄弟之间不要为了点小事伤了和气。
형제 간에는 사소한 일로 감정을 상하게 하지 말아야 한다.

plus+ 和气・和蔼・和睦

- 和气 형 온화하다, 부드럽다
- 和蔼 형 상냥하다, 부드럽다
- 和睦 형 화목하다

비교 이 세 단어는 해석상으로는 구별하기 어려운 단어이나 그 차이점은 명확하다. 和气는 사람의 태도나 말, 표정이 따뜻하고 부드러운 것을 가리키고, 和蔼는 대체로 아랫사람이 윗사람의 태도에 대해 따뜻하고 부드러움을 느끼는 것을 가리키며 주로 서면어로 쓰인다. 和睦는 서로 잘 지내고 싸우지 않는 것을 가리킨다.

 한국어로 해석하면 차이가 없어 보이므로 단어의 뜻을 정확히 파악하는 것이 포인트!

Check

这位厂长待人（　　）可亲，受到职工的爱戴。
이 공장장은 사람을 매우 상냥하고 친절하게 대해서 직원들의 공경을 받는다.

我们一家人非常（　　）。
우리 가족은 매우 화목하다.

那位服务员态度很（　　）。
저 종업원은 태도가 매우 온화하다.

답 和蔼 / 和睦 / 和气

0773 和谐 héxié

형 잘 어울리다, 조화롭다
유 5급 协调 xiétiáo, 匀称 yúnchèn
반 刺耳 cì'ěr

我们得促进人与自然的和谐发展。
우리는 사람과 자연의 조화로운 발전을 촉진해야 한다.

这些举措jǔcuò有利于稳固和谐社会。
이 조치들은 안정되고 조화로운 사회에 도움이 된다.

0774 合并 hébìng

동 ① 합병하다, 합치다
반 分开 fēnkāi

两家公司合并为什么这么难？
두 회사를 합병하는 게 뭐 이리 어려워?

② 합병이 생기다, 합병증을 일으키다
体质虚弱的病人可能合并感染。
체질이 허약한 환자는 합병증이 생겨 감염될 수도 있다.

0775 合成 héchéng

동 ① 합성하다, 합쳐 ~이 되다, 합쳐 이루어지다
这一部分是由以下两个观点合成的。
이 부분은 아래의 두 관점이 합쳐져 만들어진 것이다.

② (화학적으로) 합성하다
他正在做合成实验。
그는 지금 화학적 합성실험을 하고 있다.

0776 合乎 héhū

동 ~에 맞다, ~에 부합하다
유 4급 符合 fúhé, 相符 xiāngfú, 相合 xiānghé
반 不合 bùhé, 不符 bùfú

一切情况都不合乎他的心愿。
모든 상황이 그의 뜻에 맞지 않는다.
合乎我们公司要求的人不多。
우리 회사의 요구에 부합하는 사람이 그리 많지 않다.

0777 合伙 héhuǒ

동 동료가 되다, 한패가 되다
유 5급 合作 hézuò, 协作 xiézuò
반 单干 dāngàn, 分工 fēngōng

我和他准备合伙做生意。
나는 그와 함께 장사를 해보려고 준비 중이다.
他们决定合伙对付他们的上司。
그들은 한패가 되어 자신들의 상사에 대처하기로 했다.

0778 合身 hé//shēn

형 (옷이) 몸에 맞다
妈妈做的衣服正合身。
엄마가 만드신 옷이 몸에 딱 맞는다.
合身的服装会给女士增添魅力。
몸에 잘 맞는 옷은 여성에게 매력을 더해준다.
这件连衣裙完全合我的身。
이 원피스는 완전히 내 몸에 딱 맞는다.

0779 合算 hésuàn

형 수지가 맞다
유 上算 shàngsuàn

如何买房最经济合算呢?
어떻게 집을 사야 가장 경제적이고 수지에 맞을까?

동 고려하다, 생각하다
유 4급 估计 gūjì, 4급 考虑 kǎolǜ

这笔交易能不能做，你好好合算一下吧。
이 거래를 할 수 있는지 없는지 잘 고려해보세요.

0780 嘿 hēi

감 ① 마음에 들거나 득의양양할 때
嘿，我们上课的教室可真不错。
그럼! 우리가 수업하는 교실 정말 좋아.

② 남을 부르거나 주의를 환기시킬 때
嘿！说你呢，你没有听见吗?
이봐! 너를 두고 한 말인데, 너 못 들었어?

③ 놀라움을 나타낼 때
嘿，昨晚下大雪了呢！
이야, 어제 저녁에 눈이 많이 내렸구나!

0781 痕迹 hénjì

명 흔적, 자취
유 印迹 yìnjì

这里没有留下车轮痕迹。
이곳에는 바퀴자국이 남지 않았다.
犯人现场留下了红色痕迹。
범인은 현장에 붉은색 흔적을 남겼다.

0782 狠心 hěn//xīn

동 모질게 마음먹다
他一狠心就参加了革命。
그는 모질게 마음을 먹고 바로 혁명에 참가했다.
我狠下心来拒绝了。
나는 모질게 마음을 먹고 거절하였다.

| 형 | 모질다, 잔인하다
她狠心买了那个昂贵的手镯shǒuzhuó。
그녀는 큰맘 먹고 그 비싼 팔찌를 샀다.

| 명 | 모진 마음, 독한 결심
我下了狠心地决定这次一定要离开他。
나는 독하게 마음 먹고 이번에 꼭 그와 헤어지기로 결정했다.

0783 恨不得 hènbude

| 동 | 간절히 ~하고 싶다
유 0021 巴不得, 恨不能 hènbunéng
我恨不得把他一拳yìquán打倒。
나는 그를 한방에 때려눕히고 싶은 맘이 간절하다.
我女儿恨不得一下子就长大。
내 딸은 단시간에 성장하기를 간절히 바란다.

 恨不得 · 巴不得

- 恨不得 동 간절히 희망하다
- 巴不得 동 간절히 원하다

비교 이 두 단어는 모두 '간절히 바라다'라는 뜻을 가지고 있지만, 恨不得는 실제로 할 수 없고 실현 불가능한 것을 바라는 것이고, 巴不得는 실현 가능한 것을 바란다는 차이가 있다.

뜻이 완전히 같을 때에는 차이점에 주목하는 것이 포인트!

Check
我（　　）一天就减肥成功。
나는 하루만에 다이어트에 성공하기를 간절히 바란다.
我每天起床时，都（　　）再多睡五分钟。
나는 매일 잠자리에서 일어날 때 매번 5분만 더 자기를 희망한다.

답 恨不得 / 巴不得

0784 哼 hēng

| 동 | ① 신음하다, 끙끙거리다
昨晚他腿痛得直哼哼。
어제 저녁에 그는 다리가 아파서 계속 신음소리를 냈다.
② (노래·혼잣말 등을) 흥얼거리다, 흥얼대다
他一边走路一边哼着小歌，美滋滋měizīzī的呢。
그는 길을 가면서 노래를 흥얼거리는데, 즐거운 모습이다.

 哼 hèng

| 감 | 흥 [불만이나 분개를 나타냄]
哼，还不知道谁去呢！
흥, 누가 갈지는 아직 모르지!

0785 哄 hōng

| 의성 | 왁자지껄, 와글와글 [여러 사람이 한꺼번에 웃거나 떠드는 소리를 나타냄]
周末晚上市中心总是闹哄哄的。
주말 저녁 시내는 늘 와글와글 시끄럽다.
大堂里的人"哄"地一声都笑了起来。
강당 안의 사람들이 왁자지껄하며 웃기 시작했다.

0786 烘 hōng

| 동 | (불 또는 증기로) 말리다, 쪼이다, 데우다
유 烤 kǎo
太冷了，烘烘手吧！
너무 춥네, 손 좀 녹이자!
他把潮湿的衣物烘干了。
그는 젖은 옷과 일상용품을 불에 쪼여 말렸다.

0787 轰动 hōngdòng

| 동 | (동시에 많은 사람들을) 들끓게 하다, 떠들썩하게 하다
유 1009 惊动, 哄动 hōngdòng, 震动 zhèndòng
这些产品在全球引起了轰动。
이 제품들은 전 세계적으로 센세이션을 일으켰다.
她在最走红时提出退出歌坛，这一消息轰动了全国。
그녀가 가장 인기가 있을 때 가요계 은퇴를 제기하겠다고 한 이 소식이 전국을 떠들썩하게 만들었다.

0788 红包 hóngbāo

| 명 | 세뱃돈, 상여금, 보너스 [붉은 종이봉투에 돈을 넣은 것을 가리킴]
过年时，小孩儿拜年后会收到红包。
설을 쇨 때, 아이들은 세배를 하고 세뱃돈을 받는다.

发 "红包" 是中国新年的一种习俗。
세뱃돈을 주는 것은 중국의 신년 풍속 중 하나이다.

0789 **宏观** hóngguān

[형] 거시적인

企业要善于做宏观分析。
기업은 거시적인 분석을 잘해야 한다.
我们一定要具有宏观思维。
우리는 반드시 거시적인 사고를 갖추고 있어야 한다.

0790 **宏伟** hóngwěi

[형] (규모·계획이) 웅장하다, 웅대하다
[유] 5급 雄伟 xióngwěi, 宏大 hóngdà

从明天开始实行宏伟的计划。
내일부터 웅대한 계획이 실행되기 시작한다.
这样宏伟的建筑用了两年时间完成的。
이런 웅장한 건축물이 2년이라는 시간이 걸려 완성되었다.

plus+ 宏伟·雄伟

• 宏伟 [형] 웅장하다, 웅대하다
  ➡ 建筑, 计划, 规模, 设计, 结构, 构想, 目标, 理想 + 宏伟

• 雄伟 [형] 웅장하다, 웅대하다
  ➡ 人的气势, 人的气魄, 自然景物, 声音 + 雄伟

[비교] 이 두 단어 모두 '웅장하고 위대하다'라는 뜻을 가지고 있어 구분하기 힘들지만, 함께 쓰는 단어를 살펴보면 차이점을 정확히 알 수 있다. 宏伟는 건축물의 규모나 구조, 계획, 목표, 이상 등이 웅장하고 위대한 것을 가리키고, 雄伟는 사람의 기세나 자연경관, 자연의 기세, 소리 등이 웅장하고 위대한 것을 주로 가리킨다.

비슷한 의미를 가진 단어일수록 搭配에 의해 구분된다는 것이 포인트!

Check
泰山的气势真（　　　）。
타이산의 기세가 정말 웅장하고 위대하다.
我们设计了十分（　　　）计划, 但因准备不足而失败了。
우리는 매우 웅장한 계획을 세웠으나 준비 부족으로 실패했다.

답 雄伟 / 宏伟

0791 **洪水** hóngshuǐ

[명] 홍수

这个地方容易发生洪水。
이 지역은 쉽게 홍수가 난다.
洪水袭xí来，村庄成了一片废墟fèixū。
홍수의 급습으로, 마을이 폐허가 되었다.

0792 **喉咙** hóulóng

[명] 목구멍
[유] 5급 嗓子 sǎngzi, 咽喉 yānhóu

他的喉咙里卡了一根鱼刺。
그의 목구멍에 생선가시가 하나 걸렸다.
喉咙对学唱歌的人来说很重要。
목은 노래 부르는 것을 배우는 사람에게 매우 중요하다.

0793 **吼** hǒu

[동] ① (감정이 격해져서) 고함치다, 소리지르다
和妻子吵架时，他总是喜欢大吼。
아내와 싸울 때 그는 항상 크게 소리치는 것을 좋아한다.

② (짐승이) 울부짖다, 포효하다, 으르렁거리다
[유] 5급 喊 hǎn
动物园里的狮子一吼，吓了孩子一跳。
동물원의 사자가 포효하자 아이가 깜짝 놀랐다.

③ (바람·폭죽·대포 등이) 크게 울리다, 큰소리를 내다
从下午开始狂风怒吼 nùhǒu。
오후부터 광풍이 불기 시작하면서 웅장한 소리를 내기 시작했다.

0794 **后代** hòudài

[명] ① 후대, 후세
[유] 后世 hòushì [반] 前代 qiándài
后代人认真地研究着历史问题。
후대 사람들은 열심히 역사문제를 연구하고 있다.

② 후손, 자손
[유] 子孙 zǐsūn, 后裔 hòuyì, 后嗣 hòusì
[반] 5급 祖先 zǔxiān, 前辈 qiánbèi, 先祖 xiānzǔ

这个老人没有后代子女。
이 노인에게는 후손이 없다.

0795 后顾之忧 hòugùzhīyōu

성 뒷걱정, 뒷근심

我们必须解决后顾之忧。
우리는 반드시 뒤에 올 어려움을 해결해야 한다.

我们现在已经没有后顾之忧了。
우리는 현재 이미 뒷근심이 없다.

0796 后勤 hòuqín

명 ① (지원·공급·보급 업무 등의) 후방 근무, 병참 보급 업무

我们队的后勤兵们很辛苦。
우리 부대의 후방 근무병들은 고생을 많이 한다.

② (기관·단체 등의) 행정업무, 물자 조달·관리 업무

公司给后勤部门装置了一台电脑。
회사에서 물자 관리 부서에 컴퓨터를 한 대 설치해주었다.

学校的后勤是支持教学的重要工作，你好好干吧。
학교의 행정업무는 교육을 지탱하는 중요 업무이니, 열심히 일해.

0797 候选 hòuxuǎn

동 입후보하다

他是被民主党推举的候选人。
그는 민주당에서 추천한 후보자이다.

他被候选为这届的国务院总理。
그는 이번 국무원 총리에 입후보되었다.

0798 忽略 hūlüè

동 소홀히 하다, 등한시하다

유 5급 忽视 hūshì, 0377 大意, 1689 疏忽
반 3급 注意 zhùyì, 4급 重视 zhòngshì

还有一个千万不能忽略的问题。
절대로 등한시해서는 안 될 문제가 또 한 가지 있다.

要想成就大事，即便是琐碎的事情也不能忽略。
큰 일을 이루려면, 사소한 일이더라도 소홀히 하면 안 된다.

忽略·忽视

· 忽略 동 소홀히 하다, 등한시하다
· 忽视 동 소홀히 하다, 경시하다

비교 이 두 단어는 모두 '소홀히 하다'라는 뜻을 가지고 있으나 그 차이점은 분명하다. 忽略는 일부러 그랬다기보다는 다른 것에 신경을 쓰다가 혹은 무의식적으로 깨닫지 못했다는 데에 초점이 맞추어져 있고, 忽视는 일부러 중시하지 않고 신경 쓰지 않는다는 것에 초점이 맞춰져 있다.

단어가 어떤 식으로 사물이나 사람을 대하고 있는지가 포인트!

Check
你怎么会（　　　）了我的生日呢？
너 어떻게 내 생일을 소홀히 할 수 있어?

他（　　　）了身体健康，就住院了。
그는 건강을 등한시해 입원을 했다.

답 忽略 / 忽视

0799 呼啸 hūxiào

동 날카롭고 긴 소리를 내다
유 咆哮 páoxiào

东风呼啸，黄沙漫天。
동풍이 쌩쌩 불면, 황사가 온 하늘을 뒤덮는다.

北风呼呼的呼啸而过。
북풍이 휙휙 날카롭고 긴 소리를 내며 지나갔다.

0800 呼吁 hūyù

동 (지지·도움을) 구하다, 청하다, 호소하다
유 3급 要求 yāoqiú

呼吁各界人士向灾区捐款。
각계각층의 인사에게 재해지역에 기부할 것을 호소했다.

我们要呼吁所有人爱惜地球上的水资源。
우리는 모든 이에게 지구상의 수자원을 아끼고 사랑할 것을 호소해야 한다.

0801 胡乱 húluàn

부 ① 대충대충, 얼렁뚱땅
- 유 随便 suíbiàn, 0214 草率, 1540 任意
- 반 认真 rènzhēn, 严肃 yánsù

别胡乱写作业，要认真才行呢。
숙제를 대충하면 안 되고, 열심히 해야만 한다.

② 함부로, 멋대로
别人的事儿，不要胡乱猜。
다른 사람 일이라고 함부로 추측하지 마라.

0802 湖泊 húpō

명 호수의 통칭
- 유 湖 hú

我们必须保护村上的湖泊。
우리는 반드시 마을의 호수를 보호해야 한다.

这种鱼一般生活在河流和湖泊里。
이런 종류의 물고기는 일반적으로 강이나 호수에 산다.

0803 互联网 hùliánwǎng

명 인터넷

互联网给我们带来了什么？
인터넷은 우리에게 무엇을 가져다주었나?

互联网给人们的生活带来了好处，同时也带来了一些弊端 bìduān。
인터넷은 사람들의 생활에 혜택을 가져오는 동시에 일부 폐단도 가져왔다.

0804 花瓣 huābàn

명 꽃잎, 화판

花瓣一片一片地掉下来。
꽃잎이 한 장 한 장씩 떨어진다.

我喜欢用玫瑰花瓣洗澡。
나는 장미 꽃잎을 띄워 목욕하는 것을 좋아한다.

0805 华丽 huálì

형 화려하다, 아름답다

- 유 富丽 fùlì, 华美 huáměi, 华贵 huáguì
- 반 朴素 pǔsù, 简朴 jiǎnpǔ

秦始皇修建了华丽的宫殿。
진시황은 화려한 궁전을 지었다.

参加舞会需要穿华丽的服装。
무도회에 참가할 때는 화려한 의상을 입을 필요가 있다.

0806 华侨 huáqiáo

명 화교

华侨分布在世界各地。
화교는 세계 각지에 널리 분포하고 있다.

他设立了华侨文化基金会。
그는 화교문화기금회를 설립했다.

0807 画蛇添足 huàshé tiānzú

성 뱀을 그리는 데 다리를 그려 넣다, 쓸데없는 짓을 하여 도리어 일을 잘못 되게 하다

不需要刻意修饰，不然就会画蛇添足。
애써서 꾸밀 필요 없어, 오히려 쓸데없는 짓이 될 수 있거든.

好好做事，不要老是做些画蛇添足的事。
일이나 똑바로 해, 자꾸 쓸데 없는 짓 하지 말고.

0808 化肥 huàféi

명 화학비료
- 유 肥料 féiliào

多使用化肥会损害土壤。
화학비료를 많이 사용하면 토양이 상할 수 있다.

我们主要生产有机化肥。
우리는 주로 유기화학비료를 생산한다.

0809 化石 huàshí

명 화석

很多人使用化石燃料。
많은 사람들이 화석 연료를 사용한다.

他们发掘 fājué 了许多恐龙化石。
그들은 많은 공룡 화석을 발굴했다.

0810 化验 huàyàn

동 화학실험하다, 화학분석하다
  유 0921 检验

这个物质需要化验一下。
이 물질은 화학분석을 좀 해야 한다.
通过血液可以化验出精子的数量是多是少。
혈액을 통해서 정자의 수가 얼마나 되는지 화학분석을 해낼 수 있다.

 考验·检验·化验
1073 考验 참고

0811 化妆 huà//zhuāng

동 화장하다

一看就知道她很会化妆。
한눈에 봐도 그녀가 화장을 잘한다는 것을 알 수 있다.
她化妆以后看不出是十八岁的人。
그녀는 화장을 하면 18살로 안 보인다.
她化好了妆，穿好了衣服，准备出发。
그녀는 화장을 잘 하고 옷을 잘 입고 출발 준비를 한다.

0812 划分 huàfēn

동 ① 나누다, 구획하다

工资标准是按什么划分的？
봉급 기준은 무엇에 따라 나누는 것입니까?

② 구분하다

你要正确地划分重点项目和非重点项目。
너는 중점 항목과 비중점 항목을 정확히 구분해야 한다.

0813 话筒 huàtǒng

명 ① (전화기의) 수화기

我从床上站起来伸手拿起话筒。
나는 침대에서 일어나 손을 펼쳐 수화기를 집어들었다.

② 마이크

他手握着话筒不停地唱了唱。
그는 손에 마이크를 잡고 계속하여 노래를 불렀다.

③ 메가폰, 확성기

用话筒讲话吧，这样大家听得更清楚一些。
확성기를 들고 이야기해, 그러면 모두가 더 분명하게 들릴 거야.

0814 怀孕 huái//yùn

동 임신하다

怀孕时尽量不要吃药。
임신했을 때에는 가급적 약을 먹지 마라.
她已经怀孕三个多月了。
그녀가 임신한 지 벌써 3개월이 넘었다.
他的妻子也怀了孕。
그의 부인도 임신을 했다.

0815 欢乐 huānlè

형 즐겁다, 유쾌하다
  유 欢快 huānkuài, 欢畅 huānchàng
  반 5급 痛苦 tòngkǔ, 愁闷 chóumèn, 忧伤 yōushāng

广场上传来欢乐的歌声。
광장에서 유쾌한 노랫소리가 들려온다.
我们过去欢乐的时光仿佛就像昨天。
우리의 지난 즐거웠던 시간이 마치 어제와 같다.

0816 还原 huán//yuán

동 원래의 상태로 돌아가다, 복원하다
  유 复原 fùyuán

谁能够还原案情的真相？
누가 사건 내용의 진상을 원상복귀할 수 있겠어?
能把烫坏的衣服还原到原来的样子吗？
잘못 다림질 된 옷을 원래의 모습으로 되돌릴 수 있을까?
残破的文件还不了原了。
훼손된 문서는 복원할 수 없다.

0817 环节 huánjié

명 환절, 일환, 부분
유 环 huán

这是很重要的环节，不可忽视。
이것은 매우 중요한 부분이라 소홀히 할 수 없다.

这就是我们实践中的薄弱环节。
이것이 바로 우리가 실천하는 데 있어서의 취약점이다.

蚯蚓qiūyǐn是最常见的环节动物。
지렁이는 가장 흔히 보이는 환절동물이다.

0818 缓和 huǎnhé

동 (국면·분위기·관계 등을) 완화시키다, 누그러뜨리다
유 0285 迟缓, 和缓 héhuǎn, 舒缓 shūhuǎn
반 4급 紧张 jǐnzhāng, 激化 jīhuà

两国间敌对的关系日趋缓和了。
양국 간의 적대적인 관계가 나날이 완화되었다.

형 (정세·기분 등이) 완화하다, 느슨해지다
会议室里紧张的气氛渐渐缓和下来了。
회의실의 긴장된 분위기가 차츰 누그러졌다.

0819 患者 huànzhě

명 환자, 병자
유 病人 bìngrén

对传染病患者进行隔离治疗。
전염병 환자에 대해 격리치료를 진행한다.

每天早上九点他拿着患者名单查房。
매일 아침 9시에 그는 환자 명단을 들고 회진을 한다.

0820 荒凉 huāngliáng

형 황량하다, 쓸쓸하다
유 冷清 lěngqīng, 萧条 xiāotiáo
반 4급 热闹 rènao, 0371 繁华

战后的城市一片荒凉。
전쟁 후의 도시는 온통 황량하다.

开发前，这个岛十分荒凉。
개발하기 전에 이 섬은 매우 황량했다.

0821 荒谬 huāngmiù

형 엉터리이다, 터무니없다, 황당무계하다
유 5급 错误 cuòwù, 0822 荒唐, 荒诞 huāngdàn
반 4급 正确 zhèngquè, 5급 合理 hélǐ

这是谁出的荒谬主意？
이건 누가 제안한 엉터리 아이디어야?

这个理论是多么荒谬啊？
이 이론은 얼마나 황당무계한가?

0822 荒唐 huāngtáng

형 ① (사상·언행이) 황당하다, 터무니없다
유 0821 荒谬, 荒诞 huāngdàn
반 4급 正确 zhèngquè

你的想法真荒唐。네 생각은 진짜 황당해.

② (행실이) 방종하다, 방탕하다, 단정하지 못하다
유 放荡 fàngdàng

他是个荒唐的人，经常在外面鬼混。
그는 방탕한 사람이라, 늘 밖에서 빈둥거린다.

0823 慌忙 huāngmáng

형 황망하다, 황급하다
유 5급 匆忙 cōngmáng, 5급 慌张 huāngzhāng, 5급 急忙 jímáng
반 0259 沉着, 2315 镇定, 2316 镇静

不要慌忙，我们慢慢走过去都来得及。
서두르지 마, 우리 천천히 걸어가도 시간은 충분하거든.

他接了个电话，拿着钱包慌忙地出去了。
그는 전화를 받고, 지갑을 챙겨서 황급히 나갔다.

0824 黄昏 huánghūn

명 황혼, 해질 무렵
유 5급 傍晚 bàngwǎn, 薄暮 bómù
반 1143 黎明, 1471 清晨, 破晓 pòxiǎo, 早晨 zǎochén

这里黄昏真迷人。
이곳의 황혼은 정말 아름다워서 사람을 미혹한다.

黄昏时分，我和他在海滩见了面。
해질 무렵, 나는 그와 모래사장에서 만났다.

0825 恍然大悟 huǎngrán dàwù

[성] 문득 모든 것을 깨치다, 갑자기 모두 알게 되다

这时我才恍然大悟，原来那不是他的本意。
이때 나는 그제서야 문득 본래 그게 그의 본의가 아님을 깨달았다.

听了他的话我才恍然大悟，原来自己错得那么离谱lípǔ。
그의 이야기를 들은 후, 나는 비로소 내가 얼마나 잘못했는지를 모두 알게 되었다.

0826 挥霍 huīhuò

[동] 돈을 헤프게 쓰다, 돈을 물쓰듯 하다

他生活上挥霍无度。
그는 생활하는 데 돈을 물쓰듯하고 무절제하다.

小孩不能养成挥霍的习惯。
아이들은 돈을 헤프게 쓰는 습관을 들이면 안 된다.

0827 辉煌 huīhuáng

[형] ① 휘황찬란하다, 눈부시다
　　 유 0203 灿烂　반 黯淡 àndàn

前面灯火辉煌，我们过去看看吧。
앞쪽에 불빛이 눈부신데, 우리 가서 좀 보자.

② (성취·성과가) 눈부시다, 두드러지다

我们为辉煌的成绩而欢呼。
우리는 뛰어난 성과를 이룬 것에 환호성을 질렀다.

0828 回报 huíbào

[동] ① (임무·사명·진행상황을) 보고하다

今天你先整理一下数据，明天把具体的数据回报给我。
오늘 너는 먼저 데이터를 좀 정리하고, 내일 구체적인 데이터를 내게 보고해라.

② (행동으로) 보답하다, 사례하다

他发誓长大以后要好好回报父母的养育之恩。
그는 커서 부모님의 길러주신 은혜에 잘 보답해야겠다고 맹세했다.

③ 보복하다, 복수하다

你这样害人家，总有一天会遭到回报的。
너 이렇게 다른 사람에게 해를 끼치면 언젠가는 보복을 당하게 될 거야.

0829 回避 huíbì

[동] 회피하다, 피하다
　　 유 躲避 duǒbì
　　 반 5급 面对 miànduì, 正视 zhèngshì

与本案有关人员请回避。
이번 사건과 관련이 있는 분들은 자리를 피해주세요.

遇到困难不能回避，要想办法去克服。
어려움이 닥치면 피하지 말고, 방법을 찾아 극복해야 한다.

0830 回顾 huígù

[동] 회고하다, 회상하다
　　 유 4급 回忆 huíyì　반 2279 展望

王老师回顾过去，展望未来。
왕 선생은 과거를 회고하고, 미래를 전망한다.

回顾过去的十年，我们取得了辉煌的成就。
과거의 10년을 회상해보면, 우리는 대단한 성과를 거두었다.

0831 回收 huíshōu

[동] (폐품이나 오래된 물건을) 회수하다

这里主要回收废弃物。
여기에서는 주로 폐기물을 회수한다.

国家食品局下令将强制回收不良产品。
국가 식품국에서 불량제품을 강제로 회수하겠다는 명령을 하달했다.

0832 悔恨 huǐhèn

[동] 뼈저리게 뉘우치다, 후회하다
　　 유 4급 后悔 hòuhuǐ, 懊悔 àohuǐ

对于过去的事情，我悔恨不已。
과거의 일에 대해서, 나는 뼈저리게 뉘우쳐 마지 않는다.

他当初荒废了学业，现在悔恨也来不及了。

당초 학업을 포기했던 그는 지금 후회해도 이미 늦었다.

0833 毁灭 huǐmiè

동 파괴시키다, 소멸시키다
유 5급 消灭 xiāomiè

现在钱能毁灭一个人的心灵。
지금은 돈이 사람의 마음을 황폐하게 만들 수 있다.

这片森林被无情的大火毁灭了。
이 삼림은 무정한 대형 화재에 의해서 파괴되었다.

0834 会晤 huìwù

동 만나다, 회견하다
유 会见 huìjiàn, 会面 huìmiàn

两国首脑将在明天会晤。
양국 수뇌부가 내일 회견한다.

他计划在三天以内与驻国大使会晤。
그는 사흘 이내에 주국대사와 회견할 것을 계획했다.

领导人亲切地会晤了各国外交使节。
대통령은 친절하게 각국의 외교사절을 접견했다.

0835 汇报 huìbào

동 종합하여 보고하다
유 5급 报告 bàogào, 呈报 chéngbào, 上报 shàngbào

他已经汇报了昨天开会情况。
그는 이미 어제의 회의내용에 대해 보고했다.

事情太多，实在汇报不过来。
일이 너무 많아서 실제로 다 보고할 수가 없다.

0836 贿赂 huìlù

동 뇌물을 주다
유 行贿 xínghuì
반 受贿 shòuhuì, 纳贿 nàhuì

不要指望通过贿赂领导来升职，要靠自己的实力。
상사에게 뇌물을 주고 승진길 바라지 말고, 자신을 실력으로 해라.

명 뇌물

他是个海关人员，经常私受贿赂。
그는 세관원이라 늘상 사적으로 뇌물을 받는다.

0837 昏迷 hūnmí

동 혼미하다, 의식불명이다, 인사불성이다
유 晕厥 yūnjué, 昏厥 hūnjué
반 1722 苏醒

他一直处于昏迷状态。
그는 계속 혼미한 상태에 있다.

他已经昏迷了两天两夜了呢。
그는 벌써 꼬박 이틀 동안 의식을 잃은 상태이다.

0838 浑身 húnshēn

명 온몸, 전신
유 满身 mǎnshēn, 全身 quánshēn, 一身 yìshēn

昨天爬完山，今天浑身酸痛。
어제 등산을 했더니, 오늘은 온몸이 시큰거리고 아프다.

一看到他就感觉浑身不自在。
그의 모습만 봐도 온몸이 편안하지 않은 것 같다.

0839 混合 hùnhé

동 혼합하다, 함께 섞다
유 0841 混淆, 0904 夹杂, 搀杂 chānzá, 杂糅 záróu

研究员把水和酒精混合起来。
연구원이 물과 알코올을 한데 섞었다.

中国的选手获得了男女混合双打的金牌。
중국 선수가 남녀 혼합복식에서 금메달을 땄다.

 plus+ 混淆·混合
0841 混淆 참고

0840 混乱 hùnluàn

형 혼란하다, 혼란스럽다, 어지럽다
유 纷乱 fēnluàn, 紊乱 wěnluàn, 杂乱 záluàn
반 5급 稳定 wěndìng, 0008 安宁, 安定 āndìng

交通高峰时段，交通秩序混乱。
교통량이 많은 시간대라서, 교통질서가 혼란스럽다.
国际金融市场也进入了混乱状态。
국제 금융시장도 혼란한 상황에 빠졌다.

混乱·杂乱

- 混乱 [형] 혼란스럽다, 어지럽다
  ➡ 情况, 思想, 局面, 秩序, 经济, 市场, 局势, 交通 + 混乱

- 杂乱 [형] 번잡하고 질서가 없다
  ➡ 会场, 人声, 发言, 数据 + 杂乱

[비교] 이 두 단어 모두 '질서가 없고 어지럽다'라는 뜻을 가지고 있다. 混乱은 서로 한데 섞여 통일되거나 안정적이지 못하고 조리가 없는 것을 주로 가리키며, 추상명사와 함께 쓰인다. 杂乱은 자질구레하고 사소하며 잡다한 것들이 한데 섞여 엉망진창이고 두서 없이 보이는 것을 말하며, 주로 장소나 사람의 말에 주로 사용된다.

비슷한 의미를 가진 단어일수록 搭配에 의해 구분된다는 것이 포인트!

Check
我们的房间非常（　　　），所以被妈妈骂了一顿。
우리 방이 매우 지저분해서 엄마한테 혼났다.
这个市场生态系统比他原来希望的更加（　　　）。
이 시장의 생태시스템이 그가 원래 희망하던 것보다 더욱 혼란스럽다.

目 杂乱 / 混乱

0841 混淆 hùnxiáo

[동] ① 뒤섞이다, 헷갈리다, 경계가 모호하다
　　[유] 0839 混合
他混淆了这两个理论的内容。
그는 이 두 가지 이론의 내용을 혼동했다.

② 모호하게 하다, 애매하게 하다, 헛갈리게 하다
这几个问题让她混淆了很久。
이 몇 개의 문제가 그녀를 오랫동안 헷갈리게 했다.

混淆·混合

- 混淆 [동] 뒤섞이다, 헷갈리다
  ➡ 混淆 + 추상명사
- 混合 [동] 혼합하다, 함께 섞다
  ➡ 混合 + 구체명사

[비교] 이 두 단어 모두 '혼합하다, 섞다'라는 뜻을 가지고 있는데, 混淆는 주로 경계선이 모호한 추상적인 개념에 주로 사용되나, 混合는 주로 스포츠 종목 중 남녀가 섞여 있는 종목에 쓰이고 화학적 혼합을 가리키기도 한다.

뜻이 완전히 같을 때에는 차이점에 주목하는 것이 포인트!

Check
我获得了羽毛球男女（　　　）双打世界亚军。
나는 배드민턴 남녀 혼합복식에서 은메달을 땄다.
有的同学经常将"年轻"与"年青"（　　　）运用。
어떤 학생들은 자주 '年轻'과 '年青'을 섞어 사용한다.

目 混合 / 混淆

0842 混浊 hùnzhuó

[형] (물·공기가) 혼탁하다, 흐리다
这里的环境不好，河水很混浊。
이곳의 환경이 좋지 않아 강물이 매우 혼탁하다.
二十年前那条清澈的小河现在已经变混浊了。
20년 전 그렇게 맑던 호수가 지금은 이미 탁해졌다.

0843 活该 huógāi

[동] ~한 것은 당연하다, ~해도 싸다, 마땅히 ~해야 한다
平时不用功，考试成绩这么差，活该！
평소에 열심히 안 하니 시험 성적이 이렇게 떨어지지, 그래도 싸!
谁让你做了那么多坏事，就活该受到惩罚。
누가 너더러 이렇게 많은 악행을 저지르랬니, 벌 받는 건 당연해.

0844 活力 huólì

명 활력, 생기

她的舞蹈洋溢yángyì着一种青春活力。
그녀의 춤에는 청춘의 활력이 충만하다.
她总是充满活力的样子感染了身边的许多人。
그녀의 활력 넘치는 모습은 주변의 많은 이들을 물들였다.

0845 火箭 huǒjiàn

명 로켓

我们发射了两枚火箭。
우리는 로켓 두 발을 발사하였다.
北朝鲜发射火箭的计划引起了全世界的关注。
북한의 로켓발사 계획은 전 세계의 관심을 끌었다.

0846 火焰 huǒyàn

명 화염, 불꽃

유 火苗 huǒmiáo, 火舌 huǒshé

火焰从山口喷出，光芒四射。
화염이 산어귀에서 세차게 내뿜어 나왔고, 빛이 사방에 환하게 비쳤다.
山上的火焰照亮了大半个天空。
산의 화염이 거의 온 하늘을 환하게 비쳤다.

0847 火药 huǒyào

명 화약

火药是中国人发明的。
화약은 중국인이 발명한 것이다.
这种火药的火力很强，使用时要小心。
이런 화약의 화력은 매우 세니 사용할 때 조심해야 한다.

0848 货币 huòbì

명 화폐

유 1급 钱 qián, 钱币 qiánbì

这是中国的货币，叫人民币。
이것은 중국의 화폐로 인민폐라 불린다.

货币突然贬值biǎnzhí会造成什么后果?
화폐가 갑자기 평가절하되면 어떤 결과가 초래됩니까?

0849 或许 huòxǔ

부 아마도, 어쩌면

유 3급 或者 huòzhě, 4급 也许 yěxǔ, 或 huò

他今天或许能来这儿吧。
그가 오늘 어쩌면 이곳에 올 수도 있다.
看现在的天气，或许明天会下雨呢。
지금 날씨를 보니, 아마도 내일 비가 오겠다.

0850 基地 jīdì

명 기지

这里就是我们的军事基地。
이곳이 바로 우리 군사기지이다.
我们参观了韩国导弹基地。
우리는 한국의 미사일 기지를 참관하였다.

0851 基金 jījīn

명 ① 기금

유 5급 资金 zījīn

他希望把资金投资在教育基金上。
그는 자금을 교육기금에 투자하기를 희망한다.
福利基金一定要用到该用的地方。
복지기금은 반드시 써야 할 곳에 써야 한다.

② 펀드(fund)

在中国很多老年人喜欢买定投基金。
중국에서는 많은 노인들이 정기투자형 펀드를 구매하길 좋아한다.

现在基金管理人谁都不愿意持有任何欧元区政府的债券zhàiquàn。
지금 펀드 매니저 그 누구도 유로화 구역의 정부 주식채권을 가지기를 원하지 않는다.

0852 基因 jīyīn

[명] 유전자, 유전 인자

这种基因突变是会遗传的。
이런 유전자 돌연변이는 유전될 수 있다.

唇裂chúnliè是基因造就的无辜wúgū受害者。
언청이는 유전자로 인해 생긴 무고한 피해자이다.

0853 机动 jīdòng

[형] ① 기계로 움직이는
  [반] 人力 rénlì, 手动 shǒudòng

他有台机动三轮车。
그는 삼륜구동차를 가지고 있다.

② 융통성이 있는, 탄력적인

那些机动经费不能随便用。
이 예비경비는 함부로 사용해서는 안 된다.

0854 机构 jīgòu

[명] ① 기구 [기계의 내부 구조나 기계 내부의 한 단위]

这个机器人机构可以应用于很多领域。
이 로봇이라는 기구는 여러 분야에 응용될 수 있다.

② 기구 [기관·단체 또는 업무 단위]
  [유] 0855 机关

国家设立了几个专门研究机构。
나라에서 몇 개의 전문 연구기구를 설립하였다.

0855 机关 jīguān

[명] ① 기관, 사무부서 [공공 사무를 처리하는 조직·단체]
  [유] 0854 机构

军事机关必须加强领导。
군사기관은 반드시 지도력을 강화해야 한다.

② 기계의 핵심 부분 [기계 운행을 통제하는 부분]

这个小屋里设有机关，你要小心。
이 방 안에 기계의 핵심 부분이 설치되어 있으니 조심해.

0856 机灵 jīling

[형] 영리하다, 재치있다, 재빠르다, 임기응변하다
  [유] 3급 聪明 cōngmíng, 5급 灵活 línghuó, 0860 机智
  [반] 0094 笨拙, 呆笨 dāibèn, 愚笨 yúbèn

那个小女孩儿真机灵。
저 작은 여자아이는 참 영리하다.

这可是个机灵的孩子！
이 애 정말 영리한 아이구나!

0857 机密 jīmì

[형] 기밀이다, 극비이다

这是公司的机密文件。
이것은 회사의 기밀문건이다.

[명] 기밀
  [유] 5급 秘密 mìmì, 机要 jīyào

公司的机密不能对外泄露，否则后果自负。
회사의 기밀을 대외적으로 누설하지 마. 그렇지 않으면 결과는 네가 책임져야 해.

0858 机械 jīxiè

[명] 기계, 장치 [역학 원리를 이용하여 조성된 모든 장치]
  [유] 5급 机器 jīqì

我们要运用机械原理操作。
우리는 기계 원리를 운용하여 조작해야 한다.

他们的工厂有大型机械设备。
그들의 공장에는 대형 기계설비가 있다.

0859 机遇 jīyù

[명] (좋은) 기회, 시기
  [유] 3급 机会 jīhuì, 1640 时机, 机缘 jīyuán

抓住机遇是成功的前提。
기회를 잡는 것은 성공의 전제조건이다.
你要好好把握千载难逢qiānzǎi nánféng的机遇。
너는 천 년에 한 번 올까 말까 한 기회를 잘 잡아야 한다.

0860 **机智** jīzhì

형 기지가 넘치다, 머리 회전이 빠르다, 임기응변에 능하다
유 3급 聪明 cōngming, 0856 机灵, 机敏 jīmǐn
这孩子既机智又勇敢。
이 아이는 임기응변에 능하고 또 용감하다.
他机智的回答，赢得了观众们的掌声。
그의 기지 넘치는 대답은 관중들의 박수를 받았다.

0861 **激发** jīfā

동 (감정을) 불러일으키다, 분발시키다
유 5급 刺激 cìjī
如何激发学生们的潜力？
어떻게 학생들의 잠재력을 불러일으킵니까？
这感人的场面激发了她的创作灵感。
이 감동적인 장면은 그녀의 창작 영감을 불러일으켰다.

0862 **激励** jīlì

동 격려하다, 북돋워주다
유 4급 鼓励 gǔlì, 0861 激发, 1262 勉励
他的精神激励我们不断前进。
그의 정신은 우리가 끊임없이 전진하도록 격려한다.
老师需要用各种方法激励学生好好学习。
선생님은 여러 가지 방법을 사용해서 학생들이 열심히 공부하도록 북돋을 필요가 있다.

plus+ 激励・鼓励

· 激励 동 격려하다
  ➡ 人, 行为, 思想 + 激励

· 鼓励 동 격려하다
  ➡ 人, 组织 + 鼓励

비교 이 두 단어는 모두 사람이나 조직이 정신적으로 '격려하다'라는 뜻을 가지고 있으나, 激励는 사람, 조직 이외에도 행위나 사상으로도 격려할 수 있다. 또한 鼓励는 정신적으로 격려할 뿐만 아니라 물질적으로도 격려하는 것을 가리키기도 한다.

비슷한 의미를 가진 단어일수록 搭配에 의해 구분된다는 것이 포인트!

Check
崇高的理想（　　　）着广大人民。
숭고한 이상은 많은 인민을 격려한다.
我的工作成绩一直很好，公司以奖金（　　　）我。
나의 작업 성적이 계속 좋아서, 회사는 보너스로 나를 장려했다.
답 激励 / 鼓励

0863 **激情** jīqíng

명 격정, 열정, 정열
他对生活充满激情。
그는 생활에 대한 열정이 충만하다.
他满怀激情为理想而奋斗。
그는 가슴에 열정을 품고 이상을 위해 분투한다.

0864 **饥饿** jī'è

형 배가 고프다, 굶주리다
유 3급 饿 è 반 3급 饱 bǎo
他太饥饿了，吃了两碗饭。
그는 배가 너무 고파서 밥을 두 그릇이나 먹었다.
造成饥饿的原因是多种多样的，如天灾、贫困等。
굶주리게 되는 원인은 천재지변, 빈곤 등 다양하다.

0865 **讥笑** jīxiào

동 비웃다, 조소하다
유 0252 嘲笑, 嘲弄 cháonòng, 讥讽 jīfěng
他讥笑别人的梦想。
그는 다른 사람의 꿈을 비웃는다.
不要讥笑比你能力差的同事。
너보다 능력이 못한 동료를 비웃지 마라.

0866 极端 jíduān

명 극단, 정점 [사물의 발전 또는 진행 방향의 끝점]
유 极度 jídù
看待问题不要走极端。
문제를 대할 때는 극단으로 가지 마라.

부 아주, 지극히, 몹시
西伯利亚平原是极端寒冷的地方。
시베리아 평원은 몹시 추운 곳이다.

형 극단적인, 극도의, 과격한
他的这种做法太极端了。
그의 이런 방법은 매우 극단적이다.

0867 极限 jíxiàn

명 극한, 최대한도
你的潜能没有极限。
당신의 잠재력은 극한이 없다.
汽车的载重已经达到了极限。
차량의 적재량은 벌써 최대한도에 이르렀다.

0868 即便 jíbiàn

접 설령 ~하더라도, ~할지라도
유 4급 即使 jíshǐ, 5급 假如 jiǎrú, 0905 假设, 即或 jíhuò
即便如此，我也爱你。
설령 그렇다 할지라도, 나는 너를 사랑한다.
即便你去了也解决不了那个问题。
설령 네가 가더라도 그 문제를 해결할 수 없다.

0869 即将 jíjiāng

부 곧, 머지않아
유 将要 jiāngyào, 就要 jiùyào, 快要 kuàiyào
运动大会即将闭幕。
운동회가 곧 폐막한다.
我们会尽全力准备即将到来的考试。
우리는 최선을 다하여 곧 있을 시험을 준비하겠다.

0870 级别 jíbié

명 등급
他的级别比我低。
그의 등급은 나보다 낮다.
徽章huīzhāng的数量是否代表级别？
배지의 갯수가 등급을 나타내나요？

0871 疾病 jíbìng

명 병, 질병
유 病 bìng, 疾患 jíhuàn
失眠引起哪种疾病？
불면증은 어떤 종류의 질병을 유발합니까？
这种疾病传染得很严重。
이런 질병은 전염성이 강하다.

0872 嫉妒 jídù

동 질투하다, 시기하다
유 妒忌 dùjì, 忌妒 jìdu, 眼红 yǎnhóng
不要只嫉妒别人，自己也要努力。
다른 사람을 질투만 하지 말고, 스스로도 노력을 해봐.
别嫉妒，他不就比你多拿了十块钱吗？
시기하지 마, 그는 너보다 겨우 10위안 많을 뿐이잖아？

0873 及早 jízǎo

부 미리, 앞당겨
유 5급 赶快 gǎnkuài, 趁早 chènzǎo
有了病要及早治疗。
병이 생기면 조기에 치료를 해야 한다.
及早发现问题并准备应对方案。
미리 문제점을 발견하고 대응방안을 준비하자.

0874 急功近利 jígōng jìnlì

성 눈앞의 성과와 이익에 급급하다
当今社会急功近利的人越来越多了。
지금 사회는 눈앞의 이익에만 급급한 사람이 갈수록 많아지고 있다.

如果想搞学术研究，急功近利可不行。
만약 학술연구를 하고 싶다면, 눈앞의 성과에만 급급해서는 안 된다.

조국의 부름을 듣고 많은 해외에서 유학하는 학자들이 급히 돌아왔다.
🔁 迫切 / 急切

0875 急剧 jíjù

[부] 급격하게, 급속히
유 迅猛 xùnměng 반 缓慢 huǎnmàn
明天气温将急剧下降。
내일 기온이 급격하게 떨어질 것이다.
世界政局处在急剧变动的中间。
세계의 정치는 급격하게 변화하고 있는 중이다.

0877 急于求成 jíyú qiúchéng

[성] (객관적인 조건을 무시하고) 서둘러 목적을 달성하려 하다, 급하게 이루려고 하다
做学问急于求成是不行的。
학문할 때는 서둘러 목적만을 달성하려는 것은 안 된다.
做事不要急于求成，要踏踏实实地走好每一步。
일을 할 때 서둘러서 하려 하지 말고, 착실하게 한 발짝 한 발짝 나아가야 한다.

0876 急切 jíqiè

[형] ① 절박하다, 절실하다
유 5급 迫切 pòqiè, 急迫 jípò
他急切地盼望能够成功。
그는 성공할 수 있기를 절실하게 바란다.

② 긴박하다, 다급하다, 급하다, 서두르다
老师拿着试卷走进教室，琴琴急切地想知道考试结果。
선생님이 시험지를 들고 교실로 들어오자 친친은 서둘러 시험결과를 알고 싶었다.

0878 急躁 jízào

[형] ① 조바심내다, 마음을 졸이다, 안달하다
유 冒失 màoshi, 性急 xìngjí
반 4급 冷静 lěngjìng, 稳重 wěnzhòng
一听说考试没有通过，他马上急躁起来。
시험에 통과하지 못했다는 말을 듣고, 그는 바로 초조해졌다.

② 성급하다, 조급하다
大家先想好再动手吧，不要急躁。
모두 사전에 잘 생각하고 움직이세요, 조급해하지 말고.

plus+ 急切·迫切

• 急切 [형] 절박하다, 절실하다
• 迫切 [형] 절실하다, 절박하다

[비교] 이 두 단어 모두 '절박하다'라는 뜻을 가지고 있는데, 急切는 마음이 절박하고 시간적으로 너무 급작스럽다는 것에 초점이 맞춰져 있고, 迫切는 뭔가가 필요해서 기다리기 어려울 정도로 절박한 것에 초점이 맞춰져 있다.

한국어로 해석하면 차이가 없어 보이므로
단어의 뜻을 정확히 파악하는 것이 포인트!

0879 籍贯 jíguàn

[명] 출생지, 본적
他的籍贯在江苏。
그의 본적은 장쑤성이다.
你的籍贯是哪里呀?
당신의 출생지가 어디입니까?

Check
我们非常（　　）要求解决饮水问题。
우리는 물 문제가 해결될 것을 매우 절박하게 요구한다.
听到祖国的召唤，许多留学海外的学子都（　　）地赶了回来。

0880 集团 jítuán

[명] 집단, 단체, 그룹
유 1821 团体

他们打算成立**集团**公司。
그들은 그룹회사를 설립하려고 한다.
五星**集团**下面有很多子公司。
우씽그룹 아래에 많은 자회사가 있다.

0881 吉祥 jíxiáng

[형] 상서롭다, 길하다
- 유 吉利 jílì 　반 凶险 xiōngxiǎn

过年了，多讲点**吉祥**话呀！
새해이니, 좋은 말을 많이 하자!
龙是中国**吉祥**的象征。
용은 중국에서 상서로움의 상징이다.

0882 给予 jǐyǔ

[동] 주다, 부여하다
- 유 2급 给 gěi, 0623 赋予

给予的越多收获的才会越多。
주는 것이 많아야만 받는 것도 비로소 많아질 수 있다.
评委们对这名选手**给予**了很高的评价。
심사위원들은 이 선수에게 높은 평점을 주었다.

0883 寄托 jìtuō

[동] ① 위탁하다, 부탁하다, 기탁하다
- 유 寄存 jìcún, 托付 tuōfù

她把孩子**寄托**给母亲照顾了。
그녀는 아이를 어머니께 맡겨 돌보게 했다.

② (이상·희망 등을 사물이나 사람에) 걸다, 의탁하다
作者把自己的思想**寄托**在作品人物身上。
작가는 자기의 생각을 작품 속의 인물에 의탁한다.

0884 继承 jìchéng

[동] ① (유산을) 상속하다
现在还不能确定谁有权利**继承**遗产。
지금은 누가 유산을 상속받을 권리가 있는지 확정할 수 없다.

② (이전 사람의 기풍·문화 등을) 이어받다, 계승하다
我们要**继承**优良文化传统。
우리는 우수한 문화전통을 계승해야 한다.

③ (이전 사람의 사업을) 물려받다
他死了之后他儿子**继承**家业。
그가 죽은 후 그의 아들이 가업을 물려받았다.

0885 继往开来 jìwǎng kāilái

[성] 이전 사람의 사업을 계승하여 앞길을 개척하다
这是一次展示成就、**继往开来**的盛会。
이것은 성취를 펼쳐보여 옛것을 계승하고 미래를 개척하려는 성대한 모임이다.
想成就大事，应该具有**继往开来**的抱负。
큰 일을 성취하려면, 마땅히 계승하고 개척하는 포부를 갖춰야 한다.

0886 记性 jìxing

[명] 기억력
- 유 记忆力 jìyìlì 　반 忘性 wàngxing

我真是年纪大了，**记性**不行了。
내가 나이를 먹긴 먹었는지, 기억력이 좋지 않다.
你的**记性**真好，这么久的事还记得。
네 기억력이 정말 좋네, 이렇게 오래전 일을 아직 기억하고.

0887 记载 jìzǎi

[동] 기재하다, 기록하다
- 유 5급 记录 jìlù
- 반 抹 mǒ, 抹去 mǒqù, 抹掉 mǒdiào

我想搜集 sōují **记载**西班牙历史的书。
나는 스페인 역사를 기록한 책을 수집하고 싶다.
这本传记**记载**了他一生的奋斗历程。
이 전기는 그의 일생 분투의 역정을 기록하고 있다.

어휘 plus+ 记载·记录

- 记载 [동] 기재하다, 기록하다
  ➡ 记载 + 事迹, 历史, 经历
- 记录 [동] 기록하다

➡ 记录 ＋ 事迹, 发言, 话, 供词

[비교] 이 두 단어는 모두 '기록하다'라는 뜻을 가지고 있는 단어이나, 记载는 주로 긴 시간 동안 이어져온 역사나 경험 등을 기록하는 것을 가리키고, 记录는 들은 말이나 발생한 일을 기록하는 것을 가리킨다.

아무리 쉬운 단어일지라도 그 속뜻을 한번쯤 되새겨 보는 것이 포인트!

Check
他写了一部（　　　）公司历史的书。
그는 회사의 역사를 기재한 책을 썼다.
请你把他说的话（　　　）在本子上。
당신이 그가 한 말을 공책에 기록해주세요.

记载 / 记录

0888 **季度** jìdù

[명] 분기
　[유] 季 jì

本季度产值将超过20亿元。
이번 분기의 생산액은 20억 위안을 초과할 것이다.
我们公司的第三季度盈利翻了两翻。
우리 회사의 제3분기 이익이 두 배 증가했다.

0889 **季军** jìjūn

[명] (운동 경기에서의) 3등

这次篮球赛我们队是季军。
이번 농구경기에서 우리 팀은 3등을 했다.
他获得了本次田径比赛的季军。
그는 이번 육상경기에서 3등을 차지했다.

0890 **计较** jìjiào

[동] ① 따지다, 계산하여 비교하다
　[유] 1503 权衡, 衡量 héngliáng

不要那么计较嘛, 好好商量一下吧。
그렇게 따지지만 말고, 잘 의논해봅시다.

② 논쟁하다, 언쟁하다
　[유] 5급 争论 zhēnglùn, 争辩 zhēngbiàn

这次的事情就算了, 我也不和你计较了。
이번 일은 관두자, 나도 너와 논쟁하지 않을게.

0891 **忌讳** jìhuì

[동] ① (말이나 행동을) 금기하다, 기피하다
结婚时要忌讳说不吉利的话。
결혼할 때는 불길한 말은 기피해야 한다.

② 힘써 피하다, 삼가다, 막다
在学习上, 最忌讳的就是懒惰。
공부함에 있어 가장 삼가야 할 것은 바로 게으름이다.

0892 **寂静** jìjìng

[형] 조용하다, 고요하다
　[유] 3급 安静 ānjìng, 5급 寂寞 jìmò, 幽静 yōujìng
　[반] 4급 热闹 rènao, 吵闹 chǎonào, 喧闹 xuānnào

乡村的夜晚非常寂静。
농촌의 밤은 매우 고요하다.
工厂坐落在寂静的山林。
공장은 고요한 산속에 자리잡고 있다.

plus+ 寂静 · 寂寞

· 寂静 [형] 조용하다, 고요하다
· 寂寞 [형] 적막하다, 쓸쓸하다

[비교] 이 두 단어 모두 '고요하고 적막하다'라는 뜻을 가지고 있으나, 寂静은 소리가 없어서 적막한 것을 가리키고, 寂寞는 마음이 쓸쓸하고 고독하고 적막한 것을 가리킨다.

뜻이 완전히 같을 때에는 차이점에 주목하는 것이 포인트!

Check
夜深了, 周围很（　　　）。
밤이 깊어서 주위가 조용하다.
只要有电脑, 我就不感觉到（　　　）了。
컴퓨터만 있으면 나는 쓸쓸함을 느끼지 않는다.

寂静 / 寂寞

0893 **纪要** jìyào

[명] 기요, 요점 기록 [핵심내용을 문자로 적는 것을 가리킴]

这是大会纪要。
이것이 대회의의 기요이다.
如何写会议纪要?
어떻게 회의의 요점을 작성합니까?

0894 技能 jìnéng

명 기능, 솜씨
유 4급 技术 jìshù, 4급 能力 nénglì, 0895 技巧

我们要提高生产技能。
우리는 생산기술을 향상시켜야 한다.

技能的培养与知识的传授同等重要。
기능의 배양과 지식의 전수는 똑같이 중요하다.

0895 技巧 jìqiǎo

명 기교, 기능
유 4급 技术 jìshù, 0894 技能

跳舞时要注意技巧。
춤을 출 때의 기교에 주의해야 한다.

他已经掌握了绘画技巧。
그는 이미 회화 기교를 마스터했다.

0896 迹象 jìxiàng

명 흔적, 자취, 징조

有一些迹象表明全球气温正在升高。
일부 징조는 지구 전체의 기온이 높아지고 있음을 나타낸다.

种种犯罪迹象表明，他们俩就是凶手。
갖가지 범죄 흔적이 그들 두 사람이 바로 범인이라는 것을 보여준다.

0897 家常 jiācháng

명 가정의 일상생활, 일상적인 일
유 5급 日常 rìcháng

女孩子见面多聊家常。
여자아이들은 만나면 일상에 관한 이야기를 많이 한다.

형 일상의, 보통의, 평상의

我就请您吃个家常便饭，您别介意。
제가 간단한 식사를 대접하는 것이니, 부담 갖지 마세요.

0898 家伙 jiāhuo

명 ① 녀석, 놈 [사람을 낮추어 부르는 말]

你这个家伙真是太会开玩笑啦！
너 이 녀석 농담도 잘하는 구나!

② 공구, 무기
유 1급 东西 dōngxi, 4급 工具 gōngjù

用这个家伙搬东西很方便。
이 공구를 이용해서 물건을 옮기면 편하다.

0899 家属 jiāshǔ

명 가족, 가솔, 가정 구성원

在婚礼上他代表家属发言了。
결혼식에서 그가 가족을 대표해 발언했다.

对医生来说，把这个坏消息告诉患者的家属并不容易。
의사에게 있어서, 이 안 좋은 소식을 환자의 가족에게 전하는 것이 결코 쉽지 않다.

我们习惯于根据年龄、生活方式或家属对消费者进行详细分析。
우리는 습관적으로 연령, 생활방식 혹은 가족에 근거해 소비자에 대해서 상세한 분석을 한다.

0900 家喻户晓 jiāyù hùxiǎo

성 집집마다 다 알다, 누구나 다 알다

这个故事已经家喻户晓了。
이 이야기는 벌써 누구나 다 알고 있다.

中国女排夺取了世界冠军的消息已经是家喻户晓了。
중국 여자배구가 세계챔피언을 차지한 소식은 이미 모두 알고 있다.

0901 加工 jiā//gōng

동 ① 가공하다

我曾经在加工机器零件的工厂工作过。
나는 일찍이 기계부품을 가공하는 공장에서 일한 적이 있다.

这些菜他从来没有加过工。
그는 지금까지 이런 채소들을 가공해본 적이 없다.

② 다듬다, 손질하다, 마무리하다
这条裙子，你再加工吧，明天我要穿。
이 치마를 당신이 다시 손질해주세요, 내일 내가 입어야 하거든요.
这种产品需要再加一次工。
이런 종류의 제품은 한 차례 더 손질할 필요가 있다.

0902 **加剧** jiājù

동 격화되다, 악화되다, 심해지다
유 4급 增加 zēngjiā
반 减缓 jiǎnhuǎn, 减轻 jiǎnqīng

水污染加剧了生态环境恶化。
수질오염은 생태환경을 더욱 악화시켰다.
你的病情加剧，赶快通知一下父母。
당신의 병세가 악화되고 있으니, 얼른 부모님께 알리세요.

0903 **佳肴** jiāyáo

명 맛있는 요리, 훌륭한 요리
这是哥哥做出的美味佳肴。
이것은 오빠가 만든 맛있고 훌륭한 요리이다.
他能烹调pēngtiáo出多种多样佳肴。
그는 다양한 맛있는 요리를 만들 수 있다.

0904 **夹杂** jiāzá

동 혼합하다, 뒤섞다
유 搀杂 chānzá, 混杂 hùnzá

哭泣声和笑声夹杂在一起。
우는 소리와 웃는 소리가 한데 뒤섞여 있다.
下结论时不要夹杂个人感情。
결론을 내릴 때 개인적인 감정은 섞지 마라.

0905 **假设** jiǎshè

동 가정하다, 임시로 정하다
유 3급 如果 rúguǒ, 5급 假如 jiǎrú, 5급 要是 yàoshi,
1756 倘若, 倘使 tǎngshǐ

他假设自己的理论正确。
그는 자신의 이론이 옳다고 가정한다.

명 가설, 가정
我根据事实提出了假设情况。
나는 사실에 근거해서 가상의 상황을 만들었다.

0906 **假使** jiǎshǐ

접 만약, 만일
유 3급 如果 rúguǒ, 5급 假如 jiǎrú, 5급 要是 yàoshi,
0905 假设, 1756 倘若, 倘使 tǎngshǐ

假使你不去，我们就找其他人了。
만약에 네가 안 가면, 우리는 다른 사람을 찾을 것이다.
假使你愿意，你明天就可以来这里上班了。
만약 네가 원한다면, 내일부터 여기로 출근해도 좋다.

0907 **坚定** jiāndìng

형 (입장·주장·의지 등이) 확고부동하다, 결연하다
他坚定地站在人民一边。
그는 결연하게 국민들 곁에 서있다.

동 굳히다, 결연히 하다
在战争中他们坚定了必胜的信念。
전쟁 중에 그들은 필승의 신념을 굳혔다.

0908 **坚固** jiāngù

형 견고하다, 튼튼하다
유 0910 坚实, 0911 坚硬, 1133 牢固, 稳固 wěngù

喝牛奶骨骼会变得坚固。
우유를 마시면 뼈가 튼튼해진다.
无论再坚固的树，用斧子砍会倒。
아무리 단단한 나무라도 도끼로 찍으면 쓰러진다.

 plus+ 牢固·巩固·坚固
1133 牢固 참고

0909 坚韧 jiānrèn

형 (의지·투지·정신력 등이) 강하다, (사물이) 단단하다
- 유 5급 坚强 jiānqiáng, 5급 结实 jiēshi, 2270 扎实
- 반 0354 脆弱

他的意志非常坚韧。 그는 의지가 매우 강하다.
这东西的质地比较坚韧。
이 물건의 재질은 비교적 단단하다.

0910 坚实 jiānshí

형 ① 견실하다, 견고하다, 튼튼하다
- 유 0908 坚固, 1133 牢固
- 반 0157 薄弱, 柔弱 róuruò

他是思想坚实的青年。
그는 생각이 견실한 청년이다.

② 건장하다, 튼튼하고 실하다
- 유 5급 结实 jiēshi, 2270 扎实

那个男人身体相当坚实。
그 남자는 몸이 상당히 건장하다.

0911 坚硬 jiānyìng

형 단단하다, 견고하다, 굳다
- 유 硬邦邦 yìngbāngbāng
- 반 绵软 miánruǎn, 柔软 róuruǎn, 软绵绵 ruǎnmiánmián

年糕变得坚硬, 不能吃。
떡이 굳어져서 먹을 수가 없다.
这张床是用坚硬的木头制成的。
이 침대는 단단한 나무로 만들었다.

0912 监督 jiāndū

동 감독하다, 살펴보다, 독촉하다
- 유 0469 督促, 0913 监视, 督察 dūchá

我们公司管理者直接监督员工。
우리 회사는 관리자가 직접 직원을 감독한다.
为了监督职员们的工作情况, 公司设置了监视器。
직원들의 근무상황을 감독하기 위해서, 회사는 모니터를 설치했다.

0913 监视 jiānshì

동 감시하다
- 유 0912 监督

被人监视让人不愉快。
다른 사람에게 감시를 당하는 것은 유쾌하지 않은 일이다.
我军总是监视敌军的举动。
우리 군은 늘 적군의 움직임을 감시한다.

0914 监狱 jiānyù

명 감옥
- 유 大狱 dàyù, 牢狱 láoyù, 囚牢 qiúláo

昨晚监狱里逃走了两个人。
어제 저녁에 감옥에서 두 사람이 도주했다.
这里的生活像监狱一样特别枯燥 kūzào。
이곳의 생활은 감옥처럼 매우 무미건조하다.

0915 尖端 jiānduān

명 첨단, 물체의 뾰족한 끝

他认为自己的确是走在时代的尖端。
그는 자신이야말로 확실히 시대의 첨단을 걷고 있다고 생각한다.

형 첨단의, 최신의

他的公司拥有尖端的设施。
그의 회사는 첨단시설을 갖추고 있다.

0916 艰难 jiānnán

형 곤란하다, 어렵다, 힘들다
- 유 4급 困难 kùnnan, 5급 艰巨 jiānjù, 5급 艰苦 jiānkǔ
- 반 3급 容易 róngyì, 4급 轻松 qīngsōng

他们已经度过了最艰难的时期。
그들은 이미 가장 힘든 시기를 보냈다.
他知道, 我的处境确实非常艰难。
그는 내 처지가 정말 매우 어렵다는 것을 안다.

plus+ 艰难·艰巨·艰苦

- 艰难 [형] 곤란하다, 어렵다, 힘들다
  ➡ 生活, 岁月, 日子 + 艰难

- 艰巨 [형] 어렵고 힘들다, 막중하다
  ➡ 事业, 任务, 工作, 工程 + 艰巨

- 艰苦 [형] 고달프다, 고생스럽다
  ➡ 环境, 生活, 日子, 工作, 斗争, 历程, 研究, 创作 + 艰苦

[비교] 이 세 단어는 해석상으로는 거의 구분이 되지 않는데, 이럴 때는 같이 쓰이는 搭配로 구분하는 것이 가장 좋다. 艰难은 일이 복잡하여 순조롭게 진행되지 않는 것을 가리키며, 주로 일이나 생활이 힘든 것에 초점이 맞춰져 있다. 艰巨는 맡겨진 업무나 직업, 일 등이 무겁고 어려우며 막중한 것에 초점이 맞춰져 있다. 艰苦는 창작의 고통, 연구의 고통, 고통스러운 환경 등과 같이 주로 고통스러운 것에 초점이 맞춰져 있다.

비슷한 의미를 가진 단어일수록 搭配에 의해 구분된다는 것이 포인트!

Check
在马拉松比赛中，最后阶段最为（　　　）。
마라톤 시합에서는 최후 단계가 가장 힘들다.
我们需要回顾过去的（　　　）历程。
우리는 과거의 어려웠던 역정을 되돌아볼 필요가 있다.
我现在担当的任务很（　　　）。
내가 지금 담당하고 있는 임무가 매우 막중하다.

답 艰难 / 艰苦 / 艰巨

0917 兼职 jiān//zhí

[동] 겸직하다
她在兼职做家教。
그녀는 가정교사 일을 겸직하고 있다.
为了买属于自己的房子，我在出版社里兼了六年职。
나만의 집을 사기 위해서, 나는 출판사에서 6년 동안 겸직하였다.

[명] 겸직
他的家庭条件不好，在食堂做两年的兼职。
그의 가정형편이 좋지 않아서, 식당에서 2년 간 겸직했다.

0918 拣 jiǎn

[동] ① 줍다
유 [5급] 捡 jiǎn, [1633] 拾
반 [4급] 丢 diū, [4급] 扔 rēng, [5급] 甩 shuǎi
请把地上的纸拣起来。바닥의 종이를 주우세요.

② 간택하다, 간선하다, 고르다
유 挑 tiāo, 选 xuǎn
拣个好日子，让他们结婚吧。
좋은 날을 택해서, 그들을 결혼시키자.

0919 剪彩 jiǎn//cǎi

[동] (개막식·준공식 전에) 기념 테이프를 끊다
请您为我们饭店建成剪彩。
우리 호텔의 준공식에 참가해주시기 바랍니다.
明天是我们小店的开业剪彩，大家都来吧。
내일 우리 가게의 개업식 기념 테이프를 끊을 것이니, 모두 다 오세요.
他为一个饭店剪了彩。
그는 호텔을 위해 기념 테이프를 끊었다.

0920 检讨 jiǎntǎo

[동] ① 깊이 반성하다, 자기비판을 하다
유 [3급] 检查 jiǎnchá
多做一下自我检讨有利于自我提高。
자기 반성을 많이 하는 것은 스스로의 발전에 도움이 된다.

② 총결산하다, 비평하다, 검토하다
他们要对今后的工作进行检讨一下。
그들은 이후의 업무에 대해 검토를 좀 할 것이다.

0921 检验 jiǎnyàn

[동] 검증하다, 검사하다
유 [3급] 检查 jiǎnchá, [1073] 考验, 检测 jiǎncè
实践是检验真理的唯一标准。
실천은 진리를 검증하는 유일한 기준이다.
请你在阅读的过程中检验它们。
읽는 과정에서 그것들을 좀 검사해주세요.

plus+ 考验·检验·化验
1073 考验 참고

0922 **简化** jiǎnhuà

동 간소화하다, 간략하게 만들다, 단순화하다
我对婚礼简化很赞同。
나는 결혼식 간소화에 대해 매우 찬성한다.
我想简化自己的生活。
나는 내 생활을 좀 단순화시키고 싶다.
我建议他简化他自己的日常事务。
나는 그 사람에게 자신의 일상업무를 좀 간소화하라고 건의했다.

0923 **简陋** jiǎnlòu

형 (가옥·설비 등이) 초라하다, 조촐하다
유 3급 简单 jiǎndān, 粗陋 cūlòu, 简易 jiǎnyì
반 5급 完善 wánshàn, 1409 齐全, 1847 完备
这是一个简陋的房间。
이 방은 매우 조촐하다.
这里的住房条件很简陋。
이곳의 주거조건은 매우 초라하다.

0924 **简体字** jiǎntǐzì

명 간화자, 간체자
유 简化字 jiǎnhuàzì 반 0523 繁体字
大家现在基本都使用简体字。
사람들은 요즘 거의 모두 간체자를 쓴다.
繁体字一般比简体字笔画多。
번체자는 일반적으로 간체자보다 획수가 많다.

0925 **简要** jiǎnyào

형 간결하고 핵심을 찌르다
유 扼要 èyào, 简练 jiǎnliàn, 简明 jiǎnmíng
반 4급 详细 xiángxì, 繁琐 fánsuǒ, 详尽 xiángjìn

简要说明一下会议内容。
회의의 내용을 간결하게 설명해보세요.
请简要地概括一下文章的主要内容。
글의 주요내용을 간결하게 개괄해주세요.

0926 **溅** jiàn

동 (액체가) 튀다
墨水溅到了我的裙子上。
잉크가 내 치마에 튀었다.
如果电池内的液体溅到眼睛的话，请你马上用水清洗，并且赶快到医院就医。
만약 건전지 안의 액체가 눈에 튀면, 바로 물로 깨끗이 씻고 서둘러 병원에 가서 의사에게 보이세요.

0927 **鉴别** jiànbié

동 감별하다, 변별하다, 식별하다
유 4급 区别 qūbié, 辨别 biànbié
他用鼻子闻味儿鉴别五种味道。
그는 코로 냄새를 맡아서 다섯 가지 맛을 구분한다.
麻烦您帮我们鉴别一下这个古物的真伪。
죄송하지만, 저를 도와 이 유물의 진위를 식별해주세요.

0928 **鉴定** jiàndìng

동 ① (사람의 장단점을) 평가하다
一个人首先要学会鉴定自己。
사람은 먼저 스스로를 평가하는 것부터 배워야 한다.

② (사물의 진위나 우열을) 감정하다
유 0927 鉴别
考古学家已鉴定出这个文物是明朝时期的。
고고학자는 이미 이 문물이 명나라 시기의 것이라고 감정하였다.

명 (사람이나 물건에 대한) 평가, 평정
买东西时看看商品有没有质量鉴定。
물건을 살 때는 상품이 품질감정을 한 것인지 안 한 것인지 봐야 한다.

0929 鉴于 jiànyú

전 ~의 점에서 보아, ~에 비추어보아, ~을 고려하면

鉴于他有许多经验，我们决定这次就听他的。
그의 많은 경험을 고려해서 우리는 이번에 그의 말을 듣기로 결정했다.

鉴于你当前的知识水平，暂时就不要求你来完成这篇论文了。
너의 현재 지식수준으로 보아서, 당분간 네게 이 논문을 완성하라고 요청할 수 없겠다.

0930 间谍 jiàndié

명 간첩

他料到她是间谍。
그는 그녀가 간첩이라고 짐작했다.

他把外国间谍驱逐qūzhú出境。
그는 외국 간첩을 국경 밖으로 내쫓았다.

0931 间隔 jiàngé

동 간격을 두다, 띄우다
유 隔 gé

吃三种不同的药，需要间隔几个小时？
세 종류의 다른 약을 먹을 때, 몇 시간의 간격을 둬야 합니까?

명 (시간·공간의) 간격, 사이
유 4급 距离 jùlí

小树之间的间隔相等。
묘목 사이의 간격이 똑같다.

0932 间接 jiànjiē

형 간접적인
반 4급 直接 zhíjiē

那不是直接原因，而是间接原因。
그것은 직접적인 원인이 아니라 간접적인 원인이다.

他的经历对我们来说也是间接经验。
그의 경력은 우리에게도 간접적인 경험이 된다.

0933 见多识广 jiànduō shíguǎng

성 보고 들은 것이 많고 식견도 넓다, 박식하고 경험이 많다

她见多识广，经验丰富。
그녀는 식견도 넓고 경험도 풍부하다.

他走南闯北zǒunán chuǎngběi，见多识广。
그는 여기저기 많이 다녀보아서 견식이 넓다.

0934 见解 jiànjiě

명 견해, 소견
유 4급 看法 kànfǎ, 4급 意见 yìjiàn, 6급 观点 guāndiǎn

表述一下自己的见解吧。
자신의 견해를 이야기해보세요.

对于这件事，您的见解是怎么样的？
이 일에 대해 당신의 견해는 어떻습니까?

0935 见闻 jiànwén

명 견문

他是个见闻广博的人。 그는 견문이 넓은 사람이다.

看得多，见闻自然就广。
본 것이 많으면 견문은 자연히 넓어지게 된다.

0936 见义勇为 jiànyì yǒngwéi

성 정의로운 일을 보고 용감하게 뛰어들다, 불의를 보면 참지 못하다

见义勇为的精神是难能可贵的。
정의를 보고 용감하게 나서는 정신은 매우 귀중한 것이다.

他经常见义勇为，受到大家的表扬。
그는 항상 불의를 보면 참지 못하고 나서서, 사람들의 칭찬을 받는다.

0937 健全 jiànquán

형 ① (심신이 병·탈 없이) 건전하다, 건강하고 온전하다
유 3급 健康 jiànkāng, 健壮 jiànzhuàng

身心健全、四肢健全。
심신과 사지가 모두 강건하다.

② (사물이) 완전하다, 완벽하다
유 5급 完善 wánshàn
这个工厂各种设施健全。
이 공장은 각종 시설을 다 갖추고 있다.

동 완전하게 하다, 완벽하게 하다, 갖추다
健全生产责任制度是当前的一项首要任务。
생산책임제도를 완비하는 것이 현재 가장 중요한 임무이다.

0938 践踏 jiàntà

동 ① 밟다, 디디다
유 5급 踩 cǎi, 踏 tà
반 4급 保护 bǎohù, 5급 爱护 àihù
不要践踏新长出来的青草。
새로 자라나는 푸른 풀을 밟지 마시오.

② (함부로) 짓밟다, 유린하다
유 0353 摧残, 2257 糟蹋
没有人可以践踏别人的梦想。
그 누구도 다른 사람의 꿈을 함부로 짓밟을 수 없다.

0939 舰艇 jiàntǐng

명 함정(艦艇)
这艘舰艇已经非常老化。
이 함정은 이미 매우 노화됐다.
去年俄罗斯造了一艘新的舰艇。
지난해 러시아는 새 함정 한 척을 만들었다.

0940 将近 jiāngjìn

동 거의 ~에 근접하다, 거의 ~에 이르다
유 5급 接近 jiējìn, 靠近 kàojìn, 临近 línjìn
时间将近十点了。
시간이 거의 10시가 되었다.
他工作已经将近一个月了。
그는 일한 지 거의 한 달이 다 되어간다.

0941 将军 jiāngjūn

명 장군, 장성
유 将领 jiànglǐng, 将官 jiàngguān, 将校 jiàngxiào
我们只听将军的命令。
우리는 장군의 명령만 듣는다.
将军明天就会下命令攻打敌军。
장군은 내일 적을 공격하라는 명령을 내릴 것이다.

0942 僵硬 jiāngyìng

형 ① (사지가) 뻣뻣하다, 굳다, 경직되다
유 僵 jiāng
他身体僵硬地躺在那边。
그는 몸이 경직된 채 저쪽에 누워 있다.

② 융통성이 없다
头脑僵硬的人遇到事情想不到什么灵活的方法。
머리가 굳은 사람은 어려움을 당했을 때 어떤 융통성 있는 방법도 생각해내지 못한다.

0943 桨 jiǎng

명 노
他用木头做桨了。
그는 나무로 노를 만들었다.
只有一个桨，不能划船。
노 하나만으로는 배를 저을 수가 없다.

0944 奖励 jiǎnglì

동 장려하다, 표창하다
유 4급 鼓励 gǔlì, 0945 奖赏, 嘉奖 jiājiǎng
반 0278 惩罚, 0318 处分, 处罚 chǔfá
学校奖励了学习优秀者。
학교는 학습우수자에게 표창을 했다.
我们职工们常年累月地努力工作，理应得到奖励。
우리 직원들은 오랜 세월 동안 열심히 일을 했으니, 반드시 상을 받아야 한다.

plus+ 奖励·鼓励

- **奖励** 동 장려하다, 표창하다
- **鼓励** 동 격려하다

비교 이 두 단어는 모두 '칭찬하고 격려하다'라는 뜻을 가진 단어이나, 奖励는 이미 발생한 일에 대하여 윗사람이 아랫사람에게 물질적으로 격려하는 것을 가리키고, 鼓励는 이미 발생한 일이나 미래에 발생할 일에 대해 윗사람이 아랫사람에게 혹은 동년배 간에 물질적, 정신적으로 격려하는 것을 가리킨다.

한국어로 해석하면 차이가 없어 보이므로 단어의 뜻을 정확히 파악하는 것이 포인트!

Check
老师的一番话（　　　）了我们。
선생님의 말이 우리를 격려했다.
我的工作成绩一直很好，公司给了我一千块钱表示（　　　）。
나의 작업성적이 계속 좋아서, 회사는 나에게 천 위안을 주어서 장려를 표했다.

답 鼓励 / 奖励, 鼓励

0945 奖赏 jiǎngshǎng

동 상을 주다, 포상하다
每年政府奖赏有功劳的人。
매년 정부는 공이 있는 사람에게 상을 준다.
校长奖赏了学习勤奋的学生。
교장선생님은 부지런히 공부한 학생에게 상을 주었다.

0946 降临 jiànglín

동 도래하다, 일어나다
유 5급 光临 guānglín, 来临 láilín
太阳平西，暮色降临。
해가 저물자 어둠이 찾아들었다.
灾难突然降临在他的家庭。
재난이 갑자기 그의 가정에 찾아왔다.

0947 交叉 jiāochā

동 ① 교차하다
유 穿插 chuānchā, 交错 jiāocuò

请在第二个交叉路口左转。
두 번째 교차로에 좌회전하세요.
两条铁路在此交叉，所以在这儿停几分钟是经常的事。
두 철길이 여기에서 교차해서, 여기서 몇 분 정차하는 것은 흔히 있는 일이다.

② 겹치다
两件事交叉在一起了，不知道先做哪件事才好。
두 일이 한데 겹쳐져서 어느 일부터 해야 좋을지 모르겠다.

③ 번갈아 하다
这个方案需要交叉进行。
이 방안은 번갈아 진행해야 한다.

0948 交代 jiāodài

동 ① (사무를) 인계하다, 넘겨주다, 교대하다
把工作向实习生交代一下。
업무를 인턴에게 인계해라.

② 부탁하다, 당부하다
유 5급 嘱咐 zhǔfù
我已经交代好朋友帮我照顾孩子了。
나는 이미 친한 친구에게 나를 도와 아이를 돌봐달라고 부탁했다.

③ (잘못을) 고백하다, 자백하다, 설명하다
유 交待 jiāodài
老实交代真相，不要玩儿花招儿。
솔직하게 진상을 고백해, 수작부리지 말고.

0949 交涉 jiāoshè

동 교섭하다, 협상하다
유 4급 联系 liánxì
税款问题很麻烦，至今没交涉出结果来。
세금 문제가 매우 복잡해서, 지금까지도 결과가 교섭되지 않았다.
你去交涉一下吧，看看能不能直接见经理。
매니저를 직접 만날 수 있는지 네가 가서 협상 좀 해봐.

0950 交往 jiāowǎng

동 왕래하다, 내왕하다
  유 来往 láiwang

别和那些傲慢无礼的人交往。
그런 오만하고 예의 없는 사람과는 왕래하지 마라.

他是个不太喜欢和别人交往的人。
그는 다른 사람과 사귀는 것을 좋아하지 않는 사람이다.

plus+ 交往·来往

- 交往 동 서로 왕래하다
- 来往 동 오고 가다

비교 이 두 단어는 확실하게 구분되는 단어이므로 절대 혼동하면 안 된다. 交往은 사람과 사람 사이에 서로 오고 가며 왕래하는 것을 가리키고, 来往은 사람이나 차, 선박, 무역이 오고 가는 것을 주로 가리킨다.

아무리 쉬운 단어일지라도 그 속뜻을 한 번쯤 되새겨 보는 것이 포인트!

Check
我们俩之间（　　）比较密切。
우리 사이의 왕래는 비교적 친밀하다.

这列火车（　　）于北京上海之间。
이 기차는 베이징과 상하이 사이를 오간다.

답 交往 / 来往

0951 交易 jiāoyì

명 장사, 거래, 교역
  유 5급 贸易 màoyì

不要做不正当交易。 부정한 거래는 하지 마.

过去交易的结果往往会影响你未来的交易。
과거에 교역한 결과는 종종 당신의 미래의 교역에 영향을 미칠 것이다.

0952 焦点 jiāodiǎn

명 ① 초점

请您对准显微镜的焦点。
현미경의 초점을 정확하게 맞추세요.

② 초점, 집중 [사람들의 관심이나 주의가 집중되는 사물의 중심이나 문제점]

公共秩序是大家最近最关注的焦点。
공공질서는 많은 사람들이 최근 가장 관심을 가지는 초점이다.

0953 焦急 jiāojí

형 초조하다, 조급해하다
  유 3급 着急 zháojí, 焦虑 jiāolǜ, 焦灼 jiāozhuó
  반 5급 平静 píngjìng, 安然 ānrán

不要焦急，问题总会解决的。
너무 초조해하지 마, 문제는 반드시 해결될 거야.

你要尽快打电话，免得大家焦急。
너 빨리 전화해봐, 모두 초조하지 않게.

0954 娇气 jiāoqì

형 ① (성격이) 여리다, 유약하다
  유 娇 jiāo 반 皮实 píshi

你身体也太娇气了，淋了点雨就感冒了。
네 몸이 너무 연약한 거 같아, 비 조금 맞았을 뿐인데 감기에 걸리고.

② (화초나 사물이) 깨지기 쉽다, 약하다

这种花太娇气了，不好种。
이런 종류의 꽃은 너무 약해서 키우기가 힘들다.

0955 角落 jiǎoluò

명 구석, 모퉁이
  유 旮旯儿 gālár
  반 3급 中间 zhōngjiān, 5급 中心 zhōngxīn

屋子角落里有许多灰尘。
방안 구석구석 먼지가 너무 많다.

那孩子在房间的角落坐着。
그 아이가 방의 구석자리에 앉아 있다.

0956 搅拌 jiǎobàn

동 휘저어 섞다, 반죽하다
  유 搅 jiǎo

把所有配料搅拌均匀。
모든 재료를 충분히 섞으세요.
工人们把糖和盐搅拌在一起。
근로자들이 설탕과 소금을 같이 섞어놨다.

0957 缴纳 jiǎonà

동 납부하다, 납입하다
  유 缴 jiǎo, 交纳 jiāonà
  반 索取 suǒqǔ

请在缴纳期限内缴纳。
납기기한 내에 납부하세요.
上个月我缴纳了拖欠tuōqiàn的税款。
지난달에 나는 밀린 세금을 납부했다.

0958 教养 jiàoyǎng

동 가르쳐 키우다, 교육하고 양성하다
  유 1348 培育

他是一个有教养的孩子，平时温文尔雅wēnwén'ěryǎ。
그 아이는 교양이 있어서 평소에 온화하다.

명 교양
  유 修养 xiūyǎng

他看起来很有教养。
그 사람은 보기에 매우 교양 있어 보인다.

0959 较量 jiàoliàng

동 (실력·기량을) 겨루다, 대결하다, 경쟁하다
  유 3급 比赛 bǐsài

这两个公司在激烈地较量。
이 두 회사는 격렬히 경쟁하고 있다.
我们明天较量一下吧，看看谁输谁赢。
우리 내일 한번 겨루어보자, 누가 이기고 지는지.

0960 皆 jiē

부 모두, 전부, 다
  유 1급 都 dōu, 全 quán

万事皆难。모든 일이 다 어렵다.
这件事人人皆知。이 일은 모두 다 알고 있는 일이다.
市场上进口商品比比皆是。
시장에 있는 것은 어느 것이나 모두 수입상품이다.

0961 接连 jiēlián

부 연거푸, 연이어
  유 接续 jiēxù, 连接 liánjiē, 连续 liánxù
  반 2389 中断, 间断 jiànduàn

这几年接连获得丰收。
최근 몇 년간 연이어 풍작을 거둬들였다.
最近坏事接连发生，真倒霉。
최근에 좋지 않은 일이 연달아 생기는데, 정말 운이 없다.

0962 阶层 jiēcéng

명 ① 계층
  유 阶级 jiējí

这家公司拥有社会各阶层的精英。
이 회사는 사회 각 계층의 정수(精髓)를 갖고 있다.

② (사회의) 층, 계층, 단계
看那人的衣着很容易辨别出他是哪个阶层的。
그 사람의 옷차림을 보면 그가 어느 계층에 속하는지 쉽게 구별해낼 수 있다.

0963 揭发 jiēfā

동 (나쁜 사람·일 등을) 들추어내다, 폭로하다
  유 0964 揭露, 揭穿 jiēchuān, 揭示 jiēshì
  반 0047 包庇, 2096 掩盖, 2168 隐瞒

他揭发了在考试中作弊的人。
그는 시험 중에 부정행위를 한 학생을 폭로했다.
我向侦查zhēnchá机关揭发了我目击的不法事实。
나는 수사기관에 내가 목격한 불법사실을 폭로했다.

어휘 plus+ 揭发·揭示

- **揭发** 통 들추어내다, 폭로하다
  ➡ 揭发 + 坏人, 内幕, 真相, 阴谋
- **揭示** 통 드러내 보이다
  ➡ 揭示 + 奥秘, 规律, 本质, 起源

비교 이 두 단어는 모두 '드러내 보이다'라는 뜻을 가지고 있으나, 揭发는 진상, 내막, 음모 등과 같이 발견되지 않은 나쁜 일이나 나쁜 사람을 들추어내는 것을 가리키고, 揭示는 신비, 본질 등 눈으로 쉽게 볼 수 없는 것을 들추어내는 것을 가리킨다.

이러한 단어들은 단어의 구체적인 뜻 외에도 자주 쓰이는 목적어를 알아두는 것이 포인트!

Check
我们纷纷（　　　）他们的罪行。
우리는 분분히 그들의 악행을 폭로했다.
他的文章（　　　）了宇宙的奥秘。
그의 문장은 우주의 신비를 드러내 보여주었다.

답 揭发 / 揭示

0964 揭露 jiēlù

통 폭로하다
유 0963 揭发, 揭穿 jiēchuān
반 2096 掩盖, 2098 掩饰

我们怎么揭露事件的真相?
우리는 어떻게 사건의 진상을 밝혀야 하는가?
我们必须彻底揭露问题的本质。
우리는 반드시 철저하게 문제의 본질을 폭로해야 한다.

0965 节奏 jiézòu

명 ① 리듬, 박자
유 2054 旋律, 节拍 jiépāi

华尔兹huá'ěrzī是轻快节奏的舞蹈。
왈츠는 리듬이 경쾌한 춤이다.

② (일이나 활동의) 리듬, 흐름
这部电视剧的节奏非常慢。
이 드라마의 흐름은 너무 느리다.

0966 杰出 jiéchū

형 걸출한, 남보다 뛰어난, 출중한
유 4급 优秀 yōuxiù, 5급 出色 chūsè, 5급 突出 tūchū, 卓绝 zhuójué
반 平庸 píngyōng

最近杰出的人才不好求。
요즘엔 걸출한 인재를 찾아보기 어렵다.
他是一位杰出的全能运动员。
그는 출중한 만능 운동선수이다.

0967 结晶 jiéjīng

명 결정체 [애써 노력하여 얻은 소중한 성과나 결실]

这孩子是我们爱情的结晶。
이 아이는 우리 사랑의 결정체이다.
汉字是中华民族的智慧结晶。
한자는 중화민족의 지혜의 결정체이다.

0968 结局 jiéjú

명 결말, 종국
유 4급 结果 jiéguǒ 반 开端 kāiduān

如此结局，实为非意。
이런 결말은 정말 뜻밖이다.
我喜欢有圆满结局的电影。
나는 해피엔딩인 영화가 좋다.

0969 结算 jiésuàn

통 결산하다

他正在结算当天的收入。
그는 당일의 수입을 결산하고 있다.
结算一下一年的房租多少钱。
일 년 집세가 얼마인지 계산해봐.

0970 竭尽全力 jiéjìnquánlì

성 모든 힘을 다 기울이다, 전력을 다하다

医生竭尽全力抢救他。
의사는 전심전력을 다해 그를 구했다.

我们会竭尽全力完成这个任务。
우리는 전심전력을 다해 이 임무를 완성할 것이다.

0971 **截至** jiézhì

동 (어떤 때까지) 끝내다, 마감하다, 멈추다

报名截至到五月为止。
접수 마감은 5월까지이다.

截至目前为止已经有1000多人报名。
지금까지 이미 천여 명이 접수했다.

0972 **解除** jiěchú

동 없애다, 제거하다, 풀다
유 3급 解决 jiějué, 5급 克服 kèfú, 5급 取消 qǔxiāo, 1335 排除, 1978 消除, 破除 pòchú

他为解除疲劳去桑拿了。
그는 피로를 풀기 위해 사우나에 갔다.

同事之间的误会终于解除了。
동료 간의 오해가 드디어 풀렸다.

plus+ 解除·克服

· 解除 동 없애다, 제거하다
➡ 解除 + 压力, 误会, 困境, 疲劳, 负担, 束缚

· 克服 동 극복하다
➡ 克服 + 缺点, 弱点, 困难

비교 이 두 단어는 무엇인가를 없앤다는 뜻을 가지고 있지만 전혀 다른 뜻의 단어이므로 절대 혼동하면 안 된다. 解除는 스트레스, 피로, 오해, 부담, 속박 등을 해소하고 없애는 것을 가리키나, 克服는 강한 의지와 역량으로 어려움, 단점, 약점 등을 극복하는 것을 가리킨다.

어떤 단어들과 함께 쓰이는지를 알아두는 것이 포인트!

Check
我每天洗个澡（　　）疲劳。
나는 매일 목욕으로 피로를 해소한다.

只要有毅力，世界上就没有（　　）不了的困难。
의지만 있으면 세상에 극복할 수 없는 어려움은 없다.

답 解除 / 克服

0973 **解雇** jiěgù

동 해고하다
유 1054 开除, 解聘 jiěpìn
반 雇用 gùyòng, 录用 lùyòng

你被解雇过吗?
당신은 해고당한 적이 있나요?

我被无端解雇了。
나는 아무 이유 없이 해고되었다.

0974 **解剖** jiěpōu

동 ① 해부하다

我今天亲眼看到了解剖人体。
나는 오늘 인체를 해부하는 걸 직접 봤다.

② 분석하다
유 5급 分析 fēnxī

如何客观地解剖社会矛盾呢?
어떻게 사회의 모순을 객관적으로 분석할 수 있을까?

0975 **解散** jiěsàn

동 ① (모인 사람이) 해산하다, 흩어지다
유 0570 分散 반 4급 集合 jíhé

在学校一解散，我就马上回到了家里。
학교에서 해산하자마자 나는 바로 집으로 돌아왔다.

② (기구나 단체를) 취소하다, 해산하다, 해체하다
유 5급 取消 qǔxiāo 반 5급 保留 bǎoliú

总统已经解散了国会。
대통령은 이미 국회를 해산시켰다.

0976 **解体** jiětǐ

동 ① 해체되다, 분해되다

公司内部的矛盾导致公司解体。
회사 내부의 갈등은 회사가 해체되는 결과를 초래했다.

② 와해되다, 무너지다

封建社会最终解体了。
봉건사회는 끝내 와해되었다.

0977 **借鉴** jièjiàn

동 본보기로 삼다, 거울로 삼다

我们应该借鉴外国的经验。
우리는 외국의 경험을 본보기로 삼아야 한다.

我们可以借鉴一下前人的经验。
우리는 선인들의 경험을 거울로 삼을 수 있다.

0978 **借助** jièzhù

동 (다른 사람이나 사물의) 도움을 받다, 힘을 빌리다

유 3급 借 jiè, 凭借 píngjiè

她借助别人的力量完成了这件事。
그녀는 다른 사람의 힘을 빌려 이 일을 마무리했다.

那个商店的主人借助警察之力抓住了小偷。
그 상점의 주인은 경찰의 도움을 받아서 도둑을 잡았다.

0979 **戒备** jièbèi

동 경비하다, 경계하다, 삼엄하다

유 戒严 jièyán

在职场上也要有戒备之心。
직장생활에서도 경계심을 가져야 한다.

戒备森严的时候，我们只好在家呆着。
경계가 삼엄할 때에 우리는 집에 있을 수밖에 없었다.

0980 **界限** jièxiàn

명 ① 경계

유 分界 fēnjiè, 界线 jièxiàn

这条河历来就是两国的界限。
이 강은 대대로 양국의 경계가 되었다.

② 한도, 한계

爱可以没有界限。 사랑은 한계가 없을 수 있다.

0981 **津津有味** jīnjīn yǒuwèi

성 ① (이야기 등이) 흥미진진하다

他讲故事讲得津津有味。
그는 이야기를 아주 흥미진진하게 잘한다.

孩子们在津津有味地观看动物们的表演。
아이들은 흥미진진하게 동물의 공연을 보고 있다.

② (음식이) 아주 맛있다, 감칠맛 나다

我们吃得津津有味。
우리는 아주 맛있게 잘 먹었다.

0982 **金融** jīnróng

명 금융

金融处于滞留 zhìliú 状态。
금융이 정체상태에 놓여 있다.

金融危机一度波及 bōjí 世界。
금융위기가 한때 전 세계로 영향을 주었다.

0983 **紧密** jǐnmì

형 긴밀하다

유 5급 密切 mìqiè, 2086 严密
반 涣散 huànsàn, 松散 sōngsǎn

事情之间都有紧密联系。
업무상의 일은 모두 긴밀하게 연결되어 있다.

压力和疾病之间有紧密的关联。
스트레스와 질병 간에는 밀접한 연관이 있다.

plus+ 紧密·密切

- 紧密 형 긴밀하다
  ➡ 联系, 合作, 团结, 配合 + 紧密

- 密切 형 밀접하다, 긴밀하다
  ➡ 关系, 来往, 交往, 配合, 联系 + 密切

비교 이 두 단어는 모두 '긴밀하고 밀접하다'라는 뜻을 가진 단어이나, 紧密는 매우 밀접하여 사이를 두지 않고 긴밀하게 연결되어 있는 것에 초점이 맞춰져 있고, 密切는 관계가 가깝고 그 사이의 감정이 좋은 것에 초점이 맞춰져 있다.

한국어로 해석하면 차이가 없어 보이므로 단어의 뜻을 정확히 파악하는 것이 포인트!

Check

在大学的四年里，我们的关系很（　　　）。
대학 4년 동안, 우리의 관계는 매우 밀접했다.

全国人民团结得很（　　　）。
전국의 인민들이 매우 긴밀하게 단결되어 있다.

답 密切 / 紧密

0984 紧迫 jǐnpò

형 급박하다, 긴박하다
- 유 5급 紧急 jǐnjí, 急迫 jípò, 紧要 jǐnyào
- 반 从容 cóngróng

时间十分紧迫，大家加紧点。
시간이 매우 촉박하니, 모두 좀 서둘러주세요.

那是我国面临的最紧迫的问题之一。
그것은 우리나라가 직면한 가장 급박한 문제 중 하나이다.

0985 尽快 jǐnkuài

부 되도록 빨리
- 유 5급 赶紧 gǎnjǐn, 5급 赶快 gǎnkuài
- 반 1830 拖延, 耽搁 dānge

盼望尽快回复。
되도록 빨리 답장해주시길 바랍니다.

我会尽快完成作业。
나는 최대한 빨리 숙제를 끝낼 것이다.

0986 锦绣前程 jǐnxiù qiánchéng

성 아름답고 빛나는 미래, 유망한 전도

他是一个有锦绣前程的青年。
그는 전도가 유망한 청년이다.

他们俩人十分恩爱，走向锦绣前程。
그들 둘은 서로 무척 사랑하여, 아름답고 빛나는 미래를 향해 걸어가고 있다.

0987 进而 jìn'ér

접 더 나아가, 진일보하여
- 유 进一步 jìnyíbù

进而再次提高自身的修养。
진일보해서 다시 자신을 더욱 수양하자.

先提出计划，进而提出实施措施。
먼저 계획을 세우고, 그러고 나서 시행방안을 세우자.

0988 进攻 jìngōng

동 ① 진격하다, 공격하다
- 유 0688 攻击, 1932 袭击
- 반 0543 防守, 防卫 fángwèi, 退守 tuìshǒu

敌军已经开始进攻了我们的阵营。
적군은 이미 우리 진영을 공격하기 시작했다.

② (경쟁이나 시합에서) 공세를 취하다

他的进攻节奏令对手不安。
그가 공세를 취하는 과정이 상대방을 불안하게 했다.

0989 进化 jìnhuà

동 진화하다
- 유 演化 yǎnhuà 반 退化 tuìhuà

社会始终处在不断的进化发展中。
사회는 시종 끊임없이 진화하고 발전하는 과정에 있다.

人类普遍被认为是从猿猴yuánhóu进化而来的。 사람은 유인원에서 진화해왔다고 널리 알려졌다.

0990 进展 jìnzhǎn

동 발전하다, 전진하다
- 유 4급 发展 fāzhǎn 반 1795 停顿

事情进展得极其慢。
일이 지나치게 천천히 진행되고 있다.

工作都进展得很不错。 일이 모두 잘 되어가고 있다.

어휘 plus+ 进展・发展

- 进展 동 발전하다, 전진하다
- 发展 동 발전하다

비교 이 두 단어는 모두 '나아간다'라는 뜻을 가지고 있는 단어이나, 进展은 앞을 향해 발전해 나간다는 뜻을 가지고 있고 목적어를 취하지 않는 특징을 가지고 있다. 이에 반해 发展은 작은 것에서 큰 것으로 발전하고, 저급에서 고급으로 발전해 나가는 특징을 가지고 있다.

아무리 쉬운 단어일지라도 그 속뜻을 한 번쯤 되새겨 보는 것이 포인트!

Check
你们试验（　　　　）得怎么样了?
너희 실험은 어떻게 진전되고 있는 거야?

为了（　　　　）学校教育，老师们艰苦奋斗着。
학교 교육을 발전시키기 위해서, 선생님들이 분투하고 있다.
> 进展 / 发展

0991 近来 jìnlái

명 근래, 요즘
유 3급 最近 zuìjìn 반 2145 以往

他近来过得怎么样？ 그 사람 요새 어떻게 지내고 있어?
近来天气突然变冷，很容易感冒。
요새 날씨가 갑자기 추워져서 감기에 걸리기 쉽다.

0992 近视 jìnshì

명 근시

青少年近视问题越来越严重，所以，我们必须从小保护眼睛。
청소년의 근시 문제가 갈수록 심해지고 있어서 어릴 때부터 눈을 보호해야 한다.

형 근시안적, 안목이 짧은
유 弱视 ruòshì 반 远视 yuǎnshì

凡事要看远一点，不能太近视。
모든 일은 멀리 내다봐야지 너무 근시안적으로 봐서는 안 된다.

0993 浸泡 jìnpào

동 (물에) 담그다, 잠그다

把菜浸泡在盐水里。 야채를 소금물에 담가놓아라.
她把脏衣服浸泡在清水里。
그녀가 더러운 옷을 깨끗한 물에 담가놓았다.

0994 晋升 jìnshēng

동 승진하다, 진급하다
유 1766 提拔、晋级 jìnjí、提升 tíshēng
반 降级 jiàngjí、降职 jiàngzhí

他这次晋升为局长。
그가 이번에 국장으로 승진했다.

我怎么才能晋升到部长呢？
내가 어떻게 해야 부장으로 승진할 수 있을까?

0995 劲头 jìntóu

명 ① 힘, 기세
유 4급 力气 lìqi, 5급 力量 lìliang

军人们的劲头儿一个比一个大。
군인들은 힘이 하나하나 다 세다.

② 열정, 의욕
유 劲儿 jìnr

学生们的学习劲头十足。
학생들의 학습의욕이 넘쳐난다.

0996 茎 jīng

명 (식물의) 줄기
유 梗 gěng

听说蔬菜的茎对身体很好。
듣자니 채소의 줄기가 몸에 좋다고 한다.

양 가닥, 오리, 대 [길고 가는 것을 셀 때]

他的头上已经有数茎的白发。
그의 머리에 벌써 흰 머리카락이 몇 가닥 생겼다.

0997 精打细算 jīngdǎ xìsuàn

성 (인력이나 물자를 낭비하지 않도록) 세밀하게 계산하다, 면밀하게 계획하다

他们已经习惯了精打细算。
그들은 이미 면밀하게 계획하는 데 익숙해져 있다.
他们赚得钱不多，只好过着精打细算的日子。
그들은 돈을 많이 벌지 못해서, 알뜰하게 살 수밖에 없다.

0998 精华 jīnghuá

명 정화, 정수
유 精粹 jīngcuì, 精髓 jīngsuǐ, 精英 jīngyīng
반 败类 bàilèi, 糟粕 zāopò

人们相信这才是人类文化的精华。
사람들은 이것이야말로 인류 문화의 정수라 믿는다.
这一段是文章的精华，绝对不能省去。
이 단락은 글에서 가장 중요한 부분이라, 절대 삭제하면 안 된다.

0999 **精简** jīngjiǎn

[동] 간소화하다, 정선하다
- [반] [4급] 增加 zēngjiā

我们必须精简不必要的政府机构。
우리는 반드시 불필요한 정부기구를 간소화해야 한다
受金融危机影响，各公司都在精简人员。
금융위기의 영향으로, 회사마다 인원을 간소화하고 있다.

1000 **精密** jīngmì

[형] 정밀하다
- [유] [4급] 准确 zhǔnquè, [1001] 精确, [2402] 周密, 精细 jīngxì
- [반] 粗糙 cūcāo, 粗疏 cūshū

这种仪器的精密度很高。
이런 종류의 기계는 정밀도가 매우 높다.
我们制定了一个精密的计划。
우리는 치밀한 계획을 세웠다.

1001 **精确** jīngquè

[형] 정확하다, 틀림없다, 정밀하고 확실하다
- [유] [4급] 准确 zhǔnquè, [1000] 精密, [1514] 确切

他能精确地测出这个物体的重量。
그는 이 물건의 무게를 정확하게 측정할 수 있다.
在科学界，精确的数值非常重要。
과학계에선 정확한 수치가 매우 중요하다.

1002 **精通** jīngtōng

[동] 정통하다, 통달하다
- [유] [4급] 熟悉 shúxī, 精 jīng, 通晓 tōngxiǎo
- [반] [1611] 生疏, 生 shēng

这个人门门精通。
이 사람은 모르는 게 없다.
他在数学方面非常精通。
그는 수학방면에 매우 정통하다.

1003 **精心** jīngxīn

[형] 공들이다, 정성을 들이다, 몹시 조심하다
- [유] [5급] 专心 zhuānxīn, 细心 xìxīn
- [반] [4급] 粗心 cūxīn

这是她精心为你制作的生日蛋糕。
이것은 그녀가 너를 위해 공들여 만든 생일 케이크이다.
我们会精心筹划chóuhuà新年晚会。
우리는 정성 들여 신년 디너쇼를 기획할 것이다.

 plus+ 精心·专心

· 精心 [형] 공들이다, 특별히 마음을 쓰다
  ➡ 精心 + 工作, 护理, 设计, 照顾, 安排

· 专心 [형] 전념하다
  ➡ 专心 + 工作, 学习, 治疗

[비교] 이 두 단어는 모두 '마음을 쓰다'라는 뜻을 가지고 있으나, 精心은 세심하게 마음을 쓰고 심혈을 기울인다는 것에 초점이 맞춰져 있고, 이에 반해 专心은 몰두하고 주의력을 집중해서 무언가를 한다는 것에 주로 초점이 맞춰져 있다.

한국어로 해석하면 차이가 없어 보이므로 단어의 뜻을 정확히 파악하는 것이 포인트!

Check
开车时要特别（　　　）。
운전할 때는 특히 전념해야 한다.
这位患者你要（　　　）照顾。
이 환자는 네가 세심하게 돌봐야 한다.

[답] 专心 / 精心

1004 **精益求精** jīngyìqiújīng

[성] (학술·기술·작품·상품 등에서) 현재의 상태도 매우 훌륭하지만 더욱 완벽을 추구하다
- [반] 粗制滥造 cūzhì lànzào

她的技术特别高明，但是还要精益求精。
그녀의 기술은 매우 뛰어나지만, 여전히 더욱 완벽을 추구하려고 한다.

由于员工们精益求精，产品的质量提高了。
직원들의 완벽하게 일하려는 태도로 인해, 상품의 품질이 더 높아졌다.

1005 精致 jīngzhì

형 정교하다, 정밀하다, 세밀하다

유 精美 jīngměi, 精巧 jīngqiǎo, 精细 jīngxì
반 粗糙 cūcāo, 粗劣 cūliè, 粗陋 cūlòu

博物馆里陈列着一批精致的陶器。
박물관에는 정교한 도자기 한 무더기가 진열되어 있다.

这条手工编织 biānzhī 的手链 shǒuliàn 很精致。
이 수공으로 짠 팔찌가 아주 정교하다.

plus+ 精致・精细

- 精致 형 정교하다, 세밀하다
- 精细 형 정교하고 섬세하다

비교 이 두 단어는 모두 '정교하고 세밀하다'라는 뜻을 가지고 있으나 精致는 대체로 구체적인 물건이 정교하고 세밀한 것을 가리키고, 精细는 구체적인 물건뿐만 아니라 마음이 세심하고 주의 깊다는 뜻도 가지고 있다.

한국어로 해석하면 차이가 없어 보이므로 단어의 뜻을 정확히 파악하는 것이 포인트!

Check
她送我的戒指非常（　　　）。
그녀가 나에게 선물한 반지는 매우 정교하고 세밀하다.

我妈是相当（　　　）的人。
우리 엄마는 매우 세심한 사람이다.

답 精致, 精细 / 精细

1006 经费 jīngfèi

명 경비

유 5급 费用 fèiyong

这次活动我们的经费严重不足。
이번 행사에 우리는 경비가 심각하게 부족하다.

比萨2000的职员教育经费已被审批。
피자2000의 직원교육 경비는 이미 심사하여 결정됐다.

1007 经商 jīng//shāng

동 장사하다, 상업에 종사하다

他开始向父亲学习经商。
그는 아버지한테 장사하는 걸 배우기 시작했다.

现在经商的人越来越多了。
요즘 상업에 종사하는 사람이 점점 더 많아지고 있다.

他十年前经过商。
그는 10년 전에 장사를 했었다.

1008 经纬 jīngwěi

명 ① (직물의) 날줄과 씨줄

大部分麻织品的经纬线相同。
대부분의 마직품은 날줄과 씨줄이 일치한다.

② 경도와 위도

经纬不同的地方气候也不太一样。
경도와 위도가 다른 지방은 기후도 많이 다르다.

1009 惊动 jīngdòng

동 ① 놀라게 하다, 떠들썩하게 하다

打猎活动惊动了森林中的动物。
사냥활동은 숲속의 동물을 놀라게 했다.

② 지장을 주다, 귀찮게 하다, 폐를 끼치다

유 2320 震惊, 惊扰 jīngrǎo, 震动 zhèndòng

别为了这么点小事就惊动奶奶。
이렇게 사소한 일로 할머니를 귀찮게 하지 마라.

1010 惊奇 jīngqí

형 이상하게 여기다, 놀랍고 의아해하다

유 0225 诧异, 1011 惊讶, 惊异 jīngyì
반 5급 平静 píngjìng, 漠然 mòrán, 木然 mùrán

他因惊奇而缄默 jiānmò。
그는 놀랍고 의아해 침묵을 지켰다.

看到她，他露出了惊奇的表情。
그녀를 보고, 그는 놀라운 표정을 지었다.

1011 惊讶 jīngyà

형 놀랍고 의아하다

- 유 **4급** 吃惊 chījīng, **1010** 惊奇, 惊异 jīngyì
- 반 **5급** 平静 píngjìng, 漠然 mòrán, 木然 mùrán

她在会议中出现使他十分惊讶。
그녀가 회의 중에 나타나서 그를 깜짝 놀라게 했다.

看到女儿给我买的生日礼物，真是非常惊讶！
딸이 내게 사준 생일선물을 보고 정말 매우 놀라고 의아했다!

1012 兢兢业业 jīngjīng yèyè

성 근면하고 성실하게 업무에 임하다

- 유 勤勤恳恳 qínqín kěnkěn
- 반 马马虎虎 mǎmǎ hūhū, 敷衍了事 fūyǎn liǎoshì

爷爷兢兢业业地为国家工作了一辈子。
할아버지께서는 나라를 위해 한평생 부지런하고 성실하게 일하셨다.

李老师兢兢业业的工作态度真让人敬佩。
이 선생님의 근면하고 성실한 작업태도는 사람들의 존경을 받는다.

1013 井 jǐng

명 우물

一个孩子掉进了村里的枯井里了。
한 아이가 동네의 마른 우물 속에 빠졌다.

我们要开阔 kāikuò 眼界，不要做井底之蛙。
시야를 넓혀야지, 우물 안의 개구리가 되서는 안 된다.

1014 警告 jǐnggào

동 경고하다

- 유 **4급** 提醒 tíxǐng, **0649** 告诫, 正告 zhènggào

老师警告过好几次，但学生们总是不听。
선생님이 여러 차례 경고했는데도 학생들은 여전히 듣지를 않는다.

명 경고

昨天他又被罚了个警告。
어제 그는 또 경고를 받았다.

1015 警惕 jǐngtì

동 경계심을 가지다, 경계하다

- 유 **3급** 小心 xiǎoxīn, **1193** 留神

由于警察放松警惕，犯人逃跑了。
경찰들이 경계심을 늦춘 까닭에 범인이 도망쳤다.

乘坐公交车的时候要警惕小偷扒窃 páqiè。
버스를 탈 때 도둑이 소매치기하는 것을 경계해야 한다.

1016 颈椎 jǐngzhuī

명 경추

颈椎炎很难治好。 경추염은 치료가 어렵다.

长时间在电脑前工作的人颈椎很容易出问题。
장기간 컴퓨터 앞에서 일하는 사람들은 경추에 쉽게 문제가 생긴다.

1017 敬礼 jìng//lǐ

동 ① 경례하다

- 반 失敬 shījìng, 失礼 shīlǐ, 无礼 wúlǐ

学生向老师敬礼后就走出了教室。
학생들은 선생님께 인사를 드린 후에 교실을 나갔다.

他在本部的时候我对他敬过礼。
그가 본부에 있을 때 나는 그에게 인사를 한 적이 있다.

② 삼가 의례를 표하다 [편지 마지막에 쓰는 높임말]

他在信的结尾写上了"此致敬礼"。
그는 편지 마지막에 '삼가 의례를 표합니다'라고 썼다.

1018 境界 jìngjiè

명 ① (토지의) 경계

- 유 **0980** 界限, 地界 dìjiè

再走几公里，就到江苏的境界了。
몇 킬로미터를 더 가면, 장쑤성의 경계에 도착한다.

② 경지

- 유 境地 jìngdì, 境域 jìngyù

他的小说已经到了一种更高的境界。
그의 소설은 이미 아주 높은 경지에 도달했다.

1019 竞赛 jìngsài

동 경쟁하다, 경기하다
유 3급 比赛 bǐsài, 4급 竞争 jìngzhēng

他在数学竞赛中荣获了一等奖。
그는 수학 시합에서 영광스럽게도 1등을 하였다.
在竞赛的过程中要遵守公正公平的原则。
경기하는 과정에서 공정공평의 원칙을 지켜야 한다.

1020 竞选 jìngxuǎn

동 경선활동을 하다, 선거운동을 하다, 선거에 입후보하다

她决定了参加总统竞选。
그녀는 대통령 경선에 참가하기로 결정했다.
竞选活动需要有大量的资金支持。
선거활동에는 대량의 자금지원이 필요하다.

1021 镜头 jìngtóu

명 ① (사진기·촬영기 등의) 렌즈
这种变焦镜头很贵。
이 줌 렌즈는 아주 비싸다.

② (사진의) 화면, 샷(shot)
这个镜头，再拍一次吧。
이 장면 다시 한 번 찍읍시다.

③ (영화의) 신(scene), 장면
导演把拍好的镜头播放bōfàng给演员看。
감독은 잘 찍은 장면을 연기자에게 상영하여 보여줬다.

1022 纠纷 jiūfēn

명 분규, 다툼, 분쟁
유 5급 矛盾 máodùn

邻里纠纷时常发生。
이웃끼리는 다투는 일이 자주 일어난다.
张大妈很热情，经常调节纠纷。
장 씨 아주머니는 정이 많으신 분이라 자주 분쟁을 중재해주신다.

1023 纠正 jiūzhèng

동 바로잡다, 고치다, 교정하다
유 5급 改正 gǎizhèng, 0667 更正, 矫正 jiǎozhèng
반 4급 坚持 jiānchí

这种错误观念一定要及时纠正。
이런 잘못된 관념은 반드시 제때에 바로잡아야 한다.
老师将我作文中的错误部分都纠正了。
선생님께서 내가 쓴 글 중의 틀린 부분을 모두 고쳐주셨다.

1024 酒精 jiǔjīng

명 알코올
酒精有消炎杀菌的功效。
알코올은 소염 살균의 효능이 있다.
他喝酒喝到酒精中毒的程度了。
그는 술을 하도 많이 마셔서 알코올 중독이 될 정도이다.

1025 救济 jiùjì

동 구제하다
他用自己的钱财来救济穷人。
그는 자신의 돈으로 가난한 사람을 구제하고 있다.
政府拨出bōchū大量物资救济难民。
정부는 많은 물자를 지출해서 난민을 구제한다.

1026 就近 jiùjìn

부 가까운 곳에, 부근에
就近找个住处吧。 부근에서 묵을 곳을 찾읍시다.
我们就近买些吃的东西吧。
우리 가까운 곳에서 먹을 걸 좀 삽시다.

1027 就业 jiù//yè

동 직장을 얻다, 취직하다, 취업하다
广开就业门路，会促进社会稳定。
취업의 문이 크게 열리면 사회안정이 촉진될 것이다.
近几年，大学生就业一直是个社会问题。
최근 몇 년간, 대학생의 취업이 계속 사회문제가 되고 있다.

我去年就过业，今年又失业了。
나는 작년에 취직을 했었는데, 올해 다시 실직했다.

1028 就职 jiù//zhí

동 부임하다, 취임하다 [주로 비교적 높은 직위를 가리킴]
유 到任 dàorèn, 任职 rènzhí

经过重重考验，他最终就职了。
온갖 시련을 다 겪고 그는 마침내 취임했다.

刚就职不久的副市长到灾区视察工作。
취임한 지 오래되지 않은 부시장이 재난지역에 와서 업무를 시찰했다.

他已经到另一家公司就了职。
그는 이미 다른 회사에 취임했다.

1029 鞠躬 jū//gōng

동 허리를 굽혀 절하다
유 行礼 xínglǐ

鞠躬尽瘁jìncuì，死而后已。
허리를 굽혀 온 마음을 다해 죽을 때까지 혼신을 다하자.

演员们向观众深深地鞠躬。
연기자들이 관중에게 허리를 깊게 숙여 절했다.

他深深地鞠了一个躬。
그는 정중히 허리 굽혀 인사했다.

1030 拘留 jūliú

동 구류하다, 구금하다

他已经被拘留三天了。
그는 이미 구금된 지 삼 일째가 되었다.

他被派出所拘留了一周后，出来了。
그는 파출소에서 일주일 동안 구류된 후에야 나왔다.

1031 拘束 jūshù

동 구속하다, 속박하다, 제한하다

这条法律可以拘束许多人的行为。
이 법률은 많은 사람의 행동을 제한할 수 있다.

형 어색하다, 거북하다
유 拘谨 jūjǐn
반 5급 放松 fàngsōng, 5급 自由 zìyóu

大家不要拘束，就把我家当做自己家吧。
모두 어색해하지 마시고, 저희 집을 자기 집처럼 여겨주세요.

1032 居住 jūzhù

동 거주하다

他已经在美国居住了十年了。
그는 이미 미국에서 거주한 지 10년이 되었다.

大学毕业后我一直居住在上海。
대학을 졸업한 후 나는 줄곧 상하이에서 살았다.

1033 局部 júbù

명 (전체에서의) 일부분, 국부

明天大连局部地区有大暴雨。
내일 따롄 일부 지역에 폭우가 내릴 예정이다.

患者出现了病菌局部感染，很危险。
환자에게서 병균 국부감염이 나타나서, 무척 위험하다.

1034 局面 júmiàn

명 국면, 형편
유 0239 场合, 0240 场面, 1035 局势

如何才能改变现在的不利局面？
지금의 이 불리한 국면을 어떻게 변화시킬 수 있을까?

在一个陌生的环境中，打开局面不容易。
낯선 환경에서 국면을 타개하기가 쉽지 않다.

1035 局势 júshì

명 (정치·군사의) 정세, 형세, 상황
유 5급 形势 xíngshì, 1034 局面

国际政治局势风云变幻。
국제정치의 정세가 변화무쌍하여 예측하기가 어렵다.

目前，国内经济局势比较稳定。
현재 국내의 경제상황이 비교적 안정적이다.

1036 局限 júxiàn

동 국한하다, 한정하다, 제한하다

유 4급 限制 xiànzhì

不要把自己**局限**在一个领域里。
스스로를 한 영역 안에 가두지 말아야 한다.

自由不是绝对的自由，是有**局限**的。
자유라는 것은 절대적인 자유를 말하는 것이 아니고, 제한적인 자유를 말하는 것이다.

局限・限制

- 局限 동 국한하다, 한정하다
- 限制 동 제한하다

비교 이 두 단어는 모두 '한정 짓다'라는 뜻을 가지고 있는 단어이다. 局限은 일정한 범위 내에서 혹은 좁은 범위 내에서 한정 짓는 것을 가리키고, 限制는 규정된 범위를 초과해서는 안 되는 것을 가리킨다.

한국어로 해석하면 차이가 없어 보이므로 단어의 뜻을 정확히 파악하는 것이 포인트!

Check

这种船要（　　）乘客人数。
이런 배는 승객인원수를 제한해야 한다.

这种疾病并未被（　　）在一定范围之内。
이런 질병은 결코 일정한 범위 내에 한정되지 않는다.

답 限制 / 局限

1037 举动 jǔdòng

명 거동, 행동

유 4급 动作 dòngzuò, 5급 行动 xíngdòng,
5급 行为 xíngwéi, 举止 jǔzhǐ

你的**举动**太轻率了。
너의 행동은 너무 경솔하다.

她最近的**举动**有些异常。
요새 그녀의 행동이 좀 이상하다.

1038 举世闻名 jǔshì wénmíng

성 전 세계에 이름이 알려지다, 명성이 아주 크다

유 3급 有名 yǒumíng, 1039 举世瞩目, 出名 chūmíng
반 默默无闻 mòmò wúwén

中国的长城**举世闻名**。
중국의 만리장성은 세계적으로 명성이 아주 크다.

中国古代的四大发明**举世闻名**。
중국 고대의 사대발명은 세계적으로 유명하다.

1039 举世瞩目 jǔshì zhǔmù

성 전 세계 사람들이 주목하다

유 1038 举世闻名 반 默默无闻 mòmò wúwén

他取得了**举世瞩目**的成就。
그는 많은 사람이 주목할 만한 성과를 냈다.

中东是**举世瞩目**的多事地区。
중동은 전 세계 사람들의 주목을 받을 만큼 많은 일이 일어나는 지역이다.

1040 举足轻重 jǔzú qīngzhòng

성 중요한 위치에 있어서 일거수일투족이 전체에 영향을 끼치다

张教授是学术界**举足轻重**的人物。
장 교수님께서는 학술계에서 영향력이 상당한 인물이시다.

他在我们部门的地位**举足轻重**，不容忽视。
그는 우리 파트에서의 위치가 매우 중요하니, 절대 얕잡아 봐서는 안 된다.

1041 咀嚼 jǔjué

동 ① (음식물을) 씹다

他嘴里边**咀嚼**着东西边讲话，声音听不清楚。
그는 입안에 있는 음식물을 씹으면서 말을 해서, 소리가 제대로 들리지 않았다.

② 음미하다, 되새기다

这篇散文值得细细**咀嚼**一番。
이 산문은 세심하게 음미하면서 읽을 만하다.

1042 沮丧 jǔsàng

형 낙담하다, 풀이 죽다

看他那**沮丧**的表情就知道他这次又失败了。

그의 저 풀이 죽은 표정을 보니 그가 이번에 또 실패한 것을 알았다.
- 동 낙담하게 하다, 실망케 하다
大家别沮丧，我们还是有机会的呢。
모두 실망하지 마세요, 우리에게 다시 기회가 있을 겁니다.

1043 **剧本** jùběn
- 명 극본, 각본, 대본
他用了两年多的时间写出这部剧本。
그는 2년이 넘는 시간을 들여 이 극본을 써냈다.
我们找了很久才找到这个剧本的中文版。
우리는 아주 오랫동안 찾아서 겨우 이 대본의 중국판을 찾아냈다.

1044 **剧烈** jùliè
- 형 극렬하다, 격렬하다
运动后腹部感到剧烈疼痛。
운동 후 복부에 심한 통증을 느꼈다.
老年人不适宜做剧烈运动。
노인들은 격렬한 운동이 맞지 않는다.

1045 **聚精会神** jùjīng huìshén
- 성 정신을 집중하다, 열중하다
  - 유 专心致志 zhuānxīn zhìzhì
  - 반 神不守舍 shénbùshǒushè

他聚精会神地听着老师讲课。
그는 정신을 집중해서 선생님 수업을 듣는다.
每天早上爷爷聚精会神地看报。
매일 아침 할아버지께서는 정신을 집중해서 신문을 읽으신다.

1046 **据悉** jùxī
- 동 아는 바에 의하면 ~라고 한다, 소식에 따라 ~라고 알다
据悉，就这个问题双方已经达成共识。
아는 바에 의하면, 이번 문제는 쌍방이 이미 합의점에 도달했다고 한다.
据悉，非典型肺炎病毒已经得到了控制。
소식에 따르면 비전형성 폐렴바이러스는 이미 통제되었다고 한다.

1047 **决策** juécè
- 동 (책략·정책 등을) 결정하다
  - 유 3급 决定 juédìng
决策前需要进行慎重的考虑。
책략을 결정하기 전에는 신중히 고려할 필요가 있다.
- 명 결정된 책략, 정책, 방침
他是个独裁者，公司的所有决策都是他一个人说了算。
그는 독재자라서 회사의 모든 정책이 그 한 사람의 말로 결정된다.

1048 **觉悟** juéwù
- 동 깨닫다, 자각하다, 인식하다
  - 유 1049 觉醒, 醒悟 xǐngwù
虽然他很顽固，但经过一番说服，渐渐觉悟起来了。
비록 그는 완고했지만, 설득하는 과정을 한 차례 겪으면서 점차 깨닫게 되었다.
- 명 각오, 의식, 각성
大家的觉悟渐渐提高了。
모두의 의식이 점점 더 제고되었다.

 觉醒·觉悟
1049 觉醒 참고

1049 **觉醒** juéxǐng
- 동 각성하다, 깨닫다
  - 유 1048 觉悟, 醒悟 xǐngwù
现在是要求国家觉醒的时候。
지금은 국가의 깨달음이 요구되는 시기이다.
一个觉醒了的民族必将有灿烂的未来。
깨어있는 민족은 반드시 찬란한 미래가 있을 것이다.

plus+ 觉醒·觉悟

· 觉醒 동 각성하다, 깨닫다

· 觉悟 동 깨닫다, 자각하다

비교 이 두 단어는 비슷하게 보일지 모르지만 확실히 구분되므로 절대 혼동해서는 안 된다. 觉醒은 미혹 속에서 깨어나거나(醒) 모호함 속에서 깨어나는(醒) 것을 가리키고, 觉悟는 머릿속에서 미혹, 모호함, 잘못됨 등을 깨닫는(悟) 것을 가리킨다.

두 글자 중 한 글자만 다를 경우 그 다른 한 글자의 뜻에 집중하여 구분하는 것이 포인트!

Check
我一刹那（　　　）到个人只不过是现实的一个影子。
나는 찰나에 개인은 단지 현실의 그림자일 뿐이라는 걸 깨달았다.
中国封闭了好多年，巨龙终于（　　　）。
중국은 여러 해 동안 폐쇄되어 있었으나, 거대한 용은 마침내 깨어났다.

답 觉悟 / 觉醒

1050 绝望 jué//wàng

동 절망하다
유 4급 失望 shīwàng, 无望 wúwàng
반 2급 希望 xīwàng, 2365 指望, 有望 yǒuwàng

那个妇人绝望地哭泣着。
그 부인은 절망스럽게 울고 있다.
无论遭受多少挫折cuòzhé，她都不会绝望。
아무리 많은 좌절을 겪더라도 그녀는 절대 절망하지 않는다.
他是一个好青年，只是现实已使他绝了望。
그는 훌륭한 청년이지만, 단지 현실이 그를 절망하게 할 뿐이다.

1051 军队 jūnduì

명 군대
유 0494 队伍, 军 jūn

政府派遣pàiqiǎn军队到灾区救援jiùyuán。
정부는 재해지역에 군대를 파견하여 지원한다.
许多军人退伍以后仍然很难忘记军队的生活。
많은 군인들이 전역한 후에도 여전히 군대에서의 생활을 잊지 못한다.

1052 卡通 kǎtōng

명 만화 영화, 애니메이션
小朋友都很喜欢看卡通片。
아이들은 모두 애니메이션 영화 보는 것을 좋아한다.
蜡笔小新Làbǐ xiǎoxīn等卡通形象深受人们喜爱。
짱구 등의 만화주인공은 사람들로부터 많은 사랑을 받는다.

1053 开采 kāicǎi

동 (지하자원을) 채굴하다, 발굴하다, 개발하다
유 1837 挖掘, 采掘 cǎijué

黄金是怎样开采出来的？
황금은 어떻게 채굴해냅니까?
工人们在底下开采煤矿méikuàng。
광부들은 지하에서 탄광을 채굴한다.

1054 开除 kāichú

동 제명하다, 해고하다, 자르다, 면직시키다
유 除名 chúmíng
반 接纳 jiēnà, 接收 jiēshōu

校方将开除他的学籍。
학교 측은 그의 학적을 박탈할 것이다.
今天我们部门又有一个人被开除了。
오늘 우리 파트에서 또 한 명이 해고되었다.

1055 开阔 kāikuò

형 ① (면적·공간 등이) 넓다, 광활하다
유 0727 广阔, 1173 辽阔, 宽阔 kuānkuò
반 1940 狭隘, 1941 狭窄, 狭小 xiáxiǎo

在我们眼前的是一片开阔的草坪。

우리 눈앞에 아주 넓은 잔디밭이 있다.

② (생각·마음 등이) 탁 트이다, 유쾌하다
男人心胸要开阔。
남자는 마음이 넓어야 한다.

동 넓히다
去外国旅游是开阔眼界的一种很好的方法。
외국을 여행하는 것은 시야를 넓히는 좋은 방법 중 하나이다.

> **어휘 plus+ 开朗·开阔**
> 1056 开朗 참고

1056 **开朗** kāilǎng

형 ① (장소가) 탁 트이고 밝다, 훤하다
　유 1055 开阔　반 狭小 xiáxiǎo

本以为前面是死胡同，走过去一看豁然 huòrán 开朗。
원래 앞이 막다른 골목인 줄 알았는데, 걸어가보니 확 트여 훤하다.

② (생각이) 트이다, (성격이) 명랑하다
　유 爽朗 shuǎnglǎng　반 阴郁 yīnyù

她的性格开朗、大方。
그녀의 성격은 명랑하고 시원시원하다.

> **어휘 plus+ 开朗·开阔**
>
> • 开朗　형 탁 트이고 밝다
> • 开阔　형 넓다, 광활하다
>
> 비교 이 두 단어는 한 글자에 의해서 구분이 되는 단어들이다. 朗이 '밝고 환하다'라는 뜻을 가지고 있으므로 开朗은 장소가 넓고 탁 트여 밝은 것을 가리키고, 阔는 '넓다'라는 뜻을 가지고 있으므로 开阔는 장소가 넓고 광활하다는 뜻을 가리킨다. 开阔는 그 반의어 '狭窄(좁다)'로도 의미를 짐작할 수 있다. 또한 开朗은 성격이 명랑한 것을 가리키기도 하며, 开阔는 마음이 넓고 시원시원한 것을 가리키기도 한다.
>
> 두 글자 중 한 글자만 다를 경우
> 그 다른 한 글자의 뜻에 집중하여 구분하는 것이 포인트!

Check
从山洞出来，就觉得眼前豁然 huòrán (　　　)。
동굴에서 나오니 눈앞이 탁 트인다.

这片田野 (　　　) 极了。
이 들판은 매우 광활하다.
답 开朗 / 开阔

1057 **开明** kāimíng

형 (생각이) 깨어있다, 진보적이다
　유 5급 进步 jìnbù, 1055 开阔, 1056 开朗
　반 守旧 shǒujiù

他虽然年纪大了，可是思想还是挺开明的。
그는 비록 나이는 많지만, 생각은 아주 진보적이다.

那时中国的部分开明人士对西方文化产生了兴趣。
그때 중국의 일부 깨어있는 인사들이 서양문화에 관심을 갖게 되었다.

1058 **开辟** kāipì

동 ① 통하게 하다, 개통하다, (길을) 열다
旅行社开辟了几条新的旅游线路。
여행사에서 새로운 여행노선 몇 개를 개발했다.

② 개척하다, 개발하다
　유 5급 开发 kāifā, 1060 开拓, 开创 kāichuàng

尚有很多未知的领域等待科学家去开辟。
아직 많은 미지의 분야가 과학자의 개척을 기다리고 있다.

> **어휘 plus+ 开拓·开辟**
> 1060 开拓 참고

1059 **开水** kāishuǐ

명 끓인 물
　유 沸水 fèishuǐ, 滚水 gǔnshuǐ
　반 生水 shēngshuǐ

我只想喝凉开水。
나는 끓여서 식힌 물을 마시고 싶을 뿐이다.

当心，这是开水，很烫。
조심해, 이건 끓인 물이라 뜨거워.

1060 开拓 kāituò

동 ① 개척하다, 개간하다

유 5급 开发 kāifā, 1058 开辟

我们公司正致力于开拓海外市场。
우리 회사는 마침 해외시장을 개척하는 데 힘쓰고 있다.

② (채굴에 앞서 갱도 건설 등의) 준비작업을 하다

工人们正在开拓巷道hàngdào。
노동자들이 갱도 건설의 준비작업을 하고 있다.

plus+ 开拓・开辟

- 开拓 동 개척하다
  ➡ 开拓 + 胸怀, 眼界, 边疆, 航线, 市场

- 开辟 동 개척하다
  ➡ 开辟 + 通道, 市场, 隧道, 航线, 商业区, 边疆, 未来, 前途

비교 이 두 단어는 모두 '개척하다'라는 뜻을 가진 단어이나, 开拓는 작은 것을 크게 만들고 확장한다(拓)는 뜻을 가리키고, 开辟는 무에서 유를 만들어내고, 처음으로 만들어내는 것(辟)을 가리킨다.

두 글자 중 한 글자만 다를 경우 그 다른 한 글자의 뜻에 집중하여 구분하는 것이 포인트!

Check

他们（   ）了新的航线。
그들은 새로운 항로를 개척했다.

这件事情使他大大地（   ）了眼界。
이 일은 그의 시야를 크게 넓혀주었다.

답 开辟 / 开拓

1061 开展 kāizhǎn

동 ① (작은 범위에서 큰 범위로) 확대하다, 전개하다

유 4급 发展 fāzhǎn, 5급 展开 zhǎnkāi

从去年年底到现在，我们开展了国内外交流活动。
작년 연말부터 지금까지, 우리는 국내외 교류활동을 전개했다.

② (전시회가) 열리다

今天美术馆开展，我们一起去看看吧。
오늘 미술관이 개관하는 날이니, 우리 함께 가서 보자.

plus+ 开展・展开

- 开展 동 확대하다, 전개하다
  ➡ 开展 + 活动, 比赛, 交流, 竞赛, 批评

- 展开 동 펴다, 전개하다
  ➡ 展开 + 地图, 翅膀, 报纸, 攻势, 活动, 研究, 工作, 谈判, 斗争, 讨论

비교 이 두 단어는 똑같은 글자가 서로 뒤집어져 있지만 의미상에서는 전혀 다른 단어이다. 开展은 작은 범위에서 큰 범위로 점차 발전시켜 나가는 것을 가리키고, 展开는 물건을 펼치거나 어떤 행사를 대규모로 진행하는 것을 가리킨다.

이러한 단어들은 단어의 구체적인 뜻 외에도 자주 쓰이는 목적어를 알아두는 것이 포인트!

Check

公司（   ）了空调促销的广告大战。
회사는 에어컨 판매의 광고 전쟁을 대규모로 진행했다.

学校应该（   ）课外活动。
학교는 반드시 과외활동을 전개해야 한다.

답 展开 / 开展

1062 开支 kāizhī

동 ① 지불하다, 지출하다

유 2345 支出

要学会省钱，不要乱开支。
절약하는 걸 배워라, 돈 함부로 쓰지 말고.

② 임금을 지급하다

我们公司每个月十五号开支。
우리 회사는 매월 15일에 임금을 지급한다.

명 지출, 비용

你一般每个月的开支是多少呀?
너는 일반적으로 한 달의 지출이 얼마나 되니?

1063 刊登 kāndēng

동 (신문・잡지에) 싣다, 등재하다

유 登载 dēngzǎi, 刊载 kānzǎi

这些照片不宜刊登。
이런 사진들은 등재되기에 적절하지 않다.

报纸上刊登了一些有趣的新闻。
신문에 재미있는 기사가 실려 있다.

1064 刊物 kānwù

명 간행물, 출판물
　유 期刊 qīkān

这次市民调查结果将发表在社会刊物上。
이번 시민조사 결과는 사회간행물에 발표될 것이다.
陈教授在国家级学术刊物上发表过多篇论文。
천 교수는 국가급 학술간행물에 여러 논문을 발표한 적이 있다.

1065 勘探 kāntàn

동 탐사하다, 조사하다
　유 勘测 kāncè, 勘察 kānchá

他们队经常要到野外勘探地质。
그의 팀은 자주 야외로 나가 지질을 탐사한다.
专家们已经找到了克服勘探困难的方法。
전문가들이 이미 탐사장애를 극복할 방법을 찾았다.

1066 看待 kàndài

동 대하다, 대우하다, 취급하다
　유 5급 对待 duìdài

别把我当成个客人看待。
나를 손님으로 대하지 마세요.
如何看待把顾客当成上帝？
손님을 왕으로 여기는 것을 어떻게 보십니까?

plus+ **看待・对待**

・看待 동 (사람이나 사물을) 대하다, 대우하다
・对待 동 (사람이나 사물을) 다루다, 대처하다

비교 이 두 단어는 매우 혼동되기 쉬운 단어이므로 확실하게 집고 넘어가야 한다. 看待의 '대하다, 대우하다'라는 뜻은 사회적 관계에 따라서 적절하게 대하거나 예우를 갖추어 잘 대하는 것을 가리키고, 对待의 '다루다, 대처하다'라는 뜻은 어떤 일에 대해서 적당한 조치를 취하는 것을 가리킨다.

한국어로 해석하면 차이가 없어 보이므로 단어의 뜻을 정확히 파악하는 것이 포인트!

Check
老师对不同的学生都一样（　　　）。
선생님은 다른 학생에 대해서 모두 같게 대한다.
我们应该虚心地（　　　）同学们的批评。
우리는 반드시 허심탄회하게 친구들의 비평을 다뤄야 한다.
답 看待 / 对待

1067 看望 kànwàng

동 방문하다, 문안하다
　유 1753 探望

下午，他通常看望朋友。
오후에 그는 보통 친구를 방문한다.
我想这个周末看望一下你的父母。
난 이번 주말에 너희 부모님을 찾아 뵙고 싶다.

1068 慷慨 kāngkǎi

형 ① 아끼지 않다, 후하다, 대범하다
　유 5급 大方 dàfang
　반 5급 小气 xiǎoqi, 1177 吝啬, 吝惜 lìnxī

他这个人很慷慨。
그라는 사람은 매우 대범한 사람이다.

② (감정이나 정서가) 격해지다, 강개하다
他在大会上慷慨地骂了几句。
그는 회의에서 격하게 욕을 몇 마디 했다.

1069 扛 káng

동 (어깨에) 메다, 짊어지다
　유 背 bēi

他扛着箱子爬楼梯呢。
그는 상자를 짊어지고 계단을 올라가고 있다.
我扛不了这么多行李。
나는 이렇게나 많은 짐을 멜 수 없다.

1070 考察 kǎochá

동 ① 고찰하다, 정밀히 관찰하다

유 4급 调查 diàochá, 5급 观察 guānchá,
1072 考核, 察看 chákàn, 考查 kǎochá

他经过多次考察才得出了这个结论。
그는 여러 차례의 고찰을 통해 비로소 이 결론을 얻었다.

② (현지) 조사하다, 시찰하다, 답사하다
他们在当地考察了两年多的经济情况。
그들은 현지에서 2년 넘게 경제 상황을 시찰했다.

 考察·考核

- 考察 통 (현지) 조사하다
  ➡ 考察 ＋ 山川, 地形, 气候, 资源, 地质, 环境, 风俗, 市场

- 考核 통 심사하다, 대조하다
  ➡ 考核 ＋ 职工, 干部, 技术, 能力, 成绩, 水平

  비교 이 두 단어는 모두 '검사하다'라는 뜻을 가지고 있는 단어이나, 考察는 현지 조사를 통해 정밀하게 관찰하는 것을 가리키고, 考核는 일정한 기준을 사용해서 검사하고 심사하는 것을 가리킨다.

  비슷한 의미를 가진 단어일수록 搭配에 의해 구분된다는 것이 포인트!

Check
科学家要去南极（　　　）。
과학자들은 남극으로 현지 조사를 가려고 한다.

每个公司通过（　　　）才能被录取。
모든 회사는 심사를 통해 비로소 채용된다.

답 考察 / 考核

1071 考古 kǎogǔ

통 고고학을 연구하다
下星期我们到敦煌去考古。
다음 주에 우리는 둔황에 고고학을 연구하러 간다.

명 고고학
他报考了北京大学的考古学专业。
그는 베이징대학의 고고학 전공에 지원했다.

1072 考核 kǎohé

통 심사하다, 대조하다
유 考查 kǎochá, 审核 shěnhé

他主要负责考核员工的出勤 chūqín 情况。
그는 주로 직원들의 출근 상황을 심사하는 일을 맡고 있다.

我们公司制定了新的工作表现考核标准。
우리 회사는 새로운 근무 심사기준을 제정했다.

 考察·考核

1070 考察 참고

1073 考验 kǎoyàn

통 시험하다, 시련을 주다, 검증하다
유 0921 检验, 1070 考察

他将面临严峻 yánjùn 的考验。
그는 곧 모진 시련에 직면할 것이다.

困难可以考验一个人的意志。
시련은 한 사람의 의지를 시험할 수 있다.

plus+ 考验·检验·化验

- 考验 통 시험하다, 시련을 주다
  ➡ 考验 ＋ 战士, 立场, 意志, 胆量, 思想

- 检验 통 검증하다, 검사하다
  ➡ 检验 ＋ 产品, 质量, 性能, 理论

- 化验 통 화학 실험을 하다, 화학 분석하다

  비교 이 세 단어는 다른 뜻을 가진 단어이므로 절대 혼동해서는 안 된다. 考验은 구체적인 사건이나 행동, 또는 곤란한 환경을 통해서 꿋꿋한지, 충실한지, 성실한지, 정확한지를 검증하는 것을 가리키고, 检验은 상품의 질량, 기능, 성능, 이론 등을 검사하고 검증을 거치는 것을 가리킨다. 化验은 글자 그대로 화학 실험을 하고 화학 분석을 하는 것을 가리킨다.

  아무리 쉬운 단어일지라도 그 속뜻을 한 번쯤 되새겨 보는 것이 포인트!

Check
艰难的环境能（　　　）人的意志。
힘든 환경은 사람의 의지를 시험할 수 있다.

明天就可以知道（　　　）的结果。
내일이면 곧 화학 실험의 결과를 알 수 있다.

他的工作是（　　　）产品的质量。
그의 직업은 상품의 질량을 검사하는 것이다.

답 考验 / 化验 / 检验

1074 靠拢 kàolǒng

동 ① 접근하다, (간격을) 좁히다, 가까이 다가서다
유 靠近 kàojìn

老师叫孩子们互相靠拢些。
선생님은 아이들에게 서로 가까이 다가서라고 한다.

② (사상적인 측면에서) 접근하다, 가까이 다가가다
유 亲近 qīnjìn

这位先生的影响力很大，许多人都向他靠拢。
이 선생님은 영향력이 매우 커서, 많은 사람들이 그에게 가까이 다가간다.

1075 磕 kē

동 ① (단단한 것에) 부딪치다
유 4급 撞 zhuàng, 碰 pèng

今天走路不小心撞到了树，额头上磕掉了一块皮。
오늘 길을 걷다가 잘못해서 나무에 부딪치면서 이마가 까졌다.

② 툭툭 떨다, 툭툭 치다

他把鞋里的沙子磕掉了。
그는 신발 안의 모래알을 툭툭 떨어냈다.

1076 颗粒 kēlì

명 ① 알, 과립, 알갱이

这个玉米有多少颗粒呀？
이 옥수수는 몇 개의 알갱이로 되어 있을까?

② (곡식의) 낟알, 톨

每个谷子gǔzi的颗粒都要在同样的温度下干燥处理。
조의 모든 낟알은 모두 같은 온도에서 건조 처리한다.

1077 科目 kēmù

명 (학술·장부의) 과목, 항목

在过去，科举考试的科目很少。
옛날에 과거시험의 과목은 아주 적었다.

这次期末考试除了外语以外，还要考五个科目。
이번 기말고사는 외국어 이외에도, 다섯 개의 과목을 시험 봐야 한다.

1078 渴望 kěwàng

동 갈망하다, 바라다, 간절히 바라다
유 2급 希望 xīwàng, 5급 盼望 pànwàng, 1401 期望

他渴望有一天可以回到祖国。
그는 언젠가는 조국에 돌아갈 수 있기를 갈망한다.

她的女儿渴望和其他的小朋友一样去上学。
그녀의 딸은 다른 어린이와 똑같이 학교에 다니기를 간절히 바란다.

plus+ 渴望·盼望

· 渴望 동 갈망하다, 바라다
➡ 渴望 + 和平, 改革, 幸福, 自由, 胜利, 工作

· 盼望 동 희망하다, 바라다
➡ 盼望 + 喜讯, 佳音, 下雨, 丰收, 放假, 解决

비교 이 두 단어는 모두 '바라다, 원하다'라는 뜻을 가진 단어이나, 渴望은 절박하게 바라는 것으로 서면어에 주로 쓰이고, 盼望은 미래에 빨리 이루어지기를 가슴 깊이 희망하는 것으로 구어에 주로 쓰인다. 希望, 盼望, 渴望 이 세 단어 모두 바란다는 뜻인데, 그 정도의 차이를 살펴보면 希望 < 盼望 < 渴望 순이라고 볼 수 있다.

아무리 쉬운 단어일지라도 그 속뜻을 한번쯤 되새겨 보는 것이 포인트!

Check

父母（　　　）自己的女儿考上大学。
부모는 자신의 딸이 대학에 붙기를 바란다.

她真（　　　）着找到理想的工作。
그녀는 이상적인 직업을 찾기를 진심으로 갈망하고 있다.

답 盼望 / 渴望

1079 可观 kěguān

형 ① 가관이다, 볼 만하다

九寨沟的山水实在可观！
지우자이꺼우의 풍경은 실로 볼 만하다!

② 대단하다, 굉장하다

今天要来的观众数目会很可观的。
오늘 올 관중 수는 정말 굉장할 것이다.

1080 可口 kěkǒu
[형] 맛있다, 입에 맞다
 [유] 合口 hékǒu, 适口 shìkǒu, 爽口 shuǎngkǒu
妈妈做的菜总是那么可口。
엄마가 해주는 음식은 언제나 그렇게 맛있다.
我吃着可口的饭菜，心里特别幸福。
내 입에 맞는 음식을 먹으니, 정말 행복하다.

1081 可恶 kěwù
[형] 밉다, 밉살스럽다, 혐오스럽다
 [유] 可恨 kěhèn, 可憎 kězēng
 [반] 3급 可爱 kě'ài
他那傲慢的态度真可恶呀！
그의 그 오만한 태도는 정말 혐오스럽다!
一个可恶的女王把王子变成了青蛙。
밉살스러운 여왕은 왕자를 청개구리로 만들어버렸다.

1082 可笑 kěxiào
[형] ① 가소롭다
 [유] 滑稽 huájī
他的举动真是又可笑又气人。
그의 행동은 정말이지 가소롭고도 화를 돋운다.

② 우습다, 우스꽝스럽다, 익살스럽다
 [유] 0821 荒谬, 0822 荒唐
真可笑，就没见过你这样的人。
정말 웃기네, 너 같은 애는 정말 처음 봐.

1083 可行 kěxíng
[형] 실행 가능하다, 실행할 수 있다, 가능하다
在我看来，这是一个可行的计划。
내가 보기에 이것은 실행 가능한 계획이다.
这个方案是可行的，我们可以尝试一下。
이 방안 괜찮은데, 우리 한번 시행해봐도 되겠다.

1084 刻不容缓 kèbùrónghuǎn
[성] 일각도 지체할 수 없다, 매우 급박하다
完善社会信用体系刻不容缓。
사회의 신용체계를 완전하게 하는 것은 매우 급박하다.
解决群众的实际问题刻不容缓。
군중의 실제적인 문제를 해결하는 일은 일각도 지체해서는 안 된다.

1085 课题 kètí
[명] (연구·토론 등의) 과제, 프로젝트
我们小组抽到的课题不容易完成。
우리 팀이 뽑은 과제는 끝마치는 것이 쉽지 않다.
他已经提交了详细的课题研究方案。
그는 이미 상세한 프로젝트 연구방안을 제출했다.

1086 客户 kèhù
[명] ① 외지에서 이주하여 온 사람, 이주자
作为客户，他们并不了解当地的风俗。
이주자로서 그들은 현지의 풍속을 결코 이해하기 쉽지 않다.

② 고객, 손님, 거래처
我们要好好处理客户关系。
우리는 고객과의 관계를 잘 관리해야 한다.

1087 啃 kěn
[동] 물어뜯다, 뜯어먹다, 갉아먹다
 [유] 5급 咬 yǎo
羊儿正在无限辽阔的草原上啃草呢。
양들이 드넓은 들판에서 풀을 물어 뜯어먹고 있다.
猪蹄zhūtí没蒸烂zhēnglàn，怎么啃都啃不动。
족발이 안 익어서, 아무리 뜯어먹으려 해도 잘 안 된다.

1088 恳切 kěnqiè
[형] 간절하다, 간곡하다, 진지하다

유 5급 诚恳 chéngkěn, 0279 诚挚, 真诚 zhēnchéng
반 2040 虚假, 2042 虚伪

我恳切地请求您回答我的问题。
저는 당신이 제 문제에 답해주길 간곡히 청합니다.
老师恳切希望自己的学生能成才。
선생님은 자신의 제자가 인재가 되길 간절히 바란다.

1089 坑 kēng

명 갱, 굴, 구덩이
我们突然停下来，因为路上有个大坑。
길에 큰 구덩이가 나 있어서, 우리는 갑자기 정지했다.

동 ① 함정에 빠뜨리다
你可别再坑人啦，你说的肯定是假的。
또 함정에 빠뜨리려고 하지 마, 네 말은 분명 거짓말이야.

② (사람을) 생매장하다, 산 채로 파묻다
焚书坑儒 fénshū kēngrú 发生在中国古代的秦朝。
분서갱유는 중국 고대의 진나라 때 발생했다.

1090 空洞 kōngdòng

형 (말이나 문장에) 내용이 없다, 요지가 없다
유 1093 空虚, 1375 贫乏, 空泛 kōngfàn
반 5급 具体 jùtǐ, 0296 充实, 1461 切实

他写的东西很空洞，没什么内涵。
그가 쓴 것은 내용이 없고, 어떤 함의도 없다.

명 공동, 물체 내부의 구멍
不要在墙上打空洞。
벽에 구멍을 내지 마라.

空虚 · 空洞
1093 空虚 참고

1091 空前绝后 kōngqián juéhòu

성 전무후무하다, 이전에도 없었고 앞으로도 없다
今天就发生了空前绝后的伟迹。
오늘 바로 전무후무한 기적이 발생했다.

我们结婚的时候要举行空前绝后的盛大宴会。
우리는 결혼할 때, 전무후무하게 성대한 피로연을 거행하려고 한다.

1092 空想 kōngxiǎng

동 공상하다
유 5급 幻想 huànxiǎng

不要空想一些没有意义的问题，还是多做一些实在的事情吧。
의미가 없는 문제는 그만 공상하고, 현실적인 일 좀 많이 해라.

명 공상
快点放弃你那些可笑的空想吧。
너의 그 웃기는 공상은 빨리 포기해라.

空想 · 幻想

· 空想　동 공상하다
· 幻想　동 환상하다

비교 이 두 단어는 뜻도 다를 뿐만 아니라 그 쓰임도 확실히 다르다. 空想은 비현실적이거나 실현될 가망성이 없는 것을 마음대로 상상하는 것을 가리키고, 幻想은 자신이 실현하고 싶은 것, 행복한 것을 상상하는 것을 가리킨다.

아무리 쉬운 단어일지라도 그 속뜻을 한 번쯤 되새겨 보는 것이 포인트!

Check
我小时候的（　　），今天成了现实。
나의 어렸을 때의 환상이 오늘 현실이 되었다.
电影里的情节都是我（　　）出来的。
영화 속의 줄거리는 모두 내가 공상해낸 것이다.

답 幻想 / 空想

1093 空虚 kōngxū

형 공허하다, 텅 비다, 불충실하다
유 1090 空洞, 空泛 kōngfàn
반 4급 实在 shízài, 0296 充实

退休后，他时常感到空虚。
퇴직 후에, 그는 항상 공허함을 느낀다.

不爱读书的人常常会感觉内心空虚。
책을 읽기 싫어하는 사람은 종종 마음속으로 공허함을 느낄 수 있다.

어휘plus+ 空虚·空洞

- 空虚 형 공허하다, 텅 비다
  ➡ 后方, 生活, 心灵, 精神, 能源 + 空虚
- 空洞 형 내용이 없다, 공허하다
  ➡ 内容, 理论, 语言, 文章, 报告, 宣传 + 空洞

비교 이 두 단어는 모두 '공허하다'라는 뜻을 가지고 있으나 그 의미상의 구별은 확실하다. 空虚는 주로 공간이 텅 비어 있거나 마음이 공허한 것을 가리키고, 空洞은 주로 문장이나 글의 내용이 성실하지 못한 것을 가리킨다.

비슷한 의미를 가진 단어일수록 搭配에 의해 구분된다는 것이 포인트!

Check
她写的文章太（　　　）了。
그녀가 쓴 문장은 너무 공허하다.
这一棵树非常大, 但里面很（　　　）。
이 나무는 매우 큰 데 비해서 안은 텅 비었다.

답 空洞 / 空虚

1094 孔 kǒng

명 구멍

유 5급 洞 dòng, 窟窿 kūlong, 眼儿 yǎnr

在纸箱上挖两个孔, 苹果容易保存。
종이상자에 구멍을 두 개 뚫으면 사과를 보관하기 좋다.
通过墙上的小孔能看到隔壁的情况。
벽의 조그만 구멍을 통해 옆집의 상황을 볼 수 있다.

1095 恐吓 kǒnghè

동 으르다, 위협하다, 협박하다

我不会被你恐吓到的。
나는 네 협박에 넘어가지 않는다.
他最近被恐吓说要搞垮 gǎokuǎ 他的公司。
그는 최근에 그의 회사를 망하게 하겠다고 말하는 협박을 받았다.

1096 恐惧 kǒngjù

형 겁먹다, 두려워하다, 공포감을 느끼다

유 3급 害怕 hàipà, 1881 畏惧, 惧怕 jùpà
반 无畏 wúwèi

她因恐惧而握住我的手。
그녀는 두려워서 내 손을 꼭 잡았다.
想要自信, 就一定要消除心理上的恐惧。
자신감을 갖고 싶다면, 반드시 마음속의 두려움을 없애라.

1097 空白 kòngbái

명 공백, 여백

他在书的空白处做了笔记。
그는 책의 공백 부분에 필기를 했다.
文章的空白处可以加上一些自己的意见。
문장에서 여백이 있는 곳에 자신의 의견을 덧붙일 수 있다.

1098 空隙 kòngxì

명 ① 틈, 간격, 공간

农作物之间要留一些空隙。
농작물 사이에는 간격을 두어야 한다.

② 겨를, 짬

他利用工作空隙学习汉语。
그는 업무의 짬을 이용해 중국어를 공부한다.

③ 틈새, 빈틈, 기회, 여지

유 空子 kòngzi

他打算利用他们到上游巡逻 xúnluó 去的空隙冲过江去。
그들이 상류에 순찰을 간 틈을 이용해 강을 건널 생각이다.

1099 口气 kǒuqì

명 어조, 입심, 말투

유 5급 语气 yǔqì, 口吻 kǒuwěn

她的口气向来很傲慢。
그녀의 말투는 항상 거만하다.
他说话的口气总是那么强硬。
그의 말하는 어투는 늘 너무 딱딱하다.

1100 口腔 kǒuqiāng

명 구강

保持口腔卫生，预防口腔疾病。
구강위생을 유지하여, 구강질병을 예방한다.
我们要经常刷牙，保持口腔卫生。
우리는 자주 이를 닦아 구강청결을 유지해야 한다.

1101 口头 kǒutóu

명 (말할 때의) 입

这是她曾经挂在口头上的一句话。
이것은 그녀가 일찍이 입에 달고 살았던 말이다.

형 구두의
반 1687 书面

这件事情领导是以口头形式通知的。
이 일은 리더가 구두 형식으로 통지했다.
口头上是赞成你，实际上是反对你的。
그는 말로는 네게 찬성하면서, 실제로는 반대한다.

1102 口音 kǒuyīn

명 ① 발음, 말씨

他的中文口音很正宗。
그의 중국어 발음은 정통이다.

② 방언, 사투리

她说一口纯正的普通话，不带一点口音。
그녀는 사투리가 조금도 섞이지 않은 순수한 표준어를 구사한다.

③ 어투, 말투

他说普通话的时候山东口音很重。
그는 표준말을 할 때, 산둥 어투가 너무 강하다.

1103 枯竭 kūjié

형 ① (수원이) 고갈되다, 바싹 마르다

地球上的水源总有一天会枯竭的。
지구상의 수원은 언젠가는 고갈될 것이다.

② (체력·자원 등이) 고갈되다

他跑了很久，体力都已经枯竭了。
그는 오랫동안 뛰어서 체력이 이미 모두 고갈되었다.

1104 枯燥 kūzào

형 무미건조하다, 단조롭다, 지루하다
유 5급 单调 dāndiào, 乏味 fáwèi, 平淡 píngdàn
반 4급 幽默 yōumò, 4급 有趣 yǒuqù, 0582 风趣

这本书很枯燥。
이 책은 너무 지루하고 재미없다.
数学题好枯燥呀，我都不想再做下去了。
수학문제는 너무 지루해서 나는 더 이상 하고 싶지 않다.

1105 苦尽甘来 kǔjìn gānlái

성 고진감래, 고생 끝에 낙이 온다

只要努力就会有苦尽甘来的一天。
노력하기만 하면, 고생 끝에 낙이 오는 날이 꼭 있을 것이다.
总会有苦尽甘来的时候的，大家别急。
언젠가는 고생 끝에 낙이 오니, 여러분 조급해하지 마세요.

1106 挎 kuà

동 ① (팔에) 걸다, 끼다

我非常喜欢挎着妈妈的手臂shǒubì逛街。
나는 엄마와 팔짱을 끼고 쇼핑을 하는 걸 매우 좋아한다.

② (어깨나 허리에) 걸다, 메다

他挎着书包去学校了。
그는 가방을 메고 학교에 갔다.

1107 跨 kuà

동 ① (큰 걸음으로) 뛰어넘다, 내디디다

请所有的男同学向左跨一步。
모든 남학생은 왼쪽으로 한걸음 내디디세요.

② 뛰어넘다
유 1226 迈

跨过这个坎儿kǎnr，你就不会再遇到困难了。
이 고비만 넘기면 네가 다시 어려움을 겪는 일은 없을 것이다.

③ (두 다리를 벌려) 앉다, 서다
유 ③급 骑 qí

他们跨在白马背上照了好多张相。
그들은 백마의 등에 올라타 사진을 많이 찍었다.

1108 快活 kuàihuo

형 즐겁다, 유쾌하다
유 ①급 高兴 gāoxìng, ②급 快乐 kuàilè, ⑤급 开心 kāixīn
반 ④급 伤心 shāngxīn, ⑤급 痛苦 tòngkǔ, 悲伤 bēishāng

爷爷退休后，生活得十分快活。
할아버지께서는 퇴직한 후 아주 즐겁게 생활하신다.
考试结束后，孩子们快活地回家了。
시험이 끝난 후, 아이들은 유쾌하게 집으로 돌아갔다.

1109 宽敞 kuānchang

형 넓다, 드넓다, 너르다
유 宽大 kuāndà, 宽广 kuānguǎng, 宽阔 kuānkuò
반 ①급 狭窄, 狭小 xiáxiǎo, 窄小 zhǎixiǎo

宽敞的大厅里摆放着一把椅子。
넓은 로비에 의자 한 개가 놓여있다.
房子经过装修后，显得宽敞多了。
집이 내장공사를 한 후 훨씬 넓어 보인다.

어휘plus+ 宽敞·宽阔

- 宽敞 형 넓다
  ➡ 屋子, 院子, 客厅, 礼堂, 花园 + 宽敞
- 宽阔 형 넓다
  ➡ 水面, 道路, 场地, 马路, 心胸, 胸怀, 眼界, 前额, 肩膀, 胸背 + 宽阔

비교 이 두 단어는 모두 '넓다'라는 뜻을 가진 단어이나 그 구분은 확실하다. 宽敞은 주로 건물의 면적이나 내부가 넓은 것을 가리키고, 宽阔는 사물의 가로의 넓이가 넓거나 마음, 시야가 넓은 것을 가리키기도 하고, 사람의 신체 면적이 넓은 것을 가리키기도 한다.

비슷한 의미를 가진 단어일수록 搭配에 의해 구분된다는 것이 포인트!

Check
我们的教室（　　）极了。
우리 교실은 매우 넓다.

他的思想（　　）得很。
그의 사상은 매우 넓다.

답 宽敞 / 宽阔

1110 款待 kuǎndài

동 환대하다, 극진히 대접하다, 정성껏 대접하다
유 ⑤급 接待 jiēdài, ⑤급 招待 zhāodài
반 慢待 màndài

好好款待我们的贵客啊！
우리의 손님을 정성껏 대접해주세요!
回到家乡，朋友们热情地款待我。
고향에 돌아가면 친구들은 나를 열정적으로 환대한다.

1111 款式 kuǎnshì

명 스타일, 양식, 격식
유 0657 格式

你喜欢什么款式的车？
당신은 어떤 스타일의 차를 좋아합니까?
我们家是专门经营箱包，有许多款式。
우리 가게는 가방 전문점이라 다양한 스타일의 가방을 갖추고 있다.

1112 筐 kuāng

명 광주리

筐里装了鸡蛋，提着要小心点。
광주리 안에 계란을 담았으니, 조심해서 들어라.
这个筐挺大的，适合盛 chéng 一些蔬菜。
이 광주리는 무척 커서 야채를 담기에 적합하다.

1113 旷课 kuàng//kè

동 무단 결석하다, 수업을 빼먹다

他们几个人经常旷课出去玩。
그들 몇 명은 자주 무단결석하고 나가서 논다.
今天旷课的同学每个人扣五分。
오늘 무단결석한 학생들은 모두 5점씩 감점할 것이다.

他这学期旷了很多课。
그는 이번 학기에 수업을 많이 빼먹었다.

1114 **框架** kuàngjià

명 ① (건축의) 뼈대, 프레임, 골격
这座楼的框架是怎么样的?
이 건물의 골격은 어떤 것인가요?

② 골격, 구성, 구조
他已经把论文的框架写出来了。
그는 이미 논문의 개요를 써냈다.

1115 **况且** kuàngqiě

접 게다가, 더구나, 하물며
유 5급 何况 hékuàng
天气太冷，况且我们钱也不够。
날씨는 너무 춥고, 게다가 우리는 돈도 별로 없다.
这道题老师都解不出来，况且我呢。
이 문제는 선생님도 못 푸시는데, 하물며 내가 가능하겠어?

1116 **亏待** kuīdài

동 푸대접하다, 부당하게 대하다, 박대하다
只要认真完成任务，公司是不会亏待你的。
진지하게 임무를 마치면, 회사도 너를 박대하진 않을 것이다.
不要亏待了自己，偶尔吃一顿大餐也是好的。
자신을 너무 푸대접하지 말고, 가끔 한 끼쯤은 성찬을 해도 좋아.

1117 **亏损** kuīsǔn

동 ① 결손이 생기다, 적자가 나다, 손해를 보다
유 亏折 kuīshé 반 2180 盈利
今年公司亏损了100万元。
올해 회사는 100만 위안의 적자가 났다.

② 쇠약하다, 허약하다
他气血亏损，看起来很不健康。
그는 기혈이 쇠약해서 건강해 보이지 않는다.

1118 **昆虫** kūnchóng

명 곤충
蜜蜂是有益的昆虫。
벌은 유익한 곤충이다.
他从小就对昆虫研究很感兴趣。
그는 어렸을 때부터 곤충 연구를 좋아했다.

1119 **捆绑** kǔnbǎng

동 (줄로) 묶다, 포박하다, 결박하다 [주로 사람에 쓰임]
警察用绳子把他的手捆绑起来。
경찰이 줄로 그의 손을 묶었다.
那帮歹徒把保安人员捆绑起来，然后把他的嘴堵住。
그 강도들은 경비원을 결박한 후에 그의 입을 막았다.

1120 **扩充** kuòchōng

동 확충하다, 늘리다
유 4급 扩大 kuòdà, 4급 增加 zēngjiā, 扩展 kuòzhǎn
반 5급 缩小 suōxiǎo, 2072 压缩, 缩减 suōjiǎn
等公司基本稳定后，计划扩充店铺。
회사가 기본적으로 안정된 후에, 점포를 확장할 계획이다.
扩充教材上的内容可以让学生学到更多实用的知识。
교재의 내용을 늘려 학생이 더 많은 실용지식을 배우게 할 수 있다.

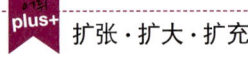
plus+ 扩张·扩大·扩充
1122 扩张 참고

1121 **扩散** kuòsàn

동 확산하다, 퍼뜨리다
유 5급 传播 chuánbō, 1559 散布, 散播 sànbō
泄露xièlòu的石油已经在海面上大面积地扩散了。
누출된 석유가 이미 해수면에 대규모로 퍼졌다.

有毒气体已经扩散了，现在需要快点疏散shūsàn群众。
독가스가 이미 확산되어서, 지금은 빨리 군중을 분산시킬 필요가 있다.

1122 扩张 kuòzhāng

동 (세력·영토를) 확장하다, 넓히다

유 4급 扩大 kuòdà, 1120 扩充, 扩展 kuòzhǎn
반 5급 缩小 suōxiǎo, 1674 收缩

工厂的规模在两年间扩张了三倍。
공장의 규모가 2년간 세 배나 확장되었다.

网络的影响力已经扩张到世界的每个角落。
인터넷의 영향력은 이미 전 세계 구석구석으로 확장되었다.

어휘 plus+ 扩张·扩大·扩充

- 扩张 동 확장하다, 넓히다
  ➡ 扩张 + 边疆, 野心, 势力

- 扩大 동 확대하다, 넓히다
  ➡ 扩大 + 范围, 规模, 影响, 势力, 眼界, 交流

- 扩充 동 확충하다, 늘리다
  ➡ 扩充 + 组织, 设备, 实力, 资金

비교 이 세 단어는 한 글자에 의해서 확실하게 구분되는 단어들이다. 张은 펴거나 뻗는다는 뜻이므로 扩张은 주로 옆으로 넓히는 것을 가리키고, 大는 크다는 뜻이므로 扩大는 전체적인 크기를 원래의 것보다 크게 한다는 데 초점이 맞춰져 있다. 또한 充은 가득 채운다는 뜻이므로 扩充은 수적 또는 양적인 면에서 설비, 자금을 확보하고 늘리는 것을 주로 가리킨다.

두 글자 중 한 글자만 다를 경우 그 다른 한 글자의 뜻에 집중하여 구분하는 것이 포인트!

Check

这声明暴露了他们企图向外（　　　）的野心。
이 성명은 그들이 외부로의 확장을 기도하는 야심을 폭로했다.

我们单位要（　　　）资金。
우리 회사는 자금을 확충해야 한다.

这次旅游（　　　）了我的眼界。
이번 여행은 나의 시야를 넓혔다.

📖 扩张 / 扩充 / 扩大

1123 喇叭 lǎba

명 나팔, 클랙슨

在学校附近请不要按喇叭。
학교 근처에서는 클랙슨을 누르지 마세요.

过年时，吹着喇叭兴高采烈地欢庆着。
설에는 나팔을 불면서 대단히 즐거이 축하를 한다.

1124 啦 la

조 문장 끝에 쓰여 사건의 완성, 변화 혹은 새로운 상황의 출현, 감탄과 경의 등을 나타냄 ['了 le'와 '啊 a'의 합음사로 두 글자의 의미를 겸함]

哎呀，不得了啦！
아이고, 큰일 났네!

很快就要收拾好了，别催啦。
금방 정리할 테니, 재촉하지 마.

希望你们都有美好的一天啦！
너희가 아름다운 하루를 보내길 바라!

这件事情包在我身上，放心啦。
이 일은 나한테 맡겨두고, 안심해.

1125 来历 láilì

명 (사람·사물의) 경력, 배경, 유래, 경로

유 3급 历史 lìshǐ, 5급 背景 bèijǐng, 1126 来源, 由来 yóulái

看他的穿着打扮应该挺有来历的。
그의 옷차림을 보면 그는 배경이 좀 있는 사람 같다.

请你介绍一下，这块无字碑的来历。
당신이 저 글자가 없는 비석의 유래를 좀 소개해주세요.

那个人来历不明，我们还是离他远一点吧。
그 사람의 배경을 모르니, 우리는 그와 거리를 두는 편이 좋을 것 같다.

来源 · 来历
1126 来源 참고

1126 来源 láiyuán

명 근원, 출처, 내원
유 0661 根源, 1125 来历, 1418 起源

请你说明一下你这话的来源。
당신의 이 말의 출처를 알려주세요.

동 기원하다, 유래하다, 생겨나다
艺术来源于生活，但又高于生活。
예술은 생활에서 유래하였지만, 이미 생활을 넘어선 높은 수준이다.

来源 · 来历

· 来源 명 근원, 출처
· 来历 명 경력, 배경, 유래

비교 두 단어 역시 한 글자에 의해서 확실히 구분되는 단어이다. 源은 근원, 뿌리, 근본이라는 뜻이므로 来源은 사물의 출처를 가리키고, 历는 역사나 경력, 세월을 가리키므로 来历는 사람과 사물의 지금까지의 역사와 배경을 가리킨다.

두 글자 중 한 글자만 다를 경우
그 다른 한 글자의 뜻에 집중하여 구분하는 것이 포인트!

Check
我想知道这个名称的（ 　　 ）。
나는 이 명칭의 유래를 알고 싶다.
我们家的经济（ 　　 ）是我的工资。
우리 집의 경제적 출처는 나의 월급이다.

답 来历 / 来源

1127 栏目 lánmù

명 란, 칸 [책, 신문 등의 지면에 글이나 그림을 싣기 위해 마련한 자리]
这篇文档有三个栏目。
이 서류에는 세 개의 란이 있다.
在这个经济栏目中添加什么内容？
이 경제란에 어떤 내용을 첨가하나요？

1128 懒惰 lǎnduò

형 게으르다, 나태하다
유 4급 懒 lǎn, 懒散 lǎnsǎn
반 4급 勤奋 qínfèn, 5급 勤劳 qínláo, 勤快 qínkuai

懒惰之人成就不了大事。
게으른 사람은 큰 일을 이룰 수 없다.
他就是一个懒惰的人，有了事总要拖到最后。
그는 게으른 사람이라서, 무슨 일이 있든 끝까지 미루다가 한다.

1129 狼狈 lángbèi

형 매우 난처(곤란)하다, 낭패스럽다, 궁색하다
유 0630 尴尬, 窘迫 jiǒngpò
반 坦然 tǎnrán

在外面被大雨淋得十分狼狈。
밖에서 장대비를 맞아 매우 낭패스럽다.
看他那狼狈的样子，应该又被领导骂了。
그가 매우 난처해하는 그 모습을 보니, 분명 또 상사한테 질책을 받은 것 같다.

1130 朗读 lǎngdú

동 낭독하다, 맑고 큰소리로 읽다
유 朗诵 lǎngsòng　반 默读 mòdú

我喜欢清晨在公园里朗读诗歌。
나는 아침에 공원에서 시가를 낭독하는 걸 좋아한다.
大声朗读英语有助于提高口语水平。
큰 소리로 영어를 읽는 것은 회화능력을 높이는 데 도움이 된다.

1131 捞 lāo

동 ① (물 등의 액체 속에서) 건지다
她在海水中捞到了一颗珍珠。
그녀가 바닷물에서 진주를 하나 건졌다.

② (부정한 수단으로) 얻다, 취득하다
这回你又想趁机chènjī捞一把呀？
이번 기회를 틈타서 너 또 한몫 챙기려는 거지？

③ 내친김에 잡다, ~하는 김에 가지다
她**捞**起棒子朝他身上打去。
손에 잡히는 대로 막대기를 들고 그를 향해 때렸다.

1132 唠叨 láodao

[동] 잔소리하다, 되풀이하여 말하다
别**唠叨**了，我已经明白你的意思了。
잔소리 그만해, 네 뜻이 뭔지 나도 이미 아니까.
妈妈对我的**唠叨**其实是对我的关爱。
엄마가 내게 잔소리를 하는 것은 사실 나를 아껴서 그런 것이다.

1133 牢固 láogù

[형] 견고하다, 단단하다, 튼튼하다
[유] [5급] 结实 jiēshi, **[0691]** 巩固, **[0908]** 坚固, **[0910]** 坚实
[반] 动摇 dòngyáo, 松散 sōngsǎn
用木头做的床很**牢固**。
나무로 만든 침대는 매우 견고하다.
盖房子的时候，如果地基不**牢固**的话，以后房子很容易倒塌。
집을 지을 때, 지반이 튼튼하지 않으면 나중에 쉽게 집이 무너질 수 있다.

plus+ 牢固·巩固·坚固

- **牢固** [형] 견고하다, 단단하다
  ➡ 思想, 精神, 观念, 知识, 友谊 + 牢固
- **巩固** [형] 견고하다, 튼튼하다
  ➡ 联盟, 基础, 政权, 制度, 国防, 关系 + 巩固
- **坚固** [형] 견고하다, 튼튼하다
  ➡ 建筑物, 物体, 用具 + 坚固

[비교] 이 세 단어 모두 '튼튼하다'라는 뜻을 가지고 있는데, 牢固는 매우 튼튼하게 결합되어 있어 쉽게 떨어지고 분리되지 않는다는 뜻을 지니고 있으며 구체명사, 추상명사가 모두 올 수 있다. 巩固는 관계, 지위, 힘 등이 쉽게 동요되고 흔들리지 않는 것에 초점이 맞춰져 있으며 주로 추상명사에만 사용된다. 坚固는 사물 간에 매우 긴밀하게 결합되어 있고 쉽게 파괴되지 않는다는 뜻을 가지고 있으며 주로 구체명사가 온다.

비슷한 의미를 가진 단어일수록 搭配에 의해 구분된다는 것이 포인트!

Check
我在公司的地位非常（　　　）。
나는 회사에서의 지위가 매우 공고하다.
我的书桌很（　　　），可以用一辈子。
내 책상은 매우 튼튼해서 한 평생을 쓸 수 있다.
她知识掌握得很（　　　）。
그녀는 지식을 매우 확고하게 장악하고 있다.

[답] 巩固 / 坚固 / 牢固

1134 牢骚 láosāo

[명] 불평, 불만
[유] 怨言 yuànyán
别发**牢骚**了，还是先干好手头的活儿吧。
불평 좀 그만하고, 먼저 손에 잡고 있던 일부터 하는 편이 더 낫겠다.

[동] 불평하다, 푸념하다
为了那件事，他**牢骚**了半天了。
그 일 때문에, 그는 종일 불평했다.

1135 乐趣 lèqù

[명] 즐거움, 재미, 기쁨
[유] [2급] 快乐 kuàilè, **[3급]** 兴趣 xìngqù, **[1499]** 趣味
[반] 苦衷 kǔzhōng, 苦恼 kǔnǎo
做那份工作能有什么**乐趣**呀?
그 일을 하면 무슨 즐거움이 있지?
自己应该在生活中不断地寻找**乐趣**。
스스로가 생활 속에서 끊임없이 즐거움을 찾아야 한다.

plus+ 乐趣·兴趣·趣味

- **乐趣** [명] 즐거움, 재미
- **兴趣** [명] 흥미, 흥취
- **趣味** [명] 재미, 흥미

[비교] 이 세 단어는 모두 '즐거움, 흥미'라는 뜻을 가지고 있다. 乐趣는 주로 직접 활동에 참가한 후의 즐거운 느낌을 가리키고, 兴趣는 어떤 사물이나 활동을 좋아해서 생기는 감정을 가리키며 '广泛', '浓厚'와 같은 단어와 같이 쓰인다. 趣味는 사람을 즐겁게 하고 재미 있게 끌어당기는 특성을 가리킨다.

한국어로 해석하면 차이가 없어 보이므로
단어의 뜻을 정확히 파악하는 것이 포인트!

Check
他最大的（　　）是跑步。
그의 가장 큰 즐거움은 조깅이다.
那是一部有（　　）的电影。
그것은 재미 있는 영화이다.
儿子的（　　）很广泛。
아들의 관심사는 매우 광범위하다.

답 乐趣 / 趣味 / 兴趣

---

plus+ 类似・相似

- 类似 [형] 유사하다, 비슷하다
  ➡ 东西, 方法, 错误, 情况, 现象 + 类似

- 相似 [형] 닮다, 비슷하다
  ➡ 外表, 外貌, 爱好, 结构, 温度, 观点, 内容 + 相似

비교 이 두 단어는 거의 차이점이 없으나 类似는 대체로 비슷하다는 데 초점이 맞춰져 있고, 相似는 거의 같다는 의미에 초점이 맞춰져 있다.

비슷한 의미를 가진 단어일수록 搭配에 의해 구분된다는 것이 포인트!

Check
电脑起着（　　）人脑的作用。
컴퓨터는 인간 두뇌와 유사한 작용을 한다.
我们夫妻的兴趣完全（　　）。
우리 부부의 취미는 완전히 똑같다.

답 类似 / 相似

1136 **乐意** lèyì

[동] 기꺼이 ~하다, ~하기를 원하다
　유 3급 愿意 yuànyì

你乐意去外国工作吗?
당신은 외국에 나가서 일하기를 원합니까?

[형] 만족하다, 유쾌하다, 좋아하다
听了那些话，他挺不乐意的。
그 말들을 듣고 나서도, 그는 전혀 만족하지 않았다.

1137 **雷达** léidá

[명] 레이더, 전파 탐지기
我们公司专门生产雷达。
우리 회사는 전문적으로 레이더를 생산한다.
科学家们利用雷达跟踪飞机。
과학자들은 레이더를 이용해서 비행기를 추적한다.

1138 **类似** lèisì

[형] 유사하다, 비슷하다
　유 4급 好像 hǎoxiàng, 5급 相似 xiāngsì, 好似 hǎosì, 相近 xiāngjìn

比较这两篇文章，你们找出它们类似点。
너희는 이 두 문장을 비교해서, 유사한 점을 골라내라.
这次可以原谅你，可是不要再犯类似的错误了。
이번에는 용서하지만, 다시는 똑같은 잘못을 하지 마라.

1139 **冷淡** lěngdàn

[형] ① 한산하다, 부진하다, 썰렁하다
　유 冷落 lěngluò, 冷清 lěngqīng, 萧条 xiāotiáo
　반 4급 热闹 rènao, 兴盛 xīngshèng

联欢会上的气氛相当冷淡，大家都不高兴的样子。
친목회의 분위기가 매우 썰렁해서 모두 기분이 나쁜 것처럼 보인다.

② 쌀쌀하다, 냉담하다, 냉정하다
　반 3급 热情 rèqíng, 5급 热心 rèxīn, 热忱 rèchén

我向他表白了，可是他冷淡地拒绝了。
내가 그에게 고백했으나, 그는 냉정하게 거절했다.

[동] 냉대하다, 푸대접하다, 쌀쌀맞게 대하다
　유 冷落 lěngluò

大老远地来了，不要那么冷淡了。
어르신께서 멀리서 오셨는데, 그렇게 냉대하면 안 된다.

1140 **冷酷** lěngkù

[형] 냉혹하다, 가혹하다, 잔인하다
他本来就是那样一个冷酷的人。
그는 원래 그렇게 매정한 사람이다.

他外表看起来很冷酷，其实是个热心的人。
그가 겉으로는 좀 냉혹해 보이지만, 사실은 아주 친절한 사람이다.

1141 冷却 lěngquè

동 냉각하다, 냉각시키다, 식히다
반 加热 jiārè

炼钢厂用水来冷却钢铁。
제철소에서는 물로 강철을 냉각시킨다.

等化学材料冷却了再做实验吧。
화학재료가 다 냉각된 다음에 다시 실험하자.

1142 愣 lèng

동 멍해지다, 얼빠지다, 어리둥절하다, 넋 놓다
유 呆 dāi, 失神 shīshén

听到这个不幸的消息，他愣在那里很久。
이 불행한 소식을 듣고, 그는 저기서 한참 멍하게 있었다.

형 무모하다, 경솔하다
유 粗 cū, 鲁莽 lǔmǎng

这个人说话办事太愣。
이 사람은 말도, 일도 너무 경솔하게 한다.

부 기어코, 기어이, 굳이

知道那样做不会成功，他还愣要做。
그렇게 하면 성공하지 못할 걸 알면서도, 그는 기어코 하겠다고 한다.

1143 黎明 límíng

명 여명
유 1179 凌晨, 破晓 pòxiǎo
반 傍晚 bàngwǎn, 0324 黄昏

他在黎明前就出去工作了。
그는 해가 뜨기도 전에 벌써 일하러 나갔다.

黎明的曙光 shǔguāng 是希望的象征。
여명의 빛은 희망의 상징이다.

1144 里程碑 lǐchéngbēi

명 ① 이정표

前面有个里程碑，我们看一下再赶路吧。
앞에 이정표가 있으니, 좀 보고 다시 길을 재촉하자.

② 기념비적 사건, 역사상 이정표가 되는 사건

电灯的发明是人类文明史上的里程碑。
전등의 발명은 인류문명사의 기념비적인 사건이다.

1145 礼节 lǐjié

명 예절
유 礼貌 lǐmào, 礼数 lǐshù

韩国人很注重礼节。
한국사람은 예절을 중시한다.

学习一个国家的语言的时候，要从那个国家的礼节学起。
한 나라의 언어를 배울 때에는 반드시 그 나라의 예절부터 배워야 한다.

1146 理睬 lǐcǎi

동 상대하다, 거들떠보다 [주로 부정형에 쓰임]
유 答理 dāli, 理会 lǐhuì

你不要理睬那些流言蜚语 fēiyǔ。
너 그런 유언비어는 신경 쓰지 마.

别理睬他，他上来脾气，别人说什么都没用的。
그 사람 상대하지 마. 그가 화 나면 남들이 뭐라고 해도 소용없어.

1147 理所当然 lǐsuǒdāngrán

성 도리상 당연히 이러하다, 마땅히 이러해야 한다

我们平时那么认真工作，理所当然地拿这么多奖金！
우리가 평소에 그렇게 열심히 일했으니, 마땅히 이렇게 많은 보너스를 받아야 돼!

虽然比我小很多，但初次见面用敬语是理所当然的。

비록 나보다는 많이 어리지만, 처음 만나서 존댓말을 쓰는 것은 당연한 일이다.

1148 理直气壮 lǐzhí qìzhuàng

[성] 이유가 충분하여 하는 말이 떳떳하다, 당당하다

[반] 理屈词穷 lǐqū cíqióng

在法庭上，他理直气壮地为自己辩解。
법정에서, 그는 자신을 위해 당당하게 변명하였다.

虽然犯了错，但他还是表现得理直气壮。
비록 잘못은 했지만, 그는 여전히 떳떳해 보인다.

1149 理智 lǐzhì

[명] 이지, 이성과 지혜

理智是他成功的秘诀。
이성과 지혜는 그 사람의 성공비결이다.

[형] 냉정하다, 침착하다, 이지적이다

处理事情要理智一些，不要太感情用事。
일을 처리할 때는 냉정하게 해야지 너무 감정적으로 하면 안 된다.

1150 立场 lìchǎng

[명] 입장, 처지

请阐明chǎnmíng您的立场。
당신의 입장을 명백하게 밝히세요.

做事之前要坚定自己的立场。
일을 하기 전에 자신의 입장을 확고히 해야 한다.

1151 立交桥 lìjiāoqiáo

[명] 입체 교차로

城市的东边新建了立交桥。
도시의 동쪽에 입체 교차로가 새로 지어졌다.

在上下班的时候，立交桥那边堵车很严重。
출퇴근할 때, 입체 교차로 쪽에 차가 너무 심하게 밀린다.

1152 立体 lìtǐ

[형] 입체의, 입체감을 주는

[반] 1382 平面

这幅画立体感很强。
이 그림은 입체감이 대단히 뛰어나다.

[명] 기하체

今天的美术课作业是画立体图形的。
오늘 미술수업의 과제는 입체도형을 그리는 것이다.

1153 立足 lìzú

[동] ① 발붙이다, 몸을 위탁하다

这么大的城市总会有我的立足之地的。
이렇게 큰 도시에 내가 위탁할 데는 있을 것이다.

② 근거하다, 입각하다, (입장에) 서다

我国科技立足于自主开发。
우리나라의 과학기술은 자체 개발에 입각한다.

1154 历代 lìdài

[명] 역대

这个菜谱已经传了历代了。
이 메뉴는 이미 대대로 전해오는 것이다.

这里的珍珠养殖业历代不衰。
이곳의 진주 양식업은 역대로 쇠한 적이 없다.

1155 历来 lìlái

[부] 줄곧, 항상, 언제나

[유] 4급 从来 cónglái, 1976 向来, 2131 一贯, 2134 一向

[반] 4급 偶尔 ǒu'ěr, 5급 偶然 ǒurán

这个问题历来就有很大争议。
이 문제는 줄곧 큰 분쟁이 되었다.

中国民族历来就是勤劳的民族。
중화민족은 예로부터 부지런한 민족이다.

1156 利害 lìhài

[명] 이해, 이익과 손해

유 得失 déshī, 利弊 lìbì
这两件事存在着很大的利害关系。
이 두 사건은 커다란 이해관계가 존재한다.
做重要决策之前需要考虑好各种利害关系。
중요한 책략을 짜기 전에 각종 이해관계를 잘 고려해야 한다.

1157 **利率** lìlǜ

명 이율
最近银行上调了储蓄chǔxù利率。
최근 은행은 저축이율을 상향 조정했다.
经济危机会影响利率变动。
경제위기는 이율변동에 영향을 미친다.

1158 **力所能及** lìsuǒnéngjí

성 자기 능력으로 해낼 수 있다, 힘이 닿는 데까지 하다
这件工作并非我力所能及。
이 일은 내 능력으로 할 수 있는 일이 아니다.
我乐于向你提供力所能及的帮助。
내가 힘 닿는 데까지 기꺼이 너를 도울게.

1159 **力图** lìtú

동 힘써 모색하다
유 1160 力争, 1294 谋求, 力求 lìqiú
她力图跻身jīshēn于大企业。
그녀는 대기업에 들어가려고 힘써 노력했다.
他们试用了很多方法，力图摆脱困境。
그들은 여러 방법을 시도해서 곤경에서 빠져 나가려고 힘써 노력했다.

1160 **力争** lìzhēng

동 매우 노력하다, 힘 쓰다
유 5급 争取 zhēngqǔ, 1159 力图, 力求 lìqiú
一定要力争超额完成生产任务。
반드시 생산임무를 목표액 이상이 되도록 힘써야 한다.
科学家们力争在癌症研究方面有个新突破。
과학자들은 암 연구방면에서 새로운 진전을 얻기 위해 매우 노력한다.

1161 **例外** lìwài

동 예외로 하다, 예외이다
法律面前人人平等，谁也不能例外。
법 앞에서는 모든 사람이 평등하고, 그 누구도 예외가 될 수 없다.

명 예외, 예외적인 상황
女性被启用为部长是个例外。
여성이 부장으로 기용된 것은 예외적인 상황이다.

1162 **连年** liánnián

동 몇 해 동안 이어지다, 여러 해 동안 계속되다
유 0961 接连, 连续 liánxù
风调雨顺，农民们连年取得丰收。
날씨가 매우 좋아서, 농민들이 여러 해 동안 계속 풍작을 거뒀다.
世界气候异常，暴风雨连年影响着百姓的生活。
세계적인 이상 기후로, 폭풍우가 해마다 국민의 생활에 영향을 미친다.

1163 **连锁** liánsuǒ

형 쇠사슬처럼 연결되다, 이어지다, 연쇄적이다
他经营一家连锁饭店。
그는 체인 호텔을 하나 경영한다.
物价上升将会带来一系列连锁反应。
물가상승은 일련의 연쇄적인 반응을 가져올 것이다.

1164 **连同** liántóng

접 ~와 함께, ~와 같이
유 1급 和 hé, 同 tóng
喝啤酒时要连同泡沫一起喝。
맥주를 마실 때는 거품도 같이 마셔야 한다.
交答卷的时候，请连同考卷一起交上。
답안지를 제출할 때 시험지도 같이 제출해주세요.

1165 联欢 liánhuān

동 함께 모여 즐기다, 친목을 맺다

毕业之前我们大家联欢了一下。
졸업하기 전에 우리 함께 모여서 한번 즐깁시다.
各个家庭与朋友们一道在家里开圣诞节联欢会。
집집마다 친구들과 같이 집에서 성탄절 축하모임을 연다.

1166 联络 liánluò

동 연락하다, 접촉하다, 소통하다
유 4급 联系 liánxì, 接洽 jiēqià

有空多联络一下我们的客户吧。
시간이 있을 때마다 우리 고객에게 자주 연락하세요.
21世纪的人们都用手机或网络联络。
21세기의 사람들은 모두 휴대전화나 인터넷을 이용해 연락한다.

1167 联盟 liánméng

명 연맹, 동맹

多所高校形成联盟共同培养优秀学生。
여러 대학이 연맹을 맺어 공동으로 우수한 학생을 키운다.
经济联盟帮助几个国家度过了经济危机。
경제동맹은 몇 나라가 경제위기를 극복하도록 도왔다.

1168 联想 liánxiǎng

동 연상하다
유 5급 想象 xiǎngxiàng, 遐想 xiáxiǎng

看到这个图形你联想到什么了?
이 도형을 보면서 당신은 무엇을 연상했나요?
看完这部电影，我联想起自己的大学生活。
이 영화를 보고 나서, 나는 내 대학생활이 떠올랐다.

1169 廉洁 liánjié

형 청렴결백하다, 청렴하다
유 廉明 liánmíng, 廉正 liánzhèng, 清明 qīngmíng
반 0605 腐败, 1746 贪污

他是个廉洁的清官。
그는 청렴결백한 관리이다.
人不管在哪个职位都要廉洁。
사람은 어느 직위에 있든지 청렴해야 한다.

1170 良心 liángxīn

명 양심

昧mèi良心的事千万不要做。
양심을 속이는 일은 절대 하면 안 된다.
你真没良心，竟然能做出这种事情来！
너 진짜 양심이 없구나, 뜻밖에 이런 일을 하다니!

1171 晾 liàng

동 ① (물건을 그늘이나 바람·햇볕에) 말리다
유 5급 晒 shài 반 捂 wǔ

天气挺好的，鞋子稍微晾干了。
날씨가 정말 좋아서, 신발을 좀 말렸다.
他把洗干净的衣服都晾在院子里。
그는 깨끗이 빤 옷을 마당에 널어 말렸다.

② 식히다
유 凉 liàng

这碗粥你晾一下再吃，不要烫到舌头。
이 죽은 먹기 전에 좀 식히세요, 혀를 데이지 말고요.

③ 상대하지 않다, 거들떠보지 않다, 내팽개치다
他们一直在讲话，把我晾在一边。
그들은 계속 저희끼리만 이야기하고, 나는 상대도 해주지 않는다.

1172 谅解 liàngjiě

동 양해하다, 이해해주다
유 4급 理解 lǐjiě, 4급 原谅 yuánliàng

他犯错了，正在请求女朋友的谅解。
그는 실수를 해서, 여자친구의 용서를 구하고 있다.
我谅解了父母，并打电话向他们道歉。
나는 부모님을 이해하고 그들에게 전화해서 사과했다.

1173 辽阔 liáokuò

형 광활하다, 아득히 넓다

유 0727 广阔, 宽阔 kuānkuò
반 1941 狭窄, 狭小 xiáxiǎo

我想在辽阔的草原上奔跑。
나는 광활한 초원을 달리고 싶다.
中国是个幅员fúyuán辽阔的国家。
중국은 국토 면적이 매우 넓은 나라이다.

어휘 plus+ 辽阔 · 广阔

- 辽阔 형 광활하다, 아득히 넓다
  ➡ 辽阔 + 地域, 国土, 草原 등 구체명사

- 广阔 형 넓다, 광활하다
  ➡ 广阔 + 地域, 国土, 草原, 胸怀, 前途 등 구체명사, 추상명사

비교 이 두 단어는 모두 '넓다'라는 뜻을 가진 단어이다. 辽는 멀다라는 뜻이므로 辽阔는 아득히 멀고 광활하다는 뜻에 초점이 맞춰져 있으며 주로 구체명사와 함께 쓰인다. 广는 넓다는 뜻이므로 广阔는 넓고 광활하다는 데 초점이 맞추어져 있으며 구체명사, 추상명사 둘 다에 쓰일 수 있다.

뜻이 완전히 같을 때에는 차이점에 주목하는 것이 포인트!

Check
我们想去（　　　）的草原。
나는 넓은 초원에 가고 싶다.
（　　　）无际的土地使我国发展得更快。
광활하고 끝이 없는 토지는 우리나라를 더욱 빨리 발전하게 했다.

답 辽阔, 广阔 / 辽阔

1174 列举 lièjǔ

동 열거하다, 늘어놓다

유 罗列 luóliè

列举几个和经贸有关的英语单词吧。
무역에 관한 영어 단어 몇 개를 열거해주세요.
为了证明自己无罪，他列举了多种证据。
자기가 무죄인 것을 증명하기 위해서 그는 여러 증거를 늘어놓았다.

1175 淋 lín

동 (비나 물·액체 등에) 젖다, 적시다

유 6급 浇 jiāo

今天衣服都淋湿了，估计要感冒了。
오늘 옷이 흠뻑 젖어서, 감기에 걸릴 것 같다.
从家里出来的时候没带雨伞，淋着雨去学校了。
집에서 나올 때 우산을 안 챙겨와서, 비를 맞으며 학교에 갔다.

1176 临床 línchuáng

동 치료하다, 진료하다, 임상하다

金医生临床多年，经验十分丰富。
김 선생은 다년간 진료를 해와서, 경험이 매우 풍부하다.
医学院的学生一定得有临床实习才能毕业。
의대 학생들은 반드시 임상실습을 해야지만 졸업할 수 있다.

1177 吝啬 lìnsè

형 인색하다, 쩨쩨하다

不要那么吝啬嘛，就请我们吃一顿啦！
그렇게 인색하게 굴지 말고, 우리한테 밥 한 끼 사!
吝啬的他总是把钱看得比自己的生命还重要。
그는 매우 인색해서 늘 돈이 자기의 목숨보다 더 중요하다고 생각한다.

1178 零星 língxīng

형 ① 소량의, 자잘한, 자질구레한

유 零散 língsǎn, 零碎 língsuì, 稀少 xīshǎo
반 繁多 fánduō

这篇散文勾gōu起了我对童年零星的回忆。
이 수필은 나의 어린 시절의 소소한 기억들을 생각나게 한다.

② 산발적인, 드문드문한

外面下着零星小雨，感觉有些湿冷。
밖에 보슬비가 산발적으로 내려 차갑고 습하게 느껴진다.

1179 **凌晨** língchén

명 새벽녘
- 유 1471 清晨, 早晨 zǎochén
- 반 5급 傍晚 bàngwǎn, 0824 黄昏

爱人凌晨两点还在哄hǒng孩子，自己也病倒了。
부인은 새벽 두 시인데도 여전히 아이를 달래다가 자신도 병으로 드러누웠다.

对于我来说，凌晨一、两点钟上床睡觉是很平常的事。
나에게 있어서, 새벽 한두 시에 잠드는 것은 매우 흔한 일이다.

1180 **灵感** línggǎn

명 영감

艺术家的灵感总是源于生活的。
예술가의 영감은 항상 생활에서 기원한다.

灵感、勤奋再加上一点儿好运，一定会有意外的收获。
영감과 노력에 조금의 운이 보태진다면, 반드시 의외의 수확을 거둘 수 있을 것이다.

1181 **灵魂** línghún

명 ① 영혼, 혼
- 유 魂 hún, 魂灵 húnlíng

你相信有灵魂存在吗?
당신은 영혼이 존재한다는 걸 믿나요?

② 마음, 정신, 사상
- 유 4급 精神 jīngshén, 5급 思想 sīxiǎng, 2002 心灵

那个小孩儿纯净的灵魂深深地吸引着我。
그 아이의 순수한 마음이 나를 깊게 끌어당기고 있다.

③ 사물의 중심, 핵심 요소, 혼

这个创意正是我们营销计划的灵魂呀，不能删去shānqù。
이 창의적인 구상은 바로 우리 마케팅 계획의 핵심이니 없으면 안 된다.

④ 인격, 양심
- 유 1170 良心, 1380 品质, 1525 人格, 人品 rénpǐn

不要做出卖灵魂的事。
양심을 파는 행위는 하지 마라.

1182 **灵敏** língmǐn

형 영민하다, 재빠르다
- 유 5급 灵活 línghuó, 1273 敏捷, 1274 敏锐
- 반 0285 迟缓, 迟钝 chídùn

狗的嗅觉xiùjué很灵敏。
개의 후각은 아주 예민하다.

那个小孩很活泼，动作也灵敏。
그 아이는 아주 활발하고, 동작도 재빠르다.

 plus+ 敏锐 · 灵敏 · 敏捷
1274 敏锐 참고

1183 **伶俐** línglì

형 (머리가) 영리하다, 총명하다
- 유 3급 聪明 cōngming, 5급 灵活 línghuó, 0856 机灵, 1182 灵敏, 1273 敏捷
- 반 4급 笨 bèn, 0094 笨拙, 2204 愚蠢, 愚笨 yúbèn

那个小孩儿天生聪明伶俐。
그 아이는 천성적으로 똑똑하고 영리하다.

那位主持人口齿kǒuchǐ伶俐，很受欢迎。
그 사회자는 말솜씨가 유창하여 인기가 많다.

1184 **领会** lǐnghuì

동 깨닫다, 이해하다, 납득하다
- 유 3급 了解 liǎojiě, 3급 明白 míngbai, 4급 理解 lǐjiě, 5급 体会 tǐhuì, 懂得 dǒngde
- 반 不解 bùjiě

你应该懂得领会这篇文章的深意。
당신은 이 글의 심오한 의미를 깨달아야 한다.

他很聪明，一下子就领会了上司的意思。
그는 아주 똑똑해서, 단번에 상사의 뜻을 다 이해한다.

plus+ 领会·体会

- 领会 [동] 깨닫다, 이해하다
  ➡ 领会 + 精神, 意图, 思想, 道理, 意思
- 体会 [동] 체험하여 깨닫다
  ➡ 体会 + 意图, 意思, 观点, 心, 感情, 乐趣, 心情, 难处

[비교] 이 두 단어는 모두 '깨닫다'라는 뜻을 가진 단어이다. 领会는 주로 머리로 사물을 이해하는 것을 가리키며 목적어로 추사명사가 주로 오고, 体会는 머리뿐 아니라 직접 몸으로 체험하여 깨닫는 것을 가리키며 명사적 용법을 가지고 있다.

아무리 쉬운 단어일지라도 그 속뜻을 한번쯤 되새겨 보는 것이 포인트!

Check

他并没有（　　）我的意思。
그는 결코 나의 뜻을 이해하지 못했다.

她自己生了孩子以后才（　　）到了母亲的苦衷。
그녀는 아이를 낳은 후에야 비로소 어머니의 고충을 이해했다.

📖 领会, 体会 / 体会

plus+ 领土·领域

- 领土 [명] 영토
- 领域 [명] 영역

[비교] 이 두 단어 모두 '땅'이라는 뜻을 가지고 있으나, 领土는 한 나라의 주권 관할 하에 있는 구역을 가리키며 영공, 영해, 하류, 하천 등을 모두 포함하는데, 주로 '块'나 '片'과 같은 양사로 그 단위를 표시한다. 领域는 국가 행정주권의 구역을 가리키고, 사회활동 영역이나 학술연구 영역 등과 같이 어떤 추상적인 범위나 방면을 가리키기도 한다.

두 글자 중 한 글자만 다를 경우 그 다른 한 글자의 뜻에 집중하여 구분하는 것이 포인트!

Check

这个地区根本不存在（　　）争端。
이 지역은 절대로 영토분쟁이 존재하지 않는다.

节能环保是重要的合作（　　）。
에너지를 절약하고 환경을 보호하는 것은 중요한 협력영역이다.

📖 领土 / 领域

1185 领事馆 lǐngshìguǎn

[명] 영사관

领事馆周日不办公。
영사관은 일요일에 근무하지 않는다.

真羡慕你啊, 能在领事馆工作。
영사관에서 일할 수 있다니, 네가 정말 부럽다.

1186 领土 lǐngtǔ

[명] 영토

[유] [5급] 领域 lǐngyù, 国土 guótǔ, 疆土 jiāngtǔ

要保护自然, 不能侵犯野生动物的领土。
자연을 보호해야 하며, 야생동물의 영토를 침범해서는 안 된다.

作为大韩民国的国民都有保护国家领土的义务。
대한민국 국민으로서 모두 국가 영토를 지킬 의무가 있다.

1187 领悟 lǐngwù

[동] 깨닫다, 이해하다, 파악하다

经过了这件事, 我领悟了许多道理。
이 일을 겪고 나서, 나는 많은 이치를 깨달았다.

老师讲义的内容很深奥, 难以领悟。
선생님께서 강의하신 내용은 너무 심오하여 터득하기가 어렵다.

1188 领先 lǐng//xiān

[동] ① (함께 나아갈 때) 앞장서다, 선두에 서다
[반] [5급] 落后 luòhòu

他已经领先到达了顶峰。
그는 이미 선봉으로 정상에 도착했다.

② (수준·성적 등이) 앞서다, 리드하다

他的成绩在班里领先于其他的同学。
그의 성적은 반에서 다른 학생보다 앞서있다.

对手在开始比赛时领了先, 但是我随后就赶上他了。
상대는 시합이 시작되었을 때는 앞섰으나, 나는 뒤이어 그를 따라잡았다.

1189 **领袖** lǐngxiù

몡 (국가나 단체의) 지도자, 우두머리
유 5급 领导 lǐngdǎo

这位就是我敬爱的领袖。
이 분이 바로 내가 존경하는 상사이다.
要想成为一名成功的领袖必须要有多方面的才能。
성공한 지도자가 되려면 필히 다방면에 재능을 갖춰야 한다.

1190 **溜** liū

동 ① 미끄러지다
유 5급 滑冰 huábīng, 滑 huá

他很喜欢溜冰。
그는 스케이트를 타는 것을 좋아한다.

② (몰래) 빠져나가다, 달아나다
这个家伙溜到哪里去玩儿了？
이 놈이 몰래 어디로 놀러 나간 거야?

③ ~를 따르다
溜着河边走，就会看到村庄。
강변을 따라 가면 마을이 보일 것이다.

溜 liù

몡 부근, 근처
这溜儿有美发店吗？
여기 근처에 미용실 있어요?

양 줄, 행렬
一溜儿有三把椅子。
한 줄에 의자가 세 개 있다.

1191 **留恋** liúliàn

동 차마 떠나지 못하다, 미련을 두다, 아쉬워하다
유 怀恋 huáiliàn, 迷恋 míliàn, 依恋 yīliàn
반 舍弃 shěqì

你该毫不留恋地辞去这个工作。
당신은 조금도 미련을 두지 말고 이 일을 그만두세요.
毕业已经三年了，我留恋我的母校。
졸업한 지 삼 년이 지났는데도 나는 나의 모교가 그립다.

1192 **留念** liúniàn

동 기념으로 남기다
유 5급 纪念 jìniàn

他喜欢在旅游区照相留念。
그는 여행지에서 사진을 찍어 기념으로 남기는 걸 좋아한다.
我们互赠了礼物用做留念。
우리는 서로 선물을 교환해 기념으로 남겼다.

1193 **留神** liú//shén

동 주의하다, 조심하다
유 3급 注意 zhùyì, 留心 liúxīn

挤地铁时，要留神自己的东西。
지하철이 복잡할 때는 자신의 물건에 주의해야 한다.
晚上挺黑的，大家走路时多留神。
밤에는 매우 어두우니, 여러분 길을 걸을 때 조심하세요.
小孩子爱玩危险游戏，你可得多留点神哪。
어린 아이들은 위험한 게임을 좋아하니, 당신이 더 주의해야 합니다.

1194 **流浪** liúlàng

동 유랑하다, 방랑하다
유 流离 liúlí, 漂泊 piāobó
반 定居 dìngjū

那个小男孩儿已经在街头流浪了一年多了。
그 남자아이가 거리를 떠돌아다닌 지 1년이 넘었다.
有些人喜欢流浪的生活。
어떤 사람들은 방랑하는 생활을 좋아한다.

1195 **流露** liúlù

동 (생각·감정을) 무의식 중에 나타내다, 무심코 드러내다
유 5급 表现 biǎoxiàn, 0074 暴露, 透露 tòulù, 吐露 tǔlù, 显露 xiǎnlù
반 隐藏 yǐncáng

从他的言语中流露出欢乐的情绪。
그의 말 속에서 기쁜 마음이 드러났다.
见她来了，他的脸上流露出一丝喜悦xǐyuè。
그녀가 오는 걸 보자, 그의 얼굴에는 한줄기 기쁨이 드러났다.

1196 流氓 liúmáng

명 ① 건달, 깡패, 불량배
那些流氓聚集jùjí在街口，像是要打架。
저 깡패들이 길 입구에 모여있는데, 아마 싸울 모양이다.

② 못된 짓, 비속한 행패
不要耍shuǎ流氓，有理讲理吧。
못 되게 굴지 말고, 할 말이 있으면 해.

1197 流通 liútōng

동 ① 막힘 없이 잘 통하다, 잘 소통되다
반 0474 堵塞, 1796 停滞
最近流感很严重，我们开窗让空气流通一下吧。
최근 유행성 감기가 너무 심하니, 우리 창문을 열어서 공기가 잘 통하게 하자.

② (상품·화폐를) 유통하다
货币的流通促进了商业发展。
화폐의 유통은 상업의 발전을 촉진시켰다.
决不能让假币在市场上流通。
위조지폐가 절대로 시장에 유통되어서는 안 된다.

1198 聋哑 lóngyǎ

형 농아의, 귀가 먹고 말도 못하는
这男孩儿天生聋哑。
이 남자아이는 태어날 때부터 농아이다.
我们要多关注身边的聋哑人。
우리는 주변의 농아에게 많은 관심을 가져야 한다.

1199 隆重 lóngzhòng

형 성대하고 엄숙하다, 장중하다
유 2341 郑重, 2444 庄重, 盛大 shèngdà
반 0214 草率
他们的婚礼办得十分隆重。
그들은 결혼식을 아주 성대하게 치렀다.
表彰biǎozhāng大会在礼堂隆重地召开。
표창식이 강당에서 성대하고 엄숙하게 열린다.

1200 垄断 lǒngduàn

동 농단하다, 독점하다, 독차지하다
유 0210 操纵, 把持 bǎchí, 独占 dúzhàn
现在好像没有哪家企业能够垄断电脑市场。
지금은 마치 어떤 기업도 컴퓨터 시장을 독점할 수 없는 것 같다.
苹果智能手机已经垄断了中国的手机市场。
I-phone은 중국의 휴대전화 시장을 독점했다.

1201 笼罩 lǒngzhào

동 뒤덮다, 뒤덮이다, 휩싸이다
유 0049 包围, 0616 覆盖, 遮盖 zhēgài
远处的山峰被烟雾笼罩着。
먼 곳의 산봉우리가 연무에 뒤덮여 있다.
一种绝望的气氛深深地笼罩着我们班。
절망적인 분위기가 우리 교실을 깊게 뒤덮고 있다.

plus+ 笼罩·包围

- 笼罩 **동** 뒤덮다, 뒤덮이다, 휩싸이다
  ➡ 晨雾, 乌云, 气氛, 月光, 暮色, 黑暗, 月色 + 笼罩

- 包围 **동** 포위하다, 사면을 둘러싸다
  ➡ 城市, 人群, 敌军, 花草 + 包围

비교 이 두 단어 모두 '둘러싸다, 둘러싸이다'라는 뜻을 가진 단어이나 그 구분은 확실하다. 笼罩는 주로 연기, 안개, 구름 등에 의해 뒤덮이고 휩싸이는 것을 가리키며, 어떤 특정한 분위기에 휩싸일 때도 사용되지만, 包围는 주로 어떤 사람이나 사물이 사방을 포위하고 둘러싸는 것을 가리킨다.

비슷한 의미를 가진 단어일수록 搭配에 의해 구분된다는 것이 포인트!

Check
珠穆朗玛峰被晨雾（　　）着。
에베레스트는 짙은 안개에 뒤덮였다.
获得冠军的选手被记者们（　　）起来。
금메달을 획득한 선수는 기자들에 의해 둘러싸였다.

笼罩 / 包围

1202 搂 lǒu

동 (양팔로) 안다, 껴안다, 부둥키다
유 4급 抱 bào

那个小女孩儿喜欢搂着娃娃睡。
그 여자아이는 인형을 안은 채 자는 걸 좋아한다.

양 아름 [두 팔을 둥글게 모아 안을 수 있는 만큼의 분량을 셀 때 쓰임]

他拿着一搂柴火回家了。
그는 장작을 한 아름 들고 집에 왔다.

 搂 lōu

동 ① (손이나 도구로) 긁어모으다, 끌어모으다
他到冬天每天都搂到好柴火。
그는 겨울이 오면 매일 좋은 땔감을 긁어모은다.

② (옷을) 걷어 올리다
他一来就搂起袖子和大家一起干活了。
그는 오자마자 바로 소매를 걷어 올리고 사람들과 함께 일을 했다.

③ (재물을) 착취하다
做了官不能胡乱搂钱。
관리가 되면 함부로 재물을 착취해서는 안 된다.

1203 炉灶 lúzào

명 가마와 부뚜막
这种炉灶不易制造。
이런 가마와 부뚜막은 만들기가 쉽지 않다.

这个炉灶不好用，我们得换个新的。
이 가마와 부뚜막이 쓰기에 불편하니, 우리는 새로운 것으로 바꿔야 한다.

1204 轮船 lúnchuán

명 기선
我最喜欢的玩具是轮船。
내가 제일 좋아하는 장난감은 기선이다.

我看着来自远处的轮船。
나는 먼 곳에서 오고 있는 기선을 보고 있다.

1205 轮廓 lúnkuò

명 ① 윤곽, 테두리
先画个脸的轮廓。
먼저 얼굴의 윤곽을 그려보세요.

② (일의) 개요, 대체적인 상황
유 概况 gàikuàng, 概貌 gàimào

我只能看到一个轮廓，其它的含意不清楚。
난 대강의 상황만 봤을 뿐, 다른 함의는 잘 모른다.

1206 轮胎 lúntāi

명 타이어, 튜브
轮胎爆炸bàozhà声很响。
타이어 터지는 소리가 무척 크다.

很难找到和这个车匹配pǐpèi的轮胎。
이 차와 어울리는 타이어를 찾기가 힘들다.

1207 论坛 lùntán

명 논단, 칼럼, 포럼
你可以免费进行论坛申请。
당신은 무료로 칼럼을 신청할 수 있습니다.

他在音乐论坛上发表了文章。
그는 음악포럼에서 글을 발표했다.

您认为这样的论坛注册费到底用多少比较合理？
당신이 생각할 때 이런 포럼의 등록비는 도대체 얼마면 비교적 합리적일까요?

1208 论证 lùnzhèng

동 논증하다
我们将论证诚信chéngxìn的重要性。
우리는 성실의 중요성을 논증할 것이다.

解剖实验论证检测的准确性。
해부실험은 검측의 정확성을 논증한다.

1209 啰唆 luōsuo

형 ① 말이 많다, 수다스럽다
- 유 1132 唠叨
- 반 5급 干脆 gāncuì, 1703 爽快

他的话真啰嗦。
그는 정말 수다스럽다.

② 자질구레하다, 성가시다
- 유 4급 麻烦 máfan, 琐碎 suǒsuì, 繁琐 fánsuǒ
- 반 3급 简单 jiǎndān, 简便 jiǎnbiàn, 简洁 jiǎnjié

我不喜欢办事啰嗦的人。
나는 일할 때 성가신 사람을 싫어한다.

1210 螺丝钉 luósīdīng

명 너트, 나사
- 유 螺钉 luódīng

门上的螺丝钉已经松了。
문 위의 나사가 벌써 헐거워졌다.

我们需要买汽车螺丝钉。
우리는 차에 쓰이는 너트를 사야 한다.

1211 落成 luòchéng

동 준공되다
- 유 建成 jiànchéng, 竣工 jùngōng, 完工 wángōng
- 반 奠基 diànjī, 动工 dònggōng, 开工 kāigōng

这座大桥胜利落成。
이 대교는 성공적으로 준공되었다.

新落成的宿舍楼有一百多套房子。
새로 준공된 기숙사 건물에는 백여 개의 방이 있다.

1212 落实 luòshí

동 (정책·계획·조치 따위가) 실현되다, 구체화되다
- 유 5급 实现 shíxiàn, 0493 兑现
- 반 告吹 gàochuī, 流产 liúchǎn, 落空 luòkōng

会议内容强调要落实国家的各项政策。
회의 내용은 국가의 각 정책을 구체화하는 것을 강조한다.

改革构思是很容易的, 但落实起来却很困难。
개혁구상은 쉬운 것이나, 실현시키기는 아무래도 어렵다.

1213 络绎不绝 luòyì bùjué

성 (사람·수레·배 등의) 왕래가 빈번해 끊이지 않다

学生们络绎不绝地进入礼堂。
학생들이 끊이지 않고 강당으로 들어간다.

今天来参观美术展的人络绎不绝。
오늘 미술전시회를 참관하러 온 사람이 끊이지 않는다.

1214 屡次 lǚcì

부 여러 번, 누차
- 유 5급 反复 fǎnfù, 2135 一再, 多次 duōcì, 屡屡 lǚlǚ

他们屡次违法。
그들은 여러 차례 법을 위반했다.

他屡次犯错, 我们不能再原谅他了。
그는 여러 번 실수를 저질렀으니, 우리는 더 이상 그를 용서할 수 없다.

1215 履行 lǚxíng

동 실행하다, 실천하다
- 유 5급 实践 shíjiàn, 5급 实行 shíxíng, 5급 执行 zhíxíng, 施行 shīxíng

我履行了对他的承诺。
나는 그에게 한 약속을 이행했다.

每个人都要履行自己的责任。
모든 사람은 자신의 책임을 이행해야 한다.

1216 掠夺 lüèduó

동 약탈하다, 강탈하다
- 유 1455 抢劫, 夺取 duóqǔ, 抢夺 qiǎngduó

村子里的财物被敌人掠夺一空。
마을의 재물이 적에게 남김 없이 약탈당했다.

那一带的资源全部让入侵者掠夺光了。
그 일대의 자원은 모두 침략자에 의해서 약탈당했다.

1217 略微 lüèwēi

부 약간, 조금
- 유 4급 稍微 shāowēi, 略略 lüèlüè, 稍稍 shāoshāo

我略微听懂一点英语。
나는 영어를 약간 알아 듣는다.
你今天来得略微晚了点，我们已经开始了。
당신이 오늘 조금 늦게 와서, 우리가 먼저 시작했다.

② (반응이) 둔하다, 더디다
他是个思想麻木的人。
그는 생각이 둔한 사람이다.

plus+ 麻木·麻痹

· 麻木 [형] 마비되다, 저리다
　　➡ 麻木不仁, 麻木状态
· 麻痹 [동] 마비되다
　　[형] 부주의하다, 소홀하다
　　➡ 麻痹大意, 思想麻痹

[비교] 이 두 단어 모두 '못 움직이게 되다'라는 뜻을 가지고 있다. 麻木는 신체의 일부가 저리거나 감각이 잘 느껴지지 않는 것을 가리키고, 또 외부 사물이나 세상에 대해서 반응이 느리고 둔한 것을 가리키기도 한다. 麻痹는 신체의 어떤 부위가 감각 능력을 상실하거나 운동 기능에 장애가 온 질병이나 질환을 가리키며, 경계심이 없고 부주의한 것을 가리키기도 한다.

한국어로 해석하면 차이가 없어 보이므로
단어의 뜻을 정확히 파악하는 것이 포인트!

Check
坐车很久两腿（　　　）。
차를 오랫동안 타서 두 다리가 저리다.
我奶奶双腿（　　　），只能躺在床上。
우리 할머니께서는 두 다리가 마비돼서 침대에만 누워 계신다.

　　　　　　　　　　　답 麻木 / 麻痹

1218 麻痹 mábì

[동] ① 마비되다
　　유 1219 麻木
他神经麻痹，不能走路。
그는 신경이 마비되서 걷지 못한다.

② 무감각해지다, 무뎌지다
安逸ānyì的生活麻痹了人们的斗志。
편안한 생활은 인간의 투지를 무뎌지게 한다.

[형] 경계를 늦추다, 부주의하다, 소홀하다
由于他麻痹大意而引发了火灾。
그가 경계를 늦춘 까닭에 화재가 발생했다.

plus+ 麻木·麻痹
1219 麻木 참고

1219 麻木 mámù

[형] ① 마비되다, 저리다
　　유 1218 麻痹
久坐会导致双腿变得麻木。
오래 앉아 있으면, 양쪽다리에 마비가 올 수 있다.

1220 麻醉 mázuì

[동] ① 마취하다
手术前，医生先给病人进行麻醉。
수술 전 의사는 먼저 환자에게 마취를 한다.

② (의식을) 마비시키다, 물들게 하다, 현혹시키다
　　유 1218 麻痹　　반 1476 清醒
不良刊物会麻醉青少年。
불건전한 출판물은 청소년을 병들게 한다.

1221 码头 mǎtóu

[명] ① 부두, 선창
船员把船靠了码头，并开始卸货xièhuò。
선원이 배를 부두에 대고, 짐을 내리기 시작했다.

188

② 수륙 교통이 편리한 상업도시
上海是中国最大的水陆码头。
상하이는 중국에서 제일 큰 수륙 상업도시이다.

1222 **嘛** ma

조 ① 서술문 뒤에 쓰여 당연함을 나타냄
유 3급 啊 a
我也不知道她到底是怎么想嘛。
나도 그녀가 도대체 어떻게 생각하는지 모른다.

② 바람이나 그만두도록 권고하는 어기를 나타냄
让你别去，就别去嘛！
너 보고 가지 말라면, 가지 마!

③ 문장 가운데 쓰여 잠시 쉬며 상대의 주의를 이끌어냄
유 1급 吗 ma, 4급 呀 ya
生活嘛，哪有那么容易。
생활, 어디 그게 쉽나.

plus+ 嘛·啊·呀

- 嘛 조 문장의 끝에서 진술을 확인하거나 문장 중간에서 화제를 이끔
- 啊 감 문장의 끝에서 감탄을 나타냄
- 呀 감 문장의 끝에서 놀람을 나타냄

비교 이 세 단어는 모두 감탄사로서 주로 문장 끝에 많이 쓰인다. 嘛는 진술문 끝에 그 진술을 확신하는 어투를 가지고 있고, 또한 문장 중간에 쓰였을 경우 화제를 이끌어내기도 한다. 啊는 문장의 끝에서 주로 감탄을 나타내고, 呀는 문장의 끝에서 주로 놀람을 나타낸다.

감탄사는 문장 속에서 그 의미와 쓰임을 파악하는 것이 포인트!

Check
这里多么漂亮（　　）！
이곳은 정말 예쁘구나!
职员（　　），就得努力工作。
직원이란 말이야, 열심히 일을 해야하는 거야.
哎（　　），出大事了！
아이고, 큰일 났다!

답 啊 / 嘛 / 呀

1223 **埋伏** máifú

동 ① 매복하다
我们埋伏的地点已被敌军发现了。
우리가 매복했던 지점이 이미 적에게 발각되었다.

② 잠복하다, 숨다
警察埋伏了一个星期等待嫌疑人 xiányírén。
경찰은 일주일 동안 잠복하면서 용의자를 기다렸다.

1224 **埋没** máimò

동 ① 매몰되다, 묻(히)다
유 湮没 yānmò
村子被泥石流埋没了。
마을이 흙과 모래, 돌 따위가 섞인 물사태로 인해 매몰되었다.

② (재능을 발휘하지 못하도록) 매장하다, 매장시키다
他的才能被埋没了。
그의 재능이 묻혔다.

1225 **埋葬** máizàng

동 (시체를) 묻다, 매장하다
地震埋葬了数百人的生命。
지진은 수백 명의 생명을 앗아갔다.
爷爷被埋葬在公墓gōngmù里。
할아버지는 공원묘지에 매장되셨다.

1226 **迈** mài

동 큰 걸음으로 걷다, 내디디다, 나아가다, 활보하다
他迈着矫健jiǎojiàn的步伐bùfá向前走去。
그는 씩씩하고 힘찬 발걸음으로 앞을 향해 걸어갔다.
他的脚刚迈进学校，学生们就向他跑来。
그가 학교에 들어서자마자, 학생들이 그를 향해 뛰어왔다.

양 마일(mile)
现在车速是八十迈。
지금 차량속도는 80마일이다.

1227 脉搏 màibó

명 ① 맥박
他的脉搏跳动得很快。
그의 맥박은 빠르게 뛰었다.

② (사물의) 발전(변화) 법칙, 추세
大学生应该跟上时代的脉搏前进。
대학생이라면 시대의 흐름을 타고 전진해야 한다.

1228 埋怨 mányuàn

동 불평하다, 원망하다
她埋怨出生在贫困的家庭。
그녀는 가난한 집안에 태어난 것을 원망한다.
不要再埋怨了，最要紧的是先解决问题。
더는 불평하지 마, 무엇보다 시급한 건 먼저 문제를 해결하는 거잖아.

1229 慢性 mànxìng

형 ① 만성의, 장기간에 걸쳐서 나타나는
慢性疲劳非常折磨zhémó人。
만성피로는 사람을 무척 고통스럽게 한다.

② 굼뜨다, 느긋하다, 느리다
她是个慢性人，什么时候都不着急。
그녀는 느긋한 성격의 소유자로, 어떤 상황이든 급한 게 없다.
她是个典型的慢性子，永远不知着急。
그녀는 전형적인 느림보로, 영원히 조급함을 모를 거다.

1230 漫长 màncháng

형 (시간·길이가) 멀다, 길다
유 悠长 yōucháng, 漫漫 mànmàn
반 3급 短 duǎn, 短暂 duǎnzàn
这里的冬天特别漫长。
이곳의 겨울은 특히 길다.
失眠的夜晚总是特别漫长。
잠 못 이루는 밤은 언제나 무척 길다.

1231 漫画 mànhuà

명 만화
她是个漫画作家。
그녀는 만화 작가이다.
她整天痴迷chīmí于漫画。
그녀는 온종일 만화에 빠져 산다.

1232 蔓延 mànyán

동 만연하다, 사방으로 널리 퍼지다
火势蔓延得很迅速。
불길이 빠른 속도 퍼지고 있다.
无人打理的园子里杂草蔓延滋长zīzhǎng。
사람의 손길이 닿지 않은 정원은 잡초들로 무성하다.

1233 忙碌 mánglù

형 일이 많아 (정신 없이) 바쁘다
유 0522 繁忙 반 安闲 ānxián
她过着非常忙碌的生活。
그녀는 정신 없이 바쁜 생활을 하고 있다.
为了公司的事，她从早到晚忙碌着。
회사 일로 그녀는 아침부터 저녁까지 정신 없이 바쁘다.

어휘 plus+ 忙碌·繁忙

- 忙碌 형 바쁘다
  ➡ 人们, 工人, 老师, 学习, 工作, 生活, 训练 + 忙碌

- 繁忙 형 바쁘다
  ➡ 事务, 公务, 医院, 学校, 银行, 景象, 航运, 生活 + 繁忙

비교 이 두 단어는 모두 '바쁘다'라는 뜻을 가진 단어이나, 忙碌는 주로 하루의 일과를 바쁘게 보내거나 각종 일을 해서 긴장이 되고 쉴 시간이 없는 등의 구체적이고 실질적인 바쁜 모습을 주로 가리키며, 繁忙은 주로 장기적이고 계속적으로 업무가 많고 일이 많아서 짬이 없다는 뜻으로 주로 실질적인 모습보다는 전체적으로 바빠 보이는 현상을 가리킨다.

아무리 쉬운 단어일지라도 그 속뜻을 한번쯤 되새겨 보는 것이 포인트!

Check
劳动节前后，铁路很（　　　）。

노동절 전후로 철로는 매우 바쁘다.
（　　　　）了一天，他连吃饭的时间也没有。
온종일 바빠서, 그는 밥 먹을 시간도 없다.

🔁 繁忙 / 忙碌

1234 茫茫 mángmáng

형 아득하다, 요원하다

他的前途像一片茫茫白雾。
그의 앞길은 마치 끝없는 안개로 가려져 있는 것 같다.

一叶小舟漂浮 piāofú 在茫茫大海上。
작은 돛단배가 망망대해에 떠있다.

1235 茫然 mángrán

형 ① 무지하다, 무식하다, 멍청하다

我对整个事件的原因和经过感到一片茫然。
나는 모든 사건의 원인과 경과에 대해서는 전혀 모른다.

② 망연하다, 실망하다

望着她远去的背影，他茫然自失。
멀어져가는 그녀의 뒷모습을 바라보며, 그는 망연자실했다.

1236 盲目 mángmù

형 맹목적인, 무작정

不要盲目行动。 맹목적으로 행동하지 마라.
事先应有周密的计划，不能盲目地干。
사전에 치밀한 계획을 세워야지 무작정 해서는 안 된다.

1237 冒充 màochōng

동 ~인 체하다, 가장하다, 사칭하다

他好冒充南方人说话。
그는 남방인인 체하면서 말하는 것을 좋아한다.

她经常冒充她的孪生 luánshēng 姐姐，戏弄别人。
그녀는 자주 그녀의 쌍둥이 언니인 체하면서, 다른 사람을 놀린다.

1238 茂盛 màoshèng

형 ① (식물이) 우거지다, 무성하다

반 稀少 xīshǎo

树木长得很茂盛。
나무가 무성하게 자랐다.

② (경제가) 번창하다, 흥성하다

重新装修之后，这家饭店的生意茂盛。
리모델링한 후, 이 식당의 장사가 잘 된다.

1239 枚 méi

양 개, 매, 장 [비교적 작고 둥근 모양의 물건을 세는 단위]

我口袋里有两枚硬币。
내 주머니 안에 동전이 두 개 있다.

他当兵期间一共荣获了八枚奖章。
그는 군복무 기간 동안 모두 여덟 개의 휘장을 받았다.

1240 没辙 méi//zhé

동 방법이 없다, 방도가 없다, 어쩔 도리가 없다

连他都这样，我也没辙。
그조차도 이러는데, 나도 어쩔 수 없다.

他不上课，老师也没辙。
그는 수업도 가지 않아서, 선생님도 어쩔 도리가 없다.

面对这辆开不了又推不动的车，我没了辙。
운전할 수도 없고 밀어 움직일 수도 없는 이 차를 보고 있자니, 나도 방법이 없다.

1241 媒介 méijiè

명 중개자, 매개체

蚊子是传染疾病的媒介。
모기는 전염병의 매개체이다.

剧场担当了舞蹈家和大众的媒介。
극장은 무용가와 대중의 중개자 역할을 한다.

1242 媒体 méitǐ

명 매체, 매스컴

新闻媒体曝光了地方政府的违法行为。
신문 매체에서 지방정부의 위법행위를 폭로했다.
李教授强调了大众媒体的积极的一面。
이 교수는 대중매체의 적극적인 일면을 강조하였다.

1243 美观 měiguān

형 (형식이) 보기 좋다, 예쁘다
大厅布置得十分美观。
거실을 정말 예쁘게 꾸몄다.
包装礼物的箱子要美观。
선물을 포장하는 상자는 보기가 좋아야 한다.

1244 美满 měimǎn

형 아름답고 원만하다
他们的婚姻非常美满。
그들의 결혼생활은 매우 아름답고 원만하다.
他们两口子的人生目标是过美满的生活。
그들 부부 두 사람의 인생목표는 아름답고 원만한 생활을 하는 것이다.

1245 美妙 měimiào

형 아름답다, 아름답고 묘하다, 미묘하다
유 美好 měihǎo
从远处传来美妙的歌声。
멀리서 아름다운 노랫소리가 들려왔다.
她用钢琴演奏美妙的音乐。
그녀는 피아노로 아름다운 음악을 연주했다.

1246 门诊 ménzhěn

동 진찰하다, 진료하다
她去医院看门诊了。
그녀는 병원에 가서 진찰을 받았다.
有十个病人进行了门诊治疗。
열 명의 환자들이 진찰과 치료를 받았다.

1247 蒙 méng

동 ① 덮다, 가리다
유 5급 盖 gài
她蒙上被子倒头就睡。
그녀는 이불을 머리까지 끌어올리고 잤다.

② (다른 사람의 도움 등) 받다, 입다
蒙他精心照料，不胜感激。
그의 세심한 보살핌에 어떻게 감사해야 할지 모르겠다.

plus+ 蒙 mēng

동 ① 속이다, 기만하다
别被她的花言巧语蒙了。
그녀의 달콤한 속삭임에 속지 마라.

② 제멋대로 추측하다, 우연히 맞다
他随便一蒙，竟蒙到了正确答案。
그가 대충 찍었는데 뜻밖에 정답을 맞혔다.

③ 정신을 잃다, 혼미해지다
听到这个消息，她一下子就蒙了。
이 소식을 듣자마자, 그녀는 갑자기 정신을 잃었다.

蒙 Měng

명 몽고족
蒙古族是骑马民族。
몽고족은 기마민족이다.

1248 萌芽 méngyá

동 (식물이) 싹트다, (사물이) 막 발생하다
种子开始萌芽了。
씨앗이 싹트기 시작했다.
现在是爱情萌芽的时期。
지금은 사랑이 싹트는 시기이다.

명 싹, 새로운 시작, 발아, 시초
这项技术正处于萌芽阶段。
이 기술은 시작단계에 있다.
花草的萌芽，预示着春天的到来。
화초의 싹은 봄의 도래를 예시한다.

1249 猛烈 měngliè

형 ① 맹렬하다, 세차다, 거세다

我军向敌军展开了猛烈的进攻。
우리 군은 적군을 향해 맹렬한 진공을 펼쳤다.

② 빠르다, 급하다
我心脏猛烈地跳动已经无法控制了。
내 심장이 빠르게 뛰어서 이미 통제할 방법이 없다.

1250 梦想 mèngxiǎng

동 ① 몽상하다, 망상에 빠지다, 허황된 생각을 하다
유 1092 空想, 1860 妄想
他小时候梦想遨游áoyóu太空。
그는 어릴 때 우주를 날아다니는 망상을 했었다.

② 갈망하다, 간절히 바라다
他小时候就梦想成为一名伟大的政治家。
그는 어릴 때 위대한 정치가가 되길 갈망했었다.

명 꿈, 이상
他相信总有一天梦想能够实现。
그는 언젠가 꿈이 실현될 것을 믿는다.

plus+ 妄想 · 梦想
1860 妄想 참고

1251 眯 mī

동 눈을 가늘게 뜨다, 실눈을 뜨다
在亮光下，我不得不眯上眼睛。
밝은 빛 아래서, 나는 눈을 가늘게 뜰 수밖에 없다.
她透过雾眯着眼看，但也没找到正确的路。
그녀는 안개를 뚫고 실눈을 뜨고 봤으나 정확한 길을 찾지 못했다.

1252 弥补 míbǔ

동 메우다, 보완하다
유 0163 补偿
她在努力弥补浪费掉的时间。
그녀는 낭비한 시간을 열심히 보충하고 있다.
他给公司带来了不可弥补的损失。
그는 회사에 회복할 수 없는 손실을 끼쳤다.

1253 弥漫 mímàn

동 (연기·안개·물 등이) 자욱하다, 가득 차다
유 5급 充满 chōngmǎn, 充溢 chōngyì
这是一个大雾弥漫的清晨。
짙은 안개가 가득한 새벽이다.
房间里弥漫着呛人qiāngrén的烟味儿。
방안에 온통 숨막히는 담배연기가 자욱하다.

plus+ 弥漫 · 充满

· 弥漫 동 가득 차다
  ➡ 弥漫 + 气味, 尘土, 雾气, 烟雾, 风雪, 光线, 怀疑, 气氛

· 充满 동 충만하다
  ➡ 充满 + 阳光, 香味, 气体, 相声, 幸福, 欢乐

비교 이 두 단어 모두 '많다'라는 의미를 가진 단어이다. 弥漫은 가득 차서 사방으로 흘러 넘치고 퍼져 나가는 것에 초점이 맞춰져 있는 반면 充满은 어떤 공간 안에 가득 차 있고, 또 꽉 차 있는 것에 초점이 맞춰져 있어, 주로 좋은 의미의 단어들과 같이 쓰인다.

비슷한 의미를 가진 단어일수록 搭配에 의해 구분된다는 것이 포인트!

Check
空气中（　　　）着各种臭味。
공기 속에 각종 악취가 흘러 넘친다.
早上屋子里（　　　）了阳光。
아침에 방은 햇빛으로 가득 찬다.

目 弥漫 / 充满

1254 迷惑 míhuò

형 시비를 가리지 못하다, 당황하다, 갈팡질팡하다
听了他的话，我越来越迷惑。
그의 말을 들으니, 나는 점점 더 시비를 가리지 못하겠다.

동 미혹시키다, 현혹시키다
他用花言巧语迷惑人。
그는 달콤한 말로 사람을 현혹시킨다.

1255 迷人 mírén

형 매혹적이다, 매력적이다

穿着连衣裙的她，看起来十分迷人。
원피스를 입고 있는 그녀는 보기에 매우 매력적이다.
她们都很迷人，但是她比其他人更有魅力。
그녀들이 모두 매력적이지만, 그녀는 다른 사람보다 더 매력적이다.

1256 迷失 míshī

동 (방향·길을) 잃다, 잃어버리다
유 5급 迷路 mílù

他们在森林迷失了方向。
그들은 숲에서 방향을 잃었다.
找回迷失的自己，我去欧洲旅行了。
잃어버린 자신을 찾아서 나는 유럽으로 여행을 떠났다.

1257 迷信 míxìn

동 ① 미신을 믿다, 귀신 등을 믿다
这个地方有不少人迷信鬼神。
이 지역의 적지 않은 사람들이 귀신을 믿는다.

② 맹목적으로 숭배하다, 맹신하다
有许多人迷信这种学说。
많은 사람들이 이 학설을 맹신한다.

명 미신, 맹목적인 숭배
破除迷信、解放思想是开拓前进的先决条件。
미신을 타파하고 사상을 해방하는 것은 앞을 향해 나아가는 선결조건이다.

1258 密度 mìdù

명 밀도
油的密度比水的密度小。
기름의 밀도는 물의 밀도보다 낮다.
我国沿海地区的人口密度很大。
우리나라 연안지역의 인구밀도는 매우 높다.

1259 密封 mìfēng

동 밀봉하다, 밀폐하다

我已经把药都密封好了。
나는 이미 약을 모두 다 밀봉했다.
他把密封的罐头guàntou打开了。
그는 밀봉되어있던 통조림 뚜껑을 열었다.

1260 免得 miǎnde

접 ~하지 않도록, ~않기 위해서
유 5급 避免 bìmiǎn, 2144 以免

定一下闹钟吧，免得迟到了。
알람시계를 맞춰놔, 늦지 않도록 말야.
我们早点走吧，免得赶不上末班车。
우리 좀 일찍 출발하자, 막차 놓치지 않게.

1261 免疫 miǎnyì

동 면역이 되다
为了提高免疫力多吃维生素。
면역력을 높이기 위해 비타민을 많이 드세요.
这种电脑病毒，为什么免疫不了？
이런 컴퓨터 바이러스는 왜 예방이 되지 않는 거죠?
免疫分为先天性免疫和获得性免疫。
면역은 선천성과 후천성 면역으로 나뉜다.

1262 勉励 miǎnlì

동 격려하다, 장려하다
老师勉励学生继续努力。
선생님은 학생들이 계속 노력하도록 격려한다.
妈妈勉励孩子多观察、多提问。
엄마는 아이에게 많이 관찰하고 많이 질문하라고 격려한다.

1263 勉强 miǎnqiǎng

형 ① 간신히 하다, 가까스로 하다
他勉强凑集còují起足够的钱付学费。
그는 간신히 필요한 만큼의 돈을 마련해서 학비를 냈다.

② 마지못하다, 내키지 않다, 어쩔 수 없다
她勉强答应了我的要求。
그녀는 마지못해 내 요구를 받아들였다.

③ 그런대로 ~할 만하다, 아쉬운 대로 ~할 만하다
他每月工资勉强够用。
그가 매달 받는 봉급은 그런대로 쓸 만하다.

동 강요하다 [부정문에 많이 사용됨]
你不想去就算了，我们不勉强你。
네가 가기 싫다면 그렇게 해, 우리는 강요하지 않을게.

1264 面貌 miànmào

명 ① 용모, 생김새
유 面孔 miànkǒng, 相貌 xiàngmào
我没能看清她的面貌。
나는 그녀의 생김새를 제대로 못 봤다.

② (사물의) 외관, 상태, 상황
我们要努力改变社会的精神面貌。
우리는 사회의 의식상태를 바꾸려고 노력해야 한다.

1265 面子 miànzi

명 ① 표면, 겉면
这条被子的面子是绸缎 chóuduàn 的。
이 이불의 겉면은 비단으로 되어 있다.

② 체면, 면목
看在她爸爸的面子上，那个人才同意了她的请求。
그녀 아버지의 체면을 봐서 그 사람은 그녀의 요구에 동의했다.

1266 描绘 miáohuì

동 그리다, 묘사하다
유 5급 描写 miáoxiě, 描画 miáohuà, 描述 miáoshù
他早已在心中描绘了一幅美好的蓝图 lántú。
그는 오래전 이미 마음속에 아름다운 청사진을 그렸다.
这部作品生动地描绘了我国农村的新面貌。
이 작품은 생동감 있게 우리나라 농촌의 새로운 모습을 그려 냈다.

1267 渺小 miǎoxiǎo

형 매우 작다, 미미하다, 보잘것없다
유 微小 wēixiǎo
반 5급 伟大 wěidà, 0645 高尚
一个人的力量是渺小的。
한 사람의 역량은 미미하다.
在茫茫宇宙中，人是多么渺小。
광활한 우주에서 인간은 얼마나 보잘것없는 존재인가?

 渺小·微小

· 渺小 형 매우 작다, 미미하다
· 微小 형 미소하다, 극소하다

비교 이 두 단어 모두 '매우 작다'라는 뜻을 가지고 있지만, 渺小는 사람이나 사물이 위대하지 않고, 보잘것없다는 뜻으로 주로 추상적인 의미로 사용된다. 이에 반해 微小는 주로 사물의 형체가 작거나 수량이 매우 적음을 가리키고, 힘, 역량이 적거나 발전, 성적이 미미할 때도 사용된다.

한국어로 해석하면 차이가 없어 보이므로 단어의 뜻을 정확히 파악하는 것이 포인트!

Check
在他的面前，我感到自己很（　　　）。
그의 앞에서 나는 스스로가 보잘것없다고 느낀다.
学生们的进步即使很（　　　），也要鼓励他们。
학생들의 발전이 비록 미미할지라도 그들을 격려해야 한다.

답 渺小 / 微小

1268 蔑视 mièshì

동 멸시하다, 깔보다
유 5급 轻视 qīngshì, 1411 歧视, 藐视 miǎoshì
반 4급 重视 zhòngshì
她蔑视那些趋炎附势 qūyán fùshì 的人。
그녀는 권력자에 빌붙어 아부하는 그런 사람들을 멸시한다.
蔑视法律的行为必然会受到法律的制裁。
법률을 무시하는 행위는 반드시 법률의 제재를 받게 된다.

 蔑视·轻视

· 蔑视 동 멸시하다, 경멸하다
· 轻视 동 경시하다, 얕보다

비교 이 두 단어 모두 '무시하다'라는 뜻을 가진 단어이다. 蔑는 업신여긴다는 뜻이므로 蔑视는 비열하고 비이성적이어서 생각해볼 가치도 없다는 것을 가리키고, 轻은 가볍다는 뜻으로 轻视는 중요시 해야 한다고 여겨지는 것에 대해서 진지하게 대하지 않고 중시하지 않는다는 뜻이다.

두 글자 중 한 글자만 다를 경우 그 다른 한 글자의 뜻에 집중하여 구분하는 것이 포인트!

Check
我（　　　）这不诚实的人。
나는 이 불성실한 사람을 경멸한다.
这肯定是（　　　）道德教育的结果。
이것은 분명히 도덕교육의 효과를 경시한 결과이다.

답 蔑视 / 轻视

1269 **灭亡** mièwáng

동 (국가·종족이) 멸망하다
유 5급 消灭 xiāomiè, 0833 毁灭, 消亡 xiāowáng
반 3급 出现 chūxiàn, 2189 涌现

这个腐败王朝终将灭亡。
이 부패한 이 왕조는 결국 멸망할 것이다.
秦朝灭亡以后，建立了汉朝。
진 왕조가 멸망한 이후에 한 왕조가 건립되었다.

1270 **民间** mínjiān

명 민간
반 0717 官方

这个民间故事广为流传。
이 민간고사는 널리 알려졌다.
剪纸是中国的民间艺术的一种。
전지공예는 중국 민간예술의 한 종류이다.

1271 **民用** mínyòng

형 민간에서 쓰는

他卖民用五金器材。
그는 민간에서 쓰는 오금(금, 은, 동, 철, 주석) 기재를 판다.
目前民用航空正处于蓬勃péngbó的发展阶段。 현재 민간항공은 눈부신 발전단계에 있다.

1272 **敏感** mǐngǎn

형 민감하다, 예민하다

政治问题向来是敏感的话题。
정치문제는 줄곧 민감한 화제이다.
她是个敏感的人，常常患得患失。
그녀는 예민한 사람이라 항상 이것저것 걱정이 많다.

1273 **敏捷** mǐnjié

형 (동작·생각 등이) 민첩하다, 빠르다
유 1182 灵敏, 1274 敏锐, 灵巧 língqiǎo
반 0094 笨拙, 迟钝 chídùn, 呆笨 dāibèn

他的反应非常敏捷。
그의 반응은 매우 민첩하다.
他虽上了年纪，思维还很敏捷。
비록 그가 나이를 많이 먹긴 했지만, 생각은 아직도 민첩하다.

 plus+ 敏锐·灵敏·敏捷
1274 敏锐 참고

1274 **敏锐** mǐnruì

형 (감각이) 빠르다, (눈빛이) 날카롭다, 예리하다
유 1182 灵敏, 1273 敏捷, 锐利 ruìlì, 锐敏 ruìmǐn

她的听觉像狗很敏锐。
그의 청각은 개처럼 무척 예민하다.
那位时政评论家的思想非常敏锐。
그 정치평론가의 생각은 매우 날카롭다.

 plus+ 敏锐·灵敏·敏捷

· 敏锐 형 예민하다, 날카롭다
· 灵敏 형 영민하다, 재빠르다
· 敏捷 형 민첩하다, 빠르다

비교 이 세 단어는 모두 '빠르다'라는 뜻을 가지고 있는 단어이다. 敏锐는 주로 감각이 예민하고 안목이 날카로운 것을 가리킨다. 灵敏은 주로 외부에서 들어오는 반응이 빠르고, 오감과 육감이 예민한 것을 가리키고, 敏捷는 동작이 신속할 뿐 아니라 생각이나 사유가 영민한 것을 가리킨다.

> 한국어로 해석하면 차이가 없어 보이므로
> 단어의 뜻을 정확히 파악하는 것이 포인트!

Check

这个人的耳朵简直（　　　）。
이 사람의 귀는 정말로 예민하다.

作家应该有（　　　）的眼光。
작가는 반드시 날카로운 안목을 가지고 있어야 한다.

她在我们班回答得很快，可见思维非常（　　　）。
그녀는 우리 반에서 대답을 빨리 하는데 이로써 사고가 매우 민첩한 것을 알 수 있다.

> 灵敏 / 敏锐 / 敏捷

1275 明明 míngmíng

児 분명히, 명백히 [주로 뒷문장은 의미가 전환됨]
유 0568 分明

明明是她的错，却不承认。
분명히 그녀의 잘못인데, 그녀는 인정하지 않는다.

你明明知道今天有课，昨晚怎么还喝了那么多酒？
너는 분명히 오늘 수업이 있다는 걸 알면서, 어떻게 어제 저녁에 그렇게 술을 많이 마시니?

1276 名次 míngcì

명 석차, 순위, 서열

她努力练习，在比赛中取得了较好的名次。
그녀는 열심히 연습하여 시합에서 비교적 높은 순위를 얻었다.

我上中学的时候，名次一直在全年级前几名。나는 중학교 때 석차가 늘 전체 학년에서 앞에 있었다.

1277 名额 míng'é

명 정원, 인원 수

这家公司招聘的岗位名额有限。
이 회사가 모집하는 직책의 정원은 수량이 많지 않다.

奖学金今年设三个名额给一年级的学生。
장학금은 올해 세 명분이 1학년 학생에 배정되었다.

1278 名副其实 míngfùqíshí

성 명실상부하다, 명성과 실상이 서로 부합되다
유 名实相符 míngshíxiāngfú

他是一位名副其实的好老师。
그는 명실상부한 좋은 선생님이다.

他想做一个名副其实的好爸爸。
그는 명실상부한 좋은 아버지가 되고 싶다.

1279 名誉 míngyù

명 명예, 명성, 평판
유 名义 míngyì

他把名誉看得很重要。
그는 명예를 매우 중요시한다.

형 명예의, 명의상의 [주로 명예 칭호에 쓰임]

他是韩中翻译协会的名誉会长。
그는 한중번역협회의 명예회장이다.

1280 命名 mìng//míng

동 명명하다, 이름 짓다

这本书以邓小平的名字命名。
이 책은 덩샤오핑이라는 이름으로 불린다.

这个地方被命名为"情人坡"。
이곳은 '애정촌'라 불렸다.

他给这个建筑命了个好听的名。
그는 이 건축물에 듣기 좋은 이름을 지었다.

1281 摸索 mōsuǒ

동 ① (나아가기 위해) 모색하다, 찾다

他们在风雨交加的夜里摸索着前进方向。
그들은 거센 폭풍우가 휘몰아치는 밤에 앞으로 나아가는 방향을 찾고 있다.

② (방법·경험 따위를) 모색하다

在工作中，他已摸索出一些经验。
일하는 과정에서, 그는 이미 약간의 경험을 모색해냈다.

1282 膜 mó

- 명 ① 막 [생물체 내의 얇은 피부처럼 생긴 표피 조직]
  他的耳膜受到了强烈刺激。
  그의 고막은 강한 자극을 받았다.

  ② 막과 같이 얇은 물질이나 껍질
  煮开的牛奶凉了之后会结一层膜。
  끓인 우유는 식은 후에 얇은 막 한 층이 생겨난다.

1283 摩擦 mócā

- 동 마찰하다, 비비다
  유 争执 zhēngzhí
  太冷了，我不停地摩擦着双手。
  너무 추워서 나는 끊임없이 양손을 비비고 있다.

- 명 ① 마찰
  车辆轴承化zhóuchénghuà是为了减少摩擦。
  자동차 베어링은 마찰을 감소시키기 위함이다.

  ② (개인이나 단체 사이의) 마찰, 충돌
  유 5급 矛盾 máodùn
  工作中他们俩之间发生了摩擦。
  일하는 과정에서, 그들 둘 사이에 충돌이 일어났다.

1284 磨合 móhé

- 동 ① 길들(이)다, 맞물리다
  这个机器必须要经过一段时间的磨合才能用。
  이 기계는 일정 기간 길들여야만 사용할 수 있다.
  我要磨合这双新鞋，有点儿紧。
  나는 이 새 신발이 조금 죄어서, 길을 들여야 한다.

  ② 적응하다, 조화하다
  媳妇儿有很多地方得同婆婆去磨合了。
  며느리는 많은 부분에서 시어머니와 적응해야 한다.
  经过长期的磨合，他们配合得天衣无缝。
  오랜 적응기간을 거치니, 그들은 호흡이 잘 맞아 흠잡을 데가 없다.

1285 模范 mófàn

- 명 모범
  她被上级称为模范职员。
  그녀는 윗사람들 사이에서 모범 직원으로 불린다.

- 형 모범적인, 모범이 되는
  他的模范事迹感动了大家。
  그의 모범적인 사적은 모두에게 감동을 주었다.

 plus+ 榜样·模范
0045 榜样 참고

1286 模式 móshì

- 명 모식, 양식, 패턴
  我不大喜欢这种固定动作模式。
  나는 이런 고정적인 동작패턴을 그다지 좋아하지 않는다.
  那家公司的管理模式值得我们学习。
  그 회사의 관리 양식은 우리가 정말 배울 만하다.

1287 模型 móxíng

- 명 ① 모형
  萝卜长相像一个人体模型。
  무가 사람 모형 같이 생겼다.
  她的书房里有很多帆船fānchuán模型。
  그녀의 서재에는 많은 돛단배 모형이 있다.

  ② 목형, 주형
  我们需要用木头做的模型。
  우리는 나무로 만든 목형이 필요하다.

1288 魔鬼 móguǐ

- 명 ① 마귀, 악마
  유 恶魔 è'mó, 鬼怪 guǐguài, 妖怪 yāoguài
  반 1601 神仙
  魔鬼真有那么可怕嘛？
  마귀가 정말 그렇게 무서워?

② 사악한 사람, 악마
她是个长着天使面孔的魔鬼。
그녀는 천사의 얼굴을 한 악마이다.

1289 **魔术** móshù

명 마술
耍魔术是她的拿手好戏。
마술을 부리는 것은 그녀의 대표 장기이다.
要想变好魔术得需要一些技巧。
마술을 더 잘 하려면 어느 정도 기교가 필요하다.

1290 **抹杀** mǒshā

동 말살하다, 없애다, 지우다
유의 否定 fǒudìng, 勾销 gōuxiāo
你不要抹杀自己的个性。
자신의 개성을 없애지 마.
这是谁都抹杀不了的事实。
이건 그 누구도 지울 수 없는 사실이다.

1291 **莫名其妙** mòmíng qímiào

성 영문을 알 수 없다, 이유를 모르다, 어리둥절하게 하다
大家都对他的话感到莫名其妙。
다들 그의 말에 어리둥절해 했다.
他莫名其妙地对大家发了一通火。
그는 이유도 모른 채 모두에게 한바탕 화를 냈다.

1292 **默默** mòmò

부 묵묵히, 말없이, 소리 없이
他默默地看着她走远。
그는 그녀가 멀어져 가는 것을 말없이 바라보았다.
他默默地工作，没有任何不满。
그는 아무런 불평없이 묵묵히 일한다.

1293 **墨水儿** mòshuǐr

명 ① 먹물
衣服上沾的墨水儿洗不掉。
옷에 묻은 먹물이 지워지지 않는다.

② 잉크
她新买了一瓶蓝墨水儿。
그녀는 파란색 잉크를 한 병 새로 샀다.

③ 학문, 공부, 지식
他也喝过几年墨水儿。
그도 몇 년 동안 글공부를 한 적이 있다.

1294 **谋求** móuqiú

동 강구하다, 모색하다
我们谋求克服经济危机的方法。
우리는 경제 위기를 극복하기 위한 방안을 모색하고 있다.
我们公司应该生产新产品来谋求盈余 yíngyú。
우리 회사는 반드시 신제품을 생산해서 흑자를 모색해야 한다.

1295 **模样** múyàng

명 ① (사람의) 용모, 겉모습, 외모, 형상
她的模样像她爸爸。
그녀의 모습은 그녀의 아버지를 닮았다.

② 대략, 대강, 대 [시간과 나이에만 쓰임]
刚才我睡了大概有一刻钟模样。
방금 전에 나는 대략 15분 정도 잤다.

③ 상황, 정세, 형세
照这模样发展下去，他们会分手。
이 상황대로 계속 가면 그들은 헤어질 수도 있다.

1296 **母语** mǔyǔ

명 ① 모국어
我的母语是汉语。 내 모국어는 중국어이다.

② 모어 [언어의 발달과정에서 근원이 되는 언어]
英语的母语是拉丁语。
영어의 모어는 라틴어이다.

1297 目睹 mùdǔ

동 직접 보다, 목도하다
这些年他耳闻目睹了不少怪事。
최근 몇 년 동안 그는 적지 않은 이상한 일들을 직접 보고 들었다.
他目睹了车祸发生的全部经过。
그는 차 사고가 발생한 전체 과정을 직접 보았다.

1298 目光 mùguāng

명 ① 시선, 눈길
她优雅的气质吸引了很多人的目光。
그녀의 우아한 기질이 많은 사람들의 시선을 끌었다.

② 눈빛, 눈매
我们都把目光投向老师。
우리의 눈빛이 모두 선생님에게로 쏠렸다.

③ 견해, 식견
유 2099 眼光
他以长远的目光来看待股票市场。
그는 장기적인 안목으로 주식시장을 대한다.

1299 沐浴 mùyù

동 ① 목욕하다
他照常在睡觉前沐浴。
그는 평소처럼 취침 전에 목욕을 한다.

② 흠뻑 받다, 축이다, 적시다
花园里的花朵沐浴在夏日的阳光下。
화원의 꽃봉오리가 여름날의 햇살에 흠뻑 젖어있다.

③ (어떤 환경에) 푹 빠지다
他们沐浴在胜利的喜悦中。
그들은 승리의 기쁨에 푹 빠져있다.

新HSK VOCA 5000 6급

N

1300 拿手 náshǒu

형 (어떤 기술에) 뛰어나다, 능하다, 재간이 있다
做菜我绝对拿手。
요리는 내가 절대적으로 자신이 있다.
钓鱼是他的拿手项目。
낚시는 그가 자신 있는 분야이다.

1301 纳闷儿 nà//mènr

동 답답하다, 속이 터진다
我特纳闷儿他说的话是什么意思。
나는 그의 말이 무슨 뜻인지 너무 답답하다.
我很纳闷儿，她为什么那么喜欢吃冰淇淋。
그녀가 어째서 아이스크림을 먹는 걸 저렇게 좋아하는지, 난 이해가 안 된다.
你纳什么闷儿呢?
너 무슨 일로 답답해하니?

1302 耐用 nàiyòng

형 오래 쓸 수 있다, 질기다
激光打印机比喷墨打印机耐用。
레이저프린터는 잉크프린터보다 오래 쓸 수 있다.
不管什么东西，要爱惜才能经久耐用。
무슨 물건이든지 간에, 아끼고 소중히 해야 오래 쓸 수 있다.

1303 难得 nándé

형 ① 얻기 어렵다, ~하기 쉽지 않다
你应该好好把握这次难得的实习机会。
너는 어렵게 얻은 이번 실습기회를 정말 잘 잡아야 한다.

② (출현이나 발생이) 드물다
昨天天气是梅雨季节中难得的好天气。
어제 날씨는 장마철에 보기 드문 좋은 날씨였다.

1304 难堪 nánkān

동 참기 힘들다, 견디기 어렵다
유 0630 尴尬, 1873 为难

你这样做，会让客人觉得难堪的。
네가 이렇게 하면 손님이 참기 힘들 거다.

형 난감하다, 난처하다
在众人面前摔了一跤，她感到很难堪。
사람들 앞에서 넘어지자, 그녀는 매우 난감해 하였다.

plus+ 难堪·难受

- 难堪 형 참기 힘들다, 견디기 어렵다
- 难受 형 받아들이기 힘들다

비교 이 두 단어 모두 '참기 힘들다'라는 뜻을 가진 단어이다. 难堪은 주로 처지가 딱하거나 처지가 난감한 경우를 가리키며 어감이 센 편이고, 难受는 육체적으로 불편하고 건강이 좋지 않거나, 정신적으로나 심리적으로 편하지 않고 상심하는 것을 가리킨다.

한국어로 해석하면 차이가 없어 보이므로 단어의 뜻을 정확히 파악하는 것이 포인트!

Check
你这样在大家的面前藐视我，我感到很（　　）。
네가 이렇게 많은 사람들 앞에서 나를 멸시하다니, 나는 정말 참기 힘들다.
儿子没有录取，妈妈心里很（　　）。
아들이 떨어져서, 엄마는 마음이 너무 아프다.

답 难堪 / 难受

1305 难免 nánmiǎn

형 면하기 어렵다, 피하기 어렵다
유 5급 不免 bùmiǎn, 1880 未免

新职员受点挫折是难免的。
신입사원이 어려움을 겪는 것은 피하기 어려운 일이다.
年轻人嘛，难免会有冲动的时候。
젊은 사람이니, 충동적일 때도 있지.

1306 难能可贵 nánnéng kěguì

성 하기 힘든 일을 해내서 소중하게 생각할 만하다
他们始终不离不弃，真是难能可贵。
그들이 시종 헤어지지도 않고 포기하지도 않는 것은 진짜로 장한 일이다.
始终不放弃做人的原则，很难能可贵。
사람으로서의 원칙을 줄곧 포기하지 않는 것은 매우 대견한 일이다.

1307 恼火 nǎohuǒ

동 화 내다, 노하다, 성내다
유 3급 生气 shēngqì, 0511 发火, 动气 dòngqì, 发怒 fānù, 冒火 màohuǒ

母亲为孩子成绩的事情恼火。
어머니께선 아이의 성적으로 인해 화가 나셨다.
对于她夜不归宿的事情，父亲感到恼火。
그녀가 외박한 일로, 아버지께서는 노하셨다.

1308 内涵 nèihán

명 내포, 내용, 의미
你要弄懂文章中每一句话的内涵。
너는 문장 속 모든 말의 내용을 이해해야 한다.
它只是那些有很多负面内涵的词之一。
이는 부정적인 의미를 가진 여러 단어 중 하나일 뿐이다.

1309 内幕 nèimù

명 내막, 속사정 [주로 나쁜 것을 나타냄]
我了解了这次比赛的内幕。
나는 이번 경기의 내막을 알았다.
了解事件内幕的人没有几个。
사건의 내막을 아는 사람은 몇 명 안 된다.

1310 内在 nèizài

형 ① (사물의) 내재적인
반 外在 wàizài

我们得想办法找出内在原因。
우리는 방법을 강구하여 내재적인 원인을 찾아내야 한다.

② (마음속에) 내재하다
虽然和她相处了很久，但还是不了解她的内在情感。
비록 그녀와 오래 알고 지냈지만, 아직도 그녀의 내재된 감정을 잘 모르겠다.

1311 **能量** néngliàng

명 ① 에너지
如何解决磁场cíchǎng能量问题呢?
자기에너지 문제를 어떻게 해결하면 좋을까요?

② (사람이 가지고 있는) 능력
유 1급 能 néng
他低估dīgū了那个小孩子的能量。
그는 그 어린아이의 능력을 과소평가했다.

1312 **嗯** ńg

감 의문을 나타냄
嗯? 你说什么?
응? 너 뭐라고 했어?
嗯? 你怎么不说话啊?
어? 너 왜 말을 안 해?

 嗯·哦

• 嗯 감 의문을 나타냄
• 哦 감 납득, 동의를 나타냄
비교 이 두 단어는 모두 감탄사로, 문장 앞에서 단독으로 자주 쓰이는 특징을 가지고 있다. 嗯은 주로 의문을 나타내며 哦는 주로 납득, 동의, 이해를 나타낸다.

감탄사는 문장 속에서 그 의미와 쓰임을 파악하는 것이 포인트!

Check
(　　) ? 你难道就是刘娜?
어? 네가 정말 리우나라고?
(　　) ! 我现在明白了。
아! 나 지금 이해했어.

답 嗯 / 哦

 嗯 éng

감 예상을 벗어나거나 그렇게 생각하지 않음을 나타냄
嗯, 书包怎么没了?
어? 책가방이 왜 안 보이지?
嗯, 没那么热吧?
에이, 그렇게 덥지 않지?

嗯 èng
감 허락이나 대답을 나타냄
A: 我们改天再说好不好?
우리 나중에 다시 이야기하자 어때?
B: 嗯。
좋아.

1313 **拟定** nǐdìng

동 ① 초안을 세우다
他为公司的发展拟定了一个长远计划。
그는 회사의 발전을 위해 장기적인 계획으로 초안을 세웠다.

② 추측하여 단정하다
在会议结果出来之前，不要乱加拟定。
회의결과가 나오기 전엔 함부로 추측하여 단정하면 안 된다.

1314 **年度** niándù

명 연도
本年度财政收支基本平衡。
올해의 재정수익은 기본적으로 평형을 이룬다.
她正在制定新的年度计划。
그녀는 새로운 한 해의 계획을 세우고 있다.

1315 **捏** niē

동 ① (엄지손가락과 다른 손가락으로) 집다, 잡다
她把米缸mǐgāng里的虫子捏了出来。
그녀는 쌀독에 있는 벌레를 잡았다.

② (손으로) 빚다, 빚어 만들다
爷爷捏了泥人儿。
할아버지께서는 점토인형을 빚어 만드셨다.

③ 하나가 되게 하다, 뭉치다, 합치다
他们俩性格不合，捏合不到一块儿去。
그들 둘은 성격이 맞지 않아 하나로 뭉칠 수 없다.

1316 **拧** níng

동 ① (물체를 잘 잡고 안이나 바깥을 향해) 짜다, 비틀다
她用力太大，把毛巾拧坏了。
그녀의 힘이 너무 세서 수건을 비틀다가 찢어뜨렸다.

② 꼬집다
她使劲儿拧他的胳膊gēbo。
그녀는 힘껏 그의 팔을 꼬집었다.

 拧 nǐng

동 ① 뒤바뀌다, 전도되다, 틀리다, 잘못하다
这床单太大，你一个人拧不动，我来帮你。
이 침대시트가 너무 커서, 너 혼자 뒤집을 수 없으니 내가 도울게.

② 어긋나다, 모순되다
两个人意见不同越说越拧，最后不欢而散。
두 사람의 의견이 달라 말을 할수록 어긋나서, 결국은 안 좋게 헤어졌다.

1317 **凝固** nínggù

동 ① 응고하다, 굳어지다
유 凝集 níngjí, 凝结 níngjié
伤口的血凝固得很快。
상처의 피가 빨리 굳었다.

② 고정되어 변하지 않다, 정체되다
国内经济开始凝固。
국내 경제가 정체되기 시작했다.

1318 **凝聚** níngjù

동 ① 맺히다
荷叶上凝聚着晶莹jīngyíng的露珠。
연잎에 밝고 투명한 이슬이 맺혀있다.

② 응집하다, 모으다
长城凝聚着中华民族的勤劳和智慧。
만리장성에는 중화민족의 근면과 지혜가 응집되어 있다.

1319 **凝视** níngshì

동 주목하다, 눈여겨보다
유 2421 注视, 凝望 níngwàng, 注目 zhùmù
他深情地凝视着她。
그는 다정하게 그녀를 바라보았다.
她凝视着群星璀璨cuǐcàn的夜空。
그녀는 많은 별들이 반짝이는 밤하늘을 바라보고 있다.

1320 **宁肯** nìngkěn

부 차라리 ~할지언정, 설령 ~할지라도
유 5급 宁可 nìngkě, 1321 宁愿, 情愿 qíngyuàn
她宁肯死，也不向敌人投降。
그녀는 차라리 죽을지언정, 적군에게 투항하지 않는다.
她宁肯自己吃亏，也不让领导为难。
그녀는 설령 자신이 손해를 볼지언정, 상사를 곤란하게 하지 않는다.

 宁愿·宁可·宁肯
1321 宁愿 참고

1321 **宁愿** nìngyuàn

부 차라리 ~할지언정, 설령 ~할지라도
유 5급 宁可 nìngkě, 1320 宁肯, 情愿 qíngyuàn
她宁愿牺牲，也不出卖组织。
그녀는 차라리 희생이 될지라도, 조직을 팔지는 않는다.
妈妈宁愿自己吃不饱，也不饿着孩子。
엄마는 설령 자신이 굶더라도, 아이는 굶기지 않는다.

plus+ 宁愿·宁可·宁肯

· 宁愿 부 차라리 ~할지언정
· 宁可 부 차라리 ~할지언정
· 宁肯 부 차라리 ~할지언정

비교 이 세 단어 모두 '차라리 ~할지언정, 설령 ~할지라도'의 뜻을 가지고 있다. 宁愿은 주로 자신이 손해를 보거나 자신이 희생을 감수하더라도 하고 싶다는 뜻이 강하다. 宁可는 두 방면의 이해득실을 따진 후에 한쪽을 선택한다는 뜻인데, 선택한 쪽은 대부분 가설의 의미이자 과장의 뜻을 담고 있다. 또한 용법적인 측면에서는 앞에 '与其'가 오거나 뒤에 '也不', '也要', '也得' 등이 같이 쓰인다. 宁肯 역시 한쪽을 선택하는 것인데 그 선택한 것은 주로 사람의 염원, 소원, 의지와 관계된 것이어야 한다.

한국어로 해석하면 차이가 없어 보이므로 단어의 뜻을 정확히 파악하는 것이 포인트!

Check
我（   ）辞职也不愿参加做这种不正当的勾当。
내가 차라리 사직을 할지언정 이런 부정당한 일에는 참가하고 싶지 않다.

我（   ）一夜不睡觉，也得把这份报告完成。
나는 설령 밤새 안 자더라도, 이 보고서를 완성해야 한다.

只要你幸福，我（   ）退到好朋友的位置。
너만 행복하다면, 나는 차라리 좋은 친구의 자리로 돌아가겠다.

답 宁肯 / 宁可 / 宁愿

1322 纽扣儿 niǔkòur

명 단추

我衬衫上的纽扣儿掉了一颗。
내 와이셔츠의 단추가 하나 떨어졌다.

天很冷，她扣上外套的纽扣儿。
날씨가 추워서, 그녀는 외투의 단추를 채웠다.

1323 扭转 niǔzhuǎn

동 ① (반대 방향으로) 돌리다
她扭转头，冲我笑了一下。
그녀가 고개를 돌려, 나를 향해 미소를 지었다.

② (발전 방향이나 목전의 상황을) 교정하다, 바꾸다
他讲了一则笑话，扭转了这尴尬的气氛。
그가 재미있는 이야기를 하자, 이 어색한 분위기가 바뀌었다.

1324 浓厚 nónghòu

형 ① (연기·안개·구름 등이) 짙다, 농후하다
浓厚的乌云压得人喘不过气。
짙은 먹구름이 누르고 있어서, 숨도 쉴 수가 없다.

② (색채·분위기·의식 등이) 강하다, 짙다, 무겁다
这个庆典带有浓厚的地方色彩。
이 축하의식은 짙은 지방색을 띠고 있다.

③ 흥미가 높다, 관심이 높다
我对美术的兴趣很浓厚。
그녀는 미술에 매우 관심이 많다.

1325 农历 nónglì

명 음력, 농사력
农历七月初七是"七夕"。
음력 7월 7일은 '칠석'이다.

农历即是指农业上使用的历书。
음력은 농업에 사용되는 역서를 가리킨다.

1326 奴隶 núlì

명 노예
유 农奴 nóngnú

我不想作金钱的奴隶。
나는 돈의 노예가 되고 싶지 않다.

奴隶是没有人身自由的。
노예는 인간으로서의 자유가 없다.

1327 挪 nuó

동 옮기다, 움직이다, 운반하다, 나르다
她挪了公司的钱。
그녀는 회사의 돈에 손을 댔다.

他挪了一下，给我腾出téngchū个地儿。
그가 옆으로 옮기면서, 나에게 자리를 내주었다.

1328 虐待 nüèdài

동 학대하다

不要虐待小动物。
작은 동물을 학대하지 마라.
她小时候在家里经常受到虐待。
그녀는 어렸을 때 집에서 자주 학대를 받았다.

他去欧洲旅行了。
그는 유럽으로 여행을 갔다.
他在姐姐离开欧洲的那天结了婚。
그는 누나가 유럽을 떠난 그날 결혼을 했다.

1332 呕吐 ǒutù

동 구토하다, 게우다, 토하다
她把吃的饭全呕吐了。
그녀는 먹은 밥을 모두 게워냈다.
他最近坐公共汽车不呕吐了。
최근에 그는 버스를 탈 때 구토를 하지 않는다.

O

1329 哦 ò

감 아!, 오! [어떤 사실이나 상황을 깨달았음을 나타냄]
哦，我知道她是谁了。
아! 그녀가 누군지 알겠다.
哦，我终于明白了。
오! 나는 이제야 확실히 알겠다.

plus+ 哦 ó

감 어?, 어머! [놀라거나 반신반의함을 나타냄]
哦，她住院了?
어머! 그녀가 입원을 했나요?

1330 殴打 ōudǎ

동 때리다, 구타하다
因为殴打了一名上司，他被辞退了。
상사를 구타해서 그는 해고되었다.
在一个巷子里他被十几个人殴打。
골목 안에서 그는 열 명이 넘는 사람에게 구타를 당했다.

1331 欧洲 Ōuzhōu

명 유럽, 유럽 대륙

P

1333 趴 pā

동 ① (가슴을 바닥에 가까이) 대다, 붙이다, 엎드리다
士兵们趴在地上练习射击。
사병들이 땅에 엎드려 사격연습을 한다.
② (몸을 앞으로 기울여) 물체에 기대다
她经常趴在桌子上睡觉。
그녀는 자주 책상에 엎드려 잔다.

1334 排斥 páichì

동 배척하다, 배격하다, 물리치다
유 1335 排除, 排挤 páijǐ
반 4급 吸引 xīyǐn

他从不排斥不同意见。
그는 한 번도 다른 의견을 배척한 적이 없다.

异极相互吸引，同极相互排斥。
다른 극은 서로 끌어당기고 같은 극은 서로 배척한다.

1335 排除 páichú

동 제거하다, 없애다
　　유 1472 清除
我们要排除万难，奋勇向前。
우리는 온갖 어려움을 없애고 용기있게 앞으로 나가야 한다.
为了确保交通通畅，工人们连夜排除道路积雪 jīxuě。
교통의 원활함을 확보하기 위해서, 노동자들은 길에 쌓인 눈을 밤새 치우고 있다.

1336 排放 páifàng

동 (폐기·폐수·폐기물 등을) 배출하다, 방류하다
不要到处排放生活污水。
생활오수를 여기저기에 배출하지 마세요.
污水排放前，应该进行更完善的处理。
오수를 방류하기 전에 반드시 더욱 완벽한 처리를 해야 한다.

1337 徘徊 páihuái

동 ① 거닐다, 배회하다
他在街上独自徘徊。
그는 길에서 혼자 배회하고 있다.

② (결정을 내리지 못하고) 망설이다, 우유부단하다
他在两种意见之间徘徊，不知如何是好。
어떻게 하면 좋을지 몰라 그는 두 의견 사이에서 망설이고 있다.

1338 派别 pàibié

명 (학술·종교·정당 등의) 파, 유파
同学之间不要分派别。
친구끼리 파를 가르지 마라.
中国功夫有很多派别。
중국의 무술은 많은 파로 나뉜다.

1339 派遣 pàiqiǎn

동 (정부·기관·단체 등이) 파견하다
　　유 指派 zhǐpài, 差遣 chāiqiǎn
公司派遣他考察印度市场。
회사는 인도의 시장을 조사하라고 그를 파견했다.
今年上半年政府已经派遣代表团去中国了。
올해 상반기에 정부는 이미 대표단을 중국에 파견했다.

1340 攀登 pāndēng

동 등반하다, 타고 오르다
　　유 攀援 pānyuán
登山队员终于攀登上了喜马拉雅山。
등산대원들은 마침내 히말라야 산을 등반하였다.
学者们努力攀登科学技术高峰 gāofēng。
학자들은 과학기술의 정상에 오르기 위해 노력한다.

1341 盘旋 pánxuán

동 ① 선회하다, 빙빙 돌다
　　유 回绕 huírào, 回旋 huíxuán
雄鹰在空中盘旋。
독수리가 공중에서 빙빙 돌고 있다.

② 배회하다, 머물다
他在街道上盘旋了半天才回家。
그는 거리에서 한참을 배회하다가 집으로 돌아갔다.

1342 畔 pàn

명 (강·호수·도로 등의) 가장자리, 부근
他在枕畔放着一本诗集。
그는 베갯맡에 시집 한 권을 두었다.
她在湖畔买了一栋别墅 biéshù。
그녀는 호수 근처에 별장 한 채를 샀다.

1343 判决 pànjué

동 ① 판결하다, 선고하다
　　유 判处 pànchǔ

法院已经对这一案件进行了判决。
법원은 이 사건에 대해 이미 판결을 내렸다.

② 판단하다, 결정하다
裁判判决了蓝队获胜。
심판은 청팀이 승리했다고 결정했다.

1344 庞大 pángdà

형 (형체·조직·수량 등이) 매우 크다, 방대하다

유 동 巨大 jùdà

公司每年开支非常庞大。
회사의 매년 지출은 매우 방대하다.

他们公司下面有个庞大的物流中心。
그들 회사의 계열사에 매우 큰 물류센터가 있다.

plus+ 庞大·巨大

- 庞大 형 매우 크다, 방대하다
- 巨大 형 거대하다

비교 이 두 단어 모두 '매우 크다'라는 뜻을 가진 단어이나, 庞大는 주로 형체, 조직, 수량이 큰 것을 가리키고 때로는 너무 크거나 혹은 속 빈 강정처럼 크기만 하고 적당하지 않음을 가리키기도 한다. 巨大는 주로 규모, 수량, 성취, 성공 등이 큰 것을 가리킨다.

비슷한 의미를 가진 단어일수록 搭配에 의해 구분된다는 것이 포인트!

Check

这项工程规模(　　)，在国内首屈一指。
이 공사의 규모가 거대해서, 국내에서 손꼽힐 만하다.

机构(　　)容易造成人浮于事。
기구가 방대하면 사람은 많고 일거리는 적게 된다.

답 巨大 / 庞大

1345 抛弃 pāoqì

동 버리다, 포기하다

유 丢弃 diūqì, 废弃 fèiqì, 遗弃 yíqì

他抛弃了原有的生活，重新开始。
그는 기존의 생활을 포기하고, 새로 시작했다.

她决定了抛弃旧观念，倡导新思想。
그녀는 낡은 관념을 버리고, 새로운 사상을 제창하기로 결정했다.

1346 泡沫 pàomò

명 ① 물거품, 거품
地上有很多洗衣粉的泡沫。
바닥에 세탁세재의 거품이 가득 있다.

② (물)거품, 허세, 허풍
全世界的泡沫经济时代已经过去了。
전 세계 거품경제 시대는 이미 지나갔다.

1347 培训 péixùn

동 양성하다, 훈련하다
这种人才培训起来很难。
이러한 인재는 길러 내기가 매우 어렵다.

学校把人才培训到一定程度。
학교에서는 인재를 일정 수준까지 양성시킨다.

1348 培育 péiyù

동 ① (작은 생물을) 심어서 가꾸다, 기르다, 재배하다
她悉心xīxīn培育着小树苗。
그녀는 온 힘을 다해 어린 묘목을 기른다.

② (인재를) 양성하다, 육성하다
把学生培育成综合型人才是这个学校的目标。
학생을 종합형 인재로 양성하는 것이 이 학교의 목표이다.

1349 配备 pèibèi

동 ① (인력·물건을) 배분하다, 분배하다
公司给每个员工都配备了一台电脑。
회사에서 모든 직원에게 컴퓨터를 한 대씩 배분하였다.

② (병력·인원을) 배치하다, 두다, 안배하다
这家医院给每一位患者配备一位护士。
이 병원은 환자 한 사람마다 간호사를 한 사람씩 안배한다.

명 세트를 이룬 설비나 장비, 잘 갖추어진 설비나 장비
语音教室里拥有现代化的配备。
시청각실은 현대적 설비를 갖추고 있다.

1350 配偶 pèi'ǒu

명 배필, 배우자, 반려자
她的配偶在一场车祸中去世了。
그녀의 배우자는 자동차 사고로 죽었다.
她是在法律上他的合法配偶。
그녀는 법률상 그의 합법적인 배우자이다.

1351 配套 pèi//tào

동 (관계가 있는 사물을 조합하여) 하나의 세트로 만들다, 맞추다, 조립하다
品种齐全，成龙配套。
품종이 완비되어 적절한 세트가 되었다.
这种设备跟别的设备不能配套。
이런 설비는 다른 설비와 조립할 수 없다.
新房的电子设备已经配上套了。
신혼방의 전자설비가 이미 조립되었다.

1352 盆地 péndì

명 분지
中国有四大盆地。
중국에는 네 개의 분지가 있다.
四川盆地被称为"天府之国"。
쓰촨분지는 '천부지국(토지가 비옥하고 물자 생산이 풍부한 곳)'이라 불린다.

1353 烹饪 pēngrèn

동 요리하다, 조리하다
유 烹调 pēngtiáo
我在烹饪学校学过烹饪，很擅长烹饪。
나는 요리학교에서 요리를 배운 적이 있어서 요리를 매우 잘 한다.
她的爱好包括音乐、读书、毛活和烹饪。
그녀의 취미로는 음악, 독서, 뜨개질과 요리 등이 있다.

1354 捧 pěng

동 ① (두 손으로) 받쳐 들다, 움켜 뜨다, 받들다
他捧着一大束花去机场接女朋友。
그는 한 다발의 꽃을 움켜 들고 공항으로 여자친구를 마중하러 갔다.

② 아첨하다, 치켜세우다
你别捧我，我没有那么大的本领。
저를 치켜세우지 마세요, 저 그렇게 큰 능력이 없습니다.

③ 성원하다, 후원하다
多谢您来捧场。
오셔서 자리를 빛내주셔서 감사합니다.

양 움큼 [두 손으로 받쳐들거나 움켜쥔 분량을 세는 단위]
米缸里只剩下一捧米。
쌀독에는 쌀이 한 움큼 밖에 남아있지 않다.

1355 劈 pī

동 ① (도끼 등으로) 찍다, 쪼개다, 패다, 자르다
他正在院子里劈木柴。
그는 지금 정원에서 땔감을 패고 있다.

② 갈라지다, 쪼개지다, 터지다
她的指甲劈了，一直流血。
그녀의 손톱이 갈라져서 계속 피가 난다.

③ 벼락이 치다
做这种丧尽天良的事，会遭天打雷劈的。
이런 양심에도 없는 일을 하면, 하늘에서 벼락을 맞을 것 이다.

plus+ 劈 pǐ

동 ① 가르다, 쪼개다, 나누다
我把家产劈四份，一个人一份。
나는 가산을 한 사람당 한 등분씩, 네 등분으로 나누었다.

② 떼어버리다, 분리시키다
你把那个最大的玉米劈下来。
너는 저기 가장 큰 옥수수를 따라.

1356 批发 pīfā

동 (대량으로) 도매하다
这个厂子只批发，不零售。
이 공장은 도매만 하지 소매는 하지 않는다.

最近无论是零售还是批发，都进行得不太顺利。
최근에는 소매든 도매든, 모두 그다지 순조롭지 못하다.

1357 批判 pīpàn

동 비판하다, 지적하다, 장단점을 분석하다
유 4급 批评 pīpíng

不能随便批判人，要有根据。
근거가 있어야지 무조건 사람을 비판하면 안 된다.
对她的错误可以批判，但不能过火。
그녀의 잘못을 비판할 수는 있으나 도를 넘어선 안 된다.

plus+ 批判·批评

• 批判 동 비판하다, 지적하다
  ➡ 批判 + 错误思想, 拜金主义, 卖国主意, 封建主义

• 批评 동 비평하다, 꾸짖다
  ➡ 批评 + 孩子, 领导, 缺点, 人, 报纸

비교 이 두 단어는 모두 '잘못을 지적하다'라는 뜻을 가지고 있다. 批判은 잘못된 사상, 언론, 행위에 대해 체계적인 분석을 하고 반박하며 부정을 하는 것을 가리키고, 批评은 잘못과 단점에 대해서 의견을 제시하는 것을 가리킨다.

비슷한 의미를 가진 단어일수록 搭配에 의해 구분된다는 것이 포인트!

Check
她没做错什么事，不应该（　　　）。
그녀는 잘못한 게 없으니, 혼내서는 안 됩니다.
我们应该严肃地（　　　）这腐朽的思想。
우리는 반드시 이 부패한 사상을 엄숙히 비판해야 한다.

답 批评 / 批判

1358 疲惫 píbèi

형 대단히 피곤하다, 대단히 지치다
유 5급 疲劳 píláo, 1359 疲倦, 劳累 láolèi, 疲乏 pífá

每天下班她都觉得无比疲惫。
매일 퇴근 후, 그녀는 매우 피로함을 느낀다.
连着两天没合眼，她疲惫不堪。
연속하여 이틀 동안 잠을 못 자서, 그녀는 감당하기 힘들 정도로 지쳐있다.

plus+ 疲倦·疲劳·疲惫·疲乏
1359 疲倦 참고

1359 疲倦 píjuàn

형 피곤하다, 지치다
유 5급 疲劳 píláo, 1358 疲惫, 劳累 láolèi, 疲乏 pífá

他太疲倦了，一倒在床上就睡了。
그는 너무 피곤해서 침대에 눕자마자 잠이 들었다.
为了养家糊口，他不知疲倦地工作着。
가족을 부양하기 위해 그는 피곤한 줄도 모르고 일한다.

plus+ 疲倦·疲劳·疲惫·疲乏

• 疲倦 형 피곤하다
• 疲劳 형 피로하다
• 疲惫 형 피곤하다
• 疲乏 형 피로하다

비교 이 네 단어는 모두 '피로하다'라는 뜻이다. 疲倦은 피로하면서 졸리고 나른하다는 것에 초점이 맞춰져 있고, 疲劳는 체력적으로나 두뇌의 소모가 과도해서 휴식이 필요한 상태라는 것을 가리킨다. 疲惫는 피곤함이 최고조에 달했다는 것에 초점이 맞춰져 있고 '疲惫不堪'이라는 고정격식으로 많이 쓰이며, 주로 서면어로 사용된다. 마지막으로 疲乏는 지속적인 긴장상태가 유지되거나 장기적으로 혹은 과도한 육체적 노동으로 인해 피로한 것을 나타내고, 기능이 감퇴할 정도로 피곤하다는 의미도 가지고 있다.

한국어로 해석하면 차이가 없어 보이므로 단어의 뜻을 정확히 파악하는 것이 포인트!

Check
几天的工作使我们（　　　）不堪。
며칠 동안의 작업 때문에 우리는 극도로 피곤하다.
不分黑天白夜地干活，（　　　）极了，我想休息几天。
밤낮의 구분 없이 일을 해서 너무 피곤해, 나는 며칠 쉬고 싶다.
他在医院守候了两个月奶奶，显得（　　　）。
그는 병원에서 두 달 동안 할머니를 간호해서 매우 피곤해 보인다.
三夜没睡觉，我非常（　　　）。
3일 동안 잠을 자지 못해서 나는 매우 피곤하다.

답 疲惫 / 疲劳 / 疲乏 / 疲倦

1360 皮革 pígé

[명] 피혁, 가죽

她的手提包是皮革的。
그녀의 핸드백은 가죽이다.

他的公司经营皮革制品。
그의 회사는 피혁제품을 다룬다.

1361 屁股 pìgu

[명] (사람이나 동물의) 둔부, 엉덩이

老虎的屁股摸不得。
호랑이 엉덩이는 만질 수가 없다(힘 있는 사람을 거슬러서는 안 된다).

她吓得一屁股坐在地上。
그녀는 너무 놀라서 땅바닥에 주저앉았다.

她屁股沉，一坐就三个小时。
그녀는 엉덩이가 무거워서 한번 앉았다 하면 세 시간이다.

1362 譬如 pìrú

[동] 예를 들다

[유] 4급 例如 lìrú, 5급 比如 bǐrú

要提高防范意识，譬如，不要轻信陌生人。
경계의식을 높여야 하는데, 예를 들어서 모르는 사람을 쉽게 믿으면 안 된다.

有些动物可以保护庄稼zhuāngjia，譬如青蛙。
어떤 동물은 농작물 보호에 도움이 되는데, 예를 들어서 개구리가 그러하다.

譬如·例如

- 譬如 [동] 예를 들다
- 例如 [동] 예를 들다

[비교] 이 두 단어를 모두 '예를 들다'라는 뜻이다. 단지 例如와는 달리 譬如는 '만일, 만약'이라는 뜻도 가지고 있다.

뜻이 완전히 같을 때는 차이점에 주목하는 것이 포인트!

Check

我儿子很喜欢运动，（　　）足球、棒球、篮球等。
내 아들은 운동을 매우 좋아하는데, 예를 들어 축구, 야구, 농구 등이 있다.

你应该学点做菜，（　　）有一天妈妈不在家，你吃什么?
너는 반드시 요리하는 것을 좀 배워야 해, 만약 어느 날 엄마가 집에 없으면 너는 뭐 먹을래?

[답] 譬如, 例如 / 譬如

1363 偏差 piānchā

[명] ① 편차, 오차

修正了偏差之后，他一下就射中了靶心 bǎxīn。
편차를 수정한 후에, 그는 바로 과녁에 적중시켰다.

② 오류, 편향

认识上的偏差要及时改正。
알고 있는 오류는 바로 개정해야 한다.

1364 偏见 piānjiàn

[명] 편견, 선입견

[유] 成见 chéngjiàn

偏见比无知离真理更远。
편견은 무지보다 진리와 더 멀어져 있다.

你应该消除对她的偏见。
너는 그녀에 대한 편견부터 버려야 한다.

1365 偏僻 piānpì

[형] 외지다, 궁벽하다, 구석지다

[유] 荒僻 huāngpì

他的老家在偏僻山区。
그의 고향은 외진 산골마을에 있다.

这条小路很偏僻，女孩子一个人走会很危险。
이 작은 길은 매우 외져서 여자 혼자 걷기에 위험할 수 있다.

1366 偏偏 piānpiān

[부] ① 기어코, 일부러 [객관적이거나 상반됨을 나타냄]
所有人都明白了，偏偏他还要钻牛角尖 zuānniú jiǎojiān。
모두 아는 사실인데, 그 사람만 기어코 고집을 피운다.

② 공교롭게, 뜻밖에 [기대에 어긋날 경우에 쓰임]
偏偏在我找你的时候你有事？
공교롭게도 내가 너를 찾을 때마다 너는 일이 있네?

③ 유달리, 유독, 오직, 홀로 [범위를 나타냄]
偏偏你一个人迟到。
유독 너 혼자만 늦는다.

1367 片断 piànduàn

[명] 단편, 부분, 단락 [문장・소설・생활・경력 등에 쓰임]
他隐约记起的是事发时的一些片断。
그는 어렴풋이 기억해낸 것은 사건이 일어났을 때의 단편들이다.

[형] 사소한, 자질구레한, 단편적인, 불완전한
不能通过片断的社会现象来认识社会。
단편적인 사회현상만으로는 사회를 알 수 없다.

1368 片刻 piànkè

[명] 잠깐, 잠시
[유] [3급] 一会儿 yíhuìr, 少顷 shǎoqǐng, 一阵子 yízhènzi
他沉吟 chényín 了片刻，继续说了下去。
그는 잠시 망설이다가 계속해서 말을 이어 갔다.
她思索了片刻之后，便把这件事抛在脑后了。
그녀는 잠시 생각하고는, 바로 이 일을 신경 쓰지 않았다.

1369 飘扬 piāoyáng

[동] (바람에) 펄럭이다, 휘날리다
五星红旗在风中飘扬。
오성홍기(중국의 국기)가 바람에 펄럭거린다.
五彩缤纷 wǔcǎi bīnfēn 的旗子在广场上飘扬。
오색찬란한 깃발이 광장에서 나부낀다.

1370 漂浮 piāofú

[동] (물이나 액체 위에) 뜨다, 떠다니다
几朵鲜艳的玫瑰漂浮在水面上。
싱싱한 장미 몇 송이가 물 위에 떠있다.

[형] (일・학습 등을) 성실하지 않다, 대충대충하다
无论工作或学习，我们都不能漂浮于表面，要踏踏实实，才能有所收获。
일을 하든 공부를 하든, 우리는 모두 겉으로 대충대충 하면 안 되고 성실하게 해야 비로소 성공을 거둘 수 있다.

1371 拼搏 pīnbó

[동] 필사적으로 싸우다, 끝까지 싸우다
[유] 0468 斗争
解放军战士们顽强地与洪水拼搏。
해방군 전사들은 끝까지 홍수에 맞서 완강히 싸웠다.
女排奋力拼搏，终于又一次获得冠军。
여자배구팀은 필사적으로 싸워 결국 다시 한차례 승리했다.

어휘 plus+ 拼搏・搏斗

- 拼搏 [동] 필사적으로 싸우다
- 搏斗 [동] 격투하다, 싸우다

[비교] 이 두 단어 모두 '싸우다'라는 뜻을 가지고 있으나 拼搏는 최대한 역량을 끌어내어 쟁취하고 끝까지 죽을 힘을 다해 싸운다는 뜻에 초점이 맞춰져 있고, '顽强拼搏', '全力拼搏', '拼搏的精神', '拼搏的决心'과 같은 단어들과 함께 쓴다. 搏斗는 주로 맨손으로 싸우거나 칼, 방망이와 같은 무기를 사용해서 격렬하게 서로 다툰다는 뜻에 초점이 맞춰져 있다.

한국어로 해석하면 차이가 없어 보이므로 단어의 뜻을 정확히 파악하는 것이 포인트!

Check
（　　　）奋斗是战士的本性。
필사적으로 싸우고 분투하는 것은 전사의 본성이다.
她与贼（　　　），太勇敢了！
그녀가 도적과 싸우다니, 정말 용감하다.

답 拼搏 / 搏斗

1372 拼命 pīn//mìng

[동] 목숨을 내걸다, 필사적으로 하다, 죽을 힘을 다하다

他正在巷子口和匪徒拼命。
그는 골목 입구에서 도둑과 필사적으로 싸우고 있다.
他又拼起命来了。
그는 또 죽을 힘을 다하기 시작했다.
他拼了命去赚钱。
그는 뼈 빠지게 돈을 벌었다.

[부] 필사적으로, 적극적으로, 죽을 힘을 다하여
为了成功，他拼命地工作。
성공을 위해서, 그는 죽을 힘을 다해 일하고 있다.

1373 频繁 pínfán

[형] (횟수가) 잦다, 빈번하다
最近他们交往频繁。 최근 그들은 왕래가 빈번하다.
由于工作需要，她不得不频繁地出差。
일 때문에, 그녀는 어쩔 수 없이 빈번하게 출장을 간다.

1374 频率 pínlǜ

[명] ① 주파수, 진동수
耳朵所能听到的声音的频率在20～20000赫兹hèzī之间。
귀가 들을 수 있는 소리의 주파수는 20~20,000 헤르츠 사이이다.

② 빈도
这条公路发生交通事故的频率很高。
이 고속도로에서는 교통사고의 발생빈도가 매우 높다.

1375 贫乏 pínfá

[형] ① 빈궁하다, 가난하다
他的生活一直很贫乏。
그의 생활은 줄곧 빈곤했다.

② 부족하다, 결핍하다
[유] 5급 缺乏 quēfá, 匮乏 kuìfá
[반] 4급 丰富 fēngfù, 富足 fùzú
这篇作文的语言比较贫乏。
이 작문은 언어가 비교적 빈약하다.

1376 贫困 pínkùn

[형] 빈하다, 곤궁하다
[유] 贫苦 pínkǔ, 贫穷 pínqióng, 穷困 qióngkùn
[반] 0612 富裕, 富有 fùyǒu, 富足 fùzú
他出生于贫困的小乡村。
그는 가난한 작은 시골에서 태어났다.
政府需要加大力度解决贫困问题。
정부는 빈곤문제를 대대적으로 해결할 필요가 있다.

1377 品尝 pǐncháng

[동] 맛보다, 시식하다
[유] 4급 尝 cháng, 品 pǐn, 品味 pǐnwèi
我平生第一次品尝到了中国菜肴càiyáo。
나는 난생처음으로 중국 요리를 맛보았다.
她游遍世界各地，品尝了各种美食。
그녀는 세계의 곳곳을 유람하면서 여러 종류의 음식을 맛보았다.

1378 品德 pǐndé

[명] 인품과 덕성, 품성
[유] 1379 品行, 1380 品质, 品性 pǐnxìng, 品格 pǐngé
人人都尊敬她的高尚品德。
모두 그녀의 고상한 품성을 존경한다.
不能忽视对学生们的品德教育。
학생들의 품성교육을 소홀히 해서는 안 된다.

1379 品行 pǐnxíng

[명] 품행, 몸가짐
[유] 1378 品德, 1380 品质, 德行 déxíng, 品性 pǐnxìng
她是个品行端正的孩子。
그녀는 품행이 단정한 아이이다.
他品行方正，风度儒雅rúyǎ。
그는 몸가짐이 기품이 있고, 학문이 깊고 태도가 의젓하다.

1380 品质 pǐnzhì

명 ① 인품, 자질
> 유 1378 品德, 1379 品行, 品性 pǐnxìng

他虽然常违规违纪，但品质还是好的。
그는 비록 자주 규정과 규율을 어기지만, 그래도 품성은 좋다.

② 품질, 질

我们公司生产的产品因其卓越的品质常常在好多地区卖到断货。
우리 회사가 생산한 상품은 그 탁월한 품질로 자주 많은 지역에서 품절된다.

1381 平凡 píngfán

형 평범하다, 보통이다
> 유 5급 平常 píngcháng 반 5급 特殊 tèshū

她的长相很平凡，一生的经历很不平凡。
그녀의 외모는 평범하나 일생의 경력은 평범하지가 않다.

他在平凡的岗位上做出了不平凡的业绩。
그는 평범한 직장에서 평범하지 않은 성과를 만들어냈다.

1382 平面 píngmiàn

명 평면

她学平面几何学得特别快。
그녀는 평면기하를 배우는 데 특별히 빠르다.

一轮红日缓缓 huǎnhuǎn 地从海平面升了起来。
붉은 태양이 수평선에서 서서히 떠오르고 있다.

1383 平坦 píngtǎn

형 (지세가) 평평하다

这里的地势很平坦。
이곳의 지세는 매우 평탄하다.

该地平坦又没有树木，不合适军队隐蔽。
이 지역은 평탄하고 나무도 없어서, 군대가 숨기에 적절치 않다.

1384 平行 píngxíng

형 ① (지위나 등급이) 대등한, 동등한

朋友之间的关系应该是平行的。
친구 간의 관계는 마땅히 동등해야 한다.

② 동시의

两组人员进行平行作业。
두 팀원은 동시 과제를 한다.

동 함께 나란히 가다, 병행하다

同一平面里的两条平行直线永不相交。
동일한 평면에서의 평행선 두 개는 영원히 만나지 않는다.

1385 平原 píngyuán

명 평원
> 반 山地 shāndì

平原一般分布在沿海地区。
평원은 일반적으로 해안지역에 분포되어 있다.

东北平原是中国最大的平原。
동북평원은 중국에서 가장 넓은 평원이다.

1386 评估 pínggū

동 (질·수준·성적 등을) 평가하다
> 유 5급 评价 píngjià, 1387 评论, 评说 píngshuō

相关专家对我公司进行了资产评估。
관련 전문가가 우리 회사에 대해 자산평가를 했다.

该评估报告中陈述的事项应该是客观的。
이 보고서에 진술한 사항을 평가하는 것은 반드시 객관적이어야 한다.

1387 评论 pínglùn

동 평론하다, 논의하다, 토론하다, 논평하다
> 유 5급 评价 píngjià, 5급 议论 yìlùn, 评说 píngshuō, 评述 píngshù

胡乱地评论他人是不礼貌的。
아무렇게나 타인에 대해 평론하는 것은 예의가 없는 일이다.

명 평론, 논설, 논평

他对此事尚未发表任何评论。
그는 이 일에 대해 아직 어떠한 논평도 발표하지 않았다.

> **plus+** 评论·议论
>
> - 评论 图 평론하다, 논의하다
> - 议论 图 논의하다, 비평하다
>
> 비교 이 두 단어는 모두 '비평하다'라는 뜻을 가지고 있으나, 评论은 비평하고 의론하는 것이고, 평론하는 주체는 사람과 집단이 모두 될 수 있다. 议论은 사람이나 사물의 좋고 나쁨, 옳고 그름에 대해 의견을 표시하는 것을 가리키며 의론하는 주체는 주로 집단이다.
>
> 아무리 쉬운 단어일지라도 그 속뜻을 한 번쯤 되새겨 보는 것이 포인트!
>
> **Check**
> 有好多人（　　　）他作品的质量。
> 많은 사람들이 그의 작품 수준을 평론한다.
> 电台的职员对总编辑的辞职（　　　）纷纷。
> 방송국의 직원은 편집장의 사직에 대해서 의론이 분분하다.
>
> 答 评论 / 议论

1388 屏障 píngzhàng

명 (병풍처럼 둘러쳐진) 장벽, 보호벽

长城自古以来都是中原的屏障。
만리장성은 예로부터 중원의 장벽이었다.
这片树林俨然yǎnrán一道绿色的屏障。
이 숲은 흡사 녹색의 장벽 같다.

1389 坡 pō

명 비탈진 곳, 경사진 곳

她站在坡上大声地呼喊着。
그녀는 언덕에 서서 큰소리로 외쳤다.
这个坡很陡，不知道我们的车能不能开上去。
이 경사진 곳이 매우 가파른데, 우리 차가 올라갈 수 있을지 모르겠다.

1390 泼 pō

동 (물 등의 액체를) 뿌리다, 붓다, 끼얹다

유 5급 洒 sǎ

她一不小心，把咖啡泼洒pōsǎ了出来。
그녀는 부주의하여, 커피를 쏟았다.

형 무지막지하다, 제멋대로이다

那泼贼敢来我家害我！
저 못된 놈 감히 나를 해치러 우리 집에 오다니!

1391 颇 pō

부 꽤, 상당히

유 1급 很 hěn, 5급 相当 xiāngdāng

她长得颇有几分姿色。
그녀는 매우 고운 자태를 갖추었다.
老师对这名学生的印象颇佳。
선생님은 이 학생에 대한 인상이 꽤 좋았다.

1392 破例 pò//lì

동 상례를 깨뜨리다, 관례를 깨뜨리다

他不曾为任何人破例。
그는 여태껏 어느 누구를 위해서도 관례를 깬 적이 없다.
迫于上级的压力，他不得不破例出差。
상사의 압력에 쫓기어 그는 어쩔 수 없이 상례를 깨고 출장을 갔다.
她从来没有破过例。
그녀는 지금까지 전례를 깨뜨린 적이 없다.

1393 迫不及待 pòbùjídài

성 일각도 지체할 수 없다, 잠시도 늦출 수 없다

他迫不及待地想见她一面。
그는 그녀를 한 번 보고 싶어서 잠시도 지체할 수 없었다.
一下飞机他就迫不及待地往家赶。
비행기에서 내리자마자 그는 일각도 지체하지 않고 집으로 향했다.

1394 迫害 pòhài

동 (정치적으로) 박해하다

유 5급 危害 wēihài, 1961 陷害, 残害 cánhài, 毒害 dúhài, 伤害 shānghài

文革期间，他深受迫害。
문화혁명 기간에 그는 심하게 박해를 받았다.

反动派残酷cánkù地迫害爱国人士。
반대파는 애국인사를 잔인하게 박해하였다.

1395 魄力 pòlì

[명] 박력, 기백
她做事、待人很有魄力。
그녀는 일을 하고 사람을 대할 때 매우 박력이 있다.
他的魄力受到领导的赏识。
그의 기백은 지도자의 높은 평가를 받았다.

1396 扑 pū

[동] ① 돌진하여 덮치다, 뛰어들다, 달려들다
她哭着扑到我怀里。
그녀는 울면서 나의 품으로 뛰어들었다.

② (업무·사업 등에) 모든 정력을 쏟아붓다, 몰두하다
她一门心思扑在工作上。
그녀는 모든 진심을 일에 쏟아부었다.

③ 치다, 때리다, (날개를) 치다
鸟儿扑着翅膀，飞走了。
새는 날개를 치며 날아가 버렸다.

④ 엎드리다, 머리를 숙이다
老公扑在桌子上打瞌睡dǎ kēshuì。
남편은 책상에 엎드려 졸고 있다.

1397 铺 pū

[동] (물건을 바닥에) 평평하게 깔다, 펴다
妈妈迅速摊开tānkāi毯子，铺在褥垫rùdiàn上。
어머니께서는 재빠르게 담요를 펴서 매트리스 위에 까셨다.
这条铁路从北京一直铺到西藏。
이 철로는 베이징에서 시짱까지 쭉 깔려있다.

plus+ 铺 pù

[명] ① 가게, 점포
每到寒暑假他都帮妈妈看铺子。
여름방학과 겨울방학 마다 그는 엄마를 도와 가게를 본다.

② 침상
我睡在上铺。
나는 침대 윗칸에서 잔다.

1398 普及 pǔjí

[동] 보급되다, 퍼지다, 보급시키다, 대중화시키다
[유] 3급 提高 tígāo, 4급 普遍 pǔbiàn
现在，电脑几乎都普及了。
현재 컴퓨터는 이미 많이 보급되었다.
国家应加大普及环保意识。
국가는 반드시 환경보호 의식의 보급을 확대해야 한다.

[형] 보편화된, 대중화된
在这里，普通话已经很普及了。
이곳에서 푸퉁화는 이미 매우 보편화되었다.

plus+ 普及·普遍

· 普及 [형] 보편화된, 대중화된
· 普遍 [형] 보편화된, 널리 퍼진

[비교] 이 두 단어는 뜻에 있어서 상당히 혼돈을 일으키는 단어이다. 普及는 대중화 시키고 널리 퍼뜨린다는 뜻이고, 普遍은 존재하는 면적이 넓고 공통성을 가지고 있다는 의미이다. 이 두 단어를 구분할 때는 널리 퍼뜨려 보급, 전파된다는 뜻이 강하면 普及를 사용하고, 여러 방면에서 많은 사람에게 공통적으로 퍼져있다는 뜻이 강하면 普遍을 사용하면 된다. 또한 普及는 동사 용법도 가지고 있지만 普遍은 오직 형용사 용법만 있다.

한국어로 해석하면 차이가 없어 보이므로 단어의 뜻을 정확히 파악하는 것이 포인트!

Check
秩序意识已经很（　　　）了。
질서의식은 이미 보급되었다.
由于医疗水平的提高，人的寿命（　　　）延长了。
의료수준의 향상으로 사람의 수명도 보편적으로 연장되었다.

답 普及 / 普遍

1399 朴实 pǔshí

형 ① 소박하다, 꾸밈이 없다
  유 5급 朴素 pǔsù, 简朴 jiǎnpǔ, 质朴 zhìpǔ
  她一辈子打扮得十分朴实。
  그녀는 평생 매우 소박하게 꾸며왔다.

② 정직하다, 성실하다, 착실하다
  他是个言行朴实的山里孩子。
  그는 언행이 정직한 산골 아이이다.

1400 瀑布 pùbù

명 폭포
  黄果树瀑布极为壮观。
  황과수 폭포는 매우 웅장하다.
  我想以那瀑布为背景照张相。
  나는 저 폭포를 배경으로 사진을 한 장 찍고 싶다.

1401 期望 qīwàng

동 기대하다, 희망하다, 바라다
  유 2급 希望 xīwàng, 5급 盼望 pànwàng, 1078 渴望
  2365 指望, 热望 rèwàng
  반 4급 失望 shīwàng
  他期望看到自己的女儿结婚。
  그는 자신의 딸이 결혼하는 것을 보고 싶어한다.
  母亲期望在外求学的儿子早日学成归来。
  어머니는 외지에서 공부하는 아들이 빨리 공부를 마치고 돌아오길 기대한다.

1402 期限 qīxiàn

명 기한, 시한
  最后期限快要到了。
  마지막 시한이 곧 다가온다.
  这个汉堡包已经超过了保质期限。
  이 햄버거는 이미 유통기한이 지났다.

1403 欺负 qīfu

동 업신여기다, 괴롭히다
  不要欺负弱小。
  약한 사람을 업신여기지 마라.
  他经常被同学欺负。
  그는 자주 학우에게 괴롭힘을 당한다.

1404 欺骗 qīpiàn

동 속이다, 사기 치다, 기만하다
  유 4급 骗 piàn, 2272 诈骗, 哄骗 hǒngpiàn,
  蒙骗 mēngpiàn
  他欺骗了她的感情。
  그는 그녀의 감정을 기만했다.
  他被骗子的花言巧语欺骗了。
  그는 사기꾼의 감언이설에 사기당했다.

1405 凄凉 qīliáng

형 ① (환경·경치가) 쓸쓸하다, 썰렁하다
  유 凄清 qīqīng
  반 4급 热闹 rènao, 4급 愉快 yúkuài
  这里已经成为了一片废墟 fèixū, 十分凄凉。
  이곳은 이미 온통 폐허가 되어 매우 쓸쓸하다.

② 처량하다, 애처롭다
  유 凄惨 qīcǎn
  没有丈夫，她身世凄凉。
  남편이 없어, 그녀의 신세가 처량하다.

1406 奇妙 qímiào

형 기묘하다, 신기하다
유 3급 奇怪 qíguài, 奇特 qítè, 奇异 qíyì

这部电影构思奇妙。
이 영화의 구성은 기묘하다.
她对这个奇妙的世界充满了好奇。
그녀는 이 신기한 세계에 대해 호기심이 많다.

1407 旗袍 qípáo

명 치파오 [중국 여성들이 입는 긴 원피스 형태의 전통의복]
她穿旗袍的样子非常迷人。
그녀가 치파오를 입은 모습은 매우 매혹적이다.
旗袍是一种很有中国特色的服装。
치파오는 중국적 특색이 아주 강한 옷이다.

1408 旗帜 qízhì

명 ① 기, 깃발
유 旗 qí, 旗子 qízi

五彩缤纷bīnfēn的旗帜迎风飘扬。
오색 찬란한 깃발이 바람에 펄럭인다.

② 본보기, 귀감, 모범
유 0045 榜样, 1285 模范, 楷模 kǎimó, 样板 yàngbǎn

我们应该先为后辈树立旗帜。
우리는 마땅히 후배를 위해 먼저 모범을 보여야 한다.

③ 기치 [대표적이거나 호소력이 있는 태도, 주장, 학술, 정치 역량]
我们要在友好的旗帜下互相合作。
우리는 우호의 기치 아래 서로 협력해야 한다.

1409 齐全 qíquán

형 완전히 갖추다, 완비하다
这家文具店的文具特别齐全。
이 문구점의 문구류는 잘 완비되어 있다.
本店专卖女性服装，款式齐全，便于挑选。
이 가게는 여성의류를 전문적으로 판매하고 디자인도 완비하고 있어서, 고르기 편리하다.

1410 齐心协力 qíxīn xiélì

성 한마음 한뜻으로 노력하다, 마음을 합쳐 함께 노력하다
齐心协力，共度难关。
한마음 한뜻으로 노력하여 함께 난관을 극복하자.
只要我们齐心协力，就没有克服不了的困难。
우리가 마음을 합쳐 함께 노력한다면, 극복하지 못할 어려움은 없다.

1411 歧视 qíshì

동 경시하다, 차별 대우하다, 푸대접하다
유 5급 轻视 qīngshì, 1268 蔑视, 鄙视 bǐshì
반 4급 尊重 zūnzhòng

我们反对种族歧视。
우리는 종족 차별에 반대한다.
现如今，歧视妇女的现象依然存在。
현재까지도 여성을 차별하는 현상이 여전히 남아 있다.

1412 起草 qǐ//cǎo

동 초안을 작성하다
这份报告是她起草的。
이 보고서는 그녀가 초안을 작성한 것이다.
他起草的方案没有通过。
그가 초안을 작성한 방안이 통과되지 않았다.
我会要求他们先起个草。
내가 그들에게 먼저 초안을 달라고 요구하겠다.

1413 起初 qǐchū

명 처음, 최초
유 2급 开始 kāishǐ, 5급 最初 zuìchū, 开初 kāichū, 开头 kāitóu, 起先 qǐxiān
반 4급 后来 hòulái, 4급 最后 zuìhòu, 末了 mòliǎo

起初，她不能理解他的用意。
처음에 그녀는 그의 의도를 이해할 수 없었다.
起初，他并没有意识到自己的错误。
처음에 그는 전혀 자신의 잘못을 인식하지 못했다.

plus+ 起初·最初

- 起初 몡 처음
  ➡ 起初的印象, 起初的想法, 起初的计划, 起初的打算 (×)

- 最初 몡 최초
  ➡ 最初的印象, 最初的想法, 最初的计划, 最初的打算 (○)

비교 이 두 단어는 모두 '처음'이라는 뜻을 가지고 있다. 起初는 처음의 얼마 동안의 시간을 가리키고, 最初는 가장 처음의 그 때, 시작할 때의 시점을 가리킨다.

아무리 쉬운 단어일지라도 그 속뜻을 한 번쯤 되새겨 보는 것이 포인트!

Check
我 (　　　) 是职员, 后来成了军人。
나는 처음에는 직원이었는데 나중에는 군인이 되었다.
我觉得 (　　　) 的想法比现在的还好。
내 생각에는 최초의 생각이 지금 것보다 더 좋은 것 같다.

🖺 起初 / 最初

1414 起伏 qǐfú

동 ① 높아졌다 낮아졌다 하다, 기복하다, 기복을 이루다
유 起落 qǐluò

群山起伏, 绵延不绝。
많은 산들이 기복을 이루며 끊임없이 이어져 있다.

② (감정·관계·병 등이) 변화하다, 불안정하다
最近她的情绪起伏很大。
최근에 그녀의 감정은 기복이 매우 크다.

1415 起哄 qǐ//hòng

동 ① (많은 사람이 함께) 소란을 피우다, 법석을 떨다
大家别起哄, 有意见就说嘛。
다들 소란 피우지 말고, 의견이 있으면 말씀하세요.
你们瞎xiā起什么哄啊?
너희들은 왜 더 떠드는 거니?

② 여러 사람이 함께 놀리다, 희롱하다
不要跟这个新同学起哄。
이 새로 온 친구를 놀리지 마라.

1416 起码 qǐmǎ

형 최소한의, 최저한도의, 기본적인, 기초적인
遵守劳动纪律和职业道德, 是作为劳动者的起码条件。
노동규율과 직업도덕을 준수하는 것은 노동자의 최소한의 조건이다.

부 적어도, 최소한도로
这部电影我起码看了五遍。
이 영화는 내가 최소한 다섯 번은 봤다.
这次出差起码要走一个星期。
이번 출장은 적어도 일주일은 나가 있어야 한다.

1417 起义 qǐyì

동 ① (잘못된 정부에 저항하기 위해) 무장혁명을 일으키다
马上购买武器, 准备起义吧。
곧 무기를 구매해서 무장혁명을 일으킬 준비를 하자.

② (정의를 위해) 봉기하다, 의거하다
你们都想起义, 我也赞成。
너희가 모두 봉기하고자 한다면, 나도 찬성이다.

명 봉기
유 暴动 bàodòng

领导人的行贿受贿xínghuì shòuhuì成了起义的动因。
지도자의 뇌물수수가 봉기의 동기가 되었다.

1418 起源 qǐyuán

동 기원하다
유 发源 fāyuán

电影的题材起源于现实生活。
영화의 주제는 현실생활에서 기원한다.

명 기원
유 0661 根源, 1126 来源, 本源 běnyuán

它为人们了解生物的起源开辟了一条新的途径。
그것은 사람들이 생물의 기원을 이해하는 데 새로운 길을 열었다.

1419 **启程** qǐchéng

동 출발하다, 길을 나서다

유 2급 走 zǒu, 0462 动身, 登程 dēngchéng, 起程 qǐchéng, 起身 qǐshēn, 上路 shànglù

他明天启程去上海。 그는 내일 상하이로 출발한다.
天一亮我们就启程，做好充分地准备。
우리는 날이 밝는 대로 출발할 것이니 완벽하게 준비해라.

1420 **启示** qǐshì

동 알려주어 깨닫게 하다, 계시하다, 시사하다

유 5급 启发 qǐfā

他的话启示我们应该如何面对生活。
그의 말은 우리가 어떻게 생활을 마주해야 하는지 알려준다.

명 계시, 시사, 계몽

这个故事给了我们很多启示。
이 이야기는 우리에게 많은 계시를 준다.

plus+ 启示 · 启发

- 启示 동 알려주어 깨닫게 하다
- 启发 동 계발하다, 계몽하다

비교 이 두 단어는 모두 '깨닫게 하다'라는 뜻을 가지고 있으나, 启示는 직접적으로 사물의 도리를 제시해서 사람으로 하여금 깨닫게 하는 것이고, 启发는 직접적으로 결론을 가리키지 않고 특정한 사례나 이치를 통해 사고를 열게 하고 연상하게 하며 깨달음을 얻게 하는 것을 가리킨다.

한국어로 해석하면 차이가 없어 보이므로 단어의 뜻을 정확히 파악하는 것이 포인트!

Check
幼儿游戏给孩子很多（　　　　）。
유아 놀이는 아이에게 많은 깨달음을 준다.
这个大笑话是像（　　　）录一般的故事。
이 재미있는 이야기는 계시록과 같은 고사이다.

답 启发 / 启示

1421 **启事** qǐshì

명 광고, 공고

他在报纸上登了寻人启事。
그는 신문에 구인광고를 냈다.

墙上贴了一张招工zhāogōng启事。
벽에 구인광고를 붙였다.

1422 **乞丐** qǐgài

명 거지, 비렁뱅이

天桥下住着一个乞丐。
육교 아래 거지가 살고 있다.
乞丐向来往的行人讨钱。
거지는 왕래하는 행인에게 돈을 구걸한다.

1423 **岂有此理** qǐyǒu cǐlǐ

성 어찌 이럴 수가 있단 말인가, 언행이 도리나 이치에 어긋나다

恶人先告状，真是岂有此理！
악인이 먼저 고발을 하다니, 어찌 이럴 수 있단 말이야?
真是岂有此理！你有什麼权力来管我的家事！
정말 어떻게 이럴 수가 있어! 네가 무슨 권리로 나의 집안일에 상관하는데?

1424 **器材** qìcái

명 기자재, 기재

这些无线器材不能受潮。
이 무선 기자재는 젖으면 안 된다.
他把他的照相器材当作宝贝。
그는 자신의 사진 기자재를 보물처럼 다룬다.

1425 **器官** qìguān

명 (생물체의) 기관

车祸使她的内脏器官严重受损。
자동차 사고는 그녀의 장기기관을 심하게 손상시켰다.
他的身体器官出现了不同程度的衰竭 shuāijié。
그의 신체기관은 쇠약함의 정도가 다르게 나타나고 있다.

1426 气概 qìgài

명 기개

유 1428 气魄, 1430 气势

他十分有男子气概。
그는 매우 남자다운 기개가 있다.

将军有视死如归shìsǐ rúguī的英雄气概。
장군은 죽음을 두려워하지 않는 영웅의 기개를 갖추었다.

> **어휘 plus+** 气势·气概·气魄
> 1430 气势 참고

1427 气功 qìgōng

명 기공, 신체 단련술

爷爷每天早上都练气功。
할아버지께서는 매일 아침마다 기공을 연마하신다.

气功是中国特有的一种健身术。
기공은 중국 특유의 신체단련술의 한 종류이다.

1428 气魄 qìpò

명 ① 기백, 패기

她办起事来很有气魄。
그녀는 일을 하면 아주 패기있게 한다.

② 기세, 힘, 세력

유 1426 气概, 1430 气势

他是一个具有大气魄的聪明人。
그는 대단한 기세를 가진 스마트한 사람이다.

> **어휘 plus+** 气势·气概·气魄
> 1430 气势 참고

1429 气色 qìsè

명 안색, 기색

近来他的气色很好，红光满面。
근래 그는 안색이 좋고 혈색도 괜찮아 보인다.

我儿子早已丧失了他得意时候所得来的红润的气色。
내 아들은 일찍이 그가 자신만만했을 때 나오는 좋은 혈색을 잃어버렸다.

1430 气势 qìshì

명 (사람 또는 사물의) 기세, 형세

유 1426 气概, 1428 气魄

从这位女将军身上感觉到强大的气势。
이 여장군의 몸에서 강한 기세가 느껴진다

长城气势雄伟，所以中国人都很喜欢。
만리장성은 기세가 웅장하고 위엄 있어서 중국인들이 모두 좋아한다.

> **어휘 plus+** 气势·气概·气魄
>
> • 气势 명 기세, 형세
> • 气概 명 기개
> • 气魄 명 기백, 패기, 진취성, 과감함
>
> 비교 이 세 단어는 각각 '기세, 기개, 기백'이라는 뜻을 가진 단어이나 각기 그 뜻을 구분하기는 매우 힘들다. 气势는 사람이나 사물이 표현해내는 역량이나 형세를 가리키고 '宏伟的气势', '强大的气势', '威严的气势'로 많이 쓰인다. 气概는 중대한 문제를 처리하는 데 있어서 나타나는 태도, 행동, 역량을 가리키고 주로 '正直的气概', '英勇的气概', '男子汉气概'로 많이 쓰인다. 气魄는 일이나 문제를 처리할 때 갖추고 있는 용기, 견식, 과단성을 가리키고 주로 '政治家的气魄', '改革者的气魄', '厂长的气魄', '办事的气魄'로 많이 쓰인다.
>
> 비슷한 의미를 가진 단어일수록 搭配에 의해 구분된다는 것이 포인트!
>
> **Check**
>
> 他以男子汉的（　　）面对困难。
> 그는 사나이의 기개로 어려움을 직면한다.
>
> 长城的（　　）很雄伟。
> 만리장성의 기세가 웅장하고 위대하다.
>
> 我们厂长办事很有（　　），大胆。
> 우리 공장장은 일을 처리함에 있어 기백이 있고 대담하다.
>
> 답 气概 / 气势 / 气魄

1431 气味 qìwèi

명 ① 냄새
玫瑰花的**气味**让人沉醉chénzuì。
장미꽃 냄새가 사람을 취하게 만든다.

② 성격, 성향, 기질 [주로 나쁜 의미로 쓰임]
他们俩还真是**气味**相投。
그들 둘은 진짜로 기질과 취향이 잘 맞는다.

1432 气象 qìxiàng

명 ① 기상 [비·눈·바람·기온 등 대기의 상태와 현상]
气象指大气的状态和现象。
기상은 대기의 상태와 현상을 가리키는 말이다.

② 기상학
他是一名**气象**专家。
그는 기상학 전문가이다.

③ 정경, 모습, 상황, 분위기
祖国大地呈现出一片欣欣向荣的新**气象**。
조국의 대지에서 나날이 발전하는 새로운 분위기가 보이고 있다.

④ 기세, 기질
这座城堡**气象**宏伟。
이 성보는 기세가 웅장하다.

1433 气压 qìyā

명 기압
登山的时候，越向上**气压**就越低。
등산할 때 위로 올라갈수록 기압은 낮아진다.
气压的变化和天气有密切的关系。
기압의 변화는 날씨와 밀접한 관계가 있다.

1434 迄今为止 qìjīn wéizhǐ

성 (이전 시점부터) 지금에 이르기까지, 지금까지
他是**迄今为止**最伟大的科学家。
그는 지금에 이르기까지 가장 위대한 과학자이다.
迄今为止，这位将军从没吃过败仗。
지금까지, 이 장군은 한 번도 싸움에서 져본 적이 없다.

1435 掐 qiā

동 ① (손가락으로) 꼬집다, 끊다
不要随便**掐**公园里的花。
공원 안에 있는 꽃을 마음대로 꺾지 마라.

② (손아귀로) 조르다, 누르다
他一把**掐**住她的手腕。
그는 손아귀로 그녀의 손목을 눌렀다.
她昏过去了，医生**掐**一**掐**她的胸部。
그녀가 기절하자 의사는 손아귀로 그녀의 흉부를 한번 눌렀다.

1436 恰当 qiàdàng

형 알맞다, 타당하다
반 不当 búdàng, 失当 shīdàng
她把事情处理得很**恰当**。
그녀는 사건을 아주 타당하게 잘 처리했다.
这个词用在这个语境下十分**恰当**。
이 단어는 이 언어환경에서 매우 적절하게 사용된다.

1437 恰到好处 qiàdàohǎochù

성 (말·행동 등이) 꼭 들어맞다, 아주 적절하다
유 恰如其分 qiàrú qífèn
恰到好处的批评很容易使观众接受。
적절한 비평은 관중들이 매우 쉽게 받아들인다.
老师不知如何**恰到好处**地回答，就笑了笑把眼光转向别处。
선생님은 어떻게 알맞게 대답해야 할지 몰라서, 그냥 웃고는 시선을 다른 곳으로 돌렸다.

1438 恰巧 qiàqiǎo

부 때마침, 공교롭게도
유 4급 正好 zhènghǎo, 凑巧 còuqiǎo, 刚好 gānghǎo, 恰好 qiàhǎo, 恰恰 qiàqià
她摔倒的窘态jiǒngtài**恰巧**被我看到。
나는 그녀가 넘어지는 상황을 공교롭게도 보게 되었다.
我们刚想给他打电话的时候，他**恰巧**来了。
우리가 막 그에게 전화를 하려고 했을 때, 그가 때마침 왔다.

1439 洽谈 qiàtán

동 협의하다, 상담하다

双方正在洽谈合作事宜。
쌍방은 협력사항을 협의하고 있는 중이다.

下午将有几个客户前来洽谈业务。
오후에 손님 몇 분이 오셔서 업무에 대해 상담할 것이다.

1440 牵扯 qiānchě

동 연루되다, 관련되다

我不想被牵扯进去。 나는 연루되고 싶지 않다.

不要把这两件事牵扯到一块儿。
이 두 가지 일을 하나로 연관시키지 마라.

1441 牵制 qiānzhì

동 견제하다 [주로 군사 용어로 쓰임]

敌人的主要兵力被我军牵制住了。
적군의 주요 군사력은 우리 군에 의해 견제되고 있다.

美国想通过以色列Yǐsèliè来牵制中东局势。
미국은 이스라엘을 통해 중동의 정세를 견제하려고 한다.

1442 千方百计 qiānfāng bǎijì

성 갖은 방법을 다 써보다

유 0179 不择手段

他千方百计地想发财。
그는 갖은 방법을 다 써서 부자가 되고 싶어 한다.

他千方百计地讨领导的欢心。
그는 갖은 방법을 동원해 상사의 환심을 샀다.

1443 签订 qiāndìng

동 (조약을) 체결하다, 맺다, 서명하다

반 0559 废除

两国为了签订贸易协定书，重开了会谈。
양국은 무역 협정서를 체결하기 위해 회담을 재개했다.

西方列强与清政府签订了不平等条约。
서방열강은 청나라 정부와 불평등 조약을 체결했다.

1444 签署 qiānshǔ

동 (중요한 문서상에) 정식 서명하다, 조인하다

유 1443 签订

两国签署了双边协定。
양국은 양자협정에 정식 서명하였다.

两国共同签署了联合公报。
양국은 공동으로 연합성명을 조인하였다.

1445 迁就 qiānjiù

동 끌려가다, 아쉬운 대로 참고 견디다

相互迁就一点，人和人会相处的更和谐。
서로 참고 견뎌야 사람과 사람이 더 화목하게 지낼 수 있다.

爸爸妈妈太迁就孩子了，孩子要什么就给孩子买什么。
엄마 아빠는 너무 아이에게 끌려 다니며 아이가 사달라고 하는 것을 다 사준다.

1446 迁徙 qiānxǐ

동 옮겨가다

人口的迁徙是有规律可循的。
인구의 이동은 일정한 규칙이 있다.

大雁dàyàn每年冬天都迁徙到南方过冬。
기러기는 매년 겨울이면 다 남방으로 옮겨가 겨울을 난다.

1447 谦逊 qiānxùn

형 겸손하다

유 5급 谦虚 qiānxū
반 4급 骄傲 jiāo'ào, 傲慢 àomàn, 自高自大 zìgāo zìdà

他是个谦逊有礼的人。
그는 겸손하고 예의가 있는 사람이다.

她做人一贯谦逊、低调。
그녀는 사람됨이 한결같고 겸손하며 수수하다.

1448 前景 qiánjǐng

명 ① (그림·무대·화면 등의) 전경
반 5급 背景 bèijǐng, 后景 hòujǐng
舞台上的前景和远景要搭配得当。
무대의 전경과 원경이 알맞게 배치되었다.

② (가까운) 장래, 앞날, 전망
유 4급 将来 jiānglái, 5급 未来 wèilái
这个行业的前景相当好，有很多投资生利的人。
이 분야는 전망이 꽤 좋아서, 투자하여 이익을 보려는 사람이 많다.

1449 前提 qiántí

명 ① 전제
结论和前提不相符，理论不能成立。
결론과 전제가 부합되지 않아 이론이 성립되지 않는다.

② 선결조건, 전제조건
远大的梦想是实现理想的前提。
원대한 꿈은 이상을 실현시키는 전제조건이다.

1450 潜力 qiánlì

명 잠재력
每个人都有很大的潜力。
사람마다 모두 매우 큰 잠재력을 가지고 있다.
老师想挖掘wājué出每个学生的潜力。
선생님은 모든 학생의 잠재력을 발굴하고 싶어한다.

1451 潜水 qiánshuǐ

동 잠수하다
我们研究所最近发明了潜水器。
우리 연구소는 최근에 잠수기계를 발명했다.
他擅长潜水在水下呆好长时间。
그는 잠수하여 물속에 오래 있을 수 있는 재능이 있다.

1452 潜移默化 qiányí mòhuà

성 (사람의 사상·성격이 다른 방면의 감화를 받아) 은연중에 변화하다, 무의식 중에 변화되다
父母对子女的影响是潜移默化的。
부모가 자녀에게 주는 영향은 무의식으로 이뤄지는 것이다.
她潜移默化地改变了我的一些观念。
그녀는 나의 관념들을 은연중에 변화시켰다.

1453 谴责 qiǎnzé

동 비난하다, 질책하다, 견책하다
유 斥责 chìzé
他谴责了这种不正当的行为。
그는 이런 정당하지 못한 행위를 비난했다.
世界人民一致谴责这场非正义的战争。
전 세계 사람들은 줄곧 이 정의롭지 못한 전쟁을 비난하고 있다.

1454 强制 qiángzhì

동 (정치력·경제력 등으로) 강요하다, 강압하다
유 0099 逼迫, 1457 强迫, 强逼 qiǎngbī, 强求 qiǎngqiú
반 5급 自愿 zìyuàn, 情愿 qíngyuàn
这所学校被强制关闭。
이 학교는 강제적으로 문을 닫게 되었다.
恶霸强制他交出地契dìqì。
악덕지주는 그에게 땅문서를 내놓으라고 강요했다.

plus+ 强迫·强制
1457 强迫 참고

1455 抢劫 qiǎngjié

동 빼앗다, 약탈하다, 강도짓하다
他们合伙héhuǒ抢劫了银行。
그들은 한패가 되어 은행을 털었다.
她下夜班的时候被匪徒fěitú抢劫了。
그녀는 야근 후 퇴근길에 강도를 당했다.

1456 抢救 qiǎngjiù

동 (응급 상황에서) 서둘러 구호하다, 응급 처치하다
유 1854 挽救, 解救 jiějiù, 急救 jíjiù, 援救 yuánjiù
护士正在前线抢救伤员。
간호사는 전선에서 부상자를 서둘러 구조하고 있다.
医务人员对她进行了抢救。
의무요원은 그녀에게 응급 처치를 실시하였다.

1457 强迫 qiǎngpò

동 강요하다, 핍박하다
유 0099 逼迫, 1454 强制, 迫使 pòshǐ, 强逼 qiǎngbī
반 5급 自愿 zìyuàn
既然她不愿意，就不要强迫她了。
그녀가 원하지 않는 이상, 그녀에게 강요하지 마라.
你不能强迫所有人都认同你的观点。
너는 모두에게 네 입장을 승인하라고 강요할 수 없다.

强迫 · 强制

- 强迫 동 강요하다, 핍박하다
- 强制 동 강요하다, 강압하다

비교 이 두 단어 모두 '강요하다'라는 뜻을 가지고 있는데 强迫는 압력을 가해 상대방을 복종하게 한다는 의미이지만, 그 사용범위가 넓고 강요하는 주체의 범위도 집단, 개인 모두 가능하다. 强制는 정치적, 경제적, 법률적으로 압력을 사용해서 복종하게 하는 것이고, 강요하는 주체로는 주로 국가, 정부, 조직이 된다.

뜻이 완전히 같을 때는 차이점에 주목하는 것이 포인트!

Check

你（　　）孩子会容易引起他的反感。
네가 아이에게 강제로 시키면 그의 반감을 쉽게 일으킬 수 있다.
你们如果不服从判决，我们就（　　）执行处罚。
너희가 만약 판결에 복종하지 않으면 우리는 처벌을 강제적으로 집행할 것이다.

답 强迫 / 强制

1458 桥梁 qiáoliáng

명 ① 교량, 다리

유 4급 桥 qiáo
几个人合起来在河上架起了一座桥梁。
몇 명이 힘을 합해 강 위에 다리를 하나 만들었다.

② 중개자, 매개
该学者成为了韩中文化交流的桥梁。
이 학자는 한중 문화교류의 중개자가 되었다.

1459 翘 qiào

동 (물건의) 한쪽 끝을 위로 젖히다, 위로 들다
小狗翘着尾巴跑过来。
강아지가 꼬리를 위로 세우고 뛰어왔다
她很高兴的时候，经常翘起大拇指。
그녀는 기분이 좋을 때면 늘 엄지를 위로 들어 보인다.

翘 qiáo

동 ① (머리를) 세우다, 치켜들다, 곧추세우다
她向他翘起脸来了。
그녀는 그를 향해 얼굴을 치켜들었다.

② (평평하던 목재나 종이 등이 젖었다가 마르면서) 휘다, 뒤틀리다
我家的地板已开始有点向上翘了。
우리 집 마루가 이미 약간 위로 휘기 시작했다.

1460 锲而不舍 qiè'érbùshě

성 중도에 그만두지 않고 끝까지 하다, 끈기 있게 해내다
做事要有锲而不舍的精神。
일을 할 때는 끈기 있게 해내는 정신을 가져야 한다.
他那锲而不舍的精神值得我们学习。
그의 그 끝까지 포기하지 않는 정신은 우리가 배울 만하다.

1461 切实 qièshí

형 실제적이다, 현실적이다, 착실하다, 성실하다
유 4급 确实 quèshí
반 1090 空洞, 浮夸 fúkuā, 虚浮 xūfú
我们有一个切实可行的方案。
우리에게는 실제적으로 실행 가능한 방안이 있다.
我们要解决眼前切实存在的难题。

우리는 눈앞에 현실적으로 존재하는 어려운 문제를 해결해야 한다.

1462 亲热 qīnrè

형 친근하다, 친밀하다, 친숙하다
- 유 5급 亲切 qīnqiè, 亲密 qīnmì, 亲昵 qīnnì
- 반 1139 冷淡, 冷漠 lěngmò

老校友们久别重逢chóngféng，亲热极了。
옛 동창들은 오랫동안 못 보다가 다시 만나서 정말 반가워했다.

동 친절과 사랑을 나타내다, 친밀감을 표하다

许久未见，他们兄弟俩好好地亲热了一番。
오랫동안 못 봐서 그들 두 형제는 한바탕 실컷 친밀함을 표했다.

---

plus+ 亲热·亲切·亲密

- 亲热 형 친근하다, 친밀하다
- 亲切 형 친절하다, 친근하다
- 亲密 형 친밀하다, 사이가 좋다

비교 이 세 단어는 모두 '친하다'라는 뜻이다. 亲热는 사람과 사람 사이, 동물과 동물 사이, 사람과 동물 사이의 태도가 따뜻하고 친근한 것을 가리키고, 亲切는 윗사람이 아랫사람에게 친절을 베풀고 돌봐준다는 뜻으로 주로 태도, 목소리, 말투, 돌보는 것과 가르침 등이 친근한 것을 가리킨다. 亲密는 사람과 사람 사이에 감정이 좋고 관계가 서로 밀접한 것을 가리키는데 주로 우정, 전우, 동지 간이 친밀한 것을 가리킨다.

한국어로 해석하면 차이가 없어 보이므로 단어의 뜻을 정확히 파악하는 것이 포인트!

Check
我的小狗对我很（　　　）。
나의 강아지는 나에게 정말 다정하다.
她是我的最（　　　）的朋友。
그녀는 나의 가장 친밀한 친구이다.
我们的董事长对每个职员很（　　　）。
우리 회장님께서는 모든 직원에게 친근하시다.

답 亲热 / 亲密 / 亲切

1463 亲身 qīnshēn

부 친히, 직접, 스스로
- 유 5급 亲自 qīnzì

只有他亲身经历了，才懂得。
그가 직접 경험해야만 비로소 알게 될 것이다.

广大市民可以亲身去体验地铁新系统的快捷性。
많은 시민은 새로운 지하철 시스템의 기동성을 직접 체험할 수 있다.

1464 侵犯 qīnfàn

동 ① (불법적으로 타인의 권리를) 침범하다
- 유 侵扰 qīnrǎo, 侵占 qīnzhàn

这是别人不可侵犯的权利。
이것은 다른 사람이 침범해서는 안 되는 권리다.

② (타국의 영역을) 침범하다
- 유 进犯 jìnfàn, 侵入 qīnrù, 侵袭 qīnxí

不能胡乱侵犯别国的领土。
함부로 타국의 영토를 침범하면 안 된다.

1465 钦佩 qīnpèi

동 경복하다, 탄복하다
- 유 5급 佩服 pèifú, 敬佩 jìngpèi

我挺钦佩他的勇气和信念。
나는 그의 용기와 신념에 매우 탄복했다.

韩国人埋头苦干máitóu kǔgàn的精神令人钦佩。
한국인의 부지런히 일하는 정신은 사람들을 탄복하게 한다.

1466 勤俭 qínjiǎn

형 근검하다, 부지런하고 검소하다
- 유 5급 勤劳 qínláo, 节俭 jiéjiǎn
- 반 1581 奢侈, 奢华 shēhuá, 铺张 pūzhāng

奶奶一辈子都勤俭地过日子。
할머니께서는 평생을 부지런하고 검소하게 사셨다.

外婆是个勤俭持家的女能人。
외할머니께서는 근검절약으로 집안을 꾸린 유능한 여성이시다.

1467 勤恳 qínkěn

[형] 근면하다, 부지런하고 성실하다

[유] 5급 勤劳 qínláo, 5급 勤奋 qínfèn, 2007 辛勤
[반] 1128 懒惰, 怠惰 dàiduò, 懒散 lǎnsǎn

他一直**勤恳**地工作。
그는 줄곧 근면성실하게 일했다.

我们要学习他的**勤恳**作风。
우리는 그의 근면성실한 태도를 배워야 한다.

plus+ 勤恳·勤奋

- **勤恳** [형] 부지런하고 성실하다
- **勤奋** [형] 꾸준하다, 열심히 하다

[비교] 이 두 단어 모두 '부지런하다'라는 뜻이나 勤恳은 일을 하는 태도가 성실하고 열심히 하는 것을 주로 가리키고, '勤勤恳恳'과 같은 중첩형이 가능하며 서면어에 많이 쓰인다. 勤奋은 장시간 끊임없이 쉬지 않고 노력하는 것을 가리킨다.

한국어로 해석하면 차이가 없어 보이므로 단어의 뜻을 정확히 파악하는 것이 포인트!

Check
天才就是很（　　）的人。
천재는 바로 끊임없이 노력하는 사람이다.
他（　　）的态度受到老板的表扬。
그는 부지런한 태도로 사장의 칭찬을 받았다.

[답] 勤奋 / 勤恳

1468 氢 qīng

[명] 수소

氢在工业上的用途很广。
수소는 공업 부분에 매우 폭넓게 쓰이고 있다.

氢是一种无色无味的气体。
수소는 무색무취의 기체이다.

1469 轻而易举 qīng'éryìjǔ

[성] 매우 수월하다, 식은 죽 먹기이다

他**轻而易举**地就把这道题解出来了。
그는 아주 수월하게 이 문제를 풀었다.

他**轻而易举**地拎lín起了这个沉箱子。
그는 식은 죽 먹기로 이 무거운 상자를 들었다.

1470 清澈 qīngchè

[형] 맑고 투명하다

湖水**清澈**见底。
호수가 맑고 투명하여 밑바닥까지도 다 보인다.

直到许多工厂关闭了，这条河才变得**清澈**起来。
많은 공장들이 문을 닫고서야, 이 강이 비로소 맑고 투명해졌다.

1471 清晨 qīngchén

[명] 새벽녘, 이른 아침

[유] 早晨 zǎochén, 清早 qīngzǎo

清晨的校园一片寂静。
새벽의 교정은 아주 고요하다.

清晨的第一道阳光唤醒树林里的鸟儿。
새벽을 알리는 햇살이 숲 속의 새를 깨운다.

1472 清除 qīngchú

[동] 깨끗이 없애다, 청소하다

[유] 1335 排除, 铲除 chǎnchú, 扫除 sǎochú, 肃清 sùqīng

当务之急是要**清除**内奸。
급선무는 내부의 첩자를 제거하는 일이다.

环卫工人**清除**了道路上的积雪。
환경미화원이 길 위에 쌓인 눈을 치우고 있다.

1473 清洁 qīngjié

[형] 깨끗하다, 청결하다

[유] 3급 干净 gānjìng, 整洁 zhěngjié, 卫生 wèishēng
[반] 肮脏 āngzang, 污秽 wūhuì

一定要注意面部**清洁**。
반드시 주의해서 얼굴을 청결하게 하세요.

学校教室里必须保持**清洁**。
학교의 교실은 반드시 청결을 유지해야 한다.

1474 清理 qīnglǐ

동 깨끗이 정리하다, 처리하다
- 유 4급 整理 zhěnglǐ, 5급 处理 chǔlǐ, 清点 qīngdiǎn, 清算 qīngsuàn

保管员正在清理仓库。
보관원은 창고를 깨끗이 정리하고 있다.

你千万不要乱动清理我的报告。
당신은 절대 나의 보고서를 함부로 처리해서는 안 됩니다.

1475 清晰 qīngxī

형 뚜렷하다, 분명하다
- 유 3급 清楚 qīngchu, 0568 分明, 1947 鲜明, 明晰 míngxī
- 반 5급 模糊 móhu, 2170 隐约, 朦胧 ménglóng

这个相机拍出的照片很清晰。
이 사진기로 찍은 사진은 매우 뚜렷하다.

这孩子的脑海中对父母的印象极其清晰。
이 아이의 머릿속에는 부모에 대한 인상이 매우 뚜렷하다.

plus+ 清晰·清楚

- 清晰 형 뚜렷하다, 분명하다
- 清楚 형 뚜렷하다

비교 두 단어 모두 '뚜렷하다'라는 뜻을 가지고 있으나, 清晰는 대체로 보고 듣는 것이 뚜렷한 것을 가리키고 주로 서면어에 사용된다. 清楚는 보고 듣는 것이 뚜렷한 것 이외에도 사물에 대해 쉽게 이해하고 쉽게 변별하며, 잘 알고 파악한다는 뜻을 가지고 있어 서면어, 구어 둘 다 쓰일 수 있다.

한국어로 해석하면 차이가 없어 보이므로 단어의 뜻을 정확히 파악하는 것이 포인트!

Check
我对这种情况很 (   )。
나는 이런 상황에 대해 잘 안다.

作为老师，语言表达必须 (   )。
선생님으로서 언어표현은 반드시 분명해야 한다.

답 清楚 / 清晰

1476 清醒 qīngxǐng

형 (머리가) 맑고 깨끗하다, 명백하다
- 유 3급 明白 míngbai, 3급 清楚 qīngchu
- 반 5급 糊涂 hútú

虽然喝了很多酒，可他头脑依然清醒。
비록 술은 많이 마셨지만, 그의 정신은 여전히 멀쩡하다.

동 정신을 차리다, 회복하다
- 유 1722 苏醒, 醒悟 xǐngwù
- 반 0837 昏迷

昏迷了十多天之后，他终于清醒过来了。
의식을 잃은 지 십여 일이 지난 후에, 그는 마침내 정신을 차렸다.

1477 清真 qīngzhēn

형 ① 산뜻하고 질박하다, 순결하고 수수하다

诗贵清真，更要有寄托。
시는 산뜻하고 질박해야 더 의지가 된다.

② 회교식의, 이슬람교의

我们学校有清真食堂。
우리 학교에는 회교식 식당이 있다.

1478 倾听 qīngtīng

동 귀 기울이다, 경청하다
- 유 谛听 dìtīng, 聆听 língtīng

她静静地倾听他的故事。
그녀는 조용히 그의 이야기를 경청했다.

政府官员要善于倾听群众呼声。
정부관원은 군중의 소리에 귀를 잘 기울여야 한다.

1479 倾向 qīngxiàng

동 (생각이나 의견, 사물 등이 한쪽으로) 기울다, 치우치다, 편향되다
- 유 偏向 piānxiàng

我们比较倾向于他的意见。
우리는 비교적 그의 의견에 따르는 편이다.

新闻界倾向于现任政府，没有言论自由。
언론이 현 정부에 편향되어 언론의 자유가 없다.

명 경향, 추세
- 유 5급 趋势 qūshì, 趋向 qūxiàng

对于不良倾向应当纠正。
좋지 않은 성향은 바로 고쳐야 한다.

1480 倾斜 qīngxié

[형] ① 기울다, 경사지다
- 유 5급 歪 wāi, 5급 斜 xié, 歪斜 wāixié, 偏斜 piānxié
- 반 5급 平衡 pínghéng, 0478 端正, 直立 zhílì

车身突然向右侧倾斜了。
차체가 갑자기 우측으로 기울었다.

② (어느 한쪽으로) 치우치다, 편향되다
我国经济建设向服务行业倾斜。
우리나라의 경제건설은 서비스업에 편향되어 있다.

1481 晴朗 qínglǎng

[형] 쾌청하다, 구름 한 점 없이 맑다
- 유 明朗 mínglǎng, 清朗 qīnglǎng
- 반 阴暗 yīn'àn, 阴沉 yīnchén

我想看外面晴朗的天空。
나는 밖의 쾌청한 하늘을 보고 싶다.
晴朗的天空令人心情舒畅。
구름 한 점 없이 맑은 하늘은 사람의 마음을 상쾌하게 한다.

1482 情报 qíngbào

[명] (기밀한) 정보
这些情报全是真的，相信我。
이 정보들은 전부 진짜이니, 나를 믿어.
我们得到的情报都很可靠。
우리가 얻은 정보는 모두 확실하다.

1483 情节 qíngjié

[명] (일의) 경과, 경위
故事情节非常生动。
스토리가 매우 생동감이 있다.
这部小说的情节跌宕起伏 diēdàng qǐfú。
이 소설의 줄거리에 변화가 너무 많다.

1484 情理 qínglǐ

[명] 사리, 도리
如此设想，很合情理。
이렇게 생각하면 사리에 맞는다.
他们那样做，真是情理难容！
그들이 그렇게 하면 정말 도리상 용납하지 못한다!

1485 情形 qíngxíng

[명] 정황, 상황, 형편
- 유 4급 情况 qíngkuàng, 5급 情景 qíngjǐng, 5급 状况 zhuàngkuàng

我习惯于总是根据情形做决定。
나는 늘 정황에 근거하여 결정하는 데 익숙하다.
与另一种情形比起来，这未尝不是一件幸事。
다른 상황과 비교해봤을 때, 이것은 반드시 좋은 일이 아니라고는 할 수 없다.

1486 请柬 qǐngjiǎn

[명] 청첩장, 초대장
- 유 1489 请帖

有请柬者可入场。
초대장이 있는 사람만 입장할 수 있다.
我们收到了他发来的请柬。
우리는 그가 보내온 청첩장을 받았다.

1487 请教 qǐngjiào

[동] 지도를 부탁하다, 가르침을 청하다
- 유 求教 qiújiào, 讨教 tǎojiào

有问题的话请教老师。
문제가 있으면 선생님께 여쭤봐라.
虚心向他人请教是一种美德。
겸손하게 타인에게 가르침을 청하는 것도 일종의 미덕이다.

1488 请示 qǐngshì

동 (윗사람이나 상부에) 지시를 청하다, 물어보다
  유 1487 请教

这件事必须要向上级请示。
이 일은 반드시 상급기관에 지시를 청해야 한다.
我要先向上级请示一下才能答复您。
먼저 상급기관에 물어봐야 당신에게 대답을 줄 수 있습니다.

1489 请帖 qǐngtiě

명 청첩장, 초대장
  유 1486 请柬

请帖已经都发出去了。
청첩장을 이미 모두 보냈다.
我原以为他们肯定会接受这份请帖的，但他们却拒绝了。
나는 원래 그들이 분명히 이 초대장을 받을 줄 알았으나, 그들은 오히려 거절했다.

1490 丘陵 qiūlíng

명 구릉, 언덕

青岛位于山东的丘陵地带。
칭다오는 산둥의 구릉지대에 위치하고 있다.
丘陵地带不适宜种植农作物。
구릉지대는 농산물을 경작하기에 적합하지 않다.

1491 区分 qūfēn

동 구분하다, 분별하다
  유 4급 区别 qūbié, 5급 分别 fēnbié

我很想集邮，但是不知道怎么区分真假。
나는 우표를 수집하고 싶지만 진짜와 가짜를 어떻게 구분하는지 모른다.
我区分不出他说的哪句是真话，哪句是假话。
나는 그의 말 중에서 어느 말이 진짜이고, 어느 말이 거짓인지 구분해낼 수가 없다.

1492 区域 qūyù

명 구역, 지역

香港实行区域自治制度。
홍콩은 지역자치 제도를 실행하고 있다.
在拥挤的人群中生活会影响大脑中处理压力和情感的区域。
붐비는 사람들 속에서의 생활은 대뇌 속의 스트레스와 감정을 처리하는 부분에 영향을 줄 수 있다.

1493 屈服 qūfú

동 굴복하다

他没有屈服在敌人的淫威yínwēi之下。
그는 적이 함부로 쓰는 세도에 굴복하지 않았다.
无论敌人如何威逼利诱，她就是不屈服。
적의 그 어떤 강경책이나 회유에도 그녀는 굴복하지 않는다.

1494 曲折 qūzhé

명 ① 굽다, 구불구불하다

我走在曲折的小路上，思索sīsuǒ着人生。
나는 구불구불한 오솔길을 걸으면서 인생에 대해 깊이 사색했다.

② (사건의 발전·줄거리에) 곡절이 많다

成功的过程中有不少曲折。
성공의 과정 중에는 적지 않은 곡절이 있다.

1495 驱逐 qūzhú

동 몰아내다, 쫓아내다
  유 赶跑 gǎnpǎo, 赶走 gǎnzǒu, 驱赶 qūgǎn

人们联合起来驱逐了侵略者。
사람들이 연합하여 침략자를 몰아냈다.
非法入境者被公安机关驱逐出境。
불법 입국자는 공안기관에 의해 국외로 추방된다.

1496 渠道 qúdào

명 ① 관개수로

유 沟 gōu, 渠 qú, 水沟 shuǐgōu
渠道是重要水利设施。
관개수로는 중요한 수리시설이다.

② 경로, 방법
他想通过正规渠道把货提回来。
그는 정식 경로를 통해 물건을 찾고 싶다.

1497 **取缔** qǔdì

동 금지를 명하다, 취소를 명령하다
邪教组织被取缔了。
사교 조직은 종교활동이 금지되었다.
工商部门取缔不法商贩。
공상기관이 불법행상을 단속한다.

1498 **曲子** qǔzi

명 노래, 악보
这首曲子是专门为她作的。
이 곡은 특별히 그녀를 위해서 만든 것이다.
他无聊时喜欢哼哼hēngheng曲子。
그는 심심할 때 노래를 흥얼대는 것을 좋아한다.

1499 **趣味** qùwèi

명 재미, 흥미, 취미
这种智力游戏趣味无穷。
이런 종류의 지능게임은 재미가 무궁무진하다.
她总是在学习中找到趣味。
그녀는 항상 공부에서 흥미를 찾았다.

 plus+ 乐趣·兴趣·趣味
1135 乐趣 참고

1500 **圈套** quāntào

명 꾀, 계략
유 2164 阴谋, 花招 huāzhāo
他落入了对手设下的圈套。

그는 상대방이 세운 계략에 빠졌다.
炫耀xuànyào自己伶俐línglì的人却很容易被简单的圈套所迷惑。
자신이 영리하다고 자랑하는 사람이 오히려 간단한 계략에 쉽게 미혹된다.

1501 **全局** quánjú

명 대세, (전체의) 국면, 형세
我们应当树立全局观念。
우리는 전체 관념을 수립해야 한다.
当领导需要统观tǒngguān全局。
지도자라면 전체 국면을 총괄적으로 보는 것이 필요하다.

1502 **全力以赴** quánlìyǐfù

성 (어떤 일에) 전력투구하다, 최선을 다하다
유 全力 quánlì
她全力以赴地准备高考。
그녀는 최선을 다해서 대입을 준비한다.
只有全力以赴地努力过，将来才不会后悔。
전력투구하여 노력해야 나중에 후회하지 않는다.

1503 **权衡** quánhéng

동 비교하다, 따지다, 재다
유 4급 考虑 kǎolǜ
做决定之前一定要权衡利弊lìbì。
결정하기 전에 반드시 이해득실을 따져봐라.
她是个聪明人，懂得权衡轻重的。
그녀는 똑똑한 사람이니 경중을 따질 줄 알 것이다.

1504 **权威** quánwēi

명 권위(자)
他是医学界的权威人士。
그는 의학계에서 권위 있는 인사이다.
这是一部具有法律权威的书。
이것은 법률계에서는 권위가 있는 책이다.

1505 权益 quányì

명 권익

公民的合法权益不容侵犯。
국민의 합법적인 권익은 침범받아서는 안 된다.
消费者的合法权益应当受到保护。
소비자의 합법적인 권익은 마땅히 보호받아야 한다.

1506 拳头 quántou

명 주먹

他的拳头很硬。 그의 주먹은 매우 단단하다.
她把拳头握得紧紧的。
그녀는 주먹을 꽉 쥐었다.

1507 犬 quǎn

명 개

유 1급 狗 gǒu

这种犬可以给盲人带路。
이런 개는 맹인에게 길을 안내할 수 있다.
不断的犬吠fèi声,把我惊醒了。
계속되는 개 짖는 소리에 나는 깜짝 놀라 잠에서 깼다.

1508 缺口 quēkǒu

명 ① 결함, 흠집

碟子边儿上有个缺口。
접시 가장자리에 흠집이 하나 있다.

② (경비·물자 등의) 부족한 부분

机构投资者正在填补缺口。
기구 투자자는 지금 부족한 부분을 보충하고 있다.

1509 缺席 quē//xí

동 결석하다

这个学期,他经常缺席。
이번 학기에 그는 자주 결석을 했다.
明天的讲座所有人不得缺席。
내일의 강좌는 모두 빠지면 안 된다.

我从来没有请过假缺过席。
나는 지금껏 휴가를 내거나 결석을 한 적이 없다.

1510 缺陷 quēxiàn

명 결함, 결점

유 4급 缺点 quēdiǎn, 5급 毛病 máobìng, 短处 duǎnchu
반 4급 优点 yōudiǎn, 长处 chángchu

这个新生儿有生理缺陷。
이 신생아는 생리적 결함이 있다.
他通过努力克服了自身的缺陷。
그는 노력을 통해서 자신의 결점을 극복했다.

1511 瘸 qué

동 절뚝거리다, 다리를 절다

유 跛 bǒ

这次事故造成他腿瘸了。
이번 사고로 그는 다리를 절게 되었다.
他从楼梯上滚下来,摔瘸了腿。
그는 위층에서 굴러 떨어졌고, 넘어져서 다리를 절뚝거린다.

1512 确保 quèbǎo

동 확보하다, 확실히 보장하다

유 4급 保证 bǎozhèng

一定要确保人质的安全。
무조건 인질의 안전을 확보해야 한다.
质检部的职责是确保产品质量。
품질검증 부서의 본분은 상품의 품질을 확실히 보장하는 것이다.

1513 确立 quèlì

동 확립하다, 수립하다

유 5급 成立 chénglì, 5급 建立 jiànlì, 0331 创立, 1582 设立, 1694 树立
반 5급 取消 qǔxiāo

两国正式确立了外交关系。
양국 간의 외교관계가 정식으로 수립되었다.

父母帮助孩子确立人生目标。
부모는 아이가 인생의 목표를 확립하는 것을 돕는다.

1514 确切 quèqiè

[형] 적절하다, 정확하다, 확실하다
- 유 4급 准确 zhǔnquè, 1001 精确, 1436 恰当
- 반 不确 búquè

这个消息很确切。
이 소식은 정말 확실한 것이다.

谁知道他走的确切时间?
누가 그가 가는 정확한 시간을 압니까?

1515 确信 quèxìn

[동] 굳게 믿다, 확신하다, 확실히 믿다
- 유 坚信 jiānxìn

他确信自己一定能够成功。
그는 자신이 반드시 성공할 것이라 확신한다.

我确信我是一定可以完成这项任务的。
나는 내가 이 임무를 완성할 수 있다고 확신한다.

1516 群众 qúnzhòng

[명] ① 대중, 군중, 민중
- 유 百姓 bǎixìng, 大众 dàzhòng, 公众 gōngzhòng, 民众 mínzhòng, 人民 rénmín

群众的眼睛是雪亮的。
민중의 눈은 눈처럼 빛난다.

② 비공산당원, 비당원 [중국에서 공산당에 가입하지 않은 사람을 가리킴]

他不担任任何领导职务,是名普通群众。
그는 그 어떤 간부의 지위도 맡지 않은 민간인이다.

1517 染 rǎn

[동] ① 염색하다, 물들이다
- 유 涂 tú

夕阳染红了天空。 석양이 하늘을 붉게 물들였다.

② 전염되다, 감염되다
- 유 5급 传染 chuánrǎn, 0633 感染, 沾染 zhānrǎn,

他不幸染上了肺炎。
그는 불행하게도 폐렴에 감염되었다.

1518 让步 ràngbù

[동] 양보하다
- 유 5급 退步 tuìbù, 1834 妥协

在原则上绝对不能让步。
원칙상 절대 양보할 수 없다.

他们俩僵持jiāngchí着,谁都不肯让步。
그들 둘은 대치 상태로, 누구도 양보할 생각을 안 한다.

1519 饶恕 ráoshù

[동] (처벌을) 면해주다, 용서하다
- 유 宽恕 kuānshù, 饶 ráo

他犯下的错不可饶恕。
그가 범한 잘못은 절대 용서할 수 없다.

最终,师傅还是饶恕了他。
결국 사부님은 그를 용서했다.

1520 扰乱 rǎoluàn

[동] 방해하다, 혼란시키다, 어지럽히다
- 유 0408 捣乱, 0627 干扰, 侵扰 qīnrǎo, 骚扰 sāorǎo
- 반 5급 稳定 wěndìng, 安定 āndìng, 平定 píngdìng

不要扰乱课堂秩序。
수업 질서를 혼란시키지 마라.
这种不良风气严重扰乱了社会治安。
이런 불량풍조는 사회 치안을 심각하게 어지럽힌다.

plus+ 扰乱・干扰

- 扰乱 📖 방해하다, 혼란시키다
  ➡ 扰乱 + 安全, 秩序, 团结, 治安, 民心
- 干扰 📖 방해하다, 교란시키다
  ➡ 干扰 + 生活, 学习, 比赛, 功课, 睡眠

비교 두 단어 모두 '방해하다'라는 뜻을 가지고 있다. 扰乱은 교란시키고 혼란하게 하며, 또 불안하게 하는 것을 가리키는데 주로 안전, 질서, 단결, 치안, 민심 등을 혼란하게 하는 것을 가리킨다. 干扰는 동작이나 소리가 다른 사람의 일상생활을 방해하고 영향을 주는 것을 가리키며, 무선기기의 정상적인 신호를 방해한다는 뜻도 있다.

비슷한 의미를 가진 단어일수록 搭配에 의해 구분된다는 것이 포인트!

Check
他（　　）秩序，警方把他押回牢房。
그가 질서를 교란시켜서, 경찰이 그를 감옥에 가두었다.
因为他（　　）了其他同学，所以老师叫他出去。
그가 다른 학생을 방해했기 때문에, 선생님은 그를 나가게 했다.

답 扰乱 / 干扰

1521 惹祸 rě//huò

동 화를 초래하다, 일을 저지르다, 분란을 야기하다
他经常给爸爸惹祸。
그는 자주 아버지를 화나게 만든다.
她常常惹祸，自己却不知道。
그녀는 자주 일을 저지르지만, 자신은 정작 모르고 있다.
他这次可算是惹了大祸了。
그는 이번에 정말 큰 사고를 친 거나 마찬가지이다.

1522 热泪盈眶 rèlèi yíngkuàng

성 뜨거운 눈물이 눈에 그렁그렁하다, 매우 감동하다
她激动得热泪盈眶。
그녀는 감동해서 뜨거운 눈물이 그렁그렁 맺혔다.
母亲看着当兵归来的儿子，激动得热泪盈眶。
어머니께서는 입대했던 자식이 돌아온 것을 보시고, 감동해서 뜨거운 눈물을 흘리셨다.

1523 热门 rèmén

명 (많은 사람들에게) 인기 있는 것, 유행하는 것
美国的中期选举是一个大热门。
미국의 중간선거는 빅 이슈이다.
近几年来，小语种一直是热门科目。
최근 몇 년 동안, 소수 어종이 줄곧 인기 있는 과목이었다.

1524 人道 réndào

명 인간의 도리, 사람의 도리
这个作品以人道主义精神为核心。
이 작품들은 인도주의 정신을 핵심으로 하고 있다.

형 인도적인, 인간적인
这种做法很不人道。
이런 방법은 매우 비인간적이다.
对熊的屠宰túzǎi是不必要且不人道的行为。
곰의 도살은 불필요하고 비인도적인 행위이다.

1525 人格 réngé

명 인격, 품격, 인품
유 1379 品行, 1380 品质, 品格 pǐngé, 人品 rénpǐn
她有着高尚的人格。
그녀는 매우 고상한 인품을 갖췄다.
我们要努力塑造健全的人格。
우리는 건전한 인격을 만들도록 노력해야 한다.

1526 人工 réngōng

형 인위적인, 인공의
반 4급 自然 zìrán, 天然 tiānrán
这种果汁不含人工防腐剂。
이 주스는 인공 방부제를 함유하고 있지 않다.

명 ① 수공, 인력
这种手链是人工编织的。
이런 팔찌는 수공으로 만든 거다.

② (작업량의 계산 단위로) 한 사람의 하루 작업량, 일손
要完成这个项目需要很多人工。
이 항목을 완성하려면 많은 일손이 필요하다.

1527 **人家** rénjia

대 ① 남, 다른 사람, 타인
人家都学得会，你也可以。
다른 사람도 다 배워서 할 수 있으니, 너도 할 수 있어.

② 어떤 사람(들) [불특정한 (들)을 가리키며 '他'나 '他们'과 근접함]
你把人家惹恼了，还不快去道歉。
네가 그 사람을 화나게 했으니, 내키지 않더라도 가서 사과해.

③ 나, 본인, 이 사람 ['我'의 친근한 뜻을 나타냄]
你怎么才来，人家担心死了。
너 왜 이제 오는 거야, 나 걱정돼서 죽을 뻔 했잖아.

1528 **人间** rénjiān

명 인간 사회, 세상
유 尘世 chénshì, 红尘 hóngchén, 人世 rénshì
반 世外 shìwài

她像个不食人间烟火的女神。
그녀는 속세의 음식을 먹지 않는 여신 같다.
就算人间有很多烦恼，你也得珍惜青春。
세상에 아무리 번뇌가 많다 할지라도, 너는 청춘을 소중히 여겨야 한다.

1529 **人士** rénshì

명 인사 [사회에 영향을 끼치는 인물]
各界人士齐聚一堂。
각계 인사들이 모두 한 곳에 모였다.
他是位著名的爱国人士。
그 사람은 유명한 애국인사이다.

1530 **人为** rénwéi

형 인위적인
尽量不要出现人为的错误。
되도록이면, 사람으로 인한 잘못은 생기지 않도록 해라.
这些困难都是人为造成的。
이러한 곤란함들은 모두 인위적으로 초래한 것이다.

1531 **人性** rénxìng

명 인성, 인간의 본성
不能做灭绝人性的事。
인성을 말살하는 일은 하면 안 된다.
我觉得在动物中，狗最通人性了。
내 생각에 동물 중에서 개가 가장 인간의 본성과 잘 통하는 것 같다.

plus+ **人性** rénxìng

명 개성, 인간미
他一直倡导人性的解放。
그는 계속해서 개성의 해방을 제창하고 있다.

1532 **人质** rénzhì

명 인질
所有人质都安全获救了。
모든 인질이 안전하게 구조되었다.
他被匪徒劫持jiéchí为人质。
그는 악당에게 인질로 납치되었다.

1533 **仁慈** réncí

형 인자하다
유 慈善 císhàn, 仁爱 rén'ài
반 0202 残忍, 残暴 cánbào

老师用仁慈的目光看着我。
선생님께서는 인자하신 눈빛으로 나를 보셨다.
那位老人是一位严厉的批评家，却是一个非常仁慈的人。
저 노인은 엄격한 비평가이나 오히려 매우 인자한 사람이다.

1534 忍耐 rěnnài

동 인내하다, 견디다
> 유 1535 忍受, 忍 rěn

她忍耐不住，哭了出来。
그녀는 견디지 못하고, 울음을 터트렸다.
既然你觉得这么委屈，就不要再忍耐了。
네가 느끼기에 이렇게 억울하다면, 더는 참지 마라.

1535 忍受 rěnshòu

동 (아픔·곤란·불행 등을) 이겨내다, 참다, 견디다
> 유 5급 承受 chéngshòu, 1534 忍耐, 1550 容忍

我不能忍受这炎热的天气。
나는 이 더운 날씨를 견딜 수가 없다.
她最终忍受不了敌人的折磨，投降了。
그녀는 결국 적의 학대를 참지 못하고 투항했다.

1536 认定 rèndìng

동 인정하다, 확신하다
> 유 5급 确定 quèdìng, 5급 确认 quèrèn

他认定是我偷了他的钱包。
그는 내가 그의 지갑을 훔쳤다고 확신하고 있다.
大家认定他将是新任总经理。
모두 그가 장차 신임 총지배인이라는 것을 인정했다.

1537 认可 rènkě

동 승낙하다, 인가하다, 허락하다
> 유 3급 同意 tóngyì, 4급 允许 yǔnxǔ, 2253 赞同

他频频点头表示认可。
그는 거듭 고개를 끄덕이며 승낙을 표시했다.
由于工作表现突出，领导认可了他。
그는 업무수행능력이 뛰어나서, 상부에서 그를 인정했다.

1538 任命 rènmìng

동 임명하다

老师任命他为班长。
선생님께서 그를 반장으로 임명하셨다.

我很高兴听到你被任命为董事长。
저는 당신이 회장으로 임명되었다는 것을 듣게 되어서 기쁩니다.

1539 任性 rènxìng

형 제멋대로 하다, 마음이 내키는 대로 하다

对人对事，不能太任性。
사람이나 사물을 대할 때는 마음 내키는 대로 하면 안 된다.
她被父母宠坏 chǒnghuài 了，特别任性。
그녀는 응석받이로 자라서, 정말 제멋대로이다.

1540 任意 rènyì

부 마음대로, 제멋대로
> 유 1539 任性, 1733 随意, 肆意 sìyì

不可任意迟到早退。
마음대로 늦거나 조퇴를 해서는 안 된다.

형 조건 없는, 임의의, 임의적인

老师让学生们在本子上画一个任意三角形。
선생님은 학생들에게 공책에 임의의 삼각형을 그리게 했다.

1541 任重道远 rènzhòng dàoyuǎn

성 책임은 무겁고 갈 길은 멀다, 책임이 무겁다

要实现中华民族的伟大复兴，我们任重道远。
중화민족의 위대한 부흥을 실현시키려면, 우리의 책임이 무겁다.
这一目标的实现，尽管任重道远，但不再是梦。
이 목표의 실현은 힘들고 갈길이 멀기는 하지만, 더 이상 꿈만은 아니다.

1542 仍旧 réngjiù

동 예전대로 하다, 원래대로 따르다

你的品味仍旧这么低级，一点也没有改变。
네 품행은 여전히 이렇게 저속하네, 하나도 안 변했구나.

부 여전히, 변함없이
유 2급 还 hái, 3급 还是 háishi, 4급 仍然 réngrán,
5급 依然 yīrán, 2299 照样, 仍 réng, 照旧 zhàojiù

多年后再次相见，她仍旧是老样子。
세월이 많이 흘러서 다시 만나보니, 그녀는 여전히 예전 모습 그대로였다.

1543 日新月异 rìxīn yuèyì

성 나날이 새로워지다, 변화와 발전이 빠르다
农村的面貌日新月异，变化太快。
농촌의 면모가 나날이 새로워져, 변화가 대단히 빠르다.
社会发展日新月异，传统的思想也在不断发生改变。
사회가 하루가 다르게 발전하면서 전통적인 생각도 끊임없이 변하고 있다.

1544 日益 rìyì

부 날로, 나날이 더욱
유 日渐 rìjiàn, 日趋 rìqū

他的汉语水平日益提高。
그의 중국어 수준이 나날이 좋아진다.
开春后，天气日益暖和。
봄이 온 후 날씨가 나날이 온화해진다.
我国的综合国力日益增强。
우리나라의 종합적인 국력이 날로 증강되고 있다.

1545 融洽 róngqià

형 조화롭다, 융화하다
유 0771 和睦, 0773 和谐
반 0141 别扭, 不和 bùhé, 不洽 búqià

他和爱人在一切方面都融洽无间。
그는 부인과 모든 방면에서 매우 조화롭다.
他们俩的合作融洽，接着又一起写电影剧本。
그들 둘은 손발이 잘 맞아서, 잇따라 함께 영화 대본을 집필하고 있다.

1546 溶解 róngjiě

동 용해하다
유 5급 融化 rónghuà, 化 huà
반 1317 凝固, 1318 凝聚, 凝结 níngjié

食盐溶解在汤里。
소금이 국에서 녹는다.
白糖放到水中就溶解了。
설탕을 물에 넣으니 바로 용해되었다.

1547 容貌 róngmào

명 용모, 생김새
유 4급 样子 yàngzi, 1264 面貌

那位外交官的容貌十分端庄 duānzhuāng。
그 외교관의 용모는 아주 단정하다.
显而易见，这个女儿的容貌是秉承 bǐngchéng 她母亲的。
이 딸의 용모는 그녀의 어머니를 이어받았다는 것을 분명히 알 수 있다.

1548 容纳 róngnà

동 수용하다, 포용하다
유 容 róng

这个礼堂能容纳上千人。
이 강당은 천 명을 수용할 수 있다.
我家乡的宴会厅容纳不下这类大型国际聚会。
우리 고향의 연회장은 이러한 종류의 대형 국제회의를 수용할 수 없다.

1549 容器 róngqì

명 용기 [물품을 담을 수 있는 기구]
当心点，不要把玻璃容器碰掉了。
조심해, 유리 용기를 떨어뜨리면 안 돼.
容器上涂一层漆，使容器表面的紫色更有光泽 guāngzé。
용기에 니스 칠을 하니까, 용기 표면의 자주색이 더욱 광택을 띠었다.

1550 容忍 róngrěn
동 용인하다, 참고 견디다
유 1534 忍耐, 1535 忍受, 宽容 kuānróng, 忍 rěn

没人能容忍她的坏脾气。
그녀의 나쁜 성격을 참고 견딜 수 있는 사람이 없다.
她这种态度我是不能容忍的。
그녀의 이런 태도를 나는 용인할 수 없다.

1551 揉 róu
동 ① (손으로) 비비다, 주무르다
眼睛痒可别揉。
눈이 간지러워도 절대 비비지 마라.

② (손으로 동글게) 빚다, 반죽하다
妈妈把面揉成一个小团。
엄마가 밀가루를 작고 동그랗게 빚었다.

1552 柔和 róuhé
형 ① 연하고 부드럽다
유 轻柔 qīngróu, 软和 ruǎnhuo

这匹丝绸手感特别柔和，价钱昂贵。
이 비단은 감촉이 매우 부드러워서 가격이 비싸다.

② 온유하다, 온화하다
유 5급 温柔 wēnróu, 1885 温和
반 5급 强烈 qiángliè, 0911 坚硬, 生硬 shēngyìng

他是个脾气柔和的人。
그는 성질이 온화한 사람이다.

1553 弱点 ruòdiǎn
명 약점, 단점, 허점
유 4급 缺点 quēdiǎn
반 4급 优点 yōudiǎn, 长处 chángchu

它有着固有的，无法弥补的弱点。
그것은 고유의 것이라 보완할 약점이 없다.
听不进去别人的批评是他的弱点。
다른 사람의 비평을 안 듣는 것이 그의 단점이다.

1554 若干 ruògān
대 약간, 조금, 소량
유 好多 hǎoduō, 一些 yìxiē

她吃了若干花生充饥。
그녀는 허기를 면하려고 땅콩을 조금 먹었다.
他在大会上提了若干建议。
그는 대회에서 의견을 좀 제기하였다.

1555 撒谎 sā//huǎng
동 거짓말을 하다, 허튼 소리를 하다
유 说谎 shuōhuǎng

他动不动就撒谎。
그는 걸핏하면 거짓말을 한다.
妈妈一眼就看出来他在撒谎。
엄마는 한번 보면 그가 거짓말을 하고 있는지 안다.
你能向我保证自己从没撒过谎吗?
너 나한테 네가 거짓말을 하지 않았다고 맹세할 수 있어?

1556 腮 sāi
명 뺨, 볼

她一不高兴就鼓腮帮子。
그녀는 기분이 나쁠 때마다 볼을 불룩하게 부풀린다.
她双手托tuō腮，陷入沉思之中。
그녀는 두 손으로 뺨을 괴고는 깊은 생각에 빠졌다.

1557 **三角** sānjiǎo

명 삼각형의 물건

他从小就爱吃糖三角。
그는 어려서부터 설탕소를 넣은 삼각형 찐빵 먹는 것을 좋아했다.

不小心胳膊上拉了一个三角口子。
부주의해서 팔에 삼각형 모양의 상처가 생겼다.

1558 **散文** sǎnwén

명 산문

散文和韵文相对。
산문과 운문은 서로 대립된다.

他想把这首诗改写成一篇散文，但是没有成功。
그는 이 시를 한 편의 산문으로 바꾸고 싶어했으나 성공하지 못했다.

1559 **散布** sànbù

동 ① 흩어지다, 퍼지다
  유 传播 chuánbō, 散播 sànbō
  반 收集 shōují

羊群散布在山坡上。
양 떼가 언덕에 퍼져 있다.

② (안 좋은 소문이나 소식 등을) 퍼뜨리다, 유포하다

他四处散布了谣言。
그가 사방에 유언비어를 퍼뜨렸다.

1560 **散发** sànfā

동 ① 발산하다, 퍼지다
  유 发 fā, 发放 fāfàng, 发散 fāsàn, 分发 fēnfā
  반 收集 shōují

有香气从她的身上散发出来。
향기가 그녀의 몸에서 퍼져 나온다.

② 나누어주다, 배포하다

他站在食堂门口散发传单。
그는 식당 문 앞에서 전단지를 뿌렸다.

1561 **丧失** sàngshī

동 잃어버리다, 상실하다
  유 失去 shīqù, 失掉 shīdiào
  반 获得 huòdé, 取得 qǔdé, 收复 shōufù

因为一场车祸，他丧失了双腿。
차 사고로 그는 두 다리를 잃었다.

她丧失视力，也对前途丧失了信心。
그녀는 시력을 잃고 미래의 희망마저 잃었다.

1562 **嫂子** sǎozi

명 형수

我的嫂子特别善解人意。
우리 형수는 특히 다른 사람의 의중을 잘 헤아린다.

我的嫂子和我大哥十分恩爱。
우리 형수와 형님은 금실이 매우 좋다.

1563 **色彩** sècǎi

명 ① 색채, 색깔
  유 颜色 yánsè

艳丽yànlì的色彩给人很强的视觉感觉。
화려한 색채는 사람에게 강력한 시각적 느낌을 준다.

② (개인의) 성향, (사물의) 정서, 분위기
  유 情调 qíngdiào

这篇报道的主观色彩太强了。
이번 보도는 주관적인 성향이 너무 강하다.

他加入了带有政治色彩的集会。
그는 정치적 색채를 가진 모임에 가입했다.

1564 **刹车** shā//chē

동 ① (자동차의) 브레이크를 걸다, 차를 세우다

行驶在我前面的那辆车突然刹车。
내 앞에서 운전하던 저 차가 갑자기 브레이크를 밟았다.

路太滑，我刹不了车。
길이 너무 미끄러워서 나는 차를 세울 수가 없다.

② (동력을 차단하여) 기계를 정지시키다

快把机器刹车。빨리 기계를 정지시켜라.

238

③ 멈추다, 제지하다

攀比pānbǐ之风必须刹车。
서로 비교하는 이 풍조는 반드시 없어져야 한다.

명 (자동차의) 브레이크

我车子的刹车不太灵了。
내 차의 브레이크가 말을 잘 안 듣는다.

在我看来，刹车系统有几个毛病。
내가 보기에는 브레이크 시스템에 몇 가지 문제점이 있는 것 같다.

1565 啥 shá

대 무엇, 무슨, 어느, 어떤

유 1급 什么 shénme

你中午吃了啥？
너 점심에 뭐 먹었어?

我没听清他刚才说了啥。
나는 그가 아까 뭐라고 말했는지 정확히 듣지 못했다.

1566 筛选 shāixuǎn

동 ① (체로) 치다, 거르다

유 筛 shāi

工人在筛选矿石。
일하는 사람이 광석을 체로 치고 있다.

② 골라내다, 선별하다

那么多东西，总能筛选出适合的。
물건이 이렇게 많으니 분명 적당한 것을 고를 수 있을 것이다.

1567 山脉 shānmài

명 산맥

유 山岭 shānlǐng

这条山脉是东西走向的。
이 산맥은 동서로 뻗어 있다.

中国的长城就象一条巨龙穿过山脉，穿过沙漠。
중국의 만리장성은 마치 거대한 용이 산맥을 지나가고 사막을 지나가는 것 같다.

1568 闪烁 shǎnshuò

동 ① 번쩍번쩍하다, 반짝이다

유 闪动 shǎndòng, 闪耀 shǎnyào

星星在夜空中闪烁。
별이 밤하늘에 반짝거린다.

② (말하는 것이) 어물어물하다, 떠듬거리다, 얼버무리다

유 0753 含糊, 吞吞吐吐 tūntūntǔtǔ

他闪烁其词，没做明确答复。
그는 말을 얼버무리며 명확하게 답을 하지 않았다.

1569 擅长 shàncháng

동 (어떤 방면에) 뛰어나다, 잘하다

유 5급 善于 shànyú 반 不善 búshàn

他擅长和各种各样的人打交道。
그는 각양각색의 사람들과 잘 어울린다.

擅长推委的人，对其它的事也不擅长。
변명을 잘하는 사람은 다른 어떤 것도 잘할 수 없다.

어휘 plus+ 擅长·善于

· 擅长 동 뛰어나다, 잘하다
  ➡ 擅长 + 绘画, 游泳, 书法, 音乐, 表演

· 善于 동 뛰어나다, 잘하다
  ➡ 善于 + 绘画, 游泳, 书法, 音乐, 表演, 行动, 思考, 建设, 破坏

비교 이 두 단어는 모두 '잘한다'라는 뜻을 가지고 있으나 擅长은 어떤 기능에 뛰어나다는 뜻 밖에는 없지만, 善于는 어떤 기능에 뛰어날 뿐만 아니라 어떤 행동이나 사고를 잘한다는 것도 가리킨다.

뜻이 완전히 같을 때는 차이점에 주목하는 것이 포인트!

Check

我（　　　　）绘画。
나는 그림을 그리는 것을 잘한다.

我很（　　　　）说服别人。
나는 다른 사람을 설득하는 것을 매우 잘한다.

답 擅长, 善于 / 善于

1570 **擅自** shànzì

뷔 자기 멋대로, 독단적으로
　유 1713 私自, 1733 随意

不要擅自离开队伍。
멋대로 부대를 떠나서는 안 된다.

有什么情况要及时汇报，不得擅自做主。
무슨 일이 있으면 바로 보고하고, 독단적으로 처리하지 마.

1571 **商标** shāngbiāo

명 상표

这个牌子的商标极为醒目。
이 브랜드의 상표가 너무 눈에 띈다.

该公司拥有四个注册商标。
이 회사는 네 개의 등록상표를 가지고 있다.

1572 **伤脑筋** shāngnǎojīn

골치를 앓다, 애를 먹다
　유 费心 fèixīn, 费心思 fèixīnsī

这件事真让人伤脑筋。
이 일은 정말 사람의 골치를 아프게 한다.

好多国家近些年一直在为怎样对待精神病患者伤脑筋。
많은 국가들이 최근 몇 년 동안 줄곧 어떻게 정신병 환자를 다룰 것인가에 대해 애를 먹고 있다.

1573 **上级** shàngjí

명 상급자, 상사
　반 下级 xiàjí

他是我的上级，我很敬重他。
그 분은 제 상사로, 제가 무척 존경하는 분이다.

她总是努力完成上级下达的任务。
그녀는 언제나 최선을 다해서 상사가 내린 임무를 완수한다.

1574 **上进心** shàngjìnxīn

명 진취적인 생각, 성취욕

上进心对一个人的发展和进步很重要。
성취욕은 한 사람의 발전과 성장에 매우 중요하다.

她非常有上进心，既然开始了就要做完。
그녀는 성취욕이 매우 강해서 일단 시작한 이상 끝을 본다.

1575 **上任** shàng//rèn

동 부임하다, 취임하다

上任前领导亲自找我谈了两次话。
부임 전에 상사가 직접 두 번이나 나를 찾아와서 말을 몇 마디 나눴다.

新厂长一上了任就决心改革。
새로운 공장장은 부임하자마자 개혁을 결심했다.

명 전임자

上任是我的老同学。 전임자는 내 옛 동창생이다.

1576 **上瘾** shàng//yǐn

동 중독되다, 인이 박이다

他玩儿电脑游戏上瘾。 그는 컴퓨터 게임에 중독됐다.

他抽烟上瘾，一天不抽就难受。
그는 담배에 중독되어, 하루도 안 피우면 힘들어 한다.

他对长期的城市生活感到孤独，喝酒上了瘾。
그는 오랜 도시생활에 고독을 느껴 술을 마시는 데 중독이 되었다.

1577 **上游** shàngyóu

명 ① (강의) 상류
　반 下游 xiàyóu

不要在河的上游洗衣服。
강 상류에서 빨래를 하지 마라.

② 앞선 목표나 수준, 진보적인 기술이나 지위

在学习上，我们班同学都力争上游。
학업에 관해, 우리 반 학생들은 모두 앞장서려고 애쓴다.

1578 捎 shāo

동 인편에 보내다, 가는 김에 가지고 가다, 오는 길에 가져오다

유 3급 带 dài

这么多的东西我一个人可捎不了。
이렇게 많은 물건은 나 혼자서는 가져갈 수 없다.
你回家的时候捎带着把信寄了吧。
네가 집에 가는 길에 편지 좀 가져가서 붙여줘.

1579 梢 shāo

명 (가늘고 길쭉한 물건의) 끝부분
树梢上有两只小鸟。
나뭇가지 끝에 작은 새가 두 마리 있다.
他躺在船梢，留意着天边红光的出现。
그는 배의 끝 부분에 누워서 하늘에 나타난 밝은 빛에 주의를 기울이고 있었다.

1580 哨 shào

명 ① 초소, 보초
我们的子弟兵在驻守边防哨所。
우리의 자녀들이 변방초소를 지키고 있다.

② 호루라기
几个小孩儿在河边儿吹哨。
아이들 몇 명이 강가에서 호루라기를 분다.

동 ① 순시하다, 순찰하다, 정찰하다
他们将去哨游。 그들은 순찰을 갈 것이다.

② (새가) 지저귀다, 울다
画眉哨得真好听。
화미조의 지저귀는 소리가 듣기 좋다.

1581 奢侈 shēchǐ

형 사치하다, 낭비하다
유 奢华 shēhuá
반 4급 节约 jiéyuē, 5급 朴素 pǔsù, 节俭 jiéjiǎn
她的生活十分奢侈。
그녀는 무척 사치스러운 생활을 한다.

她痴迷 chīmí 于各种奢侈品。
그녀는 각종 사치품에 푹 빠져 있다.

1582 设立 shèlì

동 (조직·기구 등을) 설립하다, 건립하다
유 5급 成立 chénglì, 5급 建立 jiànlì
学校设立了一个小卖部。
학교에서 매점 하나를 설립했다.
我们公司在韩国设立了一家分公司。
우리 회사는 한국에 지사를 설립했다.

1583 设想 shèxiǎng

동 ① 가상하다, 상상하다
유 5급 想象 xiǎngxiàng
事情并不像你设想的那么简单。
일은 네가 상상하는 것처럼 그렇게 간단하지가 않다.

② 착상하다, 고려하다, 생각하다
유 4급 考虑 kǎolǜ, 2454 着想
老师为我们的身体设想，要求我们每天做操。
선생님은 우리의 건강을 고려해 매일 체조하기를 요구하였다.

명 가상, 상상
你的设想虽好，但很难实现。
네 생각은 좋은데 실현하기가 어렵다.

1584 设置 shèzhì

동 설치하다, 설립하다, 세우다
我们公司设置了一个新部门。
우리 회사는 새로운 부서를 설치했다.
楼里专为残疾人设置了升降梯。
건물에 장애인을 위한 에스컬레이터를 설치했다.

1585 社区 shèqū

명 지역사회, 공동사회, 공동체

她经常去社区做义工。
그녀는 자주 지역사회의 자원봉사에 참여한다.
她工作极为忙，不能常参加社区活动。
그녀는 업무가 너무 바빠서 지역사회의 활동에 자주 참여하지 못한다.

1586 涉及 shèjí

동 관련되다, 연관되다, 연루되다
유 1440 牵扯, 牵涉 qiānshè

这个问题涉及很多方面。
이 문제는 여러 부분과 연관되어 있다.
这个案子涉及到很多重要的人。
이번 안건은 중요한 사람들이 많이 연루되어 있다.

1587 摄取 shèqǔ

동 ① (영양 등을) 흡수하다, 섭취하다
유 1926 吸取

孩子们要均衡地摄取营养。
아이들은 균형 있게 영양을 섭취해야 한다.

② (사진이나 영화를) 촬영하다, 찍다
这部影片在大连摄取了几个镜头。
이 영화는 따렌에서 몇 장면을 촬영했다.

1588 摄氏度 shèshìdù

양 섭씨(온도) ['℃'로 표기함]

摄氏度是摄氏温标的单位。
섭씨는 섭씨 온도계의 단위이다.
今天的最高气温是16摄氏度。
오늘 최고 온도는 섭씨 16도이다.

1589 深奥 shēn'ào

형 (함의나 이치가) 심오하다, 깊다
유 高深 gāoshēn, 艰深 jiānshēn
반 1800 通俗, 浅显 qiǎnxiǎn

这则寓言反映的道理很深奥。
이 우화가 반영하는 이치는 무척 심오하다.

他无法理解如此深奥的道理。
그는 이런 심오한 이치를 이해하지 못한다.

1590 深沉 shēnchén

형 ① (정도가) 깊다, 심하다
유 4급 深 shēn

父爱永远是那么深沉。
부성애는 영원히 그토록 깊다.

② (소리가) 낮다, 둔탁하다
유 0256 沉闷, 低沉 dīchén
반 高亢 gāokàng, 清脆 qīngcuì

他的嗓音深沉而富有磁性。
그의 목소리는 낮고 자성이 강하다.

③ 침착하고 신중하다, 내색하지 않다
这人很深沉，总是不露声色。
이 사람은 매우 침착하고 신중해서, 언제나 내색을 하지 않는다.

1591 深情厚谊 shēnqíng hòuyì

성 깊고 돈독한 정

我永远不能忘记这份深情厚谊。
나는 영원히 이 깊고 돈독한 정을 잊을 수 없다.
战友间的深情厚谊他一直铭记在心。
전사들 간의 돈독한 우정을 그는 줄곧 가슴에 새기고 있다.

1592 申报 shēnbào

동 (상급·관련 기관에) 서면으로 보고하다

这个课题需要向上级申报。
이 과제는 상급기관에 보고를 올릴 필요가 있다.
计划已经申报了，但到现在还没回音。
계획이 이미 서면으로 보고되었으나 현재까지 회신이 없다.

1593 绅士 shēnshì

명 ① 신사

这个地方的绅士、淑女很多。
이 지방에는 신사와 숙녀가 많다.

② 세도가
他有绅士风度。 그는 세도가의 기품이 있다.

1594 呻吟 shēnyín

동 (고통으로) 신음하다
他在病床上痛苦地呻吟着。
그는 병상에서 고통스럽게 신음하고 있다.
甭管他，他就爱无病呻吟。
신경 쓸 필요 없어, 그는 병이 없어도 아픈 척을 잘하거든.

1595 神奇 shénqí

형 신기하다, 기묘하다
유 1406 奇妙, 奇特 qítè, 神妙 shénmiào
반 3급 一般 yìbān, 1381 平凡, 普通 pǔtōng
他有一支神奇的笔，画出的东西都能活。
그에게는 신비한 펜이 있어서, 그려내는 물건은 모두 진짜가 된다.
门一关上，教室里的喧嚣xuānxiāo就神奇地消失了。
문이 닫히자마자, 교실 안의 소란스러움이 신기하게도 사라졌다.

1596 神气 shénqì

명 표정, 안색, 기색
유 1597 神情, 1598 神色, 1600 神态
看他说话的神气很认真。
그가 말할 때의 표정을 보면 매우 진지하다.
他脸上现出得意的神气。
그의 얼굴에 잘난 척 하는 기색이 보인다.

형 ① 뽐내다, 우쭐대다, 으스대다
유 傲慢 àomàn, 狂妄 kuángwàng
他穿上新西装，显得很神气。
그는 새 양복을 입어서 무척 우쭐대는 것처럼 보인다.

② 활기차다, 생기가 넘치다, 의기양양하다
유 4급 精神 jīngshén
比赛还没有结束，你不要神气得太早了！
시합이 아직 끝나지도 않았는데, 너 의기양양하기엔 너무 일러!

1597 神情 shénqíng

명 표정, 안색, 기색
유 1596 神气, 1598 神色, 1600 神态
她流露出忧郁yōuyù的神情。
그녀에게서 우울한 기색이 엿보였다.
他没注意到她神情的变化。
그는 그녀의 표정 변화에 주의하지 못했다.

1598 神色 shénsè

명 표정, 안색, 얼굴빛
유 1596 神气, 1597 神情, 1600 神态, 脸色 liǎnsè
她神色不对，好像有心事。
그녀가 안색이 좋지 않을 걸 보니, 걱정거리가 있는 것 같다.
连续几天加班后，她显出疲倦的神色。
며칠 연속 잔업을 했더니, 그녀는 피로한 기색이 역력하다.

1599 神圣 shénshèng

형 신성하다, 성스럽다
유 0299 崇高, 2443 庄严
반 1267 渺小, 1381 平凡, 卑贱 bēijiàn, 普通 pǔtōng
我们肩负jiānfù着神圣的使命。
우리는 성스러운 사명을 띠고 있다.
在印度，牛被视为神圣的动物。
인도에서는 소를 신성한 동물로 여긴다.

1600 神态 shéntài

명 표정과 태도
유 1596 神气, 1597 神情, 1598 神色
她神态自若地走出考场。
그녀는 태연자약한 표정으로 시험장에서 나왔다.
外婆神态安详ānxiáng地躺在床上。
외할머니께서는 차분한 표정으로 침대 위에 누워 계신다.

1601 神仙 shénxiān

명 ① 신선, 선인
유 1599 神圣, 神灵 shénlíng
据说神仙可以长生不死。
전해지는 말에 의하면, 신선은 죽지 않고 영원히 살 수 있다고 한다.

② 예견이나 통찰력이 뛰어난 사람을 비유함
他简直就是个活神仙。
그는 정말로 뛰어난 예지가이다.

③ 유유자적하며 얽매이지 않는 사람을 비유함
他过着神仙般的日子。
그는 신선과 같은 유유자적한 생활을 하고 있다.

1602 审查 shěnchá

동 (기획·제안·저작·경력 등을) 심사하다, 검열하다
유 核对 héduì, 审核 shěnhé
他正在接受隔离审查。
그는 격리되어 검열을 받고 있다.
我的提案经过层层审查终于通过了。
나의 제안이 층층이 심사를 거쳐서 마침내 통과하였다.

1603 审理 shěnlǐ

동 (안건을) 심리하다, 심사하여 처리하다
案件尚在审理中还没处理好。
안건은 아직 심리 중이라서 아직 처리되지 않았다.
我们一定会依法审理这个案子的。
우리는 반드시 이 안건을 법에 따라 심리할 것이다.

1604 审美 shěnměi

동 (사물·예술품의 아름다움을) 깨닫다, 식별하다
他具有很强的审美能力。
그는 매우 뛰어난 식별능력을 가지고 있다.

형 심미적인
从审美的角度看，这件文物价值很高。
심미적인 각도에서 보면, 이 문물의 가치는 매우 높다.

1605 审判 shěnpàn

동 (안건을) 심판하다, 재판하다
我们要按公议审判每一个人。
우리는 공론에 따라 모든 사람들을 심판해야 한다.
法院已经对此案做出了审判。
법원은 이미 이 안건에 대해서 재판을 진행했다.

1606 渗透 shèntòu

동 ① (액체가) 스며들다, 투과하다
유 渗入 shènrù, 侵润 qīnrùn
반 1829 脱离, 隔绝 géjué
水渗透了纸面，字迹变得模糊不清。
물이 종이에 스며들어 필적이 모호해져 알아보지 못하게 변했다.

② (추상적인 사물이나 세력이) 침투하다, 스며들다
封建观念深深地渗透进他的脑子里。
봉건관념이 깊숙이 그의 머릿속에 스며들었다.

1607 慎重 shènzhòng

형 신중하다
유 5급 谨慎 jǐnshèn, 2341 郑重, 2444 庄重
반 0214 草率, 轻率 qīngshuài
对待婚姻大事一定要慎重。
결혼이라는 대사에 대해서는 신중해야 한다.
应对孩子们的后路慎重考虑。
아이들의 미래에 대해서는 신중한 고려가 필요할 것이다.

 郑重·慎重
2341 郑重 참고

1608 生存 shēngcún

동 생존하다
반 1715 死亡
没有空气，人类就无法生存。
공기가 없으면 인류는 생존하지 못한다.
我们要保护自己的生存环境。

우리는 스스로 생존환경을 보호해야 한다.

1609 生机 shēngjī

명 ① 생존의 기회, 삶의 희망
유 2급 希望 xīwàng

只要有一线生机，我们就不该放弃。
한줄기 생존의 기회라도 있다면, 우리는 절대 포기해선 안 된다.

② 활력, 생명력, 생기
유 0844 活力, 生命力 shēngmìnglì

春天到了，大地上充满了生机。
봄이 되어, 대지에 생명력이 충만하다.

1610 生理 shēnglǐ

명 생리

吃饭、睡觉是人的生理需要。
식사와 수면은 인간의 생리적 필수품이다.

那些生理指标发送给医生用于诊断。
저런 생리지표들은 의사에게 보내져 진단에 사용된다.

1611 生疏 shēngshū

형 ① 생소하다, 낯설다
유 5급 陌生 mòshēng 반 4급 熟悉 shúxī

她只身来到这个生疏的地方。
그녀는 홀몸으로 이 낯선 곳에 왔다.

② (오랜 기간 하지 않아) 서툴다, 미숙하다
유 荒废 huāngfèi, 荒疏 huāngshū
반 5급 熟练 shúliàn

很久没有练琴，指法生疏了不少。
오랜 기간 피아노를 연습하지 못해서, 손가락 놀림이 많이 서툴다.

③ 소원하다, 친하지 않다
유 疏远 shūyuǎn
반 1462 亲热, 亲近 qīnjìn

他们很久没见，变得生疏了。
그들은 오랫동안 못 만났기 때문에 관계가 소원해졌다.

1612 生态 shēngtài

명 생태

我们要保持生态平衡。
우리는 생태평형을 유지해야 한다.

近年来，生态平衡遭到了很大的破坏。
최근 몇 년간 생태균형이 매우 심각하게 파괴되었다.

1613 生物 shēngwù

명 생물

动物、植物、微生物都属于生物。
동물, 식물, 미생물은 모두 생물에 속한다.

生物通过新陈代谢和周围环境进行物质交换。
생물은 신진대사와 주변 환경을 통해서 물질을 교환한다.

1614 生效 shēng//xiào

동 효과가 나타나다, 효력이 발생하다
유 有效 yǒuxiào 반 失效 shīxiào

合同自签订之日起生效。
계약서는 체결한 날부터 효력이 발생한다.

新法令从今天起正式生效。
새로운 법은 오늘부터 정식으로 효력이 발생한다.

如果它生不了效，维护它还有什么意思。
만약 그것이 효과를 내지 못한다면, 그것을 보호하는 것이 무슨 의미가 있어.

1615 生锈 shēngxiù

동 녹이 슬다

钥匙生锈得打不开了。
열쇠가 녹슬어서 열리지가 않는다.

这把刀从不生锈，也没有变色。
이 칼은 절대로 녹슬거나 변색이 되지 않는다.

1616 生育 shēngyù

동 출산하다, 아이를 낳다
유 5급 生产 shēngchǎn, 2240 孕育, 分娩 fēnmiǎn

医生说她以后无法生育。
의사는 그녀가 앞으로 아이를 낳을 수 없다고 말했다.

她为王家生育了一儿一女。
그녀는 왕 씨 집안에서 아들 하나 딸 하나를 낳았다.

1617 牲畜 shēngchù

명 가축
유 家畜 jiāchù, 牲口 shēngkou

他以贩运fànyùn牲畜为生。
그는 가축을 팔아 생계를 잇고 있다.

把庄稼和牲畜的放牧区分开至关重要。
농작물과 가축 방목지역을 분리하는 것은 매우 중요하다.

1618 声明 shēngmíng

동 성명하다, 공개적으로 선언하다
유 5급 宣布 xuānbù, 申明 shēnmíng, 宣称 xuānchēng

他声明了永远放弃一切权力。
그는 일체의 권력을 영원히 포기하겠다고 공개적으로 선언했다.

명 성명서, 성명문
유 4급 说明 shuōmíng

两个团体发表了联合声明。
두 단체는 연합 성명서를 발표했다.

1619 声势 shēngshì

명 명성과 위세, 위엄과 기세
유 1430 气势, 声威 shēngwēi

李氏家族的声势很大。
이 씨 집안은 명성과 위세가 매우 드높다.

别怕，他只是虚张声势xūzhāng shēngshì罢了。
겁내지 마, 그 사람 허장성세를 부리는 것뿐이니까.

1620 声誉 shēngyù

명 명성, 명예
유 1279 名誉, 声望 shēngwàng

张教授最看重的就是自己的声誉。
장 교수가 가장 중시하는 것은 바로 자신의 명성이다.

昨晚新闻报道的事件玷污diànwū了他的政治声誉。
어제 저녁 뉴스에서 발표한 사건은 그의 정치적 명예를 더럽혔다.

1621 省会 shěnghuì

명 성도, 성 정부 소재지
유 省城 shěngchéng

南京是江苏省的省会。 난징은 장쑤성의 성도이다.

省会通常是一个省的经济、文化中心。
성도는 일반적으로 한 성의 경제와 문화의 중심이다.

1622 盛产 shèngchǎn

동 (대량으로) 나다, 생산하다

我的家乡盛产鱼和虾。
내 고향에서는 물고기와 새우가 많이 난다.

这座人杰地灵rénjié dìlíng的小镇盛产文人雅士。
뛰어난 인물이 나오면서 명성을 얻은 이 작은 마을은 문인과 고아한 선비들을 많이 배출했다.

1623 盛开 shèngkāi

동 (꽃이) 활짝 피다, 만발하다, 만개하다
반 凋零 diāolíng, 凋谢 diāoxiè

公园里百花盛开。 공원 안에 온갖 꽃이 활짝 폈다.

满山遍野的映山红都盛开了。
온 산과 들판에 진달래가 만발했다.

1624 盛情 shèngqíng

명 두터운 정, 지극한 정

유 深情 shēnqíng
반 绝情 juéqíng, 无情 wúqíng

她婉拒wǎnjù了他的盛情邀请。
그녀는 그의 호의가 가득한 초청을 완곡하게 거절했다.
我们受到当地人民的盛情款待。
우리는 현지 주민의 지극한 환대를 받았다.

1625 盛行 shèngxíng

동 성행하다, 널리 유행하다
유 4급 流行 liúxíng

近几年来，海外旅游颇为盛行。
최근 몇 년 사이 해외여행이 제법 성행하고 있다.
这首歌当年很盛行，是无人不知，无人不晓的。
이 노래가 그 당시에 널리 유행해서 모르는 사람이 없다.

1626 胜负 shèngfù

명 승부, 승패

这场比赛的胜负难测。
이 경기의 승패는 예측하기 어렵다.
比赛延长了二十分钟，仍未决出胜负。
경기가 20분 연장되었지만, 여전히 승부가 나지 않고 있다.

1627 失误 shīwù

동 (생소하거나 미숙하여) 실수를 하다, 실책을 범하다
他凡事很周到，失误的情况不多。
그는 매사에 빈틈이 없어서 실수하는 경우는 드물다.

명 실수, 실책
一招失误，满盘皆输mǎnpán jiēshū。
한 번의 실수가 전체 판을 실패하게 한다.

1628 失踪 shī//zōng

동 실종되다, 행방불명되다
那个小男孩儿已经失踪两天了。
그 남자아이는 실종된 지 이미 이틀이나 됐다.
她突然失踪了，家人就向警察举报。
그녀가 갑자기 실종되어 가족들이 바로 경찰에 신고했다.
自从她失了踪，她的母亲就病倒了。
그녀가 실종된 이후로 그녀의 모친은 바로 앓아 누웠다.

1629 师范 shīfàn

명 ① 师范学校(사범대학)의 약칭
爸爸鼓励我报考师范大学。
아빠는 내가 사범대학에 원서를 내도록 용기를 준다.

② 본보기, 모범
他绝对有资格成为我们的师范。
그는 우리의 모범이 될 자격이 충분하다.

1630 施加 shījiā

동 (압력·영향 등을) 주다, 가하다
某超级大国对联合国安理会施加了压力。
어떤 초강대국에서 유엔 안전보장 이사회에 영향력을 행사했다.
父母不该给孩子施加太大的压力。
부모는 아이에게 과도한 스트레스를 주어서는 안 된다.

1631 施展 shīzhǎn

동 (능력을) 발휘하다, 펼치다, 보이다
유 5급 表现 biǎoxiàn, 5급 发挥 fāhuī
반 积蓄 jīxù, 蕴蓄 yùnxù

他把看家本事都施展了出来。
그는 비장의 솜씨를 모두 펼쳐 보였다.
我终于找到了能充分施展才能的工作。
나는 드디어 재능을 충분히 발휘할 수 있는 일을 찾았다.

1632 尸体 shītǐ

명 (사람이나 동물의) 시체
那个人的尸体在垃圾堆旁被人发现了。
그 사람의 시체는 쓰레기 더미 근처에서 누군가에게 발견되었다.
看到那头狮子坐在尸体旁边，我大吃一惊。
그 사자가 시체 옆에 앉은 것을 보고 나는 정말 깜짝 놀랐다.

1633 拾 shí

동 (땅바닥의 것을) 줍다, 집다
유 0918 捡
她在大街上拾到了一个钱包。
그녀는 큰길에서 지갑을 하나 주웠다.
他拾起了地上的纸屑zhǐxiè丢到垃圾桶里。
그는 땅에 있는 파지를 주워 쓰레기통에 버렸다.

수 열, 10 ['十'의 갖은 자]
发票上写着伍拾元整。
영수증에 50위안이라고 기입되어 있다.

1634 十足 shízú

형 ① 충분하다, 충족하다
我信心十足地驾车通过空旷的草地。
나는 자신감 넘치게 차를 몰고 광활한 초원을 지나갔다.

② 성분이 순수하다, 순도가 높다, 함유율이 높다
这项链是用十足的黄金做的吗?
이 목걸이는 순금으로 만든 것입니까?

1635 识别 shíbié

동 식별하다, 분별하다
유 5급 分别 fēnbié
他根据星星的位置识别方向。
그는 별의 위치에 근거하여 방향을 식별한다.
我们商家的职员能识别支票的真假。
우리 상점의 직원은 수표의 진위를 식별할 수 있다.

1636 时差 shíchā

명 시차
过了一周, 他才适应了时差。
한 주가 지나서야 그는 시차에 적응했다.
他刚从美国回来, 还没倒过来时差。
그는 방금 미국에서 돌아와서 아직 시차 적응이 안 됐다.

1637 时常 shícháng

부 자주, 항상
유 3급 经常 jīngcháng, 常常 chángcháng
반 4급 偶尔 ǒu'ěr, 5급 偶然 ǒurán
这里冬天时常下雨。
이곳의 겨울은 자주 비가 온다.
要不是我时常鼓励他, 他将一事无成。
만약 내가 항상 그를 응원하지 않으면 그는 장차 아무 일도 성사시키지 못할 것이다.

1638 时而 shí'ér

부 ① 때때로, 이따금
유 0174 不时, 有时 yǒushí
반 3급 经常 jīngcháng, 常常 chángcháng
远处时而传来几声狗叫。
먼 곳에서 때때로 개 짖는 소리가 들려온다.

② 때로는~ 때로는~ [중첩 사용하여 일정한 기간에 다른 현상이나 일이 교차적으로 발생함을 나타냄]
她时而欣喜xīnxǐ, 时而忧郁yōuyù。
그녀는 때로는 기뻐하고 때로는 우울해 한다.

1639 时光 shíguāng

명 ① 시간, 세월
유 2급 时间 shíjiān, 5급 时期 shíqī, 1734 岁月, 日子 rìzi, 光阴 guāngyīn
逝去shìqù的时光永远无法追回。
지나간 시간은 영원히 되돌릴 수 없다.

② 시기, 때
青春是人一生中最美好的时光。
청춘은 인생 중에서 가장 아름다운 시기이다.

1640 时机 shíjī

명 (유리한 조건의) 시기, 기회
유 3급 机会 jīhuì, 0859 机遇, 良机 liángjī
千万不能错过这个大好时机。
절대로 이 좋은 기회를 놓치면 안 된다.

这是一个千载难逢qiānzǎi nánféng的好时机。
이것은 좀처럼 만나기 어려운 좋은 기회이다.

1641 **时事** shíshì

명 시사 [그 당시의 정세나 일어난 일]
她非常关心时事。
그녀는 시사에 매우 관심이 있다.
他最喜欢看时事评论节目。
그는 시사 평론 프로그램을 제일 좋아한다.

1642 **时装** shízhuāng

명 ① 최신 스타일의 복장, 유행하는 의상, 새로운 패션
반 古装 gǔzhuāng
这是本季最流行的时装。
이 옷은 이번 계절에 가장 유행하는 패션이다.

② 당시의 보편적인 복장, 그 당시의 복장
旗袍曾是风靡fēngmǐ一时的时装。
치파오는 일찍이 한 시대를 풍미한 복장이다.

1643 **实惠** shíhuì

명 실리, 실익
유 4급 好处 hǎochu
我们想提供更多的实惠给消费者。
우리는 더 많은 실리를 소비자에게 제공하고 싶다.

형 실속 있다, 실용적이다, 실질적이다
这家店的饭菜真是经济实惠。
이 가게 음식은 경제적이면서도 실속이 있다.

1644 **实力** shílì

명 실력, 힘
不要低估对方的实力。
상대방의 실력을 과소평가하지 마라.
这个公司的经济实力雄厚。
이 회사는 경제적 힘이 충분하다.

1645 **实施** shíshī

동 (법령·정책을) 실시하다, 실행하다
유 5급 实行 shíxíng, 施行 shīxíng
반 0559 废除, 废止 fèizhǐ
这项政策很难实施。이 정책은 실행하기가 어렵다.
新规定将于今年年底实施。
새로운 규정이 장차 올해 연말에 실행될 것이다.

1646 **实事求是** shíshì qiúshì

성 실사구시, 사실을 토대로 하여 진리를 탐구하다
我们要大力倡导实事求是的精神。
우리는 강력하게 실사구생의 정신을 제창해야 한다.
他一直本着实事求是的态度认识问题。
그는 늘 실사구시의 태도에 기원해서 문제를 인식한다.

1647 **实质** shízhì

명 본질, 실질
유 5급 本质 běnzhì, 5급 性质 xìngzhì
반 5급 表面 biǎomiàn, 5급 现象 xiànxiàng
我们要透过现象认识事物的实质。
우리는 현상을 투과하여 사물의 본질을 인식해야 한다.
这篇文章太空洞，没什么实质内容。
이 문장은 너무 공허하여 어떤 실질적인 내용도 없다.

1648 **石油** shíyóu

명 석유
国际石油价格不断上涨。
국제 석유가격이 끊임없이 오르고 있다.
世界石油市场的走势看好。
세계 석유시장의 동향이 낙관적이다.

1649 **使命** shǐmìng

명 사명, 중대한 책임
유 4급 任务 rènwu
他在死前完成了自己的使命。
그는 죽기 전에 자신의 사명을 완성하였다.

新一代青年肩负着伟大的历史使命。
신세대 청년들은 위대한 역사적 사명을 짊어지고 있다.

1650 是非 shìfēi

명 ① 시비, 잘잘못
　　유 黑白 hēibái, 曲直 qūzhí
　　她不问是非追随zhuīsuí了他很多年。
　　그녀는 시비를 묻지도 않고 그를 다년간 따랐다.

② 말다툼
　　유 口舌 kǒushé
　　不要到处搬弄是非bānnòng shìfēi。
　　여기저기서 분란 좀 그만 일으켜라.

1651 试图 shìtú

동 시도하다, 계획하다
　　她曾试图改变他, 但只是徒劳túláo。
　　그녀는 그를 바꿔보려고 시도해봤지만, 단지 헛수고였다.
　　他试图瞒天过海mántiān guòhǎi。
　　그는 사기 행각을 계획했다.

1652 试验 shìyàn

동 시험하다, 실험하다
　　유 5급 实验 shíyàn, 0235 尝试
　　到底行不行试验以后才能知道。
　　도대체 되는지 안 되는지는 실험을 한 후에나 알 수 있다.
　　不试验一下怎么能确定结果呢?
　　실험도 안 해보고 어떻게 결과를 확정할 수 있니?

1653 势必 shìbì

부 반드시, 필연코
　　유 5급 必然 bìrán, 0107 必定, 必将 bìjiāng
　　반 4급 也许 yěxǔ, 5급 未必 wèibì, 0849 或许
　　这势必会影响俩人之间的关系。
　　이는 반드시 둘 사이의 관계에 영향을 미칠 것이다.
　　他的这种行为势必引起他人的反感。
　　그의 이런 행위는 반드시 타인의 반감을 일으킬 것이다.

1654 势力 shìlì

명 (정치·경제·군사 등의) 세력
　　유 5급 力量 lìliàng
　　农民革命军的势力日益增强。
　　농민혁명군의 세력이 날이 갈수록 강화되었다.
　　他们的势力已经扩展kuòzhǎn到全国各地。
　　그들의 세력이 이미 전국 각지로 확장되었다.

1655 世代 shìdài

명 ① 여러 대, 대대
　　유 祖辈 zǔbèi
　　中华民族世代生活在这片土地上。
　　중화민족은 대대로 이 땅에서 생활해왔다.

② 세대, 연대
　　我们很难想象爷爷生活的世代是什么样的。
　　우리는 할아버지가 생활하던 세대가 어떠했는지 상상하기 어렵다.

1656 世界观 shìjièguān

명 세계관
　　유 宇宙观 yǔzhòuguān
　　他们两个人的世界观不同。
　　그들 둘의 세계관은 다르다.
　　树立一个正确的世界观是很重要的。
　　올바른 세계관을 수립하는 것은 매우 중요한 일이다.

1657 示范 shìfàn

동 시범하다, 모범을 보이다
　　体育老师在学生前面做示范。
　　체육선생님께서 학생들 앞에서 시범을 보이셨다.
　　明天他将给全体教师示范教学。
　　내일 그는 전체 선생님들에게 교학 시범을 보일 것이다.

1658 示威 shìwēi

동 시위하다, 위세를 떨쳐 보이다
他们在政府门前示威。
그들은 정부 문 앞에서 시위를 한다.
他们以示威来要求政府做出相应的承诺。
그들은 위세를 떨쳐 보이며 정부에 대해 상응하는 약속을 요구했다.

1659 示意 shìyì

동 (동작·표정 등으로) 의도를 나타내다, 의사를 표하다
他示意了我先行离开。
그가 나에게 먼저 떠나라는 의사를 표했다.
他用眼神示意我不要说。
그는 눈짓으로 나에게 말하지 말라는 의도를 표했다.

1660 释放 shìfàng

동 ① 석방하다
他已经被无罪释放了。
그는 이미 무혐의로 풀려났다.

② 방출하다, 내보내다
核裂变能够释放出巨大的能量。
핵분열은 거대한 에너지를 방출할 수 있다.

1661 事故 shìgù

명 (생산·고장 등의 과정에서 발생하는) 사고
유 1663 事件, 事 shì
这次事故的内因已经找到了。
이번 사고의 내부 원인은 이미 찾았다.
事故现场非常惨烈，令人难以入目。
사고 현장은 매우 처참해서, 차마 눈 뜨고는 볼 수 없을 지경이다.

1662 事迹 shìjì

명 사적
유 业绩 yèjì

他的英雄事迹被传为佳话。
그의 영웅적인 사적은 이미 미담으로 전해지고 있다.
她的事迹受到大家的广泛赞扬。
그녀의 사적은 사람들에게 광범위하게 칭찬을 받았다.

1663 事件 shìjiàn

명 (역사적·사회적) 사건
유 2급 事情 shìqing, 0123 变故, 1661 事故
这个事件将被载入史册。
이번 사건은 사서에 기록될 것이다.
这次事件牵连qiānlián了很多政治人物。
이번 사건에 많은 정치인물이 연루되었다.

1664 事态 shìtài

명 사태, 정황 [주로 나쁜 일을 나타냄]
유 4급 情况 qíngkuàng, 5급 形势 xíngshì, 1035 局势
事态的发展超出了人们的想象。
사태의 발전은 사람들의 상상을 초월했다.
事态严重，必须尽快采取应对措施。
사태가 심각하니, 반드시 서둘러 대응조치를 취해야 한다.

1665 事务 shìwù

명 일, 사무, 업무
这只是临时性的事务。
이것은 단지 임시적인 업무일 뿐이다.
在家庭事务中女儿是最重要的伙伴。
집안일에서 딸은 가장 중요한 파트너이다.

1666 事项 shìxiàng

명 사항
在实验室里有哪些注意事项？
실험실 내에서는 어떤 주의사항이 있습니까?
我会把你需要完成的事项都列出来的。
네가 완성해야 하는 사항을 내가 모두 나열해줄게.

1667 事业 shìyè

명 사업

她把自己的一生都献给了教育事业。
그녀는 자신의 일생을 모두 교육사업에 바쳤다.

经过了多年打拼dǎpīn，他终于事业有成。
여러 해의 노력을 거쳐, 그는 마침내 사업에서 성공했다.

1668 适宜 shìyí

형 알맞다, 적합하다

小孩子不适宜穿高跟鞋。
아이가 하이힐을 신는 것은 적절하지 않다.

这里的气候适宜橘树júshù的生长。
이곳의 기후는 오렌지 나무의 생장에 적합하다.

1669 视力 shìlì

명 시력

她的视力越来越不好。
그녀의 시력이 점점 나빠지고 있다.

由于长时间对着电脑，他的视力下降了。
장시간 컴퓨터를 봐서, 그는 시력이 나빠졌다.

1670 视线 shìxiàn

명 시선, 눈길

유 1671 视野

她避开了我的视线。 그녀는 내 시선을 피했다.
观众的视线都集中在舞台上。
관중의 시선이 모두 무대 위로 집중되었다.

1671 视野 shìyě

명 시야, 시계

유 1670 视线, 眼界 yǎnjiè

广泛的兴趣爱好有利于扩大视野。
광범위한 호기심과 취미는 시야를 넓히는 데 도움이 된다.

他特地在宾馆订了一个视野开阔的房间。
그는 특별히 호텔에서 전망이 좋은 방으로 예약을 했다.

1672 逝世 shìshì

동 서거하다, 작고하다

유 4급 死 sǐ, 5급 去世 qùshì, 辞世 císhì, 亡故 wánggù
반 4급 出生 chūshēng, 0391 诞生

一位伟大的教育家逝世了。
위대한 교육자가 서거했다.

那位作家直到逝世前还在进行写作。
그 작가는 작고하기 전까지도 글을 썼다.

1673 收藏 shōucáng

동 소장하다, 보관하다

유 5급 保存 bǎocún, 保藏 bǎocáng, 收集 shōují
반 1983 销毁, 毁弃 huǐqì, 散失 sànshī

他收藏了很多古董。
그는 많은 골동품을 소장하고 있다.

他喜欢收藏各种美术作品。
그는 각종 미술작품을 소장하는 것을 좋아한다.

1674 收缩 shōusuō

동 ① 수축하다, 졸아들다

유 5급 缩短 suōduǎn, 5급 缩小 suōxiǎo
반 扩展 kuòzhǎn, 膨胀 péngzhàng, 伸展 shēnzhǎn

这毛衣洗热水后会收缩。
이 스웨터는 뜨거운 물로 세탁하면 수축할 수 있다.

皮筋píjīn能够伸长和收缩。
고무줄은 늘어나고 수축하는 특성이 있다.

② 긴축하다, 축소하다, 줄이다

유 2072 压缩, 紧缩 jǐnsuō
반 4급 扩大 kuòdà

日常开支要适当收缩。
일상적인 지출을 합리적으로 긴축해야 한다.

1675 收益 shōuyì

명 수익, 이득

유 4급 收入 shōurù

基金的收益很可观。
펀드의 수익은 매우 낙관적이다.

投资房地产给她带来了巨大的收益。
부동산 투자는 그녀에게 막대한 이익을 가져다주었다.

1676 收音机 shōuyīnjī

명 라디오
爸爸叫儿子不要胡乱摆弄收音机。
아버지는 아들한테 라디오를 함부로 가지고 놀지 못하도록 했다.
妈妈没意识到自己没把收音机关掉。
엄마는 자신이 라디오를 끄지 않은 것을 의식하지 못했다.

1677 手法 shǒufǎ

명 ① (예술·문학 작품의) 기교, 수법, 솜씨
유 0895 技巧
在作品中，作者成功地运用了象征的手法。
소설에서 작가는 상징의 기법을 성공적으로 운용했다.
② 수단, 수법, 수완 [주로 부정적인 의미로 쓰임]
유 手段 shǒuduàn
她是个很有手法的女人。
그녀는 수완이 매우 좋은 여인이다.

1678 手势 shǒushì

명 손짓, 손동작
她向我打了一个"胜利"的手势。
그녀는 나를 향해 '승리'의 손동작을 지어보였다.
由于语言不通，他俩不得不打了手势交谈。
언어 소통의 문제로 인해, 그들 둘은 어쩔 수 없이 손짓으로 교류했다.

1679 手艺 shǒuyì

명 솜씨, 수공 기술
我老婆的做菜手艺一流。
내 아내의 음식 솜씨는 일류이다.
她是所有姑娘中手艺最精的。
그녀는 모든 아가씨들 중에서 솜씨가 가장 좋다.

1680 首要 shǒuyào

형 가장 중요하다
유 3급 重要 zhòngyào, 4급 首先 shǒuxiān
반 5급 次要 cìyào
资金不足是我们要解决的首要问题。
자금 부족은 우리가 해결해야 할 가장 중요한 문제이다.

명 수뇌, 수반
他们都是各单位的首要人物。
그들은 모두 각 부서의 수뇌인물이다.

1681 守护 shǒuhù

동 지키다, 수호하다
他发誓要守护她一生一世。
그는 한평생 그녀를 지키겠다고 맹세하였다.
他小心翼翼xiǎoxīnyìyì地守护着这份爱。
그는 조심스럽게 이 사랑을 지키고 있다.

1682 受罪 shòu//zuì

동 고생하다, 고난을 당하다, 고통을 받다
在这种地方生活真是受罪。
이런 곳에서 생활하는 것 자체가 고통이다.
如果不是为了你，我才不会来这里受罪。
만약 널 위해서가 아니었다면, 나는 이곳에 와서 고생하지 않았을 거다.
妈妈受了半辈子罪。
어머니는 반평생을 고생하셨다.

1683 授予 shòuyǔ

동 (훈장·상장·학위·명예 등을) 수여하다, 주다
学校授予她学习标兵的称号。
학교는 그녀에게 학습 병기라는 칭호를 부여했다.
国家授予了他至高无上的荣誉。
국가는 그에게 최고의 영예를 수여했다.

1684 书法 shūfǎ

명 서예

她每天都抽出两个小时练书法。
그녀는 매일 두 시간씩 시간을 내서 서예 연습을 한다.

这小孩子以其秀丽的书法而使我感到惊异。
이 어린아이는 그 수려한 서예로 나를 놀라게 했다.

1685 书籍 shūjí

명 서적, 책

유 1급 书 shū, 书本 shūběn

他们出售各式各样的书籍。
그들은 각양각색의 서적을 판다.

书籍是人类进步的阶梯 jiētī。
책은 인류 진보의 수단이다.

1686 书记 shūjì

명 서기 [당 및 조직의 각급 주요 책임자]

他曾经当过县委书记。
그는 일찍이 현 위원회의 서기를 맡았다.

她是我们第六党支部的书记。
그녀는 우리 제6당 지부의 서기이다.

1687 书面 shūmiàn

명 서면, 지면

반 1101 口头

请假需要向辅导员提出书面申请。
휴가를 내려면 지도관에게 서면으로 신청해야 한다.

这个词是书面语，口语中不常用。
이 단어는 서면어로, 말할 때는 잘 쓰지 않는다.

1688 舒畅 shūchàng

형 상쾌하다, 유쾌하다

유 3급 舒服 shūfu, 4급 愉快 yúkuài, 畅快 chàngkuài
반 2197 忧郁, 苦闷 kǔmèn, 郁闷 yùmèn

这个咖啡店的环境让人心情舒畅。
이 커피숍의 분위기는 사람의 마음을 상쾌하게 만들어준다.

我注意到老师的心情反常地不舒畅。
나는 선생님의 마음이 이상하리만큼 유쾌하지 않다는 것을 알아챘다.

1689 疏忽 shūhu

동 소홀히 하다, 부주의하다

유 5급 忽视 hūshì, 0798 忽略
반 3급 注意 zhùyì

对不起，是我一时疏忽了。
죄송합니다, 제가 잠시 소홀했네요.

他一时疏忽，引发了生产事故。
그의 한순간의 부주의가 생산라인에 사고를 일으켰다.

1690 数 shǔ

동 ① 세다, 헤아리다, 계산하다

数一数一共有多少人。
모두 몇 명인지 세어봐.

② (계산이나 비교를 했을 때) 제일이다, 손꼽히다

全班数他个子最高。
반 전체에서 그의 키가 제일 크다.

plus+ 数 shù

명 수, 숫자

他缺席的次数不多。
그의 결석 횟수는 많지 않다.

수 몇, 여러, 약간

广场上聚集了数万人。
광장에 수만 명의 사람이 모였다.

1691 竖 shù

형 수직의, 세로 방향의

반 5급 横 héng

把苹果竖着切成两半。
사과를 세로 방향으로 반을 자르세요.

从明天起把匾 biǎn 竖着放。
내일부터 현판을 수직으로 놓아라.

동 똑바로 세우다, 수직으로 세우다
老外们惊喜地竖起来了大拇指。
외국인들은 놀라고 기뻐서 엄지손가락을 수직으로 치켜세웠다.

1692 束 shù

동 묶다, 매다
她用皮筋把头发束了起来。
그녀는 고무줄로 머리카락을 묶었다.

양 묶음, 다발 [한데 묶인 물건을 셀 때 쓰는 단위]
유 3급 把 bǎ, 2269 扎, 捆 kǔn
那束花你们要卖多少钱?
저 꽃다발을 당신들은 얼마에 팔 건가요?

1693 束缚 shùfù

동 구속하다, 속박하다, 결박하다
유 2232 约束
반 5급 解放 jiěfàng, 0972 解除
我不想被家庭束缚住。
나는 가족에게 구속당하고 싶지 않다.
封建礼教束缚了人们的思想。
봉건예교는 사람의 생각을 속박한다.

1694 树立 shùlì

동 수립하다, 세우다 [추상적이고 좋은 일에 주로 쓰임]
유 5급 建立 jiànlì
반 5급 取消 qǔxiāo, 撤掉 chèdiào
他为我们大家树立了一个好榜样。
그는 우리 모두에게 좋은 본보기가 되었다.
我们应树立勤俭qínjiǎn节约的风尚。
우리는 근검절약의 풍조를 확립해야 한다.

plus+ 创立·建立·树立
0331 创立 참고

1695 数额 shù'é

명 일정한 수, 정액
유 1696 数目
这笔钱数额巨大, 请妥善tuǒshàn保管。
이 돈은 액수가 크니까, 잘 보관하세요.
实际花销huāxiāo超过了预算数额。
실제적인 지출은 예산 정액을 초과했다.

1696 数目 shùmù

명 수, 수량, 숫자, 금액
유 4급 数量 shùliàng, 4급 数字 shùzì
五百万可不是个小数目。
오백만은 작은 숫자가 아니다.
你清点qīngdiǎn一下这批货品, 把数目报给我。
너는 이 화물들을 철저히 조사해서, 수량을 내게 보고해라.

1697 耍 shuǎ

동 ① 놀리다, 장난하다
유 耍弄 shuǎnòng
他这样做分明是耍你。
그가 이렇게 하는 것은 분명히 너를 놀리는 거야.

② (기교나 기예 등을) 공연하다, 연기하다
유 3급 表演 biǎoyǎn
广场上有几个艺人正在耍龙灯。
광장에서 몇 명의 연예인들이 용등을 공연하고 있다.

③ (수단이나 수법을) 부리다, 피우다, 발휘하다 [주로 나쁜 의미로 쓰임]
유 1631 施展
她时常耍小脾气, 大家受不了她。
그녀가 자주 성질을 부려서 모두 그녀를 싫어한다.

④ 가지고 놀다, 희롱하다
유 1849 玩弄
她老爱耍弄别人。
그녀는 항상 다른 사람을 놀리는 것을 좋아한다.

1698 衰老 shuāilǎo

형 노쇠하다, 늙어 쇠약해지다
这几年他衰老了很多。
요근래 그는 많이 늙었다.
随着时光的流逝liúshì，人人都会衰老。
시간이 흘러감에 따라 사람들은 모두 노쇠해진다.

1699 衰退 shuāituì

동 ① (신체·정신·의지·능력 등이) 감퇴하다, 쇠퇴하다
유 衰落 shuāiluò 반 5급 恢复 huīfù
年纪大了，他的记忆力衰退了。
나이를 먹어서 그의 기억력은 많이 감퇴했다.

② (국가의 정치·경제 상황이) 쇠퇴하다, 쇠락하다
유 衰败 shuāibài 반 增强 zēngqiáng
受金融危机的打击，该国的经济明显衰退。
금융위기의 타격을 받아, 이 나라의 경제는 눈에 띄게 쇠락했다.

1700 率领 shuàilǐng

동 (무리나 단체를) 거느리다, 인솔하다
유 0380 带领 반 0663 跟随
他率领队伍继续向东挺进tǐngjìn。
그는 군대를 거느리고 계속 동쪽으로 씩씩하게 전진했다.
每周五班长率领全班同学进行大清扫。
매주 금요일에 반장은 전체 학우를 인솔하여 대청소를 한다.

1701 涮火锅 shuàn huǒguō

(중국식) 샤브샤브를 먹다
我们好久没涮火锅了。
우리는 오랫동안 샤브샤브를 먹지 못했다.
冬天他常和朋友去涮火锅。
겨울이면 그는 항상 친구와 샤브샤브를 먹으러 간다.

1702 双胞胎 shuāngbāotāi

명 쌍둥이
她昨天生了一对双胞胎。
그녀는 어제 쌍둥이를 낳았다.
那对双胞胎就像是一个模子刻出来的。
그 쌍둥이는 마치 한 틀에서 나온 것 같다.

1703 爽快 shuǎngkuài

형 ① 상쾌하다, 유쾌하다, 통쾌하다
유 舒服 shūfu, 5급 舒适 shūshì, 5급 痛快 tòngkuai
반 2197 忧郁, 郁闷 yùmèn
她爽快地答应了我的要求。
그녀는 통쾌하게 내 요구에 응답했다.

② 솔직하다, 시원시원하다
반 忸怩 niǔní, 扭捏 niǔnie
人们都夸奖我儿子是个性格爽快，为人诚实的小伙子。
사람들은 모두 내 아들이 성격도 시원시원하고, 성실한 청년이라고 칭찬한다.

1704 水利 shuǐlì

명 수리 사업, 수리 공사
政府投资兴建xīngjiàn水利工程。
정부는 새로 시작하는 수리 사업에 투자한다.
我们应该加强水利设施的管理。
우리는 수리 시설의 관리를 강화해야 한다.

1705 水龙头 shuǐlóngtóu

명 수도꼭지
洗完手以后，一定要把水龙头拧紧nǐngjǐn。
손을 씻은 후에는 반드시 수도꼭지를 꽉 잠가야 한다.
奶奶忘记关上水龙头了，所以满厨房都是水。
할머니께서 수도꼭지 잠그는 것을 잊어버리셔서, 온 주방이 다 물이다.

1706 水泥 shuǐní

명 시멘트

水泥的用途很广泛。
시멘트의 용도는 매우 광범위하다.

近几年水泥生产商的股价很诱人yòurén。
최근 몇 년 동안 시멘트 생산 기업의 주가가 아주 매력적이다.

1707 司法 sīfǎ

명 사법

他的职责是确保司法公正。
그의 직책은 사법기관의 공정성을 보증하는 것이다.

司法体系应通过不断更新保护人民的权利。
사법 시스템은 끊임없는 갱신을 통해 인민의 권리를 보호해야 한다.

1708 司令 sīlìng

명 사령, 사령관

他是我军的司令。
그는 우리 군대의 사령관이다.

司令已经下令撤退。
사령관은 이미 철수하라고 명령을 내렸다.

1709 思念 sīniàn

동 그리워하다, 보고 싶어하다

유 6급 怀念 huáiniàn, 6급 想念 xiǎngniàn
반 3급 忘记 wàngjì

他每天晚上都思念祖国。
그는 매일 밤마다 조국을 그리워한다.

这些年，她从未停止过对故乡的思念。
최근 몇 년간 그녀는 고향에 대한 그리움을 멈춘 적이 없다.

她满脸不高兴，显然在思念她的男朋友。
그녀는 시무룩한 게 그녀의 남자친구를 그리워하고 있는 게 분명하다.

1710 思索 sīsuǒ

동 사색하다, 깊이 생각하다

유 4급 考虑 kǎolǜ, 5급 思考 sīkǎo

他正在思索解决问题的方法。
그는 문제를 해결할 방법을 깊이 생각하고 있다.

他用心思索老师提出的每一个问题。
그는 선생님께서 낸 모든 문제에 정신을 집중하여 깊게 생각한다.

1711 思维 sīwéi

명 사유, 생각

他行动果断、思维敏捷并且机智应答。
그는 행동에 과단성이 있고 생각도 민첩하며, 또한 대답에 기지가 넘친다.

동 사유하다, 생각하다

他苦苦思维了她离开他的原因。
그는 그녀가 그를 떠난 원인에 대해 깊이 생각했다.

1712 思绪 sīxù

명 ① 사고의 실마리, 생각의 갈피

他望着那张熟悉的脸，思绪万千。
그는 그 익숙한 얼굴을 보고 있자니, 만감이 교차했다.

② 기분, 정서

她最近总是思绪不宁。
그녀는 요즘 줄곧 마음이 편치 않다.

1713 私自 sīzì

부 ① 몰래, 은밀하게

阅览室的图书不得私自携xié出。
열람실의 책을 몰래 가져가면 안 된다.

② 개인적으로, 제멋대로 [규정이나 제도에 어긋나는 일에 주로 쓰임]

他在上班时间私自离岗lígǎng。
그는 근무 중에 제멋대로 자리를 이탈했다.

1714 斯文 sīwen

형 우아하다, 고상하다

他做事总是斯斯文文的。
그는 일을 처리할 때에도 늘 매우 우아하다.

他看上去很斯文，其实不是。
그는 보기에 고상하게 보이지만 사실은 그렇지 않다.

> **plus+ 斯文 sīwén**
> 명 문인, 학자
> 这是个斯文扫地的时代。
> 지금은 문인이 존중받지 못하는 시대이다.

1715 死亡 sǐwáng

동 죽다, 사망하다, 생명을 잃다

반 1608 生存

病人抢救无效死亡。
병자를 구조했으나, 살리지 못해 사망했다.

她的家人都在地震中死亡了。
그녀의 가족은 모두 지진 중에 죽었다.

1716 四肢 sìzhī

명 사지, 팔다리

유 四体 sìtǐ

他被绑着，四肢动弹dòngtán不得。
그는 결박되어 사지를 움직일 수가 없었다.

不要老一个姿势坐着，应该活动活动四肢。
항상 똑같은 자세로 앉아 있지 말고, 몸을 좀 움직여야 한다.

1717 肆无忌惮 sìwújìdàn

성 제멋대로 굴고 전혀 거리낌이 없다

她肆无忌惮地挥霍huīhuò金钱。
그녀는 전혀 거리낌없이 돈을 제멋대로 쓴다.

西方列强肆无忌惮地进行掠夺lüèduó。
서방열강은 제멋대로 약탈을 일삼았다.

1718 饲养 sìyǎng

동 (동물을) 먹이다, 사육하다

유 喂养 wèiyǎng

奶奶饲养了一群小鸡。
할머니께서는 병아리 한 무리를 키우신다.

在农村家家户户都饲养家畜。
농촌에서는 집집마다 가축을 사육한다.

1719 耸 sǒng

동 ① 치솟다, 우뚝 솟다

摩天mótiān大楼高耸入云gāosǒng rùyún。
고층빌딩이 구름 속으로 우뚝 솟아 있다.

② 주의를 끌다, 놀라게 하다

卫星发射的消息不再是耸人听闻的事了。
위성을 발사했다는 소식은 더 이상 사람들의 주의를 끄는 일이 아니다.

③ (어깨를) 추키다, 으쓱거리다, 올리다

他耸了一下肩，一副无所谓的样子。
그는 어깨를 으쓱거리며 상관없다는 모습이었다.

1720 艘 sōu

양 척 [선박을 세는 단위]

他买下了一艘货轮。
그는 화물선 한 척을 샀다.

那艘船一直沉到海底。
저 배는 계속해서 해저로 가라앉았다.

1721 搜索 sōusuǒ

동 ① (숨긴 사람·물건을) 수색하다, 자세히 찾다

유 搜 sōu, 搜查 sōuchá

我们家的周围已经搜索过好多遍了。
우리 집 주위를 이미 여러 차례 수색했다.

② (인터넷에서) 검색하다

在网上搜索资料是很方便的。
인터넷에서 자료를 검색하는 것은 매우 편리하다.

1722 苏醒 sūxǐng

동 되살아나다, 의식을 회복하다
- 유 1476 清醒
- 반 0837 昏迷, 昏睡 hūnshuì

春天万物**苏醒**。 봄에는 만물이 되살아난다.
昏迷了三个月之后，病人终于**苏醒**了。
석 달간 의식을 잃은 후, 환자가 마침내 의식을 회복했다.

1723 俗话 súhuà

명 속담, 옛말
- 유 俗语 súyǔ

有一句**俗话**说远亲不如近邻 jìnlín。
속담에 '먼 친척보다 가까운 이웃이 더 낫다'는 말이 있다.
俗话说，不是一家人，不进一家门。
'한집안 식구가 아니면 같은 집 대문에 들어가지 않는다'라는 속담이 있다.

1724 塑造 sùzào

동 ① (진흙 등으로) 빚어서 만들다, 조소하다
- 유 0441 雕塑

他**塑造**了一尊泥菩萨 nípúsà。
그는 흙으로 보살을 빚어 만들었다.

② (언어나 문자 등으로) 인물을 형상화하다, 인물을 묘사하다
- 유 6급 创造 chuàngzào, 6급 描写 miáoxiě

在这部影片里他成功地**塑造**了一个浪子 làngzǐ 的形象。
이 영화에서 그는 방탕아라는 인물을 성공적으로 형상화했다.

1725 素食主义 sùshí zhǔyì

명 채식주의

她崇尚**素食主义**。 그녀는 채식주의를 숭배한다.
她是个彻底的**素食主义**者。
그녀는 철저한 채식주의자이다.

1726 素质 sùzhì

명 ① 소질, 본질 [사물 본래의 성질]

他能够把握问题的**素质**。
그는 문제의 본질을 파악할 수 있다.

② 소양, 자질
- 유 素养 sùyǎng

国民**素质**需进一步提高。
국민적 소양이 한 단계 더 발전해야 한다.
小李具备一个成功主持人的**素质**。
샤오리는 진행자로 성공할 소질이 있다.

1727 诉讼 sùsòng

동 소송하다, 고소하다

在民事**诉讼**中，被告承认现在没有那笔钱。
민사소송 중에, 피고는 현재 그 돈을 가지고 있지 않다는 것을 인정했다.
法院以庭外调解 tiáojiě 的方式解决了这起**诉讼**。
법원은 법정 외의 조정 방식으로 이 소송을 해결했다.

1728 算了 suànle

됐다, 필요없다, 그만두다
咱们就这样**算了**吧，别对他们有意见。
우리 그냥 그만두자, 그들에게 불만 갖지 말고.
要是我成不了事，真不如现在就放弃**算了**。
만약 일을 성사시킬 수 없으면 정말 지금 그만두는 것이 낫다.

1729 算数 suàn//shù

동 ① (효력을) 인정하다, 시인하다, 책임지다
说话要**算数**，不能翻悔。
말에 책임을 져야 해, 번복하지 말고.
他说的话只**算**过一回**数**。
그는 자신의 말에 단지 한 번 책임진 적이 있다.

② 그것으로 됐다, 그만하면 좋다, 그뿐이다
我家里的大小事情我妈说了**算数**。
우리 집의 대소사는 우리 어머니가 말한 대로 한다.

1730 **随即** suíjí

- 바로, 즉시, 곧
  你们先走一步，我随即就来。
  너희 먼저 가, 나도 바로 갈게.
  妈妈一离开家，他随即把电视打开。
  엄마가 집을 나서자마자 그는 바로 텔레비전을 켰다.

1731 **随身** suíshēn

- 몸에 지니다, 휴대하다
  随身的行李允许我带多少？
  휴대하는 짐을 제가 얼마나 가지고 갈 수 있습니까?
  上网本便于随身携带xiédài。
  넷북은 휴대하기 편하다.

1732 **随手** suíshǒu

- ~하는 김에, 겸해서
  유 顺手 shùnshǒu
  出去的时候，请随手关门。
  나가는 김에 문 좀 닫아주세요.
  他随手把碗放在桌子上了。
  그는 그 김에 그릇을 탁자 위에 놓았다.

1733 **随意** suíyì

- 생각대로, 뜻대로
  유 1540 任意
  大家不要客气，请随意发表意见。
  여러분 너무 격식 차리지 말고, 편하게 의견을 얘기하세요.
  随意打断别人的话是很不礼貌的行为。
  함부로 다른 사람의 말을 끊는 것은 예의 없는 행동이다.

1734 **岁月** suìyuè

- 세월
  유 年头儿 niántóur, 年月 niányue, 日子 rìzi
  他们相互扶持着走过了艰苦的岁月。
  그들은 서로 보살피면서 고생스러운 세월을 함께 했다.

他想掩饰yǎnshì岁月留下的痕迹hénjì。
그는 세월이 남긴 상처를 감추고 싶어한다.

1735 **隧道** suìdào

- 굴, 터널
  유 5급 地道 dìdao, 地下通道 dìxià tōngdào
  本月，隧道将全面开通。
  이번 달에, 터널을 전면 개통할 것이다.
  车在过隧道时发生了事故。
  차가 터널을 지나갈 때 사고가 발생했다.

1736 **损坏** sǔnhuài

- (원래의 기능·효과를) 손상시키다, 훼손시키다
  유 5급 破坏 pòhuài, 损害 sǔnhài, 损伤 sǔnshāng
  他损坏了爷爷的老花镜。
  그는 할아버지의 돋보기를 망가뜨렸다.
  车窗不知被谁给损坏了。
  차창이 누구 때문에 파손되었는지 모른다.

1737 **索赔** suǒpéi

- 배상을 요구하다
  他向对方索赔十万元。
  그는 상대방에게 십만 위안을 배상하라고 요구했다.
  公司向她索赔三千元违约金。
  회사는 그녀에게 삼천 위안의 위약금 배상을 요구했다.

1738 **索性** suǒxìng

- 차라리, 아예
  유 5급 干脆 gāncuì
  鞋跟断了，她索性光着脚走。
  신발 뒤축이 부러져서, 그녀는 아예 맨발로 걸었다.
  既然已经这么晚了，今晚就索性都做完。
  기왕 이미 이렇게 늦었으니, 오늘 밤에 아예 일을 다 끝내자.

T

1739 塌 tā

동 ① 무너지다, 붕괴하다, 내려앉다
  유 倒 dǎo
  桥梁倒塌时，房屋震了一下。
  다리가 무너질 때 집이 좀 흔들렸다.

② 꺼지다, 움푹 패다, 파이다
  유 凹 āo 반 凸 tū
  他瘦得两腮sāi都塌下去了。
  그는 말라서 양볼이 다 움푹 패였다.

③ 안정되다, 진정되다
  유 2315 镇定, 安心 ānxīn
  반 5급 慌张 huāngzhāng
  结了婚，他便塌下了心来。
  결혼 후, 그는 마음이 안정되었다.

1740 踏实 tāshi

형 ① (일·학습태도가) 착실하다, 성실하다
  유 2270 扎实, 安定 āndìng, 安稳 ānwěn
  반 5급 慌张 huāngzhāng, 浮躁 fúzào, 虚浮 xūfú
  我总觉得他这人不踏实。
  나는 늘 그 사람이 성실하지 않다고 생각했다.

② 마음이 놓이다, 안정되다, 편안하다
  有您这句话，我心里就踏实了。
  당신의 이 말씀이 제 마음을 놓이게 합니다.

1741 台风 táifēng

명 태풍
  她到韩国的当天正刮台风。
  그녀가 한국에 도착한 그날 마침 태풍이 불었다.
  这次台风毁坏huǐhuài了市内的三座建筑。
  이번 태풍은 시내의 건물 세 개를 넘어뜨렸다.

1742 太空 tàikōng

명 우주, 높고 드넓은 하늘
  他想去太空旅游。
  그는 우주여행을 하고 싶어한다.
  全世界第一个飞上太空的人是谁？
  전 세계에서 맨 처음 우주를 비행한 사람은 누구인가요？

1743 泰斗 tàidǒu

명 일인자, 권위자, 대가
  他称得上戏曲界的泰斗。
  그는 연극계의 권위자라 칭할 만하다.
  中国文学界的泰斗是谁？
  중국 문화계의 일인자는 누구입니까？

1744 瘫痪 tānhuàn

동 ① 반신불수가 되다, 마비되다
  유 风瘫 fēngtān
  她瘫痪在床十余年了。
  그녀가 반신불수로 몸져 누운 지 10여 년이 되었다.

② (기구·교통이) 마비되다, 정지되다
  工人一罢工，整个城市就瘫痪了。
  노동자들이 파업을 하면 전 도시가 마비될 것이다.

1745 贪婪 tānlán

형 ① 탐욕스럽다
  他用贪婪的目光盯dīng着银子。
  그는 탐욕스러운 눈빛으로 돈을 뚫어지게 보았다.

② 만족할 줄 모르다
  他向来贪婪地学习各种知识。
  그는 지금껏 만족할 줄 모르고 각종 지식을 학습했다.

1746 贪污 tānwū

동 횡령하다

유 侵吞 qīntūn

这个政府官员贪污了百万元。
이 정부 관원은 백만 위안을 횡령했다.
他当官多年，不曾贪污过一分钱。
그는 공무원으로 오랫동안 근무했지만, 일찍이 한 푼도 횡령한 적이 없다.

1747 摊儿 tānr

명 노점, 노점상
他在街边摆了一个小摊儿。
그는 거리에 작은 노점을 하나 열었다.
她经常来我的摊儿买烤红薯。
그녀는 자주 우리 노점에 와서 군고구마를 샀다.

1748 弹性 tánxìng

명 탄력성, 신축성
橡皮筋的弹性特别好。
고무밴드의 탄성은 특히 좋다.
该公司实行弹性的工作制度。
이 회사는 탄력적인 근무제도를 시행한다.

1749 坦白 tǎnbái

형 담백하다, 솔직하다
유 5급 坦率 tǎnshuài, 坦然 tǎnrán, 直率 zhíshuài
她为人处事一向很坦白。
그녀의 사람됨과 일처리는 줄곧 솔직하다.

동 (자기의 결점·잘못을) 솔직하게 말하다, 숨김없이 털어놓다
他坦白了自己所犯下的罪行。
그는 자신이 저지른 범죄행위를 솔직하게 말했다.

1750 探测 tàncè

동 (기구로) 탐측하다, 관측하다, 탐지하다
유 1065 勘探
工人探测出了石油的位置。
작업자가 석유의 위치를 탐지해냈다.

潜水队员潜入海里进行探测。
잠수 대원이 바다에 잠수해서 관측을 진행했다.

1751 探索 tànsuǒ

동 (답안·해결 방안을) 탐색하다, 찾다
유 探求 tànqiú, 寻求 xúnqiú
我国正在探索经济发展之路。
우리나라는 경제 발전의 길을 모색하고 있다.
他用一生探索宇宙空间的秘密。
그는 평생 우주공간의 비밀을 찾고 있다.

1752 探讨 tàntǎo

동 연구 토론하다
유 4급 讨论 tǎolùn, 1751 探索, 探求 tànqiú, 研究 yánjiū
他们在探讨深度的哲学问题。
그들은 심도 있는 철학 문제에 대해 연구 토론을 하고 있다.
她们经常在一起探讨人生理想。
그녀들은 항상 함께 인생의 이상을 연구 토론한다.

1753 探望 tànwàng

동 ① 방문하다, 문안하다
유 1067 看望
前几天我去探望了刘伯伯。
며칠 전에 나는 유 씨 아저씨께 가서 문안인사를 드렸다.

② 보다, 살피다
他正向窗外四处探望。
그는 창밖의 여러 곳을 살피고 있다.

1754 叹气 tàn//qì

동 탄식하다, 한숨 쉬다
不要老唉声āishēng叹气。 자주 한숨을 쉬지 마세요.
她最近老叹气，在隔壁房间都听到了。
그녀는 요즘 자주 한숨을 쉬어서, 옆방에서도 다 들린다.
他深深地叹了一口气，越席而起。
그는 깊은 한숨을 한 번 쉬고는 자리에서 일어났다.

1755 糖葫芦 tánghúlu

명 탕후루 [산사자·해당화 열매 등을 꼬챙이에 꿰어 설탕물이나 엿 등을 발라 굳힌 것]

她很爱吃糖葫芦。
그녀는 탕후루 먹는 것을 좋아한다.

妈妈给我买了两串糖葫芦。
엄마는 내게 탕후루 꼬치를 두 개 사주었다.

1756 倘若 tǎngruò

접 만일 ~한다면, 가령 ~한다면
- 유 3급 如果 rúguǒ, 5급 假如 jiǎrú, 0905 假设, 0906 假使, 倘 tǎng

倘若你不相信，就亲自去看看。
네가 못 믿겠다면, 직접 가서 봐.

倘若有质量问题，我们包退包换。
만일 품질에 문제가 있다면, 우리는 교환 환불을 보증한다.

1757 掏 tāo

동 ① (손이나 도구로) 꺼내다, 끄집어내다
- 유 3급 拿 ná

他掏出了兜dōu里的钱，付饭费。
그는 호주머니 안의 돈을 꺼내 식대를 지불했다.

② 파다, 파내다
- 유 挖 wā

他在墙根儿qiánggēnr下掏了个洞。
그는 담 밑에 구멍을 파냈다.

1758 滔滔不绝 tāotāo bùjué

성 끊임없이 계속되다, 말이 끝이 없다
- 유 喋喋不休 diédié bùxiū, 侃侃而谈 kǎnkǎn'értán, 口若悬河 kǒuruòxuánhé, 娓娓而谈 wěiwěi'értán
- 반 沉默寡言 chénmò guǎyán, 默不作声 mòbúzuòshēng

他滔滔不绝地讲着自己当年的辉煌成就。
그는 끊임없이 자신의 당시 잘나갔던 일을 이야기하고 있다.

她的话匣子huàxiázi一旦打开就滔滔不绝。
그녀는 이야기 보따리를 일단 풀면 끝없이 계속된다.

1759 陶瓷 táocí

명 도자기

陶瓷是易碎品，要小心。
도자기는 깨지기 쉬운 물건이니 조심해서 다뤄야 한다.

她喜欢收集各种陶瓷，她的房子完全都是陶瓷。
그녀는 각종 도자기 수집을 좋아해서 그녀의 방은 온통 다 도자기이다.

1760 淘气 táoqì

형 장난이 심하다, 말을 듣지 않다
- 유 5급 调皮 tiáopí, 顽皮 wánpí
- 반 5급 规矩 guīju, 5급 老实 lǎoshi

弟弟太淘气，谁都管不住。
동생은 장난이 너무 심해서 누구도 말리지 못한다.

老师耐心教育淘气的学生。
선생님은 말을 듣지 않는 학생을 인내심 있게 교육한다.

1761 淘汰 táotài

동 도태되다, 탈락되다
- 유 去掉 qùdiào 반 5급 保留 bǎoliú

这种手机早被淘汰了。
이 휴대전화는 일찌감치 도태되었다.

他发奋努力，在复赛中被淘汰了。
그는 분발하여 노력했으나, 준결승전에서 탈락했다.

1762 讨价还价 tǎojià huánjià

가격을 흥정하다
- 유 斤斤计较 jīnjīn jìjiào

她知道买东西时，如何讨价还价。
그녀는 물건을 살 때, 어떻게 흥정을 하는지 안다.

在这个原则问题上没有讨价还价的余地。
이 원칙의 문제에서 흥정의 여지는 없다.

1763 特长 tècháng

명 특기, 장점

你如何向未来的老板展现你的特长?
당신은 어떻게 미래의 사장님께 당신의 장기를 보여주겠습니까?

他没有任何特长，是一个不风趣的人。
그는 어떠한 특기도 없는, 참 재미없는 사람이다.

1764 特定 tèdìng

형 ① 특정한, 특별히 지정한

他心中已经有特定的人选了。
그는 마음속에 이미 정해 놓은 후보가 있다.

② 일정한, 주어진, 어떤 [어떤 사람·시기·지역 등을 가리킴]

유 3급 一定 yídìng

要把历史人物放在特定的历史时期里来评价。
역사적 인물은 주어진 역사 시기 안에서 평가해야 한다.

1765 特色 tèsè

명 특색, 특징

她的服饰很有民族特色。
그녀의 복장에는 민족 특색이 있다.

这两幅作品各有各的特色。
이 두 작품은 각자의 특징이 있다.

1766 提拔 tíbá

동 발탁하다, 등용하다

유 2056 选拔

上级提拔他为科长。
상부에서 그를 과장으로 발탁했다.

他工作了三年，仍然没有被提拔为正式员工。
그는 3년 간 일했는데, 여전히 정식직원으로 등용되지 못하고 있다.

1767 提炼 tíliàn

동 (물리·화학적인 방법을 통해) 추출하다, 정련하다

유 提取 tíqǔ, 提制 tízhì

真理是从无数的实践中提炼出来的。
진리는 무수한 실천을 통해 만들어져 나오는 것이다.

玫瑰精油是从玫瑰花瓣huābàn中提炼出来的。
장미 오일은 장미 꽃잎에서 추출한 것이다.

1768 提示 tíshì

동 제기하다, 지적하다, 제시하다, 힌트를 주다

유 4급 提醒 tíxǐng

老师向学生提示课文要点。
선생님이 학생들에게 본문의 요점을 알려주고 있다.

他一再提示，我还是没能说出答案。
그가 거듭 힌트를 주었으나 나는 답을 말하지 못했다.

명 (독자를 위한) 도움말, 힌트

给我一个提示，那是谁说的?
힌트 하나만 줘, 그거 누가 말한 거야?

读书前先要读一读篇首的提示。
책을 읽기 전에는 먼저 책 앞부분의 도움말을 읽는 게 좋다.

1769 提议 tíyì

동 제의하다

유 5급 建议 jiànyì

夏天到了，大家提议去海边游泳。
여름이 되자 모두 해변에 수영하러 가자고 제의했다.

명 제의

大家一致同意她的提议。
모두 그녀의 제의에 일제히 동의했다.

1770 题材 tícái

명 (문학이나 예술 작품의) 제재, 소재

这部电影题材新颖xīnyǐng。
이 영화는 소재가 참신하다.

这是一篇以老百姓日常生活为题材的小说。
이것은 서민의 일상생활을 소재로 한 소설이다.

1771 体谅 tǐliàng

동 (남의 입장에서) 알아주다, 이해하다, 양해하다

유 4급 原谅 yuánliàng, 5급 体贴 tǐtiē, 1172 谅解

她总是无法体谅他。
그녀는 언제나 그를 이해할 수가 없다.

她善解人意，能体谅他人的难处。
그녀는 남의 입장을 잘 이해하는 편이어서 타인의 어려움도 잘 이해한다.

1772 体面 tǐmiàn

명 체면, 체통, 면목

유 5급 身份 shēnfen, 1265 面子, 脸面 liǎnmiàn

她不顾体面地与别人吵了起来。
그녀는 체면도 생각하지 않고 다른 사람과 싸우기 시작했다.

형 ① 영광스럽다, 영예롭다, 떳떳하다

这不是什么体面的事，不要到处说。
이건 창피스러운 일이니, 어디 가서 말하지 마.

② (모양이나 얼굴이) 아름답다, 예쁘다

她打扮得很体面。 그녀는 아름답게 꾸몄다.

1773 体系 tǐxì

명 체계, 시스템

我们队的防御体系有问题。
우리 부대의 방어 체계에 문제가 있다.

我国的法律体系尚不健全。
우리나라 법률 체계는 아직 완비되지 않았다.

1774 天才 tiāncái

명 ① 천부적인 재능, 타고난 재능

유 天分 tiānfèn, 天赋 tiānfù, 天资 tiānzī

我觉得天才只不过是勤奋而已。
나는 천부적 재능은 단지 열심히 노력하는 것 뿐이라고 생각한다.

② 천재

유 英才 yīngcái
반 白痴 báichī, 蠢材 chǔncái

说他们都是天才未免有点过分了吧。
그들 모두를 천재라고 말하기는 아무래도 조금 지나치다.

1775 天伦之乐 tiānlúnzhīlè

성 가족이 누리는 즐거움, 가족의 단란함

许多退休的夫妇想享受天伦之乐。
많은 퇴직한 부부들은 가족의 단란함을 누리고 싶어한다.

他最大的心愿是和家人团聚，共享天伦之乐。
그의 가장 큰 소원은 가족과 함께 모여서 온 가족의 단란함을 함께 누리는 것이다.

1776 天然气 tiānránqì

명 천연 가스

天然气是增长速度最快的能源。
천연 가스는 증가속도가 가장 빠른 에너지 자원이다.

天然气主要用做燃料 ránliào 和化工原料。
천연 가스는 주로 연료와 화공 원료로 사용된다.

1777 天生 tiānshēng

형 타고나다, 선천적이다, 천성적이다

这孩子天生好学。
이 아이는 천성적으로 공부하는 것을 좋아한다.

我们俩真是天生的一对。
우리 둘은 정말 천생연분이다.

1778 天堂 tiāntáng

명 ① 천당, 천국

유 天国 tiānguó
반 地狱 dìyù

上有天堂，下有苏杭。
하늘에는 천당이 있고, 땅에는 쑤저우와 항저우가 있다.

② 천국과 같이 행복한 생활 환경

他的家像个天堂似的。
그의 집은 마치 천국같이 좋다.

1779 **天文** tiānwén

[명] 천문
　[유] 天象 tiānxiàng　[반] [6급] 地理 dìlǐ
　他有丰富的天文知识。
　그는 풍부한 천문 지식을 가지고 있다.
　各国都致力于天文科学和天文仪器设备的研发。
　각국은 천문 과학과 천문 관측기구 설비의 연구개발에 힘쓰고 있다.

1780 **田径** tiánjìng

[명] 육상 경기
　我喜欢运动，尤其是田径运动。
　나는 운동, 특히 육상 경기 운동을 좋아한다.
　十年前我妈在田径队时，是个跳高运动员。
　십 년 전 우리 엄마가 육상 경기팀에 있었을 때, 엄마는 높이뛰기 선수였다.

1781 **舔** tiǎn

[동] 핥다
　小猫在舔爪子。새끼 고양이가 발톱을 핥고 있다.
　她舔了一下干裂gānliè的嘴唇zuǐchún。
　그녀는 건조하여 갈라진 입술을 좀 축였다.

1782 **挑剔** tiāoti

[동] (결점이나 잘못 등을) 트집잡다, 책망하다, 따지다
　[유] 挑 tiāo
　她对用餐的环境很挑剔。
　그녀는 식사하는 환경을 매우 따진다.
　他过于挑剔，大家都受不了他。
　그는 지나치게 트집을 잡아서 모두 그를 싫어한다.

1783 **条款** tiáokuǎn

[명] (문서 · 계약상의) 조항, 조목
　[유] [6급] 项目 xiàngmù, 条例 tiáolì, 条目 tiáomù
　我们坚决拒绝了霸王条款。
　우리는 패권주의 조항을 단호하게 거절했다.
　请仔细研读合同上的每一项条款。
　계약서 상의 모든 조항을 세심하게 정독하세요.

1784 **条理** tiáolǐ

[명] (생각 · 말 · 글의) 순서, 두서, (생활 · 일의) 질서
　[유] [6급] 秩序 zhìxù, 0220 层次
　这篇文章条理清晰，一看就知道。
　이 문장은 순서가 매우 분명해서 한 번 보면 안다.
　发表论文时，说话回答问题要讲求条理。
　논문 발표 시, 말하거나 문제에 대답하는 데 있어 조리가 있어야 한다.

1785 **条约** tiáoyuē

[명] 조약
　两国签订了不平等条约。
　양국은 불평등 조약을 체결했다.
　两国领导人共同签署qiānshǔ了和平友好条约。
　양국의 지도자는 평화우호 조약에 공동 서명했다.

1786 **调和** tiáohé

[동] ① 골고루 섞다, 혼합하다
　　那位画家将几种颜料调和到一起。
　　그 화가는 몇 가지 도료를 한데 섞었다.
　② 중재하다, 화해시키다
　　他们之间的矛盾máodùn不可调和。
　　그들 간의 갈등은 중재할 수 없다.
　③ 타협하다, 양보하다 [부정형에서 주로 쓰임]
　　[유] 1789 调解, 调停 tiáotíng
　　这事到了现在，我不能再调和。
　　일이 여기까지 왔으니 나도 더는 양보할 수 없다.

[형] (배합이) 알맞다, 조화롭다
　中医讲究阴阳调和。
　중의는 음양의 조화를 매우 중요시 한다.

1787 **调剂** tiáojì

동 ① 조절하다, 조정하다
- 유 5급 调整 tiáozhěng, 1788 调节, 调理 tiáolǐ
- 반 5급 保持 bǎochí, 1869 维持

适当的娱乐可以调剂精神状态。
적당한 오락은 정신상태를 조절할 수 있다.

② 조제하다
医药公司严格按照比例来调剂药物。
제약회사는 엄격하게 비율을 맞춰 약물을 제조한다.

1788 **调节** tiáojié

동 조절하다, 조정하다
- 유 5급 调整 tiáozhěng, 5급 控制 kòngzhì, 1787 调剂

森林能够调节气候。
삼림은 충분히 기후를 조절할 수 있다.

你该学会调节自己的心情。
넌 반드시 자신의 마음을 조절하는 방법을 습득해야 한다.

plus+ 调节·调整

- 调节 동 조절하다
  ➡ 调节 + 室温, 湿度, 情绪, 神经, 气温, 感情
- 调整 동 조정하다
  ➡ 调整 + 机构, 内容, 任务, 工资, 时间, 计划

비교 이 두 단어는 모두 '조절하다, 조정하다'라는 뜻을 가지고 있다. 调节는 수치, 수량, 정도를 요구에 맞게 조절하는 것을 가리키고, 调整은 원래의 상황을 바꿔서 객관적인 환경과 요구에 적응하게 하고 재차 정비하여 혼란스러운 것, 합리적이지 않은 것을 조정하는 것을 가리킨다.

비슷한 의미를 가진 단어일수록 搭配에 의해 구분된다는 것이 포인트!

Check
房间的湿度总是（　　）不好。
방안의 습도는 항상 조절이 잘 안 된다.

我们每到夏季（　　）作息时间。
우리는 매번 여름만 되면 일하고 쉬는 시간을 조정한다.

目 调节 / 调整

1789 **调解** tiáojiě

동 조정하다, 화해시키다
- 유 1786 调和, 调停 tiáotíng
- 반 1791 挑唆, 调唆 tiáosuō, 挑唆 tiǎosuō

他经常调解邻里纠纷。
그는 자주 이웃 간의 다툼을 조정한다.

她试图调解他们之间的矛盾。
그녀는 그들 사이의 갈등을 중재하려고 시도했다.

1790 **调料** tiáoliào

명 조미료, 양념

她忘记往汤里放调料了。
그녀는 국에 조미료 넣는 것을 잊어버렸다.

做海鲜时不要放太多调料。
해산물을 조리할 때는 양념을 너무 많이 넣지 마라.

1791 **挑拨** tiǎobō

동 충동질하다, 부추기다, 이간질하다
- 유 离间 líjiàn, 挑动 tiǎodòng
- 반 1786 调和, 1789 调解, 调停 tiáotíng

她最擅长挑拨离间。
그녀의 최고 장기는 남을 부추겨 이간질하는 것이다.

你休想挑拨我们之间的关系。
우리의 관계를 이간질할 생각은 하지도 마라.

1792 **挑衅** tiǎoxìn

동 도전하다, 분쟁을 일으키다, 싸움을 걸다
- 유 5급 挑战 tiǎozhàn, 挑动 tiǎodòng

敌人向我方挑衅。 적이 우리 측에 도전을 해왔다.

他这样做分明就是挑衅。
그가 그렇게 하는 것은 분명히 싸움을 거는 것이다.

1793 **跳跃** tiàoyuè

동 뛰어오르다, 도약하다
- 유 跳 tiào, 跳荡 tiàodàng, 跳动 tiàodòng
- 반 静止 jìngzhǐ

小狗向地板上跳跃。 강아지가 마루로 뛰어올랐다.

赛场四周的观众欢呼跳跃了起来。
경기장 사방의 관중들이 환호하면서 뛰어오르기 시작했다.

1794 停泊 tíngbó

동 (배가) 정박하다, 머물다

码头上停泊着几艘船。
부두에 여러 척의 배가 정박해 있다.

虽说船的路线都不同，但是它们都停泊在同一个地方。
비록 배의 노선이 다 다르지만, 모두 같은 곳에 정박해 있다.

1795 停顿 tíngdùn

동 (일이나 말을) 중단하다, 멈추다, 잠시 쉬다
유 4급 停止 tíngzhǐ, 1796 停滞, 中止 zhōngzhǐ

工程陷于停顿的状态。
프로젝트가 중단되는 상태에 빠졌다.

他停顿了一下，又接着说下去。
그는 잠시 멈췄다가, 다시 말을 이어 갔다.

1796 停滞 tíngzhì

동 정체되다, 막히다, 침체하다
유 4급 停止 tíngzhǐ, 1795 停顿, 中止 zhōngzhǐ
반 4급 发展 fāzhǎn, 前进 qiánjìn

该国的经济停滞不前。
이 나라의 경제는 정체되어 더는 발전하지 못하고 있다.

他的中文水平停滞不前。
그의 중국어 수준은 정체되어 늘지 않는다.

长期罢工会让经济陷入停滞。
장기 파업은 경제를 침체에 빠지게 할 수도 있다.

1797 亭子 tíngzi

명 정자
유 亭 tíng

亭子在中国的历史十分悠久。
정자는 중국에서 역사가 매우 오래되었다.

山顶上有一个亭子，人们坐在亭子里乘凉。
산 정상에 정자가 하나 있어서, 사람들은 정자에 앉아 시원한 바람을 쐬면서 쉰다.

1798 挺拔 tǐngbá

형 우뚝하다, 미끈하다, 늘씬하다
유 挺立 tǐnglì

道路路旁的树木很挺拔。
도로 가장자리에 나무가 우뚝 서있다.

白杨树挺拔的身躯，就像英勇的战士一样。
백양나무의 우뚝 선 모습은 용감한 전사와 같다.

1799 通货膨胀 tōnghuò péngzhàng

명 통화 팽창, 인플레이션
반 通货紧缩 tōnghuò jǐnsuō

该国出现了通货膨胀的苗头。
이 나라에 인플레이션의 기미가 나타났다.

国家出台了很多政策抑制yìzhì通货膨胀。
국가가 인플레이션을 억제하는 많은 정책을 공포하였다.

1800 通俗 tōngsú

형 통속적이다
유 浅近 qiǎnjìn, 浅显 qiǎnxiǎn
반 1589 深奥, 高雅 gāoyǎ

这位老师的课通俗易懂。
이 선생님의 수업은 통속적이어서 이해하기가 쉽다.

这篇文章文风朴实，语言通俗。
이 문장의 스타일은 소박하고 꾸밈이 없으며, 언어가 통속적이다.

1801 通用 tōngyòng

동 ① (일정 범위에서) 보편적으로 사용하다, 통용되다
유 通行 tōngxíng

人民币是中国的通用货币。
인민폐는 중국에서 통용되는 화폐이다.

② (발음은 같으나 모양이 다른 두 개의 한자를) 통용하다, 바꾸어 쓰다
"词典"和"辞典"这两个词可以通用。
'词典'과 '辞典' 이 두 글자는 통용할 수 있다.

1802 **铜矿** tóngkuàng

명 동광 [구리가 든 광석 또는 구리를 캐는 광산을 가리킴]
他们在开采铜矿。
그들은 동광을 채굴하고 있다.
两国打算合作开发铁矿和铜矿。
양국은 철광과 동광을 합작하여 개발하기로 했다.

1803 **同胞** tóngbāo

명 ① 친형제자매, 친동기
我们必须帮助我们的同胞。
우리는 우리의 친형제자매를 도와야 한다.

② 동포, 한민족
1997年香港同胞回到了祖国的怀抱。
1997년 홍콩의 동포들이 조국의 품으로 되돌아왔다.

1804 **同志** tóngzhì

명 ① 동지 [같은 이상과 사업을 위해 분투하는 사람 또는 같은 당원을 가리킴]
他保护自己的同志免受伤害。
그는 자신의 동지가 상처받지 않도록 보호한다.

② 동지 [습관적으로 상대방을 부르는 말]
同志，麻烦你让一下。
동지, 죄송한데 좀 비켜주시겠습니까?

1805 **童话** tónghuà

명 동화
她写的童话深受人们的喜爱。
그녀가 쓴 동화는 많은 이들의 깊은 사랑을 받고 있다.
他是一位童话作家，富于想像力。
그 사람은 동화작가로 상상력이 풍부하다.

1806 **统筹兼顾** tǒngchóu jiāngù

성 여러 방면의 일을 통일적으로 계획하고 두루 돌보다
他已具备了统筹兼顾的能力。
그는 이미 여러 방면의 일을 두루 계획하고 돌볼 수 있는 능력을 갖추었다.
处理这件事要做到统筹兼顾。
이 일을 처리하기 위해서는 여러 방면에 계획을 잘 세우고 진행해야 한다.

1807 **统计** tǒngjì

동 통계하다, 합산하다, 합계하다
统计一下一共有多少人。
모두 몇 명인지 합산해보세요.
请把本月的销售数据统计出来。
이번 달 영업 수치를 통계 내주세요.

1808 **统统** tǒngtǒng

부 전부, 모두
유 1급 都 dōu, 通通 tōngtōng, 全 quán
她把大家统统撵niǎn出去了。
그녀는 모두를 전부 쫓아내 버렸다.
他把所有烦恼统统抛开pāokāi了。
그는 모든 고민을 전부 내던져 버렸다.

1809 **投机** tóujī

형 견해가 일치하다, 의기투합하다
유 合拍 hépāi, 投契 tóuqì, 投缘 tóuyuán
반 0569 分歧
话不投机半句多。
견해가 다르면 서로 할 이야기가 없다.
他们几个人十分投机。
그들 몇 명은 매우 의기투합한다.

동 (기회를 틈타) 사리를 취하다, 개인적인 이익을 취하다, 사행하다
光靠投机取巧是很难成功的。
기회를 틈타 사욕을 취하는 것으로는 성공하기 어렵다.

1810 投票 tóu//piào

동 투표하다

大家进行了无记名投票。
모두 무기명 투표를 진행하였다.

观众投票选出自己最喜欢的节目。
관중은 자신이 가장 좋아하는 프로그램을 선택하는 투표를 했다.

我刚才已经给他投了一票。
나는 방금 전에 이미 그에게 투표했다.

1811 投降 tóuxiáng

동 투항하다, 항복하다, 굴복하다
- 유 归顺 guīshùn, 降服 jiàngfú, 投诚 tóuchéng
- 반 受降 shòuxiáng

敌军宣布了无条件投降。
적은 무조건적 투항을 선포했다.

敌人已经缴械jiǎoxiè投降了。
적은 이미 무장해제하고 투항하였다.

1812 投掷 tóuzhì

동 던지다, 투척하다
- 유 4급 扔 rēng

他会投掷标枪biāoqiāng。
그는 투창을 던질 줄 안다.

他向敌军投掷了一颗手榴弹shǒuliúdàn。
그는 적군을 향해 수류탄 하나를 던졌다.

1813 秃 tū

형 ① 머리카락이 없다, (짐승의 몸에) 털이 없다

他的头顶有些秃。
그의 머리 윗부분에는 머리카락이 없다.

② (산이) 벌거숭이다, (나무가) 앙상하다

北京附近的山都秃了。
베이징 부근의 산은 모두 벌거숭이다.

③ (물체의 끝이 닳아) 무디다

铅笔尖儿秃了。 연필 끝이 닳아서 뭉뚝해졌다.

1814 突破 tūpò

동 ① 돌파하다

我军终于突破了敌人的封锁。
우리 군은 마침내 적의 봉쇄를 돌파하였다.

② (한계·난관을) 돌파하다, 극복하다
- 유 4급 超过 chāoguò, 打破 dǎpò

他们坚信一定能够突破难关。
그들은 반드시 난관을 돌파할 수 있을 거라 믿는다.

1815 图案 tú'àn

명 도안

"爱情"这个词常常以一颗心的图案来表示。
사랑이라는 이 글자는 자주 마음의 도안으로 표시된다.

地砖dìzhuān上有别致的图案，我仔细地看了一遍。
보도블럭에 특이한 도안이 있어서 나는 자세히 한 번 보았다.

1816 徒弟 túdì

명 제자
- 유 1급 学生 xuésheng, 弟子 dìzǐ
- 반 1급 老师 lǎoshī, 4급 师傅 shīfu

徒弟应当尊敬师傅。
제자는 마땅히 사부를 존경해야 한다.

那位相声大师不收徒弟。
그 만담의 대가는 제자를 받지 않는다.

1817 途径 tújìng

명 경로, 길, 방법, 방도

他一直在寻找革新的途径。
그는 계속해서 혁신적인 방법을 찾고 있다.

这是我们能求得发展的唯一途径。
이는 우리가 발전을 얻을 수 있는 유일한 방법이다.

1818 涂抹 túmǒ

동 ① 칠하다, 바르다

她在身上涂抹了一层橄榄油gǎnlǎnyóu。
그녀는 몸에 올리브유를 한 겹 발랐다.

② 마음대로 쓰다, 엉망으로 쓰다, 마구 갈기다
他草草地涂抹了一封信寄给家里。
그는 편지 한 통을 마구 써서 집으로 부쳤다.

1819 土壤 tǔrǎng

명 토양, 흙
- 유 泥土 nítǔ, 土 tǔ

落叶化成了土壤的一部分。
잎이 떨어져 토양의 일부가 되었다.

这里土壤肥沃féiwò，多种果子。
이곳 토양은 비옥해서, 과일을 많이 심는다.

1820 团结 tuánjié

동 단결하다, 단합하다
- 유 5급 结合 jiéhé, 5급 联合 liánhé
- 반 0468 斗争, 0566 分裂, 分离 fēnlí

我们要团结起来，一致对外。
우리는 단결하여 함께 맞서야 한다.

형 화목하다, 우호적이다

我们班是一个非常团结的集体。
우리 반은 매우 우호적인 집단이다.

1821 团体 tuántǐ

명 단체, 집단
- 유 5급 集体 jítǐ
- 반 5급 个人 gèrén

政府取缔qǔdì非法团体。
정부가 불법단체를 금했다.

这是一个由专家组成的民间自治团体。
이것은 전문가로 구성된 민간 자치단체이다.

1822 团圆 tuányuán

동 (가족이) 흩어졌다가 다시 모이다, 한 자리에 모이다
- 유 团聚 tuánjù, 相逢 xiāngféng
- 반 分离 fēnlí, 离别 líbié, 离散 lísàn

他今年春节渴望能与家人团圆。
그는 올해 설날에 가족과 한자리에 모일 수 있기를 간절히 바랐다.

형 원형의, 동글동글한

那个女孩儿团圆的脸上有一双大眼睛。
그 여자아이는 둥근 얼굴에 큰 눈을 가지고 있다.

1823 推测 tuīcè

동 추측하다, 헤아리다
- 유 4급 估计 gūjì, 2212 预料, 猜测 cāicè, 预测 yùcè
- 반 4급 证明 zhèngmíng, 2339 证实

外公推测出了我的下两步棋。
외할아버지께서는 내가 두는 다음 두 수까지 헤아리신다.

到目前为止，警方还没有推测这起杀人案的动机。
지금까지 경찰은 아직 이 살인사건의 동기를 추측해내지 못했다.

1824 推翻 tuī//fān

동 ① (정권을) 전복시키다, (사회 제도를) 뜯어고치다
- 유 打到 dǎdào, 打垮 dǎkuǎ, 颠覆 diānfù
- 반 5급 维护 wéihù, 0691 巩固

辛亥革命推翻了清朝统治。
신해혁명은 청 왕조의 통치를 전복시켰다.

② (기존의 계획·결정 등을) 뒤집다, 번복하다
- 유 5급 否定 fǒudìng, 5급 取消 qǔxiāo

科学家推翻了原有的结论。
과학자들은 원래의 결론을 번복했다.

1825 推理 tuīlǐ

동 추리하다, 추론하다

他推理得相当有逻辑luóji。
그의 추리는 상당한 논리를 가지고 있다.

经过推理，他已经知道凶手是谁了。
추론을 통해 그는 이미 살인자가 누구인지 알아냈다.

1826 **推论** tuīlùn

동 추론하다
유 1825 推理

他很善于根据事实进行推论。
그는 사실에 근거하여 추론하는 데 뛰어나다.

명 추론

我觉得他的推论很有说服力。
나는 그의 추론이 매우 설득력 있다고 생각한다.

1827 **推销** tuīxiāo

동 판로를 확장하다, 널리 팔다

她的工作是向客户推销公司的新产品。
그녀의 일은 소비자에게 회사의 신제품을 널리 판매하는 것이다.

推销这种工作不是人人都能做的。
판로를 확장하는 이런 업무는 누구나 다 할 수 있는 일이 아니다.

1828 **吞咽** tūnyàn

동 (통째로) 삼키다
유 吞 tūn, 咽 yàn

他把口水吞咽了下去。
그는 군침을 삼켰다.

她的喉咙 hóulóng 发炎了，很难吞咽食物。
그녀의 목에 염증이 생겨 음식물도 삼키기 어렵다.

1829 **脱离** tuōlí

동 (어떤 상황·환경에서) 벗어나다, 떠나다
유 0031 摆脱, 0482 断绝, 分开 fēnkāi, 分离 fēnlí
반 3급 参加 cānjiā, 4급 联系 liánxì, 5급 结合 jiéhé

看问题不能脱离实际。
문제를 볼 때 실제에서 벗어나서는 안 된다.

病人已经脱离了生命危险。
환자는 이미 생명이 위험한 상황에서는 벗어났다.

1830 **拖延** tuōyán

동 (시간을) 끌다, 연기하다
유 4급 推迟 tuīchí, 迟延 chíyán, 推延 tuīyán
반 4급 提前 tíqián, 超前 chāoqián

她又在外拖延了一些时日才回家。
그녀는 또 밖에서 시간을 지체하다가 겨우 집에 돌아왔다.

要是这意味着拖延一个多月，我们就不等了。
만약에 이것이 한 달여를 연기하는 것을 의미한다면, 우리는 기다리지 않겠다.

1831 **托运** tuōyùn

동 (짐·화물) 운송을 위탁하다, 탁송하다

他去码头托运货物了。
그는 부두에 화물 운송을 위탁하러 갔다.

毕业前，他先把行李托运回家了。
졸업 전에, 그는 먼저 짐을 탁송하고 집으로 돌아갔다.

1832 **妥当** tuǒdang

형 타당하다, 적절하다, 적당하다
유 1436 恰当, 1833 妥善, 适当 shìdàng
반 失当 shīdàng

这个词用得不太妥当。
이 문구의 사용은 적절하지 않다.

她把一切都安排妥当才离开。
그녀는 모든 걸 적당히 준비해둔 후에야 떠났다.

1833 **妥善** tuǒshàn

형 나무랄 데 없다, 알맞다, 적절하다
유 5급 完善 wánshàn, 1832 妥当
반 失当 shīdàng

公司里的工作她安排得非常妥善。
회사 내의 일은 그녀가 매우 적절하게 처리하였다.

这是些重要的信件，请你妥善地保管起来。
이것들은 중요한 우편물이니 당신이 적절하게 잘 보관해주세요.

1834 妥协 tuǒxié

동 타협하다, 타결되다
- 유 [5급] 退步 tuìbù, [1518] 让步
- 반 [0468] 斗争

无论你怎么说，我都不会妥协的。
네가 어떻게 말을 해도, 나는 절대 타협하지 않을 것이다.

在现实的压力下，他最终妥协了。
현실의 압박 속에서 그는 결국 타협하였다.

1835 椭圆 tuǒyuán

명 타원

老师在黑板上画了一个椭圆。
선생님은 칠판에 타원을 하나 그렸다.

地球的运行轨道是椭圆形的。
지구의 운행 궤도는 타원형이다.

1836 唾沫 tuòmo

명 침, 타액
- 유 口水 kǒushuǐ, 唾液 tuòyè

他说话时，唾沫溅jiàn到了我的脸上。
그가 말할 때 침이 내 얼굴에 튀었다.

美食当前，他不自觉地咽了一下唾沫。
맛있는 음식 앞에서 그는 자신도 모르게 군침을 삼켰다.

1837 挖掘 wājué

동 파다, 캐내다, 발굴하다
- 유 发掘 fājué, 开掘 kāijué
- 반 [1224] 埋没, 埋藏 máicáng, 掩埋 yǎnmái

他的潜力尚未被挖掘出来。
그의 잠재력은 아직 발굴되지 않았다.

盗墓dàomù者试图挖掘出地下的宝藏。
도굴업자는 지하의 보물을 파내려고 시도했다.

1838 娃娃 wáwa

명 ① 갓난아이, 젖먹이, 어린애

这个娃娃胖乎乎的，特别可爱。
이 갓난아이는 통통한게, 정말 귀엽다.

② 인형

爸爸给我买了一个漂亮的娃娃。
아빠가 내게 예쁜 인형을 하나 사주셨다.

1839 瓦解 wǎjiě

동 ① 와해되다, 붕괴되다, 분열하다
- 유 [0095] 崩溃, [0566] 分裂, 分化 fēnhuà

封建王朝土崩瓦解了。
봉건왕조는 철저히 붕괴되었다.

② 와해시키다, 붕괴시키다, 해체시키다

我们可以用这个办法瓦解敌人的心理防线。
우리는 이 방법으로 적의 심리방어선을 붕괴시킬 수 있다.

1840 哇 wa

조 '啊 a'가 'u', 'ao', 'ou'로 끝나는 앞음절의 영향으로 생긴 변음
你来得真早哇? 당신 정말 일찍 왔군요?
这天儿真舒服哇! 요즘 정말 지내기 편하네!

plus+ 哇 wā
의성 왝왝, 엉엉, 앙앙 [구토나 울음 소리를 나타냄]
孩子哇哇的一声哭起来。
아이가 엉엉 하고 울기 시작했다.

1841 歪曲 wāiqū

동 (사실·내용을) 고의로 왜곡하다, 전혀 다르게 해석하다
유 1894 污蔑, 曲解 qūjiě, 诬蔑 wūmiè
반 0280 澄清, 弄清 nòngqīng
你不要总歪曲我的意思。
너 매번 내 뜻을 왜곡하지 마라.
不能歪曲事实欺骗 qīpiàn 公众。
사실을 왜곡하여 대중을 속여선 안 된다.

1842 外表 wàibiǎo

명 겉모습, 외모, 표면
유 5급 表面 biǎomiàn, 外观 wàiguān, 外部 wàibù
반 内部 nèibù
这部手机外表精美。
이 휴대전화 외관이 정말 아름답다.
看人不能只看外表。
사람을 볼 때 외모로만 판단해선 안 된다.

1843 外行 wàiháng

형 (어떤 일에) 경험이 없다, 비전문가이다, 문외한이다
반 内行 nèiháng
打毛衣她可不外行。
그녀는 털옷을 뜨는 것에 문외한이 아니다.

명 비전문가, 문외한
这些画在外行眼中一文不值 yìwén bùzhí。
이런 그림은 비전문가의 눈에는 가치가 없는 그림이다.

1844 外界 wàijiè

명 외부, 외계, 바깥 세상
유 外部 wàibù 반 内部 nèibù
他常常抵抗不住外界的诱惑。
그는 자주 외부의 유혹을 물리치지 못한다.
来自外界舆论的压力特别大。
외부로부터의 여론 압박이 너무 크다.

1845 外向 wàixiàng

형 ① (성격이) 외향적인
반 内向 nèixiàng
她的性格是内向还是外向?
그녀의 성격은 내향적입니까, 아니면 외향적입니까?

② 대외 지향적인
该国大力发展外向型经济。
그 나라는 수출 위주의(대외지향적) 경제 성장에 주력하고 있다.

1846 丸 wán

명 ① 작고 둥근 물건, 알, 알갱이, 환(丸)
유 6급 颗 kē
她爱吃牛肉丸子。
그녀는 소고기 완자 먹는 것을 좋아한다.

② 환약, 알약
她经常服用安眠丸。
그녀는 자주 (과립) 수면제를 복용한다.

양 알, 환 [알약을 세는 단위]
这个药一次吃三丸。
이 약은 한 번에 세 알을 먹어야 한다.

1847 完备 wánbèi

형 완비되어 있다, 완전하다
유 5급 完美 wánměi 반 0923 简陋
小区里的健身设施很完备。
단지 내의 휘트니스 시설은 매우 잘 완비되어 있다.
我们学校有非常完备的教学设施。
우리 학교는 매우 완벽한 교학 설비를 갖추고 있다.

1848 完毕 wánbì

동 끝내다, 마치다
- 유 3급 结束 jiéshù, 完了 wánliǎo, 终结 zhōngjié, 终了 zhōngliǎo
- 반 2급 开始 kāishǐ

所有的准备工作都已完毕了。
모든 준비 작업은 이미 다 마쳤다.

博物馆参观完毕，导游带我们到宾馆用餐。
박물관 참관을 마치고, 가이드는 우리를 호텔로 데리고 가서 식사를 하게 했다.

1849 玩弄 wánnòng

동 ① 가지고 놀다, 만지작거리다
- 유 摆弄 bǎinòng

宝宝坐在地上玩弄积木jīmù。
아기는 바닥에 앉아 장난감 블록을 가지고 논다.

② 희롱하다, 놀리다
- 유 戏弄 xìnòng

他年轻时玩弄了不少女人。
그는 젊었을 때 적지 않은 여인들을 울렸다.

③ (수단을) 부리다, 발휘하다

他喜欢玩弄别人的感情，最终被别人玩弄了。
그는 다른 사람의 감정을 갖고 장난쳐서, 결국엔 그도 똑같이 되었다.

1850 玩意儿 wányìr

명 ① 완구, 장난감
- 유 5급 玩具 wánjù

这玩意儿太不结实了。
이 장난감은 전혀 견고하지 않다.

② 설창 문예, 곡예, 묘기

孩子们被魔术这玩意儿迷住了。
아이들은 마술이라는 이 묘기에 홀딱 빠져버렸다.

③ 물건, 사물, 것

他手里好像拿着个什么玩意儿。
그가 손에 뭔가를 들고 있는 것 같다.

1851 顽固 wángù

형 ① (성질이) 완고하다, 고집스럽다
- 유 0056 保守, 0710 固执, 守旧 shǒujiù
- 반 1057 开明, 开通 kāitōng

我爷爷太顽固了，我爸爸无法说服爷爷听从爸爸的建议。
우리 할아버지께서는 정말 완고하셔서, 아빠는 할아버지께서 자신의 의견을 들으시도록 설득할 방법이 없다.

② (정치적인 입장이) 보수적이다

他的思想顽固守旧。
그의 사상은 보수적이어서 낡은 것을 고집한다.

1852 顽强 wánqiáng

형 완강하다, 억세다
- 유 5급 坚强 jiānqiáng, 强硬 qiángyìng
- 반 懦弱 nuòruò

他有十分顽强的意志品质。
그는 매우 완강한 의지와 품성을 가지고 있다.

她顽强地同病魔 bìngmó 作斗争。
그녀는 병마와 완강하게 싸우고 있다.

1853 挽回 wǎnhuí

동 (불리한 국면이나 경제적 손실 등을) 만회하다, 돌이키다

败局已不可挽回。
실패한 정국은 이미 만회하기가 어렵다.

说出去的话就不可能再挽回了。
내뱉은 말은 다시 되돌릴 수 없다.

1854 挽救 wǎnjiù

동 (위험에서) 구해내다, 구제하다
- 유 拯救 zhěngjiù

医生的手术挽救了病人的生命。
의사는 수술로 환자의 생명을 구해냈다.

他把一个小女孩儿从火海中挽救了出来。
그는 한 여자아이를 불바다에서 구해냈다.

1855 惋惜 wǎnxī

[형] 애석해하다, 안타까워하다, 아쉽게 여기다
[유] 4급 可惜 kěxī, 痛惜 tòngxī

人们对他的离世深感惋惜。
사람들은 그의 죽음에 대해 매우 애석해했다.

老师对他的落榜感到很惋惜。
선생님께서는 그의 낙방에 대해 매우 안타까워하셨다.

1856 万分 wànfēn

[부] 대단히, 극히, 매우
[유] 2급 非常 fēicháng

接到她的信，我万分高兴。
그녀의 편지를 받고 나는 매우 기뻤다.

对您的帮助我表示万分感谢。
당신의 도움에 대단히 감사드립니다.

1857 往常 wǎngcháng

[명] 평소, 평상시
[유] 3급 过去 guòqù, 5급 从前 cóngqián, 已往 yǐwǎng
[반] 1급 现在 xiànzài, 5급 如今 rújīn, 而今 érjīn

她像往常一样早睡早起。
그녀는 평소처럼 일찍 자고 일찍 일어난다.

今天他回来得比往常晚一些。
오늘 그는 평상시보다 늦게 돌아왔다.

1858 往事 wǎngshì

[명] 지난 일, 옛일
[유] 旧事 jiùshì

童年幸福的往事令人难忘。
어릴 적 행복했던 옛일은 사람으로 하여금 잊지 못하게 한다.

他经常回忆起往事，沉浸在怀念之中。
그는 자주 지난 일을 회상하며 추억에 잠긴다.

1859 网络 wǎngluò

[명] ① 그물처럼 생긴 것, 그물 모양
他穿着一件成网络状的毛衣。
그는 그물 모양으로 된 스웨터를 입고 있다.

② (그물 형태의) 조직, 시스템, 망
这座城市的交通网络四通八达。
이 도시의 교통망은 사방으로 뻗어있다.

③ 네트워크
无线网络的信号不稳定。
무선 네트워크의 신호가 불안정하다.

1860 妄想 wàngxiǎng

[동] 망상하다, 공상하다
[유] 5급 幻想 huànxiǎng, 1092 空想, 1250 梦想

你别妄想能进那个大公司了。
네가 큰 회사에 들어갈 수 있을 거라고는 꿈도 꾸지 마라.

[명] 망상, (실현될 수 없는) 생각, 계획
你想娶林志玲？真是妄想。
네가 린즈링과 결혼하고 싶다고? 꿈도 야무지다.

plus+ 妄想·梦想

- 妄想 [동] 망상하다, 공상하다
- 梦想 [동] 몽상하다, 망상에 빠지다

[비교] 이 두 단어는 모두 '원하는 것을 꿈꾸다'라는 뜻이다. 妄想은 이루어질 수 없는 것을 무분별하게 생각하고 계획하는 것에 초점이 맞춰져 있고, 주로 나쁜 방면의 것을 가리킨다. 梦想은 현실에 부합되지 않거나 실현되기를 갈망하는 것을 나타내는데, 주로 좋은 방면의 것을 가리킨다.

한국어로 해석하면 차이가 없어 보이므로 단어의 뜻을 정확히 파악하는 것이 포인트!

Check

我每天（　　）当模特儿。
나는 매일 모델이 되는 것을 꿈꾼다.

好多皇帝（　　）长生不老。
많은 황제들이 불로장생을 꿈꿨다.

[답] 梦想 / 妄想

1861 微不足道 wēibùzúdào

성 매우 작아서 말할 가치도 없다, 하찮아서 언급할 가치도 없다

유 1620 微乎其微 wēihūqíwēi, 无足轻重 wúzú qīngzhòng
반 1040 举足轻重, 硕大无朋 shuòdà wúpéng

他只是个微不足道的小人物。
그 사람은 하찮아서 언급할 가치도 없는 보잘 것 없는 인물일 뿐이다.

在他看来这是微不足道的数额。
그가 보기에 이것은 언급할 만한 가치도 없는 액수이다.

1862 微观 wēiguān

형 미시적인, 미시의
반 0789 宏观

他是微观经济学的专家。
그는 미시 경제학의 전문가이다.

宏观管理和微观管理要结合起来。
거시적 관리와 미시적 관리가 결합되어야 한다.

1863 威风 wēifēng

명 위풍, 위엄, 기세

我们这样做是为了杀杀他的威风。
우리가 이렇게 하는 것은 그의 기세를 꺾기 위해서이다.

형 당당한, 늠름한, 위엄이 있는

他穿上军装显得很威风。
그가 군복을 입으니 늠름해 보인다.

1864 威力 wēilì

명 위력
유 5급 力量 lìliang

开放政策的威力越来越大。
개방정책의 위력이 점점 커지고 있다.

炮弹 pàodàn 的威力无比强大。
포탄의 위력은 그 무엇보다도 강하다.

1865 威望 wēiwàng

명 명망, 명성과 인망
유 1620 声誉, 1866 威信, 名望 míngwàng, 声望 shēngwàng

他在文学界享有崇高的威望。
그는 문학계에서 숭고한 명망을 얻고 있다.

他在这个地区建立了自己的威望。
그는 이 지역에서 자신의 명망을 세웠다.

1866 威信 wēixìn

명 위신, 신망
유 1865 威望, 2014 信誉

他是我们系里威信最高的教授。
그는 우리 학과에서 신망이 제일 높은 교수이다.

这次事件令政府的威信大大下降。
이번 사건으로 정부의 위신이 많이 떨어졌다.

1867 危机 wēijī

명 위기, 고비
유 4급 危险 wēixiǎn
반 4급 安全 ānquán, 平安 píng'ān

生态危机越来越严重。
생태 위기가 나날이 더 심각해지고 있다.

大家齐心协力 qíxīn xiélì 渡过了危机。
모두 한마음 한뜻으로 협력하여 고비를 이겨냈다.

1868 违背 wéibèi

동 위반하다, 어기다
유 5급 违反 wéifǎn, 违犯 wéifàn, 违抗 wéikàng
반 5급 服从 fúcóng, 5급 遵守 zūnshǒu, 2492 遵循, 顺从 shùncóng, 遵从 zūncóng

他不敢违背父亲的命令。
그는 감히 아버지의 명령을 거스르지 못한다.

他发誓绝不会违背诺言。
그는 절대 약속을 어기지 않겠다고 맹세했다.

1869 维持 wéichí

동 유지하다, 지키다, 보호하다

유 5급 保持 bǎochí, 5급 维护 wéihù

交警顶着烈日维持交通秩序。
교통경찰은 뜨거운 태양을 머리에 이고 교통질서를 원활하게 유지시키고 있다.

我们共同来维持碧海bìhǎi蓝天lántiān。
우리 함께 푸른 바다와 쪽빛 하늘을 보호하자.

plus+ 维持·保持

- 维持 동 유지하다, 지키다
  ➡ 维持 + 生活, 生命, 秩序, 治安, 身份

- 保持 동 유지하다, 지키다
  ➡ 保持 + 卫生, 传统, 作风, 联系, 警惕

비교 이 두 단어는 모두 '유지하다'라는 뜻을 가지고 있다. 维持는 있는 힘을 다해 현재의 상황을 변하지 않게 하는 것을 가리키고, 保持는 원래의 상황을 유지하여 변하게 하지 않고 계속 지켜나가는 것을 가리킨다. 维持의 유지하는 시간은 保持보다 짧다.

비슷한 의미를 가진 단어일수록 搭配에 의해 구분된다는 것이 포인트!

Check
他们一直（　　）着联系。
그들은 줄곧 연락을 유지해왔다.

他现在打工的钱勉强（　　）生活。
그는 지금 아르바이트를 하여 번 돈으로 가까스로 생활을 유지하고 있다.

답 保持 / 维持

1870 维生素 wéishēngsù

명 비타민

奶奶长期服用多种维生素复合剂。
할머니께서는 장기적으로 여러 종류의 복합 비타민제를 복용하셨다.

缺乏维生素会影响孩子的生长发育。
비타민이 부족하면 아이의 성장발육에 영향을 줄 수 있다.

1871 维修 wéixiū

동 보수하다, 손질하다

유 2035 修理

我昨天把电脑拿到店里维修了。
나는 어제 컴퓨터를 수리점에 가져가서 수리했다.

他是维修电脑的专家，没有什么毛病是他修不好的。
그는 컴퓨터 수리 전문가여서 어떤 고장도 그가 고치지 못하는 것이 없다.

1872 唯独 wéidú

부 오직, 홀로, 유독

유 5급 唯一 wéiyī, 1366 偏偏

这些孩子都考得很好，唯独他不及格。
이 아이들은 모두 시험을 잘 봤는데, 유독 그 아이만 합격하지 못했다.

他什么方面都想到了，唯独没想到天气。
그는 모든 면을 다 생각했는데, 유독 날씨만 생각지 못했다.

1873 为难 wéinán

형 난처하다, 난감하다, 곤란하다

유 4급 困难 kùnnan

他们停留了这么长时间，我们真感到很为难。
그들이 이렇게 오랜 시간 머무르면, 우린 정말 곤란하다.

명 ① 난처하게 하다, 곤란하게 하다
유 刁难 diāonàn

别这样让我为难，你知道我绝对不能给你这些资料的。
이렇게 저를 난처하게 하지 마세요, 당신은 내가 절대로 당신에게 이 자료들을 주지 않으리란 걸 알잖아요.

② 맞서다, 대적하다, 대항하다
유 作对 zuòduì

我的同事故意跟我为难。
나의 동료는 일부러 나에게 맞선다.

1874 为期 wéiqī

동 (~을) 기한으로 하다, 약속한 날짜로 삼다
我们要参加一个为期一周的庆典。
나는 일주일을 기한으로 하는 축제에 참가하려고 한다.
为期五天的海上军事演习是在釜山领海附近举行的。
기한이 5일인 해상 군사연습이 부산 영해 부근에서 거행된다.

1875 为首 wéishǒu

동 (~을) 우두머리로 삼다, 대표로 하다, 지도자로 간주하다
这个盗窃团伙以他为首。
이 도적단에서는 그가 우두머리를 맡고 있다.
以外交部长为首的政府代表团将赴国外进行访问。
외교부 장관을 대표로 한 정부 대표단이 외국을 방문하고 있다.

1876 委员 wěiyuán

명 위원
蒋委员将出席今天的会议。
장 위원은 오늘 있을 회의에 참석할 예정이다.
他是第六党支部的宣传委员。
그는 제6당 지부의 홍보위원이다.

1877 伪造 wěizào

동 위조하다, 날조하다
유 假造 jiǎzào
他伪造了一份大学文凭。
그는 학사학위를 위조했다.
他用伪造的身份证干了很多非法的勾当。
그는 위조한 신분증으로 많은 불법적인 일을 했다.

1878 胃口 wèikǒu

명 ① 식욕
我感冒了，没胃口。
나는 감기에 걸려서 식욕이 없다.

② (어떤 일이나 활동에 대한) 흥미, 욕구, 구미
他对于这种事没有胃口。
그는 이런 일에 흥미가 없다.

1879 位于 wèiyú

동 위치하다, 자리 잡고 있다
你们公司位于哪里？너희 회사는 어디에 있니?
公园位于市中心，很多人常去那儿休息。
공원이 시 중심에 있어 많은 사람들이 자주 그곳에 가서 쉰다.

1880 未免 wèimiǎn

부 ① ~라고 하지 않을 수 없다, 아무래도 ~이다
유 4급 实在 shízài
这样做未免有些过分了吧。
이렇게 하는 것은 아무래도 좀 지나친 것 같다.

② ~을 면할 수 없다, (불가피하게) ~하게 되다
유 5급 不免 bùmiǎn, 1305 难免
初次见面，未免说客气话。
처음 만나면, 불가피하게 겸손의 말을 하게 된다.

1881 畏惧 wèijù

동 두려워하다, 무서워하다
유 3급 害怕 hàipà, 1096 恐惧, 惧怕 jùpà
无知者，无畏惧。무지한 자는 두려움도 없다.
人们对艾滋病感到非常畏惧。
사람들은 에이즈라는 병에 대해 매우 두려움을 느낀다.

1882 卫星 wèixīng

명 ① 위성
月亮是太阳的卫星。달은 태양의 위성이다.

② 인공위성
人工卫星脱离轨道。
인공위성이 궤도에서 이탈했다.

1883 **慰问** wèiwèn

동 (말이나 물품으로) 위문하다, 위로하다
유 慰劳 wèiláo

领导人亲自慰问灾区人民。
지도자가 직접 재해지역의 주민을 위문했다.

请代我向您父亲致以深切的慰问。
저를 대신해서 당신 아버지께 깊은 위로의 말을 전해주세요.

1884 **温带** wēndài

명 온대, 온대지방

韩国处于温带地区，四季分明。
한국은 온대지역에 위치해서 사계절이 분명하다.

热带风暴今日晚间进一步减弱，将会降级为温带气旋。
열대폭풍이 오늘 저녁 점차 약해져 온대성 선풍으로 강등될 것입니다.

1885 **温和** wēnhé

형 ① (기후가) 따뜻하다, 온난하다
유 4급 暖和 nuǎnhuo, 5급 温暖 wēnnuǎn

那里的冬天像春天一样温和。
이곳의 겨울은 봄처럼 따뜻하다.

② (성격·태도·말투 등이) 온화하다, 부드럽다
유 5급 温柔 wēnróu, 0769 和蔼, 0772 和气,
1552 柔和, 和善 héshàn

他对人总是那么温和。
그는 사람에게 늘 그렇게 부드럽다.

 温和 wēnhuo

형 (물체가) 따끈하다, 미지근하다
牛奶还温和，喝吧。
우유가 아직 따뜻하니, 마셔봐.

1886 **文凭** wénpíng

명 공문서, 졸업 증서
他的大学文凭是伪造的。
그의 대학 학위는 위조된 것이다.

注重能力，不要偏信文凭。
능력을 중시해야지 졸업장만 맹신해서는 안 된다.

1887 **文物** wénwù

명 문물
政府宣布了走私文物是犯法的。
정부는 골동품을 밀수하는 것은 불법이라고 선포했다.

博物馆里保存着很多珍贵的文物。
박물관 안에는 진귀한 문물이 많이 보존되어 있다.

1888 **文献** wénxiàn

명 문헌
不少古代文献已经散失了。
적지 않은 고대 문헌들이 이미 산실되었다.

学生们在老师的组织下集体观看文献纪录片。
학생들은 선생님의 지도 아래 단체로 문헌 다큐멘터리를 감상했다.

1889 **文雅** wényǎ

형 (언행이) 품위가 있다, 우아하다
유 1714 斯文, 1885 温和, 秀气 xiùqi, 优雅 yōuyǎ
반 0351 粗鲁, 粗俗 cūsú, 粗野 cūyě, 豪放 háofàng

那个女孩儿举止文雅得与她的年龄不相称。
그 여자아이는 나이에 맞지 않게 행동거지가 우아하다.

她有时态度粗暴，但我认为她还是较为文雅的。
그녀는 어떤 때는 태도가 우악스러우나, 나는 그녀가 아직은 비교적 우아하다고 생각한다.

1890 **文艺** wényì

명 문예, 문학과 예술
他的文艺才能相当强。
그는 문학과 예술에 상당한 재능을 가졌다.

学校组织了一次大型文艺会演。
학교에서 대형 문예 합동공연을 준비했다.

1891 问世 wènshì

동 ① (출판물이) 발표되다, 출판되다, 세상에 선을 보이다
他的小说何时问世？
그의 소설은 언제 출판됩니까?

② (신상품이) 나오다, 출시되다
这个厂的新产品不久前刚刚问世。
이 공장의 신제품이 얼마전에 막 출시되었다.

1892 窝 wō

명 ① 둥지, 보금자리 [새, 짐승, 곤충의 처처를 가리킴]
유 巢 cháo
树上有个蚂蚁窝。
나무 위에 개미집이 있다.
中国国家体育场《鸟巢》的外观像实在的鸟窝一样。
중국 국가체육관 '鸟巢'의 외관은 실재 새둥지와 닮았다.

② 은신처, 소굴
这个小店铺原来是个贼窝。
저 작은 여인숙은 원래 도적떼의 소굴이었다.

③ (사람·물체가 차지하고 있는) 자리, 곳
这东西真碍事，给它挪nuó个窝儿。
이 물건이 너무 방해되어 다른 자리로 옮겼다.

동 ① 움츠리다, (한 곳에) 틀어박혀 있다
周末出去走走，不要一直窝在家里。
주말에는 나가서 좀 거닐어, 만날 집에만 틀어박혀 있지 말고.

② 쌓이다, 정체되다
这事真是越想越窝火。
이 일은 생각할수록 정말 화가 치민다.

1893 乌黑 wūhēi

형 새까맣다, 아주 검다
她有一头乌黑的秀发。
그녀는 새까맣고 아름다운 머리카락을 가지고 있다.
她乌黑的眼睛明亮动人。
그녀의 검은 눈동자는 눈부시게 아름답다.

1894 污蔑 wūmiè

동 모독하다, 비방하다, 모욕하다
유 0557 诽谤, 1841 歪曲, 毁谤 huǐbàng
반 5급 赞美 zànměi, 0653 歌颂, 2254 赞扬, 颂扬 sòngyáng

你没有资格污蔑我的母亲！
너는 내 어머니를 비방할 자격이 없어!
不要随便污蔑别人，那是像你诬蔑你自己一样。
함부로 타인을 모욕하지 마. 그건 네가 네 스스로를 모욕하는 것과 같으니까.

1895 诬陷 wūxiàn

동 모함하다, 억울한 죄를 씌우다
유 1394 迫害, 1961 陷害, 2221 冤枉, 诬蔑 wūmiè
반 平反 píngfǎn

诬陷我对你有什么好处？
나를 모함하는 것이 네게 무슨 도움이 되는데?
我没干那事，这是诬陷。
난 그 일을 한 적 없어, 이건 모함이야.

1896 无比 wúbǐ

동 비할 바가 없다, 비길 데 없다, 아주 뛰어나다
유 无限 wúxiàn

身为一个中国人，他无比自豪。
중국인으로 태어난 것이 그는 아주 자랑스럽다.
她无比美丽，男人们还老跟在屁股后面转。
그녀는 비할 바 없이 아름다워서 남자들이 졸졸 따라다닌다.

1897 无偿 wúcháng

형 무상의, 아무런 보수 없이
반 有偿 yǒucháng

每年政府将教科书无偿发给学生。
매년 정부는 교과서를 학생들에게 무상으로 배부한다.
他无偿资助了数百名贫困儿童上学。
그는 수백 명의 가난한 아이들이 무상으로 학교에 다닐 수 있도록 돕는다.

1898 无耻 wúchǐ

형 염치 없다, 뻔뻔스럽다
유 可耻 kěchǐ
不要和这种无耻之徒客气。
이런 염치없는 사람들에게는 예를 차릴 필요가 없다.
自己弄错了，他无耻地笑了。
자신이 잘못해놓고, 그는 뻔뻔하게 웃었다.

1899 无从 wúcóng

부 방법이 없다, 갈피를 잡을 수 없다, 어찌할 도리가 없다
유 难以 nányǐ, 难于 nányú, 无法 wúfǎ
那个小偷的陈述无从证明。
그 좀도둑의 진술은 증명할 방법이 없다.
这么复杂的案子，简直无从着手。
이렇게 복잡한 안건은 정말이지 손을 댈 수가 없다.

1900 无动于衷 wúdòngyúzhōng

성 (마음속에) 아무런 느낌이 없다, 전혀 무관심하다
我尽量表现得无动于衷。
나는 최대한 전혀 무관심한 척했다.
他对巨额奖金无动于衷。
그는 거액의 보너스에도 아무런 느낌이 없다.

1901 无非 wúfēi

부 단지 ~밖에 없다, 단지 ~에 불과하다
유 3급 只 zhǐ, 4급 不过 búguò, 不外乎 búwàihū, 仅 jǐn
반 1급 不 bù, 0145 并非
无非是个时间问题。단지 시간 문제일 뿐이다.
这些话无非是老生常谈。
이런 말들은 상투적인 말에 불과하다.

1902 无精打采 wújīng dǎcǎi

성 풀이 죽다, 활기가 없다, 의기소침하다
他讲话时总是无精打采。
그는 말할 때 늘 생기가 없다.

她最近不知怎么看起来无精打采。
그녀는 요즘 왠지 풀이 죽어 보인다.

1903 无可奉告 wúkěfènggào

성 말할 만한 것이 없다, 알려줄 게 없다
关于那件事情，我无可奉告。
그 일에 관해서 나는 알려줄 게 없다.
至于我要去哪里，无可奉告。
내가 어디에 가는지 관해서는 말할 만한 것이 없다.

1904 无可奈何 wúkěnàihé

성 어찌할 도리가 없다, 방법이 없다, 속수무책이다
我无可奈何地走出饭店。
나는 어찌해볼 도리도 없이 호텔을 나섰다.
他无可奈何地接受了这样的安排。
그는 속수무책으로 이러한 계획을 받아들였다.

1905 无赖 wúlài

형 무뢰하다, 막돼먹다
你讲点道理好不好，别这么无赖。
너 이치에 맞게 이야기하는 게 어때? 이렇게 생떼 쓰지 말고.
명 무뢰한
你真是个无赖，我不堪凌辱！
너 정말 무뢰한이구나, 나는 모욕을 못 참겠다!

1906 无理取闹 wúlǐ qǔnào

성 아무런 까닭 없이 소란을 피우다, 일부러 말썽을 부리다
我从不无理取闹。
나는 여태껏 일부러 말썽을 피운 적이 없다.
你简直是在无理取闹。
너 이건 정말이지 일부러 소란을 피우는 거야.

1907 无能为力 wúnéng wéilì

성 힘을 제대로 쓰지 못하다, 능력이 없다, 무력하다

对于这件事，我们无能为力。
이 일에 관해서는 우리에겐 힘이 없다.
不是不想帮你，是我们真的无能为力。
널 도와주고 싶지 않은 게 아니라, 우리가 정말 능력이 안 되는 거야.

1908 无穷无尽 wúqióng wújìn

[성] 무궁무진하다, 무진장하다

人民的智慧是无穷无尽的。
사람의 지혜는 무궁무진하다.
他在支教期间体会到无穷无尽的乐趣。
그는 교육지원 기간에 무궁무진한 즐거움을 느꼈다.

1909 无微不至 wúwēibúzhì

[성] 사소한 데까지 신경을 쓰다, 세심하고 주도면밀하다

哥哥无微不至地照顾妹妹。
오빠는 여동생을 아주 세심하게 돌본다.
妈妈给了我无微不至的关怀。
엄마는 정말 사소한 것 하나까지 내게 신경을 써주신다.

1910 无忧无虑 wúyōu wúlǜ

[성] 아무런 근심이 없다, 아무런 걱정이 없다

那个小女孩儿总是无忧无虑。
그 여자아이는 늘상 아무런 근심이 없다.
无忧无虑的童年是多么美好。
아무런 걱정 없던 어린 시절은 얼마나 아름다운가?

1911 无知 wúzhī

[형] 무지하다, 사리에 어둡다, 아는 바가 없다

[반] 博学 bóxué, 渊博 yuānbó

我没想到他如此无知。
나는 그가 이렇게 사리에 어두운 줄 생각도 못했다.
他是个浅薄qiǎnbó无知的人，我不想理睬lǐcǎi他。
그는 경박하고 무지한 사람이라서 나는 그를 상대하고 싶지 않다.

1912 舞蹈 wǔdǎo

[명] 무도, 춤, 무용

[유] 舞 wǔ

她是专门研究舞蹈的。
그녀는 전문적으로 무용을 연구하는 사람이다.

[동] 춤추다, 무용하다

演员们随着快节拍的曲子舞蹈。
연기자들은 빠른 템포의 곡에 맞춰 춤을 춘다.

1913 武侠 wǔxiá

[명] 무협, 협객

他对武侠小说非常迷恋。
그는 무협 소설에 푹 빠져 있다.
她最爱看的电视剧就是武侠电视剧。
그녀가 가장 잘 보는 드라마는 무협 드라마이다.

1914 武装 wǔzhuāng

[명] 군사 장비, 군사력

我军拥有强大的武装力量。
우리 군은 강력한 군사력을 보유하고 있다.

[동] 무장하다

我们应该优先把那个军队武装起来。
우리는 반드시 우선적으로 그 부대를 무장시켜야 한다.

1915 侮辱 wǔrǔ

[동] 모욕하다, 모독하다

[유] 欺侮 qīwǔ, 污辱 wūrǔ

不要用恶言恶语侮辱别人。
나쁜 말로 다른 사람을 모욕하지 마라.
你不仅侮辱了我，也侮辱了你自己。
넌 나를 모욕했을 뿐만 아니라 네 자신도 모욕했다.

1916 勿 wù

[부] ~하지 마라, ~해서는 안 된다

[유] [2급] 别 bié, 毋 wú

勿因小失大。작은 것으로 인해 큰 것을 잃어서는 안 된다.
请勿大声喧哗xuānhuá。큰 소리로 소란피우지 마라.
此物请勿倒置dàozhì。이 물건을 거꾸로 놓지 마라.

1917 **务必** wùbì

［부］ 반드시, 꼭, 기필코

　유 3급 必须 bìxū

务必今天完成你的任务。
반드시 오늘 네 임무를 마쳐라.

务必晚上十二点之前回来。
반드시 저녁 12시 전에는 돌아와라.

1918 **务实** wù//shí

［동］ 실무를 수행하다, 실무에 종사하다

请您告诉我，怎样做才是务到实？
어떻게 해야 실무를 할 수 있는지 말씀해주실 수 있나요?

［형］ 실질적인, 실용적인, 실속 있는

你一定要学习这种务实的精神。
너는 반드시 이런 실용적인 정신을 배워야 한다.

1919 **误差** wùchā

［명］ 오차

微小的测量误差是不可避免的。
미세한 측량 오차는 피할 수 없는 일이다.

一个很小的误差也能导致巨大的失误。
작은 오차 하나가 거대한 실수를 초래할 수 있다.

1920 **误解** wùjiě

［동］ 오해하다

　유 4급 误会 wùhuì, 曲解 qūjiě

我想你是误解我了。
내 생각에는 네가 나를 오해한 거 같다.

［명］ 오해

我的本意不是那样的，是你误解我了。
내 본래 뜻은 그게 아니고, 네가 나를 오해한 거야.

 plus+ **误解·误会**

· 误解 ［동］ 오해하다

· 误会 ［동］ 오해하다

［비교］ 두 단어 모두 '오해하다'라는 뜻을 가지고 있는데, 误解는 정확하게 이해하지 못하고 잘못 이해하는 것을 가리키고, 误会는 상대방의 뜻을 오해한 것을 주로 가리킨다.

한국어로 해석하면 차이가 없어 보이므로 단어의 뜻을 정확히 파악하는 것이 포인트!

Check

我完全（　　）他的意思。
나는 완전히 그의 뜻을 오해했다.

我（　　）了这道题的意图，所以没得满分。
나는 이 문제의 의도를 잘못 파악해서 100점을 받지 못했다.

답 误会 / 误解

1921 **物美价廉** wùměi jiàlián

［성］ 상품의 질이 좋고 값도 저렴하다, 물건도 좋고 값도 싸다

我们店的东西都是物美价廉的。
우리 가게의 물건은 모두 질도 좋고 가격도 저렴하다.

物美价廉的东西总是很受欢迎的。
질도 좋고 값도 싼 물건은 언제나 사람들에게 환영 받는다.

1922 **物资** wùzī

［명］ 물자

　유 4급 材料 cáiliào, 5급 物质 wùzhì

灾区物资严重匮乏kuīfá。
재해지역에 물자가 심각하게 부족하다.

大批对外援助物资被劫jié。
대량의 대외 원조물자를 약탈당했다.

X

1923 溪 xī

명 시내, 개천

一条很清的小溪缓缓流过我家门前。
맑은 시냇물이 유유히 우리 집 문 앞에 흘러간다.

鱼儿什么事也不做，只在溪里游来游去。
물고기는 아무 것도 안 하고 개천에서 왔다 갔다 노닐기만 한다.

1924 膝盖 xīgài

명 무릎

유 膝 xī

她的裙子要长过膝盖以下。
그녀의 치마가 무릎 아래까지 내려온다.

昨天摔倒了，现在膝盖肿 zhǒng 起来了。
어제 넘어졌는데, 지금 무릎이 부어 오르기 시작했다.

1925 熄灭 xīmiè

동 (등이나 불이) 꺼지다, 소멸하다

유 灭 miè, 熄 xī
반 5급 燃烧 ránshāo

楼里的电灯突然熄灭了。 건물의 전등이 갑자기 꺼졌다.

希望的火炬 huǒjù 永远不会熄灭。
희망의 횃불은 영원히 소멸될 수 없다.

1926 吸取 xīqǔ

동 흡수하다, 섭취하다, (교훈·경험을) 받아들이다

유 5급 采取 cǎiqǔ, 5급 吸收 xīshōu, 1587 摄取
반 排泄 páixiè

植物从土壤中吸取养料。
식물은 토양에서 영양분을 흡수한다.

我们从失败中可以吸取教训。
우리는 실패를 통해서 교훈을 얻을 수 있다.

plus+ 吸取・吸收

- 吸取 동 흡수하다, 섭취하다
  ➡ 吸取 + 养料, 水分, 经验, 知识

- 吸收 동 흡수하다, 받아들이다
  ➡ 吸收 + 养料, 水分, 知识, 光线, 电波

비교 이 두 단어 모두 외부에서 물질이나 성분 등을 내부로 흡수한다는 뜻을 가지고 있으며 그 대상으로는 구체명사와 추상명사가 모두 올 수 있다. 단 吸收는 흡수해서 어떤 현상이나 작용을 감소시키고 소실되게 한다는 뜻도 가지고 있다.

뜻이 완전히 같을 때에는 차이점에 주목하는 것이 포인트!

Check
我们从书里（　　）有益的知识。
우리는 책에서 유익한 지식을 흡수한다.

我们录音室需要（　　）声音的隔音板。
우리 녹음실은 소리를 흡수하는 격음판이 필요하다.

답 吸取, 吸收 / 吸收

1927 昔日 xīrì

명 옛날, 이전, 지난날, 과거

昔日繁华的城市已经荒废。
지난날 번화했던 도시는 이미 황폐해졌다.

昔日美好的时光一去不复返。
과거의 아름다웠던 시절은 한 번 가면 돌아오지 않는다.

1928 牺牲 xīshēng

동 (정의를 위해) 희생하다, 자기 목숨을 버리다

유 就义 jiùyì, 捐躯 juānqū, 献身 xiànshēn

他在战场上牺牲了。
그는 전장에서 희생되었다.

他不惜牺牲自己的时间去帮助别人。
그는 자기 시간을 희생해서까지 다른 사람을 돕지 않는다.

명 희생

这样的牺牲都难以得到补偿。
이러한 희생은 모두 보상받기 어렵다.

1929 **夕阳** xīyáng
- 몡 석양, 저녁 해
- 海边的夕阳万分美丽。
  해안의 석양이 무척 아름답다.
- 夕阳落到了山那边，天色发黑。
  석양이 산 너머로 넘어가 날이 어두워졌다.

1930 **媳妇** xífu
- 몡 며느리
  - 반 2급 妻子 qīzi
- 他今年娶了媳妇。 그는 올해 며느리를 얻었다.
- 她媳妇看起来比实际年龄更年轻。
  그녀의 며느리는 실제 나이보다 훨씬 어려 보인다.

1931 **习俗** xísú
- 몡 풍속, 습속
  - 유 3급 习惯 xíguàn, 5급 风俗 fēngsú, 习性 xíxìng
- 各个地方的习俗都有差异。
  각 지방의 풍속은 어느 정도 차이가 있다.
- 少数民族有自己的民族习俗。
  소수민족은 자신들만의 민족 풍속이 있다.

1932 **袭击** xíjī
- 동 기습하다, 습격하다
  - 유 0688 攻击, 0988 进攻, 侵袭 qīnxí, 偷袭 tōuxí
- 敌军昨晚袭击了我军。
  적군은 어제 저녁에 우리 군을 기습했다.
- 这个地方经常受到台风袭击。
  이곳은 자주 태풍의 습격을 받는다.

1933 **喜闻乐见** xǐwén lèjiàn
- 성 기쁜 마음으로 듣고 보다, 즐겨 듣고 즐겨 보다, 매우 환영을 받다
- 相声是老百姓喜闻乐见的。
  만담은 백성들이 즐겨 듣고 보는 것이다.
- 这是一种广大群众喜闻乐见的艺术形式。
  이것이 폭넓은 대중에게 매우 환영을 받는 예술의 형태이다.

1934 **喜悦** xǐyuè
- 형 기쁘다, 즐겁다, 유쾌하다
  - 유 1급 高兴 gāoxìng, 1급 喜欢 xǐhuan, 4급 愉快 yúkuài
  - 반 哀愁 āichóu, 愁苦 chóukǔ, 忧愁 yōuchóu
- 婆婆留下了喜悦的泪水。
  시어머니께서는 기쁨의 눈물을 흘리셨다.
- 学生们互相拥抱着，分享着合格的喜悦。
  학생들은 서로 껴안고 합격의 기쁨을 누렸다.

1935 **系列** xìliè
- 몡 계열, 시리즈, 세트
- 我喜欢看爱情系列的电视剧。
  나는 로맨스 계열의 드라마를 보는 걸 좋아한다.
- 最近自然主义系列的文学作品很受欢迎。
  최근에는 자연주의 계열의 문학작품이 많은 사랑을 받는다.

1936 **细胞** xìbāo
- 몡 세포
- 细胞分裂的速度特别快。
  세포 분열의 속도가 무척 빠르다.
- 她的体内缺少血红细胞，常常由于贫血晕倒。
  그녀의 체내에는 적혈구 세포가 부족해서 자주 빈혈로 쓰러진다.

1937 **细菌** xìjūn
- 몡 세균
- 伤口很容易被细菌感染 gǎnrǎn。
  상처는 세균에 감염되기 쉽다.
- 通过样品DNA研究，科学家测定了出细菌的存在。
  샘플DNA 연구를 통해서, 과학자는 세균의 존재를 측정해 냈다.

1938 细致 xìzhì

형 ① (일이나 문제 등의 처리가) 꼼꼼하다, 세심하다
유 细腻 xìnì
女性天性细致认真。
여성은 천성적으로 꼼꼼하고 진지하다.

② (기계나 세공물·문장 등이) 정교하다, 섬세하다
유 精细 jīngxì, 细密 xìmì
반 粗糙 cūcāo
这个玻璃杯的花纹huāwén精美细致。
이 유리잔의 도안이 정교하고 섬세하다.

1939 霞 xiá

명 노을
天边飘着piāozhe绯红fēihóng的晚霞。
하늘가에 새빨간 저녁 노을이 떠있다.
晚霞染红了天空，那场面很壮观。
저녁 노을이 하늘을 붉게 물들여 그 광경이 장관이다.

1940 狭隘 xiá'ài

형 ① (폭이나 범위가) 좁다
유 1941 狭窄, 狭小 xiáxiǎo
반 0727 广阔, 1109 宽敞, 宽广 kuānguǎng, 宽阔 kuānkuò
狭隘的山道看不到尽头。
좁은 산길이 끝이 보이지 않는다.

② (마음·기량·견식 등이) 좁다
유 1055 开阔, 坦荡 tǎndàng
别看他是男子汉，心胸狭隘得很。
그는 사내대장부이기는 하지만 아량이 너무 좁다.

1941 狭窄 xiázhǎi

형 ① (폭이나 범위가) 협소하다, 좁다
유 1940 狭隘, 狭小 xiáxiǎo, 窄小 zhǎixiǎo
반 宽广 kuānguǎng, 宽阔 kuānkuò
一家四口挤在一个狭窄的屋子里生活。
네 식구가 좁은 방 하나에서 부대껴 생활한다.

② (마음·견식 등이) 좁다
반 1055 开阔
我认为她心胸非常狭窄，做不了有名的公司的董事长。
나는 그녀의 견식이 매우 좁아서 유명한 회사의 회장은 할 수 없다고 생각한다.

1942 峡谷 xiágǔ

명 협곡
峡谷两侧都是山峰，山势险峻。
협곡의 양쪽이 모두 산봉우리여서 산세가 험준하다.
他纵身一跃zòngshēnyíyuè，跳入峡谷。
그는 몸을 날려, 협곡으로 뛰어들었다.

1943 夏令营 xiàlìngyíng

명 여름 학교, 하계 캠프
父母很难做出的决定就是让儿子去夏令营。
부모가 매우 어렵게 해낸 결정은 바로 아들을 여름학교에 보내는 것이다.
孩子在夏令营生活了一个星期，想家是正常的。
아이가 여름캠프에서 생활한 지 일주일이 되었는데, 집이 그리운 것은 정상이다.

1944 下属 xiàshǔ

명 하급, 부하 직원
他是王部长的下属。
그는 왕 부장의 부하 직원이다.
多关照一下你的下属。
당신의 부하 직원을 많이 배려해주세요.

1945 先进 xiānjìn

형 선진이다, 진보적이다
반 5급 落后 luòhòu, 0056 保守, 后进 hòujìn
我们要向他学习先进的思想。
우리는 그의 진보적인 사상을 배워야 한다.

［명］ 앞선 사람, 선진적인 인물, 선진 집단
今年，她被评为我们公司的先进员工。
올해 그녀는 우리 회사의 우수직원으로 선정되었다.

1946 **先前** xiānqián

［명］ 이전, 예전
这事我先前已经和你说过了。
이 일은 내가 예전에 이미 너한테 이야기했다.
先前没人想到这个项目会拖这么久。
예전에 아무도 이 사업이 이렇게 오래 지연될 줄 생각하지 못했다.

1947 **鲜明** xiānmíng

［형］ ① (색깔이) 선명하다
유 明亮 míngliàng, 鲜亮 xiānliang
반 暗淡 àndàn, 昏暗 hūn'àn
这幅画颜色对比鲜明。
이 그림은 색채의 대비가 선명하다.
② 분명하다, 명확하다, 뚜렷하다
유 3급 明白 míngbai, 3급 清楚 qīngchu,
5급 明确 míngquè
반 5급 模糊 móhu, 0753 含糊, 含混 hánhùn
辩方的立场很鲜明。
변론 측의 입장은 매우 명확하다.

1948 **掀起** xiānqǐ

［동］ ① 열다, 들어올리다
她掀起锅盖拿了一个馒头。
그녀는 냄비뚜껑을 열어 찐빵 하나를 꺼냈다.
② 용솟음치다, 솟구치다
台风北上，大海掀起了巨浪。
태풍이 북상하여 바다에 거대한 파도가 용솟음쳤다.
③ (군중이나 감정 등을) 불러 일으키다, 일어나게 하다
全厂掀起了增产节约运动。
전 공장에 생산량을 늘리고 절약하자는 운동이 일었다.

1949 **纤维** xiānwéi

［명］ (천연 또는 인공) 섬유, 섬유질
纤维素是人体所必需的。
섬유소는 인체에 필요한 것이다.
人造纤维的应用范围很广。
인공섬유의 응용범위는 매우 광범위하다.

1950 **弦** xián

［명］ ① 활시위
他用力拉开弓弦。 그는 힘을 다해 활시위를 당겼다.
② (악기에서 음을 내는) 줄, 선, 현
小提琴刚拉了一会儿，突然断了一根弦。
바이올린을 막 켰는데, 갑자기 줄이 하나 끊어졌다.
③ (시계나 장난감 등의) 태엽
闹钟走慢了，该上上弦了。
알람시계가 늦게 가니 태엽을 좀 감아야 겠다.

1951 **嫌** xián

［동］ 싫어하다, 역겨워하다
유 4급 讨厌 tǎoyàn, 嫌恶 xiánwù
반 1급 喜欢 xǐhuan, 喜爱 xǐ'ài
大家都嫌他太倔强 juéjiàng。
모두 그가 너무 고집이 세다고 싫어한다.
他们嫌做饭麻烦，决定一会儿去下馆子。
그들은 밥 하기가 싫어서 외식하러 나가기로 결정했다

1952 **嫌疑** xiányí

［명］ 혐의, 의심
他有犯罪的嫌疑。 그는 범죄의 혐의가 있다.
他是这桩案子的嫌疑人。 그는 이 사건의 혐의자이다.

1953 **闲话** xiánhuà

［명］ ① 잡담, 여담
유 闲言 xiányán
少说闲话，讲些有用的吧。
잡담 그만하고, 건설적인 이야기 좀 하자.

② 험담, 불평
유 1134 牢骚, 怪话 guàihuà, 怨言 yuànyán
注意一些，省得让人说闲话。
주의 좀 해, 나중에 다른 사람들에게 불평 안 들으려면.

동 한담하다
两人闲话了一阵子才各自回家。
두 사람은 한바탕 한담을 나누고서야 각자 집으로 돌아갔다.

1954 贤惠 xiánhuì

형 (여자가) 어질고 총명하다, 품성이 곱다
유 贤慧 xiánhuì
她是一个贤惠的都市女子。
그녀는 어질고 총명한 도시 여인이다.
她太年轻，还没达到作一位贤惠的妻子的标准。
그녀는 너무 어려서 아직 어질고 총명한 부인이 되는 기준에 다다르지 못했다.

1955 衔接 xiánjiē

동 맞물리다, 잇다, 연결되다
유 关联 guānlián, 连贯 liánguàn, 连接 liánjiē
반 割断 gēduàn, 割裂 gēliè, 隔断 géduàn
各部件紧密衔接在一起。
각각의 부품이 서로 긴밀하게 연결되어 있다.
这两部分内容衔接得十分勉强。
이 두 부분의 내용이 매우 억지스럽게 연결되어 있다.

1956 显著 xiǎnzhù

형 현저하다, 뚜렷하다, 돋보이다
유 5급 明显 míngxiǎn, 5급 显然 xiǎnrán
반 3급 一般 yìbān
他在医学领域取得了显著的成就。
그는 의학 영역에서 뚜렷한 공적을 거뒀다.
经过两年多的学习，他的中文水平显著提高。
2년이 넘게 공부해서, 그의 중국어 실력은 현저히 높아졌다.

1957 现场 xiànchǎng

명 ① (사건이나 사고 등이 발생한) 현장
应该保护现场，以便进行调查。
조사가 수월하게 진행되도록 현장을 보호해야 한다.

② (생산·연출·경기 등의) 현장
演出现场的气氛很热烈。
콘서트 현장의 분위기가 매우 뜨겁다.

1958 现成 xiànchéng

형 원래부터 있다, 이미 갖추어져 있다, 기성이다
你也得干点事，别净等现成的。
너도 일 좀 해, 거져 먹으려고 하지 말고.
家里有现成的饭，热一热吃吧。
집에 지어놓은 밥이 있으니, 좀 데워서 먹어요.

1959 现状 xiànzhuàng

명 현상, 현황
유 5급 状况 zhuàngkuàng
你和我，还是维持现状吧。
너와 나, 지금 이대로만 유지하자.
不要满足于现状，要努力进取。
현재에 안주하지 말고, 더욱 노력해 나가라.

1960 宪法 xiànfǎ

명 헌법
我们要维护宪法的尊严。
우리는 헌법의 존엄성을 수호해야 한다.
宪法规定公民的权利与义务。
헌법은 국민의 권리와 의무를 규정한다.

1961 陷害 xiànhài

동 모함하다, 해치다
她惯于设计陷害别人。
그녀는 흉계를 꾸며 다른 사람을 모함하는 것에 습관이 되었다.

那个老太监陷害了很多忠良。
그 늙은 태감은 많은 충신들을 모함했다.

1962 **陷入** xiànrù

동 ① (불리한 지경에) 빠지다, 떨어지다
유 陷落 xiànluò, 陷于 xiànyú
반 0231 摆脱, 1829 脱离, 逃脱 táotuō
他家人陷入困境只是暂时的。
그의 가족은 잠시 곤경에 빠졌을 뿐이다.

② 몰두하다, 몰입하다, 전념하다
유 浸 jìn, 浸沉 jìnchén
看着窗外的雨，他陷入沉思中。
창밖의 비를 보면서, 그는 깊은 생각에 빠졌다.

1963 **馅儿** xiànr

명 (만두 등의) 소
我爱吃牛肉馅儿的包子。
나는 소고기 소가 든 만두를 먹는 걸 좋아한다.
广式糕点的特点是外面的皮甜，馅儿多。
광둥식 케이크의 특징은 겉껍질은 달고 소가 많다는 것이다.

1964 **线索** xiànsuǒ

명 실마리, 단서
유 1817 途径, 脉络 màiluò, 头绪 tóuxù
现在案子一点线索也没有。
지금 사건의 실마리가 하나도 없다.
警方已经掌握了一些线索。
경찰 측은 이미 몇 가지 단서를 확보하였다.

1965 **相差** xiāngchà

동 서로 차이가 나다, 다르다
他们俩实力相差很远。
그들 둘의 실력이 서로 차이가 많이 난다.
赝品 yànpǐn 与真迹相差无几。
모조품이 진품과 차이가 거의 나지 않는다.

1966 **相等** xiāngděng

동 (수량·분량·정도 등이) 같다, 대등하다
유 3급 相同 xiāngtóng
这两盒巧克力的数量相等。
이 두 상자의 초코렛은 수량이 같다.
同等工作经验的人应该报酬相等。
업무 경력이 동일한 사람은 보수도 동일해야 한다.

1967 **相辅相成** xiāngfǔ xiāngchéng

성 서로 돕고 보완하여 일을 완성하다, 상부상조하다
科学和技术相辅相成。
과학과 기술은 서로 보완하고 돕는 관계이다.
我们俩的观点不是对立的，而是有相辅相成的作用。
우리 둘의 관점은 대립적인 것이 아니라 상부상조의 작용을 가지고 있다.

1968 **相应** xiāngyìng

동 상응하다, 서로 맞다, 어울리다, 호응하다
根据相应条款，我方要进行索赔 suǒpéi。
상응하는 조항에 근거해 우리 측은 배상을 요구할 것이다.
时代不同了，你那老脑筋也该相应得变了。
시대가 달라지니 너의 그 오래된 생각도 그에 맞게 변해야 한다.

1969 **镶嵌** xiāngqiàn

동 끼워 넣다, 박아 넣다, 상감하다
他把一颗钻石镶嵌在戒指上了。
그는 다이아몬드를 반지에 끼워 넣었다.
胸针 xiōngzhēn 上一共镶嵌了十八颗钻石。
브로치에 모두 18개의 다이아몬드를 박아 넣었다.

1970 **乡镇** xiāngzhèn

명 ① 향과 진 [행정 단위]
乡镇与城市的差距有望缩小。
향진과 도시의 격차가 축소될 가능성이 있다.

② (규모가 작은) 지방 도시, 소도시
政府大力支持乡镇企业的发展。
정부는 소도시에 있는 기업의 발전을 적극 지원하고 있다.

1971 **想方设法** xiǎngfāng shèfǎ

성 온갖 방법을 다 생각하다, 갖은 방법을 다 강구하다
他想方设法安慰了她。
그는 갖은 방법을 다 동원해서 그녀를 위로했다.
当别人遇到困难时，他总是想方设法地帮助。
다른 사람이 곤란에 처했을 때 그는 항상 온갖 방법을 다 생각하여 돕는다.

1972 **响亮** xiǎngliàng

형 (소리가) 크고 맑다, 우렁차다
유 洪亮 hóngliàng, 嘹亮 liáoliàng
반 低微 dīwēi, 细微 xìwēi
她讲话响亮清楚。
그녀는 말을 할 때, 우렁차고 명료하게 한다.
广场上传来响亮的锣luó声。
광장에서 우렁찬 꽹과리 소리가 들려온다.

1973 **响应** xiǎngyìng

동 대답하다, 응답하다, 호응하다
大家都积极地响应班长的号召。
모두 반장의 호소에 적극적으로 응답했다.
他的愚蠢透顶的提问，没有人响应他。
그의 어리석은 질문으로 그에게 호응하는 이가 없었다.

1974 **巷** xiàng

명 골목, 좁은 길
유 5급 胡同 hútòng 반 大街 dàjiē

我们两家住在同一条巷子里。
우리 두 집은 한 골목에 살고 있다.
胡同里边还有几条小巷，我差点迷了路。
골목 안에 좁은 골목이 여러 개 있어서 나는 하마터면 길을 잃을 뻔했다.

1975 **向导** xiàngdǎo

동 길을 안내하다, 인도하다
这个狗的任务是给盲人向导。
이 개의 임무는 맹인에게 길을 안내하는 것이다.

명 길잡이, 안내자, 가이드
她是我们观光团的向导。
그녀는 우리 여행단의 가이드이다.

1976 **向来** xiànglái

부 여태까지, 지금까지, 줄곧
유 3급 一直 yìzhí
他向来是那么懒惰lǎnduò。
그는 줄곧 저렇게 게으르다.
她向来不隐瞒自己的观点率直陈言。
그녀는 여태껏 자신의 관점을 숨기지 않고 솔직하게 말했다.

1977 **向往** xiàngwǎng

동 열망하다, 동경하다
유 2급 希望 xīwàng, 1401 期望
没有人不向往幸福的生活。
행복한 생활을 열망하지 않는 사람은 없다.
人至中年，越发向往简简单单的生活。
사람은 중년이 되면 좀 더 단순한 생활을 동경하게 된다.

1978 **消除** xiāochú

동 없애다, 제거하다, 해소하다
你用热水泡一下可以消除疲劳。
따뜻한 물에 몸을 좀 담그면 피로를 풀 수 있다.
我不知道如何消除他对我的成见。
나는 어떻게 나에 대한 그의 편견을 풀어야 할지 모르겠다.

1979 **消毒** xiāo//dú

동 소독하다
奶瓶应用开水好好消毒。
젖병은 끓는 물에 잘 소독해야 한다.
病人用过的东西应该高温消毒。
환자가 썼던 물건은 반드시 고온 소독해야 한다.
病房已经消过毒了。
병실은 이미 소독을 했다.

1980 **消防** xiāofáng

명 소화와 방화, 소방
消防队员还在同大火作斗争。
소방관들은 아직도 불길과 고군분투하고 있다.
图书馆的消防设施有专人进行检查。
도서관의 소방시설은 전문가가 점검을 한다.

1981 **消耗** xiāohào

동 ① (정신·힘·물자 등을) 소모하다, 소비하다
유 损耗 sǔnhào
写小说实在太消耗精力。
소설을 쓰는 것은 실로 무척이나 정력이 소모되는 일이다.

② (정신·힘·물자 등을) 소모시키다, 다 써버리게 하다
我们的任务是消耗敌人的有生力量。
우리의 임무는 적의 전투력을 갖춘 군대를 소모시키는 것이다.

1982 **消极** xiāojí

형 ① 부정적이다
유 5급 落后 luòhòu 반 4급 积极 jī
任何消极因素都无法阻拦zǔlán我们。
그 어떤 부정적인 요소도 우리를 막지 못할 것이다.

② 소극적이다, 의기소침하다
这使我的工作态度变得消极起来了。
이것은 내 업무 태도를 소극적으로 변하게 했다.

1983 **销毁** xiāohuǐ

동 소각하다, 불태워 없애다
유 毁掉 huǐdiào, 烧毁 shāohuǐ
他溜进警察局把证物销毁了。
그는 슬그머니 경찰서에 들어가 증거물을 소각하였다.
药检不合格的药物要全部销毁。
약물 검사에서 불합격한 약물은 전부 폐기해야 한다.

1984 **小心翼翼** xiǎoxīn yìyì

성 매우 신중하고 소홀함이 없다, 매우 조심스럽다
유 谨小慎微 jǐnxiǎo shènwēi
반 1689 疏忽, 粗心大意 cūxīn dàyì
他小心翼翼地打开信封。
그는 매우 조심스럽게 봉투를 펼쳤다.
她小心翼翼地走着, 怕吵醒他。
그녀는 그가 깰까 봐 매우 조심스럽게 걸어갔다.

1985 **效益** xiàoyì

명 효과와 수익, 이득
유 4급 效果 xiàoguǒ
工厂的效益一天不如一天。
공장의 사정이 하루가 다르게 나빠지고 있다.
今年我们公司的效益不错, 我们拿了百分之六百的奖金。
올해 우리 회사의 수익이 괜찮아서, 우리는 600%의 보너스를 받았다.

1986 **肖像** xiàoxiàng

명 (사람의) 사진, 화상
유 画像 huàxiàng, 标准像 biāozhǔnxiàng
这幅肖像画多少钱?
이 초상화는 얼마입니까?
这肖像栩栩如生 xǔxǔ rúshēng。
이 초상은 마치 살아있는 것 같다.

1987 携带 xiédài

동 ① (물건을) 휴대하다, 지니다
유 3급 带 dài
旅客必须携带适当的证明材料。
승객은 반드시 합당한 증명자료를 소지해야 한다.

② (사람을) 인솔하다, (아랫 사람을) 이끌어주다
他已携带家眷jiāyuàn潜逃qiántáo出境了。
그는 이미 온 집안 식구를 다 데리고 국외로 도망갔다.

1988 协会 xiéhuì

명 협회
她加入钢琴协会已有五年了。
그녀는 피아노 협회에 가입한 지 이미 5년이나 되었다.
我爷爷是书法协会的副会长。
우리 할아버지께서는 서예 협회 부회장이시다.

1989 协商 xiéshāng

동 협상하다, 협의하다
유 4급 商量 shāngliang
有几项条款我们还要再协商一下。
몇 가지 조항은 우리가 다시 협상해야 할 것이다.
有任何问题我们都可以协商解决。
어떤 문제든지 우리는 모두 협상으로 해결할 수 있다.

1990 协议 xiéyì

동 협의하다, 합의하다
经过协议，他们决定了离婚。
합의를 거쳐 그들은 이혼을 결정했다.

명 (국가·정당 등의) 협의, 합의
유 5급 合同 hétong, 协定 xiédìng
两国最终签订了休战协议。
양국은 최종적으로 휴전 협의를 체결하였다.

1991 协助 xiézhù

동 협조하다, 보조하다
유 2급 帮助 bāngzhù, 0609 辅助
请你协助我完成这件事。
제가 이 일을 끝마칠 수 있도록 협조해주세요.
不要担心，她会协助你的。
걱정하지 마, 그녀가 네게 협조해줄 거야.

1992 写作 xiězuò

동 글을 짓다, 창작하다
유 著述 zhùshù
他整天圈在家里写作。
그는 종일 집 안에 틀어박혀 글을 쓴다.
他从二十几岁开始写作。
그는 스무 살이 넘어서부터 글을 쓰기 시작했다.

1993 屑 xiè

명 부스러기, 찌꺼기
유 末 mò
黑板槽cáo里有很多粉笔屑。
칠판틀에는 분필가루가 많이 있다.

형 자질구레하다, 하찮다
日常生活中满是琐屑suǒxiè的事情。
일상생활은 자질구레한 일들로 가득하다.

동 ~할 만한 가치가 있다고 여기다
她对这样的批判不屑一顾。
그녀는 이런 비판에 대해서 신경도 쓰지 않는다.

1994 谢绝 xièjué

동 사절하다, 정중히 거절하다
유 回绝 huíjué, 婉辞 wǎncí
반 4급 接受 jiēshòu
对不起，此地谢绝参观。
죄송합니다만, 이곳은 참관 사절입니다.
为了舒适的购物环境，本店谢绝自带酒水。
쾌적한 쇼핑 환경을 위해, 저희 매장에서는 손님이 음료를 가지고 오시는 것을 사절합니다.

1995 泄露 xièlòu

[동] 누설하다, 폭로하다
유 透露 tòulù

密码一定不能泄露出去！
비밀번호는 절대 누설하면 안 된다!
他把咱们的秘密都给泄露了。
그는 우리의 비밀을 모두 발설했다.

1996 泄气 xiè//qì

[동] 자신감을 잃다, 기가 죽다, 맥이 풀리다
유 气馁 qìněi

不要那么悲观泄气。
그렇게 비관하고 기죽지 마라.
他好像泄了气似的躺在床上。
그는 맥이 풀린 사람처럼 침대에 누워있다.

[형] 한심하다, 형편 없다
这种小事你都做不成，也太泄气了。
이런 작은 일도 못 하다니 네가 너무 한심하다.

1997 新陈代谢 xīnchén dàixiè

[명] 물질대사, 신진대사
生物体的新陈代谢有一个周期。
생물체의 신진대사에는 주기가 있다.
如果不喝水，新陈代谢速度会减慢。
물을 안 마시면, 신진대사의 속도가 느려질 수 있다.

[성] 신진대사 [새로운 사물과 낡은 사물의 투쟁을 통해 새로운 사물이 낡은 사물을 대체하는 과정을 가리킴]
任何事物的发展，都有一个新陈代谢的过程。
어떠한 사물의 발전에는 모두 신진대사의 과정이 있다.

1998 新郎 xīnláng

[명] 신랑
유 新郎官 xīnlángguān, 新人 xīnrén
반 1999 新娘

你想做她的新郎吗?
당신은 그녀의 신랑이 되고 싶습니까?

他不是新郎的爸爸，而是新娘的爸爸。
그는 신랑의 아버지가 아니라 신부의 아버지이다.

1999 新娘 xīnniáng

[명] 신부
유 新人 xīnrén 반 1998 新郎

新娘长得真漂亮！
신부가 정말 예쁘네요!
新娘正朝着新郎走去。
신부가 신랑을 향해 걸어가고 있다.

2000 新颖 xīnyǐng

[형] 새롭다, 신선하다, 참신하다
반 0260 陈旧

你的想法真新颖！
네 생각이 정말 참신하구나!
这条裙子的款式很新颖，目前很热卖。
이 스커트의 디자인이 참 신선해서 요즘 잘 팔린다.

2001 心得 xīndé

[명] 느낌, 소감, 체득
유 5급 体会 tǐhuì

请给我们讲一下您的心得吧。
우리에게 당신의 소감을 말씀해보세요.
参加了这次活动你有什么心得?
이번 활동에 참여하면서 어떤 느낌이 들었나요?

2002 心灵 xīnlíng

[명] 심령, 영혼, 마음
유 4급 精神 jīngshén, 5급 思想 sīxiǎng, 1181 灵魂

她有一颗美丽的心灵。
그녀는 아름다운 마음을 가지고 있다.
心灵美比相貌美更重要。
마음의 아름다움이 용모의 아름다움보다 더 중요하다.

2003 **心态** xīntài

명 심리상태

我想让你进入一种全新的心态。
나는 네가 완전히 새로운 심리상태를 갖게 되길 바란다.

医生说保持良好的心态，有助于治疗。
의사선생님께서 좋은 심리상태를 유지해야 치료에 도움이 된다고 말씀하셨다.

2004 **心疼** xīnténg

동 ① 몹시 아끼다, 사랑하다
유 5급 疼爱 téng'ài

老太太最心疼孙子。
할머니는 손자를 제일 아낀다.

他、从来没有心疼过我。
그는 지금껏 나를 사랑한 적이 없다.

② 아까워하다, 애석해하다
유 1855 惋惜, 痛惜 tòngxī

看到他受苦受累，我很心疼。
그가 고생을 하는 것을 보니 내 마음이 아프다.

2005 **心血** xīnxuè

명 심혈, 지성과 지력
유 5급 精力 jīnglì, 心思 xīnsi

你真是辜负gūfù了教授的一番心血。
너는 정말 교수님의 심혈을 헛되게 했다.

这部作品凝聚níngjù了作者一生的心血。
이 작품에는 작가 평생의 심혈이 응집되어 있다.

2006 **心眼儿** xīnyǎnr

명 ① 내심, 마음속
유 内心 nèixīn

她看到自己的儿子有出息了，打心眼儿里高兴。
그녀는 자신의 아들이 촉망받는 것을 보고 마음속으로 정말 기뻤다.

② 심지, 마음씨, 속마음

现在的年轻人为什么那么多心眼儿，单纯点不好吗?
현재의 젊은이들은 왜 그렇게 마음이 복잡하지, 좀 단순하면 안 되나?

③ 기지, 총기, 슬기

他有心眼儿，做事很周到。
그는 총기가 있어서, 일을 참 꼼꼼하게 한다.

④ 불신, 조심성

他这个人倒不错，心眼儿太多了。
그라는 사람은 다 좋은데 조심성이 너무 많다.

⑤ 마음, 아량
유 度量 dùliàng, 气度 qìdù, 心胸 xīnxiōng

绝对不能和心眼儿小的男人交往。
절대로 속이 좁은 남자와는 교제하지 마라.

2007 **辛勤** xīnqín

형 부지런하다, 근면하다
유 5급 勤劳 qínláo 반 1128 懒惰

虽辛勤工作了，但一切都是枉然的。
비록 열심히 일했지만 모두가 헛수고였다.

只有今天辛勤耕耘才能换来明天的丰收。
오늘 열심히 밭을 갈구기만 하면 내일의 수확과 바꿀 수 있다.

2008 **欣慰** xīnwèi

형 기쁘고 안심이 되다

他的脸上露出了欣慰的笑容。
그의 얼굴에서 기뻐서 안심하는 미소가 보였다.

得知他取得了那么好的成绩，妈妈很欣慰。
그가 그렇게 좋은 성적을 냈다는 걸 알았을 때, 엄마는 무척 기뻐했다.

2009 **欣欣向荣** xīnxīn xiàngróng

성 (초목이) 무성하다, (사업이) 번창하다
유 5급 繁荣 fánróng, 0234 昌盛, 2017 兴旺

汪汪餐厅却在经济衰退中欣欣向荣。
왕왕식당은 불경기 속에서도 오히려 사업이 번창하고 있다.

过去荒凉的山村已发展成为欣欣向荣的人民公社。
과거의 황량했던 산촌은 이미 번창한 인민공사로 발전했다.

2010 薪水 xīnshuǐ

명 급여, 임금
　유 4급 工资 gōngzī

这个职位薪水非常高。
이 직위의 급여는 매우 높다.

我的薪水勉强能养活我自己。
내 봉급으로는 나 혼자 살기도 빠듯하다.

2011 信赖 xìnlài

동 신뢰하다, 신임하다
　유 3급 相信 xiāngxìn, 4급 信任 xìnrèn
　반 4급 怀疑 huáiyí

美满婚姻的基础是信赖。
아름다운 결혼생활의 기초는 신뢰이다.

这个人总是说谎，我没法信赖他。
이 사람은 늘 거짓말을 해서 나는 그를 신뢰하지 않는다.

2012 信念 xìnniàn

명 신념, 믿음
　유 2013 信仰

他是一个有信念的人。
그는 신념을 지니고 있는 사람이다.

我的信念就是好人总比坏人多。
내 신념은 바로 나쁜 사람보다 좋은 사람이 더 많다는 것이다.

2013 信仰 xìnyǎng

동 신앙하다, 숭배하다
　유 3급 相信 xiāngxìn

他依靠信仰活着。
그는 신앙에 의지하여 살고 있다.

绝大多数中国人不信仰上帝。
절대다수의 중국인들은 하느님을 믿지 않는다.

2014 信誉 xìnyù

명 신용과 명예, 위신, 신망, 평판
　유 1279 名誉, 1620 声誉

这是一家信誉良好的银行。
이 은행은 평판이 좋다.

这个店的东西物美价廉，信誉非常好。
이 매장의 물건들은 물건이 좋고 값도 싸서, 평판이 좋다.

2015 腥 xīng

명 ① 생육, 날고기
这个菜的腥味儿太大，我不能吃。
이 음식의 날고기 냄새가 너무 심해서 난 못 먹겠다.

② 비린내
她放了些料酒去腥。
그녀는 조리용 술을 넣어서 비린내를 없앴다.

형 비린내가 나다
这条鱼真腥，差点儿吐出来。
이 생선은 비린내가 정말 심해서 하마터면 토할 뻔했다.

2016 兴隆 xīnglóng

형 흥성하다, 번창하다
　유 2017 兴旺

他的生意一天天兴隆起来。
그의 사업이 나날이 번창하고 있다.

希望新的一年给您带来生意兴隆。
새로운 일년이 당신에게 사업의 번창을 다져주길 희망합니다.

2017 兴旺 xīngwàng

형 번창하다, 왕성하다
　유 5급 发达 fādá, 5급 繁荣 fánróng, 2016 兴隆, 兴盛 xīngshèng, 旺盛 wàngshèng

老王家真是人丁兴旺啊。
왕 씨네는 정말 가문이 번창했구나.

他公司的商品贸易越办越兴旺。
그 사람 회사의 상품무역이 날이 갈수록 번창한다.

2018 行政 xíngzhèng

명 행정 [기관·기업·단체 등의 내부를 관리하는 일]

她是新来的行政助理。
그녀는 새로 온 행정비서이다.

他在国家某行政机关工作。
그는 국가의 모 행정기관에서 일한다.

2019 形态 xíngtài

명 (사물이나 표현으로서의) 형태

유 4급 样子 yàngzi, 5급 形式 xíngshì, 5급 状态 zhuàngtài

她在舞台上的形态非常美。
그녀는 무대에서의 모습이 정말 아름답다.

意识形态不同将导致很多分歧。
의식형태가 다른 것은 많은 의견의 불일치를 가져올 것이다.

2020 刑事 xíngshì

명 형사

你这可是刑事犯罪。
너 이거 형사범죄가 될 수 있어.

我完全不懂刑事法规。
나는 형사법규에 대해서는 전혀 모른다.

2021 性感 xìnggǎn

명 (성적) 매력

他看上去很有性感。
그는 보기에 매우 성적 매력이 있다.

형 섹시하다, 야하다

大多数妇女认为布拉德·皮特非常性感。
대부분의 여성들이 브래드 피트가 섹시하다고 생각한다.

2022 性命 xìngmìng

명 목숨, 생명

유 4급 生命 shēngmìng

这可是性命攸关的事。
이것은 목숨과 관계된 일이다.

他在执行任务的过程中丢了性命。
그는 임무를 수행하는 과정에서 순직했다.

2023 性能 xìngnéng

명 성능

유 3급 作用 zuòyòng, 5급 功能 gōngnéng

这台机器的性能非常好。
이 기계는 성능이 매우 좋다.

那种新式手机还有些问题，性能不太稳定。
이 신형 휴대전화는 아직 문제가 있어서 성능이 그다지 안정되지 않았다.

2024 性情 xìngqíng

명 성격, 성질

유 4급 脾气 píqi, 4급 性格 xìnggé

他是个性情急躁的人。
그는 성격이 급한 사람이다.

我们的数学教授性情有点儿古怪。
우리 수학 교수님은 성격이 좀 이상하시다.

2025 幸好 xìnghǎo

부 다행히, 운 좋게

유 5급 幸亏 xìngkuī

幸好你来了，不然就没人帮我啦。
운 좋게 네가 왔구나. 그렇지 않았으면, 날 도와줄 사람이 없었을 뻔 했는데.

幸好今天没下雨，否则就没法去爬山了。
다행히도 오늘 비가 안 오네. 그렇지 않았다면, 산에 오르지 못했을 텐데.

2026 兴高采烈 xìnggāo cǎiliè

성 매우 기쁘다, 매우 흥겹다, 신바람 나다

유 1급 高兴 gāoxìng, 4급 兴奋 xīngfèn
반 垂头丧气 chuítóu sàngqì, 心灰意冷 xīnhuī yìlěng

他兴高采烈地朝大家招手。
그는 매우 기쁘게 모두에게 손짓을 했다.

大多数人兴高采烈之时，却是少数人伤心失意之日。
많은 사람들이 매우 흥거워할 때에, 오히려 소수의 사람들은 여의치 않은 생활로 슬퍼한다.

2027 兴致勃勃 xìngzhì bóbó

성 흥미진진하다

音乐家兴致勃勃地演奏。
음악가가 흥미진진하게 연주를 한다.
这是一本从头到尾让我感到兴致勃勃的书。
이 책은 처음부터 끝까지 매우 흥미진진하다.

2028 胸怀 xiōnghuái

명 ① 포부, 마음, 도량
유 心胸 xīnxiōng

他宽广的胸怀令人敬佩。
그의 넓은 도량을 모두 존경한다.

동 마음속으로 생각하다, 가슴에 품다, 간직하다
他是个胸怀大志的青年。
그는 가슴에 큰 꿈을 품은 젊은이다.

2029 胸膛 xiōngtáng

명 가슴, 흉부
유 胸口 xiōngkǒu

子弹穿过他的胸膛。
탄알이 그의 가슴을 뚫고 지나갔다.
他的胸膛里充满了壮志豪情。
그의 가슴에는 웅대한 포부와 늠름한 기상이 가득 차 있다.

2030 凶恶 xiōng'è

형 (성격·행위·모습이) 흉악하다
유 凶 xiōng 반 5급 善良 shànliáng

我看到了他凶恶的嘴脸。
나는 그의 흉악한 얼굴을 보았다.
一张凶恶的脸在人群中一闪而过。
흉악한 얼굴이 군중 속에서 갑자기 사라졌다.

2031 凶手 xiōngshǒu

명 살인범, 흉악범

警方将全力缉拿jīná凶手。
경찰은 모든 수사력을 총동원해서 흉악범을 찾고 있다.
上次那个案子的凶手抓到了吗?
지난 번 그 사건의 살인범을 잡았나요?

2032 雄厚 xiónghòu

형 (인력·물자 등이) 풍부하다, 충분하다
유 丰厚 fēnghòu, 0297 充足
반 0157 薄弱

她嫁给了一个实力雄厚的人。
그녀는 실력이 풍부한 사람에게 시집을 갔다.
我们资金虽不充足，但技术力量雄厚。
우리의 자금은 비록 충분하지 않지만, 기술력은 충분하다.

2033 修复 xiūfù

동 (건축물을) 수리하여 복원하다, 원상복구하다
반 拆毁 chāihuǐ

人体有自我修复功能。
인체는 스스로 원상복구하는 기능을 가지고 있다.
怎样修复被晒黑的皮肤?
어떻게 볕에 탄 피부를 복원해야 하나요?
几名画师在修复一幅古画。
몇 명의 화가가 고화를 복원하고 있다.

2034 修建 xiūjiàn

동 건설하다, 건축하다
유 兴建 xīngjiàn

在古代为什么要修建长城呢?
고대에 왜 만리장성을 축조했을까?
市民广场已经修建好了，现在对公众开放了。
시민광장은 이미 건설이 완료되어 현재 일반인에게 개방되었다.

2035 **修理** xiūlǐ

동 ① 수리하다, 고치다
  유 4급 修 xiū
  王大爷在给我修理自行车。
  왕 씨 할아버지께서 자전거를 수리해주셨다.

  ② 가위로 다듬다, 전지하다
  유 剪 jiǎn
  请给我修理一下留海儿 liúhǎir 吧。
  제 앞머리를 좀 다듬어주세요.

2036 **羞耻** xiūchǐ

형 부끄럽다, 수치스럽다
  유 羞辱 xiūrǔ, 耻辱 chǐrǔ
  반 5급 光荣 guāngróng
  那么做你不觉得羞耻吗?
  그렇게 하면 너는 수치스럽지 않니?

명 수치, 치욕
  她真是不知羞耻。
  그녀는 정말 부끄러움을 모른다.

2037 **休养** xiūyǎng

동 휴양하다, 요양하다
  유 0058 保养, 疗养 liáoyǎng, 调养 tiáoyǎng
  他到海南岛休养去了。
  그는 하이난다오에 휴양하러 갔다.
  最近你太累了, 到海边休养一段时间吧。
  요즘 너 정말 피곤했을 텐데, 해변에 가서 얼마간 쉬도록 해.

2038 **绣** xiù

동 수놓다, 자수하다
  过去的女孩子都要学绣花。
  과거의 여자아이들은 모두 꽃무늬로 수놓는 것을 배워야 했다.

명 자수, 자수품
  手帕上的刺绣很精致。
  손수건 위의 자수는 정말 정교하다.

2039 **嗅觉** xiùjué

명 ① 후각
  狗的嗅觉十分灵敏。
  개의 후각은 매우 민감하다.

  ② 사물을 판단하는 능력, 분별력, 감각
  他年纪小, 政治嗅觉好像有点问题。
  그는 나이가 어려서인지, 정치적 감각에 문제가 좀 있는 거 같다.

2040 **虚假** xūjiǎ

형 거짓이다, 허위이다, 속임수이다
  유 2042 虚伪 반 5급 真实 zhēnshí
  她露出虚假的微笑。
  그녀는 거짓 웃음을 지어 보였다.
  这些事实证明她的证词是虚假的。
  이 사실들이 그녀의 증언이 거짓이라는 것을 증명한다.
  这份声明的虚假性我立刻就明白了。
  이 성명의 허위성을 난 단번에 알아차렸다.

2041 **虚荣** xūróng

명 허영, 헛된 영화
  她被虚荣心害苦了。
  그녀는 허영심으로 인해 곤욕을 치렀다.
  他这样做纯粹 chúncuì 是出于虚荣。
  그가 이렇게 하는 것은 순전히 허영 때문이다.

2042 **虚伪** xūwěi

형 허위이다, 거짓이다
  유 2040 虚假 반 真诚 zhēnchéng
  她是一个虚伪的人。
  그녀는 위선적인 사람이다.
  他最大的毛病是虚伪待人。
  그의 가장 큰 문제는 거짓으로 사람을 대하는 것이다.

2043 需求 xūqiú

명 수요, 필요
- 유 3급 需要 xūyào

需求与供给正趋于平衡。
수요과 공급이 평형을 이루고 있다.
市场上这种商品的需求量不高
시장에서는 이런 상품의 수요량이 높지 않다.

2044 须知 xūzhī

명 주의사항, 안내사항, 규정, 준칙

入园须知就在门口非常显眼的地方。
정원 입장 시의 주의사항은 정원 문 앞의 아주 잘 보이는 곳에 있다.

동 반드시 알아야 한다

作为学生，须知学习最重要。
학생으로서 공부가 가장 중요하다는 것을 반드시 알아야 한다.

2045 许可 xǔkě

동 허가하다, 승낙하다, 허락하다
- 유 4급 允许 yǔnxǔ, 准许 zhǔnxǔ
- 반 4급 禁止 jìnzhǐ

未经许可，不得入内。
허락 없이 안으로 들어가면 안 됩니다.
如时间许可请您今天来一下。
시간이 되신다면 오늘 오세요.

2046 酗酒 xùjiǔ

동 술주정하다, 취해서 함부로 행동하다

这帮家伙经常酗酒闹事。
저 놈은 매번 술에 취해 소란을 피운다.
他因酗酒滋事xùjiǔ zīshì被逮到警察局了。
그는 취해서 말썽을 피우다가 경찰서에 끌려갔다.

2047 畜牧 xùmù

명 축산, 목축

他家经营着一个畜牧农场。
그의 집안은 축산농장을 운영하고 있다.
中国的畜牧产业大部分都集中在西北地区。
중국의 목축산업은 대부분 서북지역에 집중되어 있다.

2048 序言 xùyán

명 서문, 머리말
- 유 前言 qiányán
- 반 跋 bá, 后记 hòujì

这篇文章的序言写得很好。
이 글의 서문은 정말 잘 썼다.
她在序言中表明了写文章的宗旨。
그녀는 서문에서 글을 쓴 취지를 밝혔다.

2049 宣誓 xuān//shì

동 선서하다
- 유 0514 发誓

他在法庭中举手宣誓。
그는 법정에서 손을 들어 선서했다.
我宣誓我所说的一切都是真的。
나는 내가 말한 일체가 모두 사실임을 선서합니다.
证人宣完了誓，就坐下了。
증인은 선서를 마치고 자리에 앉았다.

2050 宣扬 xuānyáng

동 널리 알리다
- 유 5급 宣传 xuānchuán

他做了好事从不宣扬。
그는 좋은 일을 하면서 한 번도 대외적으로 알리지 않았다.
这样的先进事迹应该大力宣扬。
이러한 선진 사적은 적극적으로 널리 알려야 한다.

2051 悬挂 xuánguà

동 걸다, 매달다

유 4급 挂 guà, 悬 xuán

高大的大厦上悬挂着巨幅标语。
높은 빌딩에 커다란 플래카드가 걸려 있다.

在重要的节日，一定要把国旗悬挂在门外。
중요한 기념일에는 반드시 국기를 문 밖에 걸어야 한다.

2052 悬念 xuánniàn

명 서스펜스 [소설·연극·영화 등을 보며 줄거리·인물의 운명 등에 대해 갖게 되는 기대 심리]

这本小说毫无悬念。
이 소설은 조금의 서스펜스도 없다.

这部电影非常激动人心，充满了悬念。
이 영화는 매우 감동적이며 서스펜스도 풍부하다.

동 걱정하다, 근심하다

女儿久未来信，父母颇为悬念。
딸이 오랫동안 편지를 보내오지 않아서, 부모님이 무척 걱정하신다.

2053 悬崖峭壁 xuányá qiàobì

성 깎아지른 듯한 절벽, 험준한 산세

黄山到处都是悬崖峭壁。
황산은 도처가 모두 깎아지른 듯한 절벽이다.

沿着北部海岸有许多悬崖峭壁。
북부 해안에는 험준한 산세가 많다.

2054 旋律 xuánlǜ

명 선율, 멜로디

유 曲调 qǔdiào

这首歌的旋律很熟悉。
이 노래의 멜로디는 정말 익숙하다.

耳边传来优美的旋律。
귓가에 아름다운 선율이 전해져온다.

2055 旋转 xuánzhuǎn

동 돌다, 회전하다, 선회하다

유 旋 xuán, 转 zhuàn

这是一个可以旋转的书架。
이 책꽂이는 회전이 가능하다.

有些大商场的大门是旋转的。
어떤 큰 쇼핑몰들의 출입구는 회전문이다.

为什么月亮绕着地球旋转？
왜 달은 지구를 에워싸고 회전합니까?

2056 选拔 xuǎnbá

동 (인재를) 선발하다

유 挑选 tiāoxuǎn

从这周开始选拔干部。
이번 주부터 간부를 선발하기 시작한다.

国家将要选拔优秀人才。
국가는 훌륭한 인재를 선발할 것이다.

人事选拔与评价是人力资源管理中的一个重要研究领域。
인사의 선발과 평가는 인력자원 관리에서 중요한 연구영역이다.

2057 选手 xuǎnshǒu

명 선수

评委格外青睐这位足球选手。
심사위원이 이 축구선수를 유달리 주목하고 있다.

有一个美国选手从平台掉下来了。
한 미국인 선수가 평균대에서 떨어졌다.

2058 削弱 xuēruò

동 약화시키다, 약화되다, 약하게 하다

반 加强 jiāqiáng, 增强 zēngqiáng

不吃早餐会削弱人体抵抗力。
아침식사를 하지 않으면 인체의 저항력이 약해질 수 있다.

几个主力的离开，导致球队的实力大大消弱。
주전 몇 명이 떠나면서, 팀의 실력이 크게 약화됐다.

2059 学历 xuélì

명 학력

他已获得硕士学历。 그는 이미 석사학력을 취득했다.
学历高的人更容易找到好工作。
학력이 높은 사람일수록 더 쉽게 좋은 일을 찾을 수 있다.

2060 学说 xuéshuō

명 학설

他不相信那个新政党学说。
그는 그 새로운 정당의 학설을 믿지 않는다.
他在研究达尔文Dá'ěrwén学说。
그는 다윈의 학설을 연구하고 있다.

2061 学位 xuéwèi

명 학위

她想继续攻读博士学位。
그녀는 계속해서 박사학위를 공부하고 싶어한다.
他正在学硕士学位的课程。
그는 석사학위 과정을 공부하고 있다.

2062 雪上加霜 xuěshàng jiāshuāng

성 설상가상이다, 엎친 데 덮친 격이다

目前畜牧业的处境可谓雪上加霜。
현재 축산업의 환경은 설상가상이라고 말할 수 있다.
对遭受毁灭性地震的人来说，下雨更是雪上加霜。
치명적인 지진을 겪은 사람들에게 비까지 내리는 건 정말이지 엎친 데 덮친 격이다.

2063 血压 xuèyā

명 혈압

吃了这个药，可以降血压。
이 약을 먹으면 혈압이 내려갈 것이다.
你的血压有点高，要注意平时的饮食。
당신 혈압이 조금 높으니, 평소의 음식에 주의하세요.

2064 熏陶 xūntáo

동 훈도하다, 영향을 끼치다 [주로 좋은 뜻을 나타냄]

传统字画可以熏陶家庭环境，家里挂几幅字画，就有了书香门第的味道。
전통서화는 집안에 몇 폭의 서화를 걸어놓아 학자가문의 분위기를 줌으로써 집안환경에 영향을 끼칠 수 있다.

명 영향, 훈도, 교화

他小的时候受到大量的艺术熏陶。
그는 어렸을 때부터 많은 예술적 영향을 받았다.
在老师的熏陶下，同学们学习更刻苦了。
선생님의 훈도 아래, 학생들은 더욱 열심히 공부했다.

2065 循环 xúnhuán

동 순환하다

运动可以加速人体血液循环的速度。
운동은 인체의 혈액순환 속도를 가속시킬 수 있다.
从冬到夏，又从夏到冬，季节循环了一次。
겨울에서 여름으로, 또 여름에서 겨울로 계절이 한 차례 순환했다.

2066 循序渐进 xúnxù jiànjìn

성 순차적으로 진행하다, 점차적으로 발전시키다
반 突飞猛进 tūfēi měngjìn

学习是一件循序渐进的事。
공부는 점진적으로 발전시켜야 하는 일이다.
国家的教育改革是长期政策，需要循序渐进实施。
국가의 교육개혁은 장기적인 정책이므로 순차적으로 실시하는 것이 필요하다.

2067 巡逻 xúnluó

동 순찰하다, 순시하다
유 巡查 xúnchá

他们每天都要在国境线上巡逻。
그들은 매일 국경선에서 순찰을 해야 한다.

你派几个人出去巡逻，发现情况马上报告。
정보를 알아내서 바로 보고할 수 있도록, 당신이 몇 명을 순찰을 보내세요.

2068 **寻觅** xúnmì

동 찾다
유 2급 找 zhǎo

你自己寻觅适合自己的那个人。
너 스스로 자신에게 적합한 그런 사람을 찾아라.

他为寻觅创作的素材出了远门儿。
그는 창작의 소재를 찾기 위해 멀리 여행을 떠났다.

2069 **押金** yājīn

명 보증금, 담보금

请交住宿押金100元。
숙박 보증금 100위안을 내세요.

一年后房东把押金退给了房客。
1년 후에 집주인은 보증금을 세입자에게 돌려주었다.

2070 **压迫** yāpò

동 억압하다, 압박하다

所有人不甘受人压迫。
모든 사람은 다른 사람에게 억압받는 것을 좋아하지 않는다.

肿瘤zhǒngliú压迫神经而引起了疼痛。
종양이 신경을 압박하여 두통이 생겼다.

2071 **压岁钱** yāsuìqián

명 세뱃돈

这是给你的压岁钱。
이것은 네게 주는 세뱃돈이다.

小孩子拿到压岁钱很高兴。
아이는 세뱃돈을 받고 무척 기뻐했다.

2072 **压缩** yāsuō

동 ① (힘을 가해) 압축하다
유 1674 收缩 반 膨胀 péngzhàng

这台机器具有压缩空气的功能。
이 기계는 공기를 압축하는 기능을 갖추고 있다.

② (인원·경비·문장 등을) 줄이다, 축소하다

我们现在需要压缩机构，精简人员。
우리는 현재 기구를 축소하고 인원을 줄일 필요가 있다.

2073 **压抑** yāyì

동 억누르다, 억제하다
반 5급 放松 fàngsōng

他努力压抑着自己的悲痛。
그는 자신의 슬픔을 애써 억누르고 있다.

日常生活中人们总会有感到压抑不堪的时候。
일상생활에서 사람들은 억제할 수 없음을 느낄 때가 있다.

2074 **压榨** yāzhà

동 ① 압착하다, 눌러서 짜내다

她周末常在家里压榨果汁喝。
그녀는 주말이면 자주 집에서 과일주스를 짜서 마신다.

② (잔혹하게) 착취하다, 수탈하다

这家公司总是压榨工人的劳动力。
이 회사는 늘상 직원의 노동력을 착취한다.

2075 压制 yāzhì

동 ① 억제하다, 제지하다
　　유 2070 压迫, 2163 抑制
　　你不能**压制**人家的自由。
　　너는 다른 사람의 자유를 억압할 수 없어.

② 눌러서 만들다, 압착하여 제작하다
　　这个工厂是专门做**压制**钢板的。
　　이 공장은 전문적으로 강판을 압착하여 제작하는 일을 한다.

2076 亚军 yàjūn

명 (운동 경기에서의) 제2위, 준우승(자)
　　获得**亚军**也很不容易了。
　　2등을 하는 것도 쉽지 않은 일이다.
　　他在100米比赛中拿了**亚军**。
　　그는 100미터 달리기에서 준우승을 차지했다.

2077 烟花爆竹 yānhuā bàozhú

불꽃놀이, 폭죽
烟花爆竹生产企业应该建立监控系统。
폭죽 생산기업은 감시 시스템을 세워야 한다.
春节夜燃放ránfàng**烟花爆竹**对环境有很大的影响。
설날 밤에 폭죽을 터뜨리는 것은 환경에 큰 영향을 준다.

2078 淹没 yānmò

동 (큰물에) 잠기다, 수몰되다
　　유 淹 yān
　　整个城市都被大水**淹没**了。
　　온 도시가 큰 홍수로 잠겨버렸다.
　　地球上的海平面将上升,会**淹没**所有的沿海城市。
　　지구상의 해수면이 올라가면 모든 연해도시가 잠길 수 있다.

2079 延期 yán//qī

동 (원래 정한 기간을) 뒤로 미루다, 늦추다, 연기하다
　　반 4급 提前 tíqián
　　棒球比赛因下雨而**延期**。
　　야구시합이 비로 인해 연기되었다.
　　贷款的期限快到了,就不能再**延期**付款了。
　　대출상환 기일이 다가오니 더는 지불을 미룰 수 없다.
　　她把机票**延**了**期**。
　　그녀는 비행기표의 시간을 연기했다.

2080 延伸 yánshēn

동 펴다, 늘이다, 확장하다
　　유 伸展 shēnzhǎn　반 5급 缩短 suōduǎn
　　这条航线又向前**延伸**200公里。
　　이 항로는 다시 전방으로 200킬로미터 확장되었다.
　　政府把高铁路线**延伸**到另一个城市。
　　정부는 고속열차 선로를 다른 도시로 확장한다.

2081 延续 yánxù

동 지속하다, 계속하다
　　유 4급 继续 jìxù　반 2389 中断
　　同学们的积极性希望可以**延续**下去。
　　반 친구들의 적극성이 계속되기를 희망을 한다.
　　这种闷热的天气已经**延续**了两周了。
　　이런 찜통 같은 날씨가 이미 두 주나 지속되었다.

2082 严寒 yánhán

형 추위가 심하다, 아주 춥다
　　유 1급 冷 lěng　반 酷暑 kùshǔ
　　他们战胜了北极的**严寒**天气。
　　그들은 북극의 아주 추운 날씨와 싸워 이겼다.
　　冬天的**严寒**使大部分动物离开了这个地方。
　　겨울의 심한 추위는 대부분의 동물들이 이곳을 떠나게 했다.

2083 严禁 yánjìn

동 엄금하다, 엄격하게 금지하다
반 4급 允许 yǔnxǔ

车内严禁吸烟。
차 안에서의 흡연을 엄격하게 금지합니다.

公园里立着严禁践踏jiàntà草坪的标牌。
공원에는 잔디를 밟지 말라는 팻말이 세워져 있다.

2084 严峻 yánjùn

형 엄숙하다, 준엄하다, 위엄이 있다

他的态度变得严峻起来。
그의 태도가 준엄하게 변하기 시작했다.

我们所面临的是一场严峻的挑战。
우리는 엄숙한 도전에 직면해있다.

2085 严厉 yánlì

형 매섭다, 단호하다
유 4급 厉害 lìhai 반 0772 和气

他受到严厉叱责chìzé。
그는 호되게 야단을 맞았다.

听得出来，她的声音很严厉。
그녀의 목소리가 매우 단호하다는 것을 알아챌 수 있다.

2086 严密 yánmì

형 ① (사물의 결합이나 구성이) 빈틈없다, 긴밀하다

这篇小说的结构十分严密。
이 소설의 구성은 정말 빈틈이 없다.

② 주도면밀하다, 엄격하다

飞机必须经过严密的安全检查。
비행기는 반드시 엄격한 안전점검을 거쳐야 한다.

동 빈틈없이 하다, 치밀하게 하다

她一上任就严密各项制度。
그녀는 부임하자마자 모든 제도를 빈틈없이 조정했다.

2087 沿海 yánhǎi

명 연해, 바닷가 근처 지방

上海、厦门、青岛都是沿海都市。
상하이, 샤먼, 칭다오는 모두 연해도시이다.

台风近来侵袭qīnxí了沿海地带。
태풍이 근래에 연해 일대를 덮쳤다.

2088 言论 yánlùn

명 언론, 의견 [주로 정치적 또는 공적인 일에 쓰임]
유 4급 看法 kànfǎ, 5급 观点 guāndiǎn, 5급 议论 yìlùn

公民有言论自由。 국민은 언론의 자유가 있다.

他的这番言论使众人非常惊讶。
그의 이번 의견은 대중을 깜짝 놀라게 했다.

2089 炎热 yánrè

형 (날씨가) 무덥다, 찌는 듯하다
반 寒冷 hánlěng

未来几天天气将持续炎热。
앞으로 며칠 더 폭염이 지속될 것이다.

炎热的夏天到了，太阳炙烤zhìkǎo着大地。
무더운 여름이 와서 태양이 대지를 달구고 있다.

2090 岩石 yánshí

명 암석, 바위
유 5급 石头 shítou

岩石有许多种类，数不胜数。
암석의 종류는 정말 많아서 세려야 셀 수 없다.

他的毅力如岩石般坚硬jiānyìng。
그의 의지는 마치 바위처럼 단단하다.

2091 演变 yǎnbiàn

동 변화 발전하다, 변천하다
유 3급 变化 biànhuà

欧洲大陆的局势继续演变着。
유럽대륙의 정세가 지속적으로 변천하고 있다.

所有的生物都是由古生物演变而来的。
모든 생물은 다 고생물에서 변화 발전해온 것이다.

演奏琵琶时，大家中途请勿退席。
비파 연주 중에는 모두 자리를 뜨지 마십시오.

2092 演讲 yǎnjiǎng

동 연설하다, 강연하다
유 讲话 jiǎnghuà, 讲演 jiǎngyǎn, 演说 yǎnshuō

刚才演讲的那位是我们老师。
방금 강연한 그 분은 우리 선생님이시다.

他的演讲持续了两个小时，她打着呵欠。
그의 연설은 두 시간이나 계속되어 그녀는 하품이 났다.

2096 掩盖 yǎngài

동 ① 덮다, 가리다, 덮어 씌우다
유 遮盖 zhēgài

昨晚下大雪掩盖了大地。
간밤에 함박눈이 내려 대지를 뒤덮었다.

② 감추다, 숨기다, 은폐하다
반 0074 暴露, 0963 揭发, 0964 揭露

他掩盖不住内心的喜悦。
그는 마음속의 기쁨을 감출 수가 없다.

他们试图掩盖这桩zhuāng贿选huìxuǎn丑闻chǒuwén。
그들은 뇌물선거 추문의 은폐를 시도하였다.

2093 演习 yǎnxí

동 훈련하다, 연습하다
유 3급 练习 liànxí 반 实战 shízhàn

下一次演习将是后天。
다음 번 훈련은 모레 있을 예정이다.

明天我们要演习紧急救护。
내일 우리는 응급구조 훈련을 할 것이다.

plus+ 覆盖·掩盖
0616 覆盖 참고

2097 掩护 yǎnhù

동 ① 엄호하다
유 4급 保护 bǎohù 반 0309 出卖

我来掩护，你们赶快撤退。
내가 엄호할 테니 너희들은 얼른 철수해라.

② (어떤 방식을 사용해) 몰래 보호하다
她用整容手术掩护了她的真实身份。
그녀는 성형수술로 그녀의 실제 신분을 몰래 보호했다.

명 엄폐물, 엄폐 방법
我们队以这座房子作掩护。
우리 부대는 이 집을 엄폐물로 삼았다.

2094 演绎 yǎnyì

명 연역(법)
这篇论文运用了演绎法与归纳法。
이 논문은 연역법과 귀납법을 사용하였다.

동 ① 전개하다, 벌여 놓다, 널리 펴다
这部电影演绎了一场感人的爱情故事。
이 영화는 감동적인 러브스토리를 전개했다.

② 설명하다, 나타내다
这些古画演绎不同的艺术风格。
이 고화들은 서로 다른 예술적 풍격을 나타내고 있다.

2098 掩饰 yǎnshì

동 (진실을) 덮어 숨기다, 감추다
유 遮掩 zhēyǎn
반 1749 坦白, 袒露 tǎnlù

无法掩饰内心的空虚。

2095 演奏 yǎnzòu

동 (악기를) 연주하다
유 3급 表演 biǎoyǎn, 4급 演出 yǎnchū, 奏 zòu

您要演奏哪种乐器？
당신은 어떤 악기를 연주하려고 합니까？

마음속의 공허함은 감출 수가 없다.
他越想掩饰错误却越使错误更明显。
그가 잘못을 숨기고 싶어할수록 오히려 잘못이 더 부각되었다.

2099 眼光 yǎnguāng

명 ① 시선, 눈길
大家**眼光**都集中在他一个人身上。
모두의 눈길이 그 한 사람한테 집중되었다.
那个男人用一种奇怪的**眼光**看着我。
그 남자는 이상한 시선으로 나를 쳐다봤다.

② 안목, 식견
유 眼力 yǎnlì
你真有**眼光**，一下子就看中了这幅画。
너 정말 안목 있네, 단번에 이 그림을 마음에 들어하고.

2100 眼色 yǎnsè

명 ① 눈짓
유 1298 目光, 2101 眼神
老师给她递dì了个**眼色**。
선생님이 그녀에게 눈짓을 했다.
他使了个**眼色**，然后怂怂离开了座位。
그는 눈짓을 한 후에 화가 난 상태로 자리를 떴다.

② (기회를 보아 일을 처리하는) 능력, 눈치
那怪她没**眼色**自找没兴。
그것은 그녀가 안목이 없는 탓에 스스로 재수 없는 일을 자초한 것이다.

2101 眼神 yǎnshén

명 ① 눈매, 눈빛
유 1298 目光
她那充满智慧的**眼神**给人们很深的印象。
그녀의 그 지혜가 충만한 눈빛은 사람들에게 깊은 인상을 남겼다.

② 시력
유 1669 视力

那个老奶奶的**眼神**特别好。
그 할머니는 시력이 정말 좋다.

2102 眼下 yǎnxià

명 현재, 지금
유 1급 现在 xiànzài, 5급 目前 mùqián, 0395 当前
公司**眼下**要解决人才缺乏的问题。
회사는 현재의 인력부족 문제를 해결해야 한다.
眼下手头有点紧，能不能借我些钱？
현재 자금 사정이 좋지 않은데, 내게 돈 좀 빌려줄 수 있니?

2103 验收 yànshōu

동 검수하다, 검사하여 받다
유 0921 检验
要认真**验收**这些药品。
이 약품을 진지하게 검수해야 한다.
他每天在工厂里都**验收**很多货物。
그는 매일 공장에서 많은 상품을 검수한다.

2104 验证 yànzhèng

동 검증하다
유 0921 检验, 2339 证实, 印证 yìnzhèng
这个看法值得**验证**。
이 의견은 검증할 만한 가치가 있다.
我相信时间会**验证**你的话。
나는 시간이 네 말을 증명해줄 거라고 믿는다.

2105 厌恶 yànwù

동 혐오하다, 몹시 싫어하다
유 4급 讨厌 tǎoyàn
반 1급 喜欢 xǐhuan, 喜爱 xǐ'ài
有的人喜欢吃肥肉，而有的人则**厌恶**它。
어떤 사람은 비곗살 먹는 것을 좋아하지만 또 어떤 사람은 싫어한다.
父亲**厌恶**人生的态度给孩子带来了消极影响。

아버지의 인생을 혐오하는 태도는 아이에게 부정적인 영향을 미쳤다.

2106 氧气 yǎngqì

명 산소
氧气疗法对治疗他的病很有效。
산소치료법은 그의 병을 치료하는 데 매우 효과가 있다.
植物和树木能在空气中制造出氧气。
식물과 나무는 공기 중에서 산소를 만들어낸다.

2107 样品 yàngpǐn

명 샘플, 견본(품)
能拿个样品给我看看吗？
샘플을 제게 보여주실 수 있나요?
这个东西和样品不一样，请交换一下。
이 물건은 견본과 다르니 교환해주세요.

2108 摇摆 yáobǎi

동 흔들리다, 동요되다
유 2110 摇晃, 摇荡 yáodàng
반 6급 固定 gùdìng, 静止 jìngzhǐ, 平稳 píngwěn
河边的柳条随风摇摆。
강 주변의 버드나무 가지가 바람에 흔들린다.
他总是摇摆不定，决定不了该不该去。
그는 늘 동요되어서 갈지 말지 결정을 못한다.

2109 摇滚 yáogǔn

명 로큰롤의 약칭
我爱听摇滚音乐。
나는 로큰롤 음악 듣는 것을 좋아한다.
很多人渐渐喜欢上了摇滚音乐。
많은 사람들이 점차적으로 로큰롤 음악을 좋아하고 있다.

2110 摇晃 yáohuàng

동 흔들다, 흔들리다

老爷爷摇晃着身体走路。
할아버지가 몸을 흔들흔들 거리며 길을 걸어가고 있다.
小狗摇晃着尾巴跑到我跟前。
강아지가 꼬리를 흔들면서 내 앞으로 달려온다.

2111 遥控 yáokòng

동 (기계 등을) 원격 조종하다
领导立刻做了一份遥控吸尘器的报价单。
사장은 즉시 원격조정 청소기의 가격표를 만들었다.
这样的过程无需人来遥控，全都是由机器人执行。
이러한 과정은 사람이 조정할 필요가 없고, 전부 로봇이 실행한다.

2112 遥远 yáoyuǎn

형 (시간이나 거리가) 아득히 멀다, 까마득하다
유 2급 远 yuǎn, 遥遥 yáoyáo
반 2급 近 jìn, 近在咫尺 jìnzàizhǐchǐ
他在一个遥远的地方服兵役。
그는 아주 먼 지역에서 군복무를 하고 있다.
喜欢和爱之间的距离并不那么遥远。
좋아하는 것과 사랑하는 것 사이의 거리는 결코 그렇게 멀지 않다.

2113 谣言 yáoyán

명 유언비어, 헛소문
유 慌 huāng, 谎言 huǎngyán
반 6급 事实 shìshí
这则新闻纯属谣言。 이 뉴스는 완전히 헛소문이다.
不要轻信谣言，要有自己的主见。
헛소문을 쉽게 믿지 말고, 자기의 주관을 가져야 한다.

2114 咬牙切齿 yǎoyá qièchǐ

성 윗니와 아랫니를 꽉 다물다, 이를 갈다, 몹시 화를 내다
越想越觉得冤枉，恨得咬牙切齿。
생각하면 할수록 억울해서 정말 이가 갈린다.

这次单位对他的处分让他气得咬牙切齿。
그에 대한 이번 회사의 징계는 그를 몹시 화 나게 했다.

2115 要不然 yàoburán

접 그렇지 않으면
유 4급 否则 fǒuzé, 5급 不然 bùrán, 5급 要不 yàobù

抓住机会，要不然你会后悔的。
기회를 꼭 잡아야지, 그렇지 않으면 넌 후회할 거다.

请不要离船太远，要不然大家有可能来不及回到船上。
배로부터 너무 멀리 가지 마세요, 그렇지 않으면 시간 안에 배로 돌아오지 못할 수도 있습니다.

2116 要点 yàodiǎn

명 ① 요점, 요지
유 要领 yàolǐng

他们谈话的要点是什么？
그들이 얘기하는 요점이 뭡니까?

② (군사적으로) 중요한 거점
我们要攻击敌人的战略要点。
우리는 적의 전략적 거점을 공격해야 한다.

2117 要命 yào//mìng

동 ① 목숨을 앗아가다, 죽을 지경에 이르다
那个女人一打起电话就没完没了，真要命。
그 여자는 한 번 전화를 했다 하면 끝이 없으니 정말 죽을 지경이다.

一场车祸差点儿要了他的命。
교통사고가 그의 목숨을 빼앗아 갈 뻔 했다.

② 질리게 하다, 귀찮게 하다 [불평의 의미를 내포함]
真要命，雨像是不会停了。
망했네, 비가 그칠 것 같지 않아.

这人真要命，火车都要开了，还不来。
이 사람 때문에 정말 죽겠네. 기차가 곧 떠나는데 아직도 안 오고.

형 심하다, 죽을 지경이다 [정도보어로 쓰여 정도가 극에 달했음 나타냄]
背痒得要命。등이 간지러워 죽겠다.

2118 要素 yàosù

명 요소
物质是构成自然界的要素之一。
물질은 자연계를 구성하는 요소 중 하나다.
速度是所有体育运动的基本要素。
속도는 모든 육상운동의 필수 요소이다.

2119 耀眼 yàoyǎn

형 (광선·색채가 강렬하여) 눈부시다
유 刺眼 cìyǎn, 夺目 duómù, 明亮 míngliàng
반 昏暗 hūn'àn

黑暗中，那盏zhǎn红灯特别耀眼。
어둠 속이라 저 붉은 등이 특히 눈부시다.
他是演艺界里一颗耀眼的明星。
그는 연예계에서 눈부시게 빛나는 스타이다.

2120 野蛮 yěmán

형 ① 야만적이다, 미개하다
반 5급 文明 wénmíng

野蛮人的许多行为我们是无法理解的。
야만인의 여러 행동을 우리는 이해할 수가 없다.

② 잔악하다, 난폭하다, 막돼먹다
유 残暴 cánbào, 蛮横 mánhèng, 凶残 xiōngcán
반 5급 善良 shànliáng, 和善 héshàn

他交了一个野蛮的女友。
그는 엽기적인 여자친구를 사귀고 있다.

2121 野心 yěxīn

명 야심, 야망
유 贪心 tānxīn

这个人野心不小啊！
이 사람은 정말 야심이 크구나!

新上任的市长是个很有政治野心的人。
새로 부임한 시장은 정치적인 야심이 많은 사람이다.

2122 一流 yīliú

명 일류, 동류
他是世界一流的设计师。
그는 세계적인 일류 디자이너이다.

형 일류의, 일등의
他十分向往世界一流大学。
그는 세계 일류 대학을 무척 동경한다.

2123 依次 yīcì

부 순서에 따라, 차례대로
贵宾们依次入场。
귀빈들이 순서에 따라 입장하였다.
大家不要混乱，请依次就座。
모두 무질서하게 행동하지 말고, 차례대로 앉으세요.

2124 依旧 yījiù

형 여전하다, 의구하다
유 5급 依然 yīrán, 1542 仍旧
十年过去了，这里风景依旧。
십 년이 지났는데, 이곳의 풍경은 여전하다.

부 여전히
别人都离开了，他依旧站在那里。
다른 사람들은 모두 떠났는데, 그는 여전히 그곳에 서 있다.

2125 依据 yījù

동 의거하다, 근거하다
유 3급 根据 gēnjù, 依照 yīzhào
她是依据文件形式来办的。
그녀는 공문서 형식에 근거하여 한 것이다.
依据大家的意见，把计划修改一下。
많은 사람의 의견에 근거해서 계획을 수정하세요.

명 근거
유 凭据 píngjù
你有什么依据说人家拿了你的东西？
넌 어떤 근거로 다른 사람이 네 물건을 가져갔다고 하는 거니？

2126 依靠 yīkào

동 의존하다, 의지하다
유 2127 依赖, 依附 yīfù, 倚靠 yǐkào
반 5급 独立 dúlì, 2470 自主
不要依靠任何人，要自己努力。
아무에게도 의지하지 말고, 스스로가 노력해야 한다.

명 지지자, 지지대
父母就是我的依靠。
부모님이 바로 내 지지자이다.

 依赖·依靠
2127 依赖 참고

2127 依赖 yīlài

동 의지하다, 기대다, 의존하다
유 2126 依靠, 依附 yīfù
반 5급 独立 dúlì, 2470 自主
这个孩子特别依赖父母。
이 아이는 특히나 부모에 의존한다.
他从来没依赖任何人。
그는 지금껏 누군가에게 의존한 적이 없다.

 依赖·依靠
· 依赖 동 의지하다, 기대다
· 依靠 동 의존하다, 의지하다
비교 이 두 단어 모두 '의지하다'라는 뜻을 가지고 있다. 依赖는 다른 사람과 사물에 의지해서 자립할 수 없음을 나타내고, 依靠는 다른 사람이나 사물의 도움을 이용해서 일정한 목적에 다다르는 것을 가리킨다.

한국어로 해석하면 차이가 없어 보이므로 단어의 뜻을 정확히 파악하는 것이 포인트!

> **Check**
> 千万不能总是（　　　）别人。
> 절대로 늘 다른 사람에게 의지해서는 안 된다.
> 我（　　　）同学们的帮助克服了困难。
> 나는 친구들의 도움에 의지해 어려움을 극복했다.
> 답 依赖 / 依靠

2128 依托 yītuō

동 의거하다, 기대다, 바탕으로 하다, 근거로 삼다
他年老，又无所依托，真可怜。
그 사람은 나이도 많은데 의지할 데도 없고, 정말 불쌍하다.
政府依托当地资源优势，大力发展农家产业。
정부는 그 지방의 자원 우위를 바탕으로 하여 농가산업을 강력하게 발전시켰다.

2129 衣裳 yīshang

명 의상, 의복
유 1급 衣服 yīfu
新年到了，买了新衣裳。
새해가 와서 새옷을 샀다.
婚礼那天新娘穿着一件白色的衣裳是很合乎传统的。
결혼식 당일에 신부가 하얀색의 의상을 입는 것은 전통에 부합되는 것이다.

2130 一度 yídù

명 한 번, 한 차례, 일 회
一年一度的节日又到了。
일 년에 한 번 있는 명절이 또 왔다.
부 한때, 한동안
我很孤独甚至一度想过自杀。
나는 너무 외로워서 심지어 한때는 자살을 생각했었다.

2131 一贯 yíguàn

형 (사상·태도·정책 등이) 한결같다, 변함없다
유 2134 一向　반 4급 偶尔 ǒu'ěr
这个人一贯不讲信用。
이 사람은 한결같이 신용이 없다.
勤俭节约是他一贯的作风。
근검절약은 그의 한결 같은 태도이다.

2132 一律 yílǜ

형 일률적이다, 한결같다
设计不要千篇一律，应该有所创新。
디자인이 천편일률적이면 안 되고 창의적인 게 있어야 한다.
부 일률적으로, 예외 없이
中国各民族一律平等。
중국의 각 민족들은 일률적으로 평등하다.
所有的学生一律要参加这次活动。
모든 학생은 예외 없이 이 활동에 참가해야 한다.

2133 一目了然 yímù liǎorán

성 일목요연하다, 한눈에 알아보다
他的论文写得很有条理，一目了然。
그의 논문은 조리있게 쓰여져 일목요연하다.
内容很简单，略看一遍便可一目了然。
내용이 간단해서, 대충 한 번만 봐도 한눈에 알아볼 수 있다.

2134 一向 yíxiàng

부 줄곧, 내내
유 3급 一直 yìzhí, 1976 向来, 2131 一贯　반 4급 偶尔 ǒu'ěr
他一向对人和蔼。
그는 줄곧 사람들에게 친절하다.
青年失业率一向是成人失业率的一倍以上。
청년 실업률은 내내 성인 실업률의 두 배 이상이다.
명 최근, 근래
这工程一向进度很快。
이 공사는 최근의 진행 속도가 매우 빠르다.

2135 一再 yízài

분 수차, 거듭, 반복해서
  유 5급 再三 zàisān, 1214 屡次

妈妈一再提醒我，明天会下雨，要带雨伞。
엄마는 거듭 내일 비가 올 것이니 우산을 챙기라고 알려주셨다.

经理已经批评他很多次了，但是他还是一再犯错。
사장이 그를 이미 여러 차례 야단쳤지만, 그는 여전히 반복해서 잘못을 저지르고 있다.

2136 遗产 yíchǎn

명 ① (죽은 사람이 남겨 놓은) 유산
父亲去世后，他继承了遗产。
아버지께서 돌아가시고, 그는 유산을 상속받았다.

② (역사적으로 남겨진) 유산
每个公民都有保护文化遗产的义务。
국민이라면 누구나 문화유산을 보호할 의무가 있다.

2137 遗传 yíchuán

동 유전되다
一般来说父母的性格遗传给孩子。
일반적으로 부모의 성격이 아이에게 유전된다.

我害怕把我丈夫的坏脾气也遗传下去。
나는 남편의 고약한 성미가 유전될까 두렵다.

2138 遗留 yíliú

동 남기다, 남겨 놓다, 남아 있다
  유 4급 留 liú, 4급 剩 shèng, 0201 残留, 残存 cáncún

历史遗留的问题并未解决。
역사가 남겨 놓은 문제가 아직 해결되지 않았다.

手术的后遗症 hòuyízhèng 遗留到现在。
수술 후유증이 지금까지 남아 있다.

2139 遗失 yíshī

동 유실하다, 분실하다, 잃어버리다
  유 丢失 diūshī, 散失 sànshī, 失掉 shīdiào
  반 拾遗 shíyí

有人把你遗失的东西送回来了。
어떤 사람이 네가 잃어버린 물건을 보내왔다.

他把心爱的照相机遗失在公交车上。
그는 애지중지하던 카메라를 버스에서 잃어버렸다.

2140 疑惑 yíhuò

동 의심하다, 의심을 품다
  유 4급 怀疑 huáiyí, 猜疑 cāiyí, 困惑 kùnhuò
  반 3급 相信 xiāngxìn, 4급 信任 xìnrèn, 2011 信赖

有疑惑的地方可以问我。
의심되는 부분이 있으면 나한테 물어보세요.

妹妹用疑惑的目光注视着我。
동생은 의혹의 시선으로 나를 주시하고 있다.

2141 仪器 yíqì

명 (실험, 관측에 사용되는) 측정기, 기구
  유 仪表 yíbiǎo

学生们都很爱护实验室里的仪器。
학생들 모두 실험실의 측정기를 매우 조심히 다룬다.

如果仪器坏了，这个工程就要中断了。
만약 기구가 고장나면 이 공정은 바로 중단이다.

2142 仪式 yíshì

명 의식
周末我要去参加同学的结婚仪式。
주말에 나는 동창의 결혼식에 참석하려고 한다.

每年国庆，广场上都会举行盛大仪式。
매년 국경절이면 광장에서 성대한 의식을 거행한다.

2143 以便 yǐbiàn

접 ~하기 위하여, ~하기에 편리하도록
了解自己以便更好的了解别人。

남을 더 잘 이해하기 위해 자신을 이해해라.
说清楚点以便每个人都能听懂。
모든 사람이 다 들을 수 있도록 또박또박 말해라.
我买了一些零食，以便饿的时候吃。
나는 배고플 때 먹으려고 간식을 조금 샀다.

2144 以免 yǐmiǎn

접 ~하지 않도록, ~않기 위해서
유 1260 免得, 省得 shěngde

你做账时一定得留意以免出错。
장부를 작성할 때, 착오가 발생하지 않도록 반드시 주의해야 한다.

过马路要小心，以免发生交通事故。
교통사고가 나지 않도록, 건널목 건널 때 조심해라.

2145 以往 yǐwǎng

명 종전, 과거, 이왕
유 3급 以前 yǐqián, 往日 wǎngrì
반 1급 现在 xiànzài, 5급 如今 rújīn

基于以往经验，电邮似乎最有效。
과거의 경험에 근거하여 보면, 이메일이 가장 효과가 있는 것 같다.

在以往的城市建设过程中，各地都修建大量的高架道路。
종전의 도시건설 과정에서는 각지에 많은 고가도로를 건설했다.

2146 以至 yǐzhì

접 ① ~까지, ~에 이르기까지 [시간·범위·수량·정도 등을 나타냄]
유 以至于 yǐzhìyú

生产效率提高几倍以至十几倍。
생산효율이 몇 배에서 열몇 배까지 향상되었다.

② ~때문에, ~로 하여 [복문에서 뒷문장 앞에 놓여 앞문장의 동작이나 상황의 결과를 나타냄]
유 4급 甚至 shènzhì

社会竞争这么激烈，以至很多人感到自己的学历不足。
사회 경쟁이 이렇게 치열하기 때문에, 많은 사람들이 자신의 학력이 부족함을 느끼게 된다.

2147 以致 yǐzhì

접 ~이 되다, ~을 초래하다 [주로 나쁜 결과에 쓰임]
유 2376 致使

他赌博以致债台高筑 zhàitái gāozhù。
그는 도박으로 인해 빚이 산더미 같다.

没有及时就医，以致病情恶化。
제때 치료하지 않아 병의 악화를 초래했다.

2148 亦 yì

부 역시, 또한
유 2급 也 yě

此事虽小，然亦不可忽视。
이 일은 비록 사소하지만 역시 가볍게 볼 수 없다.

这是一部结尾亦悲亦喜的电影。
이 영화는 결말에 슬픔도 있고 또한 즐거움도 있다.

2149 翼 yì

명 ① (조류의) 날개, 깃
유 翅 chì

鸟以羽翼保护身体。새는 날개로써 몸을 보호한다.

② 날개 [날개같이 생긴 것을 가리킴]
在右翼上印着什么图案？
오른쪽 날개에 어떤 그림이 찍혀 있습니까?

2150 一帆风顺 yìfān fēngshùn

성 순풍에 돛을 올리다, 일이 순조롭게 진행되다
유 一路顺风 yílùshùnfēng 반 坎坎坷坷 kǎnkankěkě

祝你旅途一帆风顺。
당신의 여정이 순조롭길 기원합니다.

他公司的经营一帆风顺。
그의 회사 경영은 매우 순조롭게 진행되고 있다.

2151 一举两得 yìjǔ liǎngdé

성 일거양득이다, 일석이조이다

他们实际上是想一举两得。
그들은 사실상 일석이조를 노리고 있다.

步行上班既能省钱又锻炼身体，不是一举两得吗?
걸어서 출근하는 건 돈도 절약되고 건강에도 좋고, 일거양득 아닙니까?

2152 一如既往 yìrú jìwǎng

성 지난날과 다름없다

他一如既往地支持我。
그는 지난날과 다름없이 나를 지지하고 있다.

他一如既往地追求着梦想。
그는 지난날과 다름없이 꿈을 좇고 있다.

2153 一丝不苟 yìsī bùgǒu

성 (일을 함에 있어) 조금도 소홀히 하지 않다, 빈틈이 없다

我们的会计师做事一丝不苟。
우리 회계사는 일을 할 때에 조금의 소홀함도 없다.

我无论做什么工作都要一丝不苟。
나는 무슨 일을 하든간에 조금도 빈틈이 없도록 한다.

2154 异常 yìcháng

형 심상치 않다, 예사롭지 않다, 정상이 아니다
유 0526 反常
반 4급 正常 zhèngcháng, 5급 平常 píngcháng

她的心脏跳动异常快速。
그녀의 심장박동이 비정상적으로 빨리 뛴다.

你觉察到什么异常的事没有?
당신은 뭔가 심상치 않다는 것을 알아차리지 못했습니까?

부 특히, 대단히, 몹시

今天他看起来异常兴奋。
오늘 그는 보아하니 몹시 흥분한 것 같다.

2155 意料 yìliào

동 예상하다, 추측하다
유 2212 预料, 预计 yùjì

考试的结果出乎我的意料。
시험 결과는 나의 예상을 벗어났다.

我没有意料到他那样的态度。
나는 그의 그러한 태도를 예상치 못했다.

2156 意识 yìshí

명 의식

我们要有环保意识，节约资源、再利用。
우리는 환경보호 의식을 가지고, 자원을 절약하고 재활용해야 한다.

동 느끼다, 깨닫다, 의식하다
유 觉察 juéchá

直到那时我才意识到自己错了。
그 시기가 되어서야 나는 내가 잘못했다는 걸 깨달았다.

2157 意图 yìtú

명 의도
유 5급 愿望 yuànwàng, 2159 意向, 意愿 yìyuàn

他想隐瞒自己的意图。
그는 자신의 의도를 숨기고 싶어한다.

他的意图很明显，就是想要那个文凭。
그의 의도는 분명한데, 바로 그 학위를 받는 것이다.

2158 意味着 yìwèizhe

동 의미하다, 뜻하다
유 5급 标志 biāozhì

考高分有时并不意味着你有很高的能力。
시험 점수가 높다는 것이 때론 네 능력이 높다는 것을 의미하지 않는다.

天晴了，这就意味着我们明天可以出去玩儿了。
날이 개었는데, 이는 우리가 내일 놀러가도 된다는 것을 의미한다.

2159 意向 yìxiàng

명 의향, 의도
유 3급 打算 dǎsuan, 2157 意图

在这件事上，他没有表明任何意向。
이 문제에 있어서 그는 그 어떠한 의도도 표명하지 않았다.

如果您有意向买这套房子，请联系我。
만약 당신이 이 집을 살 생각이 있다면 제게 연락하세요.

2160 意志 yìzhì

명 의지

他有铁一般的意志，而我没有。
그는 강철같은 굳센 의지가 있으나 나는 없다.

他是个意志坚强的人，一定能办好。
그는 의지가 강한 사람이라 반드시 해낼 수 있을 거다.

2161 毅力 yìlì

명 굳센 의지, 기백, 끈기

这项任务的完成需要很长时间和毅力。
이 임무를 완성하려면 오랜 시간과 의지가 필요하다.

他之所以成功，是因为拥有坚强的毅力。
그의 모든 성공은 강한 의지를 갖고 있기 때문이다.

2162 毅然 yìrán

부 결연히, 단호히, 의연히
유 5급 坚决 jiānjué 반 0286 迟疑

他毅然离去，始终没有回头。
그는 단호하게 떠나면서 시종일관 고개도 돌리지 않았다.

尽管遭受地震，但他毅然活着。
지진을 겪었음에도 불구하고 그는 의연하게 살아가고 있다.

2163 抑制 yìzhì

동 억제하다, 억누르다
유 5급 控制 kòngzhì, 0502 遏制, 2075 压制
반 放纵 fàngzòng

她再也抑制不住心里的激情了。
그녀는 마음속 열정을 더는 억제할 수 없었다.

在任何情况下，他能抑制自己的感情。
어떠한 상황에서도 그는 자기의 감정을 억제할 줄 안다.

2164 阴谋 yīnmóu

동 음모하다, 음모를 꾸미다

他总在背后阴谋篡权cuànquán。
그는 항상 배후에서 권력 찬탈의 음모를 꾸미고 있다.

명 음모
유 诡计 guǐjì

你应该学会识破敌人的阴谋。
너는 적의 음모를 간파하는 법을 배워야 한다.

2165 音响 yīnxiǎng

명 음향(기기)
유 3급 声音 shēngyīn

这个电影院的音响效果不错。
이 영화관은 음향 효과가 훌륭하다.

组合音响的价格比我们想象的便宜多了。
음향 설비의 가격이 우리가 생각했던 것보다 많이 저렴하다.

2166 隐蔽 yǐnbì

동 은폐하다, 가리다
유 2096 掩盖, 隐藏 yǐncáng
반 0074 暴露

游击队隐蔽在密密的丛林里。
유격대가 빽빽한 수풀 사이에 숨어있다.

你可以借这棵大树隐蔽一会儿。
넌 이 큰 나무에 잠시 숨어있어라.

我们毫不犹豫地向树丛shùcóng奔去，隐蔽起来。
우리는 조금의 망설임도 없이 수풀 속으로 달려가 숨었다.

2167 隐患 yǐnhuàn

명 잠복해있는 병, 겉으로 드러나 있지 않은 위험

怎样才能消除质量隐患？
어떻게 해야 잠복해있는 품질상의 위험을 없앨 수 있을까?

学校楼房存在安全隐患。
学교 건물에는 안전상의 문제가 존재한다.

2168 **隐瞒** yǐnmán

동 (진상을) 숨기다, 속이다
你为什么要隐瞒事实？
당신은 왜 사실을 숨기려고 합니까?
我口惠而实不至再不隐瞒任何事情。
나는 다시는 어떠한 일이든 숨기지 않겠다고 말로는 약속을 했다.

2169 **隐私** yǐnsī

명 사적인 비밀, 프라이버시
不能侵犯人们的隐私。
사람들의 프라이버시를 침범해서는 안 된다.
你应该维护病人隐私。
환자의 사적인 비밀을 보호해주세요.

2170 **隐约** yǐnyuē

형 희미하다, 어렴풋하다
我隐约地看到他走进了教室。
나는 그가 교실로 들어오는 것을 어렴풋이 보았다.
卧室里传来一阵隐约的哭泣声。
침실에서 희미하게 울음소리가 들려왔다.

2171 **引导** yǐndǎo

동 인도하다, 지도하다, 인솔하다, 안내하다
유 5급 领导 lǐngdǎo, 5급 指导 zhǐdǎo
她引导我们参观了博物馆。
그녀는 우리가 박물관을 참관하도록 인솔한다.
老师必须以身作则，才能正确地引导学生。
선생님이 반드시 솔선수범 해야지만 올바르게 학생을 지도할 수 있다.

2172 **引擎** yǐnqíng

명 ① (기계의) 엔진
在飞机引擎着火的时候，飞行员还是表现得镇定自若。
비행기 엔진에 불이 나고 있을 때도, 조종사는 여전히 침착하게 행동했다.
② (검색) 엔진, (성장) 엔진
Naver是全球最大的韩文搜索引擎。
네이버는 전 세계에서 가장 큰 한국어 검색엔진이다.
政府表示，这次交易将成为国家的新的增长引擎。
정부는 이번 교역이 국가의 새로운 성장엔진이 될 것이라고 밝혔다.

2173 **引用** yǐnyòng

동 인용하다
他引用过别人的话。
그는 다른 사람의 말을 인용한 적이 있다.
他写小说时，常常引用古书上的话。
그는 소설을 쓸 때, 자주 고서의 말을 인용한다.

2174 **饮食** yǐnshí

명 음식
你习惯学校的饮食吗？
당신은 학교의 음식에 익숙해졌습니까?
火锅是我最喜欢吃的饮食之一。
샤부샤부는 내가 제일 먹기 좋아하는 음식 중 하나이다.

2175 **印刷** yìnshuā

동 인쇄하다
他们正在印刷电视海报。
그들은 텔레비전 포스터를 인쇄하고 있다.
他们把我的照片印刷在封面上。
그들은 내 사진을 표지에 인쇄했다.

2176 婴儿 yīng'ér

명 영아, 젖먹이, 갓난아기

这个店卖很多婴儿用品。
이 가게에는 영아 용품을 많이 판매한다.

有些国家婴儿死亡率仍很高。
어떤 국가의 영아 사망률은 여전히 높다.

2177 英明 yīngmíng

형 영민하다, 뛰어나다, 총명하다

我们公司有几个英明的领导人。
우리 회사에는 총명한 지도자가 몇 명 있다.

政府官员们的这个决策太英明了。
정부관원들의 이번 결정은 매우 뛰어나다.

2178 英勇 yīngyǒng

형 매우 용감하다

유 4급 勇敢 yǒnggǎn, 勇猛 yǒngměng

他跟敌人展开了英勇的拼搏。
그는 적과 용감하게 필사적인 싸움을 벌였다.

她的英勇事迹与她的先进思想是一致的。
그녀의 용감한 사적은 그녀의 선진사상과 일치한다.

2179 迎面 yíng//miàn

동 얼굴을 마주하다, 얼굴을 향하다

温暖的春风迎面扑来，真是舒服极了。
따뜻한 봄바람이 얼굴로 불어와 참 상쾌하다.

迎着面刮来一阵凉快的春风。
얼굴을 향해 시원한 봄바람이 불어오고 있다.

부 맞은편으로, 정면으로

春风迎面吹过来，同时一股紫丁香 zǐdīngxiāng 的清香 qīngxiāng 扑 pū 来。
봄바람이 정면으로 불어오고, 동시에 한 줄기 자색 라일락의 맑은 향기도 스쳐온다.

2180 盈利 yínglì

명 이윤, 이익

유 5급 利润 lìrùn

开商店能有多高的盈利？
상점을 열어 더 많은 이윤을 낼 수 있을까?

동 이윤을 얻다, 돈을 벌다

반 1117 亏损

我们公司今年盈利了40万美元。
우리 회사는 올해 40만 달러의 이익을 얻었다.

2181 荧屏 yíngpíng

명 형광판, TV 스크린, 모니터

一个不明飞行物出现在雷达荧屏上。
명확하지 않은 비행물체가 레이더 스크린에 나타났다.

这家电影院最近采用了先进的荧屏和音效系统。
이 영화관은 최근에 선진적인 스크린과 음양효과 시스템을 도입했다.

2182 应酬 yìngchou

동 응대하다, 접대하다

유 5급 交际 jiāojì

这个不那么重要，随便应酬一下就好了。
이건 그리 중요하지 않으니, 그냥 편하게 응대하면 된다.

명 연회, 파티, 모임

他拒绝一切应酬，和老婆一起吃饭。
그는 모든 모임을 거절하고 아내와 함께 식사를 했다.

2183 应邀 yìngyāo

동 초청에 응하다, 초대를 받아들이다

他应邀出席了这次采访。
그는 초청에 응하여 이번 인터뷰에 참석했다.

晚会之前，主持人对应邀前来的人做了介绍。
파티 전에 사회자는 초청에 응해 온 사람들에 대해 소개했다.

2184 拥护 yōnghù

동 (지도자·당파·정책 등을) 옹호하다, 지지하다
유 2253 赞同　반 4급 反对 fǎnduì

群众真心拥护这项政策。
군중은 진심으로 이 정책을 옹호하고 있다.

这项措施得到了大家的拥护。
이 조치는 모두의 지지를 얻었다.

2185 拥有 yōngyǒu

동 (대량의 토지·인구·재산 등) 보유하다, 소유하다
유 具有 jùyǒu

这个国家拥有丰富的自然资源。
이 나라는 풍부한 자연자원을 보유하고 있다.

他们拥有海边的辽阔土地，在那里新建了豪华别墅。
그들은 해변에 넓은 땅을 소유하고 있어서, 그곳에 호화별장을 새로 지었다.

2186 庸俗 yōngsú

형 비속하다, 저속하다
유 俗气 súqi, 低级 dījí
반 0645 高尚, 0299 崇高

他绝不是一个庸俗的人。
그는 절대 비속한 사람이 아니다.

这本小说的内容庸俗不堪。
이 소설의 내용은 저속하여 견딜 수 없다.

2187 勇于 yǒngyú

동 용감하게 ~하다, 과감하게 ~하다

每个人都要勇于探索真理。
모든 사람은 용감하게 진리를 찾아야 한다.

老师教育我们要勇于攀登科学的高峰。
선생님은 우리가 과감하게 과학의 최고 정점에 오르도록 가르친다.

2188 永恒 yǒnghéng

형 영원히 변하지 않다, 영원하다

我们的爱情是永恒不变的。
우리의 사랑은 영원히 변하지 않을 것이다.

我希望我们的友谊永恒不变。
나는 우리의 우정이 영원히 변치 않기를 바란다.

2189 涌现 yǒngxiàn

동 (사람이나 사물이) 대량으로 나타나다, 생겨나다

90年代文坛上涌现了许多优秀作品。
90년대 문단에는 다수의 우수한 작품이 배출되었다.

现代社会许多新事物正在涌现出来。
현대사회에는 여러 새로운 사물이 대량으로 생겨나고 있다.

2190 踊跃 yǒngyuè

동 펄쩍 뛰어오르다, 껑충껑충 뛰다

妈妈听到儿子得到冠军的消息就踊跃欢呼。
엄마는 아들이 금메달을 땄다는 소식을 듣고 껑충껑충 뛰어오르며 환성을 질렀다.

형 활기차다, 적극적이다, 열렬하다
유 4급 积极 jījí

欢迎大家踊跃报名。
여러분의 적극적인 신청을 환영합니다.

2191 用功 yòng//gōng

동 노력하다, 열심히 공부하다

她在图书馆里用功呢！
그녀가 도서관에서 열심히 공부를 하는 구나!

他学习一直很用功，他的成绩在全班数第一。
그는 공부함에 있어 줄곧 열심히 하여, 그의 성적은 반에서 일등이다.

在舞蹈练习上他用了很大的功。
그는 무용연습에 많은 공을 들였다.

2192 用户 yònghù

명 사용자, 가입자, 아이디(ID)
这样做可以扩大用户。
이렇게 하면 가입자를 더욱 확대시킬 수 있다.
使用信用卡的用户特别多。
신용카드 이용자가 무척 많다.

2193 优胜劣汰 yōushèng liètài

성 우승열패, 강한 자는 번성하고 약한 자는 쇠멸하다
优胜劣汰是人类的生存法则。
우승열패는 인류의 생존법칙이다.
市场竞争的法规则就是优胜劣汰。
시장 경쟁의 법칙이 바로 우승열패이다.

2194 优先 yōuxiān

동 우선하다
对老年人来说，看病优先。
노인에게 있어서는 병을 치료하는 것이 우선이다.

부 우선적으로
军人家属可优先得到补助。
군인 가족은 우선적으로 보조를 받을 수 있다.
我们会优先考虑录用会外语者。
우리는 외국어를 할 줄 아는 사람에 대한 채용을 우선적으로 고려할 것이다.

2195 优异 yōuyì

형 (성적이나 표현이) 특히 우수하다, 특출하다
我会以优异的学习成绩回报父母。
나는 우수한 학업성적으로 부모님께 보답할 것이다.
我妹妹的学习成绩优异，值得效法。
내 동생의 학업성적은 매우 특출해서 본받을 만하다.

2196 优越 yōuyuè

형 우월하다, 우량하다
我们拥有优越的自然条件。
우리는 우량한 자연조건을 가지고 있다.

我国在世界上处于优越的地理位置。
우리나라는 세계에서 지리적으로 우월한 위치에 있다.

2197 忧郁 yōuyù

형 우울하다, 침울하다
유 忧愁 yōuchóu, 忧闷 yōumèn
반 ①高兴 gāoxìng, ④愉快 yúkuài
今天他的心情特别忧郁。
오늘 그의 기분이 매우 우울하다.
我只要看到他忧郁的表情就心痛。
나는 그의 침울한 표정을 보기만 해도 마음이 아프다.

2198 油腻 yóunì

형 기름지다, 느끼하다
他不爱吃油腻的食物。
그는 기름진 음식을 먹는 걸 좋아하지 않는다.

명 기름진 식품
高血压的患者尽量少吃油腻。
고혈압 환자는 되도록 기름진 식품을 적게 먹어야 한다.

2199 油漆 yóuqī

명 페인트
墙壁上的油漆已经干了。
담벼락 위의 페인트가 벌써 말랐다.

동 (페인트 등을) 칠하다
他把门窗油漆一下。
그는 문과 창문에 페인트를 좀 칠했다.

2200 犹如 yóurú

동 마치 ~와 같다
他们的计划犹如泡沫一般破灭了。
그들의 계획은 마치 비누 거품처럼 산산조각이 났다.
这条小溪清澈见底，犹如一面镜子。
이 작은 연못은 맑고 투명해서 바닥까지 다 보이는데, 마치 거울 같다.

2201 有条不紊 yǒutiáo bùwěn
[성] 조리 있고 질서정연하다
他是一个办事有条不紊的人。
그는 일을 함에 있어 규칙적이고 조리 있는 사람이다.
这里的职工做事很有节奏，有条不紊的。
이곳의 직원들은 규칙적이고도 매우 조리 있고 질서정연하게 일한다.

2202 幼稚 yòuzhì
[형] ① 유치하다, 어리다
　유 稚嫩 zhìnèn
　반 4급 成熟 chéngshú, 老练 lǎoliàn, 老成 lǎochéng
我们嘲笑了他的幼稚行为。
우리는 그의 유치한 행동을 비웃었다.
② 수준이 낮다, 미숙하다
不要讲那么幼稚的话。
그렇게 수준 낮은 말은 하지 마세요.

2203 诱惑 yòuhuò
[동] ① 꾀다, 유혹하다
　유 引诱 yǐnyòu
那个人使尽一切手段诱惑他。
그 사람은 모든 수단을 다 동원하여 그를 꾀어내고 있다.
② 끌어들이다, 매혹시키다
她在诱惑你，你相信她吗？
그녀가 널 끌어들이고 있는데, 넌 그녀를 믿니?

2204 愚蠢 yúchǔn
[형] 어리석다, 멍청하다
　유 0094 笨拙, 愚笨 yúbèn, 愚拙 yúzhuō
　반 3급 聪明 cōngming, 1183 伶俐, 聪颖 cōngyǐng, 聪慧 cōnghuì
我觉得这次行动很愚蠢。
나는 이번 행동이 매우 어리석다고 생각한다.
我的愚蠢行为最终导致失败。
내 어리석은 행동이 결국 실패를 가져왔다.

2205 愚昧 yúmèi
[형] 우매하다, 어리석고 사리에 어둡다
　유 1911 无知, 2204 愚蠢, 愚笨 yúbèn
他不是一个愚昧无知的人。
그는 어리석고 무지한 사람이 아니다.
我不想和愚昧的人生活在一起。
나는 우매한 사람과 함께 생활하고 싶지 않다.

2206 舆论 yúlùn
[명] 여론
　유 5급 议论 yìlùn, 2088 言论, 公论 gōnglùn
舆论对人的影响极为大。
여론이 사람에 끼치는 영향은 상당히 크다.
他遭到了社会舆论的强烈谴责 qiǎnzé。
그는 사회여론의 강렬한 지탄을 받았다.

2207 渔民 yúmín
[명] 어민
　유 渔夫 yúfū, 渔家 yújiā, 渔翁 yúwēng
渔汛 yúxùn 一到，渔民们都出海捕鱼。
어획기가 오면 어민들은 모두 바다로 나가 고기를 잡는다.
小王是一个从小就在风浪里长大的渔民。
샤오왕은 어릴 적부터 풍랑 속에서 자란 어민이다.

2208 与日俱增 yǔrì jùzēng
[성] 날이 갈수록 많아지다, 날로 번창하다, 성장이 계속되다
我对她的感情与日俱增。
그녀에 대한 나의 감정이 날이 갈수록 깊어진다.
还有一周就要高考了，我的焦虑与日俱增。
앞으로 일주일 후면 대입시험이라, 나의 초조함은 갈수록 더 해지고 있다.

2209 羽绒服 yǔróngfú
[명] 다운재킷
这是最新款的羽绒服。
이것은 최신 스타일의 다운재킷이다.

这款洗衣机可以洗羽绒服。
이 세탁기는 다운재킷을 세탁할 수 있다.

2210 予以 yǔyǐ

동 ~을 주다
유 0882 给予, 给以 gěiyǐ
希望贵公司予以我们帮助。
귀사가 우리에게 도움을 주시길 바랍니다.
老师对他的学习予以鼓励。
선생님은 그의 학습에 격려를 해주었다.

2211 愈 yù

동 (병이) 낫다
他的伤口渐渐愈合。
그의 상처가 서서히 낫고 있다.

부 ~하면 ~할수록, 더욱
유 3급 越 yuè, 越发 yuèfā
他愈唱愈激动，后来忘了点歌词。
그는 노래를 할수록 흥분하여서, 나중에는 가사를 조금 잊어버렸다.

2212 预料 yùliào

동 예상하다, 예측하다
유 预测 yùcè, 预见 yùjiàn, 预想 yùxiǎng
赛场上出现了预料不到的局面。
경기장에 예상치 못했던 국면이 펼쳐졌다.

명 예상, 예측
这样的结果在我的预料之外。
이러한 결과는 내 예측 밖이다.

2213 预期 yùqī

동 미리 기대하다
要达到预期的目的，一定得努力。
예기한 목표에 도달하려면 반드시 노력을 해야 한다.
女性预期寿命普遍高于男性。
여자의 기대수명은 일반적으로 남자보다 길다.

2214 预赛 yùsài

명 예선 경기
반 5급 决赛 juésài
他的脚是在预赛中受伤的。
그의 다리는 예선 경기에서 다친 것이다.
女子100米预赛将在明天早上进行。
여자 100미터 예선 경기가 내일 아침에 열릴 것이다.

2215 预算 yùsuàn

명 예산
今年的财政预算是多少？
올해의 재정 예산은 얼마입니까?

동 예산하다
我们预算这个工程将耗资15亿。
우리는 이 공사에 15억이 투입될 것으로 예산한다.

2216 预先 yùxiān

부 사전에, 미리
유 3급 先 xiān, 5급 事先 shìxiān, 事前 shìqián
반 事后 shìhòu
老板预先支付了一个月的工资给职工。
사장이 미리 한 달 치의 월급을 직원에게 지불하였다.
怎样才能预先防范 fángfàn 洪水？
어떻게 해야 사전에 홍수를 대비할 수 있습니까?

2217 预言 yùyán

동 예언하다
유 断言 duànyán, 预告 yùgào
科学家预言人类在征服宇宙的方面会找到新的突破口。
과학자는 인류가 우주를 정복하는 방면에 있어서 새로운 돌파구를 찾을 수 있을 것으로 예언한다.

명 예언
科学家的预言已经变成了现实。
과학자의 예언은 이미 현실이 되었다.

2218 预兆 yùzhào

- 명 조짐, 징조, 전조
  通红的晚霞是晴天的预兆。
  새빨간 저녁노을은 맑은 날씨의 징조이다.
- 동 조짐을 보이다
  这场大雪预兆着来年农业丰收。
  이번 큰 눈은 다음 해 풍작의 조짐을 보여준다.

2219 欲望 yùwàng

- 명 욕망
  유 2급 希望 xīwàng, 5급 愿望 yuànwàng
  人类应该控制无止境的欲望。
  인류는 끝없는 욕망을 절제해야 한다.
  这样做也不能满足他的欲望。
  이렇게 한다고 해도 그의 욕망을 만족시킬 수는 없다.

2220 寓言 yùyán

- 명 우언, 우화
  我喜欢读中国的寓言。
  나는 중국의 우화를 즐겨 읽는다.
  这篇古代寓言讲的是什么?
  이 고대 우화가 말하는 것은 무엇입니까?

2221 冤枉 yuānwang

- 동 억울한 누명을 씌우다, 억울하게 하다
  유 5급 委屈 wěiqu, 1895 诬陷, 诬害 wūhài, 冤屈 yuānqū
  明明是你错了，你为什么却要冤枉我呢?
  분명히 네가 잘못한 건데, 너는 왜 도리어 나한테 억울한 누명을 씌우는 거니?
- 형 억울하다, 분하다
  为了这点小事，花这么多时间，真冤枉。
  이 사소한 일에 이렇게나 긴 시간을 할애하다니, 정말로 억울하다.

2222 元首 yuánshǒu

- 명 국가 원수, 지도자
  유 1189 领袖, 首领 shǒulǐng, 首脑 shǒunǎo
  他担当国家元首的职位。
  그는 국가 원수의 직위를 맡게 되었다.
  你知道他是哪个国家的元首吗?
  너는 저 사람이 어느 나라의 지도자인지 아니?

2223 元素 yuánsù

- 명 ① 요소
  유 2118 要素
  古人认为金、木、水、火、土是构成万物的五种元素。
  옛사람들은 금, 목, 수, 화, 토가 만물을 구성하는 다섯 가지 요소라고 여겼다.
  ② (수학·화학의) 원소
  边和角是构成三角形的元素。
  변과 각은 삼각형을 구성하는 원소이다.
  首先要知道化学元素的名称。
  먼저 화학원소의 명칭을 알아야 한다.

2224 元宵节 Yuánxiāojié

- 명 정월 대보름
  怎样庆祝元宵节?
  어떻게 정월 대보름을 경축하나요?
  人们通常在元宵节吃元宵。
  사람들은 보통 정월 대보름에 위엔샤오(찹쌀가루로 만든 소가 들어 있는 새알심 모양의 떡)를 먹는다.

2225 圆满 yuánmǎn

- 형 원만하다, 완벽하다, 훌륭하다
  유 5급 完美 wánměi, 1244 美满, 完满 wánmǎn
  반 残缺 cánquē, 欠缺 qiànquē
  这件事办得很圆满。
  이 일은 매우 원만하게 처리되었다.
  这次会议获得了圆满的成功。
  이번 회의에서 완벽한 성공을 얻어냈다.

2226 原告 yuángào

명 원고
유 原告人 yuángàorén 반 0080 被告

他以原告身份起诉了这家公司。
그는 원고의 신분으로 이 회사를 고소했다.

这个案子的原告和被告原本是朋友。
이 사건의 원고와 피고는 원래 친구 사이였다.

2227 原理 yuánlǐ

명 원리
유 5급 道理 dàolǐ

电脑的结构原理并不复杂。
컴퓨터의 구성원리는 결코 복잡하지 않다.

这个学期我们学习杠杆gànggǎn原理。
이번 학기에 우리는 지렛대의 원리를 배운다.

2228 原始 yuánshǐ

형 ① 원시의

他正在研究非洲原始部落的文化。
그는 아프리카 원시부족의 문화를 연구하고 있다.

② 원래의, 본래의, 최초의

这些原始记录要好好保存。
이 최초의 기록들은 잘 보존되어야 한다.

2229 原先 yuánxiān

형 이전의, 최초의
유 3급 以前 yǐqián, 4급 原来 yuánlái, 5급 从前 cóngqián, 1413 起初

你们可以照原先的计划做。
너희는 원래의 계획에 따라 일을 진행해도 좋다.

명 종전, 이전, 최초, 본래

原先的建筑物几乎没有残留。
최초의 건축물은 거의 남아있지 않다.

부 원래, 본래

原先预计的开通时间被迫延后。
원래 예측했던 개통시기가 어쩔 수 없이 연기되었다.

2230 园林 yuánlín

명 원림, 정원

我非常喜欢苏州园林。
나는 쑤저우의 원림을 매우 좋아한다.

他在大学的时候专业是园林设计。
그의 대학 시절 전공은 원림 설계이다.

2231 源泉 yuánquán

명 (힘·지식·감정 등이 발생하는) 원천, 근원, 본원
유 1126 来源, 泉源 quányuán

知识是力量的源泉。 지식은 힘의 원천이다.

文艺的唯一源泉是人类的社会生活。
문예의 유일한 원천은 인류의 사회생활이다.

2232 约束 yuēshù

동 속박하다, 구속하다, 단속하다
유 1031 拘束, 1693 束缚
반 放任 fàngrèn, 放纵 fàngzòng

这种口头协议约束不了他们。
이런 구두계약으로는 그들을 구속할 수 없다.

我们要提高自我约束的能力。
우리는 스스로 절제하는 능력을 키워야 한다.

2233 岳父 yuèfù

명 장인 [아내의 아버지]

岳父今年六十大寿。 장인께서는 올해 예순이 되신다.

下周我要去拜见岳父。
다음 주에 나는 장인어른을 방문할 생각이다.

2234 乐谱 yuèpǔ

명 악보

她会看乐谱即兴演奏。
그녀는 악보를 보고 즉흥적으로 연주할 줄 안다.

我想找这首歌的乐谱。
나는 이 노래의 악보를 찾고 싶다.

2235 熨 yùn

동 다리다, 다림질하다

请告诉我熨衣服的注意事项。
저에게 옷을 다릴 때의 주의사항을 알려주세요.

他每个周末事先熨一周的衬衫。
그는 주말마다 미리 일주일치의 와이셔츠를 다린다.

2236 蕴藏 yùncáng

동 잠재하다, 매장되다, 간직해두다

유 埋藏 máicáng

这种稀有金属在地下蕴藏了几千年了。
이런 희소금속이 지하에 몇천 년간 매장되어 있었다.

我国各地蕴藏的资源很丰富。
우리나라 각지에 잠재해있는 자원은 매우 풍부하다.

2237 运算 yùnsuàn

동 연산하다

유 5급 计算 jìsuàn, 演算 yǎnsuàn

这道数学题我运算过多次。
나는 이 수학문제를 여러 번 연산했다.

我们应该注意这道题的运算顺序。
우리는 이 문제의 연산 순서에 반드시 주의해야 한다.

2238 运行 yùnxíng

동 (별·차·배 등이) 운행하다

유 运转 yùnzhuǎn 반 4급 停止 tíngzhǐ

地铁三号线即将投入运行。
지하철 3호선은 곧 운행에 들어갈 것이다.

宇宙间各类星球都在按一定的轨道运行。
우주의 각종 별은 모두 일정한 궤도에 따라 운행한다.

2239 酝酿 yùnniàng

동 ① 내포하다, 배태하다, 품다

유 2240 孕育

她终于领悟到失败里酝酿着成功。
그녀는 마침내 실패 안에 성공이 내포되어 있다는 것을 깨달았다.

② 사전에 미리 준비하다, (생각 등을) 가다듬다

他酝酿的这个方案终于通过了。
그가 준비한 이 방안이 마침내 통과되었다.

2240 孕育 yùnyù

동 ① 낳아 기르다, 생육하다

유 5급 产生 chǎnshēng

这两年时间她孕育了两个小孩儿。
최근 2년 동안 그녀는 두 명의 아이를 낳아 길렀다.

② 배양하다, 내포하다

유 2239 酝酿

长城孕育着中国的传统文化。
만리장성은 중국의 전통문화를 내포하고 있다.

新HSK VOCA 5000 6급

Z

2241 砸 zá

동 ① (무거운 것으로) 눌러 으스러뜨리다, 내리치다, 찧다

유 0337 锤, 打 dǎ, 击 jī

昨天搬椅子时砸了脚。
어제 의자를 옮길 때 발을 찧었다.

② 때려 부수다, 깨뜨리다

유 打碎 dǎsuì

一不小心，琉璃瓶被砸得粉碎。
조심하지 않으면 유리병을 산산조각 낼 수 있다.

③ 실패하다, 망치다
这事儿又办砸了。
이 일을 또 망쳤다.
旅行社倒闭搞砸了他们的假期。
여행사가 도산해서 그들의 휴가를 망쳤다.

2242 杂技 zájì

명 잡기, 곡예, 서커스
유 0026 把戏, 杂耍 záshuǎ

我叔叔是一名杂技演员。
우리 삼촌은 서커스 배우이다.
他在杂技比赛中获得了银奖。
그는 서커스 대회에서 은상을 탔다.

2243 杂交 zájiāo

동 (품종이 다른 생물끼리) 교잡하다, 교배하다

这两种水果可以杂交。
이 두 종류의 과일은 교배할 수 있다.
这个国家的杂交水稻shuǐdào研究在国际上处于领先地位。
이 나라의 교잡벼 연구는 국제적으로 최고의 위치에 있다.

2244 咋 zǎ

대 어떻게, 왜, 어째서
你咋不知道呢?
네가 어떻게 모를 수 있니?
你咋了闷闷不乐的呀?
너 어째서 우울해하는 거야?

 咋 zé

동 (깨)물다
他总是口里咋着东西说话。
그는 늘 입에 음식을 물고 말한다.

2245 灾难 zāinàn

명 재난, 재해
유 苦难 kǔnàn, 灾患 zāihuàn, 灾祸 zāihuò

他这几年面临一系列的灾难。
그는 몇 년 동안 연이은 재난을 겪었다.
这样的灾难希望以后不会发生。
이러한 재난이 이후에 다시는 일어나지 않기를 기원한다.

2246 栽培 zāipéi

동 ① 심어 가꾸다, 재배하다
我想栽培水果。
나는 과일을 재배하고 싶다.

② 인재를 양성하다
非常感谢老师们这些年来对我的栽培。
지금까지 나를 가르쳐주신 선생님들께 감사 드린다.

③ 발탁하다, 등용하다
对企业来说栽培人才很重要。
기업의 입장에서 보면 인재를 발탁하는 것은 매우 중요한 일이다.

2247 宰 zǎi

동 ① 주관하다
人的命运是由自己主宰的。
사람의 운명은 스스로 주관하는 것이다.

② (가축을) 도살하다, 잡다
유 5급 杀 shā, 屠 tú

我一个人宰不了猪。
나 혼자서는 돼지를 못 잡는다.

③ 바가지 씌우다, 폭리를 취하다
유 敲诈 qiāozhà

学校旁边的饭馆宰人真狠hěn。
학교 옆의 호텔은 너무 심하게 폭리를 취한다.

2248 在乎 zàihu

동 ① ~에 있다, ~에 달려 있다
유 在于 zàiyú

成功全在乎自己的努力。
성공은 완전히 자신의 노력에 달려 있다.

② 신경 쓰다, 개의하다 [주로 부정형에서 쓰임]
유 2249 在意, 介意 jièyì, 在心 zàixīn

不要那么在乎荣誉和金钱。
명예와 돈에 너무 그렇게 신경 쓰지 마.

2249 在意 zài//yì

동 마음에 두다, 개의하다 [주로 부정형에서 쓰임]
유 2248 在乎, 介意 jièyì, 在心 zàixīn
반 1689 疏忽

这么点小事，不要在意。
이렇게 작은 일에 마음 쓰지 마세요.

对于这件事，他是不大在意的。
이번 일에 대해 그는 그다지 마음을 쓰지 않는다.

对这次考试你要在点儿意，别太粗心。
이번 시험에 좀 더 신경을 쓰도록 해, 너무 소홀히 하지 말고.

2250 再接再厉 zàijiē zàilì

성 더욱 더 힘쓰다, 한층 더 분발하다

希望你们再接再厉，取得更优秀的成绩。
너희가 한층 더 분발하여 더 좋은 성적을 낼 기원한다.

再接再厉，全力以赴实现我们的目标。
더욱 분발하고, 혼신의 힘을 다해 우리의 목표를 달성하자.

2251 攒 zǎn

동 모으다, 저축하다
유 4급 积累 jīlěi

他想攒钱买一辆车。
그는 돈을 모아 차를 한 대 사고 싶어한다.

他已经攒了很多钱，买房子的钱还没攒够。
그는 이미 많은 돈을 저축했으나, 집 살 돈은 아직 덜 모았다.

 攒 cuán

동 맞추다, (기계 따위를) 조립하다
他是攒自行车的高手。
그는 자전거 조립의 고수이다.

2252 赞叹 zàntàn

동 찬탄하다
유 5급 称赞 chēngzàn, 5급 赞美 zànměi, 2254 赞扬, 赞赏 zànshǎng
반 0252 嘲笑

大家对他的表演赞叹不绝。
모두 그의 공연에 감탄해마지않았다.

杂技演员高超的演技令人赞叹。
서커스 배우의 뛰어난 연기는 사람들을 찬탄하게 만들었다.

2253 赞同 zàntóng

동 찬성하다, 동의하다
유 3급 同意 tóngyì, 5급 赞成 zànchéng, 2184 拥护
반 4급 反对 fǎnduì

我赞同你的意见。나는 네 의견에 찬성한다.

既然大家都表示赞同，就那么干吧。
기왕에 모두 찬성의 뜻을 표했으니 그렇게 합시다.

2254 赞扬 zànyáng

동 찬양하다, 칭찬하다
유 4급 表扬 biǎoyáng, 5급 称赞 chēngzàn, 夸奖 kuājiǎng
반 贬斥 biǎnchì, 讥讽 jīfěng

老师总是赞扬这位学生有才能。
선생님은 늘 이 학생의 재능을 칭찬했다.

他乐于助人，受到大家的赞扬。
그는 사람들을 잘 도와줘서, 사람들의 칭송을 받는다.

赞扬的话听多了，可不能飘飘然 piāopiāorán 啊。칭찬을 많이 받았다고 우쭐해서는 안 된다.

2255 赞助 zànzhù

동 찬조하다, 지지하다
유 2급 帮助 bāngzhù, 4급 支持 zhīchí, 1991 协助
반 4급 反对 fǎnduì

他赞助妹妹开一家花店。
그는 여동생이 꽃 가게를 여는 데 찬조했다.

他要求得到赞助却遭到拒绝。
그는 지지를 얻고자 했다가 오히려 거절을 당했다.

2256 暂且 zànqiě

부 잠시, 잠깐

这件事我们暂且放一放。
이 일은 우리 잠시 제쳐두자.

你暂且先忘记这些烦恼。
잠깐이라도 먼저 괴로운 일들은 잊도록 해봐.

2257 糟蹋 zāotà

동 ① 낭비하다, 손상하다
- 유 4급 浪费 làngfèi
- 반 4급 节约 jiéyuē, 5급 节省 jiéshěng, 节俭 jiéjiǎn

把这些都吃了，别糟蹋粮食。
이것들 모두 먹어, 음식을 낭비해서는 안 되니까.

② 모욕하다, 능욕하다
- 유 0938 践踏, 1915 侮辱, 欺辱 qīrǔ
- 반 5급 爱惜 àixī, 5급 珍惜 zhēnxī

这姑娘受到糟蹋后精神失常了。
이 아가씨는 모욕을 당한 후 정신이 이상해졌다.

2258 遭受 zāoshòu

동 (불행·손해 등을) 입다, 당하다
- 유 4급 受到 shòudào, 蒙受 méngshòu

公司这次遭受严重的损失。
회사는 이번에 심각한 손실을 입었다.

这些人正在遭受疾病的折磨。
이 몇 명은 질병의 고통을 입고 있다.

2259 遭殃 zāo//yāng

동 재난을 입다, 재앙을 당하다

他家被盗了，这下可遭殃了。
그의 집은 도둑을 맞아 이번에 재난을 입었다고 할 수 있다.

战争的结果往往是人民遭殃。
전쟁의 결과는 항상 국민들이 재앙을 입게 된다.

自然环境被破坏，很多动物都遭了殃。
자연환경이 파괴되어 많은 동물들이 재앙을 당했다.

2260 遭遇 zāoyù

동 (적이나 불행한 일등을) 조우하다, 만나다

我们遭遇了百年不遇的洪水。
우리는 백 년에 한 번 있을까 말까 한 홍수를 당했다.

명 처지, 운명 [주로 불행한 일에 쓰임]

他向大家讲述了自己的悲惨遭遇。
그는 모두에게 자신의 비참한 처지에 대해 이야기했다.

2261 造反 zào//fǎn

동 반란을 일으키다, 반역하다

她想造饭，但是又不敢。
그녀는 반란을 일으키고 싶지만 감히 못한다.

猫儿不在家，老鼠要造反。
고양이가 집에 없으니 쥐가 반란을 일으키려고 하네.

你这次真是造了天大的反啊！
네가 이번에 정말로 큰일을 치는 구나!

2262 造型 zàoxíng

동 조형하다, 형상화하다

造型时代感，让我的客厅增添了一些色彩。
시대감을 형상화하기 위해서 제 거실에 색채를 더해주세요.

二环路的边上有不少雕塑diāosù，造型很美。
얼환로의 가장자리에 조각 작품이 많이 있어서, 조형이 매우 아름답다.

명 이미지, 형상

他一眼就看中了这个造型别致的椅子。
그는 한 눈에 이 모양이 특이한 의자가 마음에 들었다.

2263 噪音 zàoyīn

명 소음, 잡음
- 유 噪声 zàoshēng
- 반 乐音 yuèyīn

这种音乐纯粹就是噪音。
이런 음악은 순전히 잡음일 뿐이다.

如何降低jiàngdī空调的噪音？
어떻게 에어컨의 소음을 낮춥니까?

2264 责怪 zéguài

동 원망하다, 나무라다
- 유 5급 责备 zébèi, 0062 抱怨, 1228 埋怨, 怪罪 guàizuì
- 반 4급 原谅 yuánliàng, 1172 谅解

妈妈责怪他来晚了。
엄마는 그가 늦게 온 것을 나무랐다.

出了问题不要一直责怪别人。
문제가 생겼다고 해서 내내 다른 사람을 원망하지 마라.

2265 贼 zéi

명 도둑, 도적

昨晚我们抓住了一个贼。
어제 저녁에 우리는 도둑을 잡았다.

最近经常有贼在这一带偷东西。
최근 종종 이 일대에 물건을 훔쳐가는 도둑이 있다.

2266 增添 zēngtiān

동 더하다, 늘리다, 첨가하다
- 유 4급 增加 zēngjiā, 添加 tiānjiā
- 반 4급 减少 jiǎnshǎo, 2072 压缩, 减缩 jiǎnsuō

真对不起，给您增添了许多麻烦。
정말 죄송합니다, 당신을 번거롭게 했네요.

彩旗给这次盛会增添了欢乐的气氛。
채색깃발이 이 성대한 모임에 유쾌한 분위기를 더했다.

高贵的钻石更能为你的首饰增添光彩。
고귀한 다이아몬드는 당신의 액세서리에 광채를 더할 수 있다.

2267 赠送 zèngsòng

동 증정하다, 주다
- 유 送给 sònggěi, 赠予 zèngyǔ
- 반 璧还 bìhuán

这里的样品免费赠送。
여기는 샘플을 무료로 준다.

他赠送给我的礼物我一直珍藏着。
그가 나에게 준 선물은 내가 늘 소중히 보관하고 있다.

2268 渣 zhā

명 찌꺼기, 부스러기
- 유 渣子 zhāzi

煮咖啡剩下很多咖啡渣。
커피를 끓이고 나니 커피 찌꺼기가 많이 남았다.

他给我留下了面包渣儿。
그는 나에게 빵 부스러기를 남겨주었다.

2269 扎 zhā

동 ① (뾰족한 물건으로) 찌르다, 뚫다
- 유 0344 刺

刚才被针扎了一下，真疼。
아까 바늘에 좀 찔려서 너무 아프다.

② 자리를 잡다, 주둔하다

今天就在这儿扎了，明天再走。
오늘은 여기에 자리를 잡고 내일 다시 가자.

plus+ 扎 zā

동 묶다, 매다, 동이다
她用皮筋扎了长头发。
그녀는 고무줄로 긴 머리를 묶었다.

양 묶음, 다발, 단, 꾸러미 [한 묶음으로 된 것을 셀 때 쓰임]
她在抽屉里找到一扎请柬。
그녀는 서랍에서 초대장을 한 묶음 찾아냈다.

2270 扎实 zhāshi

형 ① 견고하다, 튼튼하다
- 유 4급 实在 shízài, 1740 踏实
- 반 浮躁 fúzào, 肤浅 fūqiǎn, 虚浮 xūfú

他的英文基础很扎实。
그의 영어는 기초가 매우 튼튼하다.

② 착실하다, 성실하다
- 유 5급 结实 jiēshi, 0910 坚实

他在农村扎扎实实地工作了十年。
그는 농촌에서 성실하게 10년을 근무하였다.

2271 眨 zhǎ

동 (눈을) 깜박거리다

眨眼的功夫他就来了。
눈 깜짝할 사이에 그가 왔다.

用电脑时多眨一眨眼可以保护视力。
컴퓨터 사용 시 자주 눈을 깜박거리면 시력을 보호할 수 있다.

我把头转向那个小女孩儿，冲她眨了一下眼睛。
나는 그 소녀를 향해 고개를 돌려 그녀에게 윙크를 했다.

2272 诈骗 zhàpiàn

동 속이다, 갈취하다, 사취하다

유 敲诈 qiāozhà

他诈骗了公司三千万元。
그는 회사 돈 3천만 위안을 사취했다.

如今出现了多种类型的诈骗。
요즘 다양한 방식의 사기가 나타나고 있다.

他到处诈骗，大家都很痛恨他。
그는 도처를 다니며 사기를 쳐서 모두 그를 원망한다.

2273 摘要 zhāiyào

동 적요하다

学会摘要文件上的重点内容非常重要。
문서상의 핵심내용을 적요하는 것을 배우는 것은 정말 중요하다.

명 적요, 개요

这份报告的摘要我还没看。
나는 이 보고서의 개요를 아직 보지 못했다.

2274 债券 zhàiquàn

명 (공채·국채 또는 기업·은행 등의) 채권

我购买了一些企业债券。
나는 기업 채권을 좀 구매했다.

这是我国政府第三次发行的债券。
이것은 우리 정부가 세 번째로 발행한 채권이다.

2275 沾光 zhān//guāng

동 덕을 보다

반 5급 吃亏 chīkuī

全家人都跟着姐姐沾光。
온 집안 사람들이 언니를 좇아서 덕을 보고 있다.

省城经济发展好了，周边地区才能跟着沾光。
성소재지의 경제가 잘 발전해야 주변 지역도 따라서 덕을 본다.

沾他的光，我也可以去北京旅游。
그 사람 덕에, 나도 베이징을 여행할 수 있게 되었다.

2276 瞻仰 zhānyǎng

동 참배하다, 우러러보다

유 瞻拜 zhānbài

我们瞻仰了抗战烈士的塑像。
우리는 항전열사의 동상을 우러러보았다.

国家总统逝世的时候，成千上万的人瞻仰了他的遗容。
국가 총통이 서거했을 때, 수많은 사람들이 그의 죽은 뒤의 모습에 참배했다.

2277 斩钉截铁 zhǎndīng jiétiě

성 맺고 끊다, 언행이 단호하다

유 直截了当 zhíjié liǎodàng, 毅然决然 yìrán juérán
반 优柔寡断 yōuróu guǎduàn, 拖泥带水 tuōní dàishuǐ

他斩钉截铁地回答了我提出的问题。
그는 내가 제기한 문제에 단호하게 대답했다.

他斩钉截铁地说，企业一律要调查。
그는 '기업은 예외 없이 조사해야 한다'고 단호하게 말했다.

2278 展示 zhǎnshì

동 드러내다, 전시하다

유 5급 体现 tǐxiàn, 5급 显示 xiǎnshì, 2280 展现

他向面试官展示了自己的才华。
그는 면접관을 향해 자신의 재능을 드러냈다.

这些时装展示了今年的流行趋势。
요즘 유행하는 의상은 올해의 유행 추세를 보여준다.

2279 **展望** zhǎnwàng

동 ① 먼 곳을 보다
유 遥望 yáowàng
他站在山顶上，展望四周。
그는 산꼭대기에 서서, 사방을 바라본다.

② 전망하다, 앞을 내다보다
유 1823 推测, 预测 yùcè, 瞻望 zhānwàng
반 0830 回顾, 回首 huíshǒu
展望未来，我们充满信心。
미래를 내다보면 우리는 자신감으로 충만하다.

2280 **展现** zhǎnxiàn

동 드러내다, 나타나다
유 5급 体现 tǐxiàn, 5급 显示 xiǎnshì, 2278 展示
他展现出了极强的适应能力。
그는 매우 강한 적응력을 드러내 보였다.
走出屋子，田野风光展现在眼前。
방에서 나가면, 들판의 풍경이 눈앞에 펼쳐진다.

2281 **崭新** zhǎnxīn

형 참신하다, 아주 새롭다
유 簇新 cùxīn
반 0260 陈旧, 陈腐 chénfǔ, 古旧 gǔjiù, 破旧 pòjiù
她穿着一双崭新的高跟鞋。
그녀는 참신한 스타일의 하이힐을 신고 있다.
两国的关系进入了一个崭新的发展阶段。
양국의 관계가 새로운 발전 단계로 접어들었다.

2282 **战斗** zhàndòu

명 전투
战斗中，敌军伤亡很大。
전투 중에 적의 사상자가 많이 생겼다.

동 ① (적과) 전투하다, 싸우다
유 5급 战争 zhànzhēng, 2285 战役
我军与敌人在阵地上战斗了三天三夜。
우리 군은 적과 전지에서 사흘 밤낮을 싸웠다.

② (학습·일·생활 등에서) 투쟁하다, 싸우다
유 5급 奋斗 fèndòu, 0155 搏斗, 0468 斗争, 1371 拼搏
哪里有危险，他就在哪里战斗。
위험이 있는 곳이 어디든 간에 그는 그곳에서 투쟁할 것이다.

2283 **战略** zhànlüè

명 ① (전술의) 전략
这次成功源于战略决策的英明。
이번 성공은 전략적 결정의 영민함에서 기원한 것이다.

② (정치·경제 등의) 전략
中国改革开放的战略政策是不会改变的。
중국 개혁개방의 전략적 정책은 변하지 않을 것이다.

2284 **战术** zhànshù

명 ① (전투의) 전술
我们采取的是后发制人 hòufā zhìrén 的战术。
우리가 채택한 것은 상대가 선제 공격하기를 기다렸다가 공격하는 전술이다.

② (정치·경제 등의) 전술
他们采取了抢占 qiǎngzhàn 市场份额的战术。
그는 시장 점유율을 선점하는 전술을 채택했다.

2285 **战役** zhànyì

명 전투, 전역
他不想参加这场战役。
그는 이 전투에 참가하고 싶지 않다.
九名战士在这场战役中全部牺牲。
아홉 명의 전사가 이번 전투 중에 모두 희생되었다.

2286 占据 zhànjù

동 (강제로) 점거하다, 점유하다
유 2287 占领, 2288 占有, 据有 jùyǒu
반 4급 放弃 fàngqì

此产品在国外占据了广阔的市场。
이 제품은 외국에서 넓은 시장을 점유했다.
天然气在现代生活中占据着重要位置。
천연가스는 현대 생활에서 중요한 위치를 차지하고 있다.

2287 占领 zhànlǐng

동 (무력으로) 점령하다, 점유하다
유 2286 占据, 2288 占有

敌军的阵地被我军占领。
적군의 진지를 아군이 점령했다.
敌军想要占领我们的根据地。
적이 우리의 근거지를 점령하려고 한다.

2288 占有 zhànyǒu

동 ① 점거하다, 차지하다
유 2286 占据, 2287 占领, 霸占 bàzhàn, 据有 jùyǒu

现在我们最需要的是占有更多的股份。
지금 우리가 가장 필요로 하는 것은 더 많은 주식을 차지하는 것이다.

② (어떤 유리한 위치를) 차지하다

这次大学足球比赛中，我们队一直占有优势。
이번 대학축구시합에서 우리 팀은 줄곧 우위를 차지했다.

③ 장악하다, 차지하다

警察在占有大量的证据的前提下，指定犯人。
경찰은 대량의 증거를 확보한다는 전제 하에서 범인을 지목했다.

2289 章程 zhāngchéng

명 (서면상의) 규정, 조례

请你把这个章程再修改一下。
이 조례를 다시 수정해주세요.
职员应严格按照公司章程办事。
직원들은 회사규정에 엄격히 따라 일을 처리해야 한다.

 章程 zhāngcheng

명 방법, 방도

这件事在我心里还没有一个准章程。
이 일은 아직 마음 속에서 정확한 방도를 아직 정하지 못했다.

2290 长辈 zhǎngbèi

명 손윗사람, 연장자

长辈和晚辈之间的沟通就会有问题。
선배와 후배 사이의 소통에는 문제가 있을 수 있다.
即使你是我们家的长辈，也不要胡说八道。
설령 네가 우리 집의 연장자라고 해도 터무니없는 말을 해서는 안 된다.

2291 障碍 zhàng'ài

동 방해하다, 막다
유 5급 妨碍 fáng'ài, 2484 阻碍

大雾障碍司机的视线。
짙은 안개는 운전기사의 시선을 방해한다.

명 장애물, 방해물

她清除了在地面上的障碍物。
그녀는 바닥에 있는 장애물을 정리했다.

2292 帐篷 zhàngpeng

명 장막, 천막, 텐트

我的帐篷破了两个洞，有点儿透水。
내 천막에 구멍이 두 개 나서 비가 조금 샌다.
我们到达河边，就搭起帐篷准备过夜。
우리는 강가에 도착해서 텐트를 치고 묵을 준비를 했다.

2293 招收 zhāoshōu

동 모집하다, 받아들이다

这家商店招收了两名服务员。
이 상점은 두 명의 종업원을 모집했다.

今年全国各大高校开始公开招收学生。
올해 전국 각 대학은 공개적으로 학생을 모집하기 시작한다.

2294 招投标 zhāotóubiāo

입찰을 모집하다

这个工程正在招投标。
이 프로젝트는 입찰을 모집하고 있다.

下周开始公开招投标。
다음 주에 공개입찰 모집을 시작한다.

2295 朝气蓬勃 zhāoqì péngbó

성 생기가 넘쳐 흐르다, 생기발랄하다

유 生机勃勃 shēngjī bóbó
반 暮气沉沉 mùqì chénchén, 死气沉沉 sǐqì chénchén

我们学校朝气蓬勃。
우리 학교는 활기가 넘쳐 흐른다.

他虽年老，但朝气蓬勃。
그는 비록 나이는 많지만 생기가 넘쳐 흐른다.

2296 着迷 zháo//mí

동 몰두하다, 빠져들다

他逐渐着迷于赌博了。
그는 점차 도박에 빠져들었다.

你最近对什么运动着迷?
너는 요즘 어떤 스포츠를 좋아하니?

他小时候就对弹琴着了迷。
그는 어릴 때부터 피아노 치는 것에 빠져들었다.

2297 沼泽 zhǎozé

명 소택지, 늪, 습지

森林深处全是沼泽。
삼림의 깊은 곳은 전부 습지이다.

他陷进xiànjìn了沼泽，怎样能救他？
그가 늪에 빠졌는데, 어떻게 하면 그를 구할 수 있을까요?

2298 照料 zhàoliào

동 돌보다, 보살피다

유 0716 关照, 照看 zhàokàn

护士把病人照料得很精心。
간호사가 환자를 매우 세심하게 보살핀다.

要让孩子学会照料自己的生活。
아이들이 스스로의 생활을 돌볼 줄 알게 해야 한다.

2299 照样 zhào//yàng

동 견본에 따르다, 양식에 따라 하다

他照样画了一只老虎。
그는 양식에 따라 호랑이 한 마리를 그렸다.

请你照这个样写。
이 양식에 따라 쓰세요.

부 여전히, 변함없이

几年没见了，你照样这么漂亮啊！
몇 년 동안 만나지 못했는데, 넌 변함없이 이렇게 예쁘구나!

2300 照耀 zhàoyào

동 밝게 비추다, 눈부시게 비추다

유 辉映 huīyìng, 映射 yìngshè, 照射 zhàoshè

阳光照耀着我的房间。
햇빛이 내 방을 밝게 비추고 있다.

和煦héxù的阳光照耀着整个校园。
따사로운 햇빛이 학교 전체를 눈부시게 비추고 있다.

2301 照应 zhàoyìng

동 협력하다, 호응하다

유 5급 配合 pèihé, 1968 相应

朋友之间应该相互照应。
친구 사이에는 서로 협력해야 한다.

写文章要前后照应。
문장을 쓸 때에는 앞뒤가 호응해야 한다.

照应 zhàoying

동 보살피다, 돌보다
你照应我的孩子，非常感谢。
우리 아이를 보살펴주셔서 정말 감사합니다.

2302 **遮挡** zhēdǎng

동 막다, 차단하다
你们用什么遮挡客厅的窗户？
너희는 무엇으로 거실의 창문을 가렸니？

명 차단물, 방해물
沙漠上没有什么遮挡。
사막에는 아무런 방해물도 없다.

2303 **折腾** zhēteng

동 ① 뒤척이다, 엎치락뒤치락하다
他在床上折腾了一晚没睡。
그는 침대에서 뒤척이며 밤새 잠을 이루지 못했다.

② 반복하다, 되풀이하다
유 倒腾 dǎoteng, 翻腾 fānténg
小狗在门口钻zuān出来又钻进去，折腾了半天才安静下来。
강아지가 문 입구에서 나왔다 들어갔다 한참을 되풀이 하더니 조용해졌다.

③ 괴롭히다, 못살게 굴다
유 2305 折磨
这个小宝宝动不动就哭，真能折腾人。
이 아기는 걸핏하면 울어서, 정말 사람을 못살게 군다.

2304 **折** zhé

동 ① 꺾다, 끊다
유 4급 断 duàn
他从树上折了几枝桃花。
그는 나무에서 복숭아꽃을 몇 가지 꺾었다.

② 손해 보다, 손실을 입다
这回投资又折了。
이번 투자에서 또 손실을 입었다.

③ 굽히다
유 5급 弯 wān, 曲 qū
반 5급 直 zhí
他很有骨气，从不肯向权贵折腰。
그는 기개가 있어서 한 번도 권력과 재물에 굽실거리려 하지 않았다.

④ 되돌아오다, 방향을 바꾸다
유 1급 回 huí, 拐 guǎi, 转 zhuàn
妈妈出门一直走，再折向东。
엄마는 문을 나서서 곧장 가다가 다시 동쪽으로 방향을 바꿨다.

⑤ 값을 깎다, 에누리하다
유 扣 kòu
本店服装大甩卖shuǎimài，一律打六折。
이 상점은 옷을 헐값으로 팔아치우고 있어서 일률적으로 40% 할인을 한다.

2305 **折磨** zhémó

동 (육체적·정신적으로) 고통스럽게 하다, 괴롭히다
유 2303 折腾
她被病魔折磨了整半年。
그녀는 병마에 반 년간을 내리 시달렸다.
这种失恋的痛苦日夜折磨她。
이러한 실연의 아픔이 밤낮없이 그녀를 괴롭힌다.

2306 **真相** zhēnxiàng

명 진상, 실상
유 本相 běnxiàng, 原形 yuánxíng
반 假相 jiǎxiàng
揭露真相需要勇气。
진상을 밝히려면 용기가 필요하다.
总会有真相大白的一天。
언젠가 진상이 세상에 알려지는 날이 있을 것이다.

2307 **真挚** zhēnzhì

형 진실하다, 참되다

我不会忘记那真挚的爱。
나는 그 진실한 사랑을 잊지 못할 것이다.
男女之间能有这样真挚的友情真不容易。
남녀 사이에 이런 참된 우정이 있다는 건 정말 쉽지 않은 일이다.

2308 **珍贵** zhēnguì

형 진귀하다, 귀중하다
유 5급 宝贵 bǎoguì, 可贵 kěguì, 名贵 míngguì
高丽人参是珍贵的药材。
고려 인삼은 진귀한 약재이다.
这是我收到的最珍贵的礼物。
이것은 내가 받은 가장 귀중한 선물이다.

2309 **珍稀** zhēnxī

형 진귀하고 드물다
他家里有很多珍稀藏品。
그의 집에는 귀중한 소장품이 많다.
我们应该保护珍稀植物。
우리는 진귀하고 드문 식물을 보호해야 한다.

2310 **珍珠** zhēnzhū

명 진주
我有两条珍珠项链。
나는 진주 목걸이를 두 개 가지고 있다.
比起水晶她更喜欢珍珠。
수정과 비교한다면 그녀는 진주를 더 좋아한다.

2311 **侦探** zhēntàn

동 정탐하다
他花一年的时间侦探这个案件。
그는 일년이라는 시간을 들여 이 사건을 정탐했다.
명 탐정, 스파이, 간첩
유 暗探 àntàn, 密探 mìtàn, 坐探 zuòtàn
他一边走，一边留心后面有没有侦探跟踪。
그는 걸으면서 뒤쪽에서 탐정이 미행하는지 주의했다.

2312 **斟酌** zhēnzhuó

동 고려하다, 심사숙고하다
请仔细斟酌我说的话。
내가 한 말을 곰곰이 생각해봐라.
此事要斟酌一下再拿主意。
이 일은 심사숙고를 거친 후에 다시 결정하자.

2313 **阵地** zhèndì

명 진지, 일선
将士们都要死守阵地。
장병들이 모두 진지를 굳게 지키고 있다.
敌军的阵地被我军占领。
적군의 진지가 아군에게 점령당했다.

2314 **阵容** zhènróng

명 ① 진용
教练要求我们调整出场阵容。
교관이 우리에게 출장 진용의 조정을 요구하였다.
② 진용, 라인업
派遣pàiqiǎn明星阵容的代表团来到北京。
스타들로 라인업 되어 파견된 대표단이 베이징에 도착했다.

2315 **镇定** zhèndìng

형 침착하다, 냉정하다
유 4급 冷静 lěngjìng, 5급 平静 píngjìng, 0009 安详, 0259 沉着, 2316 镇静
반 5급 慌张 huāngzhāng, 0823 慌忙, 惊慌 jīnghuāng
即使遇到再不幸的事他都很镇定。
설령 아무리 불행한 일을 겪는다고 하더라도 그는 매우 침착할 것이다.
동 진정시키다
镇定一些吧，那事没什么大不了的。
좀 진정해, 그건 그리 대단한 일도 아니야.

2316 镇静 zhènjìng

[형] 안정되다, 차분하다
- [유] [4급] 冷静 lěngjìng, [5급] 平静 píngjìng, [0009] 安详, [0259] 沉着, [2315] 镇定
- [반] [4급] 激动 jīdòng, [5급] 慌张 huāngzhāng, [0291] 冲动

他做事不慌不忙，非常**镇静**。
그는 일할 때, 허둥거리지 않고 정말 차분하다.

[동] 진정하다, 진정시키다

他尽力**镇静**了自己。
그는 온 힘을 다해서 스스로를 진정시켰다.

2317 镇压 zhènyā

[동] 진압하다, 평정하다 [정치적인 일에 주로 쓰임]
- [유] [2075] 压制

封建王朝残酷**镇压**了农民起义。
봉건왕조는 농민 봉기를 잔혹하게 진압했다.

暴乱已经被**镇压**下去了，政局逐渐稳定下来。
폭동이 이미 진압되어서 정국이 점차로 안정되어 갔다.

2318 振奋 zhènfèn

[동] 분기시키다, 분발시키다
- [유] [4급] 兴奋 xīngfèn, 奋发 fènfā

这是多么**振奋**人心的事啊！
이는 얼마나 사람의 마음을 진작시키는 일인가!

北京奥运会的消息太令人**振奋**了。
베이징올림픽 소식은 사람들을 매우 분기시킨다.

2319 振兴 zhènxīng

[동] 진흥하다, 진흥시키다
- [유] 崛起 juéqǐ

振兴工业是我们所希望的。
공업을 진흥시키는 것은 우리가 희망하는 바이다.

采用什么方法才能**振兴**教育事业？
어떤 방법을 써야 교육사업을 진흥시킬 수 있을까?

2320 震惊 zhènjīng

[동] 깜짝 놀라다, 경악하다, 몹시 놀라게 하다
- [유] [4급] 吃惊 chījīng, 震动 zhèndòng

小王的勇气使我**震惊**。
샤오왕의 용기에 나는 깜짝 놀랐다.

老李**震惊**得说不出一句话来。
라오리는 몹시 놀라서 한 마디 말도 하지 못했다.

2321 争端 zhēngduān

[명] 쟁단, 분쟁의 실마리, 싸움의 발단
- [유] [1022] 纠纷

政府想平息píngxī劳资**争端**。
정부는 노사 분쟁의 실마리를 진압하고 싶어한다.

要通过协商解决我们之间的**争端**。
협상을 통해서 우리 간의 쟁단을 해결해야 한다.

2322 争夺 zhēngduó

[동] 쟁탈하다, 다투다
- [유] [5급] 争取 zhēngqǔ, 夺取 duóqǔ, 争抢 zhēngqiǎng

他们将与中国队**争夺**冠军。
그들은 중국 팀과 우승을 다투게 되었다.

为了**争夺**权力，他采取了多种手段。
권력을 쟁탈하기 위해 그는 여러 가지 수단을 썼다.

2323 争气 zhēng//qì

[동] 잘 하려고 애쓰다, 지지 않으려고 분발하다

争气绝不是一件容易的事情。
잘 하려고 애쓰는 것은 결코 쉬운 일이 아니다.

你家孩子真**争气**，每次都考第一名。
당신 네 아이는 정말 잘해서 시험볼 때마다 일등을 하네요.

我之所以这样做，就是为了**争**一口**气**。
내가 이렇게 했던 것은 바로 지지 않으려고 했던 거다.

2324 争先恐后 zhēngxiān kǒnghòu

[성] 뒤질세라 앞을 다투다

学生们争先恐后地跑出教堂。
학생들이 뒤질세라 앞을 다투어 교실을 뛰어나오고 있다.
小朋友争先恐后地跑下台去了。
어린아이가 앞다투어 무대 아래로 달려 내려갔다.

2325 争议 zhēngyì

동 쟁의하다, 논쟁하다
双方再争议就达不成协议了。
쌍방이 다시 논쟁했지만 합의를 보지 못했다.
他的话引发了争议，两个人吵着就打起来了。
그의 말이 논쟁을 불러 일으켜 두 사람은 말다툼을 하다가 싸움이 붙었다.

2326 蒸发 zhēngfā

동 증발하다
유 5급 发挥 fāhuī 반 凝结 níngjié
苹果表面的汁液蒸发干了。
사과 표면의 즙이 증발해서 말라버렸다.
高度的浓缩也能通过蒸发技术完成。
고도의 농축 또한 증발의 기술을 통해 완성될 수 있다.

2327 征服 zhēngfú

동 정복하다, 굴복시키다
유 降服 jiàngfú, 驯服 xùnfú
반 安抚 ānfǔ, 招抚 zhāofǔ
你的说法很难征服人心。
너의 견해로는 사람의 마음을 사로잡기에 어려움이 있다.
许多登山者都无法征服这座高山。
많은 산악인들이 이 높은 산을 정복할 수 없다.

2328 征收 zhēngshōu

동 (세금을) 징수하다
国家如何征收进口税？
나라에선 어떻게 수입세를 징수합니까？
政府派他去征收了个人所得税。
정부에서 그를 파견하여 개인 소득세를 징수했다.

2329 正月 zhēngyuè

명 정월, 음력 1월
我今年正月打算不回家。
나는 올 정월에 집에 돌아가지 않을 예정이다.
正月到了，新的一年也开始了。
정월이 왔고, 새로운 한 해도 시작되었다.

2330 挣扎 zhēngzhá

동 발버둥치다, 몸부림치다, 발악하다
유 抗争 kàngzhēng
他挣扎着从河里爬上来了。
그는 발버둥치면서 강에서 기어 올라왔다.
父母为了生计而苦苦挣扎着。
부모는 생계를 위해서 몸부림치고 있다.

2331 整顿 zhěngdùn

동 정비하다, 정돈하다
유 4급 整理 zhěnglǐ, 整肃 zhěngsù, 整治 zhěngzhì
这个企业停产整顿了工业机械及设备。
이 기업은 생산을 멈추고 공업용 기계와 설비를 정비했다.
这个地区的治安情况不好，需要马上好好地整顿。
이 지역은 치안상황이 좋지 않아서, 즉각 적절한 정비가 필요하다.

plus+ 整顿·整理

- **整顿** 동 정비하다, 정돈하다
  ➡ 整顿 + 组织, 纪律, 作风, 思想, 党风, 市容
- **整理** 동 정리하다, 정돈하다
  ➡ 整理 + 房间, 书包, 头发, 桌子, 东西, 笔记, 资料

비교 이 두 단어 모두 '정리하다'라는 뜻을 가지고 있다. 整顿은 어지러운 것을 가지런하게 하고 불건전한 것을 건전하게 하는 것으로, 주로 조직, 규율, 기강 등을 정돈하고 정비하는 것을 가리킨다. 整理는 질서 있고 조리 있게 만들고, 청소하고 정리한다는 것을 가리킨다.

비슷한 의미를 가진 단어일수록 **搭配**에 의해 구분된다는 것이 포인트!

Check

新领导全心全力对公司进行了（　　　　）。
새로운 지도자는 전심전력으로 회사에 대해서 정돈을 진행했다.

孩子要养成（　　　　）房间的习惯。
아이는 방을 정리하는 습관을 길러야 한다.

답 整顿 / 整理

2332 **正当** zhèngdāng

[전] 곧 ~에 있다, 막 ~할 때이다

正当年轻多奋斗些吧。
이 젊은 시기에 더욱 노력하자.

正当我绝望的时候，他给了我很大鼓励。
내가 절망했을 때에 그는 나를 격려해주었다.

plus+ 正当 zhèngdàng

[형] ① 정당하다
你有正当的理由吗?
당신에게 정당한 이유가 있나요?

② (인품이) 단정하다
我们想招聘人品正当的人。
우리는 인품이 단정한 사람을 초빙하고 싶다.

2333 **正负** zhèngfù

[명] 플러스 마이너스

这个钟正负误差不出五秒。
이 시계의 플러스 마이너스 오차는 5초를 넘지 않는다.

正负电荷相吸是自然规律吗?
양전자와 음전자가 서로 끌어당기는 것은 자연법칙입니까?

2334 **正规** zhèngguī

[형] 정규적이다, 표준이다
유 常规 chángguī, 正轨 zhèngguǐ

信封书写格式要正规。
편지봉투 서식은 표준적이어야 한다.

他从未接受过正规教育。
그는 지금까지 정규교육을 받아본 적이 없다.

2335 **正经** zhèngjīng

[형] ① 단정하다, 올바르다, 점잖다
유 0478 端正, 正当 zhèngdàng, 正派 zhèngpài
반 不端 bùduān

成家以后他正经多了。
장가를 간 후로 그는 훨씬 점잖아졌다.

② 정식이다, 일정한 규격이나 표준에 맞다
유 4급 正式 zhèngshì

正经货不会那么便宜的。
정식 물건은 이렇게 싸지 않다.

plus+ 正经 zhèngjīng

[명] 고대 '13경(十三经)', 즉 유가경전을 일컫던 말
我奶奶一本正经的给我讲话。
우리 할머니께서는 13경처럼 나에게 말씀하신다.

2336 **正气** zhèngqì

[명] 공명정대한 태도, 바른 기운
반 煞气 shàqì, 邪气 xiéqì

正气总会战胜邪气的。
공명정대한 태도는 언제나 사악한 기운을 이긴다.

将军是一位正气凛然lǐnrán的人。
장군은 공명정대하고 위엄이 있는 사람이다.

2337 **正义** zhèngyì

[명] 정의
반 邪恶 xié'è

他一生追求正义。
그는 일생토록 정의를 좇았다.

[형] 정의롭다
유 0678 公正

勇士为正义的战争，流血牺牲。
용사는 정의로운 전쟁을 위해서 목숨을 희생한다.

2338 政权 zhèngquán

- 몡 ① 정권
  - 政权是阶级专政的工具。
  - 정권은 계급 독재정치의 도구이다.
- ② 정권기관, 권력기구
  - 新的政权机关已经建立了。
  - 새로운 정권기관이 이미 건립되었다.

2339 证实 zhèngshí

- 동 사실을 증명하다
  - 유 4급 证明 zhèngmíng
  - 这个结果未经证实。
  - 이 결과는 아직 증명되지 않았다.
  - 结果证实了他讲的是不对的。
  - 결과는 그의 말이 잘못된 사실임을 증명하였다.

> **plus+ 证实·证明**
> - 证实 동 실증하다, 입증하다
> - 证明 동 증명하다
> - 비교 이 두 단어 모두 '증명하다'라는 뜻을 가지고 있다. 证实는 그 확실함을 증명하는 것을 가리키는데, 즉 증명한 결과는 원래의 가설이나 말과 일치해야 한다. 证明은 믿을 만한 자료를 사용해서 사람이나 사물의 진실성을 단정짓는 것을 가리키는데, 증명한 결과가 원래 생각했던 것과 같을 수도 있고 다를 수도 있다. 또한 证明은 명사로서 신분을 증명하는 증명서라는 뜻도 있다.
>
> 아무리 쉬운 단어일지라도 그 속뜻을 한번쯤 되새겨 보는 것이 포인트!
>
> **Check**
> 我（　　）了这话是你说的。
> 나는 이 말이 네가 한 것이라는 것을 증명했다.
> 通过实践，我们（　　）了真理。
> 실천을 통해서 우리는 진리를 입증했다.
>
> 답 证明 / 证实

2340 证书 zhèngshū

- 몡 증서, 증명서
  - 他们昨天领了结婚证书。
  - 그들은 어제 혼인 증명서를 받았다.

他保留自己的获奖证书。
그는 자신의 수상 증서를 간직하고 있다.

2341 郑重 zhèngzhòng

- 형 정중하다, 점잖고 엄숙하다
  - 유 1199 隆重, 1607 慎重, 2444 庄重
  - 반 4급 马虎 mǎhu, 4급 随便 suíbiàn, 轻率 qīngshuài
  - 他总是用十分郑重的态度来对待他儿子。
  - 그는 늘 매우 엄숙한 태도로 그의 아들을 대한다.
  - 我方郑重指出，成品的质量是否合格，必须以质量是否合格为前提。
  - 우리 측은 완제품의 품질이 규격에 맞는지는 원재료의 질이 적합한지가 반드시 전제되어야 한다고 엄중하게 지적했다.

> **plus+ 郑重·慎重**
> - 郑重 형 정중하다
>   ➡ 态度, 声明, 语气, 口吻, 宣布, 神色 + 郑重
> - 慎重 형 신중하다
>   ➡ 处理, 态度, 说话, 研究 + 慎重
> - 비교 이 두 단어 모두 '진지하다'라는 뜻을 가지고 있다. 郑은 '정중하다'는 뜻이므로 郑重은 엄숙하고 정중한 것에 초점이 맞춰져 있고 태도, 방식, 상황이 정중한 것을 주로 가리킨다. 慎은 '삼가고 조심하다'라는 뜻이므로 慎重은 조심스러운 것에 초점이 맞춰져 있으며, 판단을 내리거나 어떤 일을 할 때 세심하게 고려한다는 뜻을 포함하고 있다.
>
> 두 글자 중 한 글자만 다를 경우
> 그 다른 한 글자의 뜻에 집중하여 구분하는 것이 포인트!
>
> **Check**
> 我做事从来都是（　　）地考虑的。
> 나는 일을 하는 데 있어서 지금까지 신중하게 고려했다.
> 我（　　）地承诺这里我所提供的资料正确。
> 나는 여기 내가 제공하는 자료가 정확하다는 것을 정중하게 약속했다.
>
> 답 慎重 / 郑重

2342 症状 zhèngzhuàng

- 몡 증상, 증후
  - 유 症候 zhènghòu
  - 你还有什么其它的症状吗？

어떤 다른 증상이 또 있나요?
这是肝病gānbìng的前期症状。
이는 간질환의 초기 증상이다.

2343 枝 zhī

[명] (식물의) 가지
风雨过后，许多树枝都断了。
비바람이 분 후에 수많은 나뭇가지가 모두 부러졌다.

[양] ① 송이 [꽃을 세는 단위]
他送了我一百枝玫瑰。
그는 나에게 장미 백 송이를 선물했다.

② 자루 [길고 가느다란 물건을 세는 단위]
我去买几枝钢笔。
나는 펜 몇 자루를 사러 갔다.

2344 支撑 zhīchēng

[동] ① 버티다, 받치다, 지탱하다
유 4급 支持 zhīchí
这个帘子liánzi快落下了，快用棍子gùnzi支撑一下。
저 커튼 떨어지겠다, 어서 막대기로 지탱해라.

② 힘써 견디다, 가까스로 버티다
유 1869 维持, 撑持 chēngchí
他靠一点工资支撑着一家人的生活。
그는 쥐꼬리만 한 월급으로 한 가족의 생활을 애써 견디고 있다.

2345 支出 zhīchū

[동] 지출하다
유 付出 fùchū, 支付 zhīfù
我平均每月支出的饭费是三百元。
우리가 매달 평균으로 지출하는 식대는 삼백 위안이다.

[명] 지출
유 1062 开支, 开销 kāixiāo
最近支出太大了，我一个人的工资可吃不动。
최근 지출이 너무 많아서, 나 한 사람의 월급으로는 감당할 수 없다.

2346 支流 zhīliú

[명] ① 지류
遇上干旱的年份，大河的支流也会断流 duànliú。
가뭄이 있는 해이면, 큰 강의 지류도 마를 수 있다.

② 부차적인 것
반 2416 主流
处理事情要分清主流和支流。
일을 처리할 때는 주요한 것과 부차적인 것을 분명히 해야 한다.

2347 支配 zhīpèi

[동] ① 안배하다, 배치하다
유 5급 分配 fēnpèi, 支派 zhīpài
学生要学会合理支配时间。
학생은 합리적으로 시간을 배치하는 것을 배워야 한다.

② 지배하다, 지도하다
유 5급 控制 kòngzhì, 5급 指挥 zhǐhuī, 2171 引导
반 5급 服从 fúcóng
大脑支配着人间的全身活动。
대뇌는 인간의 전신활동을 지배한다.

2348 支援 zhīyuán

[동] 지원하다
유 2급 帮助 bāngzhù, 4급 支持 zhīchí, 援助 yuánzhù
반 请援 qǐngyuán, 求援 qiúyuán
全国各地支援了他们两千多吨大米。
전국 각지에서 그들에게 2천여 톤의 쌀을 지원했다.

[명] 지원
社会应该为老年人提供支援。
사회는 노인들에게 지원을 제공해야 한다.

plus+ 支援・支持

- 支援 동 지원하다
- 支持 동 지지하다

비교 이 두 단어는 모두 '지지하다'라는 뜻을 가지고 있는데 支援은 인력, 물자, 재력, 실제 행동 등을 사용해서 지지하고 원조하는 것을 가리키며, 명사 용법도 함께 가지고 있다. 支持는 격려와 칭찬을 보내 지지하는 것을 가리키고 '가까스로 견디다', '지탱하다'는 뜻도 가지고 있다.

아무리 쉬운 단어일지라도 그 속뜻을 한번쯤 되새겨 보는 것이 포인트!

Check

爸爸（　　　）我学习科学。
아빠는 내가 과학 공부하는 것을 지지한다.

老百姓协力捐款（　　　）前线。
국민이 협력해서 돈을 걷어 전선을 지원했다.

답 支持 / 支援

2349 支柱 zhīzhù

명 ① 지주, 버팀목, 기둥

유 中坚 zhōngjiān, 柱子 zhùzi

这个屋子有四根支柱。
이 집은 네 개의 기둥이 있다.

② (정신적인 힘이 되는) 지주, 기둥
石油工业是该国的经济支柱。
석유사업은 이 나라 경제의 기둥이다.

2350 知觉 zhījué

명 지각, 감각

我们在睡眠中是没有知觉的。
우리가 잠을 잘 때는 지각이 없다.

他因交通事故双腿失去了知觉。
그는 교통사고로 두 다리의 감각을 잃었다.

2351 知足常乐 zhīzú chánglè

성 만족함을 알면 항상 즐겁다

知足常乐的人总会觉得很幸福。
만족함을 아는 사람은 항상 행복을 느낀다.

我们需要明白知足常乐这个道理。
우리는 만족하면 항상 즐겁다는 이 도리를 알아야 한다.

2352 脂肪 zhīfáng

명 지방

유 油 yóu, 脂膏 zhīgāo

出汗可以减少脂肪。
땀이 나면 지방이 감소한다.

动物的肝脏脂肪含量很高。
동물의 간은 지방 함량이 매우 높다.

2353 直播 zhíbō

동 생중계하다

我们在现场直播音乐会。
우리는 현장에서 음악회를 생중계한다.

这个电视台正在直播一场足球比赛。
이 방송국에서는 지금 축구 경기를 생중계하고 있다.

2354 值班 zhí//bān

동 당번이 되다, 당직을 맡다

今晚是谁值班？
오늘 저녁에 누가 당직이지?

晚上值班的人要多加注意。
저녁에 당직을 맡은 사람은 더욱 주의해라.

他值了一天的班，回到家躺在床上就睡着了。
그는 종일 당직을 했더니, 집에 돌아와 침대에 눕자마자 바로 잠들었다.

2355 殖民地 zhímíndì

명 식민지

殖民地国家的人民希望独立。
식민지 국가의 사람들은 독립을 희망한다.

中国曾经是半封建半殖民地的国家。
중국은 일찍이 반봉건 반식민지 나라였다.

2356 职能 zhínéng

명 직능, 직책과 기능

유 3급 作用 zuòyòng, 5급 功能 gōngnéng, 职责 zhízé

国家的首要职能是控制社会冲突。
국가의 가장 중요한 직능은 사회적 충돌을 억제하는 것이다.

这个委员会的职能是处理财政问题。
이 위원회의 직능은 재정문제를 처리하는 것이다.

2357 职位 zhíwèi

명 직위, 자리

我们公司现在有一个空缺职位。
우리 회사에는 현재 빈 자리가 하나 있다.

每个人都想找到适合自己的职位。
사람마다 모두 자신에게 맞는 직위를 찾고 싶어한다.

2358 职务 zhíwù

명 직무

今年他担任了首相的职务。
올해 그는 수상의 직무를 맡았다.

他犯了错误不得不被解除职务。
그는 과오를 범해 어쩔수 없이 직무해제 되었다.

2359 指标 zhǐbiāo

명 지표, 표지, 목표

유 5급 目标 mùbiāo, 定额 dìng'é

这个指标的数据可靠吗?
이 지표의 데이터는 믿을 만한 건가요?

今年的生产指标已经完成了。
올해의 생산목표가 이미 완성되었다.

2360 指定 zhǐdìng

동 (사람·시간·장소 등을) 지정하다, 확정하다

公司指定了小李去北方出差。
회사는 샤오리가 북방으로 출장을 가도록 확정했다.

必须在指定的时间内完成任务。
반드시 지정된 시간 내에 임무를 완성해라.

2361 指甲 zhǐjia

명 손톱, 발톱

指甲长了,该剪了。
손톱이 기네, 좀 잘라야 겠다.

指甲的亮度能反映出人的健康程度。
손톱의 투명도는 사람의 건강상태를 반영한다.

2362 指令 zhǐlìng

동 지시하다, 명령하다

유 5급 命令 mìnglìng, 2364 指示

领导指令他去做这件事。
상관은 그에게 가서 이 일을 하도록 명령했다.

명 지시, 명령

你收到要调到北京工作的指令了吗?
너 베이징으로 전근을 가라는 지시를 받았니?

2363 指南针 zhǐnánzhēn

명 ① 나침반

我们依靠指南针辨别了方向。
우리는 나침반에 의지해서 방향을 식별했다.

② 지침

我们之所以取得了成功,就是有你给我们当指南针。
우리가 성공한 것은 네가 우리에게 지침이 되어주었기 때문이다.

2364 指示 zhǐshì

동 ① 가리키다

航标灯指示着船朝北航行。
등대는 배가 북쪽으로 운항하도록 가리킨다.

② 지시하다, 명령을 내리다

유 5급 命令 mìnglìng, 2362 指令, 指出 zhǐchū

领导指示大家尽快拿出一个改革方案。
지도자는 모두에게 되도록 빨리 개혁방안을 내라고 지시했다.

명 지시, 명령

我们等候上级的装船指示。
우리는 상부의 선적 지시를 기다리고 있다.

2365 指望 zhǐwàng

동 기대하다, 바라다
　유 2급 希望 xīwàng, 5급 盼望 pànwàng,
　　5급 期待 qīdài
你就别指望他能干什么大事了。
너 그가 무슨 대단한 일을 할 수 있을 거라고는 기대하지 마.

명 기대, 희망
　유 2급 希望 xīwàng, 愿望 yuànwàng
我想起这事，心里就有指望。
이 일을 생각하면 마음속엔 그래도 희망이 있다.

2366 指责 zhǐzé

동 지적하다, 비난하다
你没有资格指责他的行为。
넌 그의 행동을 지적할 자격이 없다.
他总是严正指责职员的错误。
그는 늘 직원들의 잘못을 혹독하게 꾸짖는다.

2367 治安 zhì'ān

명 치안
我们国家的社会治安比较良好。
우리나라의 사회치안은 상황이 비교적 양호한 편이다.
这个地方治安不错，不会有小偷。
이 지방의 치안은 매우 좋아서, 도둑이 있을 수 없다.

2368 治理 zhìlǐ

동 ① 통치하다, 다스리다, 관리하다
　유 4급 管理 guǎnlǐ, 5급 统治 tǒngzhì
这里的集市治理得秩序井然。
이곳의 시장은 질서정연하게 관리된다.

② 정비하다, 수리하다
　유 5급 处理 chǔlǐ, 整修 zhěngxiū
　반 5급 破坏 pòhuài

我们要对旧河道进行治理。
우리는 오래된 수로에 대해 정비를 진행해야 한다.

2369 制裁 zhìcái

동 제재하다
政府制裁了一批罪大恶极的凶犯。
정부는 극악무도한 살인자를 제재했다.
公安部门对他贩毒的行为进行了严厉制裁。
공안부는 그가 마약을 판매한 행위에 대해 엄격한 제재를 가했다.

2370 制订 zhìdìng

동 창제하다, 제정하다
　유 5급 制定 zhìdìng, 1313 拟定, 订立 dìnglì
这次活动的方案在今天之内必须制订出来。
이번 활동방안은 오늘 안에 반드시 제정해야 한다.
公司制订了新的制度，每个员工都要遵守。
회사가 새로운 제도를 제정하였으니, 모든 직원이 다 준수해야 한다.

2371 制服 zhìfú

명 (군인·학생 등의) 제복
公司的员工们都穿着统一的制服。
회사의 직원들은 모두 통일된 제복을 입고 있다.

동 제압하다, 정복하다
警察制服小偷花了很长时间。
경찰이 도둑을 제압하는 데 시간이 많이 걸렸다.

2372 制约 zhìyuē

동 제약하다
　유 4급 限制 xiànzhì, 2232 约束
生产和消费是彼此制约的。
생산과 소비는 서로 제약을 받는다.
物质的生产方式制约着整个社会生活。
물질의 생산방식이 전체 사회생활을 제약한다.

2373 制止 zhìzhǐ

동 제지하다, 저지하다

유 4급 禁止 jìnzhǐ, 5급 阻止 zǔzhǐ, 0502 遏制
반 4급 鼓励 gǔlì, 5급 提倡 tíchàng, 放纵 fàngzòng

用什么方法才能制止谣言散布？
어떤 방법을 써야 허위사실이 퍼지는 것을 막을 수 있을까?

这种不道德的行为总是制止不住，真是叫人焦心的事。
이런 부도덕한 행위가 늘 저지되지 못하는데 참으로 안타까운 일이다.

 plus+
防止·抵制·制止
0546 防止 참고

2374 致辞 zhì//cí

동 (의식·집회에서) 인사말을 하다, 축사를 하다

유 致词 zhìcí

公司领导正在致辞。
회사의 지도자가 축사를 하고 있다.

致词一结束，立即爆发出掌声。
인사가 끝나고 바로 박수가 터져 나왔다.

他已经向领导致了欢迎辞。
그는 이미 상관에게 환영의 인사말을 건넸다.

2375 致力于 zhìlìyú

~에 힘쓰다, 애쓰다

下班后她致力于家务。
퇴근 후 그녀는 집안 일에 애를 쓴다.

他埋头致力于物理研究。
그는 물리 연구에 온 힘을 쏟아 몰두했다.

2376 致使 zhìshǐ

동 ~를 초래하다, ~의 원인이 되다

유 2147 以致, 使得 shǐde

措辞不准致使人误解本意。
어휘 사용이 적절하지 않으면, 사람들이 본래의 뜻을 오해하는 결과를 초래한다.

由于暴风雨，致使40个航班延误时间。
폭풍우로 인해 40개 항공편의 지연이 초래되었다.

2377 智力 zhìlì

명 지력, 지능

测定结果，他的智力非常正常。
측정 결과, 그의 지력은 매우 정상이었다.

这孩子的智力超过一般的同龄孩子。
이 아이의 지능은 보통의 동갑내기보다 뛰어나다.

2378 智能 zhìnéng

명 지능

유 2377 智力

智能汽车能自动避开障碍物。
지능형 자동차는 스스로 장애물을 피할 수 있다.

科技智能化给人们生活带来了许多便利。
과학기술의 지능화는 사람들의 생활에 많은 편리함을 가져왔다.

2379 智商 zhìshāng

명 IQ, 지능지수의 약칭

热情和勇气比智商更为重要。
열정과 용기가 아이큐보다 더 중요하다.

智商只是衡量智力的一种标准。
아이큐는 지능을 측정하는 기준의 일종일 뿐이다.

2380 滞留 zhìliú

동 ~에 머물다, 체류하다

他现在滞留法国。
그는 현재 프랑스에 머물고 있다.

暴风雪bàofēngxuě造成大量旅客滞留。
폭설은 많은 여행자를 체류하게 하였다.

2381 志气 zhìqì

명 패기, 기개, 포부

유 5급 决心 juéxīn, 5급 勇气 yǒngqì, 1426 气概

人不怕穷，就怕没志气。
사람은 가난한 것을 두려워하지 말고 패기가 없음을 두려워해야 한다.

他人虽小，但志气不短。
그 사람은 비록 왜소하지만 기개는 드높다.

2382 忠诚 zhōngchéng

형 (국가·인민·사업·친구 등에) 충성하다, 성심성의를 다하다

유 4급 诚实 chéngshí, 5급 诚恳 chéngkěn, 5급 老实 lǎoshí, 0279 诚挚, 2383 忠实
반 5급 狡猾 jiǎohuá, 2042 虚伪

这个同志忠诚正直。
저 친구는 충성스럽고 정직하다.

他是一个对人民无限忠诚的政治家。
그는 국민에게 한없이 충성하는 정치가이다.

2383 忠实 zhōngshí

형 ① 충실하다

유 4급 诚实 chéngshí, 5급 诚恳 chéngkěn, 5급 老实 lǎoshí, 0279 诚挚, 2382 忠诚
반 5급 狡猾 jiǎohuá, 2042 虚伪

他始终是忠实的支持者。
그는 시종일관 충실한 지지자이다.

② 진실하다, 참되다

我认为他是一个忠实可靠的人。
나는 그가 진실되고 믿을 수 있는 사람이라고 생각한다.

2384 终点 zhōngdiǎn

명 ① 종착점, 종점

汽车到了终点站。
버스가 종점에 도착했다.

② 결승점, 골인점

반 起点 qǐdiǎn

他一口气跑到了终点。
그는 단숨에 결승점에 다다랐다.

如果谁能最先到达终点，全部奖金就是谁的啦！
가장 먼저 결승점에 도착한 사람이 모든 상금을 갖게 될 것이다!

2385 终究 zhōngjiū

부 결국, 어쨌든, 필경

유 4급 到底 dàodǐ, 5급 毕竟 bìjìng, 终归 zhōngguī

长久封闭的心终究会打开。
오랫동안 닫혀있던 마음이 결국 열렸다.

终究，产品的成功还是依赖好的行销。
어쨌든 상품의 성공은 여전히 좋은 마케팅에 달려있다.

2386 终年 zhōngnián

명 ① 일 년 내내, 일 년간

유 全年 quánnián, 终岁 zhōngsuì

他们登上了一座终年积雪的高山。
그들은 일 년 내내 눈으로 덮여 있는 높은 산에 올랐다.

② 향년

유 享年 xiǎngnián

一位有名的学者今天逝世了，终年九十岁。
유명한 학자 한 분이 오늘 돌아가셨는데, 향년 90세이다.

2387 终身 zhōngshēn

명 일생, 평생, 종신

유 平生 píngshēng, 一生 yìshēng, 终生 zhōngshēng

建立幸福的家庭是她终身追求的目标。
행복한 가정을 꾸미는 것은 그녀가 평생 추구한 목표이다.

结婚是终身大事，不能草率cǎoshuài决定。
결혼은 평생의 가장 큰일로, 경솔하게 결정해서는 안 된다.

2388 终止 zhōngzhǐ

동 마치다, 정지하다

유 3급 结束 jiéshù, 4급 停止 tíngzhǐ, 中止 zhōngzhǐ
반 4급 继续 jìxù, 2081 延续, 连续 liánxù

合同到三月就终止了。계약이 3월에 끝난다.
我想终止这种压抑的生活。
나는 이런 억압받는 생활을 끝내고 싶다.

2389 中断 zhōngduàn

동 중단하다, 중단되다
유 4급 停止 tíngzhǐ, 0482 断绝, 1795 停顿,
2388 终止
반 4급 继续 jìxù, 5급 持续 chíxù, 2081 延续

因为下雨，比赛中断了。
비가 와서 시합이 중단되었다.
计算机在执行程序过程中突然中断了。
컴퓨터가 프로그램을 실행하는 도중 갑자기 중단되었다.

2390 中立 zhōnglì

동 중립하다, 중도를 지키다

他们表示中立，拒绝明确表态。
그들은 중립적인 태도를 취하며, 명확한 입장 표명을 거부하고 있다.
这个刊物自称中立，各派文章都接受。
이 간행물은 중립을 자칭하여 각 파의 글을 모두 받아들인다.

2391 中央 zhōngyāng

명 ① 중앙, 가운데
我们在广场中央见吧。
우리 광장의 중앙에서 만나자.

② 정부의 최고 기관
我们要执行从中央政府下达的命令。
우리는 중앙 정부에서 하달한 명령을 집행해야 한다.

2392 衷心 zhōngxīn

형 충심이다, 진심이다

我们是衷心拥护他的。
우리는 충심으로 그를 지지했다.
对于您的帮助，我们表示衷心的感谢。
당신의 도움에 우리는 진심으로 감사를 표합니다.

2393 种子 zhǒngzi

명 종자, 씨앗

他们采购了一批种子。
그들은 씨앗 한 무더기를 구입했다.
种子在一定的温度下会发芽。
씨앗은 일정한 온도에서 싹이 난다.

2394 种族 zhǒngzú

명 종족, 인종
유 人种 rénzhǒng

不论种族异同，都应一律平等。
종족이 다른 것에 관계없이 모두 일률적으로 평등해야 한다.
不同种族的人肤色可能会不同。
서로 다른 인종은 피부색도 다를 수 있다.

2395 肿瘤 zhǒngliú

명 종양
유 瘤 liú, 瘤子 liúzi

肿瘤已扩散到全身。
종양이 이미 온몸에 확산되었다.
那个不是癌只不过是良性肿瘤。
그것은 암이 아니라 양성 종양에 불과하다.

2396 重心 zhòngxīn

명 ① 중심, 무게 중심
유 5급 中心 zhōngxīn

桌子的重心不稳，总是摇晃 yáohuàng。
탁자의 중심이 불안정해서 계속 흔들거린다.

② (일의) 중점, 핵심
他回答问题总是抓不住重心。
그는 문제에 대답할 때 늘 핵심을 못 잡는다.

2397 众所周知 zhòngsuǒ zhōuzhī

성 모든 사람이 다 알고 있다
- 유 尽人皆知 jìnrén jiēzhī

这是**众所周知**的事情。
이것은 모든 사람들이 다 알고 있는 일이다.

中国经济正在稳步发展，这是**众所周知**的。
중국 경제는 점진적인 발전을 하고 있는데, 이것은 모든 사람이 다 알고 있는 바이다.

2398 州 zhōu

명 ① 주 [고대의 행정구역 또는 서양식 행정구역 명칭]

在美国的一些**州**赌博dǔbó被宣布为非法。
미국의 일부 주에서 도박은 불법이라고 선포되었다.

② 자치주 [중국 소수민족 지역의 자치 행정구역]

中国的蒙古族一般住在内蒙古自治**州**。
중국의 몽고족은 일반적으로 내몽고자치주에 산다.

2399 舟 zhōu

명 배

乘着小**舟**也能飘洋过海。
작은 배를 타고도 항행하여 바다를 건널 수 있다.

他们驾着轻**舟**，月夜游西湖。
그들은 작은 배를 저어 달밤에 시후를 노닐었다.

2400 粥 zhōu

명 죽
- 유 稀饭 xīfàn 반 干饭 gānfàn

她用勺子舀yǎo出了几碗**粥**。
그녀는 국자로 죽 몇 그릇을 퍼냈다.

他喜欢早上吃碗大米**粥**和几个包子。
그는 아침에 흰죽과 만두 몇 개 먹는 것을 좋아한다.

 粥 yù

동 (아이를) 낳다, 낳아 키우다

要把孩子**粥**大了可不容易啊。
아이를 낳아서 키우는 건 정말 쉽지 않은 일이다.

2401 周边 zhōubiān

명 주변, 주위

这个小区的**周边**环境挺好的。
이 지역의 주변 환경은 매우 좋다.

我们学校**周边**有许多小吃店。
우리 학교 주변에는 간이식당이 많이 있다.

2402 周密 zhōumì

형 주도면밀하다, 꼼꼼하다
- 유 5급 全面 quánmiàn, 1000 精密, 1938 细致, 2086 严密
- 반 粗漏 cūlòu, 粗疏 cūshū

这个合同的条文我感到不太**周密**。
이 계약서의 조문은 보기에 그다지 꼼꼼하지 않은 것 같다.

为了早点结束工程，他总是制定**周密**的计划。
공정을 조기에 끝마치기 위해 그들은 항상 치밀한 계획을 세운다.

2403 周年 zhōunián

명 주년

他们结婚已经二十**周年**了。
그들은 결혼한 지 이미 20주년이 되었다.

他们聚在一起庆祝了公司创立20**周年**。
그들은 모두 함께 모여 회사 창립 20주년을 축하했다.

2404 周期 zhōuqī

명 주기

他们在研究这种现象的**周期**。
그들은 이러한 현상의 주기를 연구하고 있다.

我们公司资金周转的**周期**十分稳定。
우리 회사는 자금 회전 주기가 매우 안정적이다.

2405 周折 zhōuzhé

명 우여곡절, 고심
- 유 1494 曲折, 波折 bōzhé

几经**周折**，才解决了这个问题。
몇 차례의 고심 끝에 비로소 이 문제를 해결했다.
我费了一些**周折**才找到他们的隐身处。
나는 우여곡절 끝에 비로소 그들의 은신처를 찾았다.

2406 周转 zhōuzhuǎn

동 ① (자금을) 회전시키다
最近公司资金**周转**不开。
최근 회사의 자금이 잘 회전되지 않는다.

② 돌리다, 융통하다, 변통하다
最近市场上的商品有点儿**周转**不开。
최근 시장의 상품이 잘 돌지 않는다.

2407 皱纹 zhòuwén

명 주름
妈妈脸上的**皱纹**逐渐加深了。
어머니의 얼굴에 주름이 점점 더 깊어졌다.
他一头白发，满脸**皱纹**，真的老了。
그는 온통 흰머리에, 얼굴에는 주름이 가득하니 정말 나이가 들었다.

2408 昼夜 zhòuyè

명 낮과 밤, 주야
유 日夜 rìyè
他**昼夜**看守着警备区。
그는 주야로 경비구역을 지킨다.
那工厂的工人**昼夜**工作。
그 공장의 근로자들은 주야로 일을 한다.

2409 株 zhū

양 그루 [나무를 세는 단위]
유 4급 棵 kē
园子里栽了两**株**桃树。
정원에는 복숭아 나무가 두 그루 있다.
路旁的一**株**柳树，又高又大。
길가의 버드나무 한 그루가 높고 크다.

2410 诸位 zhūwèi

대 여러분
유 各位 gèwèi
欢迎**诸位**的光临。
여러분, 와주신 것을 환영합니다.
诸位有什么意见尽管提。
여러분, 의견이 있으시면 얼마든지 말씀하세요.

2411 逐年 zhúnián

부 해마다, 매년
他们厂的产品质量**逐年**提高。
그들 공장의 상품은 품질이 해마다 좋아진다.
国立公园里黑熊的数量**逐年**增长。
국립공원 내에 반달가슴곰의 수가 점차 늘고 있다.

2412 拄 zhǔ

동 (지팡이로) 몸을 지탱하다, (지팡이를) 짚다
那老太太**拄**着手杖。
그 노부인은 지팡이로 몸을 지탱하고 있다.
爷爷走路仍不**拄**手杖。
할아버지께서는 길을 걸을 때에 여전히 지팡이를 짚지 않으신다.

2413 主办 zhǔbàn

동 주최하다
这个展览会的**主办**单位有三个。
이 전람회의 주최 부서는 세 곳이다.
今天政府**主办**了大型产品交易会。
오늘 정부는 대형 상품교류회를 주최했다.

2414 主导 zhǔdǎo

형 주도적이다
科学技术是经济发展的**主导**力量。
과학기술은 경제발전에 주도적 역할을 하고 있다.

명 주도(적인 것)

我国国民经济的发展，以农业为基础，以工业为主导。
우리나라 국민경제의 발전은 농업을 기초로 하고 공업을 주도로 한다.

2415 主管 zhǔguǎn

동 주관하다
他在公司主管产品销售。
그는 회사에서 상품영업을 주관한다.

명 주관(자)
他是我们部门新来的主管。
그는 우리 부서에 새로 온 주관자이다.

2416 主流 zhǔliú

명 ① 주류
반 2346 支流
幸福应该是生活的主流。
행복은 마땅히 생활의 주류여야 한다.

② 주요 추세, 주된 경향, (사상 등의) 본류
中国文化发展的主流是儒家思想。
중국 문화발전의 본류는 유가사상이다.

2417 主权 zhǔquán

명 주권
我国的主权在我国的国民手里。
우리나라의 주권은 우리나라 국민의 손에 있다.
公民有捍卫hànwèi国家主权的义务。
국민은 나라의 주권을 지킬 의무가 있다.

2418 主题 zhǔtí

명 ① (문학·예술작품의) 주제, 핵심내용
这篇文章的主题非常突出。
이 문장의 주제는 매우 두드러진다.

② (문건·회의 등의) 주제, 주요내용
这次班会的主题是什么？
이번 학급회의의 주제는 무엇입니까？

2419 住宅 zhùzhái

명 (비교적 규모가 큰) 주택
유 住处 zhùchù, 住房 zhùfáng, 住所 zhùsuǒ
城市的住宅问题很严重。
도시의 주택 문제가 매우 심각하다.
那一带的花园式住宅准备出售。
저 일대의 화원이 딸린 주택을 팔 작정이다.

2420 注射 zhùshè

동 주사하다, 주사를 놓다
一位护士给她注射了葡萄糖。
간호사가 그녀에게 포도당을 주사하였다.
先给手术患者注射麻醉药吧。
우선 수술 환자에게 마취약을 주사하세요.

2421 注视 zhùshì

동 주시하다, 지켜보다, 주목하다
유 1319 凝视, 注目 zhùmù
他目不转睛地注视着窗外。
그는 눈 한 번 깜박이지 않고 창밖을 주시하고 있다.
她含着眼泪注视母亲远去的背影。
그녀는 눈물을 머금고 멀찌감치 가시는 어머니의 뒷모습을 주시했다.

2422 注释 zhùshì

동 주석하다, 주해하다
유 注解 zhùjiě
他注释过好几种古书。
그는 여러 고서에 주해를 한 적이 있다.

명 주석, 주해
不懂的词汇请参照下面的注释。
이해하기 힘든 용어는 아래의 주석을 참조하세요.

2423 注重 zhùzhòng

동 중시하다, 주시하다

유 4급 重视 zhòngshì   반 5급 轻视 qīngshì

不要太注重外表。 외모를 너무 중시하지 말아라.
办企业要注重经济效益。
기업을 운영함에 경제적 효과를 중시해야 한다.

2424 助理 zhùlǐ

명 보좌관, 비서, 조수

她被降职为助理经理。
그녀는 보조 매니저로 직위가 강등되었다.
她是刚提升的助理研究员。
그녀는 막 승진한 보조 연구원이다.

2425 助手 zhùshǒu

명 조수, 보조

把这件事交给你的助手做吧。
이 일을 네 조수가 처리하게 해라.
他的助手是个又能干又可靠的人。
그의 조수는 능력 있고도 믿음직스러운 사람이다.

2426 著作 zhùzuò

명 저작, 저서, 작품

这部著作已是第三次重印了。
이 작품은 벌써 세 번째 인쇄된 것이다.
这部著作还需要再修改一下。
이 저작은 아직 수정이 좀 필요하다.

2427 驻扎 zhùzhā

동 (부대가) 주둔하다, 주재하다

유 驻 zhù

部队已经在山脚下驻扎两天了。
부대가 산 아래에서 주둔한 지 이미 이틀이 되었다.
我的老家附近曾经是军队驻扎过的营房。
우리 고향 부근은 일찍이 군대가 주둔했던 곳이다.

2428 铸造 zhùzào

동 주조하다

유 铸 zhù

这家工厂是铸造业的龙头企业。
이 공장은 주조업의 선두기업이다.
金属熔化 rónghuà 后, 被铸造成各种工具。
금속이 녹은 후, 각종 공구로 주조된다.

2429 拽 zhuài

동 잡아당기다, 끌다

유 4급 拉 lā, 扯 chě

快帮我把他拽上来。
그를 끌어 올리게 빨리 나를 좀 도와줘.
不要拽猫的尾巴, 那太残忍了。
고양이 꼬리 잡아당기지 마, 그건 너무 잔인하잖아.

2430 专长 zhuāncháng

명 특기, 전문기술

유 1763 特长, 绝技 juéjì, 绝招 juézhāo

他利用自己的专长为大家服务。
그는 자신의 특기를 이용해 여러 사람을 돕는다.
你可以在这个领域尽力发挥你的专长。
당신은 이 분야에서 당신의 전문기술을 마음껏 발휘할 수 있습니다.

2431 专程 zhuānchéng

부 특별히

谢谢你专程来接我。
특별히 마중 나와주셔서 감사합니다.
我是专程来看你的。
내가 특별히 너를 방문할게.

2432 专科 zhuānkē

명 ① 전문 학과, 전문 분야
我家楼下就有一家专科门诊。
우리 집 건물 아래에 전문 병원이 있다.

② 전문대학, 전문학교
这个女孩儿专科大学毕业后就去韩国留学了。
이 여자아이는 전문대학을 졸업한 후에 한국으로 유학을 갔다.

2433 专利 zhuānlì

명 특허, 특허권
我取得了该药的专利。
나는 이 약의 특허권을 획득했다.
这项发明已经申请专利了。
이 발명품은 이미 특허를 신청했다.

2434 专题 zhuāntí

명 전문적인 주제, 특정한 테마
他有一系列专题纪念邮票。
그는 일련의 전문적인 테마 기념우표를 가지고 있다.
利用网络进行专题信息检索。
인터넷을 이용해서 특정한 주제의 정보를 찾았다.

2435 砖瓦 zhuānwǎ

명 벽돌과 기와
建筑工地堆放着许多砖瓦。
건설현장에 많은 벽돌과 기와가 쌓여 있다.
这间屋子已荒废了多年，砖瓦塌了许多。
이 집은 이미 여러 해 비어 있어서, 벽돌과 기와가 많이 가라앉았다.

2436 转达 zhuǎndá

동 전달하다
유 5급 转告 zhuǎngào
请向家人转达我的问候。
가족에게 내 안부를 전해주세요.
他向我转达了上级的意见。
그는 나에게 상사의 의견을 전달했다.

2437 转让 zhuǎnràng

동 양도하다, 넘겨주다
他已经把财产转让给弟弟。
그는 이미 재산을 동생에게 양도하였다.
他离开上海时，帮我把这套家具转让出去了。
그는 상하이를 떠날 때, 나에게 이 가구들을 넘겨주었다.

2438 转移 zhuǎnyí

동 ① 이동하다, 옮기다
我的任务是把伤员转移到安全的地方。
내 임무는 부상자를 안전한 곳으로 옮기는 것이다.

② 바꾸다, 변경하다
客观规律是不能以人的意志转移的。
객관적 법칙은 인간의 의지로 바꿀 수 없는 것이다.

2439 转折 zhuǎnzhé

동 ① (사물의 발전 방향이) 바뀌다, 전환하다
她高中时勤奋学习，转折了自己的命运。
그녀는 중고등학교 때 부지런히 공부하여 스스로의 운명을 바꿨다.

② (문장·어의가 방향을) 전환하다, 각설하다
这个段落转折得相当巧妙。
이 단락은 매우 교묘하게 전환된다.

2440 传记 zhuànjì

명 전기
유 传 chuán, 传略 zhuànlüè

他写了一本关于总统的传记。
그는 대통령에 관한 전기를 썼다.

这本传记记录了他一生的经历。
이 전기는 그의 일생의 체험을 기록하였다.

2441 装备 zhuāngbèi

동 설치하다, 장착하다, 장비하다

这个饭店最近装备了一批空调机。
이 호텔은 최근에 에어컨 한 무더기를 설치했다.

명 장비, 설비

最近他进口了一批国外的音响装备。
최근 그는 외국의 음향장비를 수입했다.

2442 装卸 zhuāngxiè

동 ① 하역하다, 싣고 부리다

工人们正在装卸货物。
근로자들은 지금 물품을 하역하고 있다.

② 조립하고 해체하다
유 拆卸 chāixiè, 装配 zhuāngpèi

这单位的工作是装卸零件。
이 부서가 하는 일은 부품을 조립하고 해체하는 일이다.

2443 庄严 zhuāngyán

형 (태도·분위기 등이) 장엄하다, 엄숙하다
유 5급 严肃 yánsù, 2444 庄重
반 轻浮 qīngfú, 轻佻 qīngtiāo

国旗护卫队的队列威风而庄严。
국기 호위대의 대열은 위풍당당하고 엄숙하다.

今天人们都穿着黑色的礼服，显得特别庄严。
오늘 사람들이 모두 검정색 예복을 입었는데 매우 엄숙해 보인다.

2444 庄重 zhuāngzhòng

형 (언행이) 장중하다, 위엄이 있다
유 5급 严肃 yánsù, 2443 庄严
반 轻浮 qīngfú, 轻佻 qīngtiāo

她随着年龄增长，变得庄重起来。
그녀는 나이가 들어감에 따라 언행에 위엄이 있어졌다.

广播中一个庄重的声音宣布了这个坏消息。
방송 중 한 장중한 목소리가 이 좋지 않은 소식을 공표했다.

2445 幢 zhuàng

양 동, 채 [건물을 세는 단위]
유 4급 座 zuò

每幢楼前都种着花。
건물마다 앞에 꽃이 심어져 있다.

这幢小楼的设计真漂亮。
이 아담한 건물의 디자인이 매우 예쁘다.

2446 壮观 zhuàngguān

형 장관이다

大洋的日落很壮观。
바다의 일몰이 정말 장관이다.

中国的长城建造得极其壮观。
중국의 만리장성의 건조는 아주 장관이다.

2447 壮丽 zhuànglì

형 웅장하고 아름답다

我国的山河非常壮丽。
우리나라의 국토는 매우 웅장하고 아름답다.

雨后的大海显得特别壮丽。
비가 온 후의 바다는 특히나 아름답게 보인다.

2448 壮烈 zhuàngliè

형 장렬하다

他最后壮烈殉国。 그는 최후에 장렬하게 순국하였다.

在这场战争中，有许多战士壮烈地牺牲了。
이번 전쟁에서 많은 전사가 장렬하게 희생되었다.

2449 追悼 zhuīdào

동 추도하다, 추모하다
유 哀悼 āidào, 悲悼 bēidào, 悼念 dàoniàn

我们怀着沉痛的心情追悼老战友。
우리는 침통한 마음을 안고 옛 전우를 추도했다.

他们在纪念碑前追悼为国牺牲的人们。
그들은 기념비 앞에서 나라를 위해 희생한 사람들을 추모하였다.

2450 追究 zhuījiū

동 (연유·원인·책임을) 추궁하다, 규명하다, 따지다
유 探究 tànjiū, 追查 zhuīchá, 追问 zhuīwèn

现在不是追究责任的时候。
지금은 책임을 추궁할 때가 아니다.

这件事必须追究责任。
이 사건은 반드시 책임을 따져야 한다.

2451 准则 zhǔnzé

명 준칙, 규범

请不要违反我们统一的准则。
우리가 통일한 규범을 위반하지 마세요.

每个人都有自己做事的准则。
사람마다 일을 처리하는 자신만의 원칙이 있다.

2452 琢磨 zhuómó

동 ① 조각하다, 탁마하다, 돌을 갈다

他从小就喜欢琢磨石头。
그는 어려서부터 돌을 조각하는 것을 좋아했다.

② (문장을) 다듬다

这篇文章还得再琢磨一下才能投稿。
이 문장은 다시 좀 다듬어야 투고할 수 있다.

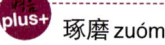 琢磨 zuómo

동 사색하다, 생각하다

他的话我琢磨了很久。
그의 말을 나는 한참 생각했다.

2453 着手 zhuóshǒu

동 착수하다, 시작하다
유 入手 rùshǒu, 0463 动手

政府已经着手调查此事。
정부는 이미 이 일에 대한 조사에 착수했다.

你什么时候着手准备考试?
너는 언제쯤 시험준비를 시작할 거니?

2454 着想 zhuóxiǎng

동 생각하다, 고려하다
유 4급 考虑 kǎolǜ, 1583 设想

他什么事都首先为别人着想。
그는 어떤 일이든지 먼저 다른 사람을 위해 생각한다.

为你自己的健康着想,也应该戒烟。
네 자신의 건강을 고려해서 역시 금연해야 한다.

2455 着重 zhuózhòng

동 힘을 주다, 강조하다, 중시하다
유 4급 重视 zhòngshì, 2423 注重
반 5급 轻视 qīngshì, 小看 xiǎokàn

这本书着重于抽象分析。
이 책은 추상적 분석을 강조하고 있다.

他们着重进行灾害预防工作。
그들은 재해 예방 업무 진행을 중시한다.

2456 卓越 zhuóyuè

형 탁월하다, 출중하다
유 卓绝 zhuójué, 卓著 zhuózhù, 卓异 zhuóyì

天资卓越的孩子也需要努力。
천성적으로 출중한 아이일지라도 역시 노력이 필요하다.

他在自己的领域上取得了卓越的成就。
그는 자신의 영역에서 탁월한 성과를 거뒀다.

2457 资本 zīběn

명 ① 자본
创立公司，我没有充足的资本。
회사를 창업하는 데, 나는 충분한 자본이 없다.

② 자금, 밑천, 본전
他想乘此机会取得一点儿个人的资本。
그는 이번 기회를 빌어 개인적인 자금을 좀 얻고 싶다.

2458 资产 zīchǎn

명 ① (국가 및 개인의) 자산, 재산
资产评估行业越来越受到人们的关注了。
자산평가 업종이 갈수록 사람들의 주목을 받고 있다.

② (기업의) 자산, 재산
这家企业的资产上几千亿。
이 기업의 자산은 수천억이 넘는다.
她是管理这家企业资产的经理。
그녀는 이 기업의 자산을 관리하는 매니저이다.

2459 资深 zīshēn

형 경력과 자격이 풍부하다, 베테랑이다
他是资深的心理咨询师。
그는 베테랑 심리상담가이다.
这本书的作者是资深的教育工作者。
이 책의 작가는 경력이 풍부한 교육근로자이다.

2460 资助 zīzhù

동 (경제적으로) 돕다
유 2급 帮助 bāngzhù, 2255 赞助, 补助 bǔzhù, 捐助 juānzhù

他资助许多年轻人读大学。
그는 많은 젊은이들이 대학에 갈 수 있도록 돕는다.
这个机构得到联合国的资助后迅速发展起来。
이 기구는 유엔의 도움을 받은 후에 빠르게 발전하기 시작했다.

2461 姿态 zītài

명 ① 자태, 모습
유 4급 样子 yàngzi, 5급 姿势 zīshì

她姿态特别优美。
그녀의 자태는 특히나 우아하고 아름답다.

② 태도, 기개
유 4급 态度 tàidu

我们不得不做出让步的姿态。
우리는 어쩔 수 없이 양보하는 태도를 가져야 한다.

2462 滋味 zīwèi

명 ① 맛
유 4급 味道 wèidao

我厌恶这里食物的滋味。
나는 이곳의 음식 맛이 싫다.

② 마음, 기분, 심정
听他这么说，我心里真不是滋味。
그가 그렇게 말하는 걸 들으니, 내 기분이 좋지 않다.

2463 滋长 zīzhǎng

동 성장하다, 자라다 [주로 추상적 사물에 쓰임]
유 5급 产生 chǎnshēng, 生长 shēngzhǎng
반 1269 灭亡, 消亡 xiāowáng

你的纵容zòngróng滋长着他的坏毛病。
네가 오냐오냐해서 그 애의 나쁜 버릇을 키운 거야.
日子一天一天过去，我们俩的爱情日益滋长。
하루하루 갈수록 우리 둘의 사랑이 나날이 싹트고 있다.

2464 子弹 zǐdàn

명 총탄, 탄알
유 枪弹 qiāngdàn

我的腿上中了一颗子弹。
내 다리에 총알이 박혔다.
只有一颗子弹击中靶心bǎxīn。
탄알 하나만이 과녁에 맞았다.

2465 字母 zǐmǔ

명 자모

这个法文字母怎么念?
이 프랑스어 자모는 어떻게 읽어요?

那个小女孩儿很聪明，几分钟就记住了所有的英文字母。
그 여자아이는 매우 총명해서, 몇 분 안에 모든 영어 자모를 외웠다.

2466 自卑 zìbēi

형 스스로 낮추다, 열등감을 가지다
- 반 4급 骄傲 jiāo'ào, 5급 自豪 zìháo

失败使人产生自卑。
실패는 사람으로 하여금 열등감을 느끼게 한다.

你又不比别人差，干嘛那么自卑?
너는 다른 사람과 비교해서도 뒤쳐지지 않는데, 뭣하러 그렇게 스스로를 낮추니?

2467 自发 zìfā

형 자발적인, 무의식적으로
- 유 4급 自然 zìrán, 天然 tiānrán

大伙儿自发地开始拍手叫好。
모두 무의식적으로 박수를 치면서 좋다고 했다.

这次自发组织的活动顺利结束了。
이번에 자발적으로 조직한 활동이 순조롭게 끝났다.

2468 自力更生 zìlì gēngshēng

성 자력갱생하다, 자력으로 떨쳐 일어나다
- 유 独立自主 dúlì zìzhǔ, 自食其力 zìshíqílì
- 반 仰人鼻息 yǎngrénbíxī

我们要学习如何自力更生。
우리는 어떻게 자력으로 일어나는지 배워야 한다.

尽量不要依赖外援，还是自力更生好。
최대한 외부의 원조에 의존하지 말고, 그래도 자력갱생하는 것이 좋다.

2469 自满 zìmǎn

형 자만하다
- 유 4급 骄傲 jiāo'ào, 自傲 zì'ào
- 반 2466 自卑

他刚有了一点儿进步就自满起来。
그는 인제 조금 발전했으면서 벌써 자만하기 시작했다.

你不能一取得好成绩就自满自足起来。
성적이 잘 나왔다고 해서 바로 자만하고 만족하면 안 된다.

2470 自主 zìzhǔ

동 자주적으로 행동하다, 자신의 뜻대로 하다

本公司自主研发了很多设备。
우리 회사는 자주적으로 많은 설비를 연구 개발했다.

如今学生们应该更多地自主学习。
오늘날 학생들은 반드시 더 자율적으로 공부해야 한다.

2471 踪迹 zōngjì

명 종적, 행적, 자취
- 유 5급 影子 yǐngzi, 踪影 zōngyǐng

猎人发现了狼的踪迹。
사냥꾼은 늑대의 행적을 찾아냈다.

我们找不到他的踪迹。
우리는 그의 종적을 찾을 수 없다.

2472 宗旨 zōngzhǐ

명 목적, 취지
- 유 4급 目的 mùdì, 2157 意图, 要旨 yàozhǐ

奥运会的宗旨是什么? 올림픽의 취지는 무엇인가요?

我们公司以服务大众为宗旨。
우리 회사는 대중에 대한 서비스를 목적으로 한다.

2473 棕色 zōngsè

명 갈색

你的棕色皮鞋很漂亮。네 갈색 구두가 참 예쁘다.

这种熊的毛是棕色，所以叫棕熊。
이 곰의 털은 갈색이라서 갈색곰이라고 부른다.

2474 总而言之 zǒng'éryánzhī

총괄적으로 말하면, 요컨대
유 5급 总之 zǒngzhī, 总的来说 zǒngdeláishuō

总而言之，我们绝不会放弃。
요컨대 우리는 절대 포기하지 않을 것이다.
总而言之，人要有自知之明 zìzhī zhīmíng。
말하자면, 사람은 누구나 자신을 정확하게 알아야 한다.

2475 总和 zǒnghé

명 총계, 총수, 총합
这是我们经验的**总和**。
이것은 우리 경험의 총계이다.
这些数字的**总和**是多少？
이 숫자들의 총합은 얼마입니까？

2476 纵横 zònghéng

형 ① 종횡의, 가로세로의
立交桥**纵横**交错。
입체교차로는 가로세로로 얽혀있다.

② 자유분방하다, 자유자재이다
他的诗歌意境深远，笔意**纵横**。
그의 시가는 정취가 심오하고, 취지가 자유분방하다.

동 종횡무진하다
他徒步旅游，**纵横**十几个省。
그는 도보여행을 하여 열 몇 개의 성을 종횡무진했다.

2477 走廊 zǒuláng

명 복도
这个**走廊**通向餐厅。
이 복도는 식당으로 통한다.
孩子们在**走廊**上打闹。
아이들이 복도에서 떠들고 있다.

2478 走漏 zǒulòu

동 ① (정보를) 누설하다
유 1995 泄露, 泄漏 xièlòu
반 0054 保密

千万不要**走漏**了风声。
절대로 소문이 새어나가서는 안 된다.

② (밀수하여) 탈세하다
经理不能容忍职员们的**走漏**行为。
사장은 직원들의 탈세 행위를 용납할 수 없다.

2479 走私 zǒu//sī

동 밀수하다
这些电器是**走私**来的。
이 가전제품들은 밀수해온 것이다.
海关查扣 chákòu **走私**的物品非常严格。
세관은 밀수한 물건을 몰수해서 매우 엄격히 검사한다.
他们从非洲**走私**了大量的钻石。
그들은 아프리카에서 대량의 다이아몬드를 밀수했다.

2480 揍 zòu

동 (남을) 때리다, 치다
유 打 dǎ

有理讲理，**揍**人不对。
도리에 맞는 일이라도 사람을 때리는 것은 옳지 못하다.
他虽是你的孩子，也不能这样**揍**他。
그가 아무리 네 아이라도 이렇게 때려서는 안 된다.

2481 租赁 zūlìn

동 ① 임차하다, (세를 주고) 빌리다
租赁合同已经满期。
임대 계약기간이 벌써 다 되었다.
在短时间内**租赁**到满意的房子很难。
짧은 시간 안에 만족할 만한 집을 임차하는 건 무척 어려운 일이다.

② 임대하다, 세를 놓다, 빌려주다
这家公司向外**租赁**货船。
이 회사는 대외적으로 배를 임대해주는 일을 한다.

2482 足以 zúyǐ

- 부 충분히 (~할 수 있다), 족히 (~할 수 있다)
  - 유 2급 可以 kěyǐ 반 难以 nányǐ

他的钱足以办公司了。
그의 돈은 회사를 세우기에 충분하다.

读书足以让人怡情 yíqíng。
공부를 하는 것만으로도 충분히 즐거울 수 있다.

2483 组 zǔ

- 동 구성하다, 조직하다

五个人组成一个小组进行比赛。
다섯 명이 한 팀을 구성하여 시합을 한다.

- 명 그룹, 팀

警察想把他们分成更小的组。
경찰은 그들을 더 작은 그룹으로 나누길 원한다.

- 양 조, 벌, 세트 [여러 개가 모여 세트를 이루는 것에 쓰임]

这几种家具是一组。
이 몇 종류의 가구는 한 세트이다.

2484 阻碍 zǔ'ài

- 동 (진행하지 못하도록) 가로막다, 방해하다
  - 유 5급 阻止 zǔzhǐ, 2485 阻拦, 2486 阻挠, 阻挡 zǔdǎng
  - 반 5급 促进 cùjìn, 推动 tuīdòng

他每次阻碍我的进步。
그는 매번 나의 발전을 방해한다.

- 명 방해(물), 장애(물)
  - 유 2291 障碍, 阻力 zǔlì

他是我们成功道路上的阻碍。
그는 우리 성공가도의 방해물이다.

2485 阻拦 zǔlán

- 동 막다, 방해하다
  - 유 5급 阻止 zǔzhǐ, 2486 阻挠, 阻挡 zǔdǎng
  - 반 放行 fàngxíng

没有人能阻拦我！
누구도 나를 막을 수는 없다!

我们阻拦他去外国工作。
우리는 그가 외국에 일하러 가는 것을 막았다.

2486 阻挠 zǔnáo

- 동 가로막다, 차단하다
  - 유 5급 阻止 zǔzhǐ, 2484 阻碍, 2485 阻拦, 阻挡 zǔdǎng
  - 반 5급 促进 cùjìn, 促成 cùchéng

我们的计划受到阻挠。
우리의 계획이 차단되었다.

他总是百般阻挠我的决定。
그는 모든 방법을 동원해서 나의 결정을 가로 막았다.

2487 祖父 zǔfù

- 명 조부, 할아버지
  - 유 3급 爷爷 yéye
  - 반 3급 奶奶 nǎinai, 祖母 zǔmǔ

祖父已经去逝多年了。
할아버지께서 돌아가신 지 수년이 되었다.

他的祖父虽然年纪大了，可是身体还是很健康。
그의 조부께서는 비록 연세가 많으시지만, 몸은 아직 건강하시다.

2488 钻研 zuānyán

- 동 깊이 연구하다
  - 유 钻 zuān, 研究 yánjiū

这个学生很喜欢钻研数学题。
이 학생은 수학문제를 깊이 연구하는 것을 좋아한다.

他刻苦钻研，最终在物理学上取得了辉煌的成绩。
그는 깊이 연구하여 결국 물리학에서 찬란한 성적을 거두었다.

2489 钻石 zuànshí

- 명 다이아몬드
  - 유 金刚石 jīngāngshí, 宝石 bǎoshí

钻石象征着永恒。
다이아몬드는 영원함을 상징한다.
她项链上的钻石闪闪发光。
그녀가 차고 있는 목걸이의 다이아몬드가 빛난다.

2490 **嘴唇** zuǐchún

[명] 입술
유 唇 chún
他冻得嘴唇发紫。
그는 추워서 입술이 자색으로 변했다.
她嘴唇颤动chàndòng着。
그녀의 입술이 떨리고 있다.

2491 **尊严** zūnyán

[형] 존엄하다
유 2443 庄严
一个夫人静静地坐在那里，显得高贵而又尊严。
한 부인이 조용히 저쪽에 앉아 있는데, 매우 고귀하고 존엄해보인다.

[명] 존엄성
유 威严 wēiyán
我们应该尊重每个人的尊严。
우리는 모든 사람의 존엄성을 존중해야 한다.

2492 **遵循** zūnxún

[동] 따르다
유 4급 按照 ànzhào, 5급 遵守 zūnshǒu, 依照 yīzhào
반 1868 违背, 背离 bèilí
为什么作家都遵循一个模式写作?
왜 작가들은 모두 일정한 양식에 따라서 글을 쓰는 걸까?
我们应该遵循自然规律，而不能破坏生物链。
우리는 자연의 법칙에 따라서 생태계를 파괴하면 안 된다.

2493 **左右** zuǒyòu

[명] ① 좌우, 왼쪽과 오른쪽
会场左右聚集了大量的群众。
회의장 좌우가 엄청난 군중에 휩싸였다.

② 가량, 안팎, 내외 [수 뒤에서 대략적인 수를 나타냄]
유 上下 shàngxià
那个女人年纪在四十左右。
그 여자의 나이는 마흔 살 내외이다.

[동] 지배하다, 통제하다
유 5급 控制 kòngzhì, 0210 操纵, 2347 支配
你不要想着左右我了。
나를 통제하려고 생각도 하지 마.

2494 **做东** zuò//dōng

[동] 주인 노릇하다
今天该谁做东了？
오늘은 누가 주인 노릇을 하는 거니?
这次轮到你做东招待我们了。
이번에는 네가 주최가 되어서 우리를 접대해야 해.
他昨天做了东请客。
그가 어제 한턱 냈다.

2495 **做主** zuò//zhǔ

[동] 결정하고 책임지다, 주관하다
自己的事情自己做主。
자기 일은 자기가 결정하고 책임지는 거다.
今天开会由她做主席。
오늘 회의는 그녀가 의장을 맡는다.
这事我还做不了主。
이번 일은 내 권한 밖의 일이다.

2496 **座右铭** zuòyòumíng

[명] 좌우명
你的座右铭是什么？ 네 좌우명은 뭐니？
她的座右铭是"永不气馁qìněi"。
그녀의 좌우명은 '절대 낙심하지 말자.'이다.

2497 作弊 zuò//bì

동 부정행위를 하다, 속임수를 쓰다

作弊是很可耻kěchǐ的行为。
부정행위는 몰염치한 행위이다.

他考试时作弊被老师抓到了。
그는 시험볼 때 부정행위를 하다가 선생님에게 잡혔다.

我考试时从来没有作过弊。
나는 시험볼 때 지금껏 한 번도 부정행위를 한 적이 없다.

2498 作废 zuòfèi

동 폐기하다, 무효로 하다

这份合同宣布作废。
이 계약은 폐기하기로 선포하였다.

这些票据过期就作废了。
이 어음들은 기한이 지나서 폐기했다.

2499 作风 zuòfēng

명 (사상·일·생활 등에 나타나는) 태도, 행위, 수법
유 5급 风格 fēnggé, 品格 pǐngé

他的为人作风正派。
그의 사람됨은 정말 정의롭다.

工作时，工作作风是最重要的。
일을 할 때에는 작업태도가 가장 중요하다.

2500 作息 zuòxī

동 일하고 휴식하다

要养成良好的作息习惯。
일하고 휴식하는 좋은 습관을 잘 길러야 한다.

我们的作息时间完全不同，住在一起不太方便。
우리는 일하고 휴식하는 시간이 완전히 달라서, 같이 살기에 불편하다.

추가 단어 (88)

报警	鄙视	插座	衬托	迟钝	炊烟	慈善	方圆
废寝忘食	抚摸	钙	呼唤	花蕾	荤	剑	将就
侥幸	节制	截止	敬业	居民	倔强	君子	侃侃而谈
砍伐	扣	哭泣	苦涩	宽容	冷落	礼尚往来	蚂蚁
冒犯	瞄准	藐视	明智	南辕北辙	逆行	偶像	排练
撇	平庸	启蒙	气质	窍门	亲密	儒家	骚扰
尚且	生肖	失事	视频	首饰	疏远	瞬间	陶醉
讨好	体裁	天赋	通缉	投诉	透露	吞吞吐吐	喂(动词)
蔚蓝	无辜	物业	陷阱	相声	削	潇洒	汹涌
修养	喧哗	悬殊	炫耀	鸦雀无声	震撼	正宗	之际
执着	直径	侄子	种植	主义	砖	庄稼	坠

01 报警 bàojǐng

동 신고하다

如果你威胁我，或动武的话，我就报警。
만약에 날 위협하거나 무력을 행사하면 경찰에 신고할 거야.
密码连续三次输入错误时，报警系统自动启动。
비밀번호를 3번 잘못 입력하면 자동으로 경보시스템이 움직인다.

02 鄙视 bǐshì

동 무시하다, 업신여기다, 깔보다, 얕잡아 보다

반 4급 重视 zhòngshì

他向来鄙视那些好吃懒惰lǎnduò，不务正业的人。

그는 저런 나태하고, 떳떳하지 못한 직업에 종사하는 사람을 업신여긴다.
我们鄙视一切篡cuàn改历史的行径。
우리는 역사적 사실을 왜곡하는 일체의 행위를 경멸한다.

03 插座 chāzuò

명 콘센트, 소켓

客厅的插座上有4个三孔插口。
거실의 콘센트는 3개짜리 입구가 있는 게 4개가 있다.
他把电视机插头插到墙上的插座上。
그는 텔레비전 전원 플러그를 벽에 붙어 있는 콘센트에 꽂았다.

04 衬托 chèntuō

동 부각시키다, 돋보이게 하다, 두드러지게 하다

这架钢琴把房间衬托的很气派。
이 피아노가 방안 분위기를 더욱 돋보이게 한다.

雨后的彩虹，在青山的衬托下显得更加美丽。
비 온 뒤의 무지개는, 푸른 산으로 인해 두드러져 더욱 아름답게 보인다.

05 迟钝 chídùn

형 둔하다, 느리다

반 机灵 jīling, 灵敏 língmǐn

自那次交通事故后，他的脑子变得非常迟钝。
저번 교통사고 이후로, 그의 뇌가 매우 느리게 반응하고 있다.

她迟钝是迟钝，但是绝对不是傻子。
그녀가 둔하긴 둔하지만, 절대 바보가 아니야.

06 炊烟 chuīyān

명 밥 짓는 연기

炊烟袅niǎo袅上升，随风飘荡。
밥 짓는 연기가 모락모락 나면서 온통 다 퍼졌다.

很怀念农村中炊烟袅袅的景象。
농촌에서 밥 지을 때 모락모락 연기 나는 모습이 그립다.

07 慈善 císhàn

형 남을 배려하다, 자선을 베풀다

반 残暴 cánbào, 残忍 cánrěn

现在有越来越多的艺人参加慈善活动。
요즘 점점 더 많은 연예인들이 자선 활동에 참여하고 있다.

大家通过慈善机构纷纷向灾区捐款。
모두 자선기관을 통해서 재난 지역에 성금을 보내고 있다.

08 方圆 fāngyuán

명 주위, 주변

方圆百里看不到一户人家。
주변에 집 한 채 보이지 않는다.

没有规矩，不成方圆。
규정이 없으면 일을 이룰 수 없다.

09 废寝忘食 fèiqǐn wàngshí

성 (어떤 일에) 전심전력하다, 매우 몰두하다

유 夜以继日 yèyǐjìrì

他那废寝忘食的工作精神值得我们学习。
그가 일에 몰두하여 전심전력을 다하는 것은 우리가 배울 만하다.

她每天晚上都废寝忘食地复习功课直到次日凌晨。
그녀는 매일 저녁마다 전심전력으로 다음날 새벽까지 수업 내용을 복습했다.

10 抚摸 fǔmō

동 어루만지다, 쓰다듬다

奶奶抚摸着孙子的脑袋。
할머니는 손자의 머리를 쓰다듬고 계신다.

别这样用手抚摸我的下巴，我已经不是孩子了！
제발 내 턱 좀 만지지 마, 난 이제 아이가 아니란 말이야!

11 钙 gài

명 칼슘

奶奶经常因为缺钙而腿部抽筋 chōujīn。
할머니는 칼슘 부족으로 다리에 쥐가 자주 나신다.

人们往往在腿部抽筋的时候，才意识到该补钙了。
사람들은 다리에 쥐가 날 때야 칼슘이 부족하다는 걸 의식한다.

12 呼唤 hūhuàn

동 외치다, 소리치다, 부르짖다, 부르다

我在梦中仿佛听到他在呼唤我的名字。
나는 꿈에서 그가 나의 이름을 부르는 것 같았다.

夜幕降临，远处传来了妈妈的呼唤。
어둠이 내리니, 엄마가 저 멀리서 부르는 소리가 들린다.

13 **花蕾** huālěi

명 꽃봉오리, 꽃망울
这些淘气的孩子把玫瑰花蕾都摘了。
개구쟁이들이 장미 꽃봉오리를 모두 따 버렸다.
她最喜欢的季节是初夏，就是花蕾绽放前的那段时间。
그녀가 가장 좋아하는 계절은 초여름인데 바로 꽃망울이 피기 직전이다.

14 **荤** hūn

명 육식, 고기 요리
饮食要荤素搭配，这样才能保持营养均衡。
음식은 육식과 야채를 잘 맞춰야만 영양의 균형을 유지할 수 있다.
现在很多餐厅的素食，也可以做出荤菜的味道。
현재 많은 채식 식당들에서도, 고기 맛이 나는 음식을 만들 수 있다.

15 **剑** jiàn

명 검
日本的剑道世界闻名。
일본의 검도는 세계적으로 유명하다.
他手臂shǒubì上的伤是被剑刺的。
그의 팔뚝의 상처는 칼에 찔려서 났다.

16 **将就** jiāngjiu

동 아쉬운 대로 ~할 만하다
只好用现有的东西将就应付。
어쩔 수 없으니 현재 있는 물건으로 아쉬운 대로 쓰자.
这件衣服稍微旧了点儿，你先将就着穿吧。
이 옷이 좀 오래되기는 했는데, 어쩔 수 없으니 그냥 입어.

17 **侥幸** jiǎoxìng

형 요행하다, 뜻밖에 운이 좋다
做任何事情都不要抱有侥幸心理。
무슨 일을 하든지 요행을 바라는 마음은 가지지 말아야 한다.
他侥幸地避开了领导的责骂。
그는 다행히 상사의 꾸지람을 피했다.

18 **节制** jiézhì

동 절제하다, 통제하다
医生建议，在饮食方面应更加节制。
의사의 건의로 음식을 더욱 절제하고 있다.
许多年轻人通过节制饮食来减肥，这是不科学的。
많은 젊은이들이 음식을 절제하는 것으로 다이어트를 하는데 이는 과학적이지 못하다.

19 **截止** jiézhǐ

동 마감하다
截止到目前，还没有出现什么不良状况。
마감을 한 지금까지는, 악화된 상황은 발생하지 않았다.
参赛报名的截止日期是10月20号。
출전 등록 마감일은 10월 20일이다.

20 **敬业** jìngyè

동 자기의 일에 최선을 다하다
据说这位男演员不是很敬业。
듣자니 이 남자연예인은 자기 일에 최선을 다하지 않는다고 한다.
在任何一个岗位上，我们都应该做到敬业爱岗。
어느 위치에서든지, 우리는 맡은 바 업무에 혼신을 다하고 직장을 사랑해야 한다.

21 **居民** jūmín

명 주민, 거주민

新政策规定，农村居民享受与城镇居民的同等待遇的医疗保险。
새로운 정책 규정으로 농촌주민의 의료보험 혜택이 도시주민과 동등하게 되었다.
禽流感H7N9的变异消息使居民恐慌kǒnghuāng。
조류인플루엔자 H7N9의 변이 소식은 주민들을 당황하게 하였다.

22 倔强 juéjiàng

형 (성격이) 강하고 고집이 세다
他的性格十分倔强，一旦做了决定，就很难被人说服。
그는 아주 고집이 세서, 일단 결정을 하고 나면 다른 사람의 말을 듣지 않는다.
别让他使他的倔强性子了。
그가 그의 센 고집을 부리지 못하도록 해라.

23 君子 jūnzǐ

명 군자
君子坦荡荡，小人长戚戚。
군자는 마음이 평안하고 차분하나, 소인은 항상 근심하고 걱정한다.
你这人讲话言而无信，真不是个君子。
네가 하는 말은 믿을 수가 없으니, 정말이지 남자도 아니야.

24 侃侃而谈 kǎnkǎn értán

성 당당하고 차분하게 말하다
那个年轻人侃侃而谈，赢得了大家的信任。
그 젊은이의 차분하고 당당한 모습이 모두의 신임을 얻었다.
他一向沉默寡言，想不到在辩论会上竟侃侃而谈，令人大吃一惊。
그는 평소 과묵하고 말을 잘 안 했는데, 토론회에서 차분하고 당당하게 말하는 모습을 생각지도 못해서 정말 깜짝 놀랐다.

25 砍伐 kǎnfá

동 벌채하다, 나무를 베다

大面积的砍伐森林会导致严重的水土流失。
대단위의 벌채는 심각한 토양 유실을 야기한다.
野生森林应该加以保护以免过量砍伐。
야생산림은 무작위로 벌목되지 않도록 보호해야 한다.

26 扣 kòu

동 ① 채우다, 걸다
把这两个环扣在一起才会更牢固。
두 개의 고리를 함께 해야만 더욱 단단해진다.

② 구류하다, 압류하다
他因为无证驾驶，新买的摩托车被交警扣了。
그는 무면허 운전으로 그가 산 새 오토바이는 교통경찰에 압류 당했다.

③ 빼다, 공제하다
劳动监察部门将严查每个乱扣员工工资的企业。
노동감독기관은 직원의 봉급을 함부로 공제하는 각 기업들을 엄격히 조사할 것이다.

27 哭泣 kūqì

동 훌쩍훌쩍 울다
深夜里，小学妹哭泣着跟我说她已经七年没有回国看望父母了。
깊은 밤, 여자후배가 흐느끼면서 나한테 벌써 7년이나 부모님 뵈러 못 갔다고 했다.
他发现她在哭泣。
그는 그녀가 울고 있는 것을 알아차렸다.

28 苦涩 kǔsè

형 ① 쓸쓸하고 떫다
生活就像一杯咖啡，甜蜜中加有苦涩。
생활은 마치 한 잔의 커피처럼, 달콤함 중에 쓸쓸함이 있다.

② 괴롭다
最苦涩的背叛，不是来自那些敌人的谎言。
가장 힘들게 하는 배반은 적들의 거짓에서 오는 것이 아니다.

29 宽容 kuānróng

형 너그럽다

宽容的对待你的敌人，他将会成为你的盟友。
적에게 너그럽게 대할 때, 그는 너의 든든한 우군이 되어줄 것이다.

大家以宽容地态度对待他们的那些小缺点。
모두 너그러운 태도로 그들의 그런 작은 단점들을 대해야 한다.

30 冷落 lěngluò

형 쓸쓸하다

罪犯被限制在一个贫穷而冷落的地方。
범죄는 가난하고 냉대 받는 지역에나 있다.

동 냉대하다

他一直在埋头苦干他的事业，冷落了他的妻子。
그는 줄곧 미친 듯이 일만하지, 아내에게는 냉대했다.

31 礼尚往来 lǐshàng wǎnglái

성 오는 정이 있으면 가는 정이 있다.

邻里之间讲究礼尚往来。
이웃 간에 오고 가는 정을 매우 중요시 한다.

中国自古以来就有礼尚往来的优良的传统。
중국은 예로부터 오고 가는 정이 많은 좋은 전통을 가지고 있다.

32 蚂蚁 mǎyǐ

명 개미

地上的面包屑xiè招来很多蚂蚁。
땅에 있는 빵 부스러기가 많은 개미를 끌어들였다.

蚂蚁搬家的故事，对不同的人会有不同的启发。
개미가 이사하는 이야기는 많은 사람들에게 또 다른 깨달음을 준다.

33 冒犯 màofàn

동 무례하다, 실례하다

他说话做事小心翼翼，不敢冒犯这位大人。
그는 말하고 일하는 게 매우 조심스럽게 해서, 감히 이 어르신께 무례하게 대할 수 없다.

我不是故意冒犯你，我是无意的。
내가 고의로 네게 무례하고자 한 게 아니고 무심결이었어.

34 瞄准 miáozhǔn

동 겨누다, 겨냥하다

猎人用枪瞄准了那只黑熊。
사냥꾼은 총을 흑곰에게 겨누었다.

他闭着一只眼瞄准了目标。
그는 한쪽 눈을 감고 목표를 겨누었다.

35 藐视 miǎoshì

동 경시하다, 얕보다

不要轻易藐视任何一个貌似弱小的竞争对手。
아무리 약하게 보이는 경쟁상대라 할지라도 얕보지 마라.

她摆出一副藐视人的臭架子。
그녀는 사람을 무시하는 꼴사나운 작태를 보였다.

36 明智 míngzhì

형 현명하다

他的明智而有远见的发言，在与会者中引起了强烈的反响！
그의 현명하고 안목이 있는 발언은 참석한 사람들에게 강렬한 반응을 일으켰다!

中国采取更加谨慎的开发策略是明智的。
중국은 더욱 더 신중하게 개발 전략을 강구하는 것은 현명한 일이다.

37 南辕北辙 nányuán běizhé

성 하는 행동과 목적이 상반되다

他们俩的性格南辕北辙，无法达成共识。
그들 둘의 성격은 너무나 달라, 의견을 같이하기 어렵다.
在这件事上，我们想法南辕北辙，恐怕无法合作。
이 일에 있어서, 우리의 생각은 서로 다르니 함께 합작하는 것은 어려울 것 같다.

38 逆行 nìxíng

동 역주행하다
他骑摩托车在人行道上逆行。
그는 오토바이를 타고 인도를 역주행하고 있다.
所有车辆不得在单行道上逆行。
모든 차량은 일방통행로에서 역주행하면 안 된다.

39 偶像 ǒuxiàng

명 우상
这位流行歌手成了年轻人崇拜的偶像。
이 유명가수는 젊은이들이 숭배하는 우상이 되었다.
随着韩剧《来自星星的你》的热播，"都教授"成了很多年轻女孩子的偶像。
한국드라마 '별에서 온 그대'의 방영으로, '도 교수'는 많은 젊은 아가씨들의 우상이 되었다.

40 排练 páiliàn

동 무대 연습을 하다
希望您能给我们的排练提出些宝贵的建议。
우리 리허설을 보시고 귀중한 의견을 주시길 바랍니다.
随着演出日子的临近，演员们的排练越来越紧张。
공연 날짜가 다가오면서, 연예인들은 긴장하면서 리허설을 하고 있다.

41 撇 piē

동 ① 내던지다, 던지다
大家撇了他一身鲜花。
모두 그의 온몸에 꽃을 뿌려 댔다.

② 입을 삐죽거리다
他在我面前经过时撇着嘴，看起来好像对我很不满。
그가 내 앞을 지날 때 입을 삐죽거리는 게, 내게 불만을 가진 것처럼 보인다.

42 平庸 píngyōng

형 평범하다
相貌平庸的他，从不惹rě是生非。
외모가 평범한 그는, 한 번도 시비가 붙은 적이 없다.
平庸之作无法在竞争激烈的广告界立足。
평범한 방법으로는 경쟁이 치열한 광고업계에서는 자리 잡기 어렵다.

43 启蒙 qǐméng

동 계몽하다, 기초 지식을 전수하다
十七十八世纪的欧洲资产阶级开启了启蒙运动。
17~18세기 유럽의 부르주아 계층에서 계몽운동이 시작되었다.
一般来说，父母是孩子的启蒙老师。
일반적으로 부모는 아이들의 기초 지식을 전수하는 선생님이다.

44 气质 qìzhì

명 기질, 성미, 자질
从外表上看，他有一种艺术家的气质。
외모를 보면 그는 예술가 기질이 있다.
她拥有一切上流社会所需的高贵气质。
그녀는 상류사회에서 갖춰야 할 고귀한 기품을 모두 갖추고 있다.

45 窍门 qiàomén

명 방법, 비결, 요령
学习要找窍门，不能读死书。
공부할 때 요령을 찾아야지 무조건 공부만 해서는 안 된다.

生活中有很多小窍门需要我们去发掘。
생활 중의 많은 작은 지혜들은 발굴할 필요가 있다.

46 亲密 qīnmì

[형] 관계가 좋다

她们亲密的简直像同胞姐妹。
그녀들은 관계가 좋아 마치 쌍둥이 자매 같다.

他仍然和他的前女友保持着亲密的关系。
그는 여전히 전에 사귀던 여자친구와 좋은 관계를 유지하고 있다.

47 儒家 rújiā

[명] 유가

孔子为儒家的创始人。
공자는 유가(儒家)의 창시자이다.

拥有悠久历史的中国，深受儒家思想的影响。
유구한 역사를 가진 중국은 유가사상의 깊은 영향을 받았다.

48 骚扰 sāorǎo

[동] 소란을 피우다, 교란하다, 폐를 끼치다

暴徒还是不断出现骚扰来访记者。
폭력배가 여전히 계속 나타나서 취재하러 온 기자에게 소란을 피운다.

可能电话号码被泄漏xièlòu了，经常会接到一些骚扰电话。
전화번호가 유출되었는지 자주 귀찮은 전화를 받아.

49 尚且 shàngqiě

[접] ~조차 ~한데, 그럼에도 불구하고

领导尚且不能以身作则，更何况一个普通员工。
리더조차도 모범을 보이지 못하는데 평직원한테 뭘 바라？

最好的产品质量尚且如此，稍次点儿的就不必说了。
가장 좋다는 상품의 품질이 이런데 그 아래 상품은 말할 필요도 없다.

50 生肖 shēngxiāo

[명] 사람의 띠

大家正在谈论十二生肖的由来。
모두 지금 12개 띠의 유래에 대해서 얘기하고 있어.

很多中国人认为自己的命运和生肖有关。
많은 중국인들은 자신의 운명이 띠와 관련이 있다고 믿는다.

51 失事 shīshì

[동] 의외의 사고가 발생하다

马航MH370飞机失事，机上所有人员遇难。
말레이시아 항공 MH370 항공기 사고 발생으로 탑승객 모두 재난을 당했다.

此次失事是由于飞行员的操作失误造成的。
이번에 발생한 의외의 사고는 조종사의 조종 미숙으로 발생된 것이다.

52 视频 shìpín

[명] 동영상

近期，网上正在疯狂传播韩国一萌娃的视频。
최근에 인터넷에서 한국 어린 소녀의 귀요미 동영상이 빠르게 퍼지고 있다.

手机的视频通话功能更拉近了人们的距离。
휴대전화 영상통화 기능은 사람들 간의 거리를 더욱 가깝게 해주고 있다.

53 首饰 shǒushi

[명] 장식품, 장신구

女人们总觉得自己的"宝盒里"缺少那么几件首饰。
여자들은 언제나 자신의 보석함에 보석이 늘 부족하다고 생각한다.

她出嫁时，妈妈送了她一些贵重的首饰作为嫁妆jiàzhuang。
그녀는 시집갈 때, 엄마가 주신 귀중한 보석들을 혼수로 가져갔다.

54 疏远 shūyuǎn

형 소원하다, 멀다, 가깝지 않다, 거리가 있다.

반 5급 亲密qīnmì, 密切mìqiè,
6급 亲近qīnjìn, 亲切qīnqiè

他的工作表现差，被同事疏远了。
그의 일하는 태도가 나빠 동료들과 관계가 소원해졌다.

由于彼此相距太远，他们渐渐疏远了。
서로 너무 떨어져 있다 보니, 그들의 관계가 점차 소원해졌다.

55 瞬间 shùnjiān

명 순간

流星从天空中划过，瞬间就消失了。
유성이 하늘에서 지나가는데, 순간적으로 사라졌다.

站在时间的终点回首漫长的几十年，不过一瞬间。
시간의 끝자락에 서서 길었다 싶었던 몇 십 년을 회상해 보니, 한 순간에 불과했다.

56 陶醉 táozuì

동 도취하다

他被这动人的情境陶醉了。
그는 이 감동적인 광경에 도취되었다.

她深深陶醉于美妙的音乐之中。
그녀는 아름다운 음악에 깊이 도취되었다.

57 讨好 tǎohǎo

동 잘 보이다

他用心的去讨好老婆，只为晚上能看世界杯决赛。
그가 최선을 다해 아내한테 잘 보이려 하는 건 저녁에 월드컵 결승전을 보기 위해서다.

恋爱的时候，男孩讨好女孩是普遍现象。
연애할 때 남자가 여자한테 잘 보이려 하는 것은 보편적인 현상이다.

58 体裁 tǐcái

명 체재, 장르

文学有各种个样的体裁。
문학은 다양한 장르가 있다.

小说是源于生活而又高于生活的一种文学体裁。
소설은 생활 속에서 나오지만 생활을 넘어선 문학의 한 장르이다.

59 天赋 tiānfù

명 타고난 자질

我们都认为学习好的人很有天赋。
우리는 공부를 잘하는 사람들은 다 타고난 재능이 있다고 여긴다.

她钢琴弹得很好，老师们一致认为她在音乐方面很有天赋。
그녀는 피아노를 매우 잘 치는데, 선생님들은 그녀가 음악 분야에 타고난 재능이 있다는 데 의견을 같이했다.

60 通缉 tōngjī

동 지명수배하다

公安机关通过各种传播方式通缉三名恐怖分子。
공안기관은 각종 매체를 통해서 세 명의 테러리스트를 지명수배했다.

通缉是警察们常用的抓捕犯人的方法。
지명수배는 경찰들이 자주 사용하는 범인 잡는 방법이다.

61 投诉 tóusù

동 호소하다, 하소연하다, 고발하다, 신고하다

那家店因卫生问题遭到客人投诉。
그 가게는 위생문제로 고객에게 고발당했다.

现在许多服务行业常因态度不好遭到顾客投诉。
현재 여러 서비스 업종에서 서비스 태도의 불량으로 인해 민원이 많이 들어온다.

62 透露 tòulù
[동] 넌지시 드러내다, 누설하다, 흘리다
她没怎么透露自己的身世。
그녀는 자신의 신세에 대해 별로 드러내지 않았다.
检察官没有向记者透露任何细节消息。
검사는 기자들에게 그 어떤 세부 사항도 흘려주지 않았다.

63 吞吞吐吐 tūntūn tǔtǔ
[형] 우물쭈물하다
> 반 畅chàng所欲言

既然有话要说，那就痛痛快快地说出来，不要吞吞吐吐。
할말이 있으면 통쾌하게 말해, 우물쭈물하지 말고.
从他那吞吞吐吐的话语中，可知他在说谎。
그가 우물쭈물 말하는 중에 그가 거짓말을 하고 있다는 것을 알았다.

64 喂 wèi
[동] ① 기르다, 사육하다
大伯在农村老家喂了十头猪。
아저씨는 농촌에서 돼지 10마리를 키우고 계신다.

② 먹이다
姐姐家的宝贝才刚一岁，仍需要大人喂他吃饭。
언니네 아기는 이제 막 한 살 넘어서, 아직도 어른이 밥을 먹여줘야 한다.

65 蔚蓝 wèilán
[형] 짙푸른
我望了望蔚蓝的天空，心情顿时豁huò然开朗。
짙푸른 하늘을 보니, 가슴이 갑자기 확 트이는 거 같아.
清澈的水中倒影着蔚蓝的天空。
맑고 투명한 물속에 짙푸른 하늘이 비치고 있다.

66 无辜 wúgū
[형] 무고하다, 죄가 없다
战争给无辜的人民带来的痛苦不是用金钱可以补偿的。
전쟁이 무고한 사람들에게 주는 고통은 돈으로도 보상이 안 된다.

[명] 무고한 사람
恐怖分子滥杀lànshā无辜，给人们的生命财产造成了威胁。
테러리스트의 무차별한 살상은 우리의 생명과 재산에 위협을 주는 행위이다.

67 物业 wùyè
[명] (가옥 등의) 부동산
现在不仅房价在涨，就连物业费也在涨。
현재 집값만 오르고 있는게 아니라 부동산까지도 오르고 있다.
近期，将出台新的物业管理规定。
가까운 시기에 신규 부동산 관리규정이 나올 것이다.

68 陷阱 xiànjǐng
[명] 함정
> 유 6급 圈套 quāntào

这是敌人设的陷阱，千万不要上当了。
이건 적이 쳐놓은 함정이니, 절대 당하면 안 돼.
我军巧妙避过敌人的重重陷阱，最终取得胜利。
우리군은 적이 쳐놓은 많은 함정들을 교묘하게 피해서, 마침내 승리를 거두었다.

69 相声 xiàngsheng
[명] 만담, 재담
闲暇时间，人们喜欢去听上一段他的相声。
한가한 시간에 사람들은 그의 만담을 듣는 것을 좋아한다.
相声是老百姓非常喜欢的一项表演艺术。
만담은 사람들이 매우 좋아하는 표현예술의 한 분야이다.

70 削 xiāo

동 깎다, 벗기다, 깎아내다, 제거하다
她削水果时，不小心伤到了手指。
그녀는 과일을 깎을 때, 조심하지 않아서 손을 베었다.
贴心tiēxīn的女儿饭后为妈妈削了一个苹果。
착한 딸은 식사 후 엄마에게 사과 하나를 깎아주었다.

71 潇洒 xiāosǎ

형 멋스럽다, 자연스럽고 품위가 있다
他外表英俊潇洒，没想到是个穷小子。
그는 외모가 핸섬하고 멋스러워 가난뱅이일 거라고는 생각도 못했다.
她那自由自在的、潇洒的生活真是让人羡慕不已。
그녀의 자유롭고 멋스러운 생활은 정말 부럽다.

72 汹涌 xiōngyǒng

형 물이 용솟음치다, 물이 세차게 일어나다
海水汹涌地拍打着海岸。
바닷물이 세차게 해안을 치고 있다.
大海是喜怒无常的，时而风平浪静，时而波涛汹涌。
바다는 변덕스러워서 때로는 풍랑 없이 잔잔하고, 때로는 파도가 거세다.

73 修养 xiūyǎng

명 수양, 교양
他是一位很有修养的绅士。
그는 매우 교양 있는 신사다.
个人修养作为一种无形的力量，约束着我们的行为。
사람의 교양은 무형의 힘으로, 우리의 행위를 제약한다.

74 喧哗 xuānhuá

동 떠들썩하다, 떠들다

유 喧嚷 xuānrǎng
반 安静 ānjìng

公共场合，禁止喧哗！
공공장소에서는 떠들지 마세요.
在一片喧哗声中，他慢慢把头抬了起来。
떠들썩한 데에서 그는 천천히 머리를 들었다.

75 悬殊 xuánshū

형 차이가 크다
城镇乡村两极化严重，贫富悬殊。
도시와 농촌의 양극화가 심각해서 빈부격차가 심하다.
尽管实力悬殊，他们还是赢得了比赛。
실력이 이렇게 많이 나는데도 불구하고 그들은 시합에서 이겼다.

76 炫耀 xuànyào

동 자랑하다
这种雕diāo虫小技有什么值得炫耀的？
이런 잔재주가 무슨 자랑거리라고?
她喜欢炫耀她老公送的钻石项链。
그녀는 남편이 선물한 다이아몬드 목걸이를 자랑했다.

77 鸦雀无声 yāquè wúshēng

성 매우 고요하다, 쥐 죽은 듯이 조용하다
반 人声鼎沸 rénshēng dǐngfèi

上课铃响后，喧闹xuānnào的教室里顿时变的鸦雀无声。
수업종이 울리자, 시끄럽던 교실이 갑자기 조용해졌다.
整个法庭因为惊奇jīngqí而鸦雀无声。
법정 전체가 너무 놀라서 갑자기 고요해졌다.

78 震撼 zhènhàn

동 뒤흔들다
母亲舍身护子的场面震撼了所有人的心。
어머니가 자신의 몸을 던져 자식을 구하는 장면은 모든 사람들의 마음을 뒤흔들었다.

看完故宫的纪录片，我被深深的震撼了。
고궁 기록영화를 보고 나서 나는 놀라움을 금치 못했다.

79 正宗 zhèngzōng

형 정종, 정통

这家店的大厨是位韩国人，做出来的料理还是很正宗的。
이 식당의 주방장은 한국인으로, 만든 요리들이 역시 정통이다.

百年老店，正宗工艺，质量绝对可靠。
백 년의 역사를 가진 이 가게는 정통 수공예로 품질은 정말 믿을 만하다.

80 之际 zhījì

명 때, 즈음

在喜迎国庆之际，一家人开车去近郊旅游。
기쁘게 국경절을 맞이할 즈음에 가족 모두 근교로 자동차를 몰고 여행을 갔다.

值此新春佳节之际，祝您合家欢乐！
신년 연휴 때에, 가족과 함께 즐거운 시간 보내세요!

81 执着 zhízhuó

명 집착하다, 고집스럽다

他对自己的追求很执着。
그는 자신의 목표에 대해 매우 고집스럽다.

他们有着执着的主观意念。
그들은 주관적 생각에 집착하고 있다.

82 直径 zhíjìng

명 직경

这棵树的直径是25英寸。
이 나무의 직경은 25인치이다.

通过圆的直径可以计算出它的周长。
원의 직경을 통해 그것의 둘레를 계산할 수 있다.

83 侄子 zhízi

명 조카

他把小侄子一个人留在了家里。
그는 어린 조카를 혼자 집에 남겨두었다.

她待她的侄子像自己的亲生儿子一样，疼爱有加。
그녀는 그녀의 조카를 마치 친자식 같이 애지중지한다.

84 种植 zhòngzhí

동 종식하다, 재배하다.

爷爷退休在家，闲暇xiánxiá时间会在后院种植些瓜果蔬菜。
할아버지께서는 퇴직하시고 집에 계시는데, 한가한 시간에 집 뒤뜰에 과실과 야채를 재배하신다.

黄河中下游地区的人们种植谷子。
황하 하류지역의 사람들은 조를 재배한다.

85 主义 zhǔyì

명 주의

我国现如今还处于社会主义初级阶段。
우리나라는 지금까지도 여전히 사회주의 초기 단계에 머물러 있다.

两国签订了反恐怖主义合作协议。
양국은 반테러주의 협력 협의서를 체결했다.

86 砖 zhuān

명 벽돌

他用砖和木板制作书架。
그는 벽돌과 나무판으로 책장을 만든다.

可以用这些废弃的砖来砌qi后院的围墙。
이 버려진 벽돌로 후원의 담을 쌓을 수 있다.

87 庄稼 zhuāngjia

명 (농)작물

绵绵miánmián不断的雨对庄稼不利。

하염없이 내리는 비는 농작물에 매우 해가 된다.
又到了一年的农忙季，农民们都在忙碌着收**庄稼**。
다시 농번기가 돌아와서 농민들은 모두 농작물 수확에 바쁘다.

88 坠 zhuì

동 떨어지다, 추락하다, 낙하하다

石榴都快把树枝给**坠**弯了。
석류가 나뭇가지를 모두 늘어져 휘어지게 했다.

雪花飘荡着从天空**坠**下来。
눈꽃이 휘날리면서 하늘에서 떨어진다.

바뀐 단어 (25)

斑纹 → 斑	碧玉 → 玉	拨打 → 拨
波涛汹涌 → 波涛	洞穴 → 巢穴	从容不迫 → 从容
俯仰 → 俯视	甘心 → 心甘情愿	锦绣前程 → 锦上添花
枯竭 → 枯萎	力图 → 力求	上进心 → 上进
素食主义 → 素食	索赔 → 索取	摊儿 → 摊
铜矿 → 矿产	吞咽 → 狼吞虎咽	唾沫 → 唾弃
摇晃 → 晃	抑制 → 克制	荧屏 → 屏幕
岳父 → 岳母	招投标 → 招标	致力于 → 致力
滋长 → 滋润		

01 斑 bān

명 얼룩, 반점

应爱美人士的需求，市场上出现很多祛qū斑产品。
아름다움을 추구하는 사람들의 수요로, 시장에 반점을 제거하는 상품이 많이 나왔다.

脸上长斑不知道让她失去了多少工作的机会。
얼굴의 반점으로 그녀는 얼마나 많은 취업의 기회를 잃었는지 모른다.

02 玉 yù

명 옥

玉不琢不成器，人不学不知道。
옥도 다듬지 않으면 그릇이 되지 못하고, 사람은 배우지 않으면 도리를 알지 못한다.

这块荒野发现的石头洁白如玉，值得收藏。
황량한 들판에서 발견된 이 돌은 백옥 같아서 소장의 가치가 있다.

03 拨 bō

동 걸다

终于拨通了失散了十年的兄弟的电话。
마침내 헤어진 지 10년이 된 형제와 전화 연결이 되었다.

她的话拨动了观众的心弦。
그녀의 말은 관중의 심금을 울렸다.

04 波涛 bōtāo

명 파도

유 波澜 bōlán

站在海边，波涛起伏qǐfú的海浪，显得那么的壮观。
해변에서 보니 물결치는 파도가 정말 장관이다.

在海滨我们可以听见波涛的咆哮páoxiào。
해변에서 우리는 파도가 노호하는 소리를 들을 수 있다.

05 巢穴 cháoxué

명 (새나 짐승의) 집, (도적 등의) 소굴, 아지트
我军潜入敌军内部，端了敌军的巢穴。
우리 군이 적군 내부에 침입하여 적군의 아지트를 소탕했다.
书是我们精神的巢穴，生命的源泉。
책은 우리 정신의 보금자리로, 생명의 원천이다.

06 从容 cóngróng

형 침착하다, 조용하다, 태연자약하다
面对着强大的竞争对手，他还是从容应对，毫不畏惧。
강력한 경쟁상대를 맞아서, 그는 여전히 침착하게 대응하면서 조금도 두려워하지 않았다.
她走进来，态度从容，很自信的样子。
그녀가 들어오는데 태도도 침착하고 매우 자신 있게 보였다.

07 俯视 fǔshì

동 굽어보다, 내려다보다
유 仰yǎng视
站在山顶上，俯视着脚下的一切，心情豁huò然开朗。
산 정상에 서서 발아래 모두를 내려다보니, 마음이 갑자기 확 트였다.
我在桥上停步，凭栏俯视流水，想使自己镇定下来。
다리 위에서 걸음을 멈추고 난간에 기대어 흐르는 물을 굽어 보니, 차분해졌다.

08 心甘情愿 xīngān qíngyuàn

성 내심 만족해하며 달가워하다, 기꺼이 원하다
유 甘心情愿
为了名声，他心甘情愿地牺牲了幸福。
명예를 위해 그는 기꺼이 행복을 희생할 수 있다.

没有谁会心甘情愿地忍受这种侮辱。
이런 모욕을 참아낼 수 있다는 건 누구도 못할 일이다.

09 锦上添花 jǐnshàng tiānhuā

성 금상첨화이다, 좋은 일에 또 좋은 일이 더해지다
其实人们需要的不是锦上添花，而是雪中送炭。
사실 사람들에게 필요한 것은 금상첨화가 아니라 어려울 때 도와주는 것이다.
这副对联挂在这气派的厅堂，真是锦上添花。
이 주련을 이 근사한 대청에 걸으니, 정말 금상첨화다.

10 枯萎 kūwěi

동 시들다, 마르다, 오그라들다
鲜花在没有土壤和水分的滋润zīrùn下，很快就枯萎了。
생화는 흙과 물의 수분 없이는 금방 시들어 버린다.
寒冷的微风把鲜蓝色的花丛huācóng吹得枯萎了！
춥고 차가운 바람이 불어 파란 꽃밭을 시들게 하였다.

11 力求 lìqiú

동 온갖 노력을 다하다
她每天坚持锻炼两个小时，力求在婚礼前减肥成功。
그녀는 매일 두 시간씩 운동을 지속해오고 있는데, 결혼식 전에 다이어트에 성공하기 위해서 애쓰는 것이다.
学校开创多样化教学，力求满足不同学生的不同需求。
학교는 멀티교실을 신설해서, 여러 학생들의 다양한 욕구를 만족시키기 위해 노력을 다하고 있다.

12 上进 shàngjìn

동 향상하다, 진보하다
他虽然年纪小，但是学习上求上进，从来不用父母操心。

그는 비록 나이는 어리지만, 공부도 늘 잘하려고 노력하고, 부모님께 걱정을 끼친 일도 없었다.
她教导我们要看得起自己，鼓励我们求上进。
그녀는 자신을 소중히 여기라고 우리를 가르치시며, 앞을 향해 나아가라 격려하신다.

13 素食 sùshí

[명] 소식, 채식
为了健康和营养均衡不能吃太多肉食，要多吃些素食。
건강과 영양의 균형을 이루기 위해서는 육식을 많이 드시지 마시고, 채식을 많이 드세요.
讲座结束后，来宾们欢喜地享用美味素食餐点。
강의가 끝난 후에, 오신 귀빈들께서는 준비된 소찬을 맛있게 드세요.

14 索取 suǒqǔ

[동] 요구하다, 달라고 하다, 구하다
我们要多想想对社会贡献了什么，而不是一味地索取。
무조건 받으려고만 하지 말고, 우리가 사회를 위해 무엇을 할 수 있을지 좀 더 생각하자.
球迷围住这位足球队员以索取亲笔签名。
축구팬들이 이 축구선수들을 둘러싸고 친필 사인해 달라고 한다.

15 摊 tān

[동] ① 펴다, 펼쳐 놓다
他们两个最终还是摊了牌，彼此都说出了自己的初衷。
그들 둘은 마침내 속을 다 들어 내놓고 서로 자신의 본래의 뜻을 거리낌 없이 말했다.

② 부치다
离开家这么多年，时常会想吃小时候妈妈给摊的煎饼。
집 떠난 지 이렇게 오래 되었는데도, 가끔 엄마가 어릴 때 부쳐주던 부침개가 먹고 싶다.

[명] 노점
他摊床上摆满了各种各样的东西。
그는 좌판에 잡다한 물건들을 벌여 놓았다.

16 矿产 kuàngchǎn

[명] 광산물, 광물
中国的兴趣也仅仅局限于石油和矿产。
중국의 관심 역시 석유와 광물에 한정되어 있다.
中国地大物博，特别是拥有丰富的矿产资源。
중국은 땅이 넓고 많은 자원들을 가지고 있는데, 특히 풍부한 광물자원을 가지고 있다.

17 狼吞虎咽 lángtūn hǔyàn

[성] 게걸스럽게 먹다
他就像是被饿了几天一样，狼吞虎咽地吃了起来。
그는 마치 며칠 굶은 것 같이 게걸스럽게 먹어 치우기 시작했다.
晚饭一上来，我们就狼吞虎咽地大吃起来。
밥상이 차려지자, 우리는 게걸스럽게 많이 먹기 시작했다.

18 唾弃 tuòqì

[동] 혐오하다, 경멸하다, 깔보다
历史的罪人终将被时代所唾弃。
역사의 죄인은 결국 시대에 버림을 받을 것이다.
他的行为遭到众人的唾弃。
그의 행위는 민중의 질시를 받았다.

19 晃 huàng

[동] 흔들다, 흔들리다, 젓다, 요동하다
船被浪打的东摇西晃。
배는 파도로 인해 마구 흔들렸다.
他整天在几个城市来回晃，也不晓得他到底想做什么。
그는 온종일 몇 개 도시를 배회하는데, 도대체 무슨 생각을 하는지 모르겠다.

20 克制 kèzhì

동 억제하다, 자제하다, 억누르다

一定要克制住自己的感情，冷静下来理性地去思考。
자신의 감정을 무조건 억제하고, 냉정하게 이성적으로 생각해라.

尽管他很生气，但他很克制。
비록 그가 매우 화가 나기는 했지만, 그는 자제를 잘한다.

21 屏幕 píngmù

명 영사막, 스크린

没想到曾经朝夕相处的她，今天竟出现在了电视屏幕上。
예전에 아침저녁으로 만나던 그녀를 오늘 텔레비전에서 보다니 정말 생각도 못했던 일이다.

小屏幕的便携式电视机很值得买。
작은 스크린의 휴대용 텔레비전은 살 만한 가치가 있다.

22 岳母 yuèmǔ

명 장모

동 丈母 zhàngmǔ, 丈母娘 zhàngmǔniáng

每逢佳节，他总是会陪着老婆一起回家看望岳母。
명절 때마다 그는 항상 부인과 함께 장모님을 뵈러 간다.

他给未来岳母深深地鞠jū了一躬gōng。
그는 미래의 장모님에게 크게 허리를 굽혀 절을 했다.

23 招标 zhāobiāo

동 입찰 공고하다, 청부 입찰자를 모집하다

他们公司最终在这次工程招标中中标。
그 회사가 최종적으로 이번 프로젝트에 입찰을 해서 입찰되었다.

很多公司在项目招标环节中存在很多黑幕。
많은 기업들이 입찰에 참여하는 과정에서 많은 흑막이 존재한다.

24 致力 zhìlì

동 힘쓰다, 진력하다

很多明星艺人都开始致力于慈善事业。
많은 연예인들이 자선사업에 힘쓰기 시작했다.

那位医生奉献自己的一生，致力寻求治疗的方法。
그 의사는 자신의 일생을 바쳐서 치료 방법을 찾는 데 전력을 다 했다.

25 滋润 zīrùn

형 편안하다, 안락하다, 윤택하다

小两口收入稳定，工作清闲，小日子过得很滋润。
두 식구 수입이 안정적이고, 일이 바쁘지 않아서 생활이 편안하다.

동 습윤하다, 촉촉하다

这场迟来的春雨滋润着干涸gānhé的大地。
이번에 늦게 찾아온 봄비는 촉촉이 마른 대지를 적시고 있다.

급수 이동 단어 (78)

4급에서 6급으로 이동	访问					
5급에서 6급으로 이동	丙	不免	残疾	差别	朝代	乘
	除	磁带	当代	等候	丁	凡是
	肺	愤怒	服从	鸽子	革命	固体
	雇佣	关怀	光荣	横	胡须	皇帝
	皇后	煎	尖锐	解放	卷	抗议
	恐怖	蜡烛	粒	立方	谜语	棉花
	民主	品种	朴素	企图	牵	侵略
	勤劳	嚷	荣幸	荣誉	融化	舌头
	神经	实行	寺庙	塔	特意	体积
	田野	通讯	铜	统治	维护	委托
	武器	消灭	协调	雄伟	选举	液体
	宇宙	缘故	真理	枕头	政策	执行
	嘱咐	宗教	祖国	祖先	罪犯	

1 4급에서 6급으로 이동 (1)

01 访问 fǎngwèn

동 방문하다, 회견하다

近期国家总理将偕夫人一同访问东南亚十国。
가까운 시일 내에 국가총리께서 부인을 대동하고 동남아 10개국을 방문하신다.

很多爱好音乐的人去访问莫扎特Mòzhātè的出生地。
많은 음악애호가들이 모차르트 생가를 방문한다.

2 5급에서 6급으로 이동 (77)

01 丙 bǐng

명 (순서·등급에서) 세 번째, 제3위

鸡蛋被分为甲、乙、丙三级。
계란은 갑을병 3등급으로 나뉜다.

02 不免 bùmiǎn

[부] 면할 수 없다, 피하지 못하다

仅两天的相聚，又要离别，俩人不免有些淡淡的忧伤。
둘은 단 이틀의 만남을 하고 또 헤어져야 해서, 다소나마 가벼운 슬픔에 젖는 것은 어쩔 수 없다.

尽管肤色相同、信仰一致，也还不免有分歧。
비록 피부색이 같고 신앙이 같다 하더라도, 의견이 일치하지 않을 수도 있다.

03 残疾 cánjí

[명] 장애, 장애인

关爱残疾儿童，营造和谐社会。
장애아들에게 관심을 갖고 돌보는 것은 조화로운 사회를 만드는 일이다.

一个一级残疾姑娘居然自食其力，独自生活，简直难以想象。
1급 장애소녀가 스스로 자활하고, 독자적으로 생활하다니 정말 믿기 어려운 일이다.

04 差别 chābié

[명] 차별, 차이, 구별, 격차

[유] 4급 区别 qūbié

一比较高仿品和正品其差别还是很明显的。
짝퉁과 정품을 비교해보면 차이가 확연하다.

中国有56个民族，各个民族的风俗差别都很大。
중국은 56개 민족이 있는데, 각 민족의 풍속이 차이가 많이 난다.

05 朝代 cháodài

[명] 왕조의 연대, 시기, 시대

唐朝是中国历史上最兴盛的朝代之一。
당나라는 중국 역사상 가장 흥성한 시기 중의 하나이다.

现在都什么朝代了，你还用BB机留言。
지금이 어떤 시대인데, 넌 아직도 무선 호출기로 메시지를 남기니.

06 乘 chéng

[동] ① 타다

还是乘地铁最快。
그래도 지하철을 타는 게 가장 빠르다.

② 이용하다

他乘警察交接班时间，逃出了人们的视线。
그는 경찰의 교대시간을 이용해 사람들의 시선에서 벗어났다.

③ 곱셈하다

负数乘负数得整数。
음수와 음수를 곱하면 정수가 나온다.

07 除 chú

[동] 제거하다

除司机以外还有18名儿童被困在里面。
기사를 제외하고도 18명의 아이들이 안에 갇혀 있다.

他们在合计怎样才能除掉这个心腹大患。
그들은 어떻게 하면 마음속의 이 큰 우환거리를 제거할 수 있을지 의논하고 있다.

08 磁带 cídài

[명] 테이프

可以把自己喜欢的歌整理到一起录到一盘磁带里。
자신이 좋아하는 노래를 정리해서 테이프 하나에 같이 녹음할 수 있다.

我至今仍保留着中学时期的英语听力磁带。
나는 아직도 중고등학교 시절의 영어듣기 테이프를 보관하고 있다.

09 当代 dāngdài

[명] 당대, 그 시대

这部影片再现了当代农村生活的真实情景。
이 영화는 당대 농촌생활의 실제 모습을 재현했다.

她是当代屈指可数的画家。
그녀는 당대에 손꼽히는 화가이다.

10 等候 děnghòu

동 기다리다

大家都在默默地等候着重量级嘉宾的出场。
모두 조용히 슈퍼급 귀빈의 등장을 기다리고 있다.

这家店好吃是好吃，但排队等候的时间太长。
이 집이 정말 맛있기는 한데 늘 줄 서서 기다리는 시간이 너무 길어.

11 丁 dīng

명 성년남자

成年男人可以叫男丁。
성년이 된 남자는 장정이라고 불린다.

他是他们家唯一的男丁。
그는 그 집안의 유일한 남자이다.

12 凡是 fánshì

부 대체로, 모든, 다

凡是和考试无关的东西，一律不得带进考场。
시험과 관련 없는 물건들은 모두 시험장에 가지고 들어오지 마세요.

凡是取得胜利的人是从来不说"不可能"的。
무릇 승리를 거둔 사람은 '불가능'이란 말은 좀처럼 하지 않는다.

13 肺 fèi

명 폐

吸烟会对人的肺部造成极大的危害。
흡연은 사람의 폐부에 심각한 해를 끼친다.

当我们吸气时，把空气吸入肺里。
우리는 호흡할 때 공기를 폐 안으로 들이쉰다.

14 愤怒 fènnù

형 분노하다

愤怒的市民们聚在大街上游行、示威。
분노한 시민들은 대로변에 모여 행진하며 시위를 하고 있다.

她的眼睛放射出愤怒的光芒。
그녀의 눈에서 분노의 빛이 품어 나오고 있다.

15 服从 fúcóng

동 따르다, 복종하다

🔄 遵从 zūncóng

在学校要服从老师的管教，在公司要服从领导的安排。
학교에서는 선생님의 가르침에 따르고, 회사에서는 상사의 지시에 따른다.

他们拒绝服从那个笨蛋的领导。
그들은 그 어리석은 지도자를 따르는 것을 거절하였다.

16 鸽子 gēzi

명 비둘기, 평화

一大早总能听到窗外鸽子咕咕的叫声。
이른 아침이면 창 밖에서 비둘기의 구구하고 우는 소리가 들린다.

鸽子性格温和，模样又好看，可爱极了。
비둘기의 성격은 온화하고 생김새도 예뻐서 정말 귀엽다.

17 革命 gémìng

명 혁명

新的科技革命已经拉开序幕。
새로운 과학혁명이 이미 서막이 올랐다.

孙中山是中国民主主义革命的先行者。
손중산 선생은 중국 민주주의 혁명의 선구자이다.

18 团体 tuántǐ

명 단체, 집단

自检察院介入后，他宣称退出了那个政治团体。
검찰이 개입한 후에 그는 그 정치단체에서 퇴출당하였다고 주장한다.

这次是公司的团体活动，请每位员工务必准时参加！
이번은 회사의 단체활동으로, 직원 여러분들 무조건 시간 맞춰 참석해 주세요!

19 雇佣 gùyōng

[동] 고용하다

那家公司因雇佣童工被查。
그 회사는 미성년자를 고용해서 조사받고 있다.

那家黑店非法雇佣外国留学生从事高风险工作。
그 무허가 업소는 불법으로 해외유학생을 고용하여 위험한 일을 시키고 있다.

20 关怀 guānhuái

[동] 관심을 가지고 보살피다, 배려하다
[유] [3급] 关心 guānxīn

我们社会的年轻人需要关怀和照顾。
우리 사회의 젊은이들에게는 배려와 보살핌이 필요하다.

他给了我无微不至的关怀，深深地感动了我。
그의 극진한 배려와 보살핌은 나를 깊이 감동시켰다.

21 光荣 guāngróng

[형] 영광스럽다, 영예롭다
[유] [6급] 光彩 guāngcǎi, 荣耀 róngyào
[반] 耻辱 chǐrǔ

他一直为儿子是一名军人而感到光荣。
그는 줄곧 아들이 군인인 것을 영광스럽게 여겨왔다.

我们最大的光荣是每次跌倒后能站起来。
우리의 가장 큰 자랑은 매번 넘어질 때 다시 일어서는 것이다.

22 横 héng

[형] 가로의, 횡의

这张餐桌要横着摆在餐厅里才好看。
이 식탁은 식당에 가로로 배치해야 예쁘게 보인다.

我们将油布横挂在窗户上遮zhē住阳光。
우리는 방수포를 창문에 가로로 걸어 태양을 가렸다.

23 胡须 húxū

[명] 수염

不懂事的孙子总是喜欢玩弄爷爷的长胡须。
철 모르는 손자는 항상 할아버지의 긴 수염을 가지고 노는 걸 좋아한다.

那个留长胡须的人吸引了我们的注意力。
그 수염을 길게 기른 사람은 우리의 이목을 끌었다.

24 皇帝 huángdì

[명] 황제

辛亥革命迫使清朝皇帝退位。
신해혁명은 청나라 황제를 퇴위시켰다.

人民赶跑了那个国家的最后一个皇帝，建立了共和国。
백성은 그 국가의 마지막 황제를 몰아내고, 공화국을 건립했다.

25 皇后 huánghòu

[명] 황후

皇后把公主毒死了。
황후는 공주를 독살했다.

五月节那一天一位漂亮的少女会被选为五月皇后。
오월절에 아름다운 한 소녀가 오월의 황후로 뽑혔다.

26 煎 jiān

[동] ① (기름에) 지지다, (전을) 부치다

与煮鸡蛋相比，很多人更喜欢吃煎鸡蛋。
삶은 달걀보다는 많은 사람들이 달걀부침을 더 좋아한다.

② 약을 달이다

她正在厨房里给生病的外婆煎药。
그녀는 지금 주방에서 병이 난 외할머니를 위해 약을 달이고 있다.

27 尖锐 jiānruì

[형] 날카롭다, 예리하다

面对她尖锐的言辞，我不知所措。
그녀의 예리한 언사에 나는 어찌 할 바를 몰랐다.

他嗓音尖锐，但是嘹亮liáoliàng而清晰。
그의 목소리는 날카롭지만, 또렷하고 맑고 깨끗하다.

28 解放 jiěfàng

동 해방하다, 자유롭게 하다
他们获得了解放，却尚未明白"自由"的含意。
그들은 해방을 얻고도 아직도 '자유'의 함의를 갖고 있음을 깨닫지 못했다.
终于从繁琐fánsuǒ而又令人厌恶yànwù的工作中解放出来了。
마침내 자질구레하고 싫증났던 일에서 해방되었다.

29 卷 juǎn

동 말다, 감다, 걷다
他把衬衣袖子卷了起来，露出棕色的臂肘bìzhǒu。
그는 셔츠 소매를 걷어 올리니, 갈색 팔꿈치가 보였다.
她为了出席男朋友的生日宴会卷了头发。
그녀는 남자친구의 생일파티에 참석하기 위해 파마를 했다.

30 抗议 kàngyì

동 항의하다, 항의
市民们对政府的强制性拆迁chāiqiān表示抗议。
시민들은 정부의 강제철거에 항의를 하고 있다.
雇员不得参与抗议、示威、游行等非法活动。
고용인은 항의, 데모, 시위행진 등 불법활동에 참여할 수 없다.

31 恐怖 kǒngbù

형 공포를 느끼다, 무섭다, 두렵다
深夜里，无人的走廊里时不时传来脚步声，让人感到恐怖。
한밤중에, 인적 없는 골목길에서 자주 발걸음 소리가 들려와 무섭게 느껴졌다.

男朋友喜欢一个人在家关上灯，拉上窗帘看恐怖电影。
남자친구는 집에서 혼자 불 끄고, 커튼을 치고 공포 영화 보는 걸 좋아한다.

32 蜡烛 làzhú

명 초, 양초
以前在农村，每家每户都会备上几支蜡烛，以防停电。
예전에 농촌에서는 정전에 대비해서 집집마다 초 몇 자루씩을 준비해 두었다.
从窗口突然吹进来一阵风，把蜡烛吹灭了。
창문에서 갑자기 바람이 불어 들어와 촛불을 꺼트렸다.

33 粒 lì

양 알, 톨
这个药一天三次，一次两粒，要在饭后服用。
이 약은 하루에 세 번, 한 번에 두 알씩, 식후에 복용하세요.
从小就教育孩子节约粮食，吃饭的时候不落下一粒米。
어려서부터 아이에게 양식을 절약하는 교육을 시키면, 밥을 먹을 때 밥 한 톨도 떨어뜨리지 않는다.

34 立方 lìfāng

명 입방, 세제곱, 입방미터
这一卡车运了30立方的木材。
이 트럭은 30입방미터의 목재를 운반했다.
3的立方等于27。
3의 세제곱은 27이다.

35 谜语 míyǔ

명 수수께끼
小的时候经常和小伙伴儿们玩儿猜谜语游戏。
어렸을 때 친구들하고 자주 수수께끼 놀이를 하고 놀았다.
孩子们，我出个谜语给你们猜。
애들아, 내가 수수께끼를 낼 테니까 맞춰봐.

36 棉花 miánhua

명 목화솜

新疆是中国棉花的主要产地之一。
신쟝은 중국의 목화솜 주요 생산지 중의 하나이다.

棉花是埃及Āijí的主要出口产品之一。
목화솜은 이집트의 주요 수출상품 중의 하나이다.

37 民主 mínzhǔ

형 민주적이다

반 6급 独裁 dúcái

通过民主选举，他当选了本届工会主席。
민주적 선거를 통해서, 그는 이번 노동 조합의 위원장으로 선출되었다.

명 민주

全国民主大会将于下周举行。
전국민주대회는 다음 주에 개최된다.

38 品种 pǐnzhǒng

명 제품의 종류, 품종

유 5급 种类 zhǒnglèi

市场里的蔬菜品种会越来越多。
시장에 야채의 종류가 점점 더 많아지고 있다.

我们袜子的品种是最多最全的。
우리는 양말의 종류가 가장 많고 품목별로도 다 갖추고 있습니다.

39 朴素 pǔsù

형 소박하다

他向来省吃俭用，保持艰苦朴素的作风。
그는 줄곧 검소하였으며, 근검하고 소박함을 유지하고 있다.

在现在复杂的社会里，简单朴素的特点使这项活动独具魅力。
지금같이 복잡한 사회에서 간단하고 소박한 특징은 이 활동에 특별한 매력을 갖게 한다.

40 企图 qǐtú

명 의도

유 6급 意图 yìtú

腐败官员企图掩盖自己的罪行，移民到国外。
부패한 공무원이 자신의 죄를 감추기 위해, 해외로 이민을 갔다.

동 의도하다

他们企图在排球赛前先声夺人，结果事与愿违。
그들은 배구시합 전에 기선을 제압하려고 했으나, 결과적으로는 일이 바라는 대로 그렇게 되지 않았어.

41 牵 qiān

동 끌다, 잡아 끌다

一对热恋中的情侣手牵着手在公园散步。
열애 중인 연인이 손을 잡고 공원을 산책하고 있다.

横过马路时，她紧紧地牵著孩子的手。
길을 건너갈 때, 그녀는 아이의 손을 꼭 잡는다.

42 侵略 qīnlüè

동 침략하다

유 6급 侵犯 qīnfàn

让我们团结起来抵御dǐyù侵略。
우리 단결해서 침략을 막아내자.

军队的侵略可以抵抗，思想的侵略无法抵抗。
군대의 침략은 대항할 수 있지만, 사상의 침략은 대항할 수 없다.

43 勤劳 qínláo

동 부지런하다

他今天的成功是得力于常年勤劳与智慧的结晶。
그의 오늘의 성공은 오랜 기간의 부지런함과 지혜의 결정체 덕분이다.

我钦佩qīnpèi他在工作中蜜蜂般的勤劳精神。
나는 그가 일할 때 벌처럼 부지런한 그 정신에 탄복한다.

44 嚷 rǎng
동 큰 소리로 부르다, 고함을 치다, 외치다

房门关上的时候，那孩子还在乱嚷。
방문을 닫을 때, 그 아이는 여전히 마구 소리를 지르고 있었다.

小朋友一直嚷着让妈妈给他买那个玩具。
아이는 엄마보고 그 장난감을 사달라고 계속 울고 떼쓴다.

45 荣幸 róngxìng
형 매우 영광스럽다

您的光临将给与我们莫大的荣幸。
당신께서 오시는 것은 저희에게는 매우 영광스러운 일입니다.

能够与您交谈我感到很荣幸。
같이 대화를 나눌 수 있다는 것만으로도 정말 영광입니다.

46 荣誉 róngyù
명 명예, 영예

运动员为祖国争得荣誉凯旋而归。
운동선수는 조국을 위해 싸워 이겨 명예롭게 개선하였다.

他接受了荣誉学位和无数称颂之词。
그는 명예학위와 무수한 칭송을 받았다.

47 融化 rónghuà
동 녹다, 융해되다

반 유 冻结 dòngjié

天一直在下雪，雪又一直在融化，街上泥泞nínìng不堪。
하루 종일 계속 눈이 내리고, 눈은 또 녹아서 길가가 질퍽거렸다.

这样暖和的天气可以使路上的冰很快地融化。
이런 따뜻한 날에는 길가의 얼음을 빠르게 녹일 것이다.

48 舌头 shétou
명 혀

伸展shēnzhǎn舌头可以让你的舌头变平。
혀를 쭉 뻗으면 네 혀를 펼 수 있어.

他的嘴巴扭动niǔdòng着，干燥的舌头似乎讲不出话来了。
그는 입술을 모아 비틀었는데도, 마른 혀는 말소리가 나오지 않았다.

49 神经 shénjīng
명 신경

最近他看上去有点神经兮兮xīxī的。
최근에 그를 보면 좀 신경질적이야.

他的神经越来越紧张，越来越烦躁fánzào不安。
그의 신경이 점점 더 긴장되면서, 점점 더 초조해 하고 불안해한다.

50 实行 shíxíng
동 실행하다

今年7月公司将实行大范围的机构调整。
올해 7월, 회사는 대단위의 기구 조정을 시행할 예정이다.

这是一个好方法，但是不易实行。
이것은 좋은 방법이지만 실행하기는 쉽지 않다.

51 寺庙 sìmiào
명 절

老师每年暑假都会抽几天时间去寺庙里吃斋zhāi。
선생님은 매년 여름방학 때 며칠 시간을 내서 절에 가서 공양을 하신다.

这座寺庙历史悠久，可追溯sù到初唐时期。
이 절의 역사는 매우 유구한데, 그 역사를 거슬러 올라가 보면 당나라 초기까지 간다.

52 塔 tǎ
명 탑

遗憾的是去了上海，但没有上东方明珠塔上看看。

아쉬움이 남는 것은 상하이에 가서 동방명주 타워에 올라가 보지 못한 것이다.
这座塔有7层，64米高，建筑艺术极高。
이 탑은 7층 64미터 높이로, 건축 예술의 최고 경지이다.

53 特意 tèyì

부 특별히, 일부러

今天特意大老远跑来吃韩餐，饭店居然关门了。
오늘 특별히 한식을 먹으려고 멀리까지 왔는데, 식당이 뜻밖에 문을 닫았다.

我过生日时，妈妈特意为我做了一顿丰盛的大餐。
내 생일 때, 엄마가 특별히 나를 위해서 풍성한 요리를 해 주셨다.

54 体积 tǐjī

명 체적

这个东西体积太大，实在是装不进去。
이 물건은 체적이 너무 커서 정말로 다 포장할 수가 없다.

为了节省空间，我们把它的体积给缩小了。
공간을 줄이기 위해서 우리는 그것의 체적을 줄였다.

55 田野 tiányě

명 논밭과 들판, 들

浩大的黄河穿过了这片田野。
거대한 황허가 이 들판을 가로지른다.

秋天到了，农民们在一望无际的田野上收割。
가을이 오니, 농민들은 끝없이 펼쳐진 들판에서 수확을 하고 있다.

56 通讯 tōngxùn

명 통신

人造卫星使长距离的通讯变成可能。
인공위성은 장거리 통신을 가능하게 했다.

他们建立通讯系统以满足客户的需要。
그들이 건립한 통신시스템은 소비자의 수요를 만족시켜주고 있다.

57 铜 tóng

명 동, 구리

至今，仍有很多家庭用铜碗盛米饭。
지금까지 여전히 많은 가정에서 구리 그릇에 밥을 담는다.

我们在岩石标本中发现了微量的铜。
우리는 암석표본 중에 소량의 구리를 발견했다.

58 统治 tǒngzhì

동 통치하다, 다스리다

他们终于摆脱了长达50年的殖民统治。
그들은 마침내 기나긴 50년의 식민지통치에서 벗어났다.

他们希望加强在这些国家的统治。
그들은 이들 국가에서 통치 영향력이 강화되기를 희망하고 있다.

59 维护 wéihù

동 유지하고 보호하다, 지키다

消费者应该用法律来维护自己的合法权益。
소비자는 법을 통해 자신의 합법적인 권익을 지켜야 한다.

法定监护人应该维护这个孩子的利益。
법정 후견인은 마땅히 이 아이의 이익을 유지하고 보호해야 한다.

60 委托 wěituō

동 위탁하다, 의뢰하다

他委托银行理财，从而实现利益最大化。
그는 은행에 재무관리를 위탁해서 이익의 최대화를 실현했다.

他把部门的管理工作委托给助手了。
그는 부서의 관리 업무를 보좌관에게 맡겼다.

61 武器 wǔqì
명 무기
在犯罪分子的据点搜到了大量武器。
범죄자의 거점에서 대량의 무기를 찾아냈다.
不法分子从国外买进大量武器试图搞军事破坏。
무법자들은 국외에서 대량의 무기를 들여와 군사적 파괴를 시도하였다.

62 消灭 xiāomiè
동 소멸하다, 없애다
他们想尽一切办法来消灭反动分子。
그들은 모든 방법을 다 동원해서 테러리스트를 소멸할 것이다.
剩下的饭菜被我全部消灭了，感觉肚子要炸了。
남은 음식은 내가 모두 다 먹어버려서, 배가 터질 것 같다.

63 协调 xiétiáo
형 어울리다, 조화롭다
这窗帘与室内的家具很协调。
이 커튼은 실내가구와 잘 어울린다.
壁纸的颜色与地板的颜色很协调。
벽지의 색깔이 마루의 색깔과 잘 어울린다.

64 雄伟 xióngwěi
형 웅대하고 위세가 넘치다
泰山在周围群山的衬托chèntuō下，显得更加雄伟。
타이산은 주변에 있는 산들 중간에 있어 더욱 더 웅장하게 보인다.
一座雄伟的大桥横亘hénggèn在大江之上。
웅장한 대교가 큰 강 위에 가로 놓여 있다.

65 选举 xuǎnjǔ
동 선거하다

执政党在全国的选举中大获全胜。
집권당은 전국적인 선거에서 완승을 거뒀다.
选举结果是在欢呼声中宣布的。
선거결과가 환호성 속에서 발표되었다.

66 液体 yètǐ
명 액체
蒸气可以通过冷却变成液体。
증기는 냉각을 통해서 액체로 변할 수 있다.
滚烫gǔntàng的液体泼pō在水泥地面上又溅jiàn了起来。
뜨거운 액체를 시멘트 바닥에 뿌리니 또 튀기 시작했다.

67 宇宙 yǔzhòu
명 우주
中国再一次成功研制载人宇宙飞船，并发射成功。
중국은 다시 한 번 유인 우주선의 연구개발에 성공했으며, 발사도 성공하였다.
宇宙慢慢地向科学家展现了自己的秘密。
우주는 천천히 과학자들에게 자신의 비밀을 드러냈다.

68 缘故 yuángù
명 연고, 원인, 이유
可能是初次见面的缘故，他有些拘谨jūjǐn，不大爱说话。
처음 만나서 그런지, 그는 조금 어색해 하고, 말도 많이 하지 않았다.
因为天气的缘故，大多学生没有出席。
날씨 이유로 인해 대부분의 학생들이 출석하지 않았다.

69 真理 zhēnlǐ
명 진리
他整日埋mái头于文学，孜zī孜不倦读书，只为探索真理。
그는 온 종일 문학에 몰두하면서 오직 진리를 탐구하기 위해

꾸준히 책을 읽는다.
他们怀着满腔热情孜孜不倦地追求着真理。
그들은 지칠 줄 모르는 열정을 가득 품고 진리를 추구하고 있다.

70 枕头 zhěntou
명 베개
亚南舒服地枕着枕头进入了梦乡。
아난은 머리를 베개에 편안하게 묻고 잠들었다.
他的头一碰枕头就睡着了。
그는 머리를 베개에 대자마자 잠들었다.

71 政策 zhèngcè
명 정책
中国对邻国的一贯政策是和平与友谊。
중국의 주변국에 대한 일관된 정책은 평화와 우의이다.
他制定的新政策遭到了国民的强烈反对。
그가 제정한 신정책은 국민들의 강렬한 반대에 부딪쳤다.

72 执行 zhíxíng
동 집행하다, 수행하다, 실행하다, 실시하다
我们决不能再继续执行这项过时的政策了。
우리는 시대에 뒤떨어진 이 정책을 다시는 계속해서 실행할 수 없다.
警察的职责是维持治安，执行法律。
경찰의 직무는 치안을 유지하고 법을 집행하는 것이다.

73 嘱咐 zhǔfù
동 분부하다, 당부하다
유 6급 叮嘱 dīngzhǔ
领导嘱咐我们要严守机密。
상사가 우리에게 기밀을 엄수할 것을 당부했다.
医生嘱咐我必须严格地按照规定饮食。
의사선생님이 내게 꼭 엄격하게 규칙에 맞게 식사를 하도록 당부했다.

74 宗教 zōngjiào
명 종교
人们说有宗教信仰的人，有精神寄托。
사람들은 종교를 믿는 사람은 정신적으로 의지할 때가 있다라고 말한다.
这个国家有完全的宗教信仰自由。
이 국가는 완전한 종교 신앙의 자유가 있다.

75 祖国 zǔguó
명 조국
什么也不能使我们成为祖国的叛徒pàntú。
그 어떤 것도 우리를 조국의 배신자가 되게 할 수는 없다.
我爱我的祖国就像你爱你的祖国一样深。
내가 내 조국을 사랑하는 것은 네가 네 조국을 사랑하는 것만큼 깊어.

76 祖先 zǔxiān
명 선조, 조상
要继承祖先留下来的优良传统美德。
선조로부터 물려받은 좋은 미풍양속은 계승되어야 한다.
它们是祖先留下来的最宝贵的文化遗产。
그것들은 조상으로부터 물려받은 가장 소중한 문화유산이다.

77 罪犯 zuìfàn
명 범인, 죄인
那个外号叫福尔摩斯Fú'ěrmósī的侦探令罪犯闻风丧胆sàngdǎn。
그 별명은 셜록홈즈라는 탐정의 것으로 범인들로 하여금 간담이 서늘해지게 한다.
罪犯表示愿意改过自新，所以被假释jiǎshì出狱了。
범인은 깊은 반성과 뉘우침으로 새사람이 되겠다는 것이 받아들여져서 가석방으로 출감되었다.

新HSK VOCA 5000 6급 삭제 단어 1 (97)

哎哟	安居乐业	把戏	百分点	本着	必定	飙升	并存
猖狂	常年	常务	乘务员	重阳节	抽空	踌躇	出洋相
都市	断断续续	发火	反倒	反动	防	疫	放手
匪徒	副作用	高考	工夫	公婆	功课	合乎	合身
红包	慌忙	机关	技能	继往开来	假使	揭发	紧密
近视	劲头	举世闻名	颗粒	可	笑	利率	略微
螺丝钉	没辙	门诊	蒙	迷失	民用	品行	起义
签订	亲	身	勤恳	氢	轻而易举	权益	腮
三角	摄取	神情	神色	时装	世界观	数目	思绪
算了	糖葫芦	为首	无从	无可奉告	无可奈何	务实	幸好
性	情	休养	眼下	咬牙切齿	要不然	依次	予以
预赛	赞同	赞扬	造反	占	有	照料	照应
镇压	制订	终年	专科	砖瓦	做东	庄稼	坠

삭제 단어 2 (69)

6급에서 4급으로 이동	互联网	修理	左右			
6급에서 5급으로 이동	报到	报社	抱怨	播放	差距	超级
	潮湿	池塘	词汇	大厦	当心	岛屿
	兑	换	耳环	分手	归纳	好客
	怀孕	或许	假设	兼职	交往	尽快
	经商	开	水	看望	昆虫	朗读
	冷淡	媒体	梦想	敏感	难免	嗯
	欧洲	培训	色彩	时差	数	搜索
	随身	随手	淘气	讨价还价	特色	网络
	维修	位于	胃口	勿	吸取	夏令营
	消极	写作	学历	押金	演讲	一律
	一再	印刷	用功	在	乎	长辈
	主题	字母	组			

新HSK VOCA 5000 6급

어휘 plus+ 노트

新HSK VOCA 5000 6급 어휘 plus+

0005 爱戴 · 5급 敬爱

- 爱戴 동 추대(하다), 받들어 모시다, 우러러 모시다
  ➡ 爱戴 + 领袖, 英雄, 伟人, 师长, 校长

- 敬爱 동 경애하다
  ➡ 敬爱 + 父母, 老师, 总理, 领袖, 英雄, 伟人

비교 두 단어 모두 아랫사람이 윗사람을, 군중이 지도자를, 젊은 사람이 연장자를 열렬히 사랑한다는 공통적인 뜻을 가지고 있다. 그러나 문장 속 쓰임에 있어 爱戴는 그 대상을 옹호하고 추대(戴)하는 것에 초점을 맞추고 있고, 敬爱는 그 대상을 존경(敬)하는 것에 초점을 맞추고 있다.

▶ 두 글자 중 한 글자만 다를 경우
그 다른 한 글자의 뜻에 집중하여 구분하는 것이 포인트!

Check

毛泽东是中国人民衷心（　　　）的领袖。
모택동은 중국인민들이 충심으로 받들어 모시는 지도자이다.

她是好老师，学生们都（　　　）她。
그녀는 좋은 선생님이라서 학생들은 모두 그녀를 경애한다.

답 爱戴 / 敬爱

0010 安置 · 4급 安排

- 安置 동 배치하다, 놓다
  ➡ 安置 + 待业青年, 灾民, 毕业生, 病人, 退伍军人 등의 구체명사

- 安排 동 안배하다, 배치하다, 스케줄을 짜다
  ➡ 安排 + 学习, 工作, 生活, 时间, 人 등의 구체명사, 추상명사 모두 가능

비교 두 단어 모두 '배치한다'는 의미로 비슷하게 보이지만 전혀 다른 뜻의 단어이다. 安置는 사람에게 적절한 직업이나 생활을 찾아주는 뜻을 가지고 있고, 安排는 계획을 가지고 스케줄을 짠다는 뜻을 가지고 있다. 이밖에 安置는 사람 외에도 '물건을 적절한 위치에 놓다, 배치하다'라는 별도의 뜻도 가지고 있음을 명심하자.

▶ 한국어로 해석하면 차이가 없어 보이므로
그것으로 인해 혼동하지 말아야하는 것이 포인트!

Check

每年暑假学校（　　　）学生们去参观博物馆。
매년 여름방학에 학교는 학생들이 박물관을 참관하도록 스케줄을 짠다.

政府的压力非常大，因为每年要（　　　）许多大学生。
정부의 부담이 엄청난데, 이는 매년 많은 대학생들을 배치해야 하기 때문이다.

답 安排 / 安置

0018 奥秘 · 5급 秘密

- 奥秘 명 신비, 오묘함

- 秘密 명 비밀, 비밀스러운 일

비교 많은 문장에서 '신비'와 '비밀'이 별 차이 없이 쓰이는 경우도 많으나 이 두 단어는 그 속뜻이 전혀 다름을 꼭 집고 넘어가자! 奥秘는 아직 사람들에게 발견되지 않았거나 인식되지 않은 것을 가리키고, 秘密는 사람들에게 공개되지 않았거나 다른 사람이 모르는 것을 가리킨다.

▶ 아무리 쉬운 단어일지라도 그 속뜻을 한번쯤 되새겨보는 것이 포인트!

Check

你要严守我们之间的（　　　）。
넌 우리 사이의 비밀을 잘 지켜야 해.

为了探索宇宙的（　　　），我将来当科学家。
우주의 신비를 탐색하기 위해서, 나는 미래에 과학자가 될 거다.

답 秘密 / 奥秘

0036 颁布 · 5급 公布

- 颁布 동 반포하다, 공포하다
  ➡ 颁布 + 宪法, 法令, 命令, 条例

- 公布 동 공포하다, 공표하다
  ➡ 公布 + 法令, 纲领, 条例, 方案, 名单, 成绩, 结果

비교 颁布는 주로 정부가 장중하고 엄숙한 상황에서 위에서 밑으로 일방적으로 알려주고 하달하는(颁) 것을 가리키고 주로 서면어에 많이 사용되며, 公布는 정부뿐만 아니라 일반기관, 단체들이 공개적(公)으로 많은 사람에게 알게 하는 것을 가리키는데 서면어, 구

390

어 모두에 사용된다.

▶ 두 글자 중 한 글자만 다를 경우
그 다른 한 글자의 뜻에 집중하여 구분하는 것이 포인트!

Check

期末考试的成绩一个星期以后才能（　　　　）。
기말고사의 성적이 일주일 후에야 비로소 공표된다.

政府（　　　　）了战时命令。
정부가 전시 명령을 반포했다.

图 公布 / 颁布

0045 榜样 · 1285 模范

· 榜样 명 본보기, 모범, 귀감

· 模范 명 모범

  형 모범적인, 모범이 되는

비교 두 단어 모두 본받을 만하고, 배울 만한 가치가 있는 사람이라는 뜻을 가지고 있으나, 榜样은 사람 이외에도 표준이 될 만한 일이나 모습에 쓰이고 나쁜 의미의 본보기로 쓰이기도 한다. 模范은 형용사적 용법도 가지고 있어서 '模范工作者(모범노동자)'같은 칭호에 쓰이기도 한다.

▶ 좋은 뜻(褒义)뿐만 아니라
나쁜 뜻(贬义)의 의미를 가진 단어를 파악하는 것이 포인트!

Check

他是一个（　　　　）的儿子。
그는 모범적인 아들이다.

树立（　　　　）是发展公司的最好方法。
본보기를 수립하는 것은 회사를 발전시키는 가장 좋은 방법이다.

图 模范 / 榜样

0053 保管 · 5급 保存 · 5급 保留

· 保管 동 보관하다
  ➡ 保管 + 食品, 图书, 粮食, 财物, 资料 등의 구체명사

· 保存 동 보존하다, 유지하다
  ➡ 保存 + 遗物, 文物, 书籍, 文化, 古迹 등의 문화유적이나 문물

· 保留 동 보존하다

➡ 保留 + 传统, 风俗, 权利, 风味 등의 추상명사

비교 세 단어 모두 어떠한 대상을 보호한다는 의미를 가지고 있으나 구체적인 뜻은 조금씩 다르다. 保管은 구체적인 물건을 보호하고 관리한다는 뜻이고, 保存은 체력, 음식물, 유형문화 등이 소실되거나 상처입지 않도록 보존한다는 뜻이며, 保留는 무형문화나 모습이 원래의 모습을 유지하면서 변하지 않도록 한다는 뜻을 가지고 있다.

▶ 이러한 단어들은 단어의 구체적인 뜻 외에도
같이 쓰이는 목적어를 알아두는 것이 포인트!

Check

我的老家还（　　　　）着五十年前的风俗。
우리 고향은 아직 50년 전의 풍습이 남아있다.

我们的（　　　　）员是个认真的人。
우리의 관리인은 성실한 사람이다.

在马拉松比赛中（　　　　）体力很重要。
마라톤 경기 중에는 체력을 유지하는 것이 매우 중요하다.

图 保留 / 保管 / 保存

0057 保卫 · 4급 保护

· 保卫 동 보위하다, 지키다
  ➡ 保卫 + 领土, 领空, 边疆, 祖国

· 保护 동 보호하다
  ➡ 保护 + 环境, 儿童, 身体, 眼睛, 视力 등의 구체명사와 추상명사

비교 이 두 단어 모두 보호한다는 의미를 가진 단어이나, 保卫는 보호하고 침범하지 못하게 지키는(卫) 데 초점이 맞춰져 있고, 保护는 보살피고(护) 상처입지 않도록 하는 데 초점이 맞춰져 있다.

▶ 두 글자 중 한 글자만 다를 경우
그 다른 한 글자의 뜻에 집중하여 구분하는 것이 포인트!

Check

（　　　　）野生动物引起全球的重视。
야생동물을 보호하는 것은 전 세계의 주목을 받는다.

（　　　　）领海是海军的任务。
영해를 보위하는 것은 해군의 임무이다.

图 保护 / 保卫

0059 保障・4급 保证

- 保障 동 보장하다
  ➡ 保障 + 国家和人民的利益, 生命, 自由, 权利, 安全, 财产 등의 추상명사

- 保证 동 보증하다, 담보하다
  ➡ 保证 + 完成工作, 完成计划, 任务, 行动 등 동사성 단어

비교 이 두 단어는 각각 '보장하다'와 '보증하다'라는 뜻으로는 전혀 구별되지 않는데, 保障은 대체적으로 법적으로 보호받고 손해를 보지 않도록 '보장'하는 것이고, 保证은 반드시 해내거나 책임지고 완성하겠다는 뜻으로 '~을 해보겠다'는 의지의 표명에 더 가깝다고 할 수 있다.

▶ 뜻과 병음까지 비슷한 단어들은
한 단어만이라도 확실하게 알아두는 것이 포인트!

Check
我的女儿向老师（　　　）以后努力学习。
내 딸은 선생님에게 이후에 열심히 공부하겠다고 다짐했다.

法律（　　　）人民的权利。
법률은 인민의 권리를 보장한다.

답 保证 / 保障

0107 必定・3급 一定・5급 必然

- 必定 부 꼭, 반드시, 기필코
- 一定 부 반드시, 꼭, 필히
- 必然 부 필연적으로

비교 세 단어 모두 '반드시'라는 뜻을 가지고 있으나, 必定은 판단이나 추론에 따른 주관적인 필연성을 강조한다. 一定은 개인의 단호한 의지를 나타내고, 한자 뜻 그대로 '일정하다'라는 형용사 용법도 가지고 있다(예 一定的作息时间). 必然은 원인과 결과에 따른 객관적인 필연성을 강조하고 '필연과 우연'같은 철학적인 뜻 뿐만 아니라 형용사 용법으로 추세, 결과, 규율과 같은 단어들과 결합하여 많이 쓰인다(예 必然趋势, 必然结果, 必然规律).

▶ 必定은 주관적인 필연이기 때문에 문장 속에서 会와 같이 많이 쓰이고,
必然은 원인이 있은 후 그러하기에(然)
필연적으로 어떠한 결과가 따라온다는 것이 포인트!

Check
不做好准备就进行研究，（　　　）失败。
잘 준비하지 않고 그대로 연구를 진행하면, 반드시 실패한다.

学习中（　　　）会遇到困难。
학습하는 중에는 반드시 어려움에 봉착하기 마련이다.

我（　　　）不去，你再说也没有用。
나는 반드시 안 갈 거니까, 네가 아무리 말해도 소용 없어.

답 必然 / 必定 / 一定

0114 边境・0112 边疆・0113 边界

- 边境 명 변방, 국경지대
- 边疆 명 변방, 국경지대
- 边界 명 지역 경계선, 국경선

비교 이 세 단어는 실제 문장에서는 구분 없이 많이 쓰이기도 하지만 차이점은 분명히 존재한다. 境은 국경선 또는 지역 경계선 근처의 지역을 주로 가리키고, 疆은 국경선 근처 국가의 넓은 영토를 가리키며, 界는 국가 간의 경계선, 지역 간의 경계선을 가리킨다.

▶ 두 글자 중 한 글자만 다를 경우
그 다른 한 글자의 뜻에 집중하여 구분하는 것이 포인트!

Check
两国的（　　　）争端没有调和的余地。
두 나라의 국경선 분쟁은 타협의 여지가 없다.

三国在（　　　）地区友好地通商。
세 나라는 국경지역에서 우호적으로 무역을 한다.

我的理想是到（　　　）保卫祖国。
나의 꿈은 변방에 가서 조국을 지키는 것이다.

답 边界 / 边境 / 边疆

0120 便利・3급 方便

- 便利 형 편리하다
- 方便 형 편리하다

비교 이 두 단어는 모두 '편리하다'는 뜻을 가지고 있다. 그러나 便利는 조건이 좋고, 사용하는 데 어려움이 없으며, 어떤 목적에 다다르기에 편리한 것을 가리키고, 方便은 편하면서 적절하고 적당한 것을 가리킨다.

▶ 아무리 쉬운 단어일지라도 그 속뜻을 한번쯤 되새겨 보는 것이 포인트!

Check
我家附近有超市，要购买东西很（　　　）。
우리 집 근처에 슈퍼마켓이 있어서 물건을 구매하기가 편리하다.

这里人多，所以说话不（　　　）。
여기는 사람이 많아서 말하기가 불편하다.

답 便利 / 方便

392

0137 表彰 · 4급 表扬

- 表彰 동 표창하다
  ➡ 表彰 + 伟大的功绩, 壮烈的事迹, 英雄, 先进, 贡献

- 表扬 동 칭찬하다
  ➡ 表扬 + 好事情, 好人, 好精神 등의 좋은 사람, 좋은 일

비교 두 단어는 완전히 뜻과 쓰임이 다른 단어이니 절대 혼동하는 일은 없어야 한다! 表彰은 주로 위대한 업적이나 인물을 대대적으로 칭찬하는 것이고, 表扬은 회사나 조직이 개인에게, 상급자가 하급자에게, 손윗사람이 후배에게 좋은 일, 좋은 행동 등에 대해 칭찬하는 것을 가리킨다.

▶ 이러한 단어들은 단어의 구체적인 뜻 외에도 자주 쓰이는 목적어를 알아두는 것이 포인트!

Check

研究所（　　　）了科学家的卓越的贡献。
연구소는 과학자의 탁월한 업적을 표창했다.

她的工作得到了领导的（　　　）。
그녀의 업무는 사장의 칭찬을 받았다.

🔲 表彰 / 表扬

0188 财富 · 5급 财产

- 财富 명 부, 재산, 자원
  ➡ 精神, 知识, 自然, 创造 등 구체명사, 추상명사 모두 가능 + 财富

- 财产 명 재산, 자산

비교 이 두 단어는 모두 '재산'이라는 뜻을 가지고 있으나 财产은 국가, 단체, 개인이 소유한 동산과 부동산처럼 구체적인 재산을 가리키고, 财富는 구체적인 재산뿐만 아니라 정신적 자산, 지식 자산, 자연자원, 창조정신 등의 추상적인 재산도 가리킨다.

▶ 단어가 구체명사와 함께 쓰이는지, 추상명사와 함께 쓰이는지 구분하는 것이 포인트!

Check

父母去世后没有给子女留下什么（　　　）。
부모님이 돌아가신 후에 자녀에게 어떠한 재산도 남기지 않았다.

自然（　　　）应该得到保护。
자연자원은 반드시 보호를 받아야 한다.

🔲 财产 / 财富

0196 采纳 · 5급 采取

- 采纳 동 받아들이다, 수락하다
  ➡ 采纳 + 要求, 意见, 建议, 方案

- 采取 동 채용하다, 채택하다, 취하다
  ➡ 采取 + 政策, 方针, 措施, 手段, 态度

비교 이 두 단어의 구별법은 바로 搭配에 있다. 사람의 말과 관계된 요구, 의견, 건의 같은 단어들이 목적어로 오면 采纳를 사용하고, 계획, 정책, 방침, 조치 같은 단어들이 목적어로 오면 采取를 선택하면 된다. 특히 采取는 이런 계획, 정책, 방침 등을 선택하여 실행시킨다는 의미가 강하다는 것을 명심하자.

▶ 비슷한 의미를 가진 단어일수록 搭配에 의해 구분된다는 것이 포인트!

Check

我的建议被领导（　　　）了。
나의 건의를 대표가 받아들였다.

对于每件事情, 你应该（　　　）积极的态度。
당신은 모든 일에 적극적인 태도를 취해야 합니다.

🔲 采纳 / 采取

0217 测量 · 5급 测验

- 测量 동 재다, 측량하다
  ➡ 测量 + 时间, 功能, 速度, 温度, 空间

- 测验 동 시험하다, 테스트하다
  ➡ 测验 + 性能, 速度, 视力, 水平, 程度, 智力, 听力, 外语

비교 이 두 단어는 모두 '측정하다'라는 뜻을 가지고 있으나 测量은 측정기구를 사용해서 수치를 측정하는 것을 가리키고, 测验은 측정기구를 사용해서 측정하는 것 이외에도 학습성적 등을 테스트하는 것도 가리켜 더 포괄적인 의미를 가지고 있다.

▶ 비슷한 의미를 가진 단어일수록 搭配에 의해 구분된다는 것이 포인트!

Check

今天（　　　）一下你们的书写。
오늘은 너희의 받아쓰기를 테스트할 것이다.

他的工作是每天（　　　）地震波。
그의 직업은 매일 지진파를 측정하는 것이다.

🔲 测验 / 测量

0221 差距 · 5급 差别

- 差距 명 격차, 차이
- 差别 명 차별, 차이, 구별

비교 이 두 단어는 모두 '차이'라는 뜻을 가지고 있으나 差距는 같은 종류의 사물 간의 차이 정도나 어떤 표준으로부터 떨어진(距) 정도에 초점을 맞추고 있고, 差别은 형식과 내용의 다름(别)에 초점을 맞추고 있다.

▶ 두 글자 중 한 글자만 다를 경우
그 다른 한 글자의 뜻에 집중하여 구분하는 것이 포인트!

Check

人与人之间的（　　　　）中，皮肤色是最显著的。
사람과 사람 사이의 차이 중에서, 피부색이 가장 뚜렷하다.

如果你不认真做，你跟他的（　　　　）肯定会越来越大。
만약 네가 열심히 하지 않으면, 너와 그의 격차는 분명히 점점 커질 것이다.

답 差别 / 差距

0231 阐述 · 4급 说明

- 阐述 동 논술하다
  ➡ 阐述 + 主张, 观点, 立场, 原理, 方针
- 说明 동 설명하다, 해설하다
  ➡ 说明 + 事实, 问题, 原因, 道理

비교 이 두 단어는 명백히 다른 뜻을 가진 단어이다. 阐述는 주장, 관점, 입장 등 개인적이고 주관적인 것들을 논술한다는 뜻이고, 说明은 사실, 문제, 원인 등 객관적인 것을 설명한다는 뜻이 있다.

▶ 어떤 목적어와 함께쓰이는지를 알아두는 것이 포인트!

Check

我以自身为例（　　　　）了这个观点。
나는 나 자신을 예를 들어 이 관점을 논술하였다.

请你（　　　　）一下你的想法，我们并不是全然了解。
당신의 생각을 설명해주세요, 우리가 결코 완전히 이해한 것이 아닙니다.

답 阐述 / 说明

0241 场所 · 0239 场合 · 0240 场面

- 场所 명 장소, 시설
  ➡ 运动, 学习, 休息, 公共, 娱乐 + 场所
- 场合 명 시간, 장소, 상황, 경우, 형편, 장면
  ➡ 外交, 正式, 秘密, 公开 + 场合
- 场面 명 장면

비교 이 세 단어는 그 쓰임새가 확연하게 차이가 난다. 场所는 주로 사람들이 활동하는 구체적인 장소를 가리키고, 场合는 특정한 시간이나 상황, 장소를 가리킨다. 场面은 주로 영화, 연극 속에서의 장면을 가리킨다.

▶ 비슷하다고 느끼는 단어일수록
그 단어의 쓰임새를 확실하게 구분하는 것이 포인트!

Check

遇到这种（　　　　），就要道歉。
이런 상황에 닥치면, 바로 사과를 해야 한다.

这附近没有适合老年人活动的（　　　　）。
이 부근에는 노인들이 활동하기에 적합한 장소가 없다.

我永远忘不了那部电影里的感动的（　　　　）。
나는 그 영화 속의 감동적인 장면을 영원히 잊을 수 없다.

답 场合 / 场所 / 场面

0261 陈列 · 4급 排列

- 陈列 동 진열하다, 전시하다
  ➡ 陈列 + 物品, 展品
- 排列 동 배열하다, 정렬하다
  ➡ 排列 + 名单, 词语, 顺序, 名次, 分数

비교 이 두 단어는 뜻과 搭配에 있어서 모두 확연하게 구분이 된다. 陈列는 물건을 조리 있고 보기 좋게 진열해서 사람들에게 보여주는 것을 가리키고, 排列는 일정한 순서에 따라 배열하는 것을 가리킨다.

▶ 어떤 단어들과 함께쓰이는지를 알아두는 것이 포인트!

Check

博物馆里（　　　　）着秦代的文物。
박물관에 진나라 때의 문물이 전시되어 있다.

队伍（　　　　）得整整齐齐的。
대열이 매우 가지런하게 정렬되어 있다.

답 陈列 / 排列

0297 充足 · 0296 充实

- 充足 [형] 충분하다, 충족하다
  ➡ 充足 + 光线, 阳光, 经费, 资金, 理由

- 充实 [형] 충실하다, 풍부하다
  ➡ 充实 + 人力, 物力, 财力, 内容, 生活, 材料, 思想, 感情

[비교] 이 두 단어는 뜻으로만 구별하기에는 구별이 잘 되지 않는 단어이다. 充实는 대체로 두 가지 뜻으로 나누어볼 수 있는데, 첫째는 인력, 물자, 재력 등이 적절하게 잘 배치되어 있는 것을 가리키고, 둘째는 내용, 생활 등이 알차고 꽉 찬 것을 가리킨다. 이에 반해, 充足는 단순히 필요한 수요를 만족시키는 것을 가리킨다.

▶ 한국어로 해석하면 차이가 없어 보이므로
그것으로 인해 혼동하지 말아야하는 것이 포인트!

Check
庄稼需要（　　）的阳光。
농작물은 충분한 햇빛이 필요하다.

我们虽然不富有，但是生活过得非常（　　）。
우리는 비록 부유하지는 않지만, 생활은 매우 충실하다.

답 充足 / 充实

0320 处置 · 5급 处理

- 处置 [동] ① 처리하다, 조치를 취하다
  ➡ 处置 + 信件, 伤口, 垃圾

  ② 처벌하다, 징벌하다
  ➡ 处置 + 坏人, 罪犯, 叛徒

- 处理 [동] 처리하다
  ➡ 处理 + 问题, 案件, 事情, 茅盾, 关系, 纠纷

[비교] 이 두 단어는 모두 '처리한다'는 뜻을 가지고 있으나 处理는 문제를 해결한다는 의미가 더 강하다. 处置는 주로 구체명사를 목적어로 가지며, 이밖에 나쁜 사람을 처벌한다는 뜻도 가지고 있음을 명심하자.

▶ 한국어로 해석하면 차이가 없어 보이므로
단어의 뜻을 정확히 파악하는 것이 포인트!

Check
他们的矛盾，总是（　　）不好。
그들의 모순이 계속 해결되지 않는다.

伤口一定要及时（　　）。
상처는 반드시 제때에 조치를 취해야 한다.

답 处理 / 处置

0300 崇敬 · 0298 崇拜

- 崇敬 [동] 숭배하다
  ➡ 崇敬 + 英雄, 先烈, 领袖, 名人, 老师 등 사람이 주로 쓰임

- 崇拜 [동] 숭배하다
  ➡ 崇拜 + 英雄, 名人, 领袖, 金钱, 才华 등 사람이나 물건이 모두 쓰임

[비교] 이 두 단어는 모두 '숭배한다'는 뜻을 가지고 있으나 崇敬은 존경하는(敬) 의미가 포함된 좋은 의미의 숭배를 가리키고, 崇拜는 좋은 의미의 숭배뿐만 아니라 맹목적이고 나쁜 의미의 숭배도 가리키며, 대상에 대해 탄복한다는 데(拜) 초점이 맞춰져 있다. 또한 사람 이외에 물건에도 쓰인다.

▶ 두 글자 중 한 글자만 다를 경우
그 다른 한 글자의 뜻에 집중하여 구분하는 것이 포인트!

Check
你为什么盲目地（　　）偶像?
너는 왜 맹목적으로 우상을 숭배하니?

先烈被人民（　　）。
선열은 사람들에게 존경을 받는다.

답 崇拜 / 崇敬

0331 创立 · 5급 建立 · 1694 树立

- 创立 [동] 창립하다, 처음으로 세우다
  ➡ 创立 + 思想, 军队, 理论, 政党, 共产党

- 建立 [동] 세우다, 구축하다, 맺다
  ➡ 建立 + 工厂, 图书馆, 国家, 政府, 军队, 政权, 家庭, 友谊, 关系, 爱情

- 树立 [동] 수립하다, 세우다
  ➡ 树立 + 理想, 榜样, 威信, 风格, 信心, 世界观 등의 추상명사

[비교] 이 세 단어는 모두 '세우다'라는 뜻을 가진 단어이나 그 차이점은 분명하다. 创立는 이전에 없던 것을 새로 만들어내는 것을 뜻하고, 建立는 실제 건물을 세우는 것을 가리키며 감정으로 연결된 관계를 맺는다는 의미도 포함한다. 树立는 추상명사만을 목적어로 취할 수 있고 주로 좋은 일에 쓰인다.

▶ 비슷한 의미를 가진 단어일수록 搭配에 의해 구분된다는 것이 포인트!

Check
马克思（　　）了马克思主义思想。
마르크스는 마르크스주의 사상을 창립했다.

我们单位最近（　　）了新目标。

우리 회사는 최근에 새로운 목표를 세웠다.
我们家附近（　　　）了医院。
우리 집 부근에 병원이 세워졌다.

> 창立 / 树立 / 建立

0334 创作 · 5급 创造

- 创作 图 창작하다
    ➡ 创作 ＋ 小说, 书法, 作品, 画儿, 电影
- 创造 图 창조하다
    ➡ 创造 ＋ 理论, 奇迹, 记录, 东西

비교 이 두 단어의 구분은 분명한데, 문학, 문예 작품을 새로 만들어내는 것은 创作이고, 이전에 없던 것을 새로 만들어내는 것은 创造라고 구분하면 쉽다.

▶ 어떤 단어들과 함께 쓰이는지를 알아두는 것이 포인트!

Check
莫扎特六岁时就开始（　　　）小步舞曲。
모차르트는 여섯 살 때부터 미뉴에트를 창작했다.
科学家（　　　）了新理论。
과학자는 신 이론을 창조했다.

> 创作 / 创造

0339 纯粹 · 0340 纯洁

- 纯粹 图 순수하다, 깨끗하다
    ➡ 纯粹的 ＋ 物质, 味道, 语言
- 纯洁 图 순결하다, 깨끗하다
    ➡ 纯洁的 ＋ 友谊, 思想, 心灵, 童年, 感情

비교 두 단어는 모두 순수하고 깨끗하다는 뜻을 가지고 있으나 纯粹는 다른 성분이 섞이지 않은 순수함을 가리키고, 纯洁는 순결하고 깨끗하며 오점과 사심이 없는 것을 가리킨다.

▶ 비슷한 의미를 가진 단어일수록 搭配에 의해 구분된다는 것이 포인트!

Check
这道菜是（　　　）的北京菜。
이 요리는 순수한 베이징 요리이다.
人们都说白色象征（　　　）。
사람들은 모두 하얀색이 순결을 상징한다고 말한다.

> 纯粹 / 纯洁

0398 当心 · 3급 注意

- 当心 图 조심하다, 주의하다
    ➡ 当心 ＋ 小偷, 滑倒, 感冒, 敌人
- 注意 图 주의하다, 조심하다
    ➡ 注意 ＋ 身体, 安全, 车辆, 休息, 保养, 卫生, 款式

비교 이 두 단어는 모두 '조심하다'라는 뜻을 가지고 있으나, 当心은 주로 위험한 상황, 피해가 있을 수 있는 상황을 조심하는 것을 가리키고, 注意는 생각이나 주의를 한곳에 집중하는 것을 가리킨다.

▶ 아무리 쉬운 단어일지라도 그 속뜻을 한번쯤 되새겨보는 것이 포인트!

Check
这个公司好像在骗你，你一定要（　　　）。
이 회사는 아무래도 너를 속이고 있는 것 같아, 너 반드시 조심해.
讲话，行动时要（　　　）礼貌。
말이나 행동을 할 때에 예의에 주의해야 한다.

> 当心 / 注意

0434 典型 · 典范

- 典型 图 전형
    ➡ 典型 ＋ 人物, 形象, 性格
- 典范 图 전범, 모범, 본보기

비교 이 두 단어는 모두 '본보기'의 뜻을 가진 단어이나, 典型은 대표성을 가지고 있는 사람이나 사건을 주로 가리키고, 좋은 의미와 나쁜 의미 둘 다로 쓰인다. 典范은 모범이나 표준으로서 시범 작용을 하는 사람이나 사물을 가리키며, 좋은 의미로만 사용된다.

▶ 한국어로 해석하면 차이가 없어 보이므로 단어의 뜻을 정확히 파악하는 것이 포인트!

Check
女主角对金钱和爱情的态度是北京女孩的（　　　）。
여자주인공의 돈과 사랑에 대한 태도는 베이징 소녀들의 전형이다.
伦敦塔是英国城堡的一个（　　　）。
런던 탑은 영국 성보의 하나인 본보기이다.

> 典型 / 典范

0507 发布 · 5급 公布

- 发布 [동] 선포하다, 발포하다
  ➡ 发布 + 命令, 消息, 指示, 新闻, 公告

- 公布 [동] 공포하다, 공표하다
  ➡ 公布 + 法令, 纲领, 条例, 方案, 名单, 成绩, 结果

비교 이 두 단어는 모두 '알려주다'라는 뜻을 가지고 있는데, 发布는 일방적으로 선포하여 알려준다는 의미에 초점을 맞추고 있고 서면어에 주로 쓰인다. 반면 公布는 공개적으로 많은 사람에게 알려주는 데 초점을 맞추고 있으며 서면어와 구어에 모두 쓰인다.

▶ 두 글자 중 한 글자만 다를 경우
그 다른 한 글자의 뜻에 집중하여 구분하는 것이 포인트!

Check
期末考试的成绩一个星期以后才能（　　　　）。
기말고사 성적이 일주일 후에야 비로소 공표된다.

他在新闻（　　　）会上说：＂我将推出演艺圈。＂
그는 뉴스 발표회에서 "저는 연예계를 떠나겠습니다."라고 말했다.

📖 公布 / 发布

0517 发扬 · 5급 发挥

- 发扬 [동] 발휘하다
  ➡ 发扬 + 优良的作风, 精神, 传统, 民主, 成绩, 优势, 道德

- 发挥 [동] 발휘하다
  ➡ 发挥 + 水平, 作用, 力量

비교 이 두 단어는 모두 밖으로 무언가를 내보낸다는 뜻을 가지고 있으나, 发扬은 주로 좋은 것을 발전시키고 제창하는 것을 가리키고, 发挥는 사람이나 사물에 내재되어 있는 것을 표현해내는 것을 나타낸다.

▶ 이러한 단어들은 단어의 구체적인 뜻 이외에도
자주 쓰이는 목적어를 알아두는 것이 포인트!

Check
足球选手在赛场上（　　　　）了拼搏的精神。
축구선수는 경기장에서 끝까지 싸우는 정신을 발휘했다.

他没有充分（　　　　）自己的力量，很后悔。
그는 자신의 역량을 충분히 발휘하지 못해서 매우 후회한다.

📖 发扬 / 发挥

0515 发行 · 5급 发表

- 发行 [동] 발행하다
  ➡ 发行 + 货币, 公债, 刊物

- 发表 [동] 발표하다
  ➡ 发表 + 意见, 宣言, 声明

비교 이 두 단어는 확연하게 구분되는 단어이다. 发行은 새로 인쇄한 화폐, 채권, 간행물, 우표 등을 내보낸다는 뜻이고, 发表는 의견, 성명, 선언 등을 사회나 단체에 전달한다는 의미를 가진다. 이밖에 发表는 간행물에 문장, 그림, 노래 등을 발표한다는 뜻도 가지고 있다.

▶ 어떤 단어들과 함께 쓰이는지를 알아두는 것이 포인트!

Check
大家有意见的话，尽管（　　　　）一下。
여러분 의견이 있으면, 마음껏 발표하세요.

国家（　　　）了奥林匹克纪念邮票。
국가는 올림픽 기념우표를 발행했다.

📖 发表 / 发行

0521 繁华 · 5급 繁荣

- 繁华 [형] 번화하다
  ➡ 市场, 街道, 城市, 街市, 城镇 + 繁华

- 繁荣 [형] 번영하다, 번창하다
  ➡ 事业, 经济, 国家, 文化, 科技 + 繁荣

비교 이 두 단어 모두 '흥하고 왕성하다'라는 의미를 가지고 있지만, 그 의미의 구별만큼은 확실하다. 繁华는 주로 도시나 거리가 흥성하면서도 떠들썩한 것을 가리키고, 繁荣은 주로 경제나 사업이 왕성하게 발전하는 것을 가리킨다.

▶ 비슷한 의미를 가진 단어일수록 搭配에 의해 구분된다는 것이 포인트!

Check
这个地方自古以来就是个（　　　　）的城市。
이 지역은 자고이래로 번화한 도시였다.

我的老家变得更加（　　　）了。
나의 고향은 매우 많이 번창했다.

📖 繁华 / 繁荣

0546 防止 · 0425 抵制 · 2373 制止

- 防止 [동] 방지하다
  ➡ 防止 + 环境污染, 交通事故, 坏人, 犯错误, 灾难

- 抵制 [동] 저지하다, 배척하다, 막아내다
  ➡ 抵制 + 歪风邪气, 腐朽思想

- 制止 [동] 제지하다, 저지하다
  ➡ 制止 + 行动, 侵略, 战争

[비교] 이 세 단어는 모두 '막다'라는 뜻을 가지고 있는 단어이나, 防止는 나쁜 일이 발생하기 전에 미리 막는다는 데 초점을 두고 있다. 抵制는 침입해서 작용하지 못하게 막아내는 데 초점을 두는 단어이고, 制止는 주로 어떤 것을 강제적인 방법으로 막아내는 데 초점을 두고 있는 단어이다.

▶ 한국어로 해석하면 차이가 없어 보이므로 단어의 뜻을 정확히 파악하는 것이 포인트!

Check

老师应该（　　　）学生在学校抽烟。
선생님은 학생들이 학교에서 담배를 피우는 것을 제지해야 한다.

给孩子打针是为了（　　　）疾病的扩散。
아이에게 주사를 맞히는 것은 질병의 확산을 방지하기 위함이다.

消费者要积极地（　　　）国外品牌。
소비자는 적극적으로 외국 브랜드를 배척해야 한다.

답 制止 / 防止 / 抵制

0562 分辨 · 5급 分别

- 分辨 [동] 분별하다, 구분하다
  ➡ 分辨 + 真假, 黑白, 颜色

- 分别 [동] 구별하다, 식별하다, 변별하다
  ➡ 分别 + 黑白, 轻重, 美丑, 大小, 真假, 对错, 颜色

[비교] 이 두 단어는 모두 '구별하다'라는 뜻을 가지고 있으나 그 뜻에 있어서 차이점을 찾기는 조금 어려움이 있는데, 分辨은 다른 사물의 특징을 구별하거나 헷갈리기 쉬운 것, 구분하기 어려운 것을 구별하는 것을 가리키고, 分别는 확실히 구분할 수 있는 것을 구별하는 것을 가리킨다. 단 이 두 단어는 사용 시 반드시 그 문장에서 답을 얻어야 한다. 다시 말해, 차이점을 찾기가 힘든 것을 구별하는 것인지 아니면 차이점이 확실한 것을 구별하는 것인지를 정확하게 파악한 후에 어떤 단어를 사용하면 좋을지 결정하는 게 좋다.

▶ 한국어로 해석하면 차이가 없어 보이므로 단어의 뜻을 정확히 파악하는 것이 포인트!

Check

儿童并不是生来就会（　　　）是非。
어린이가 태어나자마자 바로 시비를 분별할 수 있는 것은 아니다.

我是色盲，红的蓝的我（　　　）不开。
나는 색맹이어서, 빨간색과 남색을 구별하지 못한다.

답 分辨 / 分别

0554 飞翔 · 飞行

- 飞翔 [동] 비상하다

- 飞行 [동] 비행하다

[비교] 이 두 단어 모두 '날다'라는 뜻을 가지고 있으나 飞翔은 주로 새가 하늘을 빙빙 돌거나 선회하는 것을 가리키고, 飞行은 로켓이나 비행기가 하늘을 나는 것을 가리킨다.

▶ 아무리 쉬운 단어일지라도 그 속뜻을 한 번쯤 되새겨 보는 것이 포인트!

Check

我的梦想是就像一只鸟一样自由自在地在天空（　　　）。
나의 꿈은 바로 한 마리 새처럼 자유자재로 하늘을 나는 것이다.

她因为害怕（　　　），从来没坐过飞机。
그녀는 비행이 두려워서, 지금까지 비행기를 타본 적이 없다.

답 飞翔 / 飞行

0568 分明 · 5급 明显

- 分明 [형] 분명하다, 뚜렷하다
  ➡ 爱憎, 奖罚, 公私, 立场, 界限, 好坏, 真假, 职责 + 分明

- 明显 [형] 뚜렷하다, 분명하다
  ➡ 明显的 + 目标, 问题, 变化, 成绩, 水平, 痕迹, 字迹

[비교] 이 두 단어는 모두 '뚜렷하다'라는 뜻을 가지고 있으나, 分明은 모호하지 않고 뚜렷한 것을 가리키므로 공과 사, 좋고 나쁨 등 서로 반대되는 개념에 주로 쓰이고, 明显은 뚜렷하게 드러나서 다른 사람이 쉽게 보고 느낄 수 있는 것을 가리킨다. 단 용법상에 있어 分明은 형용사임에도 불구하고 관형어로 거의 쓰이지 않는다는 특징을 가지고 있다.

▶ 한국어로 해석하면 차이가 없어 보이므로 단어의 뜻을 정확히 파악하는 것이 포인트!

Check

禁止吸烟的标志（　　　）地挂在门口上。
흡연금지 표지가 뚜렷하게 입구에 걸려있다.

我们在公私问题上态度一定要（　　　）。
우리는 공과 사의 문제에 있어서 태도를 반드시 분명히 해야 한다.

답 明显 / 分明

0572 吩咐 · 5급 嘱咐

- 吩咐　동 분부하다, 명령하다
  - ➡ 领导, 家长, 老师 + 吩咐
  - ➡ 吩咐 + 孩子, 部下, 司机, 秘书
- 嘱咐　동 분부하다, 당부하다

비교 이 두 단어는 매우 혼동하기 쉬운 단어이나 그 의미상의 차이는 확실하다. 吩咐는 윗사람이 아랫사람에게 말로써 명령하는 것을 가리키고 嘱咐는 상대방에게 알아듣게 말하고 그것을 기억하도록 하는 것을 말한다.

▶ 아무리 쉬운 단어일지라도 그 속뜻을 한 번쯤 되새겨보는 것이 포인트!

Check

医生一再（　　　）她卧床休息。
의사는 재차 그녀에게 침대에 누워서 쉬라고 당부했다.

凡我所（　　　）的，你们都要遵行。
내가 분부한 것을 너희는 그대로 실행해야 한다.

답 嘱咐 / 吩咐

0577 分量 · 5급 重量

- 分量　명 중량, 무게
- 重量　명 중량, 무게

비교 이 두 단어 모두 물리적인 '중량, 무게'라는 뜻을 가고 있으나 分量은 말이나 문장의 뜻, 심도, 수준이라는 뜻을 하나 더 가지고 있음에 주의하자!

▶ 비슷하게 쓰이는 단어일수록 그 차이점에 집중하는 것이 포인트!

Check

老师说的话（　　　）很重。
선생님이 한 말은 매우 심도 있다.

请帮我称一下它的（　　　）。
저를 도와 그것의 중량을 좀 재주세요.

답 分量 / 重量

0587 封锁 · 0585 封闭

- 封锁　동 봉쇄하다, 막다
  - ➡ 封锁 + 消息, 经济, 边境, 账户, 道路, 机场, 港口, 车站
- 封闭　동 봉쇄하다, 폐쇄하다
  - ➡ 封闭 + 道路, 机场, 港口, 思想

비교 이 두 단어 모두 '막다'라는 뜻을 가지고 있다. 封锁는 강제적으로 또는 군사 조치상 외부와 연결되지 못하게 막는 것을 가리키고, 封闭는 꽉 막혀서 통행하지 못하는 것을 가리킨다.

▶ 한국어로 해석하면 차이가 없어 보이므로 단어의 뜻을 정확히 파악하는 것이 포인트!

Check

大雪的缘故，高速公路（　　　）了。
폭설 때문에, 고속도로가 폐쇄되었다.

当时不能用船运输，因为唯一的水路被强制（　　　）了。
당시는 배로 운송을 할 수 없었는데, 이는 유일한 수로가 강제로 봉쇄되었기 때문이다.

답 封闭 / 封锁

0589 丰盛 · 4급 丰富

- 丰盛　형 풍부하다, 성대하다
  - ➡ 丰盛 + 粮食, 宴席上的菜, 晚餐, 食品, 食物
- 丰富　형 풍부하다
  - ➡ 丰富 + 知识, 经验, 资源, 商品, 感情, 物资

비교 이 두 단어는 모두 '풍부하다'라는 뜻을 가지고 있다. 丰盛은 주로 음식물이 풍부한 것을 가리키고, 丰富는 물질, 재산, 학식, 정신 등 추상적인 것이 풍부한 것을 가리킨다. 또한 丰富는 동사로서 '풍부하게 하다'라는 의미로도 쓰인다.

▶ 비슷한 의미를 가진 단어일수록 搭配에 의해 구분된다는 것이 포인트!

Check

我们的老师有着（　　　）的教学经验。
우리 선생님은 풍부한 교학 경험을 가지고 있다.

谢谢你特地为我准备了（　　　）的晚宴。
당신이 특별히 나를 위해 풍성한 저녁만찬을 준비해준 것에 감사합니다.

답 丰富 / 丰盛

0612 富裕・富余

- 富裕 [형] 부유하다
- 富余 [형] 여유 있다, 넉넉하다

[비교] 이 두 단어 모두 '넉넉하다'라는 뜻을 가지고 있다. 이 두 단어는 반의어를 보면 그 의미상의 구분이 어느 때보다 더 확실해지는데, 富裕는 '贫穷, 贫困(가난하다)'의 반대말, 즉 다시 말해 '부자'라는 뜻이고, 富余는 '缺少(부족하다)'의 반대말, 즉 '여유가 있다'는 것을 가리킨다.

▶ 이처럼 반의어에 의해서 더욱 확실히 구분되는 것이 포인트!

Check
农民的生活越来越（　　　）了。
농민의 생활이 점점 부유해졌다.

现在我有（　　　）的时间。
지금 나는 시간이 넉넉히 있다.

　　　　　　　　　　　　　[답] 富裕 / 富余

0624 改良・5급 改善

- 改良 [동] 개량하다, 개선하다
  ➡ 改良 + 品种, 土壤, 工具
- 改善 [동] 개선하다
  ➡ 改善 + 关系, 生活, 生活条件, 环境, 待遇

[비교] 이 두 단어는 모두 '고치고 바꾸다'라는 뜻을 가진 단어이나, 改良은 사물의 안 좋은 부분을 없애고 더 좋게 만든다는 뜻이고, 改善은 원래의 상황을 바꾸어서 더 좋게 만든다는 뜻이다.

▶ 비슷한 의미를 가진 단어일수록 搭配에 의해 구분된다는 것이 포인트!

Check
最近三国关系得到（　　　）。
최근 삼국의 관계가 개선되었다.

我们对土壤进行（　　　）。
우리는 토양에 대해 개량을 진행 중이다.

　　　　　　　　　　　　　[답] 改善 / 改良

0616 覆盖・2096 掩盖

- 覆盖 [동] 가리다, 덮다
  ➡ 覆盖 + 大地, 城市, 山川
- 掩盖 [동] ① 덮다, 가리다
  ② 감추다, 숨기다, 은폐하다
  ➡ 掩盖 + 矛盾, 缺点, 错误, 罪行, 慌乱

[비교] 이 두 단어 모두 '덮다'라는 뜻을 가지고 있으나, 掩盖는 모순, 단점, 잘못, 악행 등의 안 좋은 것을 숨기고 은폐한다는 뜻도 하나 더 있다는 것을 명심하자.

▶ 비슷한 의미를 가진 단어일수록 搭配에 의해 구분된다는 것이 포인트!

Check
地球表面有多大比例被水所（　　　）？
지구 표면에 물로 덮여있는 비율은 얼마입니까?

这件事不应该（　　　）起来，应该公开。
이 일은 감추어서는 안 되고, 반드시 공개해야 한다.

　　　　　　　　　　　　　[답] 覆盖, 掩盖 / 掩盖

0629 干预・0628 干涉

- 干预 [동] 관여하다, 간섭하다
  ➡ 干预 + 别人的事, 政治
- 干涉 [동] 간섭하다, 관계하다
  ➡ 干涉 + 别人的事, 别的单位, 国家, 团体, 婚姻自由, 他人自由, 私事

[비교] 이 두 단어 모두 '따져 묻다'라는 뜻을 가지고 있으나, 干涉는 관여하지 말아야 하는데 억지로 관여해서 자신의 생각대로 하는 것을 가리켜 안 좋은 의미로만 쓰인다. 干预 역시 다른 사람의 일을 따져 묻는다는 뜻은 가지고 있지만 좋은 뜻과 안 좋은 뜻에 모두 쓰인다.

▶ 한국어로 해석하면 차이가 없어 보이므로 단어의 뜻을 정확히 파악하는 것이 포인트!

Check
我们不应该（　　　）别国内政。
우리는 다른 나라의 내정에 간섭해서는 안 된다.

校长亲自出面（　　　），终于解决了问题。
교장선생님께서 직접 나서서 관여하셔서, 마침내 그의 문제를 해결했다.

　　　　　　　　　　　　　[답] 干涉 / 干预

0648 告辞 · 5급 告别

- 告辞 통 헤어지다, 작별을 고하다
- 告别 통 작별을 고하다, 헤어지다

비교 이 두 단어 모두 '헤어지다'라는 뜻을 가지고 있으나 그 차이점은 분명하다. 告辞는 '再见', '拜拜'처럼 생활에서 헤어질 때 쓰는 말(辞)이고, 告别은 어떤 장소나 어떤 사람과 헤어짐(别)을 의미한다.

▶ 두 글자 중 한 글자만 다를 경우
그 다른 한 글자의 뜻에 집중하여 구분하는 것이 포인트!

Check
出国之前，他跟朋友握手（　　　）了。
출국 전에 그는 친구와 악수하면서 작별인사를 하였다.

我有急事，提前（　　　）了。
제가 급한 일이 있어서 먼저 실례하겠습니다.

답 告别 / 告辞

0662 跟前 · 身边

- 跟前 명 옆, 곁
- 身边 명 곁

비교 이 두 단어 모두 '영원히 내 곁에 있어주세요'라든지 '항상 내 곁을 돌봐준다'라는 문장에서 쓰이는 추상적 의미의 '옆'이라는 뜻을 지니고 있다. 이밖에 跟前은 장소적 의미의 '내 옆'이라는 뜻(예 你坐在我跟前. 너 내 옆에 앉아.)과 시간적으로 가까운 근처(예 春节跟前 춘절이 얼마 남지 않은 시기)를 가리키기도 한다.

▶ 뜻이 완전히 같을 때에는 차이점에 주목하는 것이 포인트!

Check
请大家站在窗户（　　　）。
여러분 창문 옆에 서주세요.

现在我（　　　）谁都不在。
지금 나의 곁에는 아무도 없다.

답 跟前 / 跟前, 身边

0653 歌颂 · 5급 赞美

- 歌颂 통 찬양하다, 칭송하다
  ➡ 歌颂 + 祖国, 人民, 英雄, 未来
- 赞美 통 찬미하다
  ➡ 赞美 + 春天, 山河, 人生, 气势

비교 이 두 단어는 구별이 확실한 단어이므로 절대 혼동해서는 안 된다. 歌颂은 노래, 시, 소설, 언어, 문자 등으로 위대한 사람이나 그러한 일을 찬양하는 것이고, 赞美는 주로 아름다운 사람이나 풍경, 일 등을 찬미한다. 두 단어 모두 서면어에 많이 쓰이는 공통점을 가지고 있다.

▶ 한국어로 해석하면 차이가 없어 보이므로
단어의 뜻을 정확히 파악하는 것이 포인트!

Check
这个人的正直品德使我不得不（　　　）他。
이 사람의 정직한 인품과 덕성이 나로 하여금 어쩔 수 없이 그를 찬미하게 만들었다.

这首诗热情地（　　　）伟大的诗人。
이 시는 위대한 시인을 열렬하게 찬양했다.

답 赞美 / 歌颂

0663 跟随 · 0042 伴随

- 跟随 통 따라가다, 뒤따르다
- 伴随 통 따라가다, 함께 가다, 동반하다

비교 이 두 단어 모두 '따르다'라는 의미를 가지고 있으나 그 구분은 확실하다. 跟은 뒤따르는 것을 의미하므로 跟随는 뒤에서 바짝 따라가며 같은 방향으로 움직이는 것에 초점이 맞춰져 있고, 伴은 동반자, 반려자, 같이 가는 사람을 의미하므로 伴随는 같이 가고 함께 가는 데 초점이 맞춰져 있다.

▶ 두 글자 중 한 글자만 다를 경우
그 다른 한 글자의 뜻에 집중하여 구분하는 것이 포인트!

Check
那段经历（　　　）我们一生，难以忘怀。
그간의 경험은 우리의 일생과 함께 하였으므로 잊을 수 없다.

这个女孩儿（　　　）母亲来到中国生活。
이 딸은 엄마를 따라 중국에 와서 생활한다.

답 伴随 / 跟随

0681 供给·供应

- 供给 [동] 공급하다
  ➡ 供给 + 资料, 费用, 食品, 衣物, 物资, 钱财

- 供应 [동] 공급하다
  ➡ 供应 + 食品, 物资, 粮食, 原料, 电力

비교 이 두 단어는 모두 '공급하다'라는 뜻을 가지고 있으나 그 차이점은 확실하다. 供给는 일상생활에 필요한 물건, 돈, 자료를 필요한 사람에게 주어 사용하게 하는 것을 가리키고, 供应는 수요를 만족시키기 위해 사람에게 물자, 인력을 공급하는 것을 가리킨다.

▶ 한국어로 해석하면 차이가 없어 보이므로 그것으로 인해 혼동하지 말아야하는 것이 포인트!

Check

父母（　　　　　）孩子食物，这样才能茁壮成长 zhuózhuàng chéngzhǎng。
부모가 아이에게 먹을 것을 주는데, 이렇게 해야 건강하게 자랄 수 있다.

我们工厂向好多商店（　　　　）肉食。
우리 공장은 많은 상점에 육류품을 공급한다.

[답] 供给 / 供应

0682 功夫·时间

- 工夫 [명] 시간, 틈, 짬

- 时间 [명] 시간

비교 이 두 단어 모두 '어떤 일을 하는 시간'이라는 측면에서는 차이점이 없지만, 工夫는 한가한 시간이라는 뜻을 가지고 있고, 时间은 몇 시부터 몇 시까지의 시간을 가리키기도 하며 그 시간이 길거나 짧다라고 말할 수 있다.

▶ 아무리 쉬운 단어일지라도 그 속뜻을 한번쯤 되새겨 보는 것이 포인트!

Check

演唱会开始的（　　　　）是七点，我们来得及。
콘서트 시작 시간은 일곱 시니, 우리 아직 시간이 있어.

我现在真没闲（　　　　）。
난 지금 정말 한가할 시간이 없어.

[답] 时间 / 工夫

0686 功劳·功绩·成绩

- 功劳 [명] 공로

- 功绩 [명] 공적

- 成绩 [명] 성적

비교 이 세 단어는 언뜻 보기에는 비슷해 보이지만 그 쓰임에 있어서는 차이가 분명하다. 功绩는 주로 인민이나 국가에 대해 이뤄지는 중대한 업적을 가리키고, 功劳는 사업적인 측면에서 사업 성공에 대한 좋은 공헌을 가리켜 功绩보다는 의미가 좀 가볍다. 成绩는 앞의 두 단어와 완전히 다른 뜻을 가지고 있는데, 주로 일과 학습 방면에서 얻은 좋은 결과를 가리킨다.

▶ 한국어로 해석하면 차이가 없어 보이므로 그것으로 인해 혼동하지 말아야하는 것이 포인트!

Check

这次我们公司的成功不是我一个人的（　　　　），而是集体努力的结果。
이번 우리 회사의 성공은 나 혼자만의 공로가 아니라, 모두가 노력한 결과이다.

我们班的平均（　　　　）一直不错。
우리 반의 평균 성적은 줄곧 좋다.

在革命过程中，他树立了不可磨灭的（　　　　）。
혁명 과정 중 그는 불멸의 공적을 세웠다.

[답] 功劳 / 成绩 / 功绩

0687 功效·5급功能

- 功效 [명] 효능, 효과

- 功能 [명] 기능, 작용

비교 이 두 단어는 글자를 보고 그 차이점을 유추해낼 수 있어야 한다. 功效는 '功能 + 效果'를 합쳐 놓은 것으로 주로 그 기능으로 인해 발생한 좋은 결과나 좋은 효력을 가리키고, 功能은 주로 어떤 사물이나 어떠한 방법이 발휘하는 그 기능과 작용을 가리킨다.

▶ 두 글자 중 한 글자만 다를 경우 그 다른 한 글자의 뜻에 집중하여 구분하는 것이 포인트!

Check

上次交通事故导致他的记忆（　　　　）减退。
저번 교통사고가 그의 기억 기능의 감퇴를 초래했다.

这个药我吃了一个月，（　　　　）显著。
이 약을 나는 한 달 동안 먹었는데, 효능이 뚜렷하다.

[답] 功能 / 功效

0711 顾虑 · 4급 怀疑

- 顾虑 동 고려하다, 걱정하다, 근심하다
- 怀疑 동 의심하다

비교 이 두 단어는 의미의 차이가 확실하므로 절대 혼동하면 안 된다. 顾虑는 자신이나 다른 사람, 어떤 일에 대해서 불리해질 것이 우려되어 자신의 뜻대로 말하고 행동하지 못하는 것을 가리키고, 怀疑는 뜻 그대로 남을 믿지 못하고 의심하는 것을 가리킨다.

▶ 한국어로 해석하면 차이가 없어 보이므로 단어의 뜻을 정확히 파악하는 것이 포인트!

Check

你有什么想法尽管告诉我，不要（　　　）。
네가 무슨 의견이 있으면 마음 놓고 나에게 말해, 너무 걱정하지 말고.

她总是以（　　　）的眼光看我。
그녀는 항상 의심의 눈초리로 나를 본다.

답 顾虑 / 怀疑

0713 故乡 · 老乡

- 故乡 명 고향
- 老乡 명 동향인, 고향사람

비교 이 두 단어는 글자 하나 차이로 전혀 다른 뜻을 지닌 단어들이다. 故乡은 자신이 출생한 곳이나 또는 오랫동안 거주한 곳을 가리키지만, 老乡은 같은 고향사람을 가리킨다.

▶ 아무리 쉬운 단어일지라도 그 속뜻을 한번쯤 되새겨 보는 것이 포인트!

Check

贵州是我的第二（　　　）。
꾸이저우는 나의 두 번째 고향이다.

我在公司里遇到了（　　　）。
나는 회사에서 고향사람을 만났다.

답 故乡 / 老乡

0753 含糊 · 5급 模糊

- 含糊 형 모호하다, 애매하다
  ➡ 意思, 回答, 内容, 文章, 说话, 印象, 结论, 观点 + 含糊
- 模糊 형 모호하다, 분명하지 않다
  ➡ 人的感觉, 记忆, 画面, 字迹 + 模糊

비교 이 두 단어는 뜻만으로는 구별이 잘 되지 않는 단어들이다. 含糊는 사람의 말이나 언어와 관계된 것들이 명확하지 않은 것을 가리키고, 模糊는 시각이나 감각, 기억의 측면에서 분명하지 않는 것을 가리킨다.

▶ 어떤 단어들과 함께 쓰이는지를 알아두는 것이 포인트!

Check

他刚才说的话很（　　　），我听不懂。
그가 방금 전에 한 말은 뚜렷하지 않아서 나는 이해하지 못했다.

他的字迹很（　　　），看不清了。
그의 필적은 분명하지 않아서 알아보기 힘들다.

답 含糊 / 模糊

0772 和气 · 0769 和蔼 · 0771 和睦

- 和气 형 온화하다, 부드럽다
- 和蔼 형 상냥하다, 부드럽다
- 和睦 형 화목하다

비교 이 세 단어는 해석상으로는 구별하기 어려운 단어이나 그 차이점은 명확하다. 和气는 사람의 태도나 말, 표정이 따뜻하고 부드러운 것을 가리키고, 和蔼는 대체로 아랫사람이 윗사람의 태도에 대해 따뜻하고 부드러움을 느끼는 것을 가리키며 주로 서면어로 쓰인다. 和睦는 서로 잘 지내고 싸우지 않는 것을 가리킨다.

▶ 한국어로 해석하면 차이가 없어 보이므로 단어의 뜻을 정확히 파악하는 것이 포인트!

Check

这位厂长待人（　　　）可亲，受到职工的爱戴。
이 공장장은 사람을 매우 상냥하고 친절하게 대해서 직원들의 공경을 받는다.

我们一家人非常（　　　）。
우리 가족은 매우 화목하다.

那位服务员态度很（　　　）。
저 종업원은 태도가 매우 온화하다.

답 和蔼 / 和睦 / 和气

0783 恨不得 · 0021 巴不得

- 恨不得 [동] 간절히 희망하다
- 巴不得 [동] 간절히 원하다

비교 이 두 단어는 모두 '간절히 바라다'라는 뜻을 가지고 있지만, 恨不得는 실제로 할 수 없고 실현 불가능한 것을 바라는 것이고, 巴不得는 실현 가능한 것을 바란다는 차이가 있다.

▶ 뜻이 완전히 같을 때에는 차이점에 주목하는 것이 포인트!

Check

我（　　　）一天就减肥成功。
나는 하루만에 다이어트에 성공하기를 간절히 바란다.

我每天起床时，都（　　　）再多睡五分钟。
나는 매일 잠자리에서 일어날 때 매번 5분만 더 자기를 희망한다.

답 恨不得 / 巴不得

0798 忽略 · 5급 忽视

- 忽略 [동] 소홀히 하다, 등한시하다
- 忽视 [동] 소홀히 하다, 경시하다

비교 이 두 단어는 모두 '소홀히 하다'라는 뜻을 가지고 있으나 그 차이점은 분명하다. 忽略는 일부러 그랬다기보다는 다른 것에 신경을 쓰다가 혹은 무의식적으로 깨닫지 못했다는 데에 초점이 맞추어져 있고, 忽视는 일부러 중시하지 않고 신경 쓰지 않는다는 것에 초점이 맞춰져 있다.

▶ 단어가 어떤 식으로 사물이나 사람을 대하고 있는지가 포인트!

Check

你怎么会（　　　）了我的生日呢？
너 어떻게 내 생일을 소홀히 할 수 있어?

他（　　　）了身体健康，就住院了。
그는 건강을 등한시해 입원을 했다.

답 忽略 / 忽视

0790 宏伟 · 5급 雄伟

- 宏伟 [형] 웅장하다, 웅대하다
  ➡ 建筑，计划，规模，设计，结构，构想，目标，理想 ＋ 宏伟
- 雄伟 [형] 웅장하다, 웅대하다
  ➡ 人的气势，人的气魄，自然景物，声音 ＋ 雄伟

비교 이 두 단어 모두 '웅장하고 위대하다'라는 뜻을 가지고 있어 구분하기 힘들지만, 함께 쓰는 단어를 살펴보면 차이점을 정확히 알 수 있다. 宏伟는 건축물의 규모나 구조, 계획, 목표, 이상 등이 웅장하고 위대한 것을 가리키고, 雄伟는 사람의 기세나 자연경관, 자연의 기세, 소리 등이 웅장하고 위대한 것을 주로 가리킨다.

▶ 비슷한 의미를 가진 단어일수록 搭配에 의해 구분된다는 것이 포인트!

Check

泰山的气势真（　　　）。
타이산의 기세가 정말 웅장하고 위대하다.

我们设计了十分（　　　）计划，但因准备不足而失败。
우리는 매우 웅장한 계획을 세웠으나 준비 부족으로 실패했다.

답 雄伟 / 宏伟

0840 混乱 · 杂乱

- 混乱 [형] 혼란하다, 어지럽다
  ➡ 情况，思想，局面，秩序，经济，市场，局势，交通 ＋ 混乱
- 杂乱 [형] 번잡하고 질서가 없다
  ➡ 会场，人声，发言，数据 ＋ 杂乱

비교 이 두 단어 모두 '질서가 없고 어지럽다'라는 뜻을 가지고 있다. 混乱은 서로 한데 섞여 통일되거나 안정적이지 못하고 조리가 없는 것을 주로 가리키며, 추상명사와 함께 쓰인다. 杂乱은 자질구레하고 사소하며 잡다한 것들이 한데 섞여 엉망진창이고 두서 없이 보이는 것을 말하며, 주로 장소나 사람의 말에 주로 사용된다.

▶ 비슷한 의미를 가진 단어일수록 搭配에 의해 구분된다는 것이 포인트!

Check

我们的房间非常（　　　），所以被妈妈骂了一顿。
우리 방이 매우 지저분해서 엄마한테 혼났다.

这个市场生态系统比他原来希望的更加（　　　）。
이 시장의 생태시스템이 그가 원래 희망하던 것보다 더욱 혼란스럽다.

답 杂乱 / 混乱

0841 混淆 · 0839 混合

- 混淆 图 뒤섞이다, 헷갈리다
   ➡ 混淆 + 추상명사

- 混合 图 혼합하다, 함께 섞다
   ➡ 混合 + 구체명사

비교 이 두 단어 모두 '혼합하다, 섞다'라는 뜻을 가지고 있는데, 混淆는 주로 경계선이 모호한 추상적인 개념에 주로 사용되나, 混合는 주로 스포츠 종목 중 남녀가 섞여 있는 종목에 쓰이고 화학적 혼합을 가리키기도 한다.

▶ 뜻이 완전히 같을 때는 차이점에 주목하는 것이 포인트!

Check
我获得了羽毛球男女（　　　）双打世界亚军。
나는 배드민턴 남녀 혼합복식에서 은메달을 땄다.

有的同学经常将"年轻"与"年青"（　　　）运用。
어떤 학생들은 자주 '年轻'과 '年青'을 섞어 사용한다.

답 混合 / 混淆

0862 激励 · 4급 鼓励

- 激励 图 격려하다
   ➡ 人, 行为, 思想 + 激励

- 鼓励 图 격려하다
   ➡ 人, 组织 + 鼓励

비교 이 두 단어는 모두 사람이나 조직이 정신적으로 '격려하다'라는 뜻을 가지고 있으나, 激励는 사람, 조직 이외에도 행위나 사상으로도 격려할 수 있다. 또한 鼓励는 정신적으로 격려할 뿐만 아니라 물질적으로도 격려하는 것을 가리키기도 한다.

▶ 비슷한 의미를 가진 단어일수록 搭配에 의해 구분된다는 것이 포인트!

Check
崇高的理想（　　　）着广大人民。
숭고한 이상은 많은 인민을 격려한다.

我的工作成绩一直很好，公司以奖金（　　　）我。
나의 작업 성적이 계속 좋아서, 회사는 보너스로 나를 장려했다.

답 激励 / 鼓励

0876 急切 · 5급 迫切

- 急切 형 절박하다, 절실하다
- 迫切 형 절실하다, 절박하다

비교 이 두 단어 모두 '절박하다'라는 뜻을 가지고 있는데, 急切는 마음이 절박하고 시간적으로 너무 급작스럽다는 것에 초점이 맞춰져 있고, 迫切는 뭔가가 필요해서 기다리기 어려울 정도로 절박한 것에 초점이 맞춰져 있다.

▶ 한국어로 해석하면 차이가 없어 보이므로 단어의 뜻을 정확히 파악하는 것이 포인트!

Check
我们非常（　　　）要求解决饮水问题。
우리는 물 문제가 해결될 것을 매우 절박하게 요구한다.

（　　　）间找不到合适的地方。
황급한 와중에는 적절한 곳을 찾을 수 없다.

답 迫切 / 急切

0887 记载 · 5급 记录

- 记载 图 기재하다, 기록하다
   ➡ 记载 + 事迹, 历史, 经历

- 记录 图 기록하다
   ➡ 记录 + 事迹, 发言, 话, 供词

비교 이 두 단어는 모두 '기록하다'라는 뜻을 가지고 있는 단어이나, 记载는 주로 긴 시간 동안 이어져온 역사나 경험 등을 기록하는 것을 가리키고, 记录는 들은 말이나 발생한 일을 기록하는 것을 가리킨다.

▶ 아무리 쉬운 단어일지라도 그 속뜻을 한 번쯤 되새겨 보는 것이 포인트!

Check
他写了一部（　　　）公司历史的书。
그는 회사의 역사를 기재한 책을 썼다.

请你把他说的话（　　　）在本子上。
당신이 그가 한 말을 공책에 기록해주세요.

답 记载 / 记录

0892 寂静・5급寂寞

- 寂静 휑 조용하다, 고요하다
- 寂寞 휑 적막하다, 쓸쓸하다

비교 이 두 단어 모두 '고요하고 적막하다'라는 뜻을 가지고 있으나, 寂静은 소리가 없어서 적막한 것을 가리키고, 寂寞는 마음이 쓸쓸하고 고독하고 적막한 것을 가리킨다.

▶ 뜻이 완전히 같을 때는 차이점에 주목하는 것이 포인트!

Check
夜深了，周围很（　　　）。
밤이 깊어서 주위가 조용하다.

只要有电脑，我就不感觉到（　　　）了。
컴퓨터만 있으면 나는 쓸쓸함을 느끼지 않는다.

▤ 寂静 / 寂寞

0916 艰难・5급艰巨・5급艰苦

- 艰难 휑 곤란하다, 어렵다, 힘들다
  ➡ 生活, 岁月, 日子 + 艰难
- 艰巨 휑 어렵고 힘들다, 막중하다
  ➡ 事业, 任务, 工作, 工程 + 艰巨
- 艰苦 휑 고달프다, 고생스럽다
  ➡ 环境, 生活, 日子, 工作, 斗争, 历程, 研究, 创作 + 艰苦

비교 이 세 단어는 해석상으로는 거의 구분이 되지 않는데, 이럴 때는 같이 쓰이는 搭配로 구분하는 것이 가장 좋다. 艰难은 일이 복잡하여 순조롭게 진행되지 않는 것을 가리키며, 주로 일이나 생활이 힘든 것에 초점이 맞춰져 있다. 艰巨는 맡겨진 업무나 직업, 일 등이 무겁고 어려우며 막중한 것에 초점이 맞춰져 있다. 艰苦는 창작의 고통, 연구의 고통, 고통스러운 환경 등과 같이 주로 고통스러운 것에 초점이 맞춰져 있다.

▶ 비슷한 의미를 가진 단어일수록 搭配에 의해 구분된다는 것이 포인트!

Check
在马拉松比赛中，最后阶段最为（　　　）。
마라톤 시합에서는 최후 단계가 가장 힘들다.

我们需要回顾过去的（　　　）历程。
우리는 과거의 어려웠던 역정을 되돌아볼 필요가 있다.

我现在担当的任务很（　　　）。
내가 지금 담당하고 있는 임무가 매우 막중하다.

▤ 艰难 / 艰苦 / 艰巨

0944 奖励・4급鼓励

- 奖励 동 장려하다, 표창하다
- 鼓励 동 격려하다

비교 이 두 단어는 모두 '칭찬하고 격려하다'라는 뜻을 가진 단어이나, 奖励는 이미 발생한 일에 대하여 윗사람이 아랫사람에게 물질적으로 격려하는 것을 가리키고, 鼓励는 이미 발생한 일이나 미래에 발생할 일에 대해 윗사람이 아랫사람에게 혹은 동년배 간에 물질적, 정신적으로 격려하는 것을 가리킨다.

▶ 한국어로 해석하면 차이가 없어 보이므로 단어의 뜻을 정확히 파악하는 것이 포인트!

Check
老师的一番话（　　　）了我们。
선생님의 말이 우리를 격려했다.

我的工作成绩一直很好，公司给了我一千块钱表示（　　　）。
나의 작업성적이 계속 좋아서, 회사는 나에게 천 위안을 주어서 장려를 표했다.

▤ 鼓励 / 奖励, 鼓励

0950 交往・来往

- 交往 동 서로 왕래하다
- 来往 동 오고 가다

비교 이 두 단어는 확실하게 구분되는 단어이므로 절대 혼동하면 안 된다. 交往은 사람과 사람 사이에 서로 오고 가며 왕래하는 것을 가리키고, 来往은 사람이나 차, 선박, 무역이 오고 가는 것을 주로 가리킨다.

▶ 아무리 쉬운 단어일지라도 그 속뜻을 한번쯤 되새겨 보는 것이 포인트!

Check
我们俩之间（　　　）比较密切。
우리 사이의 왕래는 비교적 친밀하다.

这列火车（　　　）于北京上海之间。
이 기차는 베이징과 상하이 사이를 오간다.

▤ 交往 / 来往

0963 揭发 · 揭示

- **揭发** 동 들추어내다, 폭로하다
  → 揭发 + 坏人, 内幕, 真相, 阴谋

- **揭示** 동 드러내 보이다
  → 揭示 + 奥秘, 规律, 本质, 起源

비교 이 두 단어는 모두 '드러내 보이다'라는 뜻을 가지고 있으나, 揭发는 진상, 내막, 음모 등과 같이 발견되지 않은 나쁜 일이나 나쁜 사람을 들추어내는 것을 가리키고, 揭示는 신비, 본질 등 눈으로 쉽게 볼 수 없는 것을 들추어내는 것을 가리킨다.

▶ 이러한 단어들은 단어의 구체적인 뜻 외에도 자주 쓰이는 목적어를 알아두는 것이 포인트!

Check
我们纷纷（　　　）他们的罪行。
우리는 분분히 그들의 악행을 폭로했다.

他的文章（　　　）了宇宙的奥秘。
그의 문장은 우주의 신비를 드러내 보여주었다.

답 揭发 / 揭示

0983 紧密 · 5급 密切

- **紧密** 형 긴밀하다
  → 联系, 合作, 团结, 配合 + 紧密

- **密切** 형 밀접하다, 긴밀하다
  → 关系, 来往, 交往, 配合, 联系 + 密切

비교 이 두 단어는 모두 '긴밀하고 밀접하다'라는 뜻을 가진 단어이나, 紧密는 매우 밀접하여 사이를 두지 않고 긴밀하게 연결되어 있는 것에 초점이 맞춰져 있고, 密切는 관계가 가깝고 그 사이의 감정이 좋은 것에 초점이 맞춰져 있다.

▶ 한국어로 해석하면 차이가 없어 보이므로 단어의 뜻을 정확히 파악하는 것이 포인트!

Check
在大学的四年里，我们的关系很（　　　）。
대학 4년 동안, 우리의 관계는 매우 밀접했다.

全国人民团结得很（　　　）。
전국의 인민들이 매우 긴밀하게 단결되어 있다.

답 密切 / 紧密

0972 解除 · 5급 克服

- **解除** 동 없애다, 제거하다
  → 解除 + 压力, 误会, 困境, 疲劳, 负担, 束缚

- **克服** 동 극복하다
  → 克服 + 缺点, 弱点, 困难

비교 이 두 단어는 무엇인가를 없앤다는 뜻을 가지고 있지만 전혀 다른 뜻의 단어이므로 절대 혼동하면 안 된다. 解除는 스트레스, 피로, 오해, 부담, 속박 등을 해소하고 없애는 것을 가리키나, 克服는 강한 의지와 역량으로 어려움, 단점, 약점 등을 극복하는 것을 가리킨다.

▶ 어떤 단어들과 함께 쓰이는지를 알아두는 것이 포인트!

Check
我每天洗个澡（　　　）疲劳。
나는 매일 목욕으로 피로를 해소한다.

只要有毅力，世界上就没有（　　　）不了的困难。
의지만 있으면 세상에 극복할 수 없는 어려움은 없다.

답 解除 / 克服

0990 进展 · 4급 发展

- **进展** 동 발전하다, 전진하다

- **发展** 동 발전하다

비교 이 두 단어는 모두 '나아간다'라는 뜻을 가지고 있는 단어이나, 进展은 앞을 향해 발전해 나간다는 뜻을 가지고 있고 목적어를 취하지 않는 특징을 가지고 있다. 이에 반해 发展은 작은 것에서 큰 것으로 발전하고, 저급에서 고급으로 발전해 나가는 특징을 가지고 있다.

▶ 아무리 쉬운 단어일지라도 그 속뜻을 한번쯤 되새겨 보는 것이 포인트!

Check
你们试验（　　　）得怎么样了？
너희 실험은 어떻게 진전되고 있는 거야?

为了（　　　）学校教育，老师们艰苦奋斗着。
학교 교육을 발전시키기 위해서, 선생님들이 분투하고 있다.

답 进展 / 发展

1003 精心 · 5급 专心

- 精心 [형] 공들이다, 특별히 마음을 쓰다
  ➡ 精心 + 工作, 护理, 设计, 照顾, 安排
- 专心 [형] 전념하다
  ➡ 专心 + 工作, 学习, 治疗

비교 이 두 단어는 모두 '마음을 쓰다'라는 뜻을 가지고 있으나, 精心은 세심하게 마음을 쓰고 심혈을 기울인다는 것에 초점이 맞춰져 있고, 이에 반해 专心은 몰두하고 주의력을 집중해서 무언가를 한다는 것에 주로 초점이 맞춰져 있다.

▶ 한국어로 해석하면 차이가 없어 보이므로
단어의 뜻을 정확히 파악하는 것이 포인트!

Check
开车时要特别（　　　）。
운전할 때는 특히 전념해야 한다.

这位患者你要（　　　）照顾。
이 환자는 네가 세심하게 돌봐야 한다.

图 专心 / 精心

1005 精致 · 精细

- 精致 [형] 정교하다, 세밀하다
- 精细 [형] 정교하고 섬세하다

비교 이 두 단어는 모두 '정교하고 세밀하다'라는 뜻을 가지고 있으나 精致는 대체로 구체적인 물건이 정교하고 세밀한 것을 가리키고, 精细는 구체적인 물건뿐만 아니라 마음이 세심하고 주의 깊다는 뜻도 가지고 있다.

▶ 한국어로 해석하면 차이가 없어 보이므로
단어의 뜻을 정확히 파악하는 것이 포인트!

Check
她送我的戒指非常（　　　）。
그녀가 나에게 선물한 반지는 매우 정교하고 세밀하다.

我妈是相当（　　　）的人。
우리 엄마는 매우 세심한 사람이다.

图 精致, 精细 / 精细

1036 局限 · 4급 限制

- 局限 [동] 국한하다, 한정하다
- 限制 [동] 제한하다

비교 이 두 단어는 모두 '한정 짓다'라는 뜻을 가지고 있는 단어이다. 局限은 일정한 범위 내에서 혹은 좁은 범위 내에서 한정 짓는 것을 가리키고, 限制는 규정된 범위를 초과해서는 안 되는 것을 가리킨다.

▶ 한국어로 해석하면 차이가 없어 보이므로
단어의 뜻을 정확히 파악하는 것이 포인트!

Check
这种船要（　　　）乘客人数。
이런 배는 승객인원수를 제한해야 한다.

这种疾病并未被（　　　）在一定范围之内。
이런 질병은 결코 일정한 범위 내에 한정되지 않는다.

图 限制 / 局限

1049 觉醒 · 1048 觉悟

- 觉醒 [동] 각성하다, 깨닫다
- 觉悟 [동] 깨닫다, 자각하다

비교 이 두 단어는 비슷하게 보일지 모르지만 확실히 구분되므로 절대 혼동해서는 안 된다. 觉醒은 미혹 속에서 깨어나거나(醒) 모호함 속에서 깨어나는(醒) 것을 가리키고, 觉悟는 머릿속에서 미혹, 모호함, 잘못됨 등을 깨닫는(悟) 것을 가리킨다.

▶ 두 글자 중 한 글자만 다를 경우
그 다른 한 글자의 뜻에 집중하여 구분하는 것이 포인트!

Check
我一刹那（　　　）到个人只不过是现实的一个影子。
나는 찰나에 개인은 단지 현실의 그림자일 뿐이라는 걸 깨달았다.

中国封闭了好多年，巨龙终于（　　　）。
중국은 여러 해 동안 폐쇄되어 있었으나, 거대한 용은 마침내 깨어났다.

图 觉悟 / 觉醒

1056 开朗 · 1055 开阔

- 开朗 [형] 탁 트이고 밝다
- 开阔 [형] 넓다, 광활하다

[비교] 이 두 단어는 한 글자에 의해서 구분이 되는 단어들이다. 朗이 '밝고 환하다'라는 뜻을 가지고 있으므로 开朗은 장소가 넓고 탁 트여 밝은 것을 가리키고, 阔은 '넓다'라는 뜻을 가지고 있으므로 开阔은 장소가 넓고 광활하다는 뜻을 가리킨다. 开阔은 그 반의어 '狭窄(좁다)'로도 의미를 짐작할 수 있다. 또한 开朗은 성격이 명랑한 것을 가리키기도 하며, 开阔는 마음이 넓고 시원시원한 것을 가리키기도 한다.

▶ 두 글자 중 한 글자만 다를 경우
그 다른 한 글자의 뜻에 집중하여 구분하는 것이 포인트!

Check

从山洞出来，就觉得眼前豁然huòrán（　　　）。
동굴에서 나오니 눈 앞이 탁 트인다.

这片田野（　　　）极了。
이 들판은 매우 광활하다.

目 开朗 / 开阔

1061 开展 · 5급 展开

- 开展 [동] 확대하다, 전개하다
  ➡ 开展 + 活动, 比赛, 交流, 竞赛, 批评
- 展开 [동] 펴다, 전개하다
  ➡ 展开 + 地图, 翅膀, 报纸, 攻势, 活动, 研究, 工作, 谈判, 斗争, 讨论

[비교] 이 두 단어는 똑같은 글자가 서로 뒤집어져 있지만 의미상에서는 전혀 다른 단어이다. 开展은 작은 범위에서 큰 범위로 점차 발전시켜 나가는 것을 가리키고, 展开는 물건을 펼치거나 어떤 행사를 대규모로 진행하는 것을 가리킨다.

▶ 이러한 단어들은 단어의 구체적인 뜻 외에도
자주 쓰이는 목적어를 알아두는 것이 포인트!

Check

公司（　　　）了空调促销的广告大战。
회사는 에어컨 판매의 광고 전쟁을 대규모로 진행했다.

学校应该（　　　）课外活动。
학교는 반드시 과외활동을 전개해야 한다.

目 展开 / 开展

1060 开拓 · 1058 开辟

- 开拓 [동] 개척하다
  ➡ 开拓 + 胸怀, 眼界, 边疆, 航线, 市场
- 开辟 [동] 개척하다
  ➡ 开辟 + 通道, 市场, 隧道, 航线, 商业区, 边疆, 未来, 前途

[비교] 이 두 단어는 모두 '개척하다'라는 뜻을 가진 단어이나, 开辟는 작은 것을 크게 만들고 확장한다(拓)는 뜻을 가리키고, 开辟는 무에서 유를 만들어내고, 처음으로 만들어내는 것(辟)을 가리킨다.

▶ 두 글자 중 한 글자만 다를 경우
그 다른 한 글자의 뜻에 집중하여 구분하는 것이 포인트!

Check

他们（　　　）了新的航线。
그들은 새로운 항로를 개척했다.

这件事情使他大大地（　　　）了眼界。
이 일은 그의 시야를 크게 넓혀주었다.

目 开辟 / 开拓

1066 看待 · 5급 对待

- 看待 [동] (사람이나 사물을) 대하다, 대우하다
- 对待 [동] (사람이나 사물을) 다루다, 대처하다

[비교] 이 두 단어는 매우 혼동되기 쉬운 단어이므로 확실하게 짚고 넘어가야 한다. 看待의 '대하다, 대우하다'라는 뜻은 사회적 관계에 따라서 적절하게 대하거나 예우를 갖추어 잘 대하는 것을 가리키고, 对待의 '다루다, 대처하다'라는 뜻은 어떤 일에 대해서 적당한 조치를 취하는 것을 가리킨다.

▶ 한국어로 해석하면 차이가 없어 보이므로
단어의 뜻을 정확히 파악하는 것이 포인트!

Check

老师对不同的学生都一样（　　　）。
선생님은 다른 학생에 대해서 모두 같게 대한다.

我们应该虚心地（　　　）同学们的批评。
우리는 반드시 허심탄회하게 친구들의 비평을 다뤄야 한다.

目 看待 / 对待

1070 考察 · 1072 考核

- **考察** 동 (현지) 조사하다
  ➡ 考察 + 山川, 地形, 气候, 资源, 地质, 环境, 风俗, 市场

- **考核** 동 심사하다, 대조하다
  ➡ 考核 + 职工, 干部, 技术, 能力, 成绩, 水平

비교 이 두 단어는 모두 '검사하다'라는 뜻을 가지고 있는 단어이나, 考察는 현지 조사를 통해서 정밀하게 관찰하는 것을 가리키고, 考核는 일정한 기준을 사용해서 검사하고 심사하는 것을 가리킨다.

▶ 비슷한 의미를 가진 단어일수록 搭配에 의해 구분된다는 것이 포인트!

Check

科学家要去南极（　　　）。
과학자들은 남극으로 현지 조사를 가려고 한다.

每个公司通过（　　　）才能被录取。
모든 회사는 심사를 통해 비로소 채용된다.

답 考察 / 考核

1078 渴望 · 5급 盼望

- **渴望** 갈망하다, 바라다
  ➡ 渴望 + 和平, 改革, 幸福, 自由, 胜利, 工作

- **盼望** 동 희망하다, 바라다
  ➡ 盼望 + 喜讯, 佳音, 下雨, 丰收, 放假, 解决

비교 이 두 단어는 모두 '바라다, 원하다'라는 뜻을 가진 단어이나, 渴望은 절박하게 바라는 것으로 서면어에 주로 쓰이고, 盼望은 미래에 빨리 이루어지기를 가슴 깊이 희망하는 것으로 구어에 주로 쓰인다. 希望, 盼望, 渴望 이 세 단어 모두 바란다는 뜻인데, 그 정도의 차이를 살펴보면 希望 ＜ 盼望 ＜ 渴望 순이라고 볼 수 있다.

▶ 아무리 쉬운 단어일지라도 그 속뜻을 한번쯤 되새겨 보는 것이 포인트!

Check

父母（　　　）自己的女儿考上大学。
부모는 자신의 딸이 대학에 붙기를 바란다.

她真（　　　）着找到理想的工作。
그녀는 이상적인 직업을 찾기를 진심으로 갈망하고 있다.

답 盼望 / 渴望

1073 考验 · 0921 检验 · 0810 化验

- **考验** 동 시험하다, 시련을 주다
  ➡ 考验 + 战士, 立场, 意志, 胆量, 思想

- **检验** 동 검증하다, 검사하다
  ➡ 检验 + 产品, 质量, 性能, 理论

- **化验** 동 화학 실험을 하다, 화학 분석하다

비교 이 세 단어는 다른 뜻을 가진 단어들이므로 절대 혼동해서는 안 된다. 考验은 구체적인 사건이나 행동, 또는 곤란한 환경을 통해서 꿋꿋한지, 충실한지, 성실한지, 정확한지를 검증하는 것을 가리키고, 检验은 상품의 질량, 기능, 성능, 이론 등을 검사하고 검증을 거치는 것을 가리킨다. 化验은 글자 그대로 화학 실험을 하고 화학 분석을 하는 것을 가리킨다.

▶ 아무리 쉬운 단어일지라도 그 속뜻을 한번쯤 되새겨 보는 것이 포인트!

Check

艰难的环境能（　　　）人的意志。
힘든 환경은 사람의 의지를 시험할 수 있다.

明天就可以知道（　　　）的结果。
내일이면 곧 화학 실험의 결과를 알 수 있다.

他的工作是（　　　）产品的质量。
그의 직업은 상품의 질량을 검사하는 것이다.

답 考验 / 化验 / 检验

1092 空想 · 5급 幻想

- **空想** 동 공상하다

- **幻想** 동 환상하다

비교 이 두 단어는 뜻도 다를 뿐만 아니라 그 쓰임도 확실히 다르다. 空想은 비현실적이거나 실현될 가망성이 없는 것을 마음대로 상상하는 것을 가리키고, 幻想은 자신이 실현하고 싶은 것, 행복한 것을 상상하는 것을 가리킨다.

▶ 아무리 쉬운 단어일지라도 그 속뜻을 한번쯤 되새겨 보는 것이 포인트!

Check

我小时候的（　　　），今天成了现实。
나의 어렸을 때의 환상이 오늘 현실이 되었다.

电影里的情节都是我（　　　）出来的。
영화 속의 줄거리는 모두 내가 공상해낸 것이다.

답 幻想 / 空想

1093 空虚 · 1090 空洞

- **空虚** 형 공허하다, 텅 비다
  ➡ 后方, 生活, 心灵, 精神, 能源 + 空虚

- **空洞** 형 내용이 없다, 공허하다
  ➡ 内容, 理论, 语言, 文章, 报告, 宣传 + 空洞

비교 이 두 단어는 모두 '공허하다'라는 뜻을 가지고 있으나 그 의미상의 구별은 확실하다. 空虚는 주로 공간이 텅 비어 있거나 마음이 공허한 것을 가리키고, 空洞은 주로 문장이나 글의 내용이 성실하지 못한 것을 가리킨다.

▶ 비슷한 의미를 가진 단어일수록 **搭配**에 의해 구분된다는 것이 포인트!

Check
她写的文章太（　　　）了。
그녀가 쓴 문장은 너무 공허하다.

这一棵树非常大，但里面很（　　　）。
이 나무는 매우 큰 데 비해서 안은 텅 비었다.

🔖 空洞 / 空虚

1109 宽敞 · 宽阔

- **宽敞** 형 넓다
  ➡ 屋子, 院子, 客厅, 礼堂, 花园 + 宽敞

- **宽阔** 형 넓다
  ➡ 水面, 道路, 场地, 马路, 心胸, 胸怀, 眼界, 前额, 肩膀, 胸背 + 宽阔

비교 이 두 단어는 모두 '넓다'라는 뜻을 가진 단어이나 그 구분은 확실하다. 宽敞은 주로 건물의 면적이나 내부가 넓은 것을 가리키고, 宽阔는 사물의 가로의 넓이가 넓거나 마음, 시야가 넓은 것을 가리키기도 하고, 사람의 신체 면적이 넓은 것을 가리키기도 한다.

▶ 비슷한 의미를 가진 단어일수록 **搭配**에 의해 구분된다는 것이 포인트!

Check
我们的教室（　　　）极了。
우리 교실은 매우 넓다.

他的思想（　　　）得很。
그의 사상은 매우 넓다.

🔖 宽敞 / 宽阔

1122 扩张 · 4급 扩大 · 1120 扩充

- **扩张** 동 확장하다, 넓히다
  ➡ 扩张 + 边疆, 野心, 势力

- **扩大** 동 확대하다, 넓히다
  ➡ 扩大 + 范围, 规模, 影响, 势力, 眼界, 交流

- **扩充** 동 확충하다, 늘리다
  ➡ 扩充 + 组织, 设备, 实力, 资金

비교 이 세 단어는 한 글자에 의해서 확실하게 구분되는 단어들이다. 张은 펴거나 뻗는다는 뜻이므로 扩张은 주로 옆으로 넓히는 것을 가리키고, 大는 크다는 뜻이므로 扩大는 전체적인 크기를 원래의 것보다 크게 한다는 데 초점이 맞춰져 있다. 또한 充은 가득 채운다는 뜻이므로 扩充은 수적 또는 양적인 면에서 설비, 자금을 확보하고 늘리는 것을 주로 가리킨다.

▶ 두 글자 중 한 글자만 다를 경우 그 다른 한 글자의 뜻에 집중하여 구분하는 것이 포인트!

Check
这声明暴露了他们企图向外（　　　）的野心。
이 성명은 그들이 외부로의 확장을 기도하는 야심을 폭로했다.

我们单位要（　　　）资金。
우리 회사는 자금을 확충해야 한다.

这次旅游（　　　）了我的眼界。
이번 여행은 나의 시야를 넓혔다.

🔖 扩张 / 扩充 / 扩大

1126 来源 · 1125 来历

- **来源** 명 근원, 출처

- **来历** 명 경력, 배경, 유래

비교 두 단어 역시 한 글자에 의해서 확실히 구분되는 단어이다. 源은 근원, 뿌리, 근본이라는 뜻이므로 来源은 사물의 출처를 가리키고, 历는 역사나 경력, 세월을 가리키므로 来历는 사람과 사물의 지금까지의 역사와 배경을 가리킨다.

▶ 두 글자 중 한 글자만 다를 경우 그 다른 한 글자의 뜻에 집중하여 구분하는 것이 포인트!

Check
我想知道这个名称的（　　　）。
나는 이 명칭의 유래를 알고 싶다.

我们家的经济（　　　）是我的工资。
우리 집의 경제적 출처는 나의 월급이다.

🔖 来历 / 来源

1133 牢固 · 0691 巩固 · 0908 坚固

- 牢固 [형] 견고하다, 단단하다
  ➡ 思想, 精神, 观念, 知识, 友谊 + 牢固

- 巩固 [형] 견고하다, 튼튼하다
  ➡ 联盟, 基础, 政权, 制度, 国防, 关系 + 巩固

- 坚固 [형] 견고하다, 튼튼하다
  ➡ 建筑物, 物体, 用具 + 坚固

[비교] 이 세 단어 모두 '튼튼하다'라는 뜻을 가지고 있는데, 牢固는 매우 튼튼하게 결합되어 있어 쉽게 떨어지고 분리되지 않는다는 뜻을 지니고 있으며 구체명사, 추상명사가 모두 올 수 있다. 巩固는 관계, 지위, 힘 등이 쉽게 동요되고 흔들리지 않는 것에 초점이 맞춰져 있으며 주로 추상명사에만 사용된다. 坚固는 사물 간에 매우 긴밀히 결합되어 있고 쉽게 파괴되지 않는다는 뜻을 가지고 있으며 주로 구체명사가 온다.

▶ 비슷한 의미를 가진 단어일수록 搭配에 의해 구분된다는 것이 포인트!

Check
我在公司的地位非常（　　）。
나는 회사에서의 지위가 매우 공고하다.

我的书桌很（　　），可以用一辈子。
내 책상은 매우 튼튼해서 한평생을 쓸 수 있다.

她知识掌握得很（　　）。
그녀는 지식을 매우 확고하게 장악하고 있다.

[답] 巩固 / 坚固 / 牢固

1135 乐趣 · 3급 兴趣 · 1499 趣味

- 乐趣 [명] 즐거움, 재미
- 兴趣 [명] 흥미, 흥취
- 趣味 [명] 재미, 흥미

[비교] 이 세 단어는 모두 '즐거움, 흥미'라는 뜻을 가지고 있다. 乐趣는 주로 직접 활동에 참가한 후의 즐거운 느낌을 가리키고, 兴趣는 어떤 사물이나 활동을 좋아해서 생기는 감정을 가리키며 '广泛', '浓厚'와 같은 단어와 같이 쓰인다. 趣味는 사람을 즐겁게 하고 재미 있게 끌어당기는 특성을 가리킨다.

▶ 한국어로 해석하면 차이가 없어 보이므로 단어의 뜻을 정확히 파악하는 것이 포인트!

Check
他最大的（　　）是跑步。
그의 가장 큰 즐거움은 조깅이다.

那是一部有（　　）的电影。
그것은 재미 있는 영화이다.

儿子的（　　）很广泛。
아들의 관심사는 매우 광범위하다.

[답] 乐趣 / 趣味 / 兴趣

1138 类似 · 5급 相似

- 类似 [형] 유사하다, 비슷하다
  ➡ 东西, 方法, 错误, 情况, 现象 + 类似

- 相似 [형] 닮다, 비슷하다
  ➡ 外表, 外貌, 爱好, 结构, 温度, 观点, 内容 + 相似

[비교] 이 두 단어는 거의 차이점이 없으나 类似는 대체로 비슷하다는 데 초점이 맞춰져 있고, 相似는 거의 같다는 의미에 초점이 맞춰져 있다.

▶ 비슷한 의미를 가진 단어일수록 搭配에 의해 구분된다는 것이 포인트!

Check
电脑起着（　　）人脑的作用。
컴퓨터는 인간 두뇌와 유사한 작용을 한다.

我们夫妻的兴趣完全（　　）。
우리 부부의 취미는 완전히 똑같다.

[답] 类似 / 相似

1173 辽阔 · 0727 广阔

- 辽阔 [형] 광활하다, 아득히 넓다
  ➡ 辽阔 + 地域, 国土, 草原 등 구체명사

- 广阔 [형] 넓다, 광활하다
  ➡ 广阔 + 地域, 国土, 草原, 胸怀, 前途 등 구체명사, 추상명사

[비교] 이 두 단어는 모두 '넓다'라는 뜻을 가진 단어이다. 辽는 멀다는 뜻이므로 辽阔는 아득히 멀고 광활하다는 뜻에 초점이 맞춰져 있으며 주로 구체명사와 함께 쓰인다. 广은 넓다는 뜻이므로 广阔는 넓고 광활하다는 데 초점이 맞추어져 있으며 구체명사, 추상명사 둘 다에 쓰일 수 있다.

▶ 뜻이 완전히 같을 때에는 차이점에 주목하는 것이 포인트!

Check

我们想去（　　　）的草原。
나는 넓은 초원에 가고 싶다.

（　　　）无际的土地使我国发展得更快。
광활하고 끝이 없는 토지는 우리나라를 더욱 빨리 발전하게 했다.

　　　　　　　　　　　　🗐 辽阔, 广阔 / 辽阔

Check

这个地区根本不存在（　　　）争端。
이 지역은 절대로 영토분쟁이 존재하지 않는다.

节能环保是重要的合作（　　　）。
에너지를 절약하고 환경을 보호하는 것은 중요한 협력영역이다.

　　　　　　　　　　　　🗐 领土 / 领域

1184 领会 · 5급 体会

- 领会 图 깨닫다, 이해하다
  ➡ 领会 + 精神, 意图, 思想, 道理, 意思

- 体会 图 체험하여 깨닫다
  ➡ 体会 + 意图, 意思, 观点, 心, 感情, 乐趣, 心情, 难处

비교 이 두 단어는 모두 '깨닫다'라는 뜻을 가진 단어이다. 领会는 주로 머리로 사물을 이해하는 것을 가리키며 목적어로 추사명사가 주로 오고, 体会는 머리뿐 아니라 직접 몸으로 체험하여 깨닫는 것을 가리키며 명사적 용법을 가지고 있다.

▶ 아무리 쉬운 단어일지라도 그 속뜻을 한 번쯤 되새겨 보는 것이 포인트!

Check

他并没有（　　　）我的意思。
그는 결코 나의 뜻을 이해하지 못했다.

她自己生了孩子以后才（　　　）到了母亲的苦衷。
그녀는 아이를 낳은 후에야 비로소 어머니의 고충을 이해했다.

　　　　　　　　　　　🗐 领会, 体会 / 体会

1201 笼罩 · 0049 包围

- 笼罩 뒤덮다, 뒤덮이다, 휩싸이다
  ➡ 晨雾, 乌云, 气氛, 月光, 暮色, 黑暗, 月色 + 笼罩

- 包围 图 포위하다, 사면을 둘러싸다
  ➡ 城市, 人群, 敌军, 花草 + 包围

비교 이 두 단어 모두 '둘러싸다, 둘러싸이다'라는 뜻을 가진 단어이나 그 구분은 확실하다. 笼罩는 주로 연기, 안개, 구름 등에 의해 뒤덮이고 휩싸이는 것을 가리키며, 어떤 특정한 분위기에 휩싸일 때도 사용되지만, 包围는 주로 어떤 사람이나 사물이 사방을 포위하고 둘러싸는 것을 가리킨다.

▶ 비슷한 의미를 가진 단어일수록 搭配에 의해 구분된다는 것이 포인트!

Check

珠穆朗玛峰被晨雾（　　　）着。
에베레스트는 짙은 안개에 뒤덮였다.

获得冠军的选手被记者们（　　　）起来。
금메달을 획득한 선수는 기자들에 의해 둘러싸였다.

　　　　　　　　　　　🗐 笼罩 / 包围

1186 领土 · 5급 领域

- 领土 图 영토
- 领域 图 영역

비교 이 두 단어 모두 '땅'이라는 뜻을 가지고 있으나, 领土는 한 나라의 주권 관할 하에 있는 구역을 가리키며 영공, 영해, 하류, 하천 등을 모두 포함하는데, 주로 '块'나 '片'과 같은 양사로 그 단위를 표시한다. 领域는 국가 행정주권의 구역을 가리키고, 사회활동 영역이나 학술연구 영역 등과 같이 어떤 추상적인 범위나 방면을 가리키기도 한다.

▶ 두 글자 중 한 글자만 다를 경우
그 다른 한 글자의 뜻에 집중하여 구분하는 것이 포인트!

1219 麻木 · 1218 麻痹

- 麻木 혭 마비되다, 저리다
  ➡ 麻木不仁, 麻木状态

- 麻痹 图 마비되다
  혭 부주의하다, 소홀하다
  ➡ 麻痹大意, 思想麻痹

비교 이 두 단어 모두 '못 움직이게 되다'라는 뜻을 가지고 있다. 麻木는 신체의 일부가 저리거나 감각이 잘 느껴지지 않는 것을 가리키고, 또 외부 사물이나 세상에 대해서 반응이 느리고 둔한 것을 가리키기도 한다. 麻痹는 신체의 어떤 부위가 감각 능력을 상실하거나 운동 기능에 장애가 온 질병이나 질환을 가리키며, 경계심이 없고 부주의한 것을 가리키기도 한다.

▶ 한국어로 해석하면 차이가 없어 보이므로 단어의 뜻을 정확히 파악하는 것이 포인트!

Check

坐车很久两腿（　　　）。
차를 오랫동안 타서 두 다리가 저리다.

我奶奶双腿（　　　），只能躺在床上。
우리 할머니께서는 두 다리가 마비돼서 침대에만 누워 계신다.

🔄 麻木 / 麻痹

1222 嘛 · 3급 啊 · 4급 呀

- **嘛** 図 문장의 끝에서 진술을 확인하거나 문장 중간에서 화제를 이끔
- **啊** 図 문장의 끝에서 감탄을 나타냄
- **呀** 図 문장의 끝에서 놀람을 나타냄

비교 이 세 단어는 모두 감탄사로서 주로 문장 끝에 많이 쓰인다. 嘛는 진술문 끝에 그 진술을 확인하는 어투를 가지고 있고, 또한 문장 중간에 쓰였을 경우 화제를 이끌어내기도 한다. 啊는 문장의 끝에서 주로 감탄을 나타내고, 呀는 문장의 끝에서 주로 놀람을 나타낸다.

▶ 감탄사는 문장 속에서 그 의미와 쓰임을 파악하는 것이 포인트!

Check

这里多么漂亮（　　　）！
이곳은 정말 예쁘구나!

职员（　　　），就得努力工作。
직원이란 말이야, 열심히 일을 해야 하는 거야.

哎（　　　），出大事了！
아이고, 큰일 났다!

🔄 啊 / 嘛 / 呀

1233 忙碌 · 0522 繁忙

- **忙碌** 혭 바쁘다
  ➡ 人们, 工人, 老师, 学习, 工作, 生活, 训练 + 忙碌
- **繁忙** 혭 바쁘다
  ➡ 事务, 公务, 医院, 学校, 银行, 景象, 航运, 生活 + 繁忙

비교 이 두 단어는 모두 '바쁘다'라는 뜻을 가진 단어이나, 忙碌는 주로 하루의 일과를 바쁘게 보내거나 각종 일을 해서 긴장이 되고 쉴 시간이 없는 등의 구체적이고 실질적인 바쁜 모습을 주로 가리키고, 繁忙은 주로 장기적이고 계속적으로 업무가 많고 일이 많아서 짬이 없다는 뜻으로 주로 실질적인 모습보다는 전체적으로 바빠 보이는 현상을 가리킨다.

▶ 아무리 쉬운 단어일지라도 그 속뜻을 한번쯤 되새겨 보는 것이 포인트!

Check

劳动节前后，铁路很（　　　）。
노동절 전후로 철로는 매우 바쁘다.

（　　　）了一天，他连吃饭的时间也没有。
온종일 바빠서, 그는 밥 먹을 시간도 없다.

🔄 繁忙 / 忙碌

1253 弥漫 · 5급 充满

- **弥漫** 图 가득 차다
  ➡ 弥漫 + 气味, 尘土, 雾气, 烟雾, 风雪, 光线, 怀疑, 气氛
- **充满** 图 충만하다
  ➡ 充满 + 阳光, 香味, 气体, 相声, 幸福, 欢乐

비교 이 두 단어 모두 '많다'라는 의미를 가진 단어이다. 弥漫은 가득 차서 사방으로 흘러 넘치고 퍼져 나가는 것에 초점이 맞춰져 있는 반면 充满은 어떤 공간 안에 가득 차 있고, 또 꽉 차 있는 것에 초점이 맞춰져 있어, 주로 좋은 의미의 단어들과 같이 쓰인다.

▶ 비슷한 의미를 가진 단어일수록 搭配에 의해 구분된다는 것이 포인트!

Check

空气中（　　　）着各种臭味。
공기 속에 각종 악취가 흘러 넘친다.

早上屋子里（　　　）了阳光。
아침에 방은 햇빛으로 가득 찬다.

🔄 弥漫 / 充满

1267 渺小・微小

- 渺小 [형] 매우 작다, 미미하다
- 微小 [형] 미소하다, 극소하다

비교 이 두 단어 모두 '매우 작다'라는 뜻을 가지고 있지만, 渺小는 사람이나 사물이 위대하지 않고, 보잘것없다는 뜻으로 주로 추상적인 의미로 사용된다. 이에 반해 微小는 주로 사물의 형체가 작거나 수량이 매우 적음을 가리키고, 힘, 역량이 적거나 발전, 성적이 미미할 때도 사용된다.

▶ 한국어로 해석하면 차이가 없어 보이므로
단어의 뜻을 정확히 파악하는 것이 포인트!

Check

在他的面前，我感到自己很（　　　）。
그의 앞에서 나는 스스로가 보잘것없다고 느낀다.

学生们的进步即使很（　　　），也要鼓励他们。
학생들의 발전이 비록 미미할지라도 그들을 격려해야 한다.

답 渺小 / 微小

1268 蔑视・5급 轻视

- 蔑视 [동] 멸시하다, 경멸하다
- 轻视 [동] 경시하다, 얕보다

비교 이 두 단어 모두 '무시하다'라는 뜻을 가진 단어이다. 蔑는 업신여긴다는 뜻이므로 蔑视는 비열하고 비이성적이어서 생각해볼 가치도 없다는 것을 가리키고, 轻은 가볍다는 뜻이므로 轻视는 중요시 해야 한다고 여겨지는 것에 대해서 진지하게 대하지 않고 중시하지 않는다는 뜻이다.

▶ 두 글자 중 한 글자만 다를 경우
그 다른 한 글자의 뜻에 집중하여 구분하는 것이 포인트!

Check

我（　　　）这不诚实的人。
나는 이 불성실한 사람을 경멸한다.

这肯定是（　　　）道德教育的结果。
이것은 분명히 도덕교육의 효과를 경시한 결과이다.

답 蔑视 / 轻视

1274 敏锐・1182 灵敏・1273 敏捷

- 敏锐 [형] 예민하다, 날카롭다
- 灵敏 [형] 영민하다, 재빠르다
- 敏捷 [형] 민첩하다, 빠르다

비교 이 세 단어는 모두 '빠르다'라는 뜻을 가지고 있는 단어이다. 敏锐는 주로 감각이 예민하고 안목이 날카로운 것을 가리킨다. 灵敏은 주로 외부에서 들어오는 반응이 빠르고, 오감과 육감이 예민한 것을 가리키고, 敏捷는 동작이 신속할 뿐 아니라 생각이나 사유가 영민한 것을 가리킨다.

▶ 한국어로 해석하면 차이가 없어 보이므로
단어의 뜻을 정확히 파악하는 것이 포인트!

Check

这个人的耳朵简直（　　　）。
이 사람의 귀는 정말로 예민하다.

作家应该有（　　　）的眼光。
작가는 반드시 날카로운 안목을 가지고 있어야 한다.

她在我们班回答得很快，可见思维非常
（　　　）。
그녀는 우리 반에서 대답을 빨리 하는데 이로써 사고가 매우 민첩한 것을 알 수 있다.

답 灵敏 / 敏锐 / 敏捷

1304 难堪・难受

- 难堪 [형] 참기 힘들다, 견디기 어렵다
- 难受 [형] 받아들이기 힘들다

비교 이 두 단어 모두 '참기 힘들다'라는 뜻을 가진 단어이다. 难堪은 주로 처지가 딱하거나 처지가 난감한 경우를 가리키며 어감이 센 편이고, 难受는 육체적으로 불편하고 건강이 좋지 않거나, 정신적으로나 심리적으로 편하지 않고 상심하는 것을 가리킨다.

▶ 한국어로 해석하면 차이가 없어 보이므로
단어의 뜻을 정확히 파악하는 것이 포인트!

Check

你这样在大家的面前藐视我，我感到很（　　　）。
네가 이렇게 많은 사람들 앞에서 나를 멸시하다니, 나는 정말 참기 힘들다.

儿子没有录取，妈妈心里很（　　　）。
아들이 떨어져서, 엄마는 마음이 너무 아프다.

답 难堪 / 难受

1312 嗯 · 哦

- 嗯 ㉠ 의문을 나타냄
- 哦 ㉠ 납득, 동의를 나타냄

비교 이 두 단어는 모두 감탄사로, 문장 앞에서 단독으로 자주 쓰이는 특징을 가지고 있다. 嗯은 주로 의문을 나타내며 哦는 주로 납득, 동의, 이해를 나타낸다.

▶ 감탄사는 문장 속에서 그 의미와 쓰임을 파악하는 것이 포인트!

Check

(　　　)？你难道就是刘娜？
어? 네가 정말 리우나라고?

(　　　)！我现在明白了。
아! 나 지금 이해했어.

답 嗯 / 哦

1321 宁愿 · 5급 宁可 · 1320 宁肯

- 宁愿 ㉠ 차라리 ~할지언정
- 宁可 ㉠ 차라리 ~할지언정
- 宁肯 ㉠ 차라리 ~할지언정

비교 이 세 단어 모두 '차라리 ~할지언정, 설령 ~할지라도'의 뜻을 가지고 있다. 宁愿은 주로 자신이 손해를 보거나 자신이 희생을 감수하더라도 하고 싶다는 뜻이 강하다. 宁可는 두 방면의 이해득실을 따진 후에 한쪽을 선택한다는 뜻인데, 선택한 쪽은 대부분 가설의 의미이자 과장의 뜻을 담고 있다. 또한 용법적인 측면에서는 앞에 '与其'가 오거나 뒤에 '也不', '也要', '也得' 등이 같이 쓰인다. 宁肯 역시 한쪽을 선택하는 것인데 그 선택한 것은 주로 사람의 염원, 소원, 의지와 관계된 것이어야 한다.

▶ 한국어로 해석하면 차이가 없어 보이므로 단어의 뜻을 정확히 파악하는 것이 포인트!

Check

我（　　　）辞职也不愿参加做这种不正当的勾当。
내가 차라리 사직을 할지언정 이런 부정당한 일에는 참가하고 싶지 않다.

我（　　　）一夜不睡觉，也得把这份报告完成。
나는 설령 밤새 안 자더라도, 이 보고서를 완성해야 한다.

只要你幸福，我（　　　）退到好朋友的位置。
너만 행복하다면, 나는 차라리 좋은 친구의 자리로 돌아가겠다.

답 宁肯 / 宁可 / 宁愿

1344 庞大 · 5급 巨大

- 庞大 ㉠ 매우 크다, 방대하다
- 巨大 ㉠ 거대하다

비교 이 두 단어 모두 '매우 크다'는 뜻을 가진 단어이나, 庞大는 주로 형제, 조직, 수량이 큰 것을 가리키고 때로는 너무 크거나 혹은 속 빈 강정처럼 크기만 하고 적당하지 않음을 가리키기도 한다. 巨大는 주로 규모, 수량, 성취, 성공 등이 큰 것을 가리킨다.

▶ 비슷한 의미를 가진 단어일수록 搭配에 의해 구분된다는 것이 포인트!

Check

这项工程规模（　　　），在国内首屈一指。
이 공사의 규모가 거대해서, 국내에서 손꼽힐 만하다.

机构（　　　）容易造成人浮于事。
기구가 방대하면 사람은 많고 일거리는 적게 된다.

답 巨大 / 庞大

1357 批判 · 4급 批评

- 批判 ㉠ 비판하다, 지적하다
  ➡ 批判 + 错误思想, 拜金主义, 卖国主义, 封建主义
- 批评 ㉠ 비평하다, 꾸짖다
  ➡ 批评 + 孩子, 领导, 缺点, 人, 报纸

비교 이 두 단어는 모두 '잘못을 지적하다'라는 뜻을 가지고 있다. 批判은 잘못된 사상, 언론, 행위에 대해 체계적인 분석을 하고 반박하며 부정을 하는 것을 가리키고, 批评은 잘못과 단점에 대해서 의견을 제시하는 것을 가리킨다.

▶ 비슷한 의미를 가진 단어일수록 搭配에 의해 구분된다는 것이 포인트!

Check

她没做错什么事，不应该（　　　）。
그녀는 잘못한 게 없으니, 혼내서는 안 됩니다.

我们应该严肃地（　　　）这腐朽的思想。
우리는 반드시 이 부패한 사상을 엄숙히 비판해야 한다.

답 批评 / 批判

1359 疲倦 · 5급 疲劳 · 1358 疲惫 · 疲乏

- 疲倦 [형] 피곤하다
- 疲劳 [형] 피로하다
- 疲惫 [형] 피곤하다
- 疲乏 [형] 피로하다

비교 이 네 단어는 모두 '피로하다'라는 뜻이다. 疲倦은 피로하면서 졸리고 나른하다는 것에 초점이 맞춰져 있고, 疲劳는 체력적으로나 두뇌의 소모가 과도해서 휴식이 필요한 상태라는 것을 가리킨다. 疲惫는 피곤함이 최고조에 달했다는 것에 초점이 맞춰져 있고 '疲惫不堪'이라는 고정격식으로 많이 쓰이며, 주로 서면어로 사용된다. 마지막으로 疲乏는 지속적인 긴장상태가 유지되거나 장기적으로 혹은 과도한 육체적 노동으로 인해 피로한 것을 나타내고, 기능이 감퇴할 정도로 피곤하다는 의미도 가지고 있다.

▶ 한국어로 해석하면 차이가 없어 보이므로 단어의 뜻을 정확히 파악하는 것이 포인트!

Check

几天的工作使我们（　　　）不堪。
며칠 동안의 작업 때문에 우리는 극도로 피곤하다.

不分黑天白夜地干活，（　　　）极了，我想休息几天。
밤낮의 구분 없이 일을 해서 너무 피곤해. 나는 며칠 쉬고 싶다.

他在医院守候了两个月奶奶，显得（　　　）。
그는 병원에서 두 달 동안 할머니를 간호해서 매우 피곤해 보인다.

三夜没睡觉，我非常（　　　）。
3일 동안 잠을 자지 못해서 나는 매우 피곤하다.

目 疲惫 / 疲劳 / 疲乏 / 疲倦

1362 譬如 · 4급 例如

- 譬如 [통] 예를 들다
- 例如 [통] 예를 들다

비교 이 두 단어를 모두 '예를 들다'라는 뜻이다. 단지 例如와는 달리 譬如는 '만일, 만약'이라는 뜻도 가지고 있다.

▶ 뜻이 완전히 같을 때는 차이점에 주목하는 것이 포인트!

Check

我儿子很喜欢运动，（　　　）足球、棒球、篮球等。
내 아들은 운동을 매우 좋아하는데, 예를 들어 축구, 야구, 농구 등이 있다.

你应该学点做菜，（　　　）有一天妈妈不在家，你吃什么？
너는 반드시 요리하는 것을 좀 배워야 해, 만약 어느 날 엄마가 집에 없으면 너는 뭐 먹을래?

目 譬如, 例如 / 譬如

1371 拼搏 · 0468 搏斗

- 拼搏 [통] 필사적으로 싸우다
- 搏斗 [통] 격투하다, 싸우다

비교 이 두 단어 모두 '싸우다'라는 뜻을 가지고 있으나 拼搏는 최대한 역량을 끌어내어 쟁취하고 끝까지 죽을 힘을 다해 싸운다는 뜻에 초점이 맞춰져 있고, '顽强拼搏', '全力拼搏', '拼搏的精神', '拼搏的决心'과 같은 단어들과 함께 쓴다. 搏斗는 주로 맨손으로 싸우거나 칼, 방망이와 같은 무기를 사용해서 격렬하게 서로 다툰다는 뜻에 초점이 맞춰져 있다.

▶ 한국어로 해석하면 차이가 없어 보이므로 단어의 뜻을 정확히 파악하는 것이 포인트!

Check

（　　　）奋斗是战士的本性。
필사적으로 싸우고 분투하는 것은 전사의 본성이다.

她与贼（　　　），太勇敢了！
그녀가 도적과 싸우다니, 정말 용감하다.

目 拼搏 / 搏斗

1387 评论 · 5급 议论

- 评论 [통] 평론하다, 논의하다
- 议论 [통] 논의하다, 비평하다

비교 이 두 단어는 모두 '비평하다'라는 뜻을 가지고 있으나, 评论은 비평하고 의론하는 것이고, 평론하는 주체는 사람과 집단이 모두 될 수 있다. 议论은 사람이나 사물의 좋고 나쁨, 옳고 그름에 대해 의견을 표시하는 것을 가리키며 의론하는 주체는 주로 집단이다.

▶ 아무리 쉬운 단어일지라도 그 속뜻을 한번쯤 되새겨 보는 것이 포인트!

Check

有好多人（　　　）他作品的质量。
많은 사람들이 그의 작품 수준을 평론한다.

电台的职员对总编辑的辞职（　　　）纷纷。
방송국의 직원은 편집장의 사직에 대해서 의론이 분분하다.

目 评论 / 议论

1398 普及 · 4급 普遍

- 普及 [형] 보편화된, 대중화된
- 普遍 [형] 보편화된, 널리 퍼진

비교 이 두 단어는 뜻에 있어서 상당히 혼돈을 일으키는 단어이다. 普及는 대중화 시키고 널리 퍼뜨린다는 뜻이고, 普遍은 존재하는 면적이 넓고 공통성을 가지고 있다는 의미이다. 이 두 단어를 구분할 때는 널리 퍼뜨려 보급, 전파된다는 뜻이 강하면 普及를 사용하고, 여러 방면에서 많은 사람에게 공통적으로 퍼져있다는 뜻이 강하면 普遍을 사용하면 된다. 또한 普及는 동사 용법도 가지고 있지만 普遍은 오직 형용사 용법만 있다.

▶ 한국어로 해석하면 차이가 없어 보이므로
단어의 뜻을 정확히 파악하는 것이 포인트!

Check

秩序意识已经很（　　　）了。
질서의식은 이미 보급되었다.

由于医疗水平的提高，人的寿命（　　　）延长了。
의료수준의 향상으로 사람의 수명도 보편적으로 연장되었다.

답 普及 / 普遍

1413 起初 · 5급 最初

- 起初 처음
  ➡ 起初的印象, 起初的想法, 起初的计划, 起初的打算 (×)
- 最初 [명] 최초
  ➡ 最初的印象, 最初的想法, 最初的计划, 最初的打算 (○)

비교 이 두 단어는 모두 '처음'이라는 뜻을 가지고 있다. 起初는 처음의 얼마 동안의 시간을 가리키고, 最初는 가장 처음의 그 때, 시작할 때의 시점을 가리킨다.

▶ 아무리 쉬운 단어일지라도 그 속뜻을 한번쯤 되새겨 보는 것이 포인트!

Check

我（　　　）是职员，后来成了军人。
나는 처음에는 직원이었는데 나중에는 군인이 되었다.

我觉得（　　　）的想法比现在的还好。
내 생각에는 최초의 생각이 지금 것보다 더 좋은 것 같다.

답 起初 / 最初

1420 启示 · 5급 启发

- 启示 [동] 알려주어 깨닫게 하다
- 启发 [동] 계발하다, 계몽하다

비교 이 두 단어는 모두 '깨닫게 하다'라는 뜻을 가지고 있으나, 启示는 직접적으로 사물의 도리를 제시해서 사람으로 하여금 깨닫게 하는 것이고, 启发는 직접적으로 결론을 가리키지 않고 특정한 사례나 이치를 통해 사고를 열게 하고 연상하게 하며 깨달음을 얻게 하는 것을 가리킨다.

▶ 한국어로 해석하면 차이가 없어 보이므로
단어의 뜻을 정확히 파악하는 것이 포인트!

Check

幼儿游戏给孩子很多（　　　）。
유아 놀이는 아이에게 많은 깨달음을 준다.

这个大笑话是像（　　　）录一般的故事。
이 재미있는 이야기는 계시록과 같은 고사이다.

답 启发 / 启示

1430 气势 · 1426 气概 · 1428 气魄

- 气势 [명] 기세, 형세
- 气概 [명] 기개
- 气魄 [명] 기백, 패기, 진취성, 과감함

비교 이 세 단어는 각각 '기세, 기개, 기백'이라는 뜻을 가진 단어이나 각기 그 뜻을 구분하기는 매우 힘들다. 气势는 사람이나 사물이 표현해내는 역량이나 형세를 가리키고 '宏伟的气势', '强大的气势', '威严的气势'로 많이 쓰인다. 气概는 중대한 문제를 처리하는 데 있어서 나타나는 태도, 행동, 역량을 가리키고 주로 '正直的气概', '英勇的气概', '男子汉气概'로 많이 쓰인다. 气魄는 일이나 문제를 처리할 때 갖추고 있는 용기, 견식, 과단성을 가리키고 주로 '政治家的气魄', '改革者的气魄', '厂长的气魄', '办事的气魄'로 많이 쓰인다.

▶ 비슷한 의미를 가진 단어일수록 搭配에 의해 구분된다는 것이 포인트!

Check

他以男子汉的（　　　）面对困难。
그는 사나이의 기개로 어려움을 직면한다.

长城的（　　　）很雄伟。
만리장성의 기세가 웅장하고 위대하다.

我们厂长办事很有（　　　），大胆。
우리 공장장은 일을 처리함에 있어 기백이 있고 대담하다.

답 气概 / 气势 / 气魄

新HSK 汉办(한반) 단어 전면 개정!
동양북스 100% 반영 단독 출시!

동양북스 新HSK 전 교재 국내 최초!!
2013년 개정단어 100% 반영 전격출시!!

버전업! 新HSK 한 권이면 끝

3급 진윤영 지음 | 25,000원
(新HSK 3급 개정 VOCA 단어장 + MP3 CD 1장 포함)

4급 한선영·김명자 지음 | 24,000원
(新HSK 4급 개정 VOCA 단어장 + MP3 CD 1장 포함)

5급 한선영 지음 | 27,000원
(新HSK 5급 개정 VOCA 단어장 + MP3 CD 1장 포함)

6급 최은정·후위 지음 | 27,000원
(新HSK 6급 개정 VOCA 단어장 + MP3 CD 1장 포함)

www.dongyangbooks.com